Heinrich Meier

ÜBER DAS GLÜCK DES
PHILOSOPHISCHEN LEBENS

INHALT

Vorwort
Seite 9

Notiz zur Zitierweise
Seite 11

ERSTES BUCH

I. Der Philosoph unter Nichtphilosophen
Seite 15

II. Glaube
Seite 69

III. Natur
Seite 103

IV. Beisichselbstsein
Seite 135

V. Politik
Seite 183

VI. Liebe
Seite 237

VII. Selbsterkenntnis
Seite 259

ZWEITES BUCH

Rousseau und das Glaubensbekenntnis des Savoyischen Vikars
Seite 293

Namenverzeichnis
Seite 439

Mit zwei Abbildungen im Text

© Verlag C.H.Beck oHG, München 2011
Satz: Fotosatz Reinhard Amann, Aichstetten
Druck und Bindung: CPI – Ebner & Spiegel, Ulm
Umschlaggestaltung: Geviert — Büro für Kommunikationsdesign,
München, Michaela Kneißl
Umschlagabbildung: Johann Joseph Hartmann,
Die St. Petersinsel von Norden, 1811; © Sammlung Gugelmann,
Graphische Sammlung der Schweizerischen Nationalbibliothek Bern
Gedruckt auf säurefreiem, alterungsbeständigem Papier
(hergestellt aus chlorfrei gebleichtem Zellstoff)
Printed in Germany
ISBN 978 3 406 62287 8

www.beck.de

Heinrich Meier

ÜBER DAS GLÜCK DES PHILOSOPHISCHEN LEBENS

Reflexionen zu Rousseaus *Rêveries*
in zwei Büchern

Verlag C.H.Beck

VORWORT

Die vorliegende Schrift ist das Ergebnis einer über fünfunddreißig Jahre gewachsenen Freundschaft und eines gelegentlich unterbrochenen, aber nie abgerissenen, in Schüben vertieften Gesprächs. Sie hätte nicht geschrieben werden können ohne die Untersuchungen zur Begründung der Politischen Philosophie, die mich seit Mitte der 1980er Jahre in Atem gehalten haben. Und sie wäre niemals zustande gekommen ohne die eingehende Beschäftigung mit dem *Discours sur l'inégalité*, deren Ertrag in meiner Kritischen Edition von 1984 enthalten ist. Damals betrachtete ich Rousseaus frühes Meisterwerk als seine philosophischste Schrift, da mir weder klar war, daß die *Rêveries* das philosophische Leben selbst zum Thema haben, noch daß die *Rêveries* nicht mehr Teil von Rousseaus Œuvre im anspruchsvollen Sinn des Begriffs sind. Mein Irrtum wurde durch die philosophisch urteilsfähigsten Gewährsleute unterstützt, und er entsprach der Absicht des Autors, daß der Leser den Zugang zu seiner Philosophie suche, indem er sich im Ernst auf sein Œuvre einläßt.

Die Schrift besteht aus zwei Büchern, die bestimmt sind, sich gegenseitig zu erhellen. Das erste unternimmt es, in ständiger Rücksicht auf das am wenigsten verstandene Buch Rousseaus das philosophische Leben zu denken. Das zweite gibt eine fortlaufende Auslegung des umstrittensten Buches von Rousseau, das ein gelungenes nichtphilosophisches Leben grundzulegen, d.h. in seinen Grundlagen zu begreifen versucht. Die *Profession de foi du Vicaire Savoyard*, auf die Rousseau den Leser der *Rêveries* emphatisch verweist, steht in meiner Auseinandersetzung mit den *Rêveries* für das Œuvre ein, dessen Bedeutung für das philosophische Leben ein herausragender Gegenstand von Rousseaus Selbstreflexion ist. Mein besonderes Interesse gilt im zweiten Buch der Unterscheidung von Natürlicher Religion und Natürlicher Theologie. Sie ist geeignet, der Unterscheidung von Politischer Theologie und Politischer Philosophie als Supplement zur Seite zu treten.

Die gegenwärtige Auslegung der *Rêveries* und der *Profession de foi* wurde in einer Reihe von Seminaren ausgearbeitet, die ich seit 2001 an der Ludwig-Maximilians-Universität München, 2003 am Boston College und 2008 bzw. 2010 am Committee on Social Thought der University of Chicago unterrichtete. Teile des ersten und des zweiten Kapitels wurden in öffentlichen Vorträgen in Boston, Freiburg i. Br., Kioto, Peking, Chicago, London und Berlin erprobt.

Der Schrift über das letzte Buch Rousseaus soll eine Zwillingsschrift über das letzte Buch Nietzsches folgen. *Ecce homo. Wie man wird, was man ist* hat mit *Les rêveries du Promeneur Solitaire* nicht nur gemein, daß es das am wenigsten verstandene Buch seines Autors ist. Beide Bücher treffen sich darin, daß sie das philosophische Leben verhandeln.

München, den 15. Oktober 2010   H. M.

NOTIZ ZUR ZITIERWEISE

Die *Rêveries* werden in der Orthographie und Interpunktion Rousseaus zitiert, wie sie die Edition von Marcel Raymond in Band I der *Œuvres complètes* (Paris, Gallimard, 1959, Bibliothèque de la Pléiade) wiedergibt. Beständige Beachtung verdient die erste und bis heute nicht überholte Kritische Edition von John S. Spink (Paris, Didier, 1948, Société des textes français modernes), der Raymond in den *Œuvres complètes* zumeist folgt, deren Varianten er jedoch nur zum geringeren Teil abdruckt. Als wichtige Ausgaben sind außerdem zu nennen die reichhaltige Edition von Henri Roddier (Paris, Garnier, 1960), die den Text sorgfältig, aber in einer modernisierten Orthographie präsentiert, und das Faksimile des Manuskripts, das Marc Eigeldinger und Frédéric-S. Eigeldinger (Genf, Slatkine, 1978) veröffentlichen. Höchst unzuverlässig ist die weit verbreitete «Edition critique» (Genf, Droz, 1948), die Marcel Raymond im selben Jahr vorgelegt hatte, in dem Spinks Ausgabe erschienen war. Obwohl sie keinem Vergleich mit den gründlichen Editionen von Spink und Roddier oder mit Raymonds späterer Edition standhält, ist sie in den «Textes littéraires français» in zahlreichen Auflagen immer aufs neue nachgedruckt worden.

Abweichend von den anderen Schriften Rousseaus, die unter Angabe der Seiten der *Œuvres complètes*, Paris 1959–1995, bzw. im Falle des *Discours sur l'inégalité* der Kritischen Edition, Paderborn 1984, 6. Aufl. 2008, zitiert werden, beziehen sich die Referenzen für die *Rêveries* auf die Absätze der jeweiligen *Promenade*, gefolgt von der Seite in Band I der *Œuvres complètes*: I, 1 (995) verweist auf *Première promenade*, erster Absatz, p. 995 in *Œuvres complètes*, Band I. Die Editionen von Marcel Raymond (in den *Œuvres complètes*) und von John S. Spink weichen von Rousseaus Einteilung in einem Fall bzw. in zwei Fällen ab. Raymond teilt, Spink folgend, die *Neuvième promenade* in 23 statt in 24 Absätze ein. Gegen das Manuskript rückt er p. 1095 (Spink p. 199) einen Absatz, der mit den Worten «Une de mes promenades favorites» beginnt, nicht ein. Spink teilt darüber hinaus die *Dixième promenade*, die einen einzigen Absatz umfaßt, in zwei Absätze (p. 208). Henri Roddier hält sich an Rousseaus Einteilung, während Raymonds Einzelausgabe in den «Textes littéraires français» von ihr so stark abweicht, daß eine Berichtigung im einzelnen zu weit führte. Die Einteilung des Buches in Absätze lautet: *Première promenade* 15, *Deuxième promenade* 25, *Troisième promenade* 25, *Quatrième promenade* 42, *Cinquième promenade* 17, *Sixième promenade* 21, *Septième promenade* 30, *Huitième promenade* 23, *Neuvième promenade* 24, *Dixième promenade* 1.

Die Abkürzungen S. für Seite und Anm. für Anmerkung bleiben Querverweisen innerhalb der vorliegenden Schrift vorbehalten. Aus anderen Publikationen wird unter Verwendung der Abkürzungen p. und n. zitiert.

Ich sah rückwärts, ich sah hinaus,
ich sah nie so viel und so gute Dinge
auf einmal … Wie sollte ich nicht
meinem ganzen Leben
dankbar sein?

Friedrich Nietzsche: *Ecce homo*

ERSTES BUCH

Frontispiz des *Discours sur les sciences et les arts*
von 1750

I

Der Philosoph unter Nichtphilosophen

***

Les rêveries du Promeneur Solitaire schienen mir immer das schönste und das gewagteste von Rousseaus Büchern zu sein. Ihre Schönheit und ihre Gewagtheit sind aufs engste miteinander verbunden, ohne daß sie gleichermaßen augenfällig wären, oder ebenweil sie dies nicht sind. Der Zauber der Dichtung, die Leichtigkeit des Stils, die Verschränkung von Eindringlichkeit und Verhaltenheit, der Wechsel von zu Herzen gehenden Passagen und scheinbar beiläufig Gesagtem, das Ineinander von Bewegung und Ruhe, die Kraft der Sprache und die Kunst des Schweigens, die dem Buch seinen eigenen Ton, sein unverwechselbares Gesicht, sein besonderes Gepräge geben, haben ihm Leser in großer Zahl eingetragen, bis in die entlegensten Gegenden und über die Zeiten hinweg. Der literarische Rang der *Rêveries* ist außer Frage. Sein Glanz überstrahlt und läßt in den Hintergrund treten, was in ihnen in Frage steht.

«Ich bin jetzt also allein auf der Erde und habe keinen Bruder, keinen Nächsten, keinen Freund, keine Gesellschaft mehr außer mir selbst.» So lautet der denkwürdige Auftakt des Buches. Hören wir die Stimme eines Menschen, der mit einer Eröffnung, welche sich nicht vergißt, auf den Jammer seines Schicksals aufmerksam machen will? Oder spricht ein Philosoph, der mit dem ersten Satz den Ausgangspunkt eines Unternehmens benennt, das sich von allem unterscheidet, was er bis dahin, wenn nicht in der Gesellschaft, so doch für die Gesellschaft begann? Verfolgt der Autor die Absicht, seine Leser von Anfang an zum Selbstdenken zu bewegen? Oder heischt er ohne Umschweife nach ihrem Mitleiden? Mit anderen Worten: an wen wendet sich dieses Werk, das sein Alpha und Omega in der Einsamkeit findet, und zu welchem Ende wurde es geschrieben?

Die *Rêveries* haben mit allen anderen Büchern Rousseaus gemeinsam, daß der Weg zu ihrem Verständnis über das Verständnis ihrer Rhetorik führt. Und sie zeichnen sich vor ihnen allen darin aus, daß sie das am wenigsten verstandene Buch Rousseaus geblieben sind. Was Rousseau knapp zwanzig Jahre nach Erscheinen des *Discours sur l'inégalité* in einer berühmten Stelle der *Confessions* über den *Discours* sagte, ließ sich zweihundertzwanzig Jahre nach ihrer postumen Veröffentlichung mit beinahe ebensoviel Recht über die *Rêveries* behaupten: Wir haben es mit einem Buch zu tun, das «in ganz Europa nur wenige Leser fand, die es verstanden, und keinen unter diesen, der darüber sprechen wollte.»[1] Wenn Rousseau den *Discours sur l'inégalité* in einer nicht minder berühmten Sentenz der *Confessions* als diejenige Schrift bezeichnete, in der seine Prinzipien «mit der größten Kühnheit, um nicht zu sagen Verwegenheit zu erkennen gegeben sind»,[2] so ist diesem Urteil in Rücksicht auf das Werk, über dem Rousseau starb, hinzuzufügen, daß die Verwegenheit des *Discours* nur noch durch die der *Rêveries* übertroffen wird. Denn in den *Rêveries* bekräftigt Rousseau am Ende seines Lebens nicht bloß die philosophischen Prinzipien, die er im *Discours* «für eine sehr kleine Zahl von Lesern» exponiert hatte,[3] sondern er macht darüber hinaus, anders als ein Vierteljahrhundert zuvor, den Philosophen selbst zum zentralen Gegenstand und läßt die Umrisse seiner Existenz in staunenswerter Schärfe, um nicht zu sagen schockierender Deutlichkeit hervortreten. Sowenig indes die wahre Kühnheit des *Discours* offen zutage liegt, so wenig springt die Gewagtheit der *Rêveries* unmittelbar ins Auge. Die inverse Relation, die im einen wie im anderen Fall zwischen der philosophischen Verwegenheit und dem allgemeinen Verständnis der Schrift besteht, hat ihren Grund in der besonderen Kunst des Schreibens, deren sich Rousseau bedient, und mithin in der Intention, die für sie bestimmend ist.

Daß seine gewagtesten zugleich seine am schwersten zugänglichen Bücher sind, daß die unterschiedliche Ansprache ungleicher Adressaten, denen Unterschiedliches zu verstehen gegeben wird, in ihnen eine herausragende Rolle spielt und daß das prohibitive Potential einer überlegt eingesetzten Rhetorik dabei in hohem Maße zum Tragen kommt, kann nicht überraschen, es steht im Gegenteil zu erwarten bei einem Autor, der vom Beginn seiner öffentlichen Wirksamkeit an nicht müde wird, vor dem verderblichen Einfluß der Wissenschaften und Künste auf die Tu-

---

[1] *Les Confessions* VIII, in: Jean-Jacques Rousseau: *Œuvres complètes*. Edition publiée sous la direction de Bernard Gagnebin et Marcel Raymond. Paris 1959–1995, 5 Bände, Bibliothèque de la Pléiade (= *OCP*), *OCP* I, p. 389.
[2] *Les Confessions* IX, p. 407.
[3] *Lettre à Jean Jallabert* vom 30.3.1755, in: *Correspondance complète de Jean Jacques Rousseau*. Edition critique, établie et annotée par R. A. Leigh. Genf-Banbury-Oxford 1965–1998, 52 Bände (= *CC*), *CC* III, p. 115.

gend der Bürger und auf das wohlgeordnete Gemeinwesen zu warnen, der wie kein anderer im Jahrhundert der Aufklärung der Meinung entgegentritt, es gelte, es sei möglich oder auch nur erstrebenswert, die Philosophie populär zu machen, der mit den politischen Philosophen vor ihm wie nach ihm darin übereinstimmt, daß die Philosophie für die Gesellschaft ihrer Natur nach bedrohlich, daß die Wahrheit gefährlich und daß die Unterscheidung zwischen Philosophen und Nichtphilosophen unaufhebbar ist, weil die Menschen von Natur aus ungleich sind. Alle wichtigen Bestimmungen, die unsere Aufmerksamkeit verlangen, wenn wir Rousseaus Rhetorik angemessen verstehen wollen – ihre prohibitive Funktion und ihr pädagogischer Eros, die Unterscheidung der Adressaten, die Absicht des Autors und das Selbstverständnis des Philosophen –, sind, emblematisch zum Ausdruck gebracht, bereits im Frontispiz versammelt, das Rousseau 1750 für die Erstausgabe des *Discours sur les sciences et les arts* wählte. Das Kupfer der Preisschrift, deren «Paradoxe» Rousseau über Nacht in ganz Europa berühmt machten, zeigt in der linken oberen Bildhälfte Prometheus, der mit einer Fackel in der Rechten von einer Wolke herabsteigt; in der Bildmitte ist eine menschliche Gestalt auf einem Steinsockel zu erkennen, das Gesicht Prometheus zugewandt: ein nackter Jüngling mit empfangsbereiter Gebärde, dem Prometheus die Linke fürsorglich auf die Schulter legt; von der anderen Seite nähert sich, niedriger als die beiden übrigen Figuren stehend, mit nach oben gerecktem Arm ungestüm ein Satyr. Die Bildlegende «Satyre, tu ne le connois pas. Voy. note pag. 31.» verweist den Leser an eine Fußnote, die Rousseau dem ersten Satz des Zweiten Teils des *Discours* hinzugesetzt hat: «Es war eine alte Überlieferung, die von Ägypten nach Griechenland kam, daß ein der Ruhe der Menschen feindlicher Gott der Erfinder der Wissenschaften war.» Die Fußnote dazu lautet: «Man sieht leicht die Allegorie der Fabel von Prometheus; und es scheint nicht, daß die Griechen, die ihn an den Kaukasus fesselten, irgend günstiger von ihm dachten als die Ägypter von ihrem Gott Theuth. ‹Der Satyr›, sagt eine alte Fabel, ‹wollte das Feuer küssen und umarmen, als er es zum erstenmal sah; doch Prometheus rief ihm zu: Satyr, du wirst dem Bart an deinem Kinn nachweinen, denn es brennt, wenn man es berührt.› Das ist der Gegenstand des Frontispizes.»[4]

---

[4] *Discours sur les sciences et les arts*, OCP III, p. 17 und p. 17 n. Weshalb die Herausgeber der *OCP* das Frontispiz, auf das Rousseau im Text ausdrücklich zu sprechen kommt, der Reproduktion nicht für würdig befunden haben, ist ihr Geheimnis.

Was hat es mit der «ancienne tradition» auf sich, an die Rousseau zu Beginn der Seconde Partie erinnert? Auf den ersten Blick wird sie als Zeugin der Anklage gegen die Wissenschaften und die Philosophie aufgerufen, so wie die erläuternde Anmerkung die Autorität der Griechen gegen Prometheus aufzubieten scheint. Aber ein Gott, der der Ruhe der Menschen feind ist, muß kein Feind der Menschen sein. Wie, wenn er sich bei näherer Betrachtung als ein Freund herausstellte? Und was sollen wir vom Urteilsvermögen, von der Meinung der Griechen halten, die Prometheus an den Kaukasus schmiedeten? Wie nimmt sich das, was wir im ersten Teil der Anmerkung hören, im Licht des zweiten Teils aus, der uns Prometheus als Wohltäter vor Augen führt? Aufmerksame Leser werden imstande sein, solche und ähnliche Fragen selbst zu erwägen und für sich zu beantworten. Einige mögen außerdem mit der «ancienne fable» vertraut sein, auf die sich Rousseau in der Fußnote bezieht, oder den genauen Wortlaut bei Plutarch nachschlagen, um festzustellen, daß das Zitat aus Amyots Übersetzung der *Moralia*, anhand der Quelle vervollständigt, das Ergebnis bestätigt, das eine verständige Lektüre von Rousseaus Text nahelegt: Nachdem Prometheus vor dem Feuer gewarnt hat, fährt er fort: «denn es brennt, wenn man es berührt, aber es spendet Licht und Wärme und ist ein Instrument, das zu jeder Kunstfertigkeit dient, vorausgesetzt, daß man es richtig zu gebrauchen weiß.»[5] Dem Unverständigen, dem eine nicht näher bezeichnete Stimme auf dem Frontispiz zuruft: «Satyr, du kennst, weißt, verstehst es nicht», sind nicht nur die Gefahren des «Feuers» unbekannt, er weiß auch nichts von dessen segensreichen und beglückenden Möglichkeiten.

Ihre Nachlässigkeit wird dadurch nicht besser, daß sie im Falle des *Discours sur l'inégalité* ebenso verfahren. Der Leser findet hier zwar den getreulich abgedruckten Vermerk Rousseaus: *Voyez le frontispice* (OCP III, p. 221), der sich auf den letzten *discours dans le Discours* bezieht und diesem einen besonders hervorgehobenen Ort im rhetorischen Gefüge des Werkes zuweist. Er kann Rousseaus Aufforderung indes nicht nachkommen und sich das Frontispiz nicht ansehen, da die Herausgeber das Frontispiz in ihrer Edition nicht wiedergeben.

5 «Le Satyre voulut baiser et embrasser le feu la premiere fois qu'il le vid: mais Prometheus lui cria, Bouquin tu pleureras la barbe de ton menton, car il brusle quand on y touche: mais il baille lumiere et chaleur, et est un instrument servant à tout artifice, pourveu qu'on en sache bien user.» *Les œuvres morales de Plutarque, translatées de Grec en François, revues et corrigées en plusieurs passages par le Translateur* [Amyot]. Genf, Iacob Stoer, 1621, I, p. 342. [*Moralia* 86 E-F.]

Wer tritt uns in der Figur des Satyrs entgegen? Für wen steht der Jüngling, dem der Fackelträger das Feuer zugedacht hat? Und wer oder was ist das göttliche Wesen, das beide überragt und das sich, auf je verschiedene Weise, beiden zuwendet? Nach Rousseaus eigener Auslegung der Allegorie, die er auf der letzten Seite seiner letzten öffentlichen Erwiderung in der langen Kontroverse um den *Discours sur les sciences et les arts* 1752 einem Kritiker entgegenhält, versinnbildlicht die Fackel des Prometheus die Fackel der Wissenschaften, die dazu geschaffen ist, die großen Genies zu entflammen; der Satyr, der auf das Feuer zuläuft, um es zu umarmen, stellt die gemeinen Menschen dar, die sich, durch den Glanz der Literatur und der Wissenschaften verführt, unbesonnen dem Studium hingeben; der Gott aber, der die *hommes vulgaires* vor der Gefahr warnt – und der, wohlverstanden, die Fackel für die *grands génies* in Händen hält –, ist niemand anders als Rousseau selbst.[6] Rousseaus Deutung des Frontispizes stellt über jeden Zweifel klar, daß er sich das Urteil «der Griechen» und «der Ägypter» über den Gott nicht zu eigen macht und daß er keineswegs als «homme vulgaire» über die Wissenschaften und die Philosophie spricht, auch wenn er sich am Ende des *Discours* förmlich unter die «gemeinen Menschen» einreiht[7] – unmittelbar nachdem er die Philosophie zum Privileg der Wenigen erklärt hat, die die Kraft in sich spüren, allein und ohne fremde Hilfe in die Fußstapfen der «großen Genies» zu treten, die sich zutrauen, es einem Bacon, Descartes oder Newton gleichzutun, um über sie hinauszugelangen. Der Jüngling, den das Frontispiz im Zentrum des Bildes zeigt

6 «J'aurois cru faire injure aux Lecteurs, et les traiter comme des enfans, de leur interpréter une allégorie si claire; de leur dire que le flambeau de Prométhée est celui des Sciences fait pour animer les grands génies; que le Satyre, qui voyant le feu pour la première fois, court à lui, et veut l'embrasser, représente les hommes vulgaires, qui séduits par l'éclat des Lettres, se livrent indiscrétement à l'étude; que le Prométhée qui crie et les avertit du danger, est le Citoyen de Geneve. Cette allégorie est juste, belle, j'ose la croire sublime.» *Lettre à Lecat*, OCP III, p. 102.
7 «Pour nous, hommes vulgaires, à qui le Ciel n'a point départi de si grands talens et qu'il ne destine pas à tant de gloire, restons dans nôtre obscurité. Ne courons point après une réputation qui nous échaperoit, et qui, dans l'état présent des choses ne nous rendroit jamais ce qu'elle nous auroit coûté, quand nous aurions tous les titres pour l'obtenir. A quoi bon chercher nôtre bonheur dans l'opinion d'autrui si nous pouvons le trouver en nous-mêmes? Laissons à d'autres le soin d'instruire les Peuples de leurs devoirs, et bornons-nous à bien remplir les nôtres, nous n'avons pas besoin d'en savoir davantage.» *Discours sur les sciences et les arts*, p. 30.

und den Rousseau in seiner Deutung nicht beim Namen nennt, repräsentiert die «kleine Zahl» der zukünftigen, der potentiellen Philosophen, jene Leser des *Discours*, für die die Allegorie nicht autoritativ ausgelegt zu werden braucht, weil sie selbst zu denken und zu deuten, weil sie, auf sich gestellt, «zu verstehen wissen».[8]

Die Schlüsselrolle, die dem Frontispiz des *Discours sur les sciences et les arts* für das Verständnis von Rousseaus Rhetorik zukommt, wird unterstrichen durch die genealogische Verbindung, die die zugehörige Stelle im *Discours* zwischen den Göttern der Wissenschaft und der Schrift, zwischen Prometheus und Theuth, und vermittels ihrer zwischen Rousseau und Platon herstellt. Die Erwähnung von Theuth verweist den «lecteur attentif» an den *Phaidros*, also an den Platonischen Dialog, der sich wie kein anderer mit der Frage auseinandersetzt, welcher Rhetorik die Philosophie bedarf und welcher sie fähig ist. Sokrates führt die Sage von Theuth als dem Bringer der Geometrie, der Astronomie und anderer Wissenschaften, insbesondere aber als dem Erfinder der Schrift im Kontext der Kritik ein, die er in seiner Rede an der Schriftlichkeit der Philosophie übt.[9] So wie Platon sich imstande sah, die Einwände schriftlich zu fixieren, die er Sokrates im *Phaidros* gegen schriftlich fixierte Reden vorbringen läßt – daß sie überall verfügbar und allen zugänglich sind, sowohl denen, die sie zu verstehen wissen, als auch denen, für die sie sich nicht eignen; daß sie nicht zu unterscheiden vermögen, zu wem sie sprechen und zu wem sie nicht sprechen sollen; daß sie sich nicht selbst schützen und mit Gründen helfen können, sondern auf den Beistand ihres Urhebers angewiesen bleiben –, so wie Platon in der Lage war, diese und andere Einwände gegen die geschriebene Rede zu erheben, um ihnen mit ebendem Dialog, in dem sie erhoben werden,

---

8 *Discours sur les sciences et les arts*, p. 29. «Ce n'est que successivement et toujours pour peu de Lecteurs, que j'ai développé mes idées. Ce n'est point moi que j'ai ménagé, mais la vérité, afin de la faire passer plus sûrement et de la rendre utile. Souvent je me suis donné beaucoup de peine pour tâcher de renfermer dans une Phrase, dans une ligne, dans un mot jetté comme au hasard, le résultat d'une longue suitte de réflexions. Souvent la pluspart de mes Lecteurs auront du trouver mes discours mal liés et presque entierement décousus, faute d'appercevoir le tronc dont je ne leur montrois que les rameaux. Mais c'en étoit assez pour ceux qui savent entendre, et je n'ai jamais voulu parler aux autres.» *Préface d'une seconde lettre à Bordes*, OCP III, p. 106.
9 Platon: *Phaidros* 274c5–275b3.

Rechnung zu tragen und den Sokratischen Anforderungen an die philosophische Rede im Medium der Schrift zu entsprechen,[10] ganz ebenso sieht Rousseau sich imstande, den Argumenten, die der *Premier Discours* gegen die Wissenschaften und die Philosophie vorträgt, in diesem wie in den daraufffolgenden Werken gerecht zu werden und dem Sokratischen Maßstab der philosophischen Rede, die weiß, zu wem sie sprechen und zu wem sie nicht sprechen soll, mit seiner Kunst des sorgfältigen Schreibens zu genügen.[11]

Im Falle des *Discours sur l'origine et les fondemens de l'inégalité parmi les hommes* sorgt Rousseaus Kunst dafür, daß die philosophische Verwegenheit des Buches in eine höchst elaborierte Rhetorik eingebunden ist. Rhetorische Elemente bestimmen sein Gesicht mehr als das irgendeiner anderen Schrift Rousseaus. Die Unterscheidung zwischen den «Richtern» und den «Zuhörern» des Discours ist hier ebenso zu nennen wie die verschiedenen «discours dans le Discours», die Reden, die Rousseau in den Gang der Argumentation einschaltet und die seiner Rede zu einer virtuos dirigierten Vielstimmigkeit verhelfen und ihr eine abgestufte Resonanz verschaffen. In keinem anderen Buch Rousseaus spielen das Ineinandergreifen und das Hinundherwechseln zwischen der Ebene der philosophischen Analyse und der Ebene der polemischen Präsentation eine ähnliche Rolle. Keines hat eine vergleichbar bedeutungsvolle politisch-philosophische Topographie vorzuweisen wie der *Discours sur l'inégalité*, der in Frankreich verfaßt, vom savoyischen Chambéry her datiert und in Amsterdam veröffentlicht,

---

10 Cf. Platon: *Phaidros* 276e4–277a4.

11 Jacques Derridas Untersuchung in *De la grammatologie* (Paris 1967), was Rousseau über die Sprache, über die Rede und über die Schrift zu sagen habe, läßt die Frage außer acht, an wen sich Rousseaus Rede wendet, und an keiner Stelle kommt die Unterscheidung zur Sprache, die Rousseau selbst im Blick auf die Leser seiner Schriften vornimmt. Daraus resultiert nicht nur die geläufige Verzeichnung von Rousseaus Haltung gegenüber dem ägyptischen Bringer der Schrift, dem Gott Theuth – «que Rousseau incrimine dans le *Discours sur le sciences et les arts*» (p. 441; cf. p. 413) –, sondern vor allem die radikale Verkennung der philosophischen Bedeutung, die der *Cinquième promenade* eignet (p. 353–355). Daß in Derridas Darstellung der Philosoph hinter dem Moralisten oder dem Doktrinär zurücktritt und häufig zum Verschwinden kommt (cf. p. 248, 326, 355, 367, 401, 416), steht im Einklang mit einem beharrlichen Unverständnis für Rousseaus Rhetorik (cf. p. 270, 273, 357, 359).

förmlich der Republik Genf zugeeignet ist, aber im «Lyzeum von Athen» den Philosophen «vorgetragen» und von dort aus dem «Menschengeschlecht» zu Gehör gebracht wird. Keines verfügt über eine derart verwickelte äußere Form, einen so vielgliedrigen Aufbau, wobei alle Einzelteile, aus denen sich der *Discours* zusammensetzt, fest in die Rhetorik der Schrift als ganzer verwoben sind und darin ihre je besondere Funktion erhalten: angefangen beim Frontispiz, das Rousseau für das Buch bestimmt hat, über den Titel, das Motto, die Widmung, das Vorwort, den Hinweis zu den Anmerkungen, die Frage der Akademie von Dijon, die dem «eigentlichen» Discours unmittelbar vorangestellt ist, über das Exordium, den Ersten und den Zweiten Teil, bis zu den neunzehn, sehr eigentümlich numerierten, Anmerkungen, die nicht weniger als ein Drittel des gesamten Textes ausmachen. Die Schrift, in der Rousseau die Prinzipien seiner Philosophie zu Lebzeiten mit der größten Kühnheit zu erkennen gibt, ist zugleich seine rhetorischste Schrift.[12]

Aber worauf haben wir uns im Falle der *Rêveries* einzustellen, wenn die Kühnheit des *Discours sur l'inégalité* durch die Gewagtheit der *Rêveries* noch übertroffen wird? Welchen Schutz und welche Hilfe konnte Rousseau seinem letzten Buch mitgeben? Ließ sich die Rhetorik seiner rhetorischsten Veröffentlichung überbieten? Die *Rêveries* scheinen über keine verwickelte äußere Form zu verfügen. Zumindest fehlt ihnen ein vielgliedriger Aufbau. Kein Frontispiz und kein Motto, keine Widmung, kein Vorwort und keine Anmerkungen. Nichts als zehn «Spaziergänge» und ein lakonischer Titel. Sie haben auch keine bedeutungsvolle politisch-philosophische Topographie vorzuweisen. Den Orten, die in den *Rêveries* vorkommen, wächst Bedeutung einzig daraus zu, daß Rousseau sie aufsucht und sie mit seinem Leben in Verbindung bringt. Die Unterscheidung zwischen «Richtern» und «Zuhörern» schließlich, die in der Rhetorik des *Discours* von so großem Gewicht ist, kommt in den *Rêveries* nicht zum Zuge, da Rousseau, wenn wir ihn beim Wort nehmen, zu niemandem spricht, sich an nie-

---

12 Eine eingehende Auseinandersetzung mit Rousseaus Kunst des Schreibens und eine detaillierte Analyse der Rhetorik des *Discours* habe ich im *Einführenden Essay über die Rhetorik und die Intention des Werkes* sowie im Kommentar meiner Kritischen Edition des *Discours sur l'inégalité* (Paderborn 1984, 6. Auflage 2008) vorgelegt.

manden wendet und für niemanden schreibt, außer zu, an und für sich selbst. Rousseau geht in den *Rêveries* nicht über die Rhetorik des *Discours sur l'inégalité* hinaus, indem er deren Komplexität erhöht, indem er etwa durch weitere Stilelemente, zusätzliche Redefiguren, neue Argumentationsebenen eine Verfeinerung der Abstimmung oder eine Steigerung der Spannung im Gesamtgefüge erreicht. Er macht vielmehr eine Kehrtwendung. Er schlägt den Weg der Vereinfachung und Verkürzung ein. Er wählt die Rhetorik einer unbedingten Aufrichtigkeit, die adressatenunabhängig auftritt, und einer unmittelbaren Transparenz, die absichtslos gegen andere erscheint. Der Grund-Satz der Rhetorik, deren sich Rousseau in den *Rêveries* bedient, lautet: Der Autor und sein Leser sind eins. Es ist der Grundsatz einer Rhetorik, die vorgibt, ohne Rhetorik auszukommen, jeder Rhetorik zu entsagen, über alle Rhetorik hinaus zu sein.

Wenn die Wirksamkeit, die der Rhetorik des Verzichts auf jede Rhetorik innewohnt, eines historischen Nachweises bedurfte, so hat die Rezeption der *Rêveries* ihn über mehr als zwei Jahrhunderte erbracht. Rousseau wäre nicht der politische Philosoph gewesen, der er war, hätte er diese Wirksamkeit nicht beizeiten erkannt und sicher einzuschätzen gewußt, um sie sich zunutze zu machen, wenn für ein außerordentliches Unterfangen eine außerordentliche Rhetorik not tat. Und der Meister der indirekten Mitteilung, der umwegigen Bestätigung, der hintergründigen Bekräftigung, als der er sich in allen vorausgegangenen Veröffentlichungen bewährte, läßt es in den *Rêveries* nicht an Hinweisen fehlen, daß er sein letztes Werk eingedenk der hohen Anforderungen schrieb, die sich aus seiner ursprünglichen philosophischen Einsicht in die unaufhebbare Spannung zwischen Philosophie und Politik für eine öffentliche Verhandlung philosophischer Gegenstände ergeben, Anforderungen, die um so mehr an die Verhandlung des philosophischen Lebens selbst zu stellen sind. Zu den Hinweisen, die dem sorgfältigen Leser anzeigen, daß er auf der richtigen Fährte ist, zählen mehrere unverkennbare Rückbezüge auf die Schrift, mit der Rousseau seine literarische Laufbahn begann und in der er, wie wir gesehen haben, die rhetorische Grundkonstellation für alles weitere bestimmte, in der er sein Selbstverständnis als Autor wie das Verhältnis zu den unterschiedlichen Lesern seines Œuvre prägnant zum Ausdruck brachte. Eine besondere Rolle fällt dabei einer kleinen Abhandlung Plutarchs zu, den Rousseau wie keinen anderen Autor in den *Rêveries* auszeichnet und für seine eigenen

Zwecke in Anspruch nimmt.[13] Rousseau bringt sie zu Beginn der *Quatrième promenade* ins Spiel: Gegenstand des mit Abstand längsten «Spaziergangs» und zugleich desjenigen, der in Aufbau wie Durchführung einer philosophischen Abhandlung im gewöhnlichen Sinn am nächsten kommt, ist die Lüge. Breiten Raum nimmt in ihm die Frage der Wahrheit ein, die der Autor seinen Lesern schuldet. Der Bezug zu Plutarchs Schrift *Wie man aus seinen Feinden Nutzen ziehen kann* scheint ganz okkasionell zu sein: eine mehr oder weniger zufällige Lektüre Rousseaus, die ihn im zufälligen Zusammentreffen mit einer unverlangten Zusendung veranlaßt, genauer zu prüfen, welches Gewicht die Lüge in seinem Leben hatte und ob er den Wahlspruch *Vitam impendere vero* zu Recht zum Motto seines öffentlichen Auftretens erhob.[14] Tatsächlich gibt es jedoch eine engere, sehr viel einschlägigere Verbindung zum Thema der *Quatrième promenade*. Denn der Traktat, von dem Rousseau sagt, er habe ihn «vorgestern» gelesen, ist ebender Text, dem Rousseau mehr als ein Vierteljahrhundert zuvor das Sujet für das Frontispiz des *Discours sur les sciences et les arts* entnommen hatte. Sowenig er im *Discours* die Quelle der «ancienne fable» benannte, die er wörtlich zitierte, so wenig wiederholt er jetzt die Warnung, die der Gott dem Satyr entgegenhält. Der Leser, der Rousseaus Hinweis nachgeht, wird ihr im zweiten Absatz von Plutarch/Amyots *Comment on pourra tirer utilité de ses ennemis* begegnen. Es unterliegt keinem Zweifel, daß der Promeneur Solitaire der *Rêveries* sich um nichts weniger als der Prometheus des *Discours* bewußt ist, was er bei sich trägt und was er weitergeben will.

Die Rhetorik des Verzichts auf jede Rhetorik ist das hervorstechendste Element in der rhetorischen Zurüstung der *Rêveries*. Ihre prohibitive Wirkung entfaltet sie indes erst im Zusammenspiel mit zwei anderen Kunstgriffen. Rousseau oszilliert bei der Präsentation seines Lebens zwischen der Beschreibung einer Jedermanns-Existenz mit Erfahrun-

---

13 «Dans le petit nombre de Livres que je lis quelquefois encore, Plutarque est celui qui m'attache et me profite le plus. Ce fut la première lecture de mon enfance, ce sera la derniére de ma vieillesse; c'est presque le seul auteur que je n'ai jamais lu sans en tirer quelque fruit.» IV, 1, *OCP* I, p. 1024; cf. III, 1 (1011), III, 25 (1023), IV, 42 (1039), IX, 21 (1095).
14 «Pour mettre à profit les leçons du bon Plutarque je résolus d'employer à m'examiner sur le mensonge la promenade du lendemain» IV, 1 (1024).

gen und Gefühlen, Freuden und Leiden allgemeinmenschlichen Zuschnitts, die die Leser zum Mitleiden und Mitfreuen, zum Nachempfinden und Wiedererkennen einladen, und dem Beharren auf einem Ausnahme-Dasein, das in seiner Einzigartigkeit niemandem erreichbar ist und dessen Exzentrizität alles überragt. Die Jedermanns-Existenz erlaubt die Identifikation mit dem Autor, der sich durch nichts wesentlich von seinen Lesern unterscheidet; das Ausnahme-Dasein schafft einen Abstand, der unüberbrückbar erscheint, und verweist auf eine Besonderheit, die so emphatisch herausgestellt wie in ihrer substantiellen Ausprägung für die gemeinen Leser im dunkeln gelassen wird. Ist der Jedermanns-Pol mit dem ersten Kunstgriff, mit der Rhetorik der ungehinderten Transparenz oder des Verzichts auf Rhetorik, zusammengeschlossen, so ist der Ausnahme-Pol aufs engste mit dem dritten Kunstgriff verbunden: Rousseau führt die Aktivität, die sein Leben trägt und seine Exzentrizität begründet, weder in ihrer direkten Ansicht noch in ihrer integralen Gestalt vor Augen. Er gibt sie nur im Medium der Verfremdung und Fragmentierung zu erkennen, spektral gebrochen und in Teilaspekte auseinandergelegt, die zu einem Ganzen zusammenzufügen und in eine Bewegung zu überführen Aufgabe des Lesers bleibt. Die *Rêveries* zeigen das Feuer der Philosophie im Widerschein des Wassers, in den Spiegelungen des Unbegrenzten, das näherer Bestimmung, des Unauffälligen, das sorgfältiger Betrachtung, der Oberfläche, die eingehender Auslegung bedarf. –

Einem Leitfaden in Rousseaus Textur folgend, will ich umreißen, wie eine solche Auslegung ansetzen kann, und vorgreifend zur Anschauung bringen, worauf sich meine Reflexionen beziehen. Ich beginne beim Beginn, genauer gesagt, bei dem, was der eingangs zitierten Eröffnung des Buches vorausgeht: Ich beginne beim Titel. Er vereinigt in sich alle drei Typen von Titeln, die Rousseau bis dahin für Bücher verwendet hatte: Die Benennung erstens des Gegenstandes, einer literarischen Figur oder einer Sache (*Julie ou La Nouvelle Héloïse*, *Du contrat social*, *Émile ou de l'éducation*), zweitens der Gattung (*Discours*, *Essai*, *Lettre*, *Dictionnaire*), drittens einer Aktivität (*Discours*, *Les Confessions*, *Dialogues*). Die *rêveries* bezeichnen eine private Aktivität, die anders als *confessions*, *discours* oder *dialogues* nicht von vornherein auf ein Gegenüber, ein Auditorium, einen Adressaten verweisen, sondern intrinsisch selbstgenügsam ist. Gleichwohl sind die *rêveries*, wenn sie schriftlich gefaßt werden, einem Leser zugänglich und, sobald sie gedruckt vorliegen, grundsätzlich jedem, der des Lesens mächtig ist. Als Buch mögen sie eine eigene Gattung begründen oder den Rang einer eigenen Gattung zugesprochen bekommen, so wie Montaignes *Essais*, die Rousseau in der *Première promenade* ausdrücklich zur Kontrastierung heranzieht,[15] eine neue Gattung begründeten. Schließlich benennt der Titel *Les rêveries du Promeneur Solitaire* in seiner Verbindung der Aktivität *rêveries* mit dem Subjekt *Promeneur Solitaire* den Gegenstand des Buches. Die Aktivität, die der Titel exponiert, lädt den Leser ein, Vergleiche zu anderen herausragenden Werken anzustellen, die eine Aktivität des Autors zum Titel erhoben, so zu den *Meditationes* von Descartes oder den *Pensées* von Pascal. Beide Begriffe, *méditations* und *pensées*, die der Titel in den offen, unscharf gehaltenen *rêveries* aufnimmt und verbirgt, sind im Buch an wichtigen Stellen präsent, und der Rückgang auf das Subjekt, das sich als letzte, nicht mehr hintergehbare Instanz des philosophischen Unternehmens der Selbstvergewisserung und der Welterschließung ins Auge faßt, eine Bewegung, die sich für viele mit dem Namen Descartes verbindet, ist ein Teil der Aktivität, die den *Rêveries* zugrunde liegt, ebenso wie die Auseinandersetzung mit der Religion, die Pascals Aufzeichnungen zum Gegenstand haben, einen Teil des Buches ausmacht. Im Unterschied zu Descartes' *Meditationes* oder Pascals *Pensées* folgt in Rousseaus Titel keine Angabe zur Sache, zu den Themen, auf die die *rêveries* gerichtet sind, und im Unterschied zu Montaignes *Essais* verwendet Rousseau den bestimmten Artikel und spricht von *Les rêveries*. Die Benennung der Aktivität findet ihre Fortsetzung in der Identifizierung *du Promeneur Solitaire*. Wir haben es mit den *rêveries* des, nicht irgendeines, Solitären Spaziergängers zu tun. Der Titel zeigt in der Spannung zwischen der wenig spezifischen, im Undeutlichen belassenen, der Deutung bedürftigen Aktivität und dem höchst spezifischen, einsamen und einzig dastehenden Subjekt die Spannung an, die die Rhetorik des ganzen Buches durchzieht. Die von Rousseau im Titel klein geschriebenen *rêveries* werden zu bestimmten *rêveries* durch den groß geschriebenen *Promeneur Solitaire*. Sie verlieren das Ungefähre, Unscharfe, Unbedenkliche, das das Wort suggeriert, erst, wenn sie als seine *rêveries*, von ihm ausgehend und zu ihm hinführend, verstanden sind. Umgekehrt wird sich dem Leser die Identität des *Promeneur Solitaire* nicht erschließen, solange er die Aktivität nicht zu verstehen weiß, in

15 I, 14 (1001).

der sich diese Identität artikuliert und durch die sie ihre Gestalt gewinnt. *Les rêveries du Promeneur Solitaire* ist der einzige Titel Rousseaus, der zugleich das Resultat oder die Präsentation einer Aktivität und die zugrundeliegende Aktivität des Autors selbst bezeichnet, eine Aktivität, die nicht in dem Resultat aufgeht, das sie zeitigt, die ihre Wirklichkeit diesseits und jenseits der Präsentation im Buch behält. Der bestimmte Artikel deutet darauf hin, daß die *rêveries*, die uns vorliegen, daß genau die Promenaden, die Rousseau geschrieben und denen er eine Ordnung gegeben hat, durchdacht, als Ganzes in den Blick genommen und in ihrem Gang und Zusammenhang begriffen werden müssen, wenn die Aktivität erfaßt werden soll, die den Promeneur Solitaire auszeichnet.[16] Die Aktivität trägt über das bloß Individuelle hinaus. Sie ist einem Typus zugeordnet. Sie läßt in ihrem individuellen Vollzug ein besonderes Allgemeines sichtbar werden. Der Titel verspricht uns nicht *Les rêveries de Jean-Jacques Rousseau*, sondern *Les rêveries du Promeneur Solitaire*.[17]

---

16 Rousseau verwendet den Begriff *Promeneur Solitaire* in keiner der zehn *Promenades*. Er behält ihn dem Titel des Ganzen vor.

17 Der Titel, den Rousseau der Reinschrift des Manuskripts deutlich lesbar vorangestellt hat, wird in der Literatur durchweg falsch wiedergegeben. Daß die vom Gewohnten abweichende Groß- und Kleinschreibung Rousseaus unbeachtet geblieben ist, geht zunächst auf die Unachtsamkeit der Editoren seines Buches zurück, die – angefangen bei den Nachlaßverwaltern Moultou und Du Peyrou – den Titel niemals in seiner authentischen Gestalt setzen ließen. Zumeist werden die Unterscheidungen, die Rousseau vornimmt, durch die Verwendung von Versalien für alle fünf Wörter des Titels unkenntlich gemacht: Edition Paul Moultou und Pierre-Alexandre Du Peyrou in *Collection complète des œuvres de J. J. Rousseau*. Genf 1782, Bd. X in-4, Bd. XX in-8; John S. Spink: *Edition critique publiée d'après les manuscrits autographes*. Paris, Didier (Société des Textes français modernes), 1948; Marcel Raymond: *Edition critique*. Genf, Droz (Textes littéraires français), 1948, und *Œuvres complètes*. Bd. I. Paris, Gallimard (Bibliothèque de la Pléiade), 1959; Marie-Madeleine Castex. Paris, Imprimerie nationale (Lettres françaises), 1978; Marc Eigeldinger und Frédéric-S. Eigeldinger: *Fac-similé du manuscrit original*. Genf, Slatkine, 1978. Oder die Wiedergabe lautet *Les Rêveries du Promeneur solitaire*: Edition S. de Sacy. Paris, Gallimard (Folio), 1972; ebenso in den Einleitungen, Erläuterungen etc. bei John S. Spink (1948), Marcel Raymond (1959), Marie-Madeleine Castex (1978); oder *Les Rêveries du promeneur solitaire*: Edition Henri Roddier. Paris, Garnier (Classiques), 1960; oder *Les rêveries du promeneur solitaire*: Michel Launay in *Rousseau Œuvres complètes*. Bd. I. Paris. Seuil (l'Integral), 1967; Bernard Gagnebin. Paris, Le livre de poche, 1972; Érik Leborque. Paris, Flammarion, 1997;

Warum Rousseau den Begriff *rêverie* wählt, liegt nach dem bisher Gesagten auf der Hand: Rousseau verwendet ihn, um auf die Aktivität, die für das philosophische Leben zentral ist, sowohl hinzuweisen als auch von ihr abzulenken. Die Rede von *rêverie* hält in der Schwebe, was dieses Leben tatsächlich ausmacht. Wir können die Antwort in zwei Antworten auseinanderlegen. (1) Rousseau ist darum bemüht, den Eindruck der Harmlosigkeit zu erwecken, das Bild eines «unschuldigen» Lebens zu zeichnen.[18] (2) Rousseau überläßt es dem Leser, der dazu fähig ist, vermöge ebenjener Aktivität zur Klarheit über die Aktivität zu gelangen, auf die der enigmatische Titel hinweist. Schon in den *Dialogues* hatte Rousseau nach Kräften versucht, den Eindruck der Harmlosigkeit hervorzurufen. Welche Gefahr könnte von einem Autor ausgehen, der nicht gerne schreibt – obschon er, wie uns im selben Buch in Erinnerung gebracht wird, innerhalb weniger Jahre Tausende von Seiten schrieb? Oder von einem Denker, der sich zum Denken zwingen muß – wenngleich er, wie wir ebenfalls erfahren, tief nachzudenken gelernt, ja so tief wie nur irgend jemand nachgedacht hat?[19] Was wäre von einem unschuldig Verfolgten zu befürchten, der in der Welt seiner Einbildungskraft dem Unglück seines Lebens zu entkommen sucht? Was von einem einsamen Träumer, der sich seit langem fast ausschließlich mit Musik und Botanik befaßt? Oder der, wenn er seine natürliche Indolenz überwindet, um einer sachlichen Frage nachzugehen und sich auf ein theoretisches Problem zu konzentrieren, wie er das früher tat, und sich jetzt noch gelegentlich, von jemandem gebeten, zur

---

oder der Titel wird von Anfang an verkürzt zu *Rêveries du promeneur solitaire*: Edition Michèle Crogiez. Paris, Le livre de poche, 2001. Allerdings konnte sich jeder interessierte Leser seit 1948 über die authentische Gestalt des Titels unterrichten, denn John S. Spink transkribierte ihn an einer Stelle seiner Einleitung korrekt (p. XLVII) und bildete ihn in der Handschrift Rousseaus ab, ohne den Besonderheiten von Rousseaus Schreibweise indes Aufmerksamkeit zu schenken oder sie für die Edition selbst zu berücksichtigen. Entsprechendes gilt für die Faksimile-Edition von Marc und Frédéric-S. Eigeldinger von 1978. Die jüngste deutsche Ausgabe enthält ebenfalls ein Faksimile des Rousseauschen Titels. Bei der Übertragung der fünf Wörter bringt sie es dann auf drei Fehler: *Träumereien eines einsamen Spaziergängers* (Stuttgart, Philipp Reclam jun., 2003).
18 II, 6 (1004); VII, 1 (1061); VII, 30 (1073). Cf. I, 15 (1001); II, 25 (1010); III, 19 (1019); III, 22 (1022); VI, 12 (1056).
19 *Rousseau juge de Jean-Jacques. Dialogues* II, OCP I, p. 829 und 791; cf. p. 816, 820, 839, 864–865, 874 und III, p. 936.

Ausarbeitung einer Schrift wie der *Considérations sur le gouvernement de Pologne* bereit findet, sich von nichts anderem als «von der Vorstellung des zukünftigen Glückes des Menschengeschlechts und von der Ehre, zu ihm beizutragen,»[20] leiten läßt? Die *Rêveries* nehmen diese rhetorische Strategie bereits im Titel auf. Sie malen das Bild der *Dialogues* vom Denker, dem das Denken vor allem Mühe und Last ist, weiter aus und versehen es zur Krönung des Gesamteindrucks – nicht zufällig in der *Cinquième promenade* – mit dem Slogan vom «köstlichen *far niente*».

Betrachten wir den Gebrauch, den Rousseau von *rêverie* im Text macht. Zum erstenmal taucht das Wort im ersten Satz des dreizehnten Absatzes der *Première promenade* auf: «Ces feuilles ne seront proprement qu'un informe journal de mes rêveries.» Der Begriff hat hier dieselbe Offenheit wie im Titel des Buches. Auch die Doppelung von Aktivität und Resultat der Aktivität, die bei der zweiten und letzten Verwendung innerhalb der *Première promenade* zugunsten des Resultats aufgegeben wird, bleibt gewahrt. Doch schon im nächsten Satz nimmt Rousseau eine Bestimmung vor: er nennt sich, das Subjekt und den Autor der *rêveries*, die «diese Blätter» enthalten, «un solitaire qui réflechit». *Réfléchir* tritt an die Stelle von *rêver* und erläutert, präzisiert, bestimmt so *rêveries*. Rousseau bedient sich des Mittels der Erläuterung, Präzisierung und Bestimmung durch Ersetzung oder stillschweigendes Übergehen zu einem schärfer konturierten Begriff nach dem Vorbild dieser Stelle immer wieder. Alle weiteren Verwendungen von *rêverie* zur Bezeichnung einer Aktivität sind den *Promenades* II, V und VII vorbehalten. Die aufschlußreichste für unsere Frage, weshalb Rousseau den Begriff im Titel herausstellt, findet sich im ersten Absatz der *Deuxième promenade*. Er bildet mit den drei folgenden Absätzen die Einleitung zur einzigen Promenade, die im engeren Sinn als Darstellung eines Spaziergangs gelten kann, und zugleich eine so konzise wie bedeutende zweite Einleitung zu den *Rêveries* insgesamt. Rousseau kündigt an, er werde, um sein Vorhaben auszuführen, «l'état habituel» seiner Seele «in der sonderbarsten Lage, in der sich ein Sterblicher jemals befinden kann», zu beschreiben, ein «getreues Register» – in Gestalt des Buches, das wir vor uns haben – anlegen «de mes promenades solitaires et des rêveries qui les remplissent quand je laisse ma tête entié-

---

20 *Rousseau juge de Jean-Jacques* II, p. 829, siehe p. 836.

rement libre, et mes idées suivre leur pente sans resistance et sans gêne». Die *rêveries* bezeichnen die Aktivität, die sich bei Rousseau, in und für Rousseau, von selbst einstellt, sobald sein Kopf ganz frei ist und er seiner Neigung folgen kann. Sie erfaßt ihn und erfüllt seine einsamen Spaziergänge, wenn er seinen Ideen ohne Hinderung und ohne Beschränkung nachzugehen vermag: sofern er keinem Gesetz unterliegt, niemandem Gehorsam schuldet, durch keine Pflicht gebunden und durch keinen Auftrag festgelegt ist, weder nach dem Urteil anderer fragt noch Ansehen bei ihnen zu erwerben sucht oder sich um seine Wirkung auf Öffentlichkeit und Nachwelt sorgt. *Rêverie* wird zunächst negativ bestimmt: Es ist die Aktivität, die frei ist von jedem äußeren Zwang und jeder praktischen Abzweckung.[21] Die positive Bestimmung folgt im unmittelbar anschließenden Satz, wiederum auf dem Wege der Ersetzung: «Ces heures de solitude et de méditation sont les seules de la journée où je sois pleinement moi et à moi sans diversion, sans obstacle, et où je puisse véritablement dire être ce que la nature a voulu.» Rousseau ist ganz er selbst, wenn er in seiner Einsamkeit, durch nichts und niemanden beeinträchtigt, die Aktivität entfalten kann, die ihm gemäß ist. Er ist für sich und bei sich, wenn er nachdenkt. Einsamkeit und Nachdenken erlauben ihm, das zu sein, «was die Natur gewollt hat». An der Stelle, an der Rousseau *solitude* und *méditation* miteinander verknüpft, tritt die Natur im Buch zum erstenmal in Erscheinung.

Das Projekt, den «état habituel» seiner Seele «in der sonderbarsten Lage, in der sich ein Sterblicher jemals befinden kann», zu beschreiben, die wissenschaftliche Beobachtung und Aufzeichnung der «Modifikationen» seiner Seele, die Rousseau, wie er in der *Première promenade* erklärte, vornehmen wollte, indem er, dem Beispiel der Physiker folgend, die den täglich wechselnden Zustand der Luft untersuchen, das Barometer an seine Seele anlegt,[22] dieses Unternehmen mündet nach

---

21 Cf. *Rousseau juge de Jean-Jacques* II, p. 841, 845, 849, 865.
22 «Une situation si singulière mérite assurement d'être examinée et décrite, et c'est à cet examen que je consacre mes derniers loisirs. Pour le faire avec succés il y faudroit proceder avec ordre et methode: mais je suis incapable de ce travail et même il m'écarteroit de mon but qui est de me rendre compte des modifications de mon ame et de leurs successions. Je ferai sur moi-même à quelque égard les operations que font les physiciens sur l'air pour en connoitre l'état journalier. J'appliquerai le barometre à mon ame, et ces operations bien dirigées et longtems repetées me pourroient fournir des resultats aussi surs que les leurs. Mais je n'étens pas jusques-

wenigen Sätzen in die Frage, wie, wann und wo Rousseau das sein kann, «was die Natur gewollt hat». Das «getreue Register», von dem Rousseau in der Einleitung spricht, wird vor allem festhalten, was Rousseau *ist* und was er *bleibt*, gleichgültig, in welch widrige Lage er versetzt wird. Das «einzigartige» Komplott, die «einzigartige» Verfolgung, das «einzigartige» Schicksal dienen am Ende dazu zu zeigen, daß der Promeneur Solitaire auch unter den ungünstigsten Bedingungen ganz bei sich zu sein vermag.

Kehren wir noch einmal zum Begriff *rêverie* zurück. Wie erwähnt, tritt er als Bezeichnung einer Aktivität nur in den *Promenades* II, V und VII auf. Durch Ersetzung und Abgrenzung wird *rêverie* als *réflexion*, *méditation*, *contemplation* näher bestimmt und als wesentlich frei von gesellschaftlichem Zwang oder ihr äußerlich bleibender Abzweckung charakterisiert. *Rêverie* dient Rousseau als Wegweiser zur philosophischen Aktivität des Promeneur Solitaire und als deren Abbreviatur. Außerhalb der *Deuxième*, der *Cinquième* und der *Septième promenade*, die, in ihrem inneren Verweisungszusammenhang gelesen, ein Argument zur Autarkie und zum Glück des philosophischen Lebens entwickeln, kommt das Wort *rêverie* tatsächlich nur viermal (von vierundzwanzigmal insgesamt) im Buch vor. Auf den Titel und die beiden Verwendungen in der *Première promenade* bin ich bereits eingegangen. Die vierte und die letzte Verwendung überhaupt findet sich am Ende der *Huitième promenade*. Rousseau bekräftigt dort, was er zu Beginn der *Deuxième promenade* auseinandergesetzt hatte: daß er, einerlei, was ihm widerfährt, zu sich zu kommen und wieder das zu werden vermag, «was die Natur gewollt hat». Ausdrücklich erklärt er jetzt, sein «état le plus constant» sei trotz seines Schicksals der Zustand, in dem er ein Glück genießt, für das er sich geschaffen fühlt, «un bonheur pour lequel je me sens constitué». Dann fügt er hinzu: «J'ai décrit cet etat dans une de mes reveries». Rousseau verweist den Leser an die *Cinquième promenade*, das Herzstück und den Höhepunkt des Buches, zurück. *Rêverie* wird in der abschließenden Verwendung des Wortes zum Synonym für *promenade*.[23] Damit stimmt eine Notiz zusammen, die Rousseau bei der Arbeit an den *Rêveries* auf die Rückseite einer der Spielkarten schrieb, die

---

là mon entreprise. Je me contenterai de tenir le registre des opérations sans chercher à les reduire en système.» I, 14 (1000–1001).
23 VIII, 23 (1084).

er auf seinen Spaziergängen bei sich trug: «Um den Titel dieser Sammlung recht zu erfüllen, hätte ich vor sechzig Jahren mit ihr beginnen müssen: denn mein ganzes Leben ist kaum etwas anderes gewesen als eine lange *rêverie*, die durch meine täglichen *promenades* in Kapitel unterteilt wurde.»[24] *Les rêveries du Promeneur Solitaire* geben uns nicht die Kapitel, in die sich das Leben Rousseaus unterteilen läßt. Statt dessen erlauben die zehn *Rêveries*, aus denen «die Sammlung» besteht, einen Blick auf die Wege, die der *Promeneur Solitaire*, der Aktivität folgend, die er *rêverie* nennt, gegangen ist und immer neu geht. Es sind die Wege, auf denen er seine Natur verwirklicht. Die *Rêveries* sind die verbergende Entbergung des philosophischen Lebens, in dem Rousseau seine Bestimmung findet. Die zehn *Promenades* geben uns die Kapitel, in denen sich dieses Leben artikulieren läßt.

Der Titel, den Rousseau für das gewagteste seiner Bücher wählte, entspricht der Sache, die darin verhandelt wird, in jeder Weise. Er kündigt keine Ermahnung zur Philosophie an. Er ist geeignet, Erwartungen zu dämpfen. Er verleitet dazu, was folgt, eher leicht zu nehmen oder gering zu veranschlagen. Zumal Rousseau den Begriff *rêveries* in den philosophischen Schriften, die er zu Lebzeiten veröffentlichte, durchweg in einem abwertenden oder ironisch abwehrenden Sinn gebraucht hatte.[25]

---

24 «Pour bien remplir le titre de ce recueil je l'aurois du commencer il y a soixante ans: car ma vie entiére n'a guére été qu'une longue rêverie divisée en chapitres par mes promenades de chaque jour.» *Ebauches des Rêveries* 1, *OCP* I, p. 1165.
25 Im *Discours sur les sciences et les arts* schreibt Rousseau: «Les écrits impies des Leucippes et des Diagoras sont péris avec eux. On n'avoit point encore inventé l'art d'éterniser les extravagances de l'esprit humain. Mais, grace aux caractéres Typographiques et à l'usage que nous en faisons, les dangereuses reveries des Hobbes et des Spinosas resteront à jamais» (p. 27–28). Im *Émile* kommt das Wort zweimal vor. In der Préface nimmt Rousseau einen möglichen Einwand gegen sein Buch vorweg: «On croira moins lire un Traité d'éducation, que les rêveries d'un visionnaire sur l'éducation» (*OCP* IV, p. 242; bekräftigend dazu *Lettres écrites de la montagne* III, 75, *OCP* III, p. 748, und *Lettre à Christophe de Beaumont*, *OCP* IV, p. 1003). Und in der «Transkription» der *Profession de foi* ist von «nos ridicules rêveries» in bezug auf Gott die Rede (p. 560). Beachtung verdient außerdem die Verwendung in der Conclusion der *Considérations sur le gouvernement de Pologne*, die uns zeitlich in die Nähe der *Dialogues* führt (Rousseau übergab die *Considérations* im Juni 1771 dem Grafen Wielhorski): «je mets fin à ce long fatras en faisant à Monsieur le Comte Wielhorski mes excuses de l'en avoir occupé si longtems. Quoique je pense autrement que les autres hommes, je ne me flate pas d'être plus sage qu'eux, ni qu'il

Der Titel fügt sich, mit einem Wort, bruchlos in die politisch-philosophische Konzeption ein, die Rousseaus Œuvre im ganzen bestimmt und zu einem Ganzen zusammenschließt. Zugleich aber zeigt er an, daß dieses Buch für sich steht. Wir haben weder eine Rede des Bürgers von Genf noch eine Abhandlung des Lehrers des Menschengeschlechts zu gewärtigen. Die *Rêveries* gehören, in einem prägnanten Verstande, nicht mehr zu Rousseaus Œuvre. –

Damit sind wir offenbar zum Grund-Satz der Rhetorik der *Rêveries* zurückgekehrt, der Autor und der Leser seien eins. Wie wir gesehen haben, kommt ihm in der Zurüstung, die Rousseau seinem enigmatischsten Werk mitgab, eine herausragende Bedeutung zu. Der «rhetorische Charakter» der Versicherung «ich schreibe meine *Rêveries* nur für mich»[26] steht außer Frage bei einem Buch, dessen Autor die möglichen Leser nie aus dem Auge verliert, sie wiederholt im Plural der ersten Person in den Gang des Geschehens einbezieht[27] und sich gelegentlich beinahe unverhohlen an sie wendet.[28] Gleichwohl gibt die Versicherung einen Hinweis zur Ausnahmestellung der *Rêveries*, der Beachtung verdient. Denn Rousseaus Aussage macht nicht allein im Vergleich zu den Werken anderer Autoren, sondern in Rücksicht auf das eigene Œuvre einen Unterschied geltend. Sie setzt die *Rêveries* ausdrücklich von Montaignes *Essais* ab, die, ganz im Gegensatz zu den *Rêveries*, «nur für die anderen» geschrieben seien. Im unmittelbaren Anschluß dient sie indes vor allem dazu, die *Rêveries* von den *Confessions* und den *Dialogues* abzugrenzen, die gleichfalls für andere, nämlich «für andere Generationen», geschrieben wurden.[29] So irreführend die Abgrenzung in der *Première promenade* auf den ersten Blick erscheint – die *Rêveries* sind am Ende *auch* für einen zukünftigen Leser verfaßt, für einen Leser, der mit dem Autor verwandt, aber nicht identisch ist –, so hilfreich erweist sie sich bei näherer Betrachtung. Sie lenkt unsere Aufmerksamkeit auf die Frage, welche Aufgabe Rousseau den *Confessions*, den *Dialogues* und den *Rêveries* jeweils übertragen hat: was sie auszeichnet, was sie

---

trouve dans mes rêveries rien qui puisse être reellement utile à sa patrie» (*OCP* III, p. 1041).
26 I, 14 (1001).
27 I, 12 (999); II, 25 (1010); III, 13 (1016); III, 18 (1019); IV, 7 (1026).
28 II, 13 (1006); V, 6 (1042). Cf. I, 13 (1000); I, 14 (1000); IV, 5 (1026).
29 I, 15 (1001).

unterscheidet und was sie im Besonderen bestimmt. Die gewöhnliche Zusammenfassung der drei Werke unter der Überschrift «Autobiographische Texte» weist in die umgekehrte Richtung. Sie blendet das Besondere gerade aus, ebnet die Unterschiede ein und legt die Vorstellung nahe, wir hätten es mit so etwas wie einer Autobiographie in drei Teilen oder in drei Anläufen zu tun. Die Meinung aber, es handle sich um ein und dasselbe Vorhaben in mehreren Versuchen, die ihre Erklärung in einer Obsession fänden oder die das Scheitern des autobiographischen Unterfangens selbst belegten,[30] diese Meinung verfehlt das Wichtigste.

Die *Confessions* erheben den Anspruch, zum erstenmal «einen Menschen in der ganzen Wahrheit der Natur» zu zeigen: Jean-Jacques Rousseau. Bereits der Appell an den Leser, den der Autor dem Manuskript vorausschickt, läßt keinen Zweifel daran, daß die Aufgabe der *Confessions* über eine Lebensbeschreibung weit hinausreicht. Er unterstreicht «im Namen der ganzen menschlichen Gattung» die Bedeutung, die das Werk «für das Studium der Menschen» in der Zukunft haben wird, dem es recht eigentlich «als erstes Vergleichsstück dienen kann». Die Vorbemerkung kündigt einen anthropologischen Traktat an, wenn auch von überraschendem Zuschnitt. Er wird ebenso «einzigartig» wie «nützlich» sein.[31] Die Stoßrichtung des Unternehmens, von dem der erste Satz des ersten Buches feststellt, es sei ohne Beispiel, gibt der Titel zu erkennen. Rousseau antwortet mit seinen Bekenntnissen auf die *Confessiones* des Augustinus. Er tritt in einen Wettstreit mit dem Theologen ein, dessen Namen er in den *Rêveries* als einzigen in einem Atemzug mit dem Gott der Offenbarung nennen wird.[32] Der anthropologische Traktat stellt die Lehre Rousseaus vom natürlichen Gutsein gegen die Lehre des Kirchenvaters von der Erbsünde. Das umfangreiche Werk ist tatsächlich nicht zum geringsten Teil eine Auslegung der Maxime der *bonté naturelle* und eine Veranschaulichung ihres Sinns, die Rousseau

---

30 Aus der umfangreichen Literatur zu den «autobiographischen Texten» Rousseaus sei hier eines der wenigen Bücher über die *Dialogues* genannt: James F. Jones, Jr.: *Rousseau's Dialogues: An Interpretive Essay.* Genf 1991. Zum «Scheitern der Autobiographie» cf. p. 178–191.
31 *Les Confessions*, p. 3; cf. X, p. 516.
32 II, 25 (1010). In der 1763 veröffentlichten *Lettre à Christophe de Beaumont* hatte Rousseau den «Rhéteur Augustin» als den eigentlichen Urheber der Lehre von der Erbsünde, «cette doctrine du péché original, sujette à des difficultés si terribles», herausgestellt (p. 937–938).

im *Discours sur l'inégalité* dem Gebot der Bergpredigt «Tue anderen, wie du willst, daß man dir tue» entgegengehalten hatte: «Fais ton bien avec le moindre mal d'autrui qu'il est possible.»[33]

Das alles genügte, um *Les Confessions* zu einem Eckpfeiler in der Architektonik von Rousseaus Œuvre zu machen. Doch es kommt etwas hinzu, das die Wendung zur Autobiographie im engeren Sinn betrifft. Sie erfüllt zwei spezifische Funktionen, die für das Œuvre von Gewicht sind, eine philosophische und eine politische. Die biographische Verankerung der Lehre dient zum einen als der reflexive Widerpart zu deren historischer Herleitung, d. h., die emphatische Exposition des eigenen Lebens ist Ausdruck von Rousseaus Verwerfung einer geschichtsphilosophischen Begründung. Nicht die Behauptung eines privilegierten geschichtlichen Augenblicks, in dem der Philosoph denkt und spricht, sondern die Berufung auf die natürlichen Vermögen, die ihn auszeichnen, und auf die besondere Verfassung, die er sich bewahrte, enthält die Antwort auf die Frage nach dem Grund: Der Rückgang auf die Natur, nicht der Zugriff auf die Geschichte oder deren Zuspiel eröffnet den Weg zur Wahrheit. Das Unternehmen, Jean-Jacques Rousseau «in der ganzen Wahrheit der Natur» zu zeigen, dient zum anderen einem politischen Zweck. Es ist Teil von Rousseaus Vorhaben, den Urheber des Œuvre der Nachwelt als Zeugen der Wahrheit zu vergegenwärtigen. Von der herausragenden Bedeutung, die dem Zeugen der Wahrheit bei der Beglaubigung und schließlichen Durchsetzung einer Lehre zukommt, hatte sich Rousseau anhand der Geschichte des Christentums überzeugt. Für die geschichtliche Wirkung einer Doktrin erweist sich nach Rousseaus Analyse nicht so sehr deren Wahrheit, sondern vor allem der Charakter und die Gerechtigkeit ihrer Vertreter als ausschlaggebend. Denn die Wahrheit der Doktrin kann nur von den «hommes sages qui sont instruits et qui savent raisonner», also von ganz wenigen, beurteilt werden. Der «Beweis», der in der Lebensführung liegt, das Beispiel derer, die für die Wahrheit der Doktrin mit ihrem Leben einstehen, erreicht und beeindruckt dagegen die «gens bons et droits qui voyent la vérité par tout où ils voyent la justice»,[34] und sie muß gewogen

---

33 *Discours sur l'inégalité*, Première partie. Kritische Edition, p. 150. Rousseau verwendet den Begriff *bonté naturelle* dort zum erstenmal (cf. n. 187 und 188). Beachte dazu *Les Confessions* II, p. 56 und VII, p. 277.
34 *Lettres écrites de la montagne* (1764) III, 5 und 6, p. 728. Cf. *Observations sur la*

stimmen, wer die öffentliche Meinung auf lange Sicht für seine Lehre gewinnen will.

Die politische Absicht, die Rousseau mit der Wendung zur Autobiographie verfolgt, ist nicht in eins zu setzen mit der Absicht des Autors, durch seine Schriften zu zukünftigen Lesern zu sprechen. So wie Rousseau in seinen Büchern von Anfang an die Adressaten sorgfältig unterscheidet, zu denen er spricht, so gibt er von Anfang an zu verstehen, daß die Adressaten, zu denen er am umfassendsten sprechen will, weit eher in der Zukunft als in der Gegenwart zu finden sein werden. Wer die Absicht hat, die Wenigen zu erreichen, «die zu verstehen wissen», und deshalb, wie Rousseau im Vorwort des *Premier Discours* schreibt, «über sein Jahrhundert hinaus leben will»,[35] muß zur Gegenwart auf Distanz gehen. Er muß sich von ihren Moden fernhalten, von ihren Selbstverständlichkeiten lösen, von ihren Vorurteilen befreien. Kurz: Wer zu den Philosophen der Zukunft sprechen möchte, muß tun, was ein Philosoph in jedem Fall tun muß. Er wird die Meinungen und vorzüglich die mächtigsten Meinungen, denen er in seiner Familie, seiner Klasse, seinem Vaterland, in der Gesellschaft der Gegenwart begegnet, einer eingehenden Kritik unterwerfen. Er wird sich so als der Stiefsohn seiner Zeit zu erkennen geben, der er ist. Der Philosoph, der über den Tod hinaus «pour nous, hommes vulgaires» einen Maßstab aufrichten, der für sehr verschiedene Naturen Wege weisen will, muß noch andere Anstrengungen unternehmen. Er wird bestrebt sein, abträgliche durch zuträgliche Meinungen zu ersetzen und heilsame Glaubensüberzeugungen zum öffentlichen Nutzen zu begründen oder zu kräftigen. Es ist folgerichtig, daß Rousseau auf die Mittel zurückgreift, die ihm das persönliche Beispiel und die autobiographische Untermauerung für sein politisches Vorhaben bieten. Dieses Vorhaben gewinnt dabei in dem Maße konkrete Gestalt, in dem das Echo wächst und die Feindschaft stärker wird, die Rousseau mit seinem Lehrgebäude erntet, und

---

réponse qui a été faite a son Discours (*Réponse au roi de Pologne*) (1751), 5 und 6, p. 45–46.

35 «Aussi mon parti est-il pris; je ne me soucie de plaire ni aux Beaux-Esprits, ni aux Gens à la mode. Il y aura dans tous les tems des hommes faits pour être subjugués par les opinions de leur siécle, de leur Pays, de leur Société: Tel fait aujourd'hui l'Esprit fort et le Philosophe, qui, par la même raison n'eût été qu'un fanatique du tems de la Ligue. Il ne faut point écrire pour de tels Lecteurs, quand on veut vivre au-delà de son siécle.» *Discours sur les sciences et les arts*, p. 3.

das Lehrgebäude selbst wird von Rousseau im Bewußtsein der zunehmenden Beachtung durch die Öffentlichkeit und seiner größeren Wirkungsmöglichkeiten ausgebaut, verbreitet, in die Höhe und in die Tiefe getrieben.

Rousseau reklamiert den Wahlspruch *Vitam impendere vero*, den er in der *Quatrième promenade* einer späten Prüfung unterzieht, nicht zufällig in der Schrift zum erstenmal für sich, in der er erklärt, es handle sich in ihr «nicht mehr darum, zur kleinen Zahl, sondern zur Öffentlichkeit zu sprechen, noch darum, die anderen zum Denken zu veranlassen, sondern mein Denken deutlich zu erklären».[36] Die *Lettre à d'Alembert* aus dem Jahr 1758 ist, obwohl an einen Einzelnen adressiert, die erste Schrift, mit der sich Rousseau ausdrücklich an die große Zahl, an das Volk, an die Vielen wendet. Es ist das erste Buch, das er nach Vollendung der augenfälligen «Reform» veröffentlicht, die in der *Troisième promenade* zur Sprache kommt, und das er, wie er in der *Lettre* zweimal, eingangs und ausgangs, nahelegt, in der Erwartung schreibt, es werde sein letztes Wort an die Öffentlichkeit sein.[37] Im Angesicht des Todes bekennt Rousseau, er habe sein Leben der Wahrheit geweiht.[38] Als Vermächtnis, das sein Bild für die Nachwelt schärfen soll, verfaßt er ein Buch, das einem der prominentesten Wortführer der französischen Aufklärung und bekanntesten Vertreter der Wissenschaft seiner Zeit entgegentritt, um das Vaterland vor politischer Gefahr zu schützen. «J.-J. Rousseau Citoyen de Genève» erwidert auf «Monsieur d'Alembert de l'Académie française, de l'Académie Royale des Sciences de Paris, de celle de Prusse, de la Société Royale de Londres, de l'Académie Royale des Belles-Lettres de Suède, et de l'Institut de Bologne», um die Bürger von Genf eindringlich vor der Errichtung eines Theaters zu warnen, für

---

36 «Prémiérement, il ne s'agit plus ici d'un vain babil de Philosophie; mais d'une vérité de pratique importante à tout un peuple. Il ne s'agit plus de parler au petit nombre mais au public, ni de faire penser les autres mais d'expliquer nettement ma pensée. Il a donc fallu changer de stile: Pour me faire mieux entendre à tout le monde, j'ai dit moins de choses en plus de mots, et voulant être clair et simple, je me suis trouvé lâche et diffus.» *Lettre à d'Alembert*, Préface 7, OCP V, p. 6.
37 Der letzte Satz der Préface lautet: «Lecteur, si vous recevez ce dernier ouvrage avec indulgence, vous accueillirez mon ombre; car pour moi, je ne suis plus.» Die *Lettre* selbst schließt mit den Worten: «C'est le dernier vœu par lequel je finis mes Ecrits; c'est celui par lequel finira ma vie.» *Lettre à d'Alembert*, p. 7 und 125.
38 *Lettre à d'Alembert*, p. 120 n.

die der langjährige Bekannte aus gemeinsamen Pariser Tagen in einem Artikel warb, den er 1757 im siebten Band der *Encyclopédie* über Genf veröffentlichte. Rousseau, der zum Kreis der Mitarbeiter des von Diderot und d'Alembert geleiteten Großunternehmens gehört und selbst Artikel zur *Encyclopédie*, der wichtigsten *machine de guerre* der *philosophes*, beigesteuert hatte, setzt auf 282 Druckseiten auseinander, weshalb es sich bei d'Alemberts Empfehlung, Genf für das Theater zu öffnen, um «den gefährlichsten Rat» handelte, «den man uns geben könnte».[39] Rousseau ergreift als «einer von uns» das Wort. Er nimmt, genauer gesagt, in seiner Eigenschaft als Mitglied des Genfer Souveräns zu einem konkreten Vorschlag Stellung, der nach seinem Urteil für die Sitten, für die öffentliche Meinung und mithin für die politische Ordnung der Republik von großer Tragweite ist. Er führt Jedermann vor Augen, daß er sich bei seinem politischen Handeln nicht von Eigeninteressen, weder von privaten Rücksichten noch von persönlichen Vorlieben, bestimmen läßt, sondern daß er den «préміéres affections» des Menschen folgt, die der Menschheit und dem Vaterland gehören, und daß er vor allem den «premiers devoirs de l'homme» genügt, die er in zwei Begriffe faßt: *justice et vérité*.[40]

Die *Lettre à d'Alembert* ist das erste Buch, mit dem Rousseau emphatisch als Zeuge der Wahrheit auftritt.[41] Die Wahrheit, für die er einsteht,

---

39 *Lettre à d'Alembert*, Préface 4, p. 5.
40 «Justice et vérité; voila les prémiers devoirs de l'homme. Humanité, patrie, voila ses préміéres affections. Toutes les fois que des ménagemens particuliers lui font changer cet ordre, il est coupable.» *Lettre à d'Alembert*, Préface 1, p. 3.
41 Die Devise *Vitam impendere vero*, die Rousseau in seinem ersten Buch über Genf öffentlich macht, steht in den *Lettres écrites de la montagne*, seinem zweiten und letzten Buch über Genf, in großen Lettern auf der Titelseite zu lesen. Im zweiten Absatz des Avertissement stellt Rousseau klar, daß er sich, wie zuvor mit der *Lettre à d'Alembert*, an eine denkbar weitgefaßte Öffentlichkeit wendet: «Rien de moins important pour le public, j'en conviens, que la matiere de ces Lettres. La Constitution d'une petite République, le sort d'un petit particulier, l'exposé de quelques injustices, la réfutation de quelques sophismes; tout cela n'a rien en soi d'assez considérable pour mériter beaucoup de Lecteurs: Mais si mes sujets sont petits mes objets sont grands, et dignes de l'attention de tout honnête homme. Laissons Genève à sa place, et Rousseau dans sa dépression; mais la Religion, mais la liberté, la justice! voila, qui que vous soyez, ce qui n'est pas au dessous de vous.» Und der dritte Absatz kommt auf die Wahrheit und die Frage zu sprechen, welche Rede ihr angemessen sei: «Réduit au triste emploi de me défendre moi-même, j'ai du me

ist die Wahrheit seiner Lehre von den Pflichten und Rechten des Bürgers. Es ist, in einer weiteren Perspektive, die Lehre vom wohlgeordneten Gemeinwesen, von der Würde des Politischen und von der Erfüllung, die in der politischen Existenz erreicht werden kann. Zu ihrem Zeugen wird Rousseau nicht dadurch, daß er sich nach Genf aufmacht, um dort das politische Leben zu führen, das die Lehre des Citoyen begründet und umreißt. Aus der Zurückgezogenheit seiner Eremitage gibt er als Autor dem Vaterland und der Menschheit ein Beispiel des guten Bürgers. Er ergreift Partei für das Ganze. Er erteilt Rat in einer Streitfrage, die das Wohl und Wehe der Republik betrifft. Die Schrift zeigt den Verfasser auf der Höhe seiner Aufgabe. Sie belegt, daß er die historischen Gegebenheiten, die ökonomischen Voraussetzungen und die moralischen Aspekte der zu verhandelnden Sache mit der Umsicht zu bedenken weiß, die ein angemessener politischer Rat erfordert. Sie veranschaulicht, daß er über die Fähigkeit zur präzisen Analyse der Lage und über eine klare Vorstellung von den Prinzipien verfügt, an denen sich seine Heimatstadt auszurichten vermag. Und außerdem gibt sie ihn als Theaterkritiker von Rang zu erkennen, der die Stücke eines Racine, Molière oder Voltaire auswendig parat hat und jede Auseinandersetzung über ihre Dramen mit den Kritikern in Paris oder andernorts glänzend bestehen wird. Tatsächlich beginnt Rousseau einen Dialog mit d'Alembert über die Tragödie und die Komödie bei den Alten und den Neueren. Die eindringliche Interpretation des *Misanthrope*, die die *Lettre à d'Alembert* vorträgt, allein genügte, um Rousseaus Kennerschaft und seine Wertschätzung des Theaters zu demonstrieren. Rousseau widerspricht der Errichtung eines Theaters in Genf nicht deshalb, weil er das Theater geringachtete, sondern weil er politisch zu urteilen und das heißt zu unterscheiden versteht. Was gut ist für Rousseau, muß nicht gut sein für Genf. Ganz anders der Universalismus des Mathematikers, an den die *Lettre* adressiert ist. Er verallgemeinert das

borner à raisonner; m'échauffer eut été m'avilir. J'aurai donc trouvé grace en ce point devant ceux qui s'imaginent qu'il est essenciel à la vérité d'être dite froidement; opinion que pourtant j'ai peine à comprendre. Lorsqu'une vive persuasion nous anime, le moyen d'employer un langage glacé? Quand Archimede tout transporté couroit nud dans les rues de Syracuse, en avoit-il moins trouvé la vérité parce qu'il se passionnoit pour elle? Tout au contraire, celui qui la sent ne peut s'abstenir de l'adorer; celui qui demeure froid ne l'a pas vue.» *Lettres écrites de la montagne*, p. 685–686.

ihm Zuträgliche zum Richtigen für Jedermann. Gegen den Eifer des Aufklärers, die Philosophie in Genf und überall zu verbreiten,[42] stellt

[42] D'Alembert gibt die Stoßrichtung seines Artikels über Genf durch den Aufbau zu erkennen. Der 23. und bei weitem längste Absatz des 43 Absätze umfassenden Textes ist dem Vorhaben gewidmet, ein Theater in Genf zu errichten. Er folgt unmittelbar auf die unverblümteste Schmeichelei für Rousseaus Vaterstadt im Zentrum des Artikels («Il n'y a peut-être point de ville où il y ait plus de mariages heureux; Geneve est sur ce point à deux cents ans de nos mœurs» 22.) und preist Genf als «le séjour de la Philosophie et de la liberté», eine Auszeichnung, die im 4. Absatz vorbereitet und im 36. bekräftigt wird. Was d'Alembert mit seinem Vorschlag im Auge hat, kann der Leser den letzten 13 Absätzen entnehmen, die den umfangreichsten Teil des Artikels bilden. Er verhandelt höchst pointiert «la Religion de Geneve» (31). An seinem Beginn sagt d'Alembert: «c'est la partie de cet article qui interesse *peut-être* le plus les Philosophes» (31, meine Hervorhebung), und am Ende identifiziert er sich selbst als «Philosophe» (43), die beiden einzigen Verwendungen des Begriffs im Artikel. Das Theater wäre ein geeignetes Instrument, um den Einfluß der «Philosophes» zu stärken, und die Aufführung der Stücke eines Voltaire könnte dazu beitragen, den letzten Unterschied zu überwinden und geschichtlich zu überholen, der, wie d'Alembert herausstellt, «le Christianisme de Geneve» noch von einem «pur Déisme» trennt (39). Die beiden einzigen Autoren, die d'Alembert namentlich erwähnt und wörtlich zitiert, sind Tacitus und Voltaire. Ein Zitat aus Tacitus' *Germania* beschließt den Teil über die Regierung (14), während Voltaire im Teil über die Religion zu Wort kommt (36). Ihm ist es vorbehalten, die Tatsache, daß sein *Essai sur l'histoire universelle* unbeschadet der darin enthaltenen Kritik an Calvin («que Calvin avoit une ame atroce») «avec l'approbation publique» in Genf erscheinen konnte, als Beleg für den Fortschritt der menschlichen Vernunft ins Feld zu führen («Ce n'est pas, dit M. de Voltaire, un petit exemple du progrès de la raison humaine»). «Genf» ist für d'Alembert, was «Germanien» für Tacitus war. Aber er bedient sich der vergleichenden Kritik und des kontrastierenden Lobs nicht mehr im Hinblick auf ein partikulares Gemeinwesen, sondern in der Absicht, dem Fortschritt der Menschheit zu dienen und die Durchsetzung universeller Ansprüche zu befördern. Die entscheidende Differenz zwischen den Historikern Tacitus und Voltaire wird durch die geschichtliche Macht des Christentums begründet. Sie ist Voraussetzung und Ausgangspunkt des politischen Vorhabens von d'Alembert. – Rousseau bringt auf subtile Weise zum Ausdruck, daß er die Kunstgriffe, deren sich d'Alembert bedient, verstanden hat. Er verwendet den ersten Teil der *Lettre à d'Alembert* auf eine politische Verteidigung der Genfer Pastoren und eine komplexe philosophische Stellungnahme zum Christentum, um *danach*, im 11. Absatz, auf d'Alemberts Vorschlag einzugehen: «Je n'exposerai point ici mes conjectures sur les motifs qui vous ont pu porter à nous proposer un établissement si contraire à nos maximes. Quelles que soient vos raisons, il ne s'agit pour moi que des nôtres, et tout ce que je me perméttrai de dire à

Rousseau im Vorwort die doppelte Berufung auf den Eifer des Patrioten. Und in seinem Zentrum steht der Satz: «J'écrivois pour ma patrie.»[43]

Mit der *Lettre à d'Alembert* setzt sich Rousseau als Genfer Patriot in Szene, aber das Schauspiel, das er zur Aufführung bringt, das Lehrstück politischen Handelns aus dem Geist der Republik, ist ein Schauspiel für die Welt. Der Zeuge, dessen Beispiel die Lehre vom guten Bürger unterstützen soll, spricht zur Menschheit, an die sich diese Lehre vor, in und nach der *Lettre* richtet: 1750 im *Discours sur les sciences et les arts*, 1755 im *Discours sur l'inégalité* sowie in der *Économie politique*, 1762 dann in *Du contrat social*, 1764 in den *Lettres écrites de la montagne*, im postum veröffentlichten *Projet de constitution pour la Corse* von 1765 und schließlich in den *Considérations sur le gouvernement de Pologne* von 1771. Genf, Korsika, Polen sind Fälle, Konkretisierungen, Repräsentanten einer prinzipiellen Konzeption, die Rousseau mit der *Lettre* veranschaulicht und die er in seinem Œuvre bis zum Ende verfolgt, um sie reicher zu entfalten und aufs neue zu durchdenken. Doch schon zur Zeit der *Lettre à d'Alembert* arbeitet er an der Erweiterung seiner Lehre.

votre égard, c'est que vous serez surement le premier Philosophe* qui jamais ait excité un peuple libre, une petite ville, et un Etat pauvre, à se charger d'un spectacle public.» Rousseau setzt eine Fußnote hinzu, die für jeden Leser dunkel bleiben muß, der d'Alemberts Artikel nicht so zu lesen weiß, wie Rousseau ihn zu lesen wußte: «*De deux célebres Historiens, tous deux Philosophes, tous deux chers à M. d'Alembert, le moderne seroit de son avis, *peut-être*; mais Tacite qu'il aime, qu'il médite, qu'il daigne traduire, le grave Tacite qu'il cite si volontiers, et qu'à l'obscurité près il imite si bien quelquefois, en eut-il été de même?» (*Lettre à d'Alembert*, p. 14, korrigiert nach der Erstausgabe, meine Hervorhebung). Ein schönes Beispiel dafür, daß Philosophen, die die Kunst des sorgfältigen Schreibens beherrschen, so zu schreiben pflegen, wie sie lesen. – D'Alembert antwortet 1759 mit seiner *Lettre à M. Rousseau, Citoyen de Geneve*. Obwohl die Schrift mehr als doppelt so lang ist wie der Artikel über Genf, gliedert d'Alembert sie wiederum in 43 Absätze. Aber die Gewichtung in der Hauptsache fällt nach Rousseaus Kritik genau umgekehrt aus: Der mit großem Abstand umfangreichste Teil behandelt das Theater, seine Bedeutung für die Aufklärung, für die Philosophen und für den Fortschritt der Menschheit (Absätze 5–36), während auf die Auseinandersetzung über die Religion in Genf, für die sich «la plupart de nos Lecteurs» kaum interessiere (42), jetzt ein einziger Absatz verwendet wird: der vorletzte und bei weitem längste der Erwiderung...

43 *Lettre à d'Alembert*, Préface 6, p. 6. D'Alemberts «zéle» erscheint in Absatz 2, Rousseaus «zéle» in den Absätzen 5 und 6 des 11 Absätze umfassenden Vorworts.

In der *Nouvelle Héloïse* und im *Émile*, 1761 bzw. 1762 erschienen, stellt Rousseau der politischen Existenz des Citoyen, der sein Glück als Teil des *moi commun* in der Einheit der Republik verwirklicht, die Möglichkeit geglückter Existenz der Liebenden zur Seite, die, im besten Fall, zu einer übergreifenden Einheit und einer Art Selbstgenügsamkeit finden. Und er entwirft, abermals für «les hommes vulgaires», die Option einer moralischen Existenz, die ihre innere Einheit inmitten einer depravierten Gesellschaft auszubilden versucht, in einer Gesellschaft, für die die Begriffe *patrie* und *citoyen* keine Bedeutung mehr haben.[44] Der Erweiterung der Lehre, die für unterschiedliche Naturen in unterschiedlichen Umständen und unter unterschiedlichen geschichtlichen Bedingungen unterschiedliche Möglichkeiten aufzeigt, korrespondiert die Wendung zur Autobiographie in den *Confessions*, die in den Jahren 1764–1770 entstehen. Der Zeuge der Wahrheit hat jetzt für noch mehr und anderes einzustehen als für die Lehre vom guten Gemeinwesen. Das Beispiel politischen Handelns, das der Bürger von Genf mit der *Lettre à d'Alembert sur les spectacles* gab, genügt nicht, um die vielgliedrige, umfassende Lehre der sechziger Jahre und den mit ihr verbundenen Anspruch zu unterstützen. Es reicht auch nicht aus, um die Wirkung der *Profession de foi du Vicaire Savoyard* zu befördern, die Rousseau ins vierte Buch des *Émile* aufnahm und die er in der *Troisième promenade* als ein Werk für die Nachwelt herausstellt, «qui peut faire un jour révolution parmi les hommes si jamais il y renait du bon sens et de la bonne foi.»[45] Um die weit auseinanderliegenden Konzeptionen für den Bürger und für die Liebenden gleichermaßen zu bekräftigen und um die Autorität zu gewinnen, die die Doktrin der moralischen Existenz zu ihrer Beglaubigung verlangte, mußte Rousseau tiefer ansetzen und sich in einem volleren, in einem helleren Licht zeigen. Ebendies unternimmt er mit dem Porträt, das er in den *Confessions* von sich zeichnet, getragen von dem Bewußtsein, im ganzen gesehen *le meilleur des hommes* zu sein.[46] Aber endgültig fixiert wird das Bild vom Zeugen der Wahrheit erst in den *Dialogues*, die dem zukünftigen Leser den Autor als *l'homme de la nature éclairé par la raison* vor Augen stellen.[47] Sie bringen Rous-

---

44 Cf. *Émile* I, p. 249–250 und 266.
45 III, 17 (1018).
46 *Les Confessions* X, p. 517.
47 *Rousseau juge de Jean-Jacques* II, p. 864.

seaus Œuvre zum Abschluß – und bereiten damit im eigentlichen Sinne die *Rêveries* vor. –

Die *Dialogues: Rousseau juge de Jean-Jacques* haben wie kein anderes Buch von Rousseau die Wirkung des Œuvre im Blick. Sie enthalten die weitreichendste Untersuchung der Frage des idealen Lesers. Und nirgendwo sonst verhandelt Rousseau mit ähnlicher Eindringlichkeit, was den Adressaten seines Werkes den Zugang erschweren oder was sie um den Ertrag seiner Lehre bringen kann. Während die Rhetorik der *Rêveries* postuliert, der Autor und der Leser seien eins, legen die unmittelbar vorangehenden *Dialogues* Jean-Jacques Rousseau in zwei auseinander. Der Leser Rousseau setzt sich über den Autor Jean-Jacques, den er zunächst nur aus dessen Schriften kennt, mit einem Dialogpartner, genannt «le François», auseinander, der sich unter dem Eindruck der öffentlichen Meinung lange weigert, die Schriften von Jean-Jacques zu lesen. Schließlich gelingt es Rousseau, «den Franzosen», der in den *Dialogues* den moralischen Menschen und nichterotischen Leser verkörpert, für eine wohlmeinende Lektüre und eine günstige Einschätzung von Jean-Jacques zu gewinnen. Zu keinem Zeitpunkt wird Rousseaus Widerpart indes zum Richter erhoben, weder über Jean-Jacques noch über Rousseau. Jean-Jacques Rousseau ist, wie der Titel bündig zum Ausdruck bringt, sein eigener Richter. Er erkennt keinen Richter über sich, wer es auch sei. In die hermeneutische Konstellation der *Dialogues* übersetzt und aufs Ganze der drei Dialoge gesprochen, die Rousseau mit dem Franzosen führt: Einzig Rousseau, der Leser, der die Schriften von Jean-Jacques zu verstehen weiß und sich in ihnen wiederfindet, ist befähigt und befugt, über Jean-Jacques, den Autor, zu richten, der sie für eine ihm verwandte Natur geschrieben hat. Dagegen veranschaulicht der Franzose zum einen das Hindernis, das die öffentliche Meinung zu Autor und Werk für die zukünftige Rezeption darstellt, sofern der verständige Leser sie nicht – im Zusammenspiel mit dem Autor selbst[48] – vorteilhaft zu beeinflussen vermag. Zum anderen läßt er im

---

48 Was für den Leser des Œuvre und den Autor der *Dialogues* gilt, gilt innerhalb der *Dialogues* für den Leser Rousseau und den Autor Jean-Jacques, den Rousseau just zu der Zeit in Paris besuchte, als er, wie Rousseau im zweiten Dialog berichtet, an den *Dialogues* arbeitete und mithin niederschrieb, was Rousseau dem Franzosen über den Besuch bei Jean-Jacques und dessen Niederschrift mitteilt (*Rousseau juge de Jean-Jacques* II, p. 836).

kontrastierenden Vergleich mit seinem Gegenüber augenfällig hervortreten, was den idealen Leser auszeichnet und vom gewöhnlichen Leser notwendig unterscheidet.

Die Dialoge beginnen mitten in der Handlung. Sie haben eine Vorgeschichte, über die wir nur im Ergebnis Aufschluß erhalten. Sowohl der Bericht, den der Franzose Rousseau über das Monster Jean-Jacques gibt, als auch das Urteil, zu dem Rousseau über Jean-Jacques gelangt, liegt den Dialogen voraus, deren Zeuge wir werden. Der Richter von Jean-Jacques konnte alles Wesentliche dessen Schriften entnehmen. Sein Urteil wird durch die spätere Begegnung mit dem Autor bestätigt, begründet ist es im sorgfältigen Studium des Œuvre. Es geht auf eine Lektüre zurück, die durch keine Nachrede über den Autor abgelenkt, durch keine Vorgabe zum Werk getrübt wurde. Denn Rousseau ist erst jüngst nach Frankreich gekommen und soeben durch den Franzosen über die Schändlichkeit von Jean-Jacques, über das Urteil der Autoritäten, über das, was die «Messieurs» sagen, ins Bild gesetzt worden. Er befand sich in der bevorzugten Lage eines Fremden, den nichts in der Konzentration auf das Œuvre und die Intention des Autors beeinträchtigte. Er hatte sich nicht durch das Gestrüpp einer verwickelten Wirkungsgeschichte vorzuarbeiten und sich auf dem Weg zu einem angemessenen Verständnis nicht über die Direktiven und Voreingenommenheiten der unterschiedlichsten Parteien Rechenschaft zu geben, deren ansehnliche Liste von den Aufklärern über die Politiker bis zu den Theologen reicht, mit der Erwähnung der «Ärzte» und der «Frauen» längst nicht erschöpft ist und im Licht der jeweiligen historischen Erfahrung fortgeführt, abgewandelt, aktualisiert werden kann. Aber der Verlauf der Handlung läßt keinen Zweifel daran, daß das Urteil «Rousseaus» keineswegs an eine bevorzugte Lage der Unmittelbarkeit gebunden ist. Tatsächlich besteht eine der Lehren, die die *Dialogues* bereithalten, darin, daß der Leser, für den «Jean-Jacques» schreibt, sich der Beeinflussung durch Dritte zu entziehen, geschichtliche Widerstände zu überwinden, sich aus ungünstigen Verstehensbedingungen zu befreien weiß oder daß der ideale Leser grundsätzlich in jeder Zeit möglich ist. Wenn Rousseau früher instruiert worden wäre, daß es sich bei dem Œuvre von Jean-Jacques um das Werk eines Ungeheuers handelte, hätte er sich dadurch sowenig abhalten lassen, die Schriften von Jean-Jacques zu lesen, wie er sich, vom Franzosen instruiert, abhalten läßt, zwischen dem ersten und dem zweiten Dialog das Ungeheuer aufzusuchen, um mit eigenen Augen zu sehen, wem das Verdikt der «Messieurs» in Wahrheit gilt. Im Unterschied zum Franzosen, der sich das Wichtigste von anderen vorsagen läßt und sagen lassen muß, baut Rousseau einzig auf das, was er selbst sieht und liest. Mit eigenen Augen sehen und sorgfältig lesen, sind für ihn zwei Seiten Einer Sache. In der Konzeption der *Dialogues*, deren bestimmendes Verb *voir* ist und deren letzte Wörter *les yeux* sind, gehören die beiden Tätigkeiten so sehr zusammen, daß sie im Falle Rousseaus, in den Augen des Autors und im Blick auf den Leser, geradezu füreinander einstehen können.[49]

Dem Gang der Handlung liegt das Prinzip der Einheit von Autor und Werk zugrunde, an dem beide Dialogpartner festhalten, von dem sie aber einen unterschiedlichen Gebrauch machen. Rousseau stützt sein Wissen über den Autor auf seine Kenntnis des Werks. Er weiß, daß das Monster, als das der Franzose Jean-Jacques schildert, nicht der Autor der Schriften sein kann, die er gelesen hat. Daraus schließt er, daß Jean-Jacques entweder nicht der Autor oder nicht das Monster ist, als das ihn die öffentliche Meinung erscheinen läßt. Rousseau stellt das Urteil über Jean-Jacques zurück, bis er ihn gesehen hat. Für den Franzosen steht das Urteil zu Beginn des Dialogs außer Frage. Er hält sich an das, was er über das Œuvre und über Jean-Jacques gehört hat. Da er weder die Schriften gelesen noch Jean-Jacques gesehen hat, hegt er keinen Zweifel an der Einheit von Autor und Werk. Sie ist für ihn auf Hörensagen, auf Nichtwissen, auf Glauben gegründet. Der Dialog hat folglich die Aufgabe, das Prinzip der Einheit von Autor und Werk so zu verteidigen, daß Jean-Jacques als Autor erwiesen und das Urteil des Franzosen über Jean-Jacques widerlegt wird. Die Bedeutung, die die *Dialogues* der Aufgabe beimessen, das Urteil über die Person des Autors zu berichtigen, wird aus der Handlung einsichtig. Die Verbrechen, die die «Messieurs»

---

49 Das Verb *voir* kommt in den *Dialogues* fünfhundertmal vor. Seine Häufigkeit übertrifft – nach *faire* und *pouvoir* – die aller anderen Verben bei weitem. Die letzte Verwendung bezieht sich auf Jean-Jacques, über den Rousseau am Ende des Buches das Ende des Autors antizipierend sagt: «Ajoûtons y de plus la douceur de voir encore deux cœurs honnêtes et vrais s'ouvrir au sien. Temperons ainsi l'horreur de cette solitude où l'on le force de vivre au milieu du genre humain. Enfin sans faire en sa faveur d'inutiles efforts qui pourroient causer de grands desordres et dont le succès même ne le toucheroit plus, ménageons-lui cette consolation pour sa dernière heure que des mains amies lui ferment les yeux.» *Rousseau juge de Jean-Jacques* III, p. 976.

Jean-Jacques zur Last legen, verhindern den Franzosen, sich auf irgendeine seiner Schriften einzulassen. Am Ende des ersten Dialogs erklärt der Franzose sich bereit, Jean-Jacques lesen zu wollen, während Rousseau Jean-Jacques in Augenschein nimmt. Doch es bedarf noch des zweiten und bei weitem längsten Dialogs, in dem Rousseau von seinem Besuch bei Jean-Jacques berichtet und dessen Charakter und Lebensweise in einem anderen Licht zeigt, damit der Franzose schließlich, in ländlicher Zurückgezogenheit, mit einer mehr als nur kursorischen Lektüre beginnt, deren Ertrag er im dritten Dialog ausbreitet. Die Person Jean-Jacques' rückt in dem Maße in den Mittelpunkt des Geschehens, in dem die Meinung über die Person sich als Hürde oder Hilfe für das Œuvre herausstellt. Die *Dialogues* sind der Versuch, das Urteil, das «tous les juges de Jean-Jacques» aufgerichtet haben, durch das Urteil Rousseaus zu entkräften und abzulösen.[50] Wenn sie Rousseau zum einzig legitimen Richter des Werks wie der Person von Jean-Jacques einsetzen, so übertragen sie dem Leser des Buches die doppelte Aufgabe, sich bei der Lektüre an «Rousseau» zu messen und zum Richter «des Franzosen» zu werden. Sie laden ihn ein und fordern ihn auf zur Selbsterkenntnis.

Von Anfang an ist Rousseau bemüht, die moralische Entrüstung des Franzosen zu mäßigen und der Feindschaft gegen Jean-Jacques Zügel anzulegen.[51] Um die vorgefaßte Meinung zu erschüttern, versucht er dem Franzosen in einer kühnen Exposition nahezubringen, daß Jean-Jacques ihm deshalb als Ungeheuer erscheinen könnte, weil der so eigenartige, so einzigartige Jean-Jacques einer Welt zugehört, zu der der Franzose keinen Zugang hat. Rousseau entwirft das Bild «einer idealen Welt, die der unseren ähnlich und doch ganz anders» ist, und bevölkert sie mit Wesen, die er später in Anspielung auf Platons *Phaidros* «mes êtres surlunaires» nennt.[52] Die Bewohner der Welt, in die Rousseau Einblick gewährt, unterscheiden sich von den Menschen, die dem Franzosen aus seiner Welt vertraut sind, sowohl was ihre Fähigkeiten und Lei-

---

50 Cf. *Rousseau juge de Jean-Jacques* I, p. 761 und III, p. 938.
51 Bereits unmittelbar nach der Eröffnung des Dialogs, mit der Rousseau ganz in die Entrüstung des Franzosen einzustimmen scheint, mahnt er: «Soyons justes, même avec les méchans.» *Rousseau juge de Jean-Jacques* I, p. 667.
52 *Rousseau juge de Jean-Jacques* I, p. 668–673, 686; cf. II, p. 815, 829, 840, 849, 851, 854, 864.

denschaften betrifft, als auch hinsichtlich der Interessen, die sie verbinden, und der Zwecke, die sie als maßgebend betrachten. Ihre Seelen werden vor allem von der Kontemplation der Natur begeistert, der sie in jeder Weise zugewandt sind. In ihrem Handeln lassen sie sich vom Prinzip des *amour de soi* bestimmen. Auf ihre fundamentale Unabhängigkeit bedacht, hegen sie keine Absicht, Reichtümer zu erwerben, die Anerkennung der Menge zu gewinnen oder zu herrschen. Statt in der gesellschaftlichen Ordnung einen höheren Rang oder eine herausgehobene Stellung anzustreben, setzen sie «alle Vermögen ihrer Seele» daran, zu dem «état celeste» zu gelangen, der «der einzige Gegenstand all ihrer Wünsche» ist. Die supralunarischen Wesen sind von der Natur begünstigt. Sie erhält sie in dem Zustand, der ihnen entspricht, so daß «ihre Seele ihren ursprünglichen Charakter stets bewahrt», oder sie befähigt sie, kraft eigener Einsicht jenen Zustand aufzusuchen, zu ihm zurückzukehren oder ihn allererst zu schaffen. Die Bewohner des «monde idéal» werden, in summa, «par la nature et par la raison» davon abgehalten, sich an die Konventionen der Gesellschaft zu verlieren und ihr Leben an der Meinung, nach dem Urteil einer Autorität auszurichten. Sie führen und genießen es vielmehr so, «daß sie Tag für Tag das tun, was ihnen gut für sie und recht für die anderen erscheint, ohne Rücksicht auf die Wertschätzung der Menschen und die Launen der Meinung.»

Der Franzose unterbricht Rousseaus Beschreibung des «monde idéal» nur einmal, um sein Nichtverstehen kundzutun. Was könnten die «êtres fantastiques», die Rousseau schildert, mit dem «monstre» gemeinsam haben, «von dem wir», wirft er ein, «eben sprachen»? Die Welt, der der Autor der inkriminierten Schriften zugehört, bleibt dem Franzosen so unzugänglich, daß sie ihm weder zu denken zu geben noch seine Neugierde zu wecken scheint. Er weiß zu ihr buchstäblich keine Frage zu stellen. Das gilt auch für den abschließenden Teil der Beschreibung, in dem Rousseau den Grund des Nichtverstehens benennt: Das besondere Gepräge «dans l'expression de leurs sentiments et de leurs idées», das die Bewohner des «monde idéal» eint und auszeichnet, muß dem entgehen, der, wie der Franzose, keinen Begriff von der «manière d'être» hat, die in Rousseaus Allegorie in Rede steht, während es denen nicht entgehen kann, die jene Seinsweise «kennen und selbst von ihr betroffen sind.» Rousseau geht an der höchst bemerkenswerten Stelle so weit, von einem «signe caracteristique» zu sprechen, «an dem die Eingeweihten sich untereinander erkennen». Eingeweihte sind die «habitans du monde idéal» nicht, weil sie in eine Geheimlehre eingeführt worden wären. Das Erkennungszeichen betrifft keinen doktrinalen Gehalt, keine Formel, die zu lehren, und keine Parole, die zu lernen ist. Denn «es kann nicht nachgemacht werden und ist immer nur auf der Höhe seiner Quelle wirksam». Am untrüglichsten tritt es «in der ganzen Lebensführung» zutage. Desgleichen läßt es sich an den Schriften der supralunarischen Wesen ablesen, da das, worauf das Zeichen verweist, in beidem, im Leben wie im Werk, seinen Ausdruck findet. Eingeweihte, «initiés», sind die «habitans du monde enchanté» mithin aufgrund ihrer «maniére d'être». Sie gewährt ihnen Zugang zu einer Welt, in der sie Wesen begegnen, die, «so sonderbar verfaßt» wie sie, mit ihnen etwas gemeinsam haben, das tiefer reicht als alles, was menschliche Macht herstellen oder menschliche Meinung ändern kann.

Der Franzose antwortet auf den Bericht mit der Mutmaßung, Rousseau könnte einer der Bewohner der beschriebenen Welt sein. Eine Rolle mag dabei spielen, daß Rousseau im letzten Abschnitt seiner Rede, der sich mit den Schriften jener Bewohner befaßte, deren öffentlichen Nutzen geltend machte. Und nicht gering wird zu veranschlagen sein, daß Rousseau die dem Franzosen so fremde Welt «ideal» nennt und außerdem von einer «Zauberwelt» spricht. Aber was der «Autor von *Émile* und *Héloïse*», in dem Rousseau «ohne den geringsten Zweifel» einen der Bewohner erkennt, mit ihr zu schaffen haben soll, ist dem Franzosen nach wie vor ein Rätsel.[53] Gemessen am Nichtverstehen des Franzosen, erscheint die Allegorie des «monde idéal» als Fehlschlag. Damit stimmt zusammen, daß Rousseau dem Gespräch sogleich eine neue Wendung gibt und die Annahme ins Spiel bringt, der Autor und Jean-Jacques seien nicht dieselbe Person, um sich zunächst auf den Autor und dessen Schriften konzentrieren zu können. Gemessen an dem, was die Allegorie dem Leser des Dialogs zeigt und zu verstehen gibt, ist sie indes das Gegenteil eines Fehlschlags. Im Nichtverstehen des Franzosen macht sie dessen Grenzen sichtbar, für die sie selbst die Erläuterung und Einordnung anbietet. An einem Gegenstand von größtem Gewicht führt sie vor Augen, wie die Handlung im Licht der Reden zu lesen ist und wie die Reden durch die Handlung modifiziert, konkretisiert, kommentiert werden. An einem Beispiel, das mehr als ein Beispiel ist, erfährt der Leser zu Beginn, worauf er bis zum Ende des Buches sein

---

53 *Rousseau juge de Jean-Jacques* I, p. 673.

Augenmerk richten muß, wenn er der Aufgabe genügen will, die ihm der Autor zugedacht hat, sich als Freund oder Richter «Rousseaus», «des Franzosen» und seiner selbst zu erweisen. Die Beschreibung des «monde idéal» setzt den Ton für die *Dialogues* und eröffnet, nach rückwärts, eine weitreichende Perspektive auf das Œuvre. Nirgendwo hat Rousseau das Problem des Philosophen unter Nichtphilosophen so plastisch und so delikat verhandelt. Nirgendwo hat er sinnfälliger zum Ausdruck gebracht, daß der philosophische Autor und der philosophische Leser nicht durch die Geschichte gebunden und getrennt sind, sondern sich in Einem Raum bewegen. Und nirgendwo hat er emphatischer von dem gesprochen, was sie zusammenführt und bewirkt, daß sie sich erkennen. Doch so wie Rousseau im Titel der *Rêveries* davon absehen wird, auf die Aktivität, die für den Promeneur Solitaire kennzeichnend ist, anders denn enigmatisch hinzuweisen, verzichtet «Rousseau» darauf, das Kennzeichen der «Bewohner» seiner allegorischen Welt in einen Begriff zu übersetzen oder es beim geläufigen Namen zu nennen. Die, für die die Allegorie bestimmt ist, werden der Übersetzung nicht bedürfen, und für die anderen bliebe es – bei einem Namen.[54] Statt dessen zeigt er die Kraft des «signe caracteristique» am eigenen, an dem für die *Dialogues* entscheidenden Fall seiner Begegnung mit dem Œuvre von Jean-Jacques. In einer «digression» des ersten Dialogs[55] berichtet Rousseau, wie grundlegend die Lektüre der Schriften von Jean-Jacques sein Leben veränderte. Der Bericht knüpft bis in Einzelheiten der Formulierung an die Beschreibung des «monde idéal» an, ohne dabei die Meinung, den Glauben, das Fassungsvermögen des Franzosen außer acht zu lassen. Das Schlüsselwort der «Abschweifung» ist *seul*. Rousseau war *allein* – «je me trouvois seul au milieu de la multitude autant par mes idées que par mes sentimens» –, bis er sich in den Schriften von Jean-Jacques wiederfand. «Je reconnoissois dans ses écrites l'homme que je retrouvois en moi, et leur méditation m'aprenoit à tirer de moi-même la jouissance et le bonheur que

---

54 Den elf Absätzen, in denen Rousseau seine Allegorie präsentiert, schickt er einen kurzen Absatz voraus: «Je m'expliquerai: mais ce sera prendre le soin le plus inutile ou le plus superflu: car tout ce que je vous dirai ne sauroit être entendu que par ceux à qui l'on n'a pas besoin de le dire.» *Rousseau juge de Jean-Jacques* I, p. 668.
55 *Rousseau juge de Jean-Jacques* I, p. 727–731.

tous les autres vont chercher si loin d'eux.» Rousseau, der sich in den Schriften von Jean-Jacques selbst findet, ist nicht mehr allein, da er in Jean-Jacques eine verwandte Natur erkennt. In der Auseinandersetzung mit ihm erfährt er die befreiende und beglückende Kraft, die aus dem «Interesse an der Wahrheit» erwächst und es zugleich beflügelt, ein Interesse, von dem auch er beseelt ist. Fortan hegt er die Hoffnung, im «Umgang» mit dem Autor ein Leben zu führen, das von Freundschaft und Kontemplation erfüllt sein wird.[56] Wenn der Franzose dagegen recht behielte und er Rousseau per impossibile den Autor der Schriften nehmen sollte, wäre Rousseau wieder *allein*. «Rousseau» befände sich dann in der Lage, die Rousseau im ersten Satz der *Rêveries* evoziert. Er wäre *seul sur la terre*.[57]

Kehren wir aus der Welt der supralunarischen Wesen und ihrer Liebesdinge,[58] die uns in anderem Zusammenhang noch beschäftigen werden, zurück ins Reich des Franzosen, in dem der philosophische Eros keinen Ort hat. Der Franzose haßt Jean-Jacques, weil er das Böse haßt. Er billigt das Komplott – auch er ein «Eingeweihter» –, das die «Messieurs» gegen das Monster ins Werk gesetzt haben, um die Menschheit zu schützen, wie man sie vor einem wilden Tier zu schützen hat.[59] Er ist allenfalls über die Milde der Verfolger verwundert,[60] die Verfolgung entspricht sehr wohl seiner moralischen Gesinnung. Die Moral muß durchgesetzt werden, die Bösen sind zu bekämpfen, und wer außerhalb der Gesellschaft steht, darf nicht auf Schonung hoffen. «Celui

---

56 «... je me livrois à l'espoir de retrouver en lui tout ce que j'avois perdu, de gouter encor les douceurs d'une amitié sincere, et de me nourrir encore avec lui de ces grandes et ravissantes contemplations qui font la meilleure jouissance de cette vie et la seule consolation solide qu'on trouve dans l'adversité.» *Rousseau juge de Jean-Jacques* I, p. 729.
57 *Rousseau juge de Jean-Jacques* I, p. 729.
58 Cf. Platon: *Symposion* 177d7–8; *Theages* 128b2–4; *Phaidros* 257a6–b6.
59 «Oui, Monsieur, on veut qu'il vive, et même agréablement, autant qu'il est possible à un méchant sans mal faire: on voudroit qu'il ne manquât à son bonheur, que les moyens de troubler celui des autres. Mais c'est un Ours qu'il faut enchaîner de peur qu'il ne dévore les passans.» *Rousseau juge de Jean-Jacques* I, p. 716.
60 «Je hais J. J., nos Messieurs l'aiment, ils veulent le conserver à tout prix.» Im dritten Dialog bekennt der Franzose rückblickend: «... je ne doutois pas un moment que J. J. ne fut un détestable hypocrite et un monstre qui n'eut jamais dû naitre». *Rousseau juge de Jean-Jacques* I, p. 721–722; III, p. 928.

qui n'a rien d'humain mérite-t-il qu'on le traite en homme?»[61] Die Abstempelung des Philosophen zum Monster entfaltet, mit moralischer Entrüstung aufgeladen, eine gefährliche Sprengkraft.[62] Die Dringlichkeit und das vorrangige Ziel der politischen Erziehung, deren der Franzose bedarf, liegen damit zutage. Nach dem Scheitern des Versuchs, vermittels der Allegorie vom «monde idéal» beim Dialogpartner eine gewisse Achtung für ein Wesen zu erreichen, das einer «anderen» Welt angehört, oder wenigstens Zurückhaltung im Urteil über eine Lebensweise, die der «homme ordinaire» nicht kennt, setzt Rousseau neu an. Er verhandelt den Fall auf einer allgemeinmenschlichen Ebene und argumentiert beinahe durchweg ad hominem. Er geht aus von den Glaubenspositionen des Franzosen, beruft sich auf Gerechtigkeit und Billigkeit, auf Rechtschaffenheit und Aufrichtigkeit, appelliert an die Tugend und das Gewissen, die Übereinstimmung mit sich selbst und die Aussicht auf Ruhm.[63] Die Erziehung des Franzosen vollzieht sich in

---

61 *Rousseau juge de Jean-Jacques* I, p. 732.
62 Der erste Satz der Rede vom 1. Juli 1762, in der der Syndicus der Theologischen Fakultät der Sorbonne die Theologen aufforderte, eine detaillierte *Censure* gegen den *Émile* auszuarbeiten, assimiliert Rousseau den «gottlosen Menschen oder vielmehr den Monstern», die die Apokalypse für das letzte Zeitalter verheißt. Der Ankläger bezeichnet Rousseau als Autor einer «monströsen Philosophie» und beschuldigt ihn, «um berühmt zu werden», darauf aus zu sein, «seinen Namen durch große Verbrechen unsterblich zu machen und als ein anderer Herostrat unsere Tempel zum Einsturz zu bringen und sie in Staub zu verwandeln». Den Kollegen der Fakultät stellt er die Aufgabe: «que vous fassiez connoître, non-seulement à cette Capitale, mais à l'Univers entier, que cet Auteur n'est qu'un Philosophe en délire.» Und er geht noch einen Schritt weiter und nennt Rousseaus Lehren «diabolisch»: «Pourquoi, en effet, n'appellerions-nous pas diabolique cc que dans son livre cet Auteur sacrilège vomit d'une bouche impie contre Dieu, contre la Loi naturelle, contre la possibilité, la nécessité, les caractères de la Révélation, contre les moyens infaillibles de la connoître, contre les Miracles et les Prophéties, contre la Doctrine révélée et l'intolérantisme que la vraie Religion professe. Blasphêmes horribles, que nul homme ne peut entendre sans indignation, si Dieu ne l'a livré à cet aveuglement d'esprit et à ce sens dépravé qui font prendre le mal pour le bien et le bien pour le mal, l'erreur pour la vérité et la vérité pour l'erreur, les ténèbres pour la lumiere et la lumiere pour les ténèbres.» *Censure de la Faculté de Théologie de Paris, Contre le Livre qui a pour titre, Émile ou de l'Éducation*. Paris, P. Al. Le Prieur, 1762, p. 4, 6, 9, 11, 12. Die Rede des Syndicus umfaßt die Seiten 4–14, die *Censure* ist auf den Seiten 15–351 abgedruckt.
63 Cf. *Rousseau juge de Jean-Jacques* I, p. 696, 721, 751, 756, 759, 762 und insbesondere III, p. 973–974.

mehreren Schritten. Zunächst muß er lernen, Grundregeln der Rechtlichkeit zu respektieren und sie nicht in der Gewißheit der moralischen Überlegenheit der eigenen Sache als «formalités judiciaires» abzutun. Das gilt insbesondere für den Anspruch auf rechtliches Gehör, das jedem Verbrecher zusteht und ohne das niemand eines Verbrechens überführt werden darf.[64] Er lernt des weiteren, daß es schwieriger ist, als er glauben mochte, «de voir exactement tel qu'il est un homme dont on a d'avance une opinion décidée, soit en bien, soit en mal.» Das Hindernis, in einem solchen Fall zur richtigen Erkenntnis und folglich zum angemessenen Urteil zu gelangen, führt Rousseau auf «le jeu naturel de l'amour propre» zurück: «on voit ce qu'on croit et non pas ce qu'on voit.»[65] Während der Autor den Leser gleichsam im Vorübergehen in einer der natürlichen Schwierigkeiten des Philosophierens unterweist,[66] konfrontiert Rousseau den Franzosen in dieser wichtigen Phase des Dialogs mit der anthropologischen Bestimmung, die das Vertrauen in das Urteil der «Richter von Jean-Jacques» untergraben und schließlich zerstören wird. Rousseau erschüttert den Glauben des Franzosen, die «Messieurs» ließen sich von uneigennützigen Motiven leiten. Er lenkt seinen Blick auf den *amour-propre,* der sich hinter ihrer Sorge um das Gemeinwohl und ihrem vermeintlichen Wohlwollen gegenüber Jean-Jacques verbirgt. Er setzt ihm auseinander, daß die Verbrechen des «Ungeheuers» nicht das Resultat von «le plus extravagant amour-propre» sind, den die Öffentlichkeit dem Philosophen zuschreibt, sondern daß es umgekehrt die «Einzigartigkeit» des Philosophen ist, die den «amour-propre du public» gegen sich aufbringt:[67] Der *amour-propre,* der die Existenz des sozialen Menschen von Grund auf bestimmt, verschafft sich bis in die Forderung höchster Gerechtigkeit und allgemeiner Verbindlichkeit Geltung. Die Peripetie des Dialogs wird erreicht, wenn der Franzose sich eingestehen muß, wie stark der *amour-propre* seine Haltung gegenüber Jean-Jacques prägt. Auf die Frage Rousseaus, was er

---

64 *Rousseau juge de Jean-Jacques* I, p. 731–740, 743.
65 *Rousseau juge de Jean-Jacques* I, p. 741, 742.
66 «On cherche toujours à se justifier ses propres sentimens; c'est encore une disposition très naturelle. On s'efforce à trouver haïssable ce qu'on hait, et s'il est vrai que l'homme prévenu voit ce qu'il croit, il l'est bien plus encore que l'homme passionné voit ce qu'il desire.» *Rousseau juge de Jean-Jacques* I, p. 742.
67 *Rousseau juge de Jean-Jacques* I, p. 755, 757, 768; cf. II, p. 886.

wohl empfände, wenn er sich einen Augenblick vorstellte, Jean-Jacques könnte am Ende allenthalben als unschuldig erkannt werden, er wäre gezwungen, dem schließlich Gerechtfertigten seine Achtung zu erweisen, und müßte sich die harten Urteile vorwerfen, die er über ihn gefällt hat, antwortet der Franzose: «je le haïrois alors plus peut-être encor pour mes torts que je ne le hais maintenant pour ses crimes: je ne lui pardonnerois jamais mon injustice envers lui.»[68] Rousseau bereitet das Eingeständnis vor, indem er den *amour-propre* des Franzosen beharrlich bedient und bestmöglich einsetzt. Auf dieselbe Weise bringt er die schließliche Trennung von den Verfolgern zustande. Kann es dem Franzosen gleichgültig sein, ob Rousseau ihm Beifall spendet oder ihm jede Art von «Bewunderung» versagt, solange er zur Verfolgung von Jean-Jacques die Hand reicht? Seine Rechtschaffenheit wird erprobt. Seine Aufrichtigkeit steht in Frage. Ist es mit seinem Gewissen zu vereinbaren, daß einem Unschuldigen Unrecht zugefügt wird und er dabei mitwirkt? Hat er nicht Pflichten gegen sich selbst? Kommt seiner Meinung etwa weniger Gewicht zu als der Meinung der «Messieurs»? Oder muß er die Antwort auf Rousseaus Frage nach seiner eigenen Meinung schuldig bleiben?[69]

Der Franzose will von Rousseau als «honnête homme» geachtet werden. Er möchte sich nichts vorzuwerfen haben. Er will mit sich selbst im reinen sein. Er versucht, den Ansprüchen zu genügen, die sein Glaube und seine Moral an ihn stellen. Er ist guten Willens und im Rahmen seiner Möglichkeiten Argumenten zugänglich – der beste anzunehmende Fall eines «homme ordinaire» oder einer «ame vulgaire».[70] Am Ende des ersten Dialogs hat Rousseau die Emanzipation des Franzosen von dessen Gewährsleuten und die Verunsicherung hinsichtlich ihres

---

68 Der Franzose setzt hinzu: «Je me reproche cette disposition, j'en rougis; mais je la sens dans mon cœur malgré moi.» Rousseau erwidert: «Homme véridique et franc, je n'en veux pas davantage, et je prends acte de cet aveu pour vous le rappeller en tems et lieu; il me suffit pour le moment de vous y laisser réfléchir. Au reste consolez-vous de cette disposition qui n'est qu'un developement des plus naturels de l'amour-propre. Elle vous est commune avec tous les juges de J. J. avec cette différence que vous serez le seul peut-être qui ait le courage et la franchise de l'avouer.» *Rousseau juge de Jean-Jacques* I, p. 761.
69 *Rousseau juge de Jean-Jacques* I, p. 751, 756, 759, 771.
70 Cf. *Rousseau juge de Jean-Jacques* I, p. 672; II, p. 829.

Urteils so weit befördert,[71] daß der Gesprächspartner zum erstenmal die Bereitschaft bekundet, die Schriften von Jean-Jacques zu lesen. Ausdrücklich billigt er Rousseaus Vorhaben, Jean-Jacques aufzusuchen, um sich ein eigenes Urteil über den Verfemten zu bilden. Aber nichts kann den Franzosen veranlassen, sich selbst auf den Weg zu machen. Weder das Streben nach Wissen und Klarheit noch die Aussicht, sich einen Freund zu gewinnen, die für Rousseau bestimmend sind, nicht einmal die Erwartung, eine «noble recherche» zu unternehmen, als die Rousseau ihm das Vorhaben anpreist.[72] Mit eigenen Augen sehen bedeutet ihm so wenig, daß er buchstäblich nicht weiß, was sehen und erkennen heißt. Sehen oder hören, das ist ihm gleichviel.[73] Eine Untersuchung oder der Bericht einer Untersuchung, das macht für ihn keinen wirklichen Unterschied.[74] Seine Meinung bleibt deshalb, sosehr er nach der Begegnung mit Rousseau auf sie pochen mag, wesentlich die Meinung anderer. Entsprechendes gilt für seine Lektüre. Nicht nur, daß er die Schriften von Jean-Jacques erst ernsthaft zu lesen beginnt, nachdem das, was er von Rousseau über den Besuch bei Jean-Jacques hört, seine Haltung gegenüber der Person des Autors entscheidend verändert hat,

---

71 «Écoutez: je n'aime pas J. J. mais je hais encor plus l'injustice, encor plus la trahison. Vous m'avez dit des choses qui me frappent et auxquelles je veux refléchir.» *Rousseau juge de Jean-Jacques* I, p. 771–772.

72 *Rousseau juge de Jean-Jacques* I, p. 762.

73 Auf die Frage Rousseaus, weshalb er Jean-Jacques niemals aufsuchte, um sich selbst ein Bild zu machen, antwortet der Franzose: «Oh moi, je n'avois pas besoin de le voir pour le connoitre. Je le connois par ses œuvres; c'en est assez et même trop.» Da der Franzose die Schriften von Jean-Jacques eingestandenermaßen niemals las, sind die «œuvres», die er zu kennen behauptet, die Taten Jean-Jacques', über die er ausschließlich durch Hörensagen unterrichtet ist. Nachdem der Franzose zu Beginn des zweiten Dialogs Rousseau aufgefordert hat, das Urteil hören zu lassen, zu dem Rousseau bei seiner Untersuchung der Lebensweise von Jean-Jacques gelangte, sagt er: «Voyons donc.» *Rousseau juge de Jean-Jacques* I, p. 771 und II, p. 772.

74 Rousseau bringt den Unterschied klar genug zum Ausdruck: «Ce que j'ai vu est meilleur à voir qu'à dire. Ce que j'ai vu me suffit, à moi qui l'ai vu, pour déterminer mon jugement, mais non pas à vous pour déterminer le votre sur mon rapport; car il a besoin d'être vu pour être cru, et après la façon dont vous m'aviez prévenu je ne l'aurois pas cru moi-même sur le rapport d'autrui.» *Rousseau juge de Jean-Jacques* I, p. 797. Anders als Rousseau *wird* der Franzose glauben, was er selbst nicht gesehen hat.

Rousseau setzt ihm, sit venia verbo, auch die Augen ein, mit denen er das Œuvre lesen wird. Dazu dient der zweite Dialog, der den Franzosen auf die Lektüre vorbereitet. Er enthält Rousseaus Apologie von Jean-Jacques für tout le monde. Mit der langen, umsichtig vorgetragenen Apologie wiederholt Rousseau den Versuch, den er zuvor mit der kurzen, den unmittelbaren Adressaten überfordernden Allegorie der Welt der Philosophen unternahm. Wie die Beschreibung des «monde idéal» stellt die Verteidigung von Jean-Jacques auf die «Einzigartigkeit», die verstörende Besonderheit, des Wesens ab, das aufgrund der Überlegenheit seiner Natur und der Unabhängigkeit seines Lebens als «Ungeheuer» gebrandmarkt wird. Sie zielt darauf, die Entrüstung des Franzosen in Scheu zu verwandeln und seine Feindseligkeit durch die Ehre zu besiegen, die er sich als Wohltäter und Streiter für eine gute Sache zu erwerben vermag. Rousseau betont gleich zu Beginn seines Berichts über Jean-Jacques: «cet homme ne ressemble à nul autre que je connoisse; il demande un analyse à part et faite uniquement pour lui.»[75] Die Analyse selbst konzentriert sich auf die Seins- oder Lebensweise von Jean-Jacques. Einmal, weil das Urteil über den «wahren Charakter eines Menschen» auf der genauen Beobachtung seiner Lebensweise fußen muß,[76] zum anderen, weil die Vorwürfe gegen Jean-Jacques am Ende alle seine Lebensweise im Auge haben. Den zentralen Vorwurf der Misanthropie verfolgt Rousseau bis zur Kritik zurück, die Diderot, «le philosophe Diderot», im Augenblick der Trennung, nach Rousseaus «großer Revolution» und «Reform», Jean-Jacques' Rückzug in die Einsamkeit, an der solitären Existenz des Freundes geübt hatte. Viermal nennt Rousseau auf engstem Raum Diderots Namen, und viermal stellt er ihm das Epitheton *philosophe* voran.[77] Auf den Satz aus Diderots *Fils naturel*, der die Kritik an Jean-Jacques bündelte und als ein vergifteter Pfeil in die Öffentlichkeit trug: *Il n'y a que le méchant qui soit seul*, antwortet

---

75 *Rousseau juge de Jean-Jacques* II, p. 774.
76 *Rousseau juge de Jean-Jacques* II, p. 784. Rousseau spricht wiederholt von «sa constante manière d'être» (p. 784, 795) bzw. «cette constante manière d'être» (p. 792) oder von «sa manière de vivre» (p. 791, 793).
77 *Rousseau juge de Jean-Jacques* II, p. 789–790. Rousseau erwähnt Diderot später noch dreimal und nennt ihn dann «le philosophe Diderot», «l'illustre Diderot» und «le philosophe Diderot» (II, p. 843).

Rousseau mit der Maxime: *Quiconque se suffit à lui-même ne veut nuire à qui que ce soit.*[78] Die Antwort reicht über die Zwecke der Apologie weit hinaus und lenkt unsere Aufmerksamkeit wieder auf die grundlegenden Fragen des philosophischen Lebens, die Rousseau allegorisch verhandelt hatte. Ebendeshalb kann Rousseau es nicht bei ihr bewenden lassen. Vielmehr zieht er zur Rechtfertigung der solitären Lebensweise Jean-Jacques' zwei Hauptargumente heran: Nur in der Sammlung seiner Zurückgezogenheit konnte das Œuvre entstehen, an dem Jean-Jacques zum öffentlichen Nutzen arbeitete und mit dem er der Menschheit den größten Dienst erwies. Die Einsamkeit aber, in der er jetzt schon seit vielen Jahren lebt, wurde ihm von seinen Verfolgern aufgezwungen. In anderen Worten: Rousseau pariert den Vorwurf der Misanthropie damit, daß er die, recht verstandene, Philanthropie von Jean-Jacques zur Geltung bringt.[79] Die Apologie geht im übrigen beinahe den vollständigen Katalog der Vorwürfe, Vorurteile und Vorbehalte durch, die dem Philosophen begegnen – von seiner Amoralität bis zum Parteigeist, vom Streben nach Herrschaft bis zur Feindschaft gegen die Religion, von der Gefühlsarmut bis zu seiner Selbstliebe. Rousseau setzt, wie wir gesehen haben, alles daran, den Franzosen von der Harmlosigkeit Jean-Jacques' zu überzeugen. Ein Verfolgter, der, von jedem nennenswerten Umgang abgeschnitten, sein einsames Leben am Rande der Gesellschaft fristet und dessen Interesse nur noch der Musik und der Botanik zu ge-

---

78 «Cette maxime est moins éclattante et moins arrogante, mais plus sensée et plus juste que celle du philosophe Diderot, et préférable au moins en ce qu'elle ne tend à outrager personne.» *Rousseau juge de Jean-Jacques* II, p. 790. Die Verteidigung gegen den Vorwurf der Misanthropie hatte Rousseau mit dem Argument eröffnet: «Non, Monsieur, le vrai misantrope, si un être aussi contradictoire pouvoit exister, ne fuiroit point dans la solitude; quel mal peut et veut faire aux hommes celui qui vit seul? Celui qui les hait veut leur nuire, et pour leur nuire il ne faut pas les fuir. Les méchans ne sont point dans les deserts, ils sont dans le monde» (II, p. 788). Beachte *Émile* II, p. 340–341 note und IV, p. 493.
79 Rousseau erteilt Jean-Jacques selbst das Wort: «Je quitterai volontiers, m'a-t-il dit, la societé des végétaux pour celle des hommes, au prémier espoir d'en retrouver.» *Rousseau juge de Jean-Jacques* II, p. 794. Nachdem die Apologie weiter vorangeschritten ist, bekommt der Franzose von Rousseau zu hören: «Du reste, quoique cette inclination pour la vie retirée et solitaire n'ait certainement rien de méchant et de misantrope, elle est neanmoins si singuliére que je ne l'ai jamais trouvée à ce point qu'en lui seul, et qu'il en falloit absolument démêler la cause précise, ou renoncer à bien connoitre l'homme dans lequel je la remarquois» (II, p. 812).

hören scheint, stellt schwerlich eine Gefahr dar. Ein Spaziergänger, der die *rêverie* der *réflexion* vorzieht und sich nur zu gerne seiner natürlichen Faulheit überläßt, braucht den Franzosen nicht zu beunruhigen.

Kein Beweis, schließlich, könnte schlagender sein als die Feindschaft, die Jean-Jacques sich von seiten der *philosophes* zugezogen hat. Denn für die Sekte der *philosophes*, der Jean-Jacques wiederholt öffentlich entgegengetreten ist und von der er sich im Privatissimum mit Rousseau abermals distanziert,[80] sind, wie Rousseau hervorhebt, Streben nach Herrschaft, Feindschaft gegen die Religion und Parteigeist in der Tat kennzeichnend.[81] Ihre Unduldsamkeit gegen den Autor Jean-Jacques läßt sein Œuvre in einem um so milderen und günstigeren Licht erscheinen. Es ist nicht das geringste Kunststück Rousseaus, aus Feinden von Jean-Jacques Eideshelfer seiner Verteidigung zu machen.

Großen Raum nimmt in der Apologie des zweiten Dialogs eine Art anthropologischer Diskurs ein. Er bietet die grundlegenden Bestimmungen, die das Œuvre von Jean-Jacques bereitstellt, um den *homme de la nature* und den *homme de l'homme* zu untersuchen und zu unterscheiden, für die «analyse à part et faite uniquement pour lui» auf, die Jean-Jacques verlangt. Rousseau wendet das ganze begriffliche Instrumentarium von *amour de soi* und *amour-propre*, *bonté* und *vertu*, *sensibilité*, *imagination* usw. auf Jean-Jacques an, um ihn als *homme de la nature* auszuweisen, und erläutert damit zugleich den *homme de la nature* des Œuvre am individuellen Beispiel des Autors. In die Analyse schiebt Rousseau ein Gedankenexperiment ein, mit dem er zu zeigen versucht, daß Jean-Jacques, unabhängig von den Ereignissen, die ihm während seines Lebens zustießen, der werden mußte, der er ist. Er for-

---

80 «...je ne suis ni philosophe, ni austére...» *Rousseau juge de Jean-Jacques* II, 838. (Jean-Jacques antwortet implizit auf einen Angriff d'Alemberts, der seiner Erwiderung auf die *Lettre à d'Alembert* ein Motto aus La Fontaines Fabel *Le Philosophe scythe* vorangestellt hatte, das Rousseau mit dem «philosophe austère» der Fabel verglich. La Fontaine sagt über ihn: «Celui-ci retranche de l'âme / Désirs et passions, le bon et le mauvais, / Jusqu'aux plus innocens souhaits. / Contre de telles gens, quant à moi je réclame. / Ils ôtent à nos cœurs le principal ressort: / Ils font cesser de vivre avant que l'on soit mort.» La Fontaine: *Œuvres complètes* I, Ed. Jean-Pierre Collinet. Paris 1991, p. 493. Siehe die – bezeichnend ungenaue – Auslegung, die der Franzose später zu d'Alemberts Motto gibt, ohne den «philosophe austère» zu erwähnen, III, p. 941.) Beachte I, p. 669; II, p. 789; 861.
81 *Rousseau juge de Jean-Jacques* II, p. 886–896; cf. I, p. 695 und III, p. 970–972.

dert den Franzosen auf, alle Einzelheiten, die er ihm über Jean-Jacques' Entwicklung und gegenwärtige Umstände berichtete, einmal beiseite zu lassen und mit Rousseau zu untersuchen, was aus dem «temperament» von Jean-Jacques natürlicherweise hervorgeht und folgt. Das Gedankenexperiment ist geeignet, wenn nicht dem Franzosen, so doch dem Leser vor Augen zu führen, wie er sich, was das Wichtigste betrifft, von Rousseaus Bericht lösen und mithin über bloßes Hörensagen hinausgelangen kann.[82] Denn das Gedankenexperiment demonstriert, daß ein *être fictif* von Jean-Jacques' Natur aus innerer Notwendigkeit zu der Lebensweise kommen wird, die Jean-Jacques charakterisiert. Damit stellt Rousseau die Verteidigung der solitären Existenz auf eine andere Grundlage. Der Diskurs über Jean-Jacques' Natur beschränkt sich indes nicht auf die Verteidigung. Er dient vor allem der Beglaubigung des Autors als Zeugen der Wahrheit. Jean-Jacques genügt sich selbst. Er folgt den ersten Regungen der Natur. Die gesellschaftliche Depravation berührt nicht seinen Kern. «Il est ce que l'a fait la nature: l'éducation ne l'a que bien peu modifié.»[83] Der Autor erkennt in sich selbst den Maßstab, den er in seiner Lehre zur Geltung bringt. Er stellt die größte Annäherung an den Menschen der Natur dar, die unter den Bedingungen der Soziabilität möglich ist. In Formel: *l'homme de la nature éclairé par la raison*. Sobald der «homme de la nature» sich als Zeuge der Wahrheit an die Menschheit wendet, beraubt er sich des Schutzes, den ihm ein Leben im Verborgenen gewährte. Sobald er als Autor die Bühne betritt, setzt er sich dem Risiko des Politischen aus. Unter dem Gesichtspunkt von Ruhe und Sicherheit, im Hinblick auf ein einfaches Leben, gemessen am ungestörten, unmittelbaren Beisichselbstsein des Menschen der Natur, nimmt sich der Zeuge der Wahrheit deshalb wie eine Abweichung Jean-Jacques' von sich selbst aus. Rousseau spricht von der «célébrité fatale», die Jean-Jacques erwarb, als er, seiner «ame expansive» folgend, den literarischen Weg einschlug, und von der «malheureuse

---

82 «Pour mieux sentir cette nécessité écartons un moment tous les faits, ne supposons connu que le temperament que je vous ai décrit, et voyons ce qui devroit naturellement en resulter dans un être fictif dont nous n'aurions aucune autre idée.» *Rousseau juge de Jean-Jacques* II, p. 820. Die Betrachtung zum «être fictif», die elf Absätze umfaßt (II, p. 820–825), verdient im einzelnen mit der Beschreibung des «monde idéal» (I, p. 668–673) verglichen zu werden.
83 *Rousseau juge de Jean-Jacques* II, p. 799.

question d'Academie», die ihm dazu die Gelegenheit bot.[84] Andererseits ließ die öffentliche Rolle, die ihm rasch zuwuchs, Jean-Jacques seine natürliche Indolenz überwinden.[85] Erst die politische und philosophische Aufgabe, die ihn mit allem, was ihm zu Gebote stand, herausforderte, brachte seine besonderen Fähigkeiten zur Entfaltung: «il assujetit sa tête à la fatigue de la réflexion, il apprit à méditer profondement». Und die gleichen Bücher, die die Verfolger auf den Plan riefen, gaben und geben den supralunarischen Wesen vor ihm und nach ihm die Möglichkeit, «ihn mit Freude als einen der Ihren» zu erkennen.[86]

Wie der Franzose die Bücher von Jean-Jacques liest und was Rousseaus Apologie bei ihm bewirkt hat, zeigt der dritte Dialog. Das Monster gehört der Vergangenheit an. Der Autor der einst verabscheuten Schriften erscheint dem Franzosen jetzt als Menschenfreund. Von ferne nimmt er den Patrioten wahr, der ihn aber nicht näher interessiert, sowenig wie der politische Theoretiker im engeren Sinn. Der Franzose ist kein Citoyen.[87] Immerhin glaubt er zu wissen, Jean-Jacques sei der Mensch auf der Welt, der die «wahrste Achtung vor den Gesetzen» hat und den «größten Abscheu gegen die Revolutionen» empfindet.[88] Die eigentliche Entdeckung des Franzosen ist der Moralist, was ihn wirklich interessiert, sind die Tugend und die Güte, die er in der Person und im Œuvre des Autors verkörpert findet oder die er mit beiden verbindet. Schon bei seiner ersten Lektüre hatten die Bücher, wie er Rousseau im nachhinein sagt, einen vorteilhaften, keineswegs bedenklichen Eindruck auf ihn gemacht. Er kam zu dem Schluß, sie enthielten «une doctrine aussi saine que simple qui sans epicureisme et sans caffardage ne tendoit qu'au bonheur du genre humain».[89] Von den unlauteren Absichten der «Messieurs» überzeugt, die ihn so vehement vor den Schriften Jean-Jacques' gewarnt hatten, und von der Befürchtung bedrängt,

---

84 *Rousseau juge de Jean-Jacques* II, p. 827, 828.
85 «J. J. est indolent, paresseux comme tous les contemplatifs.» «La vie contemplative dégoute de l'action.» *Rousseau juge de Jean-Jacques* II, p. 845, 822.
86 *Rousseau juge de Jean-Jacques* II, p. 829; cf. II, p. 856 und I, p. 670.
87 Der Begriff «citoyen» wird in den *Dialogues* nur zweimal, in einem konventionellen und in einem historischen Sinn, verwendet, zunächst vom Franzosen (I, p. 710), danach in einer Fußnote zum Text vom Autor (I, p. 717 n.), beide Male in der Pluralform. Beachte S. 44 mit Anm. 44.
88 *Rousseau juge de Jean-Jacques* III, p. 935.
89 *Rousseau juge de Jean-Jacques* III, p. 930.

auf niemanden mehr bauen, keinen mehr achten zu können, «überall nur auf Böse zu stoßen», spürte er in sich den Wunsch aufkeimen, Jean-Jacques, wenigstens er, möge nicht böse sein. Als er die Schriften nach dem zweiten Dialog neu zu lesen beginnt, hegt er insgeheim die Hoffnung, daß sie ihm den Glauben an die Tugend und an das Gute im Menschen wiedergeben werden. Genau das tritt ein. Am Ende ist der Franzose überzeugt, einen wahrhaften Menschen gefunden zu haben. Und die Person des Autors steht ihm ein für das Œuvre. Selbst wenn «son système» falsch sein sollte, änderte dies nichts an der Wahrhaftigkeit der Schriften von Jean-Jacques. Sie sind darum auch vor jeder «Nachäfferei» durch andere geschützt. Jean-Jacques' Art zu fühlen und zu denken ist unverwechselbar. «Rien n'est si contraire à l'esprit philosophique de ce siécle, dans lequel ses faux imitateurs retombent toujours.» Seine Aufrichtigkeit und seine Geradheit, die Unerschrockenheit, mit der er sein Ziel verfolgt, «uns» zurechtzubringen, vor Irrtum, Laster und Elend zu bewahren, unterscheiden Jean-Jacques von seinen Feinden und nehmen den Franzosen für ihn ein.[90] Jean-Jacques ist für den Franzosen zum Zeugen der Wahrheit geworden. Allerdings in einer etwas anderen Akzentuierung als der, die Rousseau vorgetragen hatte. Nach dem Verständnis des Franzosen entspringt die Lehre, mit der Jean-Jacques sich an seine Leser wendet, unmittelbar dem Gefühl und dem Herzen des Autors. Was er über die Natur zu sagen weiß, ist aus seiner inneren Wahrheit geschöpft,[91] und diese Wahrheit wiederum steht und fällt mit der Redlichkeit und Rechtschaffenheit Jean-Jacques' oder mit der Glaubwürdigkeit, die der Franzose ihm zubilligen kann. Deshalb sind die Entbehrungen, die Jean-Jacques auf sich genommen, die Qualen, die er gelitten hat, für den Franzosen von größtem Gewicht, gelten ihm die Angriffe, denen sich der Autor durch Hedonisten, Atheisten und Immoralisten ausgesetzt sieht, als ebenso viele Belege für die Gerechtigkeit seiner Sache. Jean-Jacques braucht, was seine Verfolgung,

---

90 *Rousseau juge de Jean-Jacques* III, p. 934, 935.
91 «D'où le peintre et l'apologiste de la nature aujourdui si défigurée et si calomniée peut-il avoir tiré son modéle, si ce n'est de son propre cœur? Il l'a décrite comme il se sentoit lui-même ... En un mot, il falloit qu'un homme se fut peint lui-même pour nous montrer ainsi l'homme primitif et si l'Auteur n'eut été tout aussi singulier que ses livres, jamais il ne les eut écrits.» *Rousseau juge de Jean-Jacques* III, p. 936.

was seine Passion betrifft, in den Augen des Franzosen keinen historischen Vergleich zu scheuen: «Sa destinée est un exemple peut-être unique de toutes les humiliations possibles, et d'une patience presque invincible à les supporter.» Nichts, so scheint es, vermag die Wahrheit wirkungsvoller zu beglaubigen als das Martyrium.[92] Die politische Erziehung des Franzosen trägt Früchte. Aus dem anfänglichen Haß gegen Jean-Jacques ist Achtung geworden. Der einstige Verfolger versichert am Schluß sogar, mithelfen zu wollen, daß der reiche Bestand an unveröffentlichten Manuskripten des Verfolgten geborgen und die Integrität des Œuvre für die Nachwelt gesichert werden kann. Und wenn der *homme ordinaire*, anders als Rousseau, Jean-Jacques niemals lieben wird, so erreicht Rousseau doch alles, was er bei der Natur des Dialogpartners erreichen kann: der Franzose lernt den Autor und das Werk zu ehren.[93] Zwei allgemeine Lektionen kommen hinzu: Zum einen die Mäßigung des Stolzes auf das eigene Wissen, insbesondere dort, wo einer sein vermeintliches Wissen auf Kosten anderer reklamiert; zum anderen das Erfordernis, «in allem und immer das Naturrecht zu achten» und von moralischen Ansprüchen Abstand zu nehmen, die dieses Recht verletzen. Die erste der beiden «großen Lehren», die Rousseau «für die Öffentlichkeit» formuliert, nimmt die wichtigste Einsicht auf, zu der der Franzose in den *Dialogues* gelangt. Am Ende der Neubewertung seiner Haltung gegenüber Jean-Jacques zieht er aus der Erfahrung seines Irrtums und seines Unrechts für sich die Konsequenz: «le souvenir de l'illusion dont je sors sur son compte me laisse un grand préservatif contre une orgueilleuse confiance en mes lumiéres et contre la suffisance du faux savoir.»[94] Die Bezähmung seines Stolzes, die Lektion in Bescheidenheit und Vorsicht, die der *honnête homme* erhält, macht aus dem geschworenen Feind des Ungeheuers einen möglichen Verbündeten des Philosophen. Tatsächlich wechselt der Franzose die Seiten. Er schenkt den Beschuldigungen, die die «Messieurs» gegen

---

92 *Rousseau juge de Jean-Jacques* III, p. 937. Cf. *Lettre à Christophe de Beaumont*, p. 1002: «C'est le Décret contre ma personne, c'est mon Livrer brûlé par le bourreau, que je transmets à la postérité pour pieces justificatives. Mes sentimens sont moins bien établis par mes Ecrits que par mes malheurs.»
93 «Je ne l'aimerai peut-être jamais, parce que cela ne dépend pas de moi: mais je l'honore parce que je veux être juste, que je le crois innocent, et que je le vois opprimé.» *Rousseau juge de Jean-Jacques* III, p. 937; cf. p. 974–975.
94 *Rousseau juge de Jean-Jacques* III, p. 973 (Rousseau) und p. 937 (le François).

Jean-Jacques erheben, nicht nur kein Gehör mehr, sondern er klagt die Verfolger aus eigener Kenntnis bei Rousseau an und stellt ihr Komplott bloß. Dabei schießt er über das Ziel hinaus, wenn er die *philosophes* als die schlimmsten Feinde Jean-Jacques' anprangert und den Eindruck erweckt, als handelte es sich bei ihnen um die einzigen oder die hauptsächlichen Verfolger und der Vorwurf der Monstrosität wäre ihr Privileg.[95] Der Autor der *Dialogues* erinnert den aufmerksamen Leser in einer Fußnote daran, welche Feindschaft ihm von Priestern und Theologen entgegenschlug.[96] Daß der Franzose sich auf die Verfolgung durch die *philosophes* versteift, ist nicht allein dem Eifer des Renegaten geschuldet, einer Mischung aus schlechtem Gewissen, Enttäuschung und Entrüstung über den Mißbrauch seiner Gutgläubigkeit durch die «Messieurs». Die Feindschaft der *philosophes* gehört als unverzichtbarer Kontrast zu dem Bild dazu, das er sich von Jean-Jacques macht. Sie ist ein wesentlicher Teil seines neuen Glaubens. Denn das Bild, dem er den Autor und das Œuvre anzugleichen oder einzupassen versucht, bleibt in der wichtigsten Rücksicht auf Glauben gegründet. Der Franzose weist das Ansinnen Rousseaus, er möge Jean-Jacques aufsuchen, um sich eigenes Wissen zu erwerben – «puisque vous ne l'avez ni vu ni étudié par vous-même ... selon moi, le seul moyen sûr de le connoitre» –, weit von sich.[97] Was er von Jean-Jacques gelesen, von Rousseau gehört und von den «Messieurs» über ihr Komplott erfahren hat, genügt ihm, um ein eindeutiges Bekenntnis abzulegen: «Pour moi je veux vous faire ici ma confession sans détour. Je crois J.J. innocent et vertueux, et cette cro-

---

95 *Rousseau juge de Jean-Jacques* III, p. 942–946, 956–969. «Si d'Alembert ou Diderot s'avisoient d'affirmer aujourdui qu'il a deux têtes, en le voyant passer demain dans la rue tout le monde lui verroit deux têtes très distinctement, et chacun seroit très supris de n'avoir pas apperçu plustot cette monstruosité» (p. 961). Siehe Anm. 62.
96 Über die Priester des Oratorianer-Ordens sagt Jean-Jacques Rousseau im eigenen Namen: «Dangereux ennemis s'il en fut jamais, non seulement à cause du corps qu'ils composent et des collèges qu'ils gouvernent; mais parce qu'ils savent encor mieux que les philosophes cacher leur animosité cruelle sous un air beat et doucereux.» *Rousseau juge de Jean-Jacques* II, p. 906 n.
97 *Rousseau juge de Jean-Jacques* III, p. 937–939. Der Franzose antwortet: «Vous voyez que je suis plus avancé que vous dans votre propre recherche, puisqu'il vous reste à cet égard des scrupules que je n'ai plus. Non, Monsieur, je n'ai pas même besoin de voir J.J. pour savoir à quoi m'en tenir sur son compte» (III, p. 942).

yance est telle au fond de mon ame qu'elle n'a pas besoin d'autre confirmation.»[98] Der Franzose überhörte oder hat längst vergessen, was Rousseau im ersten Satz seines Berichts über Jean-Jacques so provozierend wie präzise zu Protokoll gab und was er später ausdrücklich wiederholt: «selon moi, ce n'est pas un homme vertueux.»[99] Der Franzose vermag Jean-Jacques nur zu achten und zu ehren, wenn er ihn für tugendhaft hält. Der *honnête homme* wird nicht zum Verbündeten des Philosophen, wenn er nicht an die Tugend glauben kann. –

Die *Dialogues* bilden den Schlußstein im Œuvre Rousseaus, und ebendamit bereiten sie wie keine andere seiner Schriften die *Rêveries* vor. Die These, die ich meiner Betrachtung des am wenigsten beachteten Buches von Rousseau vorausschickte, führt uns zu den *Rêveries* zurück, die ich auf dem langen Weg über *Rousseau juge de Jean-Jacques* keinen Moment aus dem Auge verloren habe. Die *Dialogues* sind das erste Buch, das in den *Rêveries* erwähnt wird. Ihr großes Thema, der Philosoph unter Nichtphilosophen oder die Frage der Rhetorik, deren die Philosophie bedarf, verbindet die *Dialogues* aufs engste mit dem *Discours sur les sciences et les arts*. Die beiden Schriften, in denen Rousseaus Œuvre seinen Auftakt hat und seinen Abschluß findet, nehmen nicht zufällig, jede auf ihre Weise und wechselseitig sich ergänzend, auf Platons *Phaidros* Bezug. Umgekehrt spielen in den *Rêveries* stillschweigende Bezugnahmen auf die *Dialogues* eine nicht weniger wichtige Rolle als die unverkennbaren Rückverweise auf den *Discours*. Das gilt schon, wie wir sahen, und ist von erheblicher Bedeutung für die berühmten Eröffnungsworte «Me voici donc seul sur la terre». Die *Rêveries* setzen das Œuvre voraus, aber sie setzen es nicht fort. Rousseaus öffentliche Wirksamkeit als Lehrer der Menschheit wird durch den großen Bogen bezeichnet und abgesteckt, den er in den *Dialogues* zum *Premier Discours* schlägt. Sie beginnt mit der emblematischen Figur des göttlichen Lichtbringers, der das Jahrhundert der *lumières* in die Schranken fordert, und endet mit der geschichtlich belehrten Gestalt

---

98 *Rousseau juge de Jean-Jacques* III, p. 945; cf. III, p. 968.
99 *Rousseau juge de Jean-Jacques* II, p. 773; cf. II, p. 823. «C'est un homme sans malice plustôt que bon, une ame saine mais foible, qui adore la vertu sans la pratiquer, qui aime ardemment le bien et qui n'en fait guéres» (II, p. 774); cf. I, p. 670; II, p. 755. «J. J. n'est assurement pas un bel homme» (II, p. 777). Beachte II, p. 818, 851, 859 und 864 sowie S. 36–37 mit Anm. 33.

des Zeugen der Wahrheit, der die *philosophes* und *prêtres* gegen sich aufgebracht hat. Die grund-legende Konstellation, die das Frontispiz des *Discours* in einem Dreifigurenbild darstellte, die Konstellation, die für die Rhetorik des gesamten Œuvre bestimmend bleibt und der die *Rêveries* insonderheit Rechnung tragen werden, erfährt in den *Dialogues* ihre späte Entfaltung und letzte Erläuterung. Mit der eingehenden Untersuchung der unterschiedlichen Adressaten, an die Rousseaus Schriften gerichtet sind oder die wohl oder übel mit ihnen in Berührung kommen werden, wendet sich das Werk auf sich selbst zurück. Die Analyse des «Franzosen» setzt Rousseaus Politische Philosophie in Perspektive und beleuchtet das Œuvre in toto. Ihr Licht reicht bis zur ersten Preisschrift, in der Rousseau den «hommes vulgaires» seine Stimme geliehen und sie nachdrücklich bestärkt hatte, sich von dem Feuer fernzuhalten, das er bei sich trägt. Das Œuvre kommt zum Abschluß, indem es zum Anfang zurückkehrt und in sich zu kreisen anhebt. Rousseau besiegelt das Ineinander von Anfang und Ende, das das Œuvre zu einem Ganzen macht, durch das Motto, das er für die *Dialogues* wählt. Es ist dasselbe Motto, das er für den *Premier Discours* gewählt hatte, das einzige, das er zweimal verwendet, und das letzte, das er einem Buch mit auf den Weg geben wird: *Barbarus hic ego sum, quia non intelligor illis.*[100]

Mit den *Rêveries* beginnt etwas Neues, Eigenes, Anderes. Daß es sich bei ihnen um eine Art «Fortsetzung» oder «Anhang» der *Confessions* handeln könnte, gehört zu den Irrtümern oder Irreführungen der *Première promenade*.[101] Jedenfalls dann, wenn der Leser die *Confessions* als ein autobiographisches Unternehmen versteht, das in den *Rêveries* fortgeschrieben, gleichsam auf den neuesten Stand gebracht würde. Die markantesten Episoden und die wichtigsten Sujets der *Rêveries*, wie der Aufenthalt auf der St. Petersinsel, die «Reform» in der Mitte des Lebens oder die Jahre von Les Charmettes, sind zuvor in den *Confessions* be-

---

100 «Hier bin ich der Barbar, weil ich von jenen nicht verstanden werde». Das Motto ist Ovids *Tristia*, Buch V, 10. Elegie, Vers 37 entnommen. Beachte die politische Kritik, die Rousseau im Text des *Premier Discours* an Ovid übt, den er unter die «Auteurs obscènes, dont les noms seuls allarment la pudeur» einordnet (*Discours sur les sciences et les arts*, p. 1 und 10), und vergleiche S. 21–22 sowie 41. – Rousseau hat allen seinen Büchern, soweit es sich nicht um «Auftragsarbeiten» wie die Schriften über Korsika oder Polen handelte, Motti vorangestellt. Mit Ausnahme der *Rêveries*.
101 I, 12 (999); 13 (1000); 15 (1001); cf. II, 4 (1003).

handelt worden und zumeist mit größerer Ausführlichkeit. Der Autor Jean-Jacques erklärt in einer Rede, die Rousseau, der Leser, für den Franzosen im zweiten Dialog wörtlich wiedergibt, daß er, nach den *Dialogues*,[102] kein Buch mehr schreiben wird. Was er der Öffentlichkeit zu sagen hatte, ist gesagt, was für die Nachwelt zu tun war, getan.[103] L'œuvre est fini. Rousseau hat seine Aufgabe erfüllt. In der Einleitung, die er den *Dialogues* voranstellt, berichtet er in bewegten Worten von den Mühen und der Überwindung, die ihm die Vollendung des Werkes abverlangte. Die Apologie des eigenen Lebens vor dem Forum der Welt war eine Last. Ganz anders die beiden Einleitungen der *Rêveries*. Sie betonen die Freude des Beisichselbstseins.[104] Der Dienst an der Allgemeinheit liegt hinter Rousseau. Der Abschluß des Œuvre eröffnet eine neue Freiheit. Was jetzt kommen kann, ist «un bienfait purement gratuit». *Les rêveries du Promeneur Solitaire* sind für keinen Altar bestimmt. Rousseau schreibt sie für sich. Sie sind ein Geschenk für ihn und seinesgleichen.

---

102 Siehe Anm. 48.
103 *Rousseau juge de Jean-Jacques* II, p. 840.
104 *Rousseau juge de Jean-Jacques. Du sujet et de la forme de cet ecrit*, p. 664. (Rousseau arbeitete von 1772 bis 1776 an den *Dialogues*. Er verwandte fast fünf Jahre auf das, was er rückblickend als «une occupation si douloureuse» beschreibt.) I, 11 (999); 12 (999); 14 (1001); 15 (1001); II, 1–4 (1002–1003).

II

Glaube

***

Die *Rêveries* haben das philosophische Leben im Ganzen zum Gegenstand. Sie bedenken seinen Beginn und sein Ende. Sie verhandeln, vielfältig gebrochen und kunstvoll verfremdet, seinen Grund, sein Ziel und seine tragende Mitte. Die einzelnen Promenaden zeigen das philosophische Leben in Bewegung. Sie folgen seinen Wegen und seinen Wendungen. Von der Auseinandersetzung mit dem Glauben zur Selbsterkenntnis wie im gegenstrebigen Ausundineinander von Selbsterkenntnis und Beisichselbstsein. Sie führen vor Augen, wie das Philosophieren im Leben seinen Anhalt hat und seine verwandelnde Kraft bewährt. Wie es sich an einer Lesefrucht entzündet oder einen Angriff von außen zum eigenen Guten wendet. Wie ein unerwartetes Ereignis Erfahrungen zeitigt, die eine genaue Analyse verdienen und zu weitreichenden Reflexionen Anlaß geben. Wie die Beschäftigung mit einem klassischen Text in die eingehende Untersuchung eines allgemeinen Problems mündet. Wie die Betrachtung einer alltäglichen Handlung als Mitglied der Gesellschaft eine denkbar grundsätzliche Bestimmung des Standorts des Betrachters am Rande der Gesellschaft nach sich zieht, oder wie ein kleiner Umweg unverhofft auf den Pfad der Selbsterkenntnis zu führen vermag. Die Selbsterkenntnis ist die Frage, die Rousseau vom ersten Schritt der ersten Promenade an in Atem hält. Der Promeneur Solitaire geht ihr auf allen seinen Spaziergängen nach, sich prüfend, auf den Feind achtend, sich berichtigend, neu beginnend, sich der Natur zuwendend, zu sich zurückkehrend, weiter ausgreifend, sich sammelnd, tiefer grabend. Die *Rêveries* spiegeln in ihrem Aufbau wie in ihrem Gehalt die Unerschöpflichkeit und Unabschließbarkeit der Selbsterkenntnis wider. Alle großen Themen, die in ihnen vorkommen, sind in einem präzisen Verstande Variationen zu dem einen Thema der Selbsterkenntnis: Gott und Natur, Moral und Politik, Liebe und Glück, Güte und Tugend, Wahrheit und Tod. Die Selbsterkenntnis ist das Thema der *Rêveries*, weil und insofern sie das Thema des philosophischen Lebens ist. Sie macht die *Rêveries* zu einem im höchsten Grade vermittelten,

Vermittlungen durchlaufenden und vom Leser Vermittlungen fordernden Buch.

Ein philosophisches Leben beginnt nicht mit der Geburt, aber es endet definitiv mit dem Tod des Individuums, das ein philosophisches Leben führt. Sein Beginn steht deshalb in einem höheren Maße und in einem anderen Sinn in Frage als sein Ende. Der Beginn des philosophischen Lebens ist selbst Gegenstand philosophischer Reflexion und möglicher philosophischer Kontroverse. Er hat in jedem Fall eine Vorgeschichte. Er bedarf der Vorbereitung, und er verlangt Vergewisserung. Der Tod bricht das philosophische Leben ab, irgendwo und irgendwann in seinem Lauf. Er setzt ihm, sofern er nicht selbstgewählt ist, von außen in es einfallend, ein Ende. Die *Rêveries* tragen den Besonderheiten des Beginns und des Endes in ihrer Form Rechnung. Sie beginnen nicht mit dem Beginn, sondern in einem Danach, das der Eröffnungssatz unvermittelt evoziert: «Me voici donc seul». Und sie enden nach dem Vorbild des tatsächlichen Endes. Sie haben keinen Schluß, den der Autor als *finis operis* beglaubigte. Sie hören auf, ohne sich zu erschöpfen. Sie verstummen, ohne alles gesagt zu haben, was zu sagen wäre. Ihr Ende folgt nicht einer inneren Notwendigkeit. Es wird durch den Tod bestimmt. Der Tod, nicht der Autor, beendet die *rêveries* des Promeneur Solitaire. Indem der Autor zuläßt, daß seine «Sammlung» abbricht,[1] gibt er den *Rêveries* ihren vollkommenen Schluß.

Zu Beginn der *Septième promenade* kündigt Rousseau das Ende des Buches an. Die siebte *Rêverie*, die im Gewand der «Botanik» die philosophische Betrachtung der Natur oder die *theoria* im engeren Sinn zum Thema hat, die einzige *Rêverie* im übrigen, die einen Philosophen als Philosophen beim Namen nennt und als Vorbild heranzieht, hätte sich aus einer Reihe von Gründen sehr gut geeignet, um dem Buch einen angemessenen Schluß zu geben. Im letzten Satz erinnert sich Rousseau

---

1 Siehe Kapitel I, S. 34, Anm. 24. Auf derselben Spielkarte, auf der Rousseau die in Anm. 24 zitierte Notiz festhielt, findet sich die folgende Eintragung zu den *Rêveries*: «Je sens déja mon imagination se glacer, touttes mes facultés s'affoiblir. Je m'attends à voir mes reveries devenir plus froides de jour en jour jusqu'à ce que l'ennui de les écrire m'en ôte le courage; *ainsi mon livre si je le continue doit naturellement finir quand j'approcherai de la fin de ma vie.*» Ebauches des Rêveries 1, p. 1165 (meine Hervorhebung). Die Lektüre der *Dixième promenade* genügt, um sich davon zu überzeugen, daß das Ende der *Rêveries* nicht dem «ennui de les écrire» geschuldet ist.

an seine Jugend. Er wiederholt den «unschuldigen» Charakter seiner Vergnügen und bekräftigt seine Fähigkeit, glücklich zu sein inmitten «des traurigsten Loses, das jemals einem Sterblichen zugefallen ist». Die beiden letzten Wörter lauten: «un mortel».[2] Rousseau fertigte von den ersten sieben *Rêveries* eine Reinschrift an, wie er das so oft zuvor in seinem Leben als Autor mit seinen Manuskripten getan hatte, um sie für den Satz und Druck vorzubereiten. Aber dann setzt er neu an. Er schreibt die *Huitième promenade*. Sie wendet, nachdem die vorausgegangene Promenade die Aufmerksamkeit auf die Welt in ihrer natürlichen Artikulation richtete, den Blick zurück auf den Promeneur Solitaire, dessen erotische Natur ihn in Gefahr bringt, im Zugehen auf die Welt, in der «Expansion seiner Seele» sich selbst aus dem Auge zu verlieren. Rousseau macht sein Leben abermals zum Gegenstand der Reflexion, der Prüfung und Selbstbesinnung. Er treibt die Analyse noch entschiedener und weiter voran als in den sieben Promenaden zuvor. Am Beispiel der Unterscheidung von *amour de soi* und *amour-propre* demonstriert er, daß er auch zu einem Thema, das er in seinem Œuvre immer wieder behandelt hat, Neues zu sagen weiß, schärfer gefaßt und provozierender vorgetragen als an irgendeinem anderen Ort. Die *Huitième promenade* rundet mit der Vertiefung, die Rousseau in ihr erreicht, mit der letzten Verwendung von *rêverie* und dem Rückverweis des Lesers an das Zentrum des Buches die *Rêveries* zu einem Ganzen. Sie hätte sich vorzüglich als Schluß geeignet. Doch Rousseau fährt fort. Er schreibt die *Neuvième promenade*, die eine Erweiterung vornimmt und in einer Art Parallelführung zur *Septième* die überragende Bedeutung des Sehens, des Sehens mit eigenen Augen im Unterschied nicht nur zum Hörensagen, sondern auch zum Ausmalen der Einbildungskraft, herausarbeitet, jetzt anhand der Kontemplation, die auf die Welt der Menschen gerichtet ist. Schließlich schreibt er die *Dixième promenade*. Sie ist der Liebe gewidmet und führt Rousseaus Lebensweise auf eine prägende Ausgangskonstellation zurück, um seine gesamte Entwicklung aus einer Wurzel, in ihrer inneren Folgerichtigkeit zu denken. Der zehnte Spaziergang markiert damit den äußersten Gegenpol zum ersten, in dem Rousseau sich zunächst als Spielzeug der «directeurs» seines Schicksals vorgestellt hatte.[3] Die zehnte Promenade umfaßt einen

---

2 VII, 30 (1073).
3 I, 3 (996); cf. I, 5 (996) und I, 9 (998).

einzigen Absatz. Sie ist genau datiert. Und sie ist als einzige ausdrücklich in der Gegenwart angesiedelt. Sie beginnt mit dem Wort «aujourdui». Die *Rêveries* enden *heute*. Die siebte oder die achte *Rêverie* hätten dem Buch einen überzeugenden Schluß gegeben. Das Fehlen des auktorialen Endes indes, ihr Abbrechen vollendet die *Rêveries* als Meisterwerk der Mimesis.

Der Beginn des philosophischen Lebens hat in der *Troisième promenade* seinen Ort. Voraus geht eine ebenso ausgedehnte wie vielschichtige Hinführung, in deren Verlauf philosophische Fragen von größtem Gewicht am Horizont aufscheinen: Was ist Gott? Oder: Worin liegt die Bestimmung der eigenen Natur? Voraus geht insbesondere die doppelte Einleitung des Buches in Gestalt der ersten oder eigentlichen Einleitung, die die *Première promenade* insgesamt gibt, und deren verkürzter Wiederholung in der Einleitung zur *Deuxième promenade*. Rousseau berichtigt in ihr einen Irrtum der ersten Einleitung, die ihrerseits reich ist an Berichtigungen von Irrtümern und daraus gewonnenen Einsichten. Der Beginn des philosophischen Lebens ist nicht gleichzusetzen mit dem Beginn des Philosophierens. Und das Philosophieren beginnt im Irrtum.

Der mimetischen Vorbereitung durch die erste und die zweite entspricht in der dritten Promenade eine knappe autobiographische Skizze zur Vorgeschichte des Beginns, der uns beschäftigt. Die Skizze ist im Text so angeordnet, daß der aufmerksame Leser an die philosophische Frage, die sich mit dem Beginn verbindet, unaufdringlich herangeführt wird. Denn Rousseau betont, daß er «dans tous les tems» die Natur und die Bestimmung seines Seins zu erkennen suchte. Er macht geltend, diese Untersuchung mit mehr Interesse und Sorgfalt betrieben zu haben, als er bei irgendeinem anderen Menschen zu finden vermochte. Und er macht so klar, wie man nur klarmachen kann, daß er seine Untersuchung für sich, um der Erkenntnis der Wahrheit willen unternahm, daß all sein Philosophieren in letzter Instanz auf sein eigenes Gutes gerichtet war: «Pour moi quand j'ai désiré d'apprendre c'étoit pour savoir moi-même et non pas pour enseigner; j'ai toujours cru qu'avant d'instruire les autres il falloit commencer par savoir assez pour soi, et de toutes les études que j'ai taché de faire en ma vie au milieu des hommes il n'y en a guére que je n'eusse faite également seul dans une ile deserte où j'aurois été confiné pour le reste de mes jours.» Es versteht sich, daß Rousseau für die nötige Einbettung sorgt, daß er es nicht an der Abfederung durch einen starken Kontrast fehlen läßt, die diese Aussage verlangt.⁴ Doch kehren wir zu unserer Frage zurück. Sie erhält durch die Kontinuität, die Rousseau für sein Philosophieren beansprucht, um so größeres Gewicht. Wie ist der Beginn des philosophischen Lebens zu denken? Wie wäre eine Diskontinuität anzusetzen in einer Entwicklung, die nach allem, was Rousseau in den *Rêveries* zu erkennen gibt, einer inneren Notwendigkeit unterliegt und ganz im Einklang mit seiner Natur steht? Als Durchbruch einer latenten Tendenz dieser Natur? Als eine grundstürzende Einsicht, die die wichtigsten Bezüge, innerhalb deren sich jene Entwicklung vollzieht, plötzlich in einem anderen Licht erscheinen läßt? Als das Bewußtwerden des distinkten Charakters eines Lebens, das dem philosophischen Eros folgt und erst im Bewußtsein seiner Unterschiedenheit zu sich kommt? Die autobiographische Skizze, die Rousseau einfügt, nimmt ihren Ausgangspunkt bei den Sitten und der Frömmigkeit, in denen Rousseau aufwuchs, um die Linie über die religiöse Erziehung und die Lektüre seiner Jugend, die ihn, wie uns versichert wird, «dévot presque à la maniére de Fenelon» machten, geradewegs bis zu seiner philosophischen Aktivität durchzuziehen, bis zum «Nachdenken in der Zurückgezogenheit, dem Studium der Natur, der Kontemplation des Universums». Keine Abkehr von teuren Glaubensüberzeugungen, kein Brechen mit eingewurzelten Vorurteilen, keine Krise, keine Periagoge. Aber dann kommt Rousseau auf eine «große Revolution» zu sprechen, die er auf das vierzigste Lebensjahr datiert: Sie wurde aus einem lange gefaßten Entschluß geboren und war auf den festen Willen gegründet, alle Meinungen einer strengen Prüfung zu unterziehen. Rousseau setzt jetzt, in der Mitte seines Lebens, eine «große Revision» ins Werk, von der er nichts ausnimmt, in der es um Leben und Tod geht. Ihr zentraler Gegenstand ist der Glaube: die Pflichten und Erwartungen der Moral, die Gebote und Hoffnungen der Religion. Um sich Klarheit zu verschaffen, wie er leben soll und wie er sich bei seinem Tod befinden will, wählt Rousseau «für eine gewisse Zeit» eine Lebensweise, die ganz im Dienst seines Unternehmens steht. Die Lebensweise, die Rousseau einschlägt, um in langem und ungestörtem Nachdenken eine Antwort auf die Frage zu finden, was das richtige Leben sei, stellt sich als die Lebensweise heraus, die er als gut für sich erkennt und die er deshalb für den Rest seiner Tage beibehalten will.⁵

4 III, 5 (1012–1013).
5 III, 6–10 (1013–1015).

Die Verschränkung von Frage und Antwort, die der philosophischen Lebensweise zugrunde liegt, läßt sich schwerlich prägnanter fassen. Und wo fände sich der Übergang von der Frage nach dem Richtigen zur Antwort des guten Lebens mit leichterer Hand dargestellt? Fast beiläufig bringt Rousseau eine prägende Erfahrung zum Ausdruck, die er mit den anderen Bewohnern des «monde idéal» gemeinsam hat, in einer Lakonik, die Xenophon zur Ehre gereichte, und so, als spräche er nur von dem, was Jedermann sehen kann: vom solitären Charakter seines Lebens, mit dem er freilich am Ende nichts Geringeres verbindet als sein Glück.[6] Auf den ersten Blick scheint die Bestimmung von Rousseaus *manière de vivre* an der einzigen Stelle, an der der Begriff in den *Rêveries* vorkommt,[7] nicht über das hinauszugehen, was sich aus der Ferne

---

6 «C'est de cette époque que je puis dater mon entier renoncement au monde et ce gout vif pour la solitude qui ne m'a plus quitté depuis ce tems-là. L'ouvrage que j'entreprenois ne pouvoit s'executer que dans une retraite absolue; il demandoit de longues et paisibles méditations que le tumulte de la societé ne souffre pas. Cela me força de prendre pour un tems une autre maniére de vivre dont ensuite je me trouvai si bien que ne l'ayant interrompue depuis lors que par force et pour peu d'instans, je l'ai reprise de tout mon cœur et m'y suis borné sans peine aussitot que je l'ai pu, et quand ensuite les hommes m'ont reduit à vivre seul, j'ai trouvé qu'en me sequestrant pour me rendre misérable, ils avoient plus fait pour mon bonheur que je n'avois su faire moi-même.» III, 10 (1015). – Verschiedene Kommentatoren haben den zweiten Satz des hier vollständig wiedergegebenen Absatzes auf die *Profession de foi du Vicaire Savoyard* bezogen. Gegen diese eingeschränkte Lesart spricht nicht nur die explizite Aussage zur *Profession de foi* im 17. Absatz der *Troisième promenade* («Le résultat de mes pénibles recherches fut tel à peu près que je l'ai consigné depuis dans la profession de foi du Vicaire Savoyard»). Die übereilte Identifizierung mit der später vergleichend herangezogenen Schrift verkennt den ebenso existentiellen wie umfassenden Charakter des Unternehmens, von dem der 10. Absatz handelt. Die Absätze, die unmittelbar vorangehen und die sich anschließen, lassen daran keinen Zweifel: «... j'entrepris de soumettre mon intérieur à un examen sévère qui le réglat pour le reste de ma vie tel que je voulois le trouver à ma mort» III, 8 (1015). «... tout m'obligeoit à cette grande revue dont je sentois depuis longtems le besoin. Je l'entrepris donc et je ne négligeai rien de ce qui dépendoit de moi pour bien executer cette entreprise» III, 9 (1015). «Je me livrai au travail que j'avois entrepris avec un zéle proportionné, et à l'importance de la chose et au besoin que je sentois en avoir» III, 11 (1015). «J'éxécutai ce projet lentement et à diverses reprises, mais avec tout l'effort et toute l'attention dont j'étois capable. Je sentois vivement que le repos du reste de mes jours et mon sort total en dependoient» III, 14 (1016).

7 Beachte V, 11 (1045).

über den *Promeneur Solitaire* sagen läßt, der ebenfalls nur einmal – im Titel des Buches – vorkommt[8] und von dem kein Außenstehender wissen kann, was ihn auf seinen einsamen Wegen bewegt und erfüllt. Mit der Rede von der «grande revue» und der «grande révolution» weist Rousseau nachdrücklich auf den tiefen Einschnitt hin, den der Beginn des philosophischen Lebens bedeutet. Zwei Aspekte in Rousseaus Darstellung der Zäsur verdienen besondere Erwähnung. Zum einen erfordert die «große Revision» den Einsatz aller Kräfte und Fähigkeiten, nicht zuletzt Mut und Beharrlichkeit im Fragen. Rousseau scheut sich nicht zu erklären, daß er, als er den Dingen auf den Grund zu gehen suchte und die Ausrichtung an dem, was die «prudence commune» lehrt, hinter sich ließ, zum erstenmal in seinem Leben Mut bewies. Um die Lage nach der Abstoßung vom Überkommenen und Geglaubten auszudrücken, verwendet er eine Variante des Bildes vom Seefahrer, der sich auf das offene Meer begibt, ohne zu wissen, ob er jemals wieder festen Boden unter den Füßen haben wird. Wer sich in einer solchen Lage sah, wer alles aufbieten mußte, um eine Herausforderung zu bestehen, von der sein «sort total» abhing, der wird ein deutliches Bewußtsein vom Beginn haben und sich der Gründe erinnern, die der Prüfung standhielten.[9] Zum anderen erfaßt die «große Revolution» alle Lebensbereiche. Seit langem bestehende Freundschaften und Gewohnheiten des gesellschaftlichen Umgangs, die Wahl der Erwerbstätigkeit, die Entscheidung für oder gegen einen Wohnort – nichts ist grundsätzlich von ihr ausgenommen oder bleibt ihrer Ausstrahlung entzogen. Noch in der Veränderung von Äußerlichkeiten, in der Reform des öffentlichen Erscheinungsbildes oder in der Neuordnung des Tagesablaufs mag sie ihren Niederschlag finden. Dem Willen zu einem begründeten Leben tritt der Wille zu einem stimmigen Leben zur Seite. Beides, die Rückhaltlosigkeit des Fragens und das Streben nach Konsistenz, verbindet sich für Rousseau mit dem Beginn des philosophischen Lebens.

Rousseau begibt sich in der *Troisième promenade* in keinen Wettstreit mit früheren autobiographischen Zeugnissen des weithin sichtbaren Umbruchs, der sich zwischen der Veröffentlichung der Preisfrage der Akademie von Dijon im Mercure de France und der Übersiedlung in die

---

8 Beachte V, 2 (1040).
9 III, 14–15 (1016–1017). Cf. *Warum Politische Philosophie?* Stuttgart–Weimar 2000, p. 27–28.

Eremitage in seinen Lebensverhältnissen vollzog.[10] Es geht ihm nicht darum, Einzelheiten des Wandels zu duplizieren oder zu korrigieren, den er in den *Confessions* als «ma réforme» beschrieb: von der Veränderung seines «Putzes», dem Ablegen des Degens und dem Verkauf der Uhr über das Quittieren des Dienstes bei den Steuereinnehmern Dupin und Francueil 1751 oder 1752[11] bis zum Abschied von Paris und der Gesellschaft, der er mehr als ein Jahrzehnt zugehört hatte oder zugeordnet worden war, im April 1756. Festlegungen nach Ort und Zeit treten ganz in den Hintergrund. Rousseau spricht nicht als Historiker seiner selbst. Auch das «40. Lebensjahr», das er 1762 in den *Lettres à Malesherbes* erstmals ins Spiel gebracht hatte, gehorcht jetzt einem anderen Prinzip. Es ist kein historisches, sondern ein symbolisches Datum. Es dient, «von Jugend an», zur Markierung der «Epoche», in der die entscheidende Klärung statthaben muß, unabhängig von äußeren Ereignissen, die eintreten oder die nicht eintreten mögen, gegründet auf eine sachliche Notwendigkeit, die, zu jeder Zeit, erkannt werden kann und die mithin nicht individuellem Gutdünken unterliegt.[12] Das «40. Lebensjahr» zieht die «Epoche» gleichsam in einen Punkt zusammen und wird zum Merkzeichen für die Verdichtung in der Einsicht, von der an alles anders ist, als es bis dahin gewesen war. Das «vierzigste Lebensjahr» steht für den diskreten, den bestimmten und bewußten Beginn, den die «grande revue» heraufführt. Die Rede von der «großen Revolution» und der «großen Revision» läßt weit hinter sich, was Rousseau vor den *Rêveries* zur Charakterisierung seiner «Reform» sagte. Nach der Darstellung der *Confessions* betraf die Reform im Kern Rousseaus Entschluß zu «Unabhängigkeit und Armut», ein Entschluß, der getragen wurde vom Willen, ein selbstgenügsames Leben zu führen.[13] Die «grande revue» der *Troisième promenade* dagegen betrifft die Frage, ob

---

10 *Lettres à Malesherbes* II, *OCP* I, p. 1135–1136; *Les Confessions* VIII, p. 356, 361–364 und IX, p. 416–418.
11 *Les Confessions* VIII, p. 362–363; cf. *CC* II, p. 145–146 notes c und d sowie p. 195–196 note a.
12 Vergleiche dazu René Descartes: *Meditationes de prima philosophia* I *in princ.* (*Œuvres*. Ed. Charles Adam et Paul Tannery, Paris 1983, VII, p. 17–18.)
13 *Les Confessions* VIII, p. 362 und 356. Wie weit die *Troisième promenade* über die Darstellung der *Confessions* hinausgeht, zeigt bereits der Vergleich der «grande révolution» mit den beiden «révolutions», die in Buch IX (p. 417–418) erwähnt werden. Die «grande revue» ist in den *Confessions* ohne Gegenstück.

das selbstgenügsame Leben das rechte Leben ist, oder, präziser formuliert, die Frage, ob es dem Promeneur Solitaire erlaubt ist, das Leben zu führen, das seiner Natur entspricht. Die entscheidende Klärung verlangt die Auseinandersetzung mit den gewichtigsten Einreden, die gegen das selbstgenügsame Leben des Philosophen erhoben werden können. Und den mächtigsten Einreden ist gemein, daß sie für sich und ihre Antwort, was das rechte Leben sei, beanspruchen, autoritativ, verpflichtend, zwingend zu sein. Die Klärung bewegt sich deshalb in einem Horizont, der durch Konvention und notwendige Überschreitung einerseits, durch Verbot und mögliche Verfehlung andererseits abgesteckt wird. Seiner Neigung zu folgen oder sich von «reiner Neugierde» leiten zu lassen, reicht nicht aus, um zu einem begründeten Leben zu kommen. Mit der Aussicht konfrontiert, daß ihm später ein Schritt «als Verbrechen angelastet» werden könnte, von dem er sich nicht beizeiten Rechenschaft abgelegt hat, vergewissert sich der Promeneur Solitaire, ob er über gute Gründe verfügt, den eingeschlagenen Weg des Philosophierens weiterzugehen, ihn bis zum Ende zu gehen.[14]

Wenn das Philosophieren im Irrtum beginnt, so beginnt das philosophische Leben mit der Einsicht, daß die Frage nicht suspendiert werden kann, ob das philosophische Leben auf einem Irrtum beruht. Denn dieser Irrtum verfiele dem Verdikt der gemeinen Klugheit, die nicht von Irrtum, sondern von Schuld oder Sünde spräche. Um sich die Freiheit des Irrtums und des Zweifels, die Freiheit der Suspendierung des Urteils, die Freiheit des Handelns und Nichthandelns zu bewahren, muß die Philosophie ihr Recht und ihre Notwendigkeit unter Beweis stellen. Die Möglichkeit des Verbrechens ist an ein Gesetz, die Behauptung der Sünde ist an ein Gebot und beide sind an die Forderung eines Gehorsams gebunden, der verpflichtend ist. Die Pflicht zum Gehorsam zwingt das Leben des freien Fragens und Forschens zum rückhaltlosen Fragen, zur Erforschung seiner selbst und, in eins damit, zur Prüfung des Tribunals, vor dem es sich zu verteidigen hat. Es ist genötigt, sich mit sich selbst in Übereinstimmung zu bringen. Es kann sich nicht leisten, nicht radikal zu sein. Der Einspruch, der es in Frage stellt, trägt wesentlich dazu bei, daß es seine besondere Gestalt gewinnt und zum Bewußtsein seiner Unterschiedenheit gelangt. Das Bewußtsein seiner Unterschiedenheit aber ist konstitutiv für das philosophische Leben. Es schließt den Willen zum begründe-

---

14 III, 5 (1012–1013); III, 15 (1017).

ten Leben und den Willen zum mit sich selbst übereinstimmenden Leben im Wissen der anspruchsvollen Alternative und der eigenen Dringlichkeit zusammen. Die Meinung, das philosophische Leben habe keinen diskreten Beginn, befindet sich daher ebenso im Irrtum wie die Meinung, es beruhe auf einem dezisionistischen Akt. Träfe ersteres zu, handelte es sich nicht um die bestimmte und bewußte Lebensweise, die für uns in Rede steht. Und wäre letzteres der Fall, läge unsere Lebensweise im Widerstreit mit sich selbst, da sie offenbar außerstande bliebe, ihren Beginn im Fragen einzuholen und sich mit Gründen zu genügen.

Das philosophische Leben kann ohne das Bewußtsein seiner Besonderheit weder gedacht noch geführt werden. Ein politisches Gemeinwesen, das die Philosophie ganz freizugeben verspricht, und eine Religion, die ihr nicht prononciert entgegentritt oder die sie, in Grenzen, gutheißt, um sich ihrer zu bedienen, mögen so das Philosophieren erleichtern, das Führen eines philosophischen Lebens dagegen erschweren. Die Abwesenheit sichtbarer Schranken und Verbotstafeln befördert die Erkenntnis der Hindernisse und Widerstände nicht, die der Philosophie in jedem Gemeinwesen entgegenstehen. Für das Verstummen aller ernsten Einsprüche gegen die Philosophie überhaupt oder für die Bequemlichkeit, jene Einsprüche zu überhören, die in der Natur der Sache begründet sind, gilt dies um so mehr. Nichts davon kommt der Sammlung des Philosophierens, der Rückwendung der Philosophie auf sich selbst oder der Ausbildung der inneren Einheit des philosophischen Lebens zugute. Was als Erleichterung im Allgemeinen erscheint, erweist sich als Erschwerung im Besonderen und für das Besondere. Wenn wir das Philosophieren und das philosophische Leben ihrem Begriff nach unterscheiden, um der Verwirrung der Philosophie mit einer Aktivität zu begegnen, die disparat, partiell oder sporadisch bleiben kann und an ihr selbst betrachtet keine distinkte Lebensweise konstituiert, folgt aus dieser Unterscheidung zwanglos, daß auch dort, wo die Philosophie nicht als besondere Lebensweise begriffen wird, philosophische Probleme kompetent verhandelt zu werden vermögen. Kurz: daß einer kein philosophisches Leben führt, muß ihn nicht hindern, mit Gewinn und für uns lehrreich zu philosophieren. Und umgekehrt: daß einer «sehr viel gelehrter philosophiert», heißt nicht, daß er uns in Rücksicht auf das Wichtigste etwas voraus hätte oder abnehmen könnte.[15] Die

---

15 III, 5 (1012).

«strenge Prüfung», mit der Rousseau die große Zäsur verknüpft, kann an niemanden delegiert werden.[16] Sie ist das eigentliche principium des philosophischen Lebens, das im radikalen Fragen gründet und sich bei keiner Antwort beruhigt, die ihre Beglaubigung einer Autorität schuldet. Die strenge Prüfung, der die überkommenen Meinungen und die eigenen Dispositionen unterworfen werden, um Klarheit zu erreichen, was für das weitere Leben Bestand haben kann und maßgebend sein soll, ist geeignet, jene Sammlung zu bewirken, ohne die das Leben des Philosophen nicht Eines wird. Rousseau erkennt sich in den *Rêveries* bezeichnenderweise einzig, was das Unterfangen der entscheidenden Klärung betrifft, *courage* zu.[17] Mut oder die Kardinaltugend der Tapferkeit ist für das rückhaltlose Fragen erforderlich, das das philosophische Leben von Grund auf bestimmt, für ein Fragen, auf dem das Schwergewicht des «sort total» oder «sort éternel» lastet.[18] Rückhaltlos verdient dieses Fragen genannt zu werden, insofern es vor keiner Konvention und vor keiner Autorität haltmacht und folglich in keiner Autorität und in keiner Konvention Halt findet. Um sich auf ein solches Fragen im Ernst einzulassen, ist nicht nur Tapferkeit vonnöten. Das Unterfangen muß von der Zuversicht getragen werden, ihm entsprechen zu können. Es bedarf des Zutrauens in die eigenen Fähigkeiten. Des Zutrauens in das Vermögen, die Prüfung angemessen durchzuführen, der Sache auf den Grund zu gehen, sich vom Urteil anderer Richter unabhängig zu machen. Des Zutrauens in die Befähigung, selbst der Richter zu sein. Wenn das Zutrauen kein blinder Glaube und die Tapferkeit keine bloße Tollkühnheit sein soll, speist es sich aus Erfahrungen im Denken und Verstehen, erwächst es aus der Praxis des Fragens und Forschens. Es wird bestärkt durch die Überwindung von Vorurteilen, die Befreiung von Illusionen, die Übung in Redlichkeit. Es stützt sich insbesondere auf die Einsicht, welcher Unterschied darin liegt, eine Sache zu glauben oder sie zu wissen. Auch in diesem Sinne hat das philosophische Leben eine Vorgeschichte, die es nicht entbehren kann, und auch deshalb geht das Philosophieren seinem Beginn notwendig voraus.

Rousseau verhandelt den Beginn des philosophischen Lebens in der

---

16 III, 8 (1015); cf. III, 6, letzter Satz (1014) und III, 13 (1016).
17 III, 15 (1017), beachte IV, 41 (1039). Rousseau verwendet den Begriff in den *Rêveries* nur an diesen beiden Stellen.
18 III, 14 (1016); III, 15 (1017).

Promenade, die für Jedermann ersichtlich seinen Glauben zum Thema macht. Die *Troisième* ist die einzige Promenade, in der Rousseau von «ma foi» und «ma croyance» spricht, die einzige auch, in der er an die *Profession de foi du Vicaire Savoyard* erinnert.[19] Der Rückblick auf die Vorgeschichte des Beginns gibt ihm außerdem die Gelegenheit, seine christliche Herkunft zu erwähnen und so das Christentum ins Spiel zu bringen, das an keiner anderen Stelle des Buches beim Namen genannt wird.[20] Tatsächlich hat die *Troisième promenade* Rousseaus Glaube nicht in einem allgemeinen Verstande zum Thema. Unausgesprochen geht es vielmehr um seine Stellung zum Christentum, also um die Streitsache, die ihm wie keine andere Feindschaft und Verfolgung eingetragen hatte. Die Frage, in deren Umkreis Rousseau den Beginn des philosophischen Lebens erörtert, ist die Frage des Offenbarungsglaubens. Der Offenbarungsglaube sagt, und er sorgt dafür, daß die Geister sich an ihm scheiden.

Wenn die entscheidende Klärung die Auseinandersetzung mit den gewichtigsten Einreden verlangt, rückt der Offenbarungsglaube ins Zentrum der Aufmerksamkeit. In ihm trifft die Philosophie auf ihre tiefste Verneinung. Er setzt der Rückhaltlosigkeit des Fragens die Pflicht zum Handeln entgegen. Er macht gegen die Selbstgenügsamkeit des Philosophen die Gebundenheit an das Gebot Gottes geltend. Er negiert das philosophische Leben in dessen raison d'être. Das philosophische Leben ist mit dem Leben aus dem Gehorsam des Glaubens schlechterdings nicht vereinbar, und das Bewußtsein seiner Unterschiedenheit kann an keiner Alternative nachhaltiger geschärft werden. Die Zurückweisung der Gehorsamsforderung liegt im Beginn des philosophischen Lebens beschlossen. Die Auseinandersetzung erschöpft sich indes nicht in der Zurückweisung, und sie endet nicht mit dem Beginn. Sie ist Teil des philosophischen Lebens, das, wie wir gesehen haben, zu einem begründeten Leben nur werden kann, wenn es seinen Beginn selbst einzuholen, im Fragen und Denken zu bestätigen vermag. Um ihr Recht und ihre Wahrheit zu erweisen, muß die Philosophie den mächtigsten Einspruch gegen die Philosophie aufsuchen, ihn einer eingehenden Prüfung unterziehen und ihn mit Gründen entkräften. Es läßt sich aber kein mächti-

---

19 Jeweils einmal in III, 18 (1018); III, 23 (1022); III, 17 (1018).
20 III, 6 (1013). Das Wort «chretien» fällt nur hier, «christianisme» nirgendwo in den *Rêveries*.

gerer Einspruch denken als der Einspruch, der sich auf den Glauben an den allmächtigen Gott beruft und auf sein Gebot oder Gesetz. Die Auseinandersetzung mit dem Offenbarungsglauben ist deshalb kein einmaliger Akt. Viel spricht dafür, daß die Prüfung im Gegenteil «langsam und zu verschiedenen Malen» erfolgt[21] und daß die Kritik immer neue Wiederaufnahmen durchläuft, wie wir das bei Rousseau beobachten können, vom *Discours sur l'inégalité* über die *Lettre à d'Alembert* und den *Contrat social* bis zum *Émile*, und von den Verteidigungsschriften der Jahre 1763 und 1764, der *Lettre à Christophe de Beaumont* und den *Lettres écrites de la montagne*, bis zu den *Confessions*. Noch die späte Beschäftigung mit den Einwänden und Aufstellungen seiner Kritiker, zu der ihn die Erwiderungen auf den Pariser Erzbischof und auf die Genfer Pastoren nötigten, veranlaßte Rousseau, seine Position weiter auszuarbeiten – etwa zur christlichen Sünden- und Gnadenlehre oder zu den biblischen Wundern, die aufs engste mit dem Glauben an die Allmacht verbunden sind.[22] Sie wird so, über die Verteidigung gegen die theologischen Angriffe hinaus, seine Erkenntnis der Sache selbst befördert haben. Wie dies die Krisis des Beginns tat.

In der *Troisième promenade* trägt Rousseau seine Kritik des Offenbarungsglaubens nicht vor. Er hält sie vielmehr im Hintergrund und lenkt nach Kräften von ihr ab. Um von ihr abzulenken, bedient er sich des Mittels, das er in den *Dialogues* erprobte: Er richtet scharfe Attacken gegen die *philosophes* und ihren Atheismus. Er attackiert, genauer gesagt, den öffentlichen Gebrauch, den die *philosophes* vom Atheismus machen. Warf Rousseau, der Leser, in den *Dialogues* an der einzigen Stelle, an der er den Begriff *athéisme* in den Mund nahm, den *philosophes* ihren «engouement d'Athéïsme» und den «ephemeren Fanatismus» vor, den er in ihrer Schwärmerei erkannte,[23] so macht Rousseau, der Autor, jetzt an der einzigen Stelle, an der er in den *Rêveries* von «Atheismus» spricht, den *philosophes* den Vorwurf, «glühende Missionare des Atheismus und überaus herrische Dogmatiker» zu sein. Die *philosophes* lassen sich in dem, was sie lehren, was sie andere glauben

---

21 III, 14 (1016).
22 Cf. *Lettre à Christophe de Beaumont*, p. 937–940 und 945–946; *Lettres écrites de la montagne* I, 58, p. 702–703; I, 69, p. 705; II, 1, p. 711; II, 14, p. 715; III, 3, p. 727; III, 95, p. 754; V, 122 note, p. 798; und zur Wunderkritik III insgesamt, p. 727–754.
23 *Rousseau juge de Jean-Jacques* III, p. 971.

oder nicht glauben heißen, von ihren Leidenschaften und Interessen leiten. Ihre Doktrin gehorcht dem Parteigeist und ist Ausdruck von Heuchelei. «Leur philosophie est pour les autres». Die Philosophie bestimmt nicht ihr Leben, sondern dient ihnen zu Zwecken der Propaganda.[24] Der Dogmatismus und der Fanatismus, der Missionseifer und die Herrschsucht – alles, was Rousseau mit dem Atheismus der *philosophes* verbindet, ist mit dem philosophischen Leben unverträglich und hat seine Wurzel in einem Mangel an Selbsterkenntnis. Der Mangel an Selbsterkenntnis geht mit einem Mangel an geistiger Freiheit und an gründlichem Denken einher, den Rousseau den *philosophes* in seinem Œuvre immer wieder vorhält, angefangen beim Vorwort des *Discours sur les sciences et les arts* und zuletzt bekräftigt im dritten Dialog von *Rousseau juge de Jean-Jacques*: weit entfernt, daß sie sich von den Meinungen ihrer Zeit befreien, bleiben sie ihrem Jahrhundert untertan. Sie schwimmen mit dem Strom seiner Moden und auf den Wogen ihrer Popularisierungen. Das gilt insonderheit für den von ihnen propagierten Atheismus.[25]

Die Abgrenzung von den *philosophes* spielte eine wichtige Rolle, als es in den *Dialogues* darum ging, das «Monster» vor der Anklage des Atheismus zu schützen und den Franzosen schließlich in seiner Meinung zu bestärken, Jean-Jacques stehe, wie er selbst, auf seiten des Glaubens.[26] In der *Troisième promenade* scheint Rousseau noch weiter

---

24 III, 11 (1016); III, 13 (1016), cf. III, 5 (1012); III, 17 (1018); III, 22 (1022).
25 Cf. *Discours sur les sciences et les arts*, p. 3; *Rousseau juge de Jean-Jacques* III, p. 971.
26 Der Franzose spricht zweimal von «Atheismus»: Im ersten Dialog beschuldigt er «Jean-Jacques», der Urheber von «leçons d'Atheïsme» zu sein (p. 690). Im dritten Dialog urteilt er – nachdem «Rousseau» ihn über den Charakter von «Jean-Jacques» instruiert und er sich mit dessen Œuvre, vor allem mit dem *Émile* näher vertraut gemacht hat – über «die Philosophen»: «Or cette doctrine de materialisme et d'Atheïsme prêchée et propagée avec toute l'ardeur des plus zélés missionnaires n'a pas seulement pour objet de faire dominer les chefs sur leurs proselytes, mais dans les mistéres secrets où ils les employent de n'en craindre aucune indiscretion durant leur vie ni aucune repentance à leur mort. Leurs trames après le sucçés meurent avec leurs complices auxquels ils n'ont rien tant appris qu'à ne pas craindre dans l'autre vie ce *Poul-Serrho* des Persans objecté par J. J. à ceux qui disent que la Religion ne fait aucun bien. Le dogme de l'ordre moral rétabli dans l'autre vie a fait jadis reparer bien des torts dans celle-ci, et les imposteurs ont eu dans les derniers momens de leurs complices un danger à courir qui souvent leur servit de frein. Mais

zu gehen und eine Art Bekenntnis abzulegen, das es dem Leser, für den der Franzose in den *Dialogues* einstand, leichter machen sollte, das, was Rousseau «meinen Glauben» nennt, seinem Glauben anzugleichen. Negativ, sich von den *philosophes* abgrenzend, versichert er: «jamais je n'adoptai leur desolante doctrine».[27] Positiv, sich bekennend, setzt er dagegen, «les principes que j'avois adoptés après une méditation si longue et si reflechie» seien für ihn die Stützen, deren er bedürfe, «pour supporter les miséres de ma vie. Dans tout autre système je vivrois sans ressource et je mourrois sans espoir. Je serois la plus malheureuse des créatures. Tenons-nous en donc à celui qui seul suffit pour me rendre heureux en depit de la fortune et des hommes.»[28] Die Botschaft für Jedermann lautet offenbar: Rousseaus Glück hängt an seinem Glauben, und sein Glaube ist wesentlich Hoffnung. Hoffnung auf «Entschädigung» für das Elend, die Leiden und das Unrecht in «diesem Leben». Hoffnung auf Ausgleich, Lohn, Gerechtigkeit angesichts eines Lebens, das «nur ein Stand der Prüfungen ist». Beunruhigen mag den gläubigen Leser indes, daß Rousseau von der «Gewißheit» der zukünftigen Entschädigung spricht, daß er sich, in anderen Worten, sein Teil mit der Sicherheit dessen zuerkennt, der weiß, was ihm zukommt, der selbst darüber urteilt, wer er ist und wie er sich befinden wird – «la certitude de ce dedomagement étoit le principal fruit que j'avois retiré de mes meditations précédentes».[29] Ist Rousseaus Sicherheit mit dem Gehorsam des Glaubens verträglich? Oder aber umgekehrt, wenn es sich um Glauben handelt: sind die Gewißheit des Glaubens und die Hoffnung des Glaubens in Wahrheit eins?[30] Rousseau lädt zu solchen und ähnlichen Fragen ebendadurch ein, daß er den Inhalt seines «Glaubens» hinreichend unbestimmt läßt und den Lesern so die Möglichkeit gibt, ihre eigenen Artikel in sein mutmaßliches Bekenntnis einzutragen. Nehmen wir versuchsweise eine wohlmeinend christliche Lesart an, die an Aussagen der autobiographischen Skizze zur Vorgeschichte der großen Zäsur an-

---

notre philosophie en délivrant ses prédicateurs de cette crainte et leurs disciples de cette obligation a détruit pour jamais tout retour au repentir» (p. 968).
27 III, 11 (1016).
28 III, 18 (1018–1019).
29 III, 20 (1019–1020).
30 Beachte «mon espérance» im Satz, der auf «la certitude de ce dedomagement» unmittelbar folgt. III, 21 (1020) und cf. zuvor III, 18 (1019), danach III, 24 (1023).

knüpfen möchte[31] und sich durch vertraut klingende Wendungen wie Rousseaus Rede vom «Urheber der Dinge» oder sein Herbeiziehen des «Himmels» ermutigt sieht.[32] Unterstellen wir also für einen Augenblick, Rousseaus Glaube wäre mit dem christlichen Bekenntnis zusammenzubringen; was ergäbe sich aus der *Troisième promenade* für dieses Bekenntnis? Es würde um der Hoffnung und des Trostes willen geglaubt. Es hätte seine stärksten Fürsprecher in der Angst vor der Verzweiflung und im Verlangen nach einer gerechten Ordnung. Sein tiefster Grund wäre das Ungenügen am eigenen Leben. «Die Vorurteile der Kindheit und die geheimen Wünsche des Herzens» führten zu ihm hin. Und seinen Fluchtpunkt fände es im Leben nach dem Tod. «On se défend difficilement de croire ce qu'on desire avec tant d'ardeur, et qui peut douter que l'intérest d'admettre ou rejetter les jugemens de l'autre vie ne détermine *la foi de la pluspart des hommes* sur leur espérance ou leur crainte.»[33] Wenn wir uns versucht sehen, dem knapp umrissenen, auf das Wesentliche verdichteten Bild mit Fragen und Zweifeln zu begegnen, so ist uns Rousseau schon lange zuvorgekommen. Nicht weniger als ein dutzendmal betont er in rascher Folge, welch «unlösbaren Einwänden», «unüberwindlichen Schwierigkeiten» und «entmutigenden Zweifeln» die Meinungen ausgesetzt seien, die er als «ma foi» ausgibt. Rousseau hätte auf seine Einwände kaum nachdrücklicher hinweisen können – ohne einen einzigen namentlich zu benennen. Die Exposition des Glaubens wird dominiert von der Hartnäckigkeit der *objection*.[34]

31 «...je me fis catholique, mais je demeurai toujours chretien...» «...me rendirent dévot presque à la maniére de Fenelon...» Beide Aussagen beziehen sich auf Rousseaus *jeunesse*. III, 6 (1013).
32 Die Formulierung «l'auteur des choses» ist Rousseaus Jugend, der Epoche vor der Zäsur, zugeordnet. III, 6 (1014). «Le Ciel» wird in einer rhetorischen Frage im Anschluß an die oben (Anm. 28) zitierte Stelle aufgerufen: «Cette deliberation et la conclusion que j'en tirai *ne semblent-elles pas* avoir été dictées par le Ciel même pour me préparer à la destinée qui m'attendoit et me mettre en état de la soutenir?» III, 19 (1019), meine Hervorhebung.
33 III, 15 (1017), meine Hervorhebung. III, 18 (1019) – III, 24 (1023).
34 Rousseau verwendet den Begriff *objection* achtmal in der *Troisième promenade*: viermal vor der Erwähnung der *Profession de foi du Vicaire Savoyard* und viermal danach: III, 14 (1017); III, 16 (1018): dreimal; III, 18 (1018): zweimal; III, 21 (1020); III, 23 (1022). Außerhalb der *Troisième promenade* kommt der Begriff in den *Rêveries* nirgendwo vor.

Unbeschadet ihrer nicht zu übersehenden Bedenklichkeiten und ungeachtet aller Warnzeichen, die Rousseau aufrichtet, ist die *Troisième promenade* von der großen Mehrzahl der Leser als Zeugnis des Glaubens verstanden worden. Rousseau konnte auf eine weit verbreitete Bereitschaft zählen, ihm darin zu folgen, daß der Glaube sich über jeden noch so schlagenden Einwand hinwegsetzen und auch den bohrendsten Zweifel zum Schweigen bringen werde, wenn er allein Halt zu geben verspricht und wenn ein Leben ohne Glaube gleichbedeutend wäre mit einem Leben ohne Glück. Zudem unterstützt Rousseau die Bereitschaft, an seinen Glauben zu glauben, aktiv. Es sind vor allem zwei Kunstgriffe, deren er sich dabei bedient. Zum einen legt er nahe, wenigstens mit dem Artikel übereinzustimmen, den er zum Leitmotiv seiner Erörterung des Glaubens macht: mit der Hoffnung auf ein Leben nach dem Tod. Zum anderen führt er ein veritables «Glaubensbekenntnis» in seine *Rêverie* ein, eines, das er fünfzehn Jahre zuvor veröffentlicht hatte.

Was das Leben nach dem Tod betrifft, so ist wahr, daß Rousseau an keiner Stelle ein Bekenntnis ablegt. Auch Aussagen, die einschlägig zu sein scheinen, erweisen sich bei genauerer Prüfung als doppeldeutig. Wenn Rousseau, um ein Beispiel zu geben, schreibt, ihm sei schon früh klargeworden, daß er den «wahrhaften Zweck» seines Lebens nicht «in dieser Welt» suchen sollte, wird das Gros der Leser darin einen Beleg für Rousseaus Hinwendung zu einer künftigen, für seine Ausrichtung an einer jenseitigen Welt sehen. Der Leser, den die *Dialogues* ins Auge fassen, zieht dagegen einen gezielten Hinweis auf den «monde idéal» und dessen Bewohner in Betracht. Wenn er einige Absätze danach auf das Adjektiv «immortelle» stößt, das die meisten Interpreten im Text erwarten und schon bald mit lesen werden, fällt ihm auf, daß Rousseau von seiner «unsterblichen Natur», nicht von seiner «unsterblichen Seele» spricht. Er fragt sich, was es mit Rousseaus unsterblicher Natur auf sich haben mag. Und das vom Autor nachträglich in die *Troisième promenade* eingefügte Wort macht ihn darauf aufmerksam, daß in den *Rêveries* nirgendwo von «Unsterblichkeit» die Rede ist.[35] Gleichwohl erweckt die leitmotivische Präsenz der Frage eines Lebens nach dem

---

35 III, 5 (1013); III, 18 (1018). «Immortelle» findet sich neben der Verwendung in III, 18 nur noch an einer Stelle der *Rêveries*. Rousseau spricht dort vom «glühenden, unsterblichen Haß» der «corps collectifs», die ihn über seinen Tod und den Tod seiner Feinde zu Lebzeiten hinaus verfolgen werden: I, 10 (998).

Tod den Eindruck, Rousseau teile die Hoffnung seiner gläubigen Leser. Er gibt ihr insbesondere mit einer Stelle im letzten Absatz der *Troisième promenade* Nahrung, die an die letzte Rede des Sokrates vor seiner Hinrichtung in Platons *Phaidon* erinnert. Niemand braucht darüber erstaunt zu sein angesichts der Tatsache, daß Rousseau im *Contrat social* «la vie à venir, le bonheur des justes, le châtiment des méchans» zu den Glaubensartikeln sechs, sieben und acht der zehn Dogmen umfassenden *Religion civile* gemacht hatte.[36] Die leitmotivische Präsenz der Hoffnung auf ein Leben nach dem Tod hat allerdings zur Folge, daß sie als der einzige mehr oder weniger faßbare Glaubensinhalt in der *Troisième promenade* gleichsam die ganze Wucht der Einwände auf sich zieht, von denen Rousseau bekennt, er habe sie niemals auszuräumen vermocht.

Als höchst wirkungsvoll erwies sich die bereits herangezogene berühmte Aussage im siebzehnten Absatz der *Troisième promenade*: «Das Ergebnis meiner mühevollen Untersuchungen war ungefähr das, was ich seitdem im *Glaubensbekenntnis des Savoyischen Vikars* niedergelegt habe.» Ist das nicht das klärende, das lösende Wort? Kann ein Buch, das der Autor «nur für sich» schrieb, ein anderes denn ein aufrichtiges Bekenntnis enthalten? Gesteht Rousseau also am Ende seines Lebens, daß er glaubte, was er den Vikar sagen ließ? Die herrschende Meinung, die Rousseaus Aussage als Bekenntnis nimmt, unterschätzt die Aufgabe, allererst ans Licht zu heben, was Rousseau in der *Profession de foi* «niedergelegt» hat. Sie unterschätzt außerdem die Schwierigkeit, die sich in der Einschränkung «à peu près» verbirgt. Rousseaus Rückverweis erlegt dem Leser, der sich Klarheit verschaffen will, eine penible Prüfung der *Profession de foi* auf. Denn was Rousseau darin niedergelegt hat, ist keineswegs identisch mit dem, was er den Vikar sagen läßt. Neben den Reden des Vikars, die einer eingehenden Auslegung bedürfen, verlangt die Handlung, in die sie eingebettet sind, unsere wache Aufmerksamkeit, von den Beobachtungen und Stellungnahmen ganz zu schweigen, mit denen Rousseau das Erziehungsunternehmen des Vikars begleitet. Die Prüfung der *Profession de foi* ist ein eigenes Unterfangen.[37] Ich muß mich hier auf das «à peu près» beschränken. Rousseau wagt sich mit der Erklärung, das Ergebnis seiner Untersuchungen habe

---

36 *Du contrat social* IV, 8, 33, OCP III, p. 468.
37 Siehe das Zweite Buch, das meine Reflexionen zu den *Rêveries* vervollständigt.

«ungefähr» dem entsprochen, was er später im *Glaubensbekenntnis* deponierte, weit vor. Denn es war die *Profession de foi*, die ihm 1762 den Haftbefehl in Paris eintrug und ihn über Jahre zur Flucht von einem Land zum anderen zwang. Die *Profession de foi* war das eigentliche Skandalon für die christlichen Kirchen wie für die weltlichen Autoritäten Frankreichs und der Schweiz. Rousseaus «à peu près», das eine gewisse Distanz, eine unausgesprochene Differenz in Rücksicht auf eine Schrift anzeigt, die die katholische und die protestantische Orthodoxie seit eineinhalb Jahrzehnten gegen ihn aufgebracht hatte, läßt offen, ob das «Ergebnis», zu dem er kam, weniger heterodox oder noch heterodoxer ausgefallen war. Daß die Einschränkung Auslegungen in beide Richtungen erlaubt, ist angesichts der Brisanz des Gegenstandes nicht verwunderlich. Ein Beispiel mag das wiederum veranschaulichen. Der Vikar bekennt sich zum Glauben an ein Leben nach dem Tod, aber er bekennt sich nicht zum Glauben an die Unsterblichkeit der Seele. In seiner religiös-moralischen Unterweisung versucht er den Proselyten davon zu überzeugen, daß die Seele lange genug fortbestehen werde, damit ein gerechter Ausgleich für das Tun und Lassen «in dieser Welt» statthaben kann. Versagte Rousseau dem Vikar die Zustimmung bei der Leugnung der Unsterblichkeit der Seele? Unterstützte er ihn bei der Lehre eines Weiterlebens nach dem Tod aus Gründen der Moral? Kündigte er ihm die Gefolgschaft auf bei dem Ansinnen, ein Postulat der Gerechtigkeit zu einer Wahrheit des Glaubens zu erheben, die er selbst zu vertreten hätte? Die *Troisième promenade* gibt wiederholt zu erkennen, daß Rousseaus «Ergebnis» von der *Profession de foi* nicht in Richtung einer verminderten, sondern allenfalls in Richtung einer verschärften Heterodoxie abwich.[38] Die angenommene Nähe zu einem Bekenntnis, das in seiner Zeit als heterodox verurteilt wurde, hinter Rousseaus wirklicher Heterodoxie indes zurückbleibt, vermochte mithin die Anstößigkeit zu verringern und den Verdacht zu beschwichtigen, dem er sich in den *Rêveries* sehenden Auges aussetzte. Und Rousseau durfte erwarten, daß die «Revolution», die die *Profession de foi* «eines Tages» bewirken oder zu der sie ihren Teil beitragen würde, seine Abweichung für die Nachgeborenen in einem milderen Licht erscheinen ließe: Was immer ihm in Glaubensdingen an Irrtümern zur Last gelegt werden könnte, es wären Irrtümer *de bonne foi*.

38 Beachte vor allem III, 14 (1017); III, 15 (1017); III, 16 (1018).

Die Frage, wie es mit Rousseaus «foi» oder «croyance» in Wahrheit steht, führt über die *Troisième promenade* weit hinaus. Das Buch als Ganzes gibt die Antwort. Aber die Frage wird in der *Troisième promenade* am schärfsten gestellt. Am schärfsten, nicht nur am offenkundigsten oder am nachdrücklichsten, da der mit Grund verschlungenste Spaziergang die Gesichtspunkte versammelt, an denen sich die Antwort bemißt: Hängt Rousseaus Glück von einem fremden Willen oder von der Intervention des Ganz Anderen ab? Macht nur die Hoffnung auf eine zukünftige Entschädigung sein gegenwärtiges Elend erträglich? Ist seine Existenz auf ein Ereignis gespannt, das ihr stets vorausliegt und ihr äußerlich bleibt? Oder ist Rousseaus Leben selbstgenügsam? Die *Troisième promenade* setzt den Leser in den Stand, zu einem begründeten Urteil in der Angelegenheit zu kommen, die sie so sehr in den Vordergrund rückt, daß schlechterdings niemand sie übersehen oder überhören kann.

Der Mittelpunkt des Offenbarungsglaubens bleibt in der *Troisième promenade* ausgespart, als handelte es sich um eine Leerstelle. Gott wird in ihr nicht erwähnt. Dasselbe gilt für die *Quatrième promenade*, die mit der *Troisième* eng verknüpft ist. Die beiden Spaziergänge nehmen in den *Rêveries* eine Sonderstellung ein. Sie bilden ein Paar: die vierte ist die Fortsetzung der dritten Promenade. Rousseau verklammert beide durch das einzige Motto, das er im Buch verwendet: *Je deviens vieux en apprenant toujours.* Er stellt das Solon-Wort der dritten *Rêverie* voran, beginnt die *Troisième* mit Solon und widerspricht ihm an deren Ende ausdrücklich mit Rücksicht auf den Glauben, um Solon am Ende der *Quatrième* ebenso ausdrücklich recht zu geben im Blick auf die Selbsterkenntnis. Die Folge der beiden Spaziergänge bestätigt den Fortschritt im Lernen, den das Motto behauptet und den die *Troisième* in einem wichtigen Punkt verneint hatte. Die äußere Klammer wird durch eine zusätzliche Verstrebung bekräftigt. Eröffnete Rousseau die *Troisième* mit einem nicht ausgewiesenen Zitat aus Plutarchs *Lebensbeschreibungen*, so greift er eingangs der *Quatrième* auf einen Traktat aus Plutarchs *Moralia* zurück, dessen Titel er vollständig wiedergibt und anhand dessen er vor Augen führt, daß er im Alter weder aufhört, Neues zu lernen, noch in der Gefahr steht, unter das Reflexionsniveau zurückzufallen, das er zur Zeit seiner kühnsten Schriften erreicht hatte. Aber bevor er die Abhandlung *Wie man aus seinen Feinden Nutzen ziehen kann* beim Namen nennt, die ihm seit mehr als einem Vierteljahrhundert vertraut war,[39] macht er eine bemerkenswerte Aussage: «Dans le petit nombre de Livres que je lis quelquefois encore», lautet die Eröffnung der *Quatrième promenade*, «Plutarque est celui qui m'attache et me profite le plus.» Im ersten Satz, der auf die *Troisième promenade* folgt, legt Rousseau ein Bekenntnis ab. Plutarch, nicht die Heilige Schrift, fesselt ihn und frommt ihm am meisten.[40] Die Einsicht, die Rousseau aus der Lektüre eines philosophischen Autors gewinnt, bildet gleichsam das innere Scharnier der beiden *Rêveries*, auf deren Zusammengehörigkeit der Leser subtil hingewiesen wird: Der dritte Spaziergang hat den Glauben, der vierte hat die Lüge zum Thema. Bei näherer Betrachtung stellt sich heraus, daß der dritte den Beginn des philosophischen Lebens und daß der vierte die Frage der Gerechtigkeit behandelt. Der vierte verhält sich zum dritten als dessen Kommentar oder Supplement.

Während *Dieu* in der *Troisième* und der *Quatrième promenade* nicht vorkommt, verwendet Rousseau den Begriff an vier Orten vor und nach dem Promenadenpaar. Präziser gesprochen, gebraucht er *Dieu* insgesamt fünfmal, an jeweils einer Stelle des ersten, des zweiten, des fünften und des sechsten Spaziergangs. Wenn wir die vier Orte in den vier Spaziergängen, die die beiden ausgesparten Promenaden symmetrisch umgeben, aufsuchen und die Wege ausschreiten, die sie miteinander verbinden, gibt die exzentrische Topographie der *Rêveries* den Blick frei auf das Zentrum von Rousseaus Kritik des Offenbarungsglaubens.

Zum erstenmal ist von Gott in einer Selbstcharakterisierung Rousseaus die Rede, und schon die erste Rede von Gott konfrontiert uns mit der Frage, die die vier Stellen zusammengesehen zu bedenken geben: Was ist ein Gott? Die Frage begegnet uns am Wendepunkt eines mit hoher Dringlichkeit vorangetriebenen Unternehmens der Selbsterkenntnis, das die *Première promenade* als Drama in der Zeit, vom Delirium des Außersichseins zur Wiedergewinnung der Seelenruhe, nachzeichnet. Die einzelnen Schritte des Unternehmens werden uns später beschäftigen. Gegenwärtig mag soviel genügen: Rousseaus Reflexion nimmt ihren Ausgang von der Lage, in der er sich nach Jahren der theologisch-politischen Verfolgung wiederfindet. Er sieht, daß die Entrüstung, mit der er auf seine Verurteilung als Monster reagierte, nur jenen «directurs de ma destinée» Mittel in die Hände gab, gegen die er

---

39 Siehe Kapitel I, S. 20 und 25–26.
40 III, 1 (1011); III, 25 (1023); IV, 1 (1024); IV, 42 (1039).

sich wandte. Er macht sich klar, daß er zum Spielball seiner Verfolger werden mußte, als er seine Absichten und Handlungen an den ihren ausrichtete. Er weiß, daß die Feinde so lange Gewalt über ihn behalten werden, wie er ihnen affektiv verhaftet bleibt. Um sich aus der Abhängigkeit vom Willen der Feinde zu befreien, deren Macht er weder zu brechen noch zu fliehen vermag, versucht Rousseau die Handlungen und Absichten seiner Verfolger en bloc von sich fernzuhalten, indem er sie, entindividualisiert, zu einem «Schicksal» zusammenballt, dem er sich fügen kann, «ohne weiter gegen die Notwendigkeit aufzubegehren».[41] Ob dieser Versuch, sich ins Unabänderliche zu schicken, zu dauerhafter Seelenruhe führt, hängt indes davon ab, ob die für die Seelenruhe verderbliche Bezogenheit auf einen fremden Willen tatsächlich zerfällt, wenn das Gegenüber einem unbeeinflußbaren Geschick zugeschlagen wird, ob es Rousseau, mit anderen Worten, gelingen kann, seine Widersacher so in «ma destinée» hineinzunehmen, daß sie darin untergehen. Rousseau ist sich bewußt, daß seine «résignation» jedenfalls nicht ausreicht, um seine «tranquillité» zu begründen, solange er nicht über seine Hoffnung und seine Furcht Herr geworden ist. Hoffnung und Furcht sind die Haupteinfallstore für den fremden Willen; die Einbildungskraft, die Sorge um das Nachleben, das Gespanntsein auf die Zukunft sind ebenso viele Quellen für das Außersichsein in der Gegenwart. Erst als sich Rousseau davon überzeugt hat, daß die Verfolgung seinen Tod überdauern wird, daß der Haß seiner Feinde «unsterblich» ist, läßt er alles Hoffen und Bangen hinter sich.[42] Rousseau gewinnt die neue Seelenruhe aus dem Gedanken der Unsterblichkeit. Aber nicht aus der Hoffnung auf die Unsterblichkeit seiner Seele, sondern aus der Erwartung der Unsterblichkeit seiner Feinde, die ihn kollektiv, vermittels von Institutionen und Organisationen, über das Grab hinaus bekämpfen werden. Unter den «corps collectifs» der Feinde führt er weder *les philosophes* noch *les politiques* an. Er hebt vielmehr «les Oratoriens, gens d'Eglise et demi-moines» hervor. Der Oratorianer-Orden steht für den harten Kern der Feindschaft, die dem Prome-

---

41 I, 3 (996) und I, 4 (996).
42 «Les particuliers meurent, mais les corps collectifs en meurent point. Les mêmes passions s'y perpetuent, et leur haine ardente, immortelle comme le Démon qui l'inspire, a toujours la même activité» I, 10 (998).

neur Solitaire und dessen Œuvre entgegenschlägt.[43] Rousseau weiß sich das Werk der Feinde dienstbar zu machen. Er gelangt zur Seelenruhe, indem er das Gute im Bösen erkennt: «Il ne me reste plus rien à esperer ni à craindre en ce monde, et m'y voila tranquille au fond de l'abyme, pauvre mortel infortuné, mais impassible comme Dieu même.»[44] Im Abgrund menschlicher Furcht- und Hoffnungslosigkeit erreicht Rousseau den Grund göttlicher Ataraxie. Sie erlaubt es einem Sterblichen, in einer wichtigen Rücksicht zu sein «wie Gott selbst». Der gleichmütige, der unbewegte, der gelassene Gott, von dem die *Première promenade* spricht, ist nicht der eifrige Gott Abrahams, Isaaks und Jakobs. Er ist auch nicht der christliche Gott des Zorns und des Erbarmens, der Nächstenliebe gebietet. Im unmittelbaren Anschluß an die Peripetie, die die Rede von Gott markiert, erklärt Rousseau, den Beginn des Spaziergangs aufnehmend und ihn modifizierend, er habe in dieser Welt keinen Nächsten mehr, weder Mitmenschen noch Brüder.[45] Er kommt sich auf der Erde wie auf einem fremden Planeten vor, auf den er von dem Gestirn geriet, das er bewohnte.[46] Rousseau gehört zum «monde idéal» und zu den «êtres surlunaires», die die *Dialogues* beschrieben, das einzige Buch, das er bis dahin erwähnt hat. Dasselbe gilt für den Gott der *ataraxia*, der ein Gott der Philosophen ist.

Der Gott des Offenbarungsglaubens hat seinen Auftritt am Ende der *Deuxième promenade*. Im letzten Absatz vor dem Promenadenpaar, das Gott ausspart, um die Voraussetzungen des Offenbarungsglaubens zur Darstellung zu bringen, kommt Rousseau auf einen Gott zu sprechen, der, anders als der Gott der Seelenruhe, so weit entfernt ist, das Schick-

---

43 I, 10 (999). Cf. Kapitel I, Anm. 96 und oben Anm. 35 zur «unsterblichen Natur», von der Rousseau in der *Troisième promenade* spricht.
44 I, 11 (999).
45 «Tout ce qui m'est extérieur m'est étranger desormais. Je n'ai plus en ce monde ni prochain, ni semblables, ni fréres.» Und vier Sätze später: «Seul pour le reste de ma vie, puisque je ne trouve qu'en moi la consolation, l'espérance et la paix je ne dois ni ne veux plus m'occuper que de moi» I, 12 (999). Der Beginn lautete: «Me voici donc seul sur la terre, n'ayant plus de frere, de prochain, d'ami, de societé que moi-même» I, 1 (995). Die «Wiederholung» ersetzt *den Freund* durch *die Mitmenschen* und kommt so zu der christlich konnotierten Reihung: «ni prochain, ni semblables, ni fréres.»
46 «Je suis sur la terre comme dans une planette étrangère où je serois tombé de celle que j'habitois» I, 12 (999).

sal der Menschen mit Gleichmut zu betrachten, daß er es vielmehr selbst lenkt, wirkt, in Händen hält. Rousseau führt den Gott der Vorsehung im Zusammenhang eines neuen Versuchs ein, sich aus jeder affektiven Bezogenheit auf seine Feinde zu lösen und eine Unerschütterlichkeit gegen alles zu erreichen, was ihm in der Zukunft widerfahren kann. Denn die *Deuxième promenade* erwies, daß die Distanzierung der Handlungen und Absichten der Verfolger zu einem kompakten, unentrinnbaren Geschick nicht genügte, um daraus jene Notwendigkeit zu gewinnen, die zum Sichfügen zwingt und zur Gelassenheit befreit. Rousseaus Hoffen und Bangen war nicht erloschen. Es regte sich im Blick auf das Œuvre, vor allem auf dessen noch unveröffentlichte Teile, aber auch angesichts einzelner Handlungen der Verfolger. Das Geschick nimmt im einzelnen Gestalt an. Es begegnet in der konkreten Tat, in der individuellen Äußerung, im besonderen Verhalten. Und ebendamit fordert es zum Eingreifen und Sichauflehnen heraus. Die Anordnung, die Rousseau jetzt erprobt, antwortet auf diese Schwierigkeit. Sie ersetzt ein blindes durch ein sehendes Geschick, aus dem kein Stück herausgebrochen, dem nichts entzogen werden kann. Statt die Absichten der Verfolger in einer opaken Zusammenballung zum Verschwinden zu bringen, stellt Rousseau sich vor, sie würden alle von einer einzigen, göttlichen Absicht regiert. Um die Abhängigkeit von den Willen der Menschen zu überwinden, bringt er den Willen Gottes ins Spiel, der sich der Willen der Menschen als seiner Werkzeuge bedient und ihnen so eine Unwiderstehlichkeit verleiht, die ihnen ohne diese Auslegung nicht eignete. Der Rückgriff auf «die ewigen Ratschlüsse» setzt Rousseau in den Stand, «dasselbe Werk», das er bis dahin «nur als eine Frucht der Bosheit der Menschen ansah», fortan «als eines jener Geheimnisse des Himmels zu betrachten, die für die menschliche Vernunft unergründlich sind».[47] Diese Vorstellung hilft ihm nach eigenem Bekunden nicht nur, sich zu fügen – so wie man sich höherer Gewalt fügt, gegen die man nichts auszurichten vermag –, sondern bringt ihn zur Ruhe und tröstet ihn zugleich. Sie hilft ihm, näher besehen, sich zu fügen, weil sie ihn tröstet und insofern sie ihn zur Ruhe bringt.[48] Doch was ist tröstlich an dem Gedanken, die Absichten der Feinde gehorchten der Vorse-

---

47 II, 24 (1010).
48 «Cette idée, loin de m'être cruelle et déchirante me console, me tranquillise, et m'aide à me résigner» II, 25 (1010).

hung? Und hat, wer zur Behauptung der Unergründlichkeit Zuflucht nimmt, die alle Sicherheit zunichte macht, nicht Grund, im höchsten Maße beunruhigt zu sein? Weshalb erfüllt der Wille Gottes Rousseau nicht mit Furcht und Zittern? Die Antworten liegen in dem dialektischen Syllogismus beschlossen, in dem Rousseau den anderen Versuch der *Deuxième promenade* kulminieren läßt. «Gott ist gerecht; er will, daß ich leide; und er weiß, daß ich unschuldig bin. Das ist der Grund meiner Zuversicht, mein Herz und meine Vernunft rufen mir zu, daß sie mich nicht trügen wird.»[49] Daß Gott gerecht sei, nimmt ein wichtiges Motiv des Offenbarungsglaubens auf; und die Meinung, der Wille Gottes regiere die Welt, hat im Offenbarungsglauben ihren mächtigsten Fürsprecher gefunden. Aber der Gebrauch, den Rousseau in seinem Gedankenexperiment von beiden, Meinung und Motiv, macht, bedeutet nicht weniger als einen Angriff auf das Zentrum des Offenbarungsglaubens, auf die Souveränität Gottes. Der Wille Gottes wird an die Gerechtigkeit gebunden und dem Wissen unterworfen. Gott weiß, daß Rousseau unschuldig ist, denn Rousseau weiß, daß er unschuldig ist. Beide treffen sich im Wissen, das beide verbindet und so seine Notwendigkeit entfaltet. Rousseau braucht auf kein Urteil zu warten oder auf Gnade zu hoffen. Die Ordnung, die durch den Willen Gottes verletzt wird, muß am Ende durch den Willen Gottes wiederhergestellt werden. Rousseaus Schluß verneint die Unergründlichkeit und mit ihr die Absolutheit des göttlichen Willens.

In welchem Streit er Stellung bezieht, macht Rousseau hinreichend deutlich, wenn er dem ersten Glied seines Schlusses, *Dieu est juste*, die einzige Erwähnung von *la volonté de Dieu* in den *Rêveries* vorausschickt und sie mit einer unverhüllten Kritik an dem von Protestanten und Katholiken gleichermaßen hochgeschätzten Kirchenvater Augustinus verknüpft: «Je ne vais pas si loin que St Augustin qui se fut consolé d'être danné si telle eut été la volonté de Dieu.» Im Willen Gottes seinen Trost zu suchen, wofern das eigene Verdammtsein nur in ihm seinen Grund hätte, heißt, den Willen Gottes absolut zu setzen. Es heißt außerdem, auf die Absolutheit des göttlichen Willens mit absolutem Gehorsam antworten zu wollen. Absoluter Gehorsam gegen Gott verlangt, wie der Offenbarungsglaube lehrt, Gott von ganzem Herzen, aus ganzer Seele und mit aller Macht zu lieben. Er verlangt, den eigenen

---

49 II, 25 (1010).

Willen dem Willen Gottes unbedingt, um seiner selbst willen, zu unterwerfen. Wer seinen Trost daraus gewinnt, daß seine Verdammnis im Willen Gottes gründet, sagt, daß er lieber noch durch Gottes Willen verdammt sein will, als daß er ohne den Willen Gottes sein will. Er glaubt, im Willen Gottes den letzten Halt, den tragenden Grund, die alles entscheidende Sicherheit für sich gefunden zu haben. Die Haltung, die Rousseau Augustinus zuschreibt, gibt einen jähen Blick frei auf den Glauben, der von sich bekennt: Ich hab' mein Sach' auf Gott gestellt. Davon setzt Rousseau die Haltung ab, die seinem Versuch mit dem göttlichen Ratschluß entspräche. Sein Sichfügen entstammte einer Quelle, die zwar «moins desintéressée» wäre als die des Augustinus, «mais non moins pure». Sie wäre weniger uneigennützig, da sie sich vom vitalen Interesse am eigenen Guten bestimmen ließe. Aber sie wäre nicht weniger rein, da die Selbstliebe nichts Unreines ist und da der Wille, der der Selbstliebe ungebrochen folgt und in dem sie sich unverdreht ausspricht, dem Willen, der die Selbstliebe verneint und der sich ihr doch nicht zu entziehen vermag, an Reinheit nicht nachsteht. Als reiner kann sie schließlich gelten in Rücksicht auf die Rede von Gott, da sie die Gerechtigkeit und das Wissen herausstellt und die notwendigen Unterscheidungen nicht in der Unergründlichkeit versinken läßt. So nimmt Rousseau für seine Quelle ausdrücklich in Anspruch, sie wäre, verglichen mit der des Augustinus, «plus digne à mon gré de l'Etre parfait que j'adore.»[50] Das vollkommene Wesen, das Rousseau zum Maßstab erhebt, steht zwischen dem Gott des Offenbarungsglaubens und dem Gott des Syllogismus. Es verbindet und trennt die zweite und die dritte Erwähnung von *Dieu* in den *Rêveries*. Der Offenbarungsglaube stimmt der Vollkommenheit in der Rede von Gott zu, aber er leugnet die Notwendigkeit, die ihr innewohnt. Ganz ebenso wie er die Gerechtigkeit oder die Weisheit bejaht und sie zugleich verneint, indem er sie in die Unbegreiflichkeit des göttlichen Willens entrückt.[51]

Der Gott der Philosophen kehrt in der *Cinquième promenade* wie-

---

50 II, 25 (1010).
51 Cf. Paulus: *Ad Romanos* IX, 11–23 und Augustinus: *De diversis quaestionibus ad Simplicianum* I, 2, no. 16. Ed. Kurt Flasch (*Logik des Schreckens. Die Gnadenlehre von 397*. Lat.-dt., Mainz 1990), p. 198-204. Siehe *Die Lehre Carl Schmitts. Vier Kapitel zur Unterscheidung Politischer Theologie und Politischer Philosophie*. Stuttgart-Weimar 1994, p. 143-145.

der. Die vierte Verwendung von *Dieu*, die erste nach der Unterbrechung durch das Promenadenpaar über den Glauben und die Lüge, hat ungleich mehr Beachtung gefunden als die vier Verwendungen davor und danach. Das mag weniger ihrer Anstößigkeit – worin ihr die anderen Stellen kaum nachstehen – als dem Zusammenhang geschuldet sein, in dem Rousseau sich abermals vergleichend auf Gott bezieht. Denn Rousseau spricht dort von dem «bonheur suffisant, parfait et plein», zu dem er in seinen «rêveries solitaires» gelangte. Er beschreibt dieses Glück als Zustand anhaltender, erfüllter, zeitloser Gegenwart, in dem die Seele eine hinlänglich feste Grundlage findet, auf die sie sich ganz stützen und auf der sie ihr ganzes Sein sammeln kann. Und er führt Episoden aus der Zeit seines Aufenthalts auf der St. Petersinsel an, die es von ferne aufscheinen lassen. «Was genießt man in einer solchen Situation?» fragt Rousseau. «Nichts, das einem äußerlich ist, nichts außer sich selbst und seiner eigenen Existenz, solange dieser Zustand dauert, genügt man sich selbst, wie Gott.» So hoch Rousseau greift, wenn er, um sein Glück zu umreißen, die Selbstgenügsamkeit Gottes aufbietet, so tief gräbt er, wenn er, um seine Wurzel freizulegen, im nächsten Satz auf die Bestimmung des *sentiment de l'existence* zurückgeht, die Gott und Tier gemeinsam ist. Die Selbstgenügsamkeit Gottes wiederholt die Selbstgenügsamkeit des Wilden, die Rousseau mehr als zwei Jahrzehnte zuvor «im Bilde des wahrhaften Naturzustandes» aufgesucht hatte, um Klarheit über die Grundlagen seiner Existenz zu gewinnen, im selben Sinn, wie Rousseaus Beschreibung des Glücks im *sentiment de l'existence* an den «Zustand der Animalität» anknüpft, ohne einen Moment die Unterschiede zwischen der Existenz Rousseaus und der des Wilden aus dem Auge zu verlieren: Sie bestätigt den fundamentalen Charakter der Bestimmung, indem sie sie auf die Ebene höchster Reflexivität versetzt – oder dem, der die ganze Reichweite der Selbstgenügsamkeit und des Existenzgefühls begreifen will, diese Transposition nahelegt.[52] Mit der Aussage zur Selbstgenügsamkeit in der *Cinquième promenade* bekräftigt Rousseau am Ende seines Lebens die theologischen Implikationen, die in seiner Konzeption und Analyse des «homme naturel» von Anfang an angelegt und von ihm bedacht waren. Das gilt insbesondere für die zentrale anthropologische Unterscheidung von

---

52 V, 14 und 15 (1046–1047); *Discours sur l'inégalité*, Première partie, p. 110, 160; cf. p. 104–106, Seconde partie, 268, Note XII, 362.

amour de soi und *amour-propre*, die mit den Bestimmungen der Selbstgenügsamkeit und des Existenzgefühls eng verbunden ist: für die Differenzierung zwischen der Selbstliebe, die ohne Ablenkung auf das eigene Gute geht, und der Eigenliebe, die ihre Kraft aus dem Vergleich mit anderen bezieht und sich von deren Verhalten und Urteil, Glaube und Gefühl abhängig macht. In derselben Anmerkung des *Discours sur l'inégalité*, in der Rousseau die Unterscheidung einführt und das «natürliche Gefühl» des *amour de soi-même* dem «nur relativen, künstlichen und in der Gesellschaft entstandenen Gefühl» des *amour-propre* gegenüberstellt, läßt er der berühmten Behauptung, «daß in unserem anfänglichen Zustand, im wahrhaften Naturzustand, die Eigenliebe nicht existiert», die bezeichnende Begründung folgen: «denn da jeder einzelne Mensch sich selbst als den einzigen Zuschauer, der ihn beobachtet, als das einzige Wesen im Universum, das Interesse an ihm nimmt, als den einzigen Richter über sein eigenes Verdienst ansieht, ist es nicht möglich, daß ein Gefühl, welches seine Quelle in Vergleichen hat, die er nicht anzustellen vermag, in seiner Seele aufkommen kann». Die theologische Brisanz von Rousseaus Begründung liegt auf der Hand, und es fällt nicht schwer, sie ebenso in seiner Herleitung des Ressentiments aus der Abhängigkeit von bzw. aus der Entgegensetzung zu einem fremden Willen zu erkennen.[53] Die Beschreibung des Glücks der Selbstgenügsamkeit in der *Cinquième promenade* läßt keinen Zweifel daran, daß Rousseau über dem Versuch mit dem Willen Gottes in den letzten beiden Absätzen der *Deuxième promenade* die Einsichten seiner früheren Analyse keineswegs vergaß. Rousseau spricht pointiert genug von den «dédomagemens», die ihm die gottgleiche Selbstgenügsamkeit gewährte, für «toutes les félicités humaines», die ihm verwehrt blieben. Sowenig Rousseau sich der *volonté de Dieu* unterwirft, sowenig er zu deren Unergründlichkeit Zuflucht nimmt, so wenig ist sein Glück an «Entschädigungen» gebunden, die einem Leben nach dem Tod vorbehalten wären. In der *Huitième promenade* wird Rousseau so weit gehen, daß er, auf die *Cinquième* zurückverweisend, das dort angedeutete Glück zu seinem «état le plus constant» erklärt.[54]

Die *Cinquième promenade* enthält das Gravitationszentrum, um das die *Rêveries* kreisen. Wie kann die Rede von Gott über den fünften Spa-

---

53 *Discours sur l'inégalité*, Note XV, p. 368–372 ; cf. den Kommentar *ad locum*.
54 V, 15 und 16 (1047); VIII, 23 (1084); cf. II, 24 und 25 (1010) und III, 20 (1020).

ziergang hinausgehen, ohne hinter ihn zurückzufallen? Am vierten Ort, an dem er *Dieu* erwähnt, stellt Rousseau sich noch einmal in den Umkreis des Offenbarungsglaubens. Aber er tut es spielerisch, ironisch, im Konjunktiv. «Wenn ich unsichtbar und allmächtig gewesen wäre wie Gott», schreibt Rousseau in der *Sixième promenade*, «wäre ich wohltätig und gut gewesen wie er.» In dem Spaziergang, der sich neben dem vierten und dem achten am nächsten mit der Politik befaßt und der sich am deutlichsten von allen zur Politik äußert, greift Rousseau das Attribut auf, das den Gott des Offenbarungsglaubens vor jedem anderen Gott auszeichnet und das am Ende, wie Rousseau weiß, jede Attributenlehre sprengen muß. Ebendeshalb versucht er, die Allmacht einzuhegen, indem er sie auf Attribute bezieht, die einem göttlichen Wesen entsprächen. Die Güte ergäbe sich aus einer Macht, die kein Ressentiment aufkommen läßt; denn Stärke und Freiheit bringen Vortrefflichkeit hervor, wohingegen Rach- und Nachgefühle der Schwäche und der Sklaverei entspringen, die «immer nur Böse» hervorgebracht haben. Die Wohltätigkeit wiederum wäre eine Quelle der Freude für den, der in ihr der Strahlkraft seiner Macht ansichtig werden kann, ohne selbst gesehen zu werden; denn seine Unsichtbarkeit bewahrte ihn davor, von fremden Willen affiziert zu werden, und machte ihm den «Anblick der öffentlichen Glückseligkeit» zu einer Augen- und Herzenslust. Güte und Wohltätigkeit sind recht verstanden Ausdruck der Fülle, die in sich birgt, wer in sich ruht. Ein allmächtiger und unsichtbarer Rousseau hätte der Gerechtigkeit genügt, ohne die die «öffentliche Glückseligkeit» nicht zu denken ist. Aber er hätte die Bösen nicht mit Haß verfolgt und sie nicht verdammt, sondern sie eben ihrer Bosheit wegen bedauert, da er sich durch «die sichere Erkenntnis des Übels» hätte bestimmen lassen, «das sie sich selbst zufügen, indem sie es anderen zufügen wollen». Weder die Unsichtbarkeit, die die Zauberkraft von Gyges' Ring verleihen soll, noch die Allmacht, die Gott zugesprochen wird, scheint an die Notwendigkeit heranzureichen, ohne die es keine Erkenntnis gibt. «Vielleicht» hätte Rousseau sich in fröhlichen Augenblicken auf «die Kinderei» eingelassen, «gelegentlich Wunderdinge zu vollbringen» und mithin die Ordnung der Natur zu durchbrechen. Doch auch dann wäre er nur seiner Natur gefolgt. Wenn er sich interesselos in das Weltenspiel eingemischt hätte, wären «auf ein paar Akte strenger Gerechtigkeit» tausend Handlungen gekommen, die Milde und Billigkeit walten ließen. Und wenn er sich in den Dienst der «Vorsehung» gestellt hätte, so hätte er jedenfalls «weisere und nützlichere Wunder getan» als die, die von Heiligen und Gläubigen unter Berufung auf die Allmacht Gottes berichtet werden. Güte, Wohltätigkeit, Gerechtigkeit, Erkenntnis, Milde, Nützlichkeit und Weisheit sind Attribute, an denen ein «allmächtiges» Wesen zu messen wäre. Denn es sind Attribute, die Rousseau zukämen, gesetzt, er wäre *tout-puissant comme Dieu*.[55] Rousseau weiß, daß er nicht allmächtig sein kann. Und er weiß, daß Wissen nur möglich ist, wenn nicht alles möglich ist. In diesem Wissen gründet seine Rede von Gott. Am ersten und am dritten der vier Orte, an denen Rousseau in den *Rêveries* von Gott spricht, bezieht er sich auf Bestimmungen, von denen er weiß, daß sie möglich sind. Die Aussage, die den Vergleich mit Gott, *comme Dieu*, herstellt, steht hier, anders als in der *Sixième promenade*, jeweils im Indikativ. Die Bestimmungen der Unbewegtheit oder der Seelenruhe und der Selbstgenügsamkeit sind der Wirklichkeit natürlicher Wesen abgelesen. Sie sind Teil von Rousseaus Natürlicher Theologie.[56] Die Natürliche Theologie bildet auch den Hintergrund, vor dem Rousseau am zweiten und am vierten Ort den Gott des Offenbarungsglaubens verhandelt. Am vierten liefert sie die Gesichtspunkte für das Treffen mit der Allmacht, für deren hypothetische Hegung wie für das Urteil in der Hauptsache.[57] Am zweiten benennt sie mit dem *Être parfait* den Maßstab, der der ganzen Auseinandersetzung zugrunde liegt und beiden Seiten bis zu einem gewissen Grade gemeinsam ist. Denn der Glaube macht ihn sich in seiner Rede von Gott zu eigen, obschon er sich damit auf die vorzügliche Domäne der Philosophie begibt. Die Natürliche oder Philosophische Theologie denkt und artikuliert die Vollkommenheit. Sie beantwortet die Frage, was ein Gott sei, anhand von Kriterien, die der Philosoph, kraft seiner Vernunft und vermöge eigener Erfahrung, aus der Betrachtung eines vollkommenen Wesens gewinnt. Am Ende der *Deuxième promenade*, an der einzigen Stelle, an der Gott zweimal erwähnt wird, kommt es zur Konfrontation des direkten Vergleichs.[58] Bei der Unergründlichkeit an-

---

55 VI, 18 (1057–1058). Bedarf es, nach allem, was wir bisher beobachtet und bemerkt haben, besonderer Erwähnung, daß *tout-puissant* in den *Rêveries* nur an dieser Stelle und nur dieses eine Mal fällt?
56 I, 11 (939) und V, 15 (1047).
57 VI, 18 (1057).
58 II, 25 (1010).

setzend, nimmt Rousseau in der zentralen Verwendung von *Dieu* mit der Gerechtigkeit, dem Willen und dem Wissen Gottes zentrale Bestimmungen der Theologie der Offenbarung auf, um sie, wie wir gesehen haben, in eine Ordnung zu bringen, die die Unergründlichkeit Gottes in der alles entscheidenden Rücksicht verneint. Ich habe nur nachzutragen, was im weiteren Gang der *Rêveries* aus dem mittleren Glied von Rousseaus Syllogismus wird. Denn in der *Huitième promenade* unterzieht Rousseau seinen Versuch mit dem Willen Gottes aus der *Deuxième* einer radikalen Revision. Die Absichten der Menschen sollen dort nicht länger auf die Absicht Gottes zurückgeführt werden, die die Willen der Einzelnen lenkte und sie für Rousseau unwiderstehlich machte. Statt dessen unternimmt Rousseau jetzt den Versuch, sich in eine Welt zu versetzen, in der er sich mit keiner fremden Absicht zu befassen hätte und durch niemandes Willen affiziert würde. Um sich aus der Abhängigkeit von der Intentionalität anderer Wesen zu befreien und seinen *amour-propre* zum Schweigen zu bringen, experimentiert Rousseau mit der Rückkehr zum Zustand des *homme naturel*, den er in der Anmerkung des *Discours sur l'inégalité* zur Unterscheidung von *amour de soi* und *amour-propre* als einen Zustand der reinen Naturereignisse beschrieben hatte.[59] Auch dieser Ansatz, auch das Unterfangen, als eine Art *homme naturel* redivivus unter Bedingungen der Soziabilität von jeder Intention zu abstrahieren und seine Zeitgenossen als «mechanische Wesen» zu betrachten oder sie als «unterschiedlich bewegte Massen» auf Distanz zu halten, ist nicht das letzte Wort Rousseaus. Das letzte Wort wird der *homme de la nature éclairé par la raison* sein,[60] den die Kenntnis seiner selbst und der anderen, den sein Nachdenken und seine Einsicht in den Stand setzen, der eigenen Natur ohne Verzerrung und ohne Ausblendung Rechnung zu tragen. Was aber bleibt, was Rousseau mit seinem letzten Versuch eindringlich in Erinnerung ruft und wovon er nicht mehr abrücken wird, ist der ruhige Blick auf eine Welt, die weder eine Absicht noch ein Wille regiert, sondern die ihr Genüge darin hat, das Spiel zu sein von Zufall und Notwendigkeit.

---

59 VIII, 12–14 (1077–1079); *Discours sur l'inégalité*, Note XV, p. 370–372.
60 Cf. *Rousseau juge de Jean-Jacques* II, p. 864.

III

Natur

***

Der Promeneur Solitaire weiß sich ganz bei sich, wenn er, durch kein Gesetz gebunden und niemandem zu Gehorsam verpflichtet, die Aktivität entfaltet, die ihm gemäß ist. Die Auseinandersetzung, auf die die *Troisième promenade* mit der Chiffre der «großen Revision» verweist, geht diesem Wissen voraus, und jener Auseinandersetzung liegt ihrerseits die Entdeckung der Natur zugrunde. Denn die rückhaltlose Prüfung von Meinung und Glaube, Gebot und Übereinkunft wird allererst möglich durch die Einsicht in die eigentümliche Verbindlichkeit, die dem Gewußten innewohnt, und durch die Erfahrung der befreienden Kraft, die aus der Notwendigkeit zu erwachsen vermag, eine Einsicht und Erfahrung, die aufs engste mit der Betrachtung und Erforschung der Natur verbunden ist. In der autobiographischen Skizze der *Troisième* folgt die «grande revue» mit Grund der «étude de la nature».[1] Doch nach der Zäsur, die die «große Revision» und die «große Revolution» bezeichnen, hat das Studium der Natur einen anderen Charakter, und die Natur selbst gewinnt einen neuen Status. Sie wird zum maßgebenden Widerhalt für die Selbstverständigung und die Ausrichtung des philosophischen Lebens, das in der Klärung der entscheidenden Auseinandersetzung gründet.

Wir sind jetzt besser vorbereitet, um den ersten Auftritt der Natur in den *Rêveries* näher zu betrachten, zu dem uns das Beisichselbstsein des Promeneur Solitaire zurückgeführt hat: Mit ihm sind wir wieder bei der Eröffnung der *Deuxième promenade* angelangt, an dem Ort, an dem Rousseau *solitude* und *méditation* in einem Atem nennt und uns wissen läßt, daß es einzig die Zeit der Einsamkeit und des Nachdenkens sei, in der er ganz bei sich ist und von der er wahrhaft sagen könne, in ihr «das zu sein, was die Natur gewollt hat».[2] Wie ist diese Konstellation zu verstehen? Und was sagt uns Rousseaus exponierte Rede vom «être ce que

---

[1] III, 9 (1015) und III, 6 (1014).
[2] II, 1 (1002). Zum Folgenden siehe die ersten drei Absätze der Einleitung der *Deuxième promenade* (1002–1003).

la nature a voulu»? Ich will drei Momente herausstellen, die uns weiter beschäftigen werden. (1) Im Nachdenken, das in der Einsamkeit zu sich kommt, aktualisiert Rousseau eine besondere Fähigkeit seiner Natur. Ohne ihre Aktualisierung wäre er nicht der, der er ist, und sein Leben nicht das, was es im besten Fall sein kann. Sie zeichnet ihn so sehr aus, daß er im Titel des Buches für einen Typus einstehen kann. Im unmittelbar vorangegangenen Absatz, am Ende der *Première promenade*, hatte Rousseau die von ihm schriftlich fixierten *rêveries* als die Frucht seiner «méditations solitaires» bezeichnet und hinzugesetzt, deren Quelle könne nur mit seiner Seele selbst verlöschen.[3] (2) Die Entfaltung der Aktivität, die nicht eher verlischt, als bis seine Seele stirbt, ermöglicht es Rousseau, mit der eigenen Natur im Einklang zu sein. Er ist nicht nur ganz er selbst, wenn er in der Einsamkeit nachdenkt. Sein Nachdenken – über die Natur im allgemeinen, über die menschliche Natur im besonderen, über die Natur des «Promeneur Solitaire», über seine individuelle Natur – hat eine durchgreifende, eine prägende Wirkung. Es veranlaßt ihn zur «habitude de rentrer en moi-même». Dem Beisichselbstsein des Nachdenkens und dem Beisichselbsteinkehrhalten des bewußten Lebens im Ganzen verdankt sich Rousseaus Einsicht in die Möglichkeiten seiner Autarkie und seines Glücks: «ich lernte so durch meine eigene Erfahrung, daß die Quelle des wahren Glücks in uns ist und daß es nicht von den Menschen abhängt, den wahrhaft elend zu machen, der glücklich sein zu wollen weiß». Zur Erläuterung zieht Rousseau – wir befinden uns noch immer in der Einleitung der *Deuxième promenade* – die «inneren Wonnen» heran, welche «les ames aimantes et douces» in der Kontemplation finden. (3) Wenn Rousseau ganz er selbst ist und seine besondere Natur verwirklicht, entspricht er der allgemeinen Natur. In der Sammlung der Einsamkeit und des Nachdenkens, die ihm ein freies Ausgreifen auf die Welt und eine liebende Hinwendung zu dem, was außer ihm ist, eröffnet, in der bewußten Partikularität seiner Existenz steht er im Einklang mit der Natur in ihrer Universalität. Die Natur «will» nicht, daß er sich in der Hingabe an ein Anderes, Größeres, Höheres verliere. Er soll weder in einer menschlichen Gemeinschaft aufgehen noch mit dem umfassenden Ganzen verschmelzen. Der Einklang mit der Natur verlangt nicht, daß Rousseau sich vor ihr verleugnet oder daß er sich in ihr auflöst, sondern daß er ihr in seiner Natur begegnet.

3 I, 15 (1001).

Um auseinanderzulegen, was Rousseau in die Einleitung zur *Deuxième promenade* hineingelegt hat, reicht ein Spaziergang nicht hin. Das hier Gedachte gibt dem ganzen Buch Gestalt und findet Erläuterung in allem, was folgt. Beginnen wir, wo Rousseau beginnt: bei der Kontemplation und dem Nachdenken über die nichtmenschliche Natur. Der Solitäre Spaziergänger ist von Natur umgeben. Erde und Himmel, Wasser und Luft, Steine und Sterne, Pflanzen und Tiere sind für ihn allgegenwärtig. Unter den möglichen Gegenständen einer näheren Beschäftigung wählt er die Pflanzen. Ihnen gilt seine besondere Aufmerksamkeit. Sie interessieren ihn bis in die unscheinbarsten Einzelheiten. Das Vergnügen, das er in ihrem Studium findet, kommt in drei Promenaden zur Sprache, sich steigernd und jeweils breiteren Raum einnehmend. Im unmittelbaren Anschluß an die Eröffnung der *Deuxième* erfahren wir zunächst, daß Rousseau auf seinem Spaziergang vom 24. Oktober 1776 – dem einzigen, von dem die *Rêveries* einen Bericht geben – freudig drei Arten entdeckte, die in der Umgebung von Paris selten anzutreffen waren, daß es sich dabei um Picris hiéracioides, Bupleurum falcatum sowie Cerastium aquaticum handelte und daß die zuletzt genannte Pflanze trotz des folgenreichen Unfalls, den ein auf ihn zustürzender großer Hund verursachte, am Ende in sein Herbarium gelangte. Rousseau fügt hinzu, daß er mehrere andere Pflanzen en détail untersuchte, deren Anblick und Bestimmung ihm, obschon vertraut, deshalb nicht weniger Vergnügen bereiteten.[4] Die *Cinquième* bringt uns zum Herbst 1765 zurück, als Rousseau in seinem «ersten Botanik-Fieber» war, und führt uns die Wissensfreude vor Augen, mit der er, eine Lupe in der Hand und Linnés *Systema naturae* unter dem Arm, herborisierend die St. Petersinsel durchstreifte. Sie schildert die «Verzückungen» und «Ekstasen», in die ihn jede neue Beobachtung versetzte, die ihn Struktur und Organisation der Pflanzen besser begreifen ließ. Und sie versäumt nicht zu erwähnen, wie sehr ihn die Unterscheidung und Zuordnung der Arten nach Gattungsmerkmalen «bezauberte». Von anderen, noch erregenderen Einblicken und Einsichten zu schweigen.[5] Die *Septième* schließlich ist ganz der «Botanik» gewidmet. Sie verbindet Vergangenheit und Gegenwart. Sie zeichnet die Entwicklung von Rousseaus Liebe zum Studium der Pflanzen nach und erörtert die Gründe,

---

4 II, 5 und 6 (1003–1004).
5 V, 7 und 8 (1042–1044).

die ihn für die Botanik einnehmen. Mit der Erörterung dieser Gründe aber wird sie zum natürlichen Ort einer Reflexion des Studiums der Natur überhaupt.

Die *Septième* ist die einzige Promenade nach und neben der *Troisième*, in der Rousseau von *l'étude de la nature* spricht.[6] Das zeigt ihren Rang an. Tatsächlich bleibt ihr Gewicht nicht hinter dem der *Troisième* zurück, auf die sie sich in mehr als einer Rücksicht bezieht. Hatte der dritte Spaziergang die Auseinandersetzung mit dem Glauben, so hat der siebte die Betrachtung der Natur zum Gegenstand.[7] Die beiden Spaziergänge sind mithin durch ihre Gegenstände eng verbunden. In ihrem Zugriff weisen sie indes auffällige Unterschiede auf. Die *Troisième* stand im Zeichen des *examen sévère*, von dessen Ausgang für Rousseau «le repos du reste de mes jours et mon sort total» abhingen. Ihr Unterfangen erforderte den Einsatz aller natürlichen Vermögen und Tugenden, über die er gebot, nicht zuletzt *courage*. In der *Septième* steht die Leichtigkeit des *amusement* im Vordergrund. Eine gelöste Heiterkeit liegt über ihr. Rousseau läßt die Promenade in anekdotischen Erinnerungen an die erste Zeit seines Botanisierens ausklingen, die ihn lachen machen, und er beginnt sie mit einem Lachen über sich selbst. Er muß lachen, wenn er die an «Tollheit» grenzende «Schwärmerei» bedenkt, mit der er im Begriff ist, seiner wieder entflammten Liebhaberei nachzugeben und sich ganz dem Studium der Pflanzen zu überlassen. Rousseau lacht in der *Septième* mehr als in irgendeiner Promenade davor oder danach.[8] Sein Lachen besagt nichts gegen den Ernst des Gegenstands, den Rousseau in der *Septième promenade* verhandelt, aber es sagt viel über die Art und Weise, in der er ihn verhandelt. Und es sagt etwas über die Haltung, die Distanz und die Gelassenheit, die er im Gefolge seiner Betrachtung der Natur zur Welt und zu sich gewinnt. Die beiden Anekdo-

---

6 III, 6 (1014); VII, 23 (1069). Cf. VII, 21 (1068). Rousseau hatte im zwölften Absatz der *Septième* an einer äußerst wichtigen Stelle zunächst gleichfalls von *étude de la nature* gesprochen, um nachträglich in *observation de la nature* zu korrigieren. (Die Variante wird von John S. Spink p. 131 mitgeteilt, während sie im Apparat der *OCP* fehlt.) So bleibt es bei exakt jeweils einer Verwendung in der *Troisième* und in der *Septième*.

7 In der *Septième* kommt *nature* zwanzigmal vor, in den Promenaden II, III, IV, V, VI, IX insgesamt siebzehnmal.

8 Rousseau lacht viermal, zweimal über sich und zweimal über andere: VII, 1, 26, 28 (1061, 1071, 1072–1073).

ten, die uns gegen Ende des Spaziergangs einen lachenden Rousseau zeigen, haben einen ernsten Hintergrund. Sie spielen in der Nähe von Môtiers und in der Umgebung von Grenoble, ein paar Monate vor beziehungsweise wenige Jahre nach dem Aufenthalt auf der St. Petersinsel, zu einer Zeit, da Rousseau als Verfolgter im preußischen Neuenburg Asyl fand und in Frankreich nur unter falschem Namen geduldet war. Die letzte Anekdote hat eine «giftige Frucht» zum Sujet, von der der botanisierende Rousseau, seiner natürlichen Neugierde folgend, ißt, ohne daß er von seinem Begleiter, einem ortsansässigen Anwalt, gewarnt würde, obwohl «tout le monde» in Grenoble zu wissen glaubt und Rousseau danach von «tout le monde» zu hören bekommt, die Frucht sei schon in geringster Dosis gefährlich. Von Rousseau gefragt, weshalb er ihn nicht warnte, erwidert der Begleiter ehrerbietig, er habe nicht gewagt, sich diese Freiheit herauszunehmen. Rousseau reagiert auf das Verhalten des Anwalts, der es sich «zu einem Gesetz machte», Rousseau während seines Aufenthalts in Grenoble als Leibwächter zu dienen und nach Möglichkeit keinen Schritt von ihm zu weichen, weder mit Entrüstung noch mit Ärger. Er lacht über soviel «Demut», und nie erinnert er sich, ohne erneut zu lachen, der «wunderlichen Zurückhaltung» des braven Mannes, der um keinen Preis gegen das verstoßen wollte, was die Konvention ihm zu verlangen schien. Durch das Essen von der verbotenen Frucht trägt Rousseau keinen Schaden an Leib und Seele davon. Eine gewisse «Beunruhigung», und tags darauf erwacht er in «vollkommener Gesundheit».[9] Die erste Anekdote bringt die Folgen, die die öffentliche Auseinandersetzung mit dem Offenbarungsglauben für Rousseau hatte, und so die Auseinandersetzung selbst, in Erinnerung. Sie schildert eine einsame Exkursion, die Rousseau in unwegsame Höhen des Jura führte, wo er auf Dentaria heptaphyllos,[10] Cyclamen, Nidus avis, Laserpitium und andere Pflanzen stieß, bei denen er verweilte. Schließlich ließ er sich auf einem Kissen von Lycopodium und Moosen nieder und stellte sich vor, er befände sich in einem Refugium, «das dem ganzen Universum unbekannt» wäre und in dem ihn «die Verfolger nicht auszugraben vermöchten». «Eine Regung von Stolz mischte

---

9 VII, 28 (1072–1073).
10 Oder Dentaria polyphylla, die nach Albert Jansen «von allen Waldpflanzen der Coniferen-Region das grösste Interesse beansprucht» (*Jean-Jacques Rousseau als Botaniker*. Berlin 1885, p. 86).

sich bald in diese Träumerei.» Er sah sich schon als den «ersten Sterblichen» an dem so abgelegenen Ort, «beinahe als einen anderen Kolumbus», bis ein vertraut klingendes Geräusch seine Aufmerksamkeit darauf lenkte, daß ihn nicht mehr als ein Gestrüpp und zwanzig Schritte von einer Strumpfmanufaktur trennten. In der Fabrik, sagte er sich, gab es vielleicht keine zwei Menschen, die nicht in das Komplott eingeweiht waren, das der Pfarrer von Môtiers Montmollin gegen ihn angezettelt hatte – ein Komplott, das am 6. September 1765 in der «Steinigung» des Hauses kulminieren sollte, in dem Rousseau wohnte.[11] Rousseau verwarf die trübe Vorstellung, befreite sich aus der Gewalt seiner frommen Verfolger und lachte am Ende «sowohl über meine kindische Eitelkeit als auch über die komische Art und Weise, in der ich für sie bestraft worden war».[12]

In der *Septième promenade* ist manches nicht so, wie es scheint, und weniges nur das, wofür es ausgegeben wird. Der erste Eindruck erweist sich als trügerisch. Im einzelnen, aufs Ganze gesehen, im buchstäblichen Sinn. Schon die Eröffnung, die das baldige Ende der *Rêveries* nahelegt, stellt sich als irreführend heraus: «Le recueil de mes longs rêves est à peine commencé, et déja je sens qu'il touche à sa fin. Un autre amusement lui succede, m'absorbe, et m'ôte même le tems de rêver.» Die andere Beschäftigung, die mit dem *amusement*, die *Rêveries* zu denken und zu schreiben, bei Rousseau zu konkurrieren scheint, ist so weit entfernt, sein Nachdenken zu verdrängen und sein Schreiben zu beerben, daß sie vielmehr ebendiesen Aktivitäten unterworfen wird. Rousseau macht seine Neigung zur Botanik sogleich zum Gegenstand der Reflexion. Weshalb er ein «fruchtloses Studium» so anziehend findet – das für ihn «ohne Gewinn, ohne Fortschritt» bleibt und ihn spät in seinem Leben, mit den Beschwerlichkeiten des Alters, zumal «ohne Auffassungsgabe, ohne Gedächtnis», wieder auf die Schulbank schickt –, die Aufgabe, sich eine solche «Bizarrerie» zu erklären, ist eine Frage der Selbsterkenntnis.[13] Die Botanik, die von den *Rêveries* wegzuführen

---

11 Siehe V, 4 (1041). Eine erschöpfende Darstellung des Ereignisses und seiner Vorgeschichte gibt Frédéric S. Eigeldinger: *«Des pierres dans mon jardin.» Les années neuchâteloises de J. J. Rousseau et la crise de 1765*. Paris–Genf 1992; insbes. p. 351–353.
12 VII, 25–26, (1070–1071).
13 «Or c'est une bizarrerie que je voudrois m'expliquer; il me semble que, bien

schien, fügt sich nicht nur umstandslos in Rousseaus Vorhaben ein, seine Selbsterkenntnis zu befördern, sie wird zu einem integralen Bestandteil des Unternehmens der *Rêveries* im ganzen, von deren Ende der erste Satz der *Septième* sprach. Der Spaziergang, der ihr gewidmet ist, weitet sich – obwohl das Botanisieren Rousseau keine Zeit zum Träumen läßt – zu einer der längsten *Rêveries* überhaupt. Nach der *Septième* aber ist von der Botanik nicht mehr die Rede. Die beiden *amusements*, die die Eröffnung gegeneinanderstellte, sind sich nicht ebenbürtig. Die Botanik stellt keine Alternative zum Unternehmen der *Rêveries* dar. Sie gehört zu diesem Unternehmen, wie ein Moment der übergreifenden Bewegung zugehört, oder sie verhält sich zu ihm, wie die Art sich zur Gattung verhält.

Rousseau verhandelt die Betrachtung der Natur in corpore vili. Die Botanik, die in der *Septième* als Frage der Selbsterkenntnis zum Thema wird, genügt der Konzeption der *Rêveries*, die philosophische Aktivität verfremdet und fragmentiert zu erkennen zu geben, so trefflich, wie sie Rousseaus Rhetorik entspricht, das philosophische Leben als harmlose Wunderlichkeit erscheinen zu lassen. Die Botanik erlaubt es Rousseau, vom Studium der Natur zu sprechen, als spräche er über nichts denn eine unschuldige Liebhaberei. Die Vorkehrungen, die die Verhandlung des Gegenstands verlangt, erschöpfen sich nicht in der Wahl des geeigneten Exempels und in der Einstimmung der Leser auf die Erörterung eines *amusement*, einer *folie*, *fantaisie* oder *bizarrerie*, die sich Rousseau als «einzige Beschäftigung» noch zugestehen will – alles Charakterisierungen des vermeintlichen Sujets der Promenade in deren Einleitung. In derselben Einleitung ist von dem «weisen Projekt» des Fünfundsechzigjährigen die Rede, «das ganze *Regnum vegetabile* auswendig zu kennen», das Johann Andreas Murray seiner Edition von Linnés *Systema vegetabilium* 1774 vorangestellt hatte, und dahin zu kommen, «alle auf der Erde bekannten Pflanzen zu kennen». Das Projekt ist die ins Komische übersteigerte Wiederholung des in der *Cinquième promenade* erwähnten Unterfangens Rousseaus, «alle Pflanzen» der St. Petersinsel zu beschreiben, «ohne eine einzige auszulassen», und den Rest seiner Tage darauf zu verwenden, die *Flora petrinsularis* zu verfassen.[14] Die Weis-

---

eclaircie, elle pourroit jetter quelque nouveau jour sur cette connoissance de moi-même à l'acquisition de laquelle j'ai consacré mes derniers loisirs» VII, 4 (1061).
14 VII, 2 (1061) und V, 7 (1043).

heit des Projekts ist zum Lachen. Wir können uns Rousseau wiederum lachend denken, wenn er kurz danach die Sätze zu Papier bringt: «J'ai pensé quelquefois assez profondement; mais rarement avec plaisir, presque toujours contre mon gré et comme par force: la rêverie me delasse et m'amuse, la reflexion me fatigue et m'attriste; penser fut toujours pour moi une occupation pénible et sans charme.» Der rhetorische Gestus ist uns aus den *Dialogues* vertraut, und der aufmerksame Leser hätte der Hinweise, die der Autor noch in derselben Promenade folgen läßt, kaum bedurft, um sich zu überzeugen, daß Rousseau eher vom Denken abgehalten als zum Denken gezwungen werden mußte.[15] Die *Rêveries* allein bezeugten, Promenade für Promenade, Rousseaus Vergnügen am Denken und Schreiben, selbst wenn er es versäumt hätte, ausdrücklich von *plaisir* und *amusement* zu sprechen, um seine Aktivität und seine Haltung zu kennzeichnen.[16] Was aber Beachtung verdient, ist der Umstand, daß Rousseau auf den in den *Dialogues* erprobten Gestus, das Denken als Last auszugeben, gerade in der *Septième* zurückgreift und daß er nur in ihr, einzig an dem zitierten Ort der Einleitung, *rêverie* gegen *réflexion* stellt, eine Unterscheidung, an die er die Unterscheidung von *rêverie* und *méditation* unmittelbar anschließt: «Quelquefois mes rêveries finissent par la méditation, mais plus souvent mes méditations finissent par la rêverie, et durant ces égaremens mon ame erre et plâne dans l'univers sur les ailes de l'imagination dans des extases qui passent toute autre jouissance.»[17] In der *Septième* wird *rêverie* gleichsam als eigene Art bestimmt und aus der Gattung *rêverie* herausgesetzt, die neben *rêverie*, im jetzt spezifizierten Verstande eines ekstatischen Sichaufschwingens und Umherirrens auf den Flügeln der Einbildungskraft, *réflexion*, *méditation* und *contemplation* umfaßt sowie *sentiment* und *pensée* mit einschließt.[18] Die Operation lädt dazu ein, *rêverie* im engeren Sinn mit *rêverie* im weiteren Verstande gleichzusetzen, «Gattung» und «Art» nicht zu unterscheiden und die *rêveries*, die im Titel des Bu-

15 «J'errois nonchalemment dans les bois et dans les montagnes, *n'osant penser* de peur d'attiser mes douleurs» VII, 10 (1063), meine Hervorhebung. «*Forcé de m'abstenir de penser,* de peur de penser à mes malheurs malgré moi…» VII, 17 (1066), meine Hervorhebung.
16 Cf. I, 15 (1001) und VII, 1 (1060).
17 VII, 5 (1061–1062). Der Absatz besteht aus den beiden Sätzen, die im Text vollständig wiedergegeben sind. Beachte V, 16 (1048) und V, 7 (1044).
18 Cf. I, 13 (1000).

ches als enigmatischer Begriff figurieren, am Ende als «égaremens» von Rousseaus *imagination* auf sich beruhen zu lassen. Die Unterscheidung von *rêverie* und *méditation* im fünften Absatz der *Septième* ist darauf angelegt, Verwirrung zu stiften, da die durch sie geforderte Unterscheidung im Begriff *rêverie* ungenannt bleibt. Rousseau hatte das Verwirrspiel vorbereitet, als er im ersten Satz der *Septième* statt vom «recueil de mes longs rêveries» vom «recueil de mes longs rêves» sprach. Die Ersetzung von *rêveries* durch *rêves* ist in den *Rêveries* ohne Gegenstück.[19] Sie macht in subtiler Weise auf die Notwendigkeit der Unterscheidung von «Gattung» und «Art» aufmerksam, die der fünfte Absatz mit Schweigen übergeht. Die Herabstufung der *Rêveries* zu «Träumen» in der Eröffnung, die den Ton setzt für die Promenade in ihrer ganzen Uneigentlichkeit, entspricht im übrigen der Verkleinerung des Themas der *Septième*, die im Crescendo der vier Kennzeichnungen *amusement, folie, fantaisie, bizarrerie* in den ersten vier Absätzen zum Ausdruck kommt. Für die siebte *Rêverie* schien Rousseau der Schutz des nicht näher bestimmten Rätselwortes offenbar nicht auszureichen.

Die Vorkehrungen, die Rousseau mit dem Rahmen, der Einleitung und den Anekdoten zum Schluß, trifft, finden im Corpus der Promenade selbst vielfältige Unterstützung und Ergänzung. So durch allerlei anthropomorphe, dem Reich der Fabel entlehnte, erbauliche Redefiguren, die Rousseau einstreut,[20] am markantesten aber in der Jedermanns-Perspektive, die er sich zu eigen zu machen scheint, wenn er über Wissen und Wissenschaft im allgemeinen[21] und über Einzelwissenschaften wie die Chemie oder die Zoologie samt zugehöriger Anatomie[22] im besonderen spricht. Wer die Vorbehalte liest, die Rousseau gegen die Che-

---

19 Im Plural kommt *rêve* nur hier, im Singular ein einziges Mal in der *Première promenade* vor (I, 2, p. 995), und zwar in der Bedeutung eines *schlechten Traumes*. – Die Verwendung des Verbs *rêver* im zweiten Satz der Eröffnung der *Septième promenade* betont die Ersetzung von *rêverie* durch *rêve* im Satz davor zusätzlich. Beachte dazu Kapitel I, S. 31.
20 Cf. *inter alia* VII, 16 (1066), VII, 18 *in fine* (1067), VII, 22 *in fine* (1069).
21 Cf. VII, 22 *in princ.* (1068) mit der Textvariante. Siehe III, 1 sowie III, 3–5 (1010–1013).
22 «Quel appareil affreux qu'un amphitheatre anatomique, des cadavres puans, de baveuses et livides chairs, du sang, des intestins dégoutans, des squeletes affreux, des vapeurs pestilentielles! Ce n'est pas là, sur ma parole, que J. J. ira chercher ses amusemens» VII, 20 (1068).

mie vorträgt,[23] wird nicht leicht auf den Gedanken kommen, der Autor, der sie äußert, könnte sich eingehend mit Chemie befaßt haben und ein umfangreiches Manuskript mit dem Titel *Institutions chimiques* unter seinen Papieren verwahren, das seine Sachkunde als Chemiker hinlänglich belegt.[24] Dem einsamen Spaziergänger mögen die «Instrumente» und die «Maschinen» fehlen, die er bräuchte, um sich der Astronomie zu widmen; die «connoissances preliminaires», die er als erstes Erfordernis anführt, fehlten ihm dagegen keineswegs, denn die Astronomie gehörte ebenfalls zu den Wissenschaften, in denen sich Rousseau früh Kenntnisse erwarb.[25] Von der intensiven Beschäftigung mit dem, was man in seinem Jahrhundert die «Naturgeschichte» der belebten Welt nannte, gar nicht zu reden. Rousseau erweckt den Eindruck, als Laie zu Laien zu sprechen. Ein Liebhaber, der seine Schwäche für die Botanik so zu erklären versteht, daß Jedermann ihm folgen kann. Was er im Gewande der «Botanik» allerdings beobachtet und bemerkt, an Gründen mitteilt, zu sehen und zu denken gibt, erinnert uns daran, daß wir im Spaziergänger der siebten *Rêverie* den Verfasser des *Discours sur l'inégalité* vor uns haben. Er kennt die Sprengkraft, die das Studium der Natur freizusetzen vermag. Er weiß, daß sie der Natur als Begriff der Unterscheidung wesentlich ist: Natur im Unterschied zur Konvention, ohne die kein Gemeinwesen begründet, Natur im Unterschied zur Au-

23 «... il faut faire des expériences pénibles et couteuses, travailler dans des laboratoires, dépenser beaucoup d'argent et de tems parmi le charbon, les creusets, les fourneaux, les cornues, dans la fumée et les vapeurs étouffantes, toujours au risque de sa vie et souvent aux dépends de sa santé. De tout ce triste et fatigant travail resulte pour l'ordinaire beaucoup moins de savoir que d'orgueil, et où est le plus médiocre chymiste qui ne croye pas avoir pénétré toutes les grandes operations de la nature pour avoir trouvé par hazard peut-être quelques petites combinaisons de l'art?» VII, 19 (1067).
24 Rousseau hatte das Buch um 1747 geschrieben und vertraute das Manuskript zwei Monate vor seinem Tod Paul Moultou an. Die Erstpublikation besorgte Maurice Gautier in den *Annales Jean-Jacques Rousseau* XII, Genf 1918–1919, p. 1–164, und XIII, 1920–1921, p. 1–178. Die *Institutions chimiques* sind in den *OCP* nicht enthalten. Bruno Bernardi und Bernadette Bensaude-Vincent haben sie inzwischen als selbständige Veröffentlichung zugänglich gemacht (Paris 1999) und außerdem eine Sammlung von Aufsätzen zum Thema *Jean-Jacques Rousseau et la chimie* ediert (*Corpus. Revue de philosophie* 36, Paris 1999).
25 VII, 23 (1069). Cf. *Cours de geographie* und *Réponse au mémoire anonyme, intitulé*, «Si le monde que nous habitons est une sphère etc.» OCP V, p. 535–552.

torität, ohne die kein Gemeinwesen aufrechterhalten werden kann; Natur als Kennzeichnung dessen, was mit Notwendigkeit ist, im Unterschied zu dem, was Menschen und Götter darüber sagen und verfügen, oder im Unterschied zu dem, was nur ist, insofern sie etwas darüber sagen und verfügen. Entsprechend umsichtig geht Rousseau vor, wenn er Natur als Begriff der Unterscheidung in die Promenade einführt. Er wählt dafür einen Absatz, der der Vereinnahmung der Botanik durch die Pharmazie, und vermittels ihrer durch die Medizin, entgegentritt und das Studium der Pflanzen um der Erkenntnis willen gegen dessen praktische Abzweckung verteidigt. Die Medizin hat sich, beständig an Drogen und Arzneien interessiert, der Pflanzen bemächtigt und sie so sehr in Heilkräuter verwandelt, «daß man in ihnen nur sieht, was man in ihnen nicht sieht, nämlich angebliche Tugenden, die es dem oder jenem beliebt, ihnen zuzuordnen.» Der Wille, die Erkenntnis praktischen Zwecken dienstbar zu machen, schlägt auf die Erkenntnis zurück. Die Pflanzen werden nicht mehr als Pflanzen betrachtet und als solche untersucht, sondern auf bestimmte Eigenschaften reduziert, die Nutzen versprechen. Damit geht einher, daß die Botanik als «nutzloses Studium» abgetan wird, wenn sie nicht mit dem Studium jener Eigenschaften verbunden ist, «das heißt, wenn man die Beobachtung der Natur, die nicht lügt und die uns nichts von alldem sagt, nicht aufgibt, um sich einzig der Autorität der Menschen zu überlassen, die Lügner sind.» Mit leichter Hand verknüpft Rousseau die Unterscheidung von Natur und Autorität mit der Frage der Wahrheit. Wer die Wahrheit erkennen will, ist auf die Beobachtung der Natur verwiesen, die nicht lügt, da sie keine Absichten verfolgt. Er muß mit eigenen Augen sehen und bleibt auf sich gestellt. Wer sich dagegen an das Hörensagen hält, muß das Studium der Natur fahrenlassen. Er unterwirft sich der Herrschaft eines anderen, auf die Gefahr, daß dessen Wille oder Urteil ihn am Ende Dinge sehen macht, die nicht zu sehen sind. Die Kontrastierung der Natur, die nicht lügt, mit der Autorität der Menschen, die Lügner sind, hat ihr Vorbild in einer berühmten Stelle des *Discours sur l'inégalité*. Im letzten Absatz des Exordiums wendet sich Rousseau an seine Zuhörer und kündigt dem Menschen, aus welchem Land er auch sei und was immer seine Meinungen sein mögen, in direkter Rede an: «Hier ist deine Geschichte, wie ich sie zu lesen geglaubt habe, nicht in den Büchern deiner Mitmenschen, die Lügner sind, sondern in der Natur, die niemals lügt.» Einer der gewagtesten Sätze in der Rhetorik des *Discours* angesichts der Tatsache, daß die Bücher, auf die sich Rousseau zuletzt bezogen hatte, die «Schriften Moses'» waren, denen, wie Rousseau pointiert hinzusetzte, «jeder christliche Philosoph Glauben schuldet.»[26] Die «Schriften Moses'» werden in der *Septième promenade* nicht erwähnt. Statt dessen fährt Rousseau in dem Satz, der die Natur gegen die Autorität der Menschen stellt, fort: «der Menschen, die Lügner sind und die uns viele Dinge versichern, die man auf ihr Wort hin glauben muß, *fondée ellemême le plus souvent sur l'autorité d'autrui.*» Das Wort, auf das wir bauen sollen, ist selbst zumeist auf die Autorität anderer oder eines anderen gegründet. Die Autorität, die uns glauben heißt, verweist uns auf eine andere, ältere, höhere Autorität. Reichlich viel Sprengstoff für einen Absatz, der sich über die Verkennung der Pflanzen als Heilkräuter und über die Verwechslung eines «Gartens voll seltener Bäume und Pflanzen» mit einem «Apothekergarten» ausläßt. Ein Absatz freilich, dessen herausragende Stellung durch die beiden Antipoden markiert wird, die an seinem Anfang und seinem Ende auftreten und an keinem anderen Ort in den *Rêveries*: Der zweite Satz lobt den Philosophen Theophrast als «einzigen Botaniker der Antike». Der zweitletzte Satz erhebt Adam in einer ironischen Wendung zum «ersten Apotheker». «Denn es ist nicht leicht, sich einen Garten vorzustellen, der in Pflanzen besser sortiert wäre als der von Eden.»[27] Was wir über den Garten Eden zu wissen glauben, beruht auf den «Schriften Moses'», und wie wenig Rousseau sich deren Autorität beugte, wie weit er davon entfernt war, sich zu dem Gehorsam zu verstehen, den ihnen jeder «christliche Philosoph» schuldig ist, hatte er mit dem *Discours sur l'inégalité* gezeigt, der eine denkbar radikale Gegenposition zu der Tradition darstellt, die auf die «Schriften Moses'» zurückgeht. Adam wird im *Discours* sowenig erwähnt wie Moses in den *Rêveries*, aber er ist dort so anwesend wie Moses hier. Beide Schriften sprechen vom Baum der Erkenntnis des Guten und Bösen, ohne ihn beim Namen zu nennen. Der *Discours* deutet das Verbot, vom Baum der Erkenntnis zu essen, in dem die Offen-

---

26 *Discours sur l'inégalité*, Exorde, p. 74 und 70. Die beiden Aussagen sind durch einen einzigen Absatz voneinander getrennt, an dessen Ende Rousseau erklärt, er werde sich vorstellen, er hielte seine Rede im Lyzeum von Athen und hätte einen Platon und einen Xenokrates zu Richtern und das Menschengeschlecht zum Zuhörer.

27 VII, 12 (1063–1064), meine Hervorhebung.

barungsreligionen übereinkommen, als «die Absicht, den menschlichen Handlungen von Anfang an eine Moralität zu geben, welche sie auf lange Zeit nicht erworben hätten».[28] Die *Rêveries* wiederum evozieren die berühmteste aller Pflanzen, denen «Tugenden» oder «Eigenschaften» zugesprochen werden, welche man in der Natur nicht sieht, mit dem «Garten Eden». Der Baum, der Gehorsam und Ungehorsam scheidet, verbindet die Botanik mit der Philosophie. Er hat sich als eine der beiden Pflanzen erwiesen, die für die Philosophie am wichtigsten geworden sind.[29]

In einer Abschweifung, kurz und betont beiläufig, nimmt Rousseau die Unterscheidung von Autorität und Natur noch einmal auf. Betraf die Unterscheidung zuerst das Gute von Rousseau in Rücksicht auf seine Erkenntnis, den Zugang zur Wahrheit, so betrifft sie es jetzt in Rücksicht auf seine Gesundheit, die Herrschaft über seinen Körper. Rousseau berichtet, er habe zwar «niemals großes Vertrauen zur Medizin» gehabt, aber doch Ärzten, die er «schätzte», die er «liebte», in der Vergangenheit so vertraut, daß er sie sein «Gerippe mit voller Autorität regieren» ließ. «Fünfzehn Jahre Erfahrung» sollten ihn, auf seine Kosten, eines Besseren belehren. Erst seitdem er dazu zurückgekehrt ist, «unter den alleinigen Gesetzen der Natur» zu leben, hat er, durch ebendiese Gesetze, seine «erste Gesundheit» wiedergewonnen. Das Zutrauen zu den Medizinern war irregeleitet. Rousseau wurde zum «lebenden Beweis für die Eitelkeit ihrer Kunst». Durch Leiden mußte er zu der Erkenntnis kommen, daß es nicht gut für ihn war, sich der Herrschaft anderer auszusetzen, obschon er ihnen volle Autorität bloß über seinen Körper zugestand, denn nirgendwo ist davon die Rede, daß Rousseau einem anderen, wer es auch sei, Autorität über seine Seele eingeräumt hätte.[30] Die «Gesetze der Natur» weisen in die entgegengesetzte Rich-

---

28 *Discours sur l'inégalité*, Note IX, p. 320; siehe den Kommentar *ad locum*. Cf. *Lettre à Christophe de Beaumont*, p. 939–940 note, wo Rousseau in der Auslegung des Verbots, vom Baum der Erkenntnis zu essen, ein Ad-hominem-Argument entfaltet, das er seinem Widersacher entgegenhält; ferner p. 945–946.
29 Die andere Pflanze, Homers Moly, steht für die Entdeckung der Natur. Odysseus erkennt die *physis* des Moly mit Hermes' Hilfe, eine Erkenntnis, die ihn gegen Circes Künste feit: *Odyssee* X, 302–306. Cf. Seth Benardete: *The Bow and the Lyre. A Platonic Reading of the Odyssey*. Lanham 1997, p. 80–90.
30 VII, 15 (1065). Rousseau spricht vom Haß, den er sich bei den Medizinern zugezogen habe, weil er einzig durch die Gesetze der Natur seine ursprüngliche Ge-

tung. Die Rückkehr zu ihnen entspricht nicht nur der Abkehr von der Autorität, sondern mit dieser Abkehr der Hinwendung zu sich. Die Bewegungen des *rentrer sous les seules loix de la nature* und des *rentrer en soi-même* sind für Rousseau eines Sinns, wenn sie auch nicht ein und dasselbe sind. Das Studium der Natur, das die ungeteilte Aufmerksamkeit des Promeneur Solitaire beanspruchen kann, ist nicht an die Bedürfnisse des Körpers gebunden. Es wird nicht durch materielle Interessen bestimmt. Es steht nicht im Dienst der Gesellschaft. «Medizin» und «Pharmazie» liefern Rousseau die Folie, um zu verdeutlichen, was sein Lob der «Botanik» im Auge hat. Sie repräsentieren eine Wissenschaft, für die das Interesse an Herrschaft und Nutzen konstitutiv ist. Sie illustrieren eine Haltung, die die Menschen «überall auf Gewinn oder Heilmittel aus sein läßt und die sie die ganze Natur mit Gleichgültigkeit sehen» oder *nicht sehen* «ließe, wenn es ihnen immer gut ginge». Im Kontrast zum praktischen Zugriff von Medizin und Pharmazie verkörpert die Botanik die wesentlich theoretische Ausrichtung des philosophischen Studiums. Sie vertritt die Betrachtung der Natur an ihr und um ihrer selbst willen. Sie steht ein für die «Wonnen, die eine reine und interesselose Kontemplation gewährt.»[31] Gerade ihr Ansehen als «étude inutile» machte die Botanik geeignet wie sonst nur die Astronomie, die theoretische Haltung in einer Einzelwissenschaft zur Darstellung zu bringen. Botanik und Astronomie verbindet, daß den Objekten, mit denen sie sich befassen, aufgrund ihrer Schönheit und Vielfalt eine große Anziehungskraft innewohnt. «Die Pflanzen scheinen auf der Erde wie die Sterne am Himmel in verschwenderischer Fülle ausgesät worden zu sein, um den Menschen durch die Verlockung des Vergnügens und der Neugierde zum Studium der Natur einzuladen.» Pflanzen und Sterne sind natürliche Gegenstände der Augenlust und der Wißbegier, ohne

---

sundheit wiedererlangte: «Quand les medicins n'auroient point contre moi d'autres griefs, qui pourroit s'étonner de leur haine?» Damit gibt er eine späte Erläuterung des «glühenden, unsterblichen Hasses» der «corps collectifs», von denen er in der *Première promenade* (I, 10) annahm, sie würden ihn über seinen Tod hinaus verfolgen. Die Feindschaft sowohl der Mediziner als auch der Kirchenmänner, von der er dort sprach, hat ihren tiefsten Grund in der Unterscheidung von Autorität und Natur, die erst die *Septième promenade* namhaft macht.
31 VII, 15 (1065).

die die *theoria* nicht zu begreifen ist.[32] Die Sterne sind vom Betrachter jedoch so weit entfernt, daß es «sehr langer Leitern bedarf, um zu ihnen zu gelangen und sie in unsere Reichweite zu bringen», während die Pflanzen sich von Natur aus darin befinden. «Sie werden sozusagen unter unseren Füßen und in unseren Händen geboren». Die Botanik kommt ohne Maschinen aus, braucht nur wenige und einfache Instrumente und ist nicht zwingend auf Arbeitsteilung angewiesen. Sie zeichnet sich gegenüber den anderen empirischen Disziplinen, einschließlich der Astronomie, durch ihr hohes Maß an Autarkie aus.[33] Der äußeren Autarkie, die ein entscheidender Gesichtspunkt in Rousseaus Erörterung ist, korrespondiert die Forderung innerer Selbstgenügsamkeit. Sie ist in der dritten Bestimmung des Dreiklangs *plaisir, curiosité, plein calme des passions* enthalten, mit dem Rousseau die *étude de la nature* charakterisiert. Denn erst wenn die Leidenschaften ganz zur Ruhe gekommen sind, wird jener «Zauber» fühlbar, der der Kontemplation eignet und dann allerdings «allein genügt, um das Leben glücklich und süß zu machen». Rousseau erläutert das Schweigen der Leidenschaften, das die Theorie verlangt, anhand der sozialen Affekte, die von der Sache ablenken und die Erkenntnis überlagern, wo nicht verderben: die Eitelkeit, nur lernen zu wollen, um andere zu unterweisen; das Streben nach Ansehen, für das es weniger darauf ankommt, zu wissen als zu zeigen, daß man weiß; die Sorge, mit seinen Entdeckungen und Einsichten «auf der Bühne der Welt» Bewunderung zu finden.[34] Nicht weniger belastend, verkürzend und verdrehend wirkt sich indes aus, was der Betrachter aufgrund von Hoffnungen, Befürchtungen, Wünschen, von denen er sich nicht zu befreien vermochte, an Eigenem in das Studium der Natur hineinmengt. Die «Wonnen der reinen und interesselosen Kontemplation» sind nur zu haben um den Preis der Absage an die anthropozentrischen Voreingenommenheiten und teleologischen Tröstungen, denen Rousseau in seinem Œuvre unverhüllter entgegentrat als irgendeiner seiner Vorgänger. Das Lob der Theorie in der *Septième promenade* hat eine nüchterne Sicht der Stellung des Menschen im Kosmos

---

32 Beachte *Genesis* III, 6.
33 «La botanique est l'étude d'un oisif et paresseux solitaire: une pointe et une loupe sont tout l'appareil dont il a besoin pour les [sc. plantes] observer» VII, 23 (1069).
34 VII, 23 (1069). Siehe Kapitel II, S. 74.

zum Hintergrund, die ihren schärfsten Ausdruck in der Aussage des *Discours sur l'inégalité* fand, daß der Mensch ohne «das zufällige Zusammentreffen mehrerer äußerer Ursachen, die auch niemals hätten entstehen können,» «ewig» in seinem anfänglichen, animalischen Zustand geblieben wäre.[35] Diese Konzeption der Natur, die mit den Vorgaben teleologischer Lehrmeinungen bricht, wird in der *Septième* nicht ausgesprochen, kaum angedeutet,[36] aber durch die Bestimmungen der Betrachtung der Natur bei einem Leser, der Rousseaus «kühnste» Schrift durchdacht hat, in Erinnerung gerufen, so daß wir in Anlehnung an das Wort eines Dichters, der sich Rousseau nahe fühlte, ohne ihm in der Radikalität seines Denkens zu folgen, sagen können:

Dem Denkenden war der Wink genug.

Die «inneren Wonnen» der Kontemplation sind nicht Jedermann zugänglich. Die zu Beginn der *Deuxième promenade* eingeführte Unterscheidung, die diese Wonnen einem besonderen Typus, den «ames aimantes et douces», zuordnete, wird in der *Septième* aufgenommen und präzisiert, die eine Antwort gibt auf die Frage, wem «l'étude de la nature» allein genug sein kann, «pour rendre la vie heureuse et douce». Die Kontemplation wird zum Glück einer Seele, die im Sehen, Begreifen und Dazulernen ihr wahres Vergnügen findet, die sich durch kein Hindernis davon abhalten läßt, ihrer Neugierde zu folgen, die in der Betrachtung von keiner anderen Leidenschaft oder Zwecksetzung bestimmt wird als dem Eros der Erkenntnis, einer liebenden Seele, die dem Gegenstand der Betrachtung ihre volle Aufmerksamkeit zuwendet und ihm in seiner Wirklichkeit zu genügen sucht.[37] In umgekehrter Blickrichtung gesprochen: Wer «die Natur nur studieren will, um ohne Unterlaß neue Gründe dafür zu finden, sie zu lieben» und sie weiter zu

---

35 *Discours sur l'inégalité*, Première partie, p. 166.
36 Cf. *inter alia*: «Le régne minéral n'a rien en soi d'aimable et d'attrayant; ses richesses enfermées dans le sein de la terre *semblent* avoir été éloignées des regards des hommes pour ne pas tenter leur cupidité» VII, 18 (1066). «Les plantes *semblent* avoir été semées avec profusion sur la terre comme les étoiles dans le ciel pour inviter l'homme par l'attrait du plaisir et de la curiosité à l'étude de la nature» VII, 23 (1069), meine Hervorhebungen. Beachte Kapitel II *in fine*.
37 Von der Tapferkeit, über die die *âme aimante et douce* verfügen muß, ist nur in der *Troisième promenade* die Rede. Siehe Kapitel II, S. 81.

studieren, wird unversehens zum «Botaniker»: Die anmutigen Gegenstände, die ihn umgeben, die ihm «lachen», ziehen ihn an, er schaut sie an, er betrachtet sie, er vergleicht sie, er lernt sie schließlich zu klassifizieren, zu unterscheiden und zu ordnen ...[38] Die Bestimmung des Studiums der Natur aus dem Eros ist der tiefste Grund dafür, daß Rousseau es im Gewande einer Liebhaberei verhandeln kann: *plaisir, curiosité, calme des passions* lassen sich an beiden explizieren, da sie auf Eine Wurzel zurückgehen. Dessenungeachtet ist die Botanik für Rousseau keine «bloße» Liebhaberei. Die Erörterung der Einzelwissenschaften, die für den Promeneur Solitaire als *amusement*, nicht als *métier* in Frage kommen könnten, zieht eine klare Grenze zu jeder dilettierenden Beschäftigung, die dem Gegenstandsbereich der Untersuchung mangels hinreichender Kenntnisse, wegen unzulänglicher Ausrüstung oder anderer fehlender Voraussetzungen nicht gerecht zu werden vermag.[39] Die botanischen Schriften Rousseaus, die, sieht man von der nie geschriebenen *Flora petrinsularis* ab, in den *Rêveries* mit keinem Wort erwähnt werden, zeigen im übrigen nicht nur die reichen Ergebnisse, die ihm die als «l'étude d'un oisif et paresseux solitaire» apostrophierte Botanik eintrug. Sie lassen auch keinen Zweifel daran, daß seine Liebhaberei der Natur der Sache entsprach.[40]

Die Natur studieren zu wollen, um in ihrem Studium immer neue Gründe zu finden, sie zu lieben, bezeichnet eine Haltung, die dem Unternehmen der neuzeitlichen Wissenschaft, die Natur zu erforschen, um sie zu erobern, diametral entgegengesetzt ist. Die Forderung des «plein

---

38 VII, 21 (1068).
39 VII, 18–20 (1066–1068). «Il est aisé, je l'avoue d'aller ramassant du sable et des pierres, d'en remplir ses poches et son cabinet et de se donner avec cela les airs d'un naturaliste: mais ceux qui s'attachent et se bornent à ces sortes de collections sont pour l'ordinaire de riches ignorans qui ne cherchent à cela que le plaisir de l'étalage. Pour profiter dans l'étude des mineraux, il faut être chymiste et physicien; il faut faire des expériences pénibles et couteuses, travailler dans des laboratoires ...» VII, 19 (1067).
40 *Lettres sur la botanique*; *Fragmens pour un dictionnaire des termes d'usage en botanique*; *Fragments de Botanique*, OCP IV, p. 1151–1197; 1201–1247; 1249–1256. Zusätzliches Material enthalten die Editionen *Lettres inédites de Jean-Jacques Rousseau à Mmes Boy de La Tour et Delessert comprenant les Lettres sur la botanique* von Philippe Godet und Maurice Boy de La Tour (Paris und Genf 1911) und *Lettres sur la botanique par Jean-Jacques Rousseau* von Bernard Gagnebin (Paris 1962).

calme des passions», die Rousseau für die Theorie erhebt, zielt nicht zuletzt auf jene Leidenschaften, die sich vermittels eines Wissens zur Herrschaft ermächtigen, das sie der Natur durch deren «Fesselung» und «Behelligung», durch methodisch ausgeübten Zwang, abnötigen, ein Wissen, das die Natur «in ihrer eigenen Freiheit» nicht preisgäbe. Die Verteidigung der Botanik gegen die Unterordnung unter Pharmazie und Medizin schließlich ist eine einzige Einrede gegen die Ausrichtung aller Wissenschaft und Erkenntnis an der Zwecksetzung, für die Francis Bacon die Parole «reliefe of Mans estate» ausgab.[41] Rousseau profiliert die Opposition zum Projekt fortschreitender, alles erfassender Naturbeherrschung der Moderne durch die rühmende Erwähnung von Theophrast, der, anders als die Neueren, in den Pflanzen keine bloßen Lieferanten von Drogen und Arzneien sah: «man kann diesen Philosophen als den einzigen Botaniker der Antike betrachten, deshalb auch ist er unter uns fast nicht bekannt».[42] Der Schüler Platons und Aristoteles' unternahm in jedem der drei Bereiche der Naturforschung, die Rous-

---

41 Francis Bacon: *The Advancement of Learning*. The Oxford Francis Bacon IV. Ed. Michael Kiernan, Oxford 2000, p. 32. *Instauratio magna*. The Oxford Francis Bacon XI. Ed. Graham Rees with Maria Wakely, Oxford 2004, p. 28 und 38 («... conficimus Historiam non solum Naturae liberae ac solutae ... sed multo magis Naturae constrictae et vexatae; nempe, cum per Artem et ministerium humanum de statu suo detruditur, atque premitur et fingitur. ... quandoquidem Natura rerum magis se prodit per vexationis Artis, quam in libertate propria.»); *Novum organum* 1, CXXIX, The Oxford Francis Bacon XI, p. 194. (*The Works of Francis Bacon*. Ed. James Spedding, Robert Leslie Ellis und Douglas Denon Heath, London 1857–1874: III, p. 294; IV, p. 24, 29, 114.) In Bacons *New Atlantis* erklärt der Repräsentant des Ordens zur Beförderung von Wissenschaft und technischem Fortschritt «Haus Salomons»: «The End of our Foundation is the knowledge of Causes, and secret motions of things; and the enlarging of the bounds of Human Empire, *to the effecting of all things possible*» (Absatz 20, meine Hervorhebung). Im zentralen Absatz von *New Atlantis* führt der «Father of Salomon's House» als Errungenschaft des Ordens an, über die wissenschaftlich-technischen Mittel zu verfügen, «to make divers new plants» (Absatz 30). Unmittelbar davor stellt er heraus, welchem Zweck der Triumph dient, den die Wissenschaftler *by art* über die Natur der Pflanzen erringen: «And many of them we so order, as they become of medicinal use» (Absatz 29). Zur Präokkupation des «Hauses Salomons» durch die Medizin und insonderheit die Verlängerung der menschlichen Lebenszeit siehe die Absätze 21, 25, 27, 28, 29, 31, 34, 35 (*The Works of Francis Bacon* III, p. 157–160). Cf. S. 115 und 117–118.
42 VII, 12 (1063). Zu Theophrast siehe Diogenes Laertius V 36–50.

seau in der *Septième* ausdrücklich behandelt, in Mineralogie, Zoologie und Botanik, eingehende Untersuchungen. Er war nicht nur der Verfasser zahlreicher Schriften zu den unterschiedlichsten Gegenständen, von der Logik über die Naturwissenschaften bis zur Ethik, darunter der für die *Rêveries* einschlägigen *Historia plantarum*[43] und der vielgelesenen *Characteres ethici*. Nach dem Tod des Aristoteles leitete er auch beinahe vier Jahrzehnte lang das Lyzeum von Athen, das Rousseau 1755 zum Ort seiner Rede über die Naturgeschichte des Menschen und die Entwicklung der Gesellschaft bestimmte. Theophrast ist der einzige, der in den *Rêveries* als Philosoph bezeichnet wird. Daß Rousseau diese Kennzeichnung einem Botaniker vorbehält, der «unter uns fast nicht bekannt ist», betont das Gewicht, das der Botanik im Argument des Buches zukommt. Daß er sie in der *Septième* verwendet,[44] verweist uns ein weiteres Mal an die *Troisième promenade* zurück, den einzigen Spaziergang, in dem von Philosophen die Rede war. Rousseau hatte dort emphatisch von den «philosophes modernes» bzw. von «nos philosophes» gesprochen und diese von den alten Philosophen unterschieden. Aber er hatte die Unterscheidung nicht expliziert. Hier kommt Theophrast ins Spiel.

Die modernen Philosophen, die Rousseau in der *Troisième* als «ardens missionaires d'Atheisme et très imperieux dogmatiques» charakterisiert, sind nicht Philosophen vom Schlage eines Machiavelli oder Hobbes, eines Spinoza oder Locke, sondern die französischen *philosophes*, die er aus eigener Anschauung kannte. «Ich lebte damals mit modernen Philosophen, die den alten kaum ähnlich sahen.» Rousseau spricht vom Kreis um die *Encyclopédie*, mit dem er in Paris engen Umgang hatte, von Diderot, vermutlich von d'Alembert, sicher von Helvé-

---

43 Eine kritische Edition mit französischer Übersetzung und Kommentar hat Suzanne Amigues in der Collection Budé vorgelegt: Théophraste: *Recherches sur les plantes*. Paris 1988–2006, 5 Bde.
44 In seinen botanischen Schriften erwähnt Rousseau Theophrast ein einziges Mal – ohne ihn einen Philosophen zu nennen: «L'histoire de cette opération [sc. la caprification] a été détaillée en premier lieu par Théophraste, le premier, le plus savant ou, pour mieux dire, l'unique et vrai Botaniste de l'antiquité, et après lui par Pline chez les anciens. Chez les modernes par Jean Bauhin, puis par Tournefort sur les lieux mêmes, après lui par Pontedera, et par tous les compilateurs de Botanique et d'Histoire naturelle qui n'ont fait que transcrire la relation de Tournefort.» *Fragmens pour un dictionnaire des termes d'usage en botanique*, Caprification, p. 1215.

tius, von d'Holbachs «coterie».⁴⁵ Wir haben gesehen, welche Rolle Rousseau den *philosophes* in seiner Rhetorik zuweist. Weshalb er sie in die Promenade über den Glauben einführt, bedarf keiner weiteren Erläuterung.⁴⁶ Anders steht es mit der Frage nach den Annahmen und Voraussetzungen, die die *philosophes* – offenkundig nicht allein im Unterschied zu den alten Philosophen – zu glühenden Missionaren des Atheismus und zu Dogmatikern mit einem ausgeprägten Herrschaftswillen machten. Wer mit missionarischem Eifer an der Durchsetzung des Atheismus arbeitet, nimmt nicht nur an, daß eine Gesellschaft von Atheisten eine bessere Gesellschaft wäre, sondern er setzt voraus, daß eine Gesellschaft ohne den Glauben an einen Gott, der sich um das Leben der Menschen sorgt und über ihr Handeln wacht, lebensfähig sei.⁴⁷ Jene Annahme und diese Voraussetzung aber beruhen auf Glaube und Hoffnung. Auf dem Glauben an die Möglichkeit einer grundlegenden Veränderung des Menschen und auf der Hoffnung, die geplante Umgestaltung auf dem Wege der Aufklärung zu erreichen. Eine Hoffnung und ein Glaube, die sich ihrerseits aus Erwartungen speisen, die der Prozeß fortschreitender Naturbeherrschung vermöge von Wissenschaft und Technik freisetzte. Was die *philosophes* auf ihr Banner schrieben, war, diesen Prozeß, den sie als ein groß angelegtes philanthropisches Unternehmen begriffen, religiös, moralisch, politisch zum Sieg zu führen. Sie beriefen sich dabei nachdrücklich auf die modernen Philosophen, Mathematiker, Physiker, allen voran auf Bacon, Descartes und Newton, die das Unternehmen inauguriert hatten, ohne daß sie deshalb notwendigerweise die Absicht der *philosophes* teilten, geschweige denn mit deren Glaube und Hoffnung übereinstimmten.⁴⁸ Bacon war die Galionsfigur am Flaggschiff der *philosophes*. Diderot pries ihn 1750 im *Prospectus* der *Encyclopédie* als «außerordentliches Genie», und d'Alembert sah sich im *Discours préliminaire* ein Jahr später «versucht, ihn als den größten, den universellsten und den eloquentesten der Philosophen

---

45 III, 11 (1015–1016). Cf. *Les Confessions* VIII, p. 369 und X, p. 491.
46 Siehe Kapitel I, S. 59, 64 und Kapitel II, S. 83–84.
47 Theophrast hat diese Voraussetzung in *De pietate* verneint. Siehe Jacob Bernays: *Theophrastos' Schrift über Frömmigkeit. Ein Beitrag zur Religionsgeschichte.* Berlin 1866, p. 37 und 56. Da das Werk nur fragmentarisch überliefert ist, hatte Rousseau davon wahrscheinlich keine Kenntnis. Er kannte jedoch die Schriften von Theophrasts Lehrern.
48 Cf. *Discours sur les sciences et les arts*, p. 29.

zu betrachten.»⁴⁹ Die Bedeutung seiner Schriften verglich er mit derjenigen, die die Schriften des Hippokrates für die Medizin erlangten. Allerdings bemängelte d'Alembert, daß Bacon «vielleicht zu furchtsam» gewesen sei und «noch von Ketten zurückgehalten wurde, die er nicht brechen konnte oder nicht zu brechen wagte».⁵⁰ Die Zurückhaltung, die Bacon wahrte, erlegten sich die *philosophes* nicht länger auf. Diderot, der mit den Techniken, auf die die Kunst des sorgfältigen Schreibens zurückgreift, bestens vertraut war und über ihre Verwendung unter Bedingungen der Zensur in *La Promenade du sceptique* scharfsichtig geschrieben hatte,⁵¹ hielt die Unterscheidung einer exote-

---

49 «A la tête de ces illustres personnages doit être placé l'immortel Chancelier d'Angleterre, François Bacon, dont les Ouvrages si justement estimés, et plus estimés pourtant qu'ils ne sont connus, méritent encore plus notre lecture que nos éloges. A considérer les vûes saines et étendues de ce grand homme, la multitude d'objets sur lesquels son esprit s'est porté, la hardiesse de son style qui réunit partout les plus sublimes images avec la précision la plus rigoureuse, on seroit tenté de le regarder comme le plus grand, les plus universel, et le plus éloquent des Philosophes. Bacon, né dans le sein de la nuit la plus profonde, sentit que la Philosophie n'étoit pas encore, quoique bien des gens sans doute se flattassent d'y exceller.» Jean d'Alembert: *Discours préliminaire des éditeurs* (1751). *Encyclopédie* I, p. XXIV; in der Edition von Martine Groult, Paris 1999, p. 120–121. Rousseau hatte den «Chancelier d'Angleterre» ein Jahr zuvor «le plus grand, peut-être, des Philosophes» genannt (*Discours sur les sciences et les arts*, p. 29). Es ist wenig wahrscheinlich, daß Rousseau dieses Urteil später aufrechterhielt. Nach 1751 erwähnt er Bacon in keiner seiner Veröffentlichungen mehr namentlich. Cf. *Discours sur la vertu du héros* (1751), OCP II, p. 1273.
50 *Discours préliminaire des éditeurs*, p. XXIV und XXV, Ed. Martine Groult, p. 121 und 122.
51 *La Promenade du sceptique, ou Les Allées*, Discours préliminaire, in: Denis Diderot: *Œuvres complètes* (OC). Paris 1975 ff., II, p. 78–84. Das zwischen 1747 und 1749 entstandene Manuskript wurde von der Polizei beschlagnahmt und 1830 erstmals veröffentlicht. Cf. Diderots Artikel *Encyclopédie*, OC VII, p. 258. – Diderots Position zur exoterisch-esoterischen Schreibweise stimmte mit der von John Toland überein, der unter dem Titel *Clidophorus* 1720 einen eigenen Traktat über die exoterisch-esoterische Unterscheidung vorgelegt hatte und dessen Schriften den *philosophes* wohlvertraut waren. Der vollständige Titel des Traktats, der als zweites Stück in Tolands *Tetradymus* erschien (London 1720, p. 61–100), lautet: *Clidophorus, or, Of the Exoteric and Esoteric Philosophy; that is, Of the External and Internal Doctrine of the Ancients: The one open and public, accommodated to popular prejudices and the Religions establish'd by Law; the other private and secret, wherin, to the few capable and discrete, was taught the real Truth stript of all disguises.* Siehe

rischen und einer esoterischen Präsentation, die sich an unterschiedliche Adressaten wendet und deren sich Bacon wie die anderen modernen Philosophen bedienten, für eine transitorische Unterscheidung. Sie war für ihn eine List, die er virtuos einsetzte, um einen Krieg zu gewinnen, der die Unterscheidung selbst gegenstandslos machen sollte. Er glaubte, daß die Unterscheidung von Philosophen und Nichtphilosophen nicht in unterschiedlichen Naturen begründet und daß sie folglich historisch zu überholen, daß sie politisch, moralisch, religiös zu überwinden sei. Zur Beschleunigung des geschichtlichen Vorgangs gab er in den *Pensées sur l'interpretation de la nature* 1753 die Losung aus: «Beeilen wir uns, die Philosophie populär zu machen.»[52] Rousseau widersprach dem Freund unmittelbar.[53] Sein Widerspruch war denkbar weitreichend, denn er betraf den Glauben, der dem Vorhaben der *philosophes* zugrunde lag, und die Hoffnung, die sie beflügelte. Rousseau vertrat zu keinem Zeitpunkt die Auffassung, daß die Unterscheidung zwischen Philosophen und Nichtphilosophen aufzuheben sei. Er hatte seit der Preisschrift von 1750 die Kehrseite des «Wiederaufstiegs der Wissenschaften und der Künste» beleuchtet und die Rückwirkungen, die der wissenschaftliche, technische, wirtschaftliche Fortschritt auf die Sitten der Bürger haben würde, herausgestellt. Wie niemand zuvor zeigte er sowohl in prinzipiellen Untersuchungen als auch in konkreten Fallstudien die Spannung zwischen dem wohlgeordneten Gemeinwesen und dem Prozeß der Universalisierung, der Angleichung der Meinungen, Lebensgewohnheiten und Gesetze, den die *philosophes* aktiv vorantrieben. Daß er in seiner Eigenschaft als Citoyen de Genève die

---

p. 65–66, 67, 69, 75, 77, 81, 88–89, 94 und beachte p. 95–96. Auf die exoterisch-esoterische Unterscheidung hatte Toland bereits in seinen *Letters to Serena* aufmerksam gemacht (London 1704, p. 56–57, 114–116), die in England wie auf dem Kontinent ein lebhaftes Echo fanden und 1768 von d'Holbach in einer französischen Übersetzung herausgebracht wurden.
52 «Hâtons-nous de rendre la philosophie populaire. Si nous voulons que les philosophes marchent en avant; approchons le peuple du point où en sont les philosophes. Diront-ils qu'il est des ouvrages qu'on ne mettra jamais à la portée du commun des esprits? S'ils le disent, ils montreront seulement qu'ils ignorent ce que peuvent la bonne méthode et la longue habitude.» *Pensées sur l'interpretation de la nature* XL, *OC* IX, p. 69.
53 *Discours sur l'inégalité*, Note X, p. 340–342. Siehe *Einführender Essay*, p. LVI–LVII.

Tugend, die Freiheit und die Besonderheit des Vaterlands zu seiner Sache erhob und d'Alembert und Voltaire im Streit um Genf vor aller Augen entgegentrat, ließ den tiefer liegenden Konflikt politisch aufbrechen und machte ihn paradigmatisch sichtbar. Doch Rousseau widersprach der Forderung einer «populären» Philosophie nicht nur in politischer, sondern ebenso in philosophischer Rücksicht. In der versuchten Popularisierung sah er die erreichte Denaturierung der Philosophie: Die Verwandlung einer privaten Aktivität in eine öffentliche Dienstbarkeit; die Verschiebung von der Freude der Erkenntnis zum Nutzen des Wissens und von der Offenheit des Fragens zur Durchsetzung einer Lehre; die Vereinnahmung der Liebe zur Wahrheit durch den Willen zur Veränderung der Welt; die Verkehrung von Aufklärung in Propaganda, von Skepsis in Glaube, von Staunen in Parteigeist. Was er sah, war die Verwandlung, Verschiebung, Vereinnahmung, Verkehrung, die er in den Jahrzehnten zwischen dem *Discours* und den *Rêveries* an den *philosophes* selbst beobachten, im Gebahren der «parti philosophiste»[54] wahrnehmen konnte.

Wenn die Philosophie zur Mode geworden ist, wird der Philosoph darauf bedacht sein, zur frivolen Rede von Philosophie Distanz zu halten. Er vermeidet den Begriff nach Möglichkeit, oder er schärft ihn und läßt ihn so fremd erscheinen, daß die Unzeitgemäßheit ins Auge springt, oder er bietet dem Vorurteil für die Philosophie Paroli, indem er ein Vorurteil gegen sie weckt, das zu einem begründeten Urteil und einem genuinen Verständnis führen kann. Und wenn der Philosoph zum Synonym für den Parteigänger der intellektuell tonangebenden Bewegung der Zeit geworden ist, wird der Philosoph den Parteigänger, der als Philosoph gilt und sich selbst Philosoph nennt, der Kritik unterziehen und der Verwechslung vorzubeugen suchen. Er mag dann von «ames aimantes et douces» oder von «contemplatifs solitaires» sprechen, um die charakteristische Differenz zu den Philosophen à la mode anzuzeigen, und, ohne Erklärung, eine eigene Figur einführen, deren Konturen näher zu bestimmen dem Nachdenken des Lesers obliegt: der Fall des Promeneur Solitaire. An den nötigen Hinweisen läßt es Rousseau nicht fehlen. Der Begriff «philosophe» wird in den *Rêveries* viermal verwendet, dreimal in der *Troisième* und einmal in der *Septième promenade*.[55] In der

---

54 *Émile* IV, p. 632 note.
55 III, 11 (1015); III, 16 (1017); III, 23 (1022); VII, 12 (1063).

Troisième kommt er stets im Plural vor. Hier spricht Rousseau von der Partei der *philosophes*, die den Sprachgebrauch der Zeit bestimmen.[56] Aber im selben Satz, in dem er die «philosophes modernes» in die Debatte einführt und sie sogleich präziser als die zeitgenössischen *philosophes* ausweist, hält er fest, daß es Philosophen eines anderen Aussehens gab und mithin geben kann. Ihnen gibt er mit dem Philosophen im Singular, mit Theophrast dem Stellvertreter, in der *Septième* ein Gesicht. Die beiden *Rêveries*, in denen von Philosophen die Rede ist,[57] sind die einzigen, in denen Rousseau «l'étude de la nature» erwähnt. Wie wir gesehen haben, ist die Frage des Studiums der Natur – die Frage des Verständnisses des Studiums an ihm selbst einerseits, des Verständnisses der Natur, der Natur des Philosophen und der menschlichen Natur andererseits – von zentraler Bedeutung für Rousseaus Kritik der *philosophes*. Inwiefern die Kritik auch andere «moderne Philosophen» betrifft, in welchem Ausmaß sie sich etwa auf Philosophen bezieht, die die *philosophes* für ihr Vorhaben in Anspruch nahmen, läßt die Begrifflichkeit der *Troisième* offen.[58] Unzweifelhaft ist dagegen die grundsätzliche Kritik, die die *Septième* an der modernen Wissenschaft übt, an ihrem Selbstverständnis, an ihrer Zwecksetzung und an den Erwartungen, die sie mit der Eroberung der Natur, die menschliche Natur eingeschlossen,

---

56 Cf. III, 13 (1016): «Peut-on chercher de la bonne-foi dans des chefs de parti? Leur philosophie est pour les autres; il m'en faudroit une pour moi.»
57 Neben den Verwendungen von «philosophes» sind drei der vier Verwendungen von «philosopher» und «philosophie» der *Troisième* vorbehalten: «philosopher» III, 5 (1012); «philosophie» III, 5 (1012) und III, 13 (1016). So wie «philosophe» außerhalb der *Troisième* nur einmal in VII, 12 vorkommt, so findet sich «philosophie» sonst nur in IV, 6 (1026): «Je me souviens d'avoir lu dans un Livre de Philosophie que mentir c'est cacher une vérité que l'on doit manifester.» Das Buch, auf das Rousseau sich bezieht, ohne Titel oder Verfasser zu nennen, ist *De l'esprit*. Es hat einen prominenten *philosophe*, Claude-Adrien Helvétius, zum Autor und machte bei seinem Erscheinen 1758 Skandal. Im darauffolgenden Absatz schreibt Rousseau: «Laissons donc ces autorités qui se contredisent, et cherchons par mes propres principes à résoudre pour moi ces questions.» Die Stelle steht in engem Zusammenhang mit der *Septième*. Siehe VII, 12 (1064) und VII, 15 (1065). Die angeführten Absätze der *Quatrième* und der *Septième* enthalten alle vier Verwendungen von *autorité* in den *Rêveries*: IV, 7; VII, 12 (zweimal); VII, 15.
58 Die überlappende Rede von «philosophes modernes» (III, 13), «nos philosophes» (III, 16), «tous les philosophes» (III, 23) hat für Rousseau einen weiteren Vorzug, auf den ich in Kapitel II, S. 83 hingewiesen habe.

verbindet. Im Lob der Botanik und in den Bestimmungen der *étude de la nature* bringt Rousseau am Ende seines Lebens noch einmal seine Skepsis gegenüber den Segnungen des *rendre nous comme maîtres et possesseurs de la nature* und sein Festhalten am Primat der theoretischen Vernunft zum Ausdruck. In beiden Rücksichten stimmen die *Rêveries* vollkommen mit dem *Discours sur l'inégalité* überein. Mit der Schrift, in der Rousseau die Dialektik der Herrschaft über die Natur am eindringlichsten untersuchte[59] und die wie keine in seinem Œuvre den Primat der Theorie verkörpert.[60]

Die dichteste Beschreibung der Natur des Philosophen, die den *Rêveries* vorausliegt, die Allegorie des «monde idéal» zu Beginn des Buches, mit dem Rousseau sein Œuvre zum Abschluß brachte, wirft zusätzliches Licht auf die «ames aimantes et douces» und ihre Kontemplation. «Rousseau» der Leser sagt in der Allegorie, daß die «Bewohner der idealen Welt», von der Natur begünstigt, «der sie mehr verbunden sind», den «ursprünglichen Charakter» ihrer Seele bewahren, da sie ihrer Selbstliebe folgen, ohne sich in die Herrschafts- und Abhängigkeitsverhältnisse des soziablen Menschen verstricken zu lassen: «Les passions primitives, qui toutes tendent directement à notre bonheur, ne nous occupent que des objets qui s'y rapportent et n'ayant que l'amour de soi pour principe sont toutes aimantes et douces par leur essence.» Was die Bewohner des «monde idéal» befähigt, sich jener «Menge von Leidenschaften und Vorurteilen, die die menschliche Gesellschaft hervor-

---

59 Cf. *Discours sur l'inégalité*, Seconde partie, p. 176, 194–196, 200–202, 206, 218–222, 266, und Note IX, p. 298–306, 318.
60 Es mag hilfreich sein, einen Absatz aus der zentralen Anmerkung des *Discours* wiederzulesen, der Rousseaus Antwort auf Diderots Aufforderung enthält, die Philosophie populär zu machen: «Wird man jene glücklichen Zeiten niemals wiedererstehen sehen, in denen sich die Völker nicht damit abgaben zu philosophieren, aber in denen ein Platon, ein Thales und ein Pythagoras, von einem glühenden Wissensdrang erfüllt (épris d'un ardent desir de savoir), die größten Reisen unternahmen, *einzig und allein, um sich zu unterrichten*, und in die Ferne gingen, um das Joch der nationalen Vorurteile abzuschütteln, um die Menschen nach ihren Übereinstimmungen und nach ihren Unterschieden kennenzulernen und um jene universellen Kenntnisse zu erwerben, die nicht die eines Jahrhunderts oder eines Landes ausschließlich sind, sondern, da sie allen Zeiten und allen Orten zugehören, sozusagen die gemeinsame Wissenschaft der Weisen sind?» *Discours sur l'inégalité*, Note X, p. 342, meine Hervorhebung. Siehe *Rêveries* III, 5 (1013) und VII, 12 (1063–1064); VII, 15 (1065); VII, 23 (1069).

bringt», weitgehend zu entziehen, der «die Menge» unterworfen bleibt, ist die Ausschließlichkeit ihres Ziels. Denn der «himmlische Zustand, zu dem sie streben, macht ihr erstes Bedürfnis aus». Der «état celeste» ist für die «êtres surlunaires» nicht nur einziger Gegenstand all ihrer Wünsche, sondern wirkliches Bedürfnis. Ein Bedürfnis – darin liegt der Vorzug ihrer Natur und ihre wahre Begünstigung durch die Natur –, «das sie ohne Unterlaß alle Vermögen ihrer Seele sammeln und aufbieten läßt, um dorthin zu gelangen»; «et de là ce mortel dégout pour tout le reste.» Worin der «himmlische Zustand» für die von der Natur zur notwendigen Sammlung und Anstrengung Befähigten besteht, spricht Rousseau nicht aus. Doch gleich im ersten Absatz der Beschreibung ist von den «unmittelbaren Genüssen» die Rede, die die Kontemplation der Natur im «monde idéal» eröffnet: «Toute la nature y est si belle que sa contemplation enflammant les ames d'amour pour un si touchant tableau leur inspire avec le desir de concourir à ce beau système la crainte d'en troubler l'harmonie, et delà nait une exquise sensibilité qui donne à ceux qui en sont doués des jouissances immédiates, inconnues aux cœurs que les mêmes contemplations n'ont point avivés.»[61]

Das Bedürfnis der Theorie wird getragen vom Eros des Philosophen.[62] Es ist nicht Ausdruck seines Willens zur Eroberung der Natur. Deshalb sind die Freuden der Kontemplation «unmittelbare Genüsse», Freuden, die der Kontemplation intrinsisch zugehören und dem für sie Empfänglichen ohne weitere Zwecksetzung oder Rechtfertigung zukommen. Sie sind nicht an den gesellschaftlichen Nutzen gebunden, weder von der Meinung anderer abhängig noch aus der Erwartung künftigen Ruhms gewonnen. Die Liebe zur Betrachtung der Natur, zur Betrachtung der Einzelheiten des Gefüges, in dem sie faßbar wird, der Ordnung, in der

61 *Rousseau juge de Jean-Jacques* I, «le monde idéal» 3, p. 669; 4, p. 669; 5, p. 670; 1, p. 668. Siehe Kapitel I, S. 48–52.
62 Der Philosoph wird in der Allegorie, wie sich versteht, mit keinem Wort erwähnt. Als Referenzfigur in der «realen Welt» dient einzig *le sage* («le monde idéal» 4, p. 669), auf den Rousseau schon davor wiederholt zurückgriff, um der Verwechslung mit *philosophe* im zeitgenössischen Verstande vorzubeugen. Tatsächlich läßt sich *le monde idéal* verkürzt, aber nicht irreführend verkürzt, als der Raum begreifen, der von jener *science commune des sages* erfüllt wird, die Rousseau im *Discours sur l'inégalité* eingeführt und dem «*bel adage de morale, si rebatu par la tourbe Philosophesque*, que les hommes sont par tout les mêmes» entgegengestellt hatte (Note X, p. 340–342, meine Hervorhebung).

sie sich artikuliert, des Schauspiels, das sie für den bereithält, der sich für ihre Gegenstände interessiert, ihre Formen, Farben, Gerüche auf sich wirken läßt, diese Liebe stimmt zusammen mit der Selbstliebe. Beide widerraten hochfliegenden Plänen zur Veränderung der Welt auf dem Wege der Umgestaltung der Natur. Beide erlegen dem Philosophen Mäßigung auf. Er wird seinem Verlangen, etwas «zu diesem schönen System beizutragen», vorzüglich dadurch genügen, daß er es als «System» und daß er es als «schön» begreift. Sein eigenster Beitrag besteht darin, daß er das Ganze in den Blick nimmt, daß er die Dinge und Wesen im Horizont des Ganzen sieht, daß er sie als Teile untersucht und ordnet, daß er sich selbst als Teil erkennt und seine Beziehung zum Ganzen bedenkt oder daß er die Frage nach dem Ganzen stellt. Wenn er die Frage des Ganzen im Blick behalten will, darf er sich aber nicht selbst verlieren. Um das «schöne System» zu begreifen, muß er sich ihm im einzelnen zuwenden und wieder zu sich zurückkehren. Um die Natur betrachten zu können, darf er nicht mit ihr verschmelzen. Betrachtung erfordert Nähe und Abstand.

Das Lob der Betrachtung der Natur schließt die Kritik des Selbstverlusts und der Abstandslosigkeit notwendig ein. Sichtbar wird diese Kritik, die im Kern eine Kritik der Einbildungskraft ist, bei Rousseau im Gefolge des hyperbolischen Preises seiner «Ekstasen auf den Flügeln der Einbildungskraft», die er in der *Septième promenade* der *rêverie* im engeren, dort erläuterten Sinn zuschreibt. Die Ekstasen der *rêverie*, in der sich die Seele von der *imagination* tragen läßt, um durch das Universum zu schweifen und zu schweben, «übersteigen», so erfahren wir, «jeden anderen Genuß». Im darauffolgenden Absatz teilt Rousseau uns freilich mit, daß der Genuß jener *rêverie* für ihn der Vergangenheit angehört. Er fällt in die ersten fünfzig Jahre seines Lebens. Danach konnte Rousseau «diese teuren Ekstasen nur noch ganz selten wiederfinden». Angesichts der Leiden und Beschwernisse, die «eine unglückliche Berühmtheit» ihm eintrug, d. h. vor allem unter der Last seiner Verfolgung, gebot «ein Instinkt, der mir natürlich ist und mich jede betrübende Vorstellung fliehen läßt», seiner Einbildungskraft Schweigen. Erst jetzt, erfahren wir weiter, erst nachdem die *imagination* zum Schweigen gebracht war, richtete er seine Aufmerksamkeit auf die Gegenstände, die ihn umgaben. Und in einer Stilisierung, die der Verzeichnung, mit der die Erörterung begann, die Waage hält, setzt er hinzu, daß diese neue Aufmerksamkeit den Fünfzigjährigen «zum erstenmal das Schauspiel der Natur im einzelnen sehen ließ, das ich bis dahin kaum betrachtet hatte außer im Großen und in seiner Gesamtheit».⁶³ Rousseau beläßt es nicht bei der diachronischen Verhandlung des Sachverhalts. Er unterbricht die Erzählung, die die notwendigen Unterscheidungen im Drama seiner Lebensgeschichte präsentiert, um zwei Absätze einzufügen, die eine andere, grundsätzliche Ebene der Darstellung wählen. Im ersten Absatz ist vom Schauspiel die Rede, das die von Pflanzen bedeckte und durch Tiere belebte Erde «dem Menschen» bietet, «das einzige Schauspiel auf der Welt, dessen sein Auge und sein Herz niemals überdrüssig werden». Der zweite kommt ohne Umschweife zur Sache. Er spricht ausdrücklich und ausschließlich von einem «contemplateur», der sich den «extases» hingibt, die das Schauspiel der Natur bei ihm hervorruft: «Une rêverie douce et profonde s'empare alors de ses sens, et il se perd avec une délicieuse ivresse dans l'immensité de ce beau sistême avec lequel il se sent identifié. Alors tous les objets particuliers lui échappent; il ne voit et ne sent rien que dans le tout. Il faut que quelque circonstance particuliére resserre ses idées et circonscrive son imagination pour qu'il puisse observer par parties cet univers qu'il s'efforçoit d'embrasser.»⁶⁴ Wer die Welt betrachten will, muß der Versuchung widerstehen, sie umarmen zu wollen. Wer keinen Teil sieht, weil ihm alle Einzelgegenstände entgehen, sieht im Ganzen nichts. Wer sich in der Unermeßlichkeit des «schönen Systems» verliert, vermag weder sich selbst noch das «schöne System» zu erkennen. Die *étude de la nature* verlangt *méditation*, *réflexion* und eine *contemplation*, die nicht in der Trunkenheit jener *rêverie* versinkt, welche sich von der *imagination* fortreißen läßt, welche von der *imagination* bestimmt wird, welche wesentlich *imagination* ist. Wir sehen jetzt einen weiteren Grund, weshalb *rêverie* in der *Septième promenade* spezifiziert, weshalb dem Leser gerade in der *Rêverie* über die Botanik angesonnen wird, den Schlüsselbegriff des Buches nach «Gattung» und «Art» zu unterscheiden.

Das Studium der Natur verträgt keinen Betrachter, der sich «kopfüber in den weiten Ozean der Natur stürzt», und Rousseau wäre nicht «das, was die Natur gewollt hat», wenn er in jenem Ozean vor der Zeit unterginge.⁶⁵ Die Unterscheidung, die Rousseau in der vermeintlich

---

63 VII, 5–7 (1062). Cf. S. 113–115 mit Anm. 24 und 25.
64 VII, 9 (1062–1063).
65 VII, 17 (1066); II, 1 (1002) und VIII, 23 (1084).

letzten der zunächst sieben Promenaden einführt, ist notwendig, die Konzeption des Buches ohne die Kritik der Einbildungskraft nicht zu denken. Mit allem, was die Botanik offenkundig erfordert, war sie für diese Kritik das Medium der Wahl: die Schulung des genauen Sehens, die Hinwendung zu Gegenständen, die in der Erde verwurzelt sind, die Untersuchung von Einzelheiten, die über die angemessene Einordnung in das «schöne System» entscheiden, das rechte Verhältnis von Nähe und Abstand zum geliebten Objekt. Als Rousseau sich entschließt, die *Rêveries* fortzusetzen, setzt er auch die Kritik der Einbildungskraft fort. Im neunten Spaziergang, der wie kein anderer die Freude des Sehens herausstellt, geht Rousseau so weit, daß er in beinahe ebenso vielen Worten erklärt, ein von ihm imaginiertes Ereignis, das erwartete Verhalten anderer Menschen, ihre Freude über eine Wohltat, die Zufriedenheit, die er sich ausmalen kann, biete ihm, sogar wenn er sich seiner Vorstellung sicher sei, nur halb soviel Genuß wie die sinnliche Wahrnehmung des Ereignisses, das Sehen mit eigenen Augen.[66] Die Auseinandersetzung des siebten Spaziergangs wird zur Trias der Promenaden VII, VIII und IX erweitert, wobei die *Septième* die Kontemplation der Natur, die *Neuvième* die Kontemplation der Menschen behandelt und die Rückwendung Rousseaus auf sich selbst in der *Huitième* zwischen beiden im Zentrum zu stehen kommt. Die neunte bringt eine beachtliche Anwendung, die achte eine bedeutende Vertiefung, doch der Kern der Sache, die in ihnen nach zwei Seiten weiter vorangetrieben wird, ist in der siebten Promenade bereits präsent. Er betrifft die erotische Natur des Promeneur Solitaire oder, wie Rousseau in den *Rêveries* schreibt, seine «ame expansive».[67] Die *âme expansive* ist mit ihrem Streben, möglichst viel Welt in sich hineinzunehmen, und ihrer Neigung, sich mit dem, was über sie hinausgeht, zu identifizieren, in Gefahr, sich selbst aus dem Auge zu verlieren. Dies gilt für die Identifikation mit anderen Lebewesen, es gilt in besonderem Maße für die Identifikation mit dem Gemeinwesen, und es gilt, obschon die Folgen sehr verschie-

---

66 IX, 17 (1093). Keine Promenade weist eine annähernd große Dichte von *voir* auf wie die *Neuvième*. Die Verwendung des Verbs liegt in den Promenaden VII (vierzehnmal), VIII (vierundzwanzigmal) und IX (dreiundvierzigmal) mit 81 weit höher als die Verwendung in den übrigen sieben Promenaden mit insgesamt 56.
67 VII, 17 (1066); VIII, 2 (1074).

den sind, für die Identifikation mit der ganzen Natur.[68] Hier hat die Kritik der Einbildungskraft ihren Ort, denn die Identifikation, die Verschmelzung mit einem größeren, höheren Ganzen geschieht vermittels der Einbildungskraft. Aber der Promeneur Solitaire kann sich nicht nur vermöge seiner *imagination*, er kann sich auch in der *botanique* verlieren. Er kann in der Hingabe ans Einzelne und Besondere ebenso außer sich sein wie in der Trunkenheit der *rêverie*. Deshalb macht Rousseau den «Wahnsinn» seiner Liebe zur Botanik ausdrücklich zum Gegenstand der Selbstbefragung. Das Studium der Natur bedarf der Selbstreflexion, es verlangt die Besinnung auf die Gründe und Interessen, die ihm vorausliegen, die Erforschung der Wünsche und Hoffnungen, die es beflügeln. Rousseaus Lachen am Beginn der *Septième promenade* über die «Schwärmerei» für die Botanik wie sein Lachen an deren Ende über die Illusion, im Studium der Natur den Feinden entkommen zu können, sein Lachen über den eigenen Stolz wie sein Lachen über die Einfalt des rechtschaffenen Mannes, der ihn eher in Lebensgefahr gebracht als daß er gegen das selbstauferlegte Gesetz verstoßen hätte, sind Zeichen seiner Selbsterkenntnis. Und als Zeichen der Erkenntnis der eigenen Natur ist sein Lachen Ausdruck von Rousseaus Beisichselbstsein.

---

68 Cf. VII, 16 (1065–1066).

IV

Beisichselbstsein

***

Rousseau hat in der *Cinquième promenade* eine poetische Darstellung seines Beisichselbstseins gegeben. Alle rhetorischen Mittel, die für die *Rêveries* charakteristisch sind, kommen in ihr verdichtet zum Einsatz und entfalten einen Zauber eigener Art. Als Szene wählt Rousseau eine Episode seines Lebens, die räumlich und zeitlich scharf umgrenzt ist. Sie führt ihn zwölf Jahre, vom Autor zu fünfzehn gerundet, in die Vergangenheit zurück, an einen Ort, der sprechende Namen aufruft: «l'Isle de St Pierre au milieu du lac de Bienne.» Da er den Aufenthalt auf der St. Petersinsel im zwölften Buch der *Confessions* ausführlich beschrieben hatte, gibt Rousseau Lesern, die Augen haben zu sehen, nicht nur zu verstehen, wie wenig sie in den *Rêveries* eine «Fortsetzung» der *Confessions* vor sich haben, sondern außerdem Gelegenheit, die 17 Absätze der *Cinquième promenade* mit den 17 Absätzen zu vergleichen, die die *Confessions* auf die Beschreibung derselben Episode verwandten. So können sie sich davon überzeugen, daß der Autor der *Rêveries* gewiß nicht hinter seiner früheren denkerischen und dichterischen Kraft zurückbleibt.[1]

Die *Cinquième*, die nach einhelligem Urteil die schönste aller Promenaden ist, scheint innerhalb der *Rêveries* ganz für sich zu stehen, ohne Verbindung zu dem, was sie umgibt, was ihr vorausgeht oder was ihr folgt, einer Insel gleich, allen vermittelnden Bezügen überhoben, ein Fest der Unmittelbarkeit. Tatsächlich fällt nicht nur die Episode, die in ihr behandelt wird, sondern auch die *Cinquième* selbst aus der Erzählzeit der *Rêveries* heraus. Sie liegt zwischen der *Quatrième*, die mit zeitlichen Bezugnahme «Avant hier je lisois», und der *Sixième*, die mit «Hier passant» beginnt, in einem temporalen Nirgendwo. Die einzige Promenade, in der, ein einziges Mal, von der Ewigkeit die Rede ist, hat in der Sequenz der *Rêveries*, zwischen «Vorgestern» und «Gestern», keinen Ort in der Zeit. Das heißt freilich nicht, daß sie keinen Ort in der Entwicklung des Arguments hätte, das in jener Sequenz aufscheint. Daß

---

[1] *Les Confessions* XII, p. 637–646. Cf. *Rêveries* II, 4 (1003).

ihr kein eigener Ort in der Zeit der *Rêveries* zugewiesen wird, stimmt vielmehr damit zusammen, daß das Buch um die *Cinquième promenade* kreist, daß die Linien der Gedankenführung in sie hinein, durch sie hindurch und wieder in sie zurücklaufen, daß das, was in ihr gedacht oder zu denken aufgegeben wird, alle Teile des Buches betrifft, insofern es sie zu einem Ganzen zusammenschließt. Die Vermittlungen, die die *Cinquième* auszublenden scheint, sind Sache des Denkens, das die zeitliche Sequenz durchbricht und unterbricht, das innehalten und umkehren kann. Um die *Cinquième* zu denken, muß nicht nur das, was ihr vorausgeht, sondern ebenso das, was ihr folgt, in den Blick genommen und bedacht werden. Die *Cinquième promenade* verlangt mithin eine doppelte Lektüre, so wie das Beisichselbstsein eine doppelte Annäherung verlangt: Die Betrachtung der Insel, die sich selbst genug ist. Und das Eingehen auf das Zentrum, das ausgreift und anzieht, das ausstrahlt und von seinem Widerschein erhellt wird.

«De toutes les habitations où j'ai demeuré (et j'en ai eu de charmantes), aucune ne m'a rendu si véritablement heureux et ne m'a laissé de si tendres regrets que l'Isle de St Pierre au milieu du lac de Bienne.» Der erste Satz schlägt das Thema an und gibt die Richtung vor. Von allen Promenaden wird keine so über das Glück Rousseaus sprechen wie die fünfte. Sie nähert sich ihm in einer Bewegung, die von außen nach innen führt. Sie beginnt mit dem Raum, beschreibt die Umgebung, benennt den Ort, der mehr als jeder andere dazu beitrug, Rousseau glücklich sein zu lassen. Die St. Petersinsel im Bieler See, an die er mit so zärtlichem Bedauern zurückdenkt, ist «selbst in der Schweiz» so wenig bekannt, daß Rousseau hinzusetzt, in Neuchâtel nenne man sie, offenbar in Ansehung ihrer natürlichen Gestalt, «l'Isle de la Motte». Rousseau weiß von keinem Reisenden, der «dieser kleinen Insel» Erwähnung getan hätte. «Cependant elle est très agréable et singuliérement située pour le bonheur d'un homme qui aime à se circonscrire». Die Insel, die schon bald «l'Ile de Rousseau» genannt werden wird,[2] ist sehr angenehm und

---

2 Für den Dreischritt der religiösen, natürlichen und philosophischen Bezeichnung der Insel mag hier die erste Schrift stehen, die die «Insel Rousseaus» beschrieb. Ihr Verfasser, Sigmund von Wagner, ein junger Berner, legte sie 1795 in seiner Heimatstadt unter dem Titel *Die Peters-Insel im Bielersee* (Bern, König und Lafon, 84 S.) vor. Um 1815 erschien eine französische Ausgabe des Buches, dem im deutschen Original wie in der französischen Übersetzung bezaubernde kolorierte Stiche bei-

einzigartig gelegen für das Glück Rousseaus, nicht für das Glück Jedermanns. Deshalb fand sie bisher kaum Beachtung und wurde sie von niemandem vernehmbar gepriesen. Ihre Einzigartigkeit bestimmt sich aus dem Glück des Menschen, «der sich zu umgrenzen liebt». Sie bemißt sich an dem, der sein Glück darin findet, für sich und bei sich zu sein. Ihm kommt die Lage des Flecken Erde, an dem er angenehm zu wohnen vermag, entgegen: rundum von Wasser umgeben, ist er durch das Element des Unbegrenzten umgrenzt. *Circonscrire*, das in der *Septième* im Zuge der Kritik der Einbildungskraft an entscheidender Stelle wiederkehrt,[3] schließt in der *Cinquième* Anfang und Ende des Spaziergangs zusammen. Denn auf den «homme qui aime à se circonscrire» des ersten Absatzes antwortet im letzten ausdrücklich die «Isle fertile et solitaire, naturellement circonscritte et séparée du reste du monde», die ihm korrespondiert.[4] Obwohl Rousseau unumwunden zu erkennen gibt, daß er sich umgrenzen, beschränken, konzentrieren möchte, weshalb die natürlich umgrenzte «Isle de la Motte» seinem Bedürfnis genügt, läßt er der Erklärung des Bedürfnisses «à se circonscrire» sogleich, nur durch ein Semikolon getrennt, den Hinweis folgen, er sei «vielleicht der einzige auf der Welt, dem sein Schicksal dies zu einem Gesetz gemacht hat». Der Hinweis auf das Gesetz nimmt im Kern die politische Rechtfertigung vorweg, die Rousseau für sein Glück in der *Cinquième promenade* geben wird. Rousseau ist gezwungen zu tun, was er tun will. Das Gesetz, das ihm sein Schicksal auferlegt hat, nötigt ihn, seiner Neigung zu folgen. Politik, Moral, Religion verweisen ihn an ihn selbst. Die Geschichte wirft ihn auf seine Natur zurück. Das Bedürfnis, sich zu umgrenzen, sich auf sich zurückzuziehen, seiner selbst inne zu werden, ist seiner Natur so sehr gemäß, daß er «nicht glauben kann, der einzige zu sein», der «un gout si naturel» hat. Gleichwohl vermochte er diese Neigung «bis jetzt bei keinem anderen» zu finden. Der Besonderheit

---

gegeben waren: Sigismond Wagner: *L'Ile Saint-Pierre ou l'Ile de Rousseau, dans le lac de Bienne* (Bern, G. Lory et C. Rheiner Peintres, 56 S.). Die französische Fassung wurde mit einer Einleitung und zusätzlichen Materialien neu herausgegeben von Pierre Kohler: *L'Ile Saint-Pierre ou l'Ile de Rousseau. Un Opuscule de Sigismond Wagner* (Lausanne 1926, Collection «Vieille Suisse»). Cf. Kapitel I, S. 24.
3 Siehe Kapitel III, S. 132 mit Anm. 64. *Circonscrire* kommt im Aktiv nur zweimal vor: V, 1 (1040) und VII, 9 (1063).
4 V, 1 (1040) und V, 17 (1048).

der St. Petersinsel entspricht die Besonderheit desjenigen, den sie «wahrhaft glücklich gemacht hat», eine Besonderheit, die im emphatischen Sinn natürlich ist.

Zur Besonderheit der St. Petersinsel gehört der Blick des Betrachters auf die «glücklichen Gestade», die sie umgeben. Ihre Beschreibung setzt ein mit dem Horizont, den sie eröffnet. «Die Ufer des Bieler Sees sind wilder und romantischer als die des Genfer Sees, weil die Felsen und die Wälder dort näher an das Wasser heranreichen; aber sie sind nicht weniger anmutig.» Die Erinnerung an den «lac de Genève» bringt Rousseaus Vaterstadt in den *Rêveries* zum ersten und, was die ursprüngliche Reinschrift betrifft, einzigen Mal zur Sprache.[5] Sie zeigt keine Spur von sehnsüchtigem Verlangen oder von patriotischer Voreingenommenheit. Wenn es am Bieler See weniger Kultur, weniger Acker- und Weinbau, Städte und Häuser gibt, «so gibt es auch mehr natürliches Grün, mehr Wiesen, schattige Zuflucht bietende Gebüsche», eine abwechslungsreichere Natur. Da seine «glücklichen Gestade» durch keine großen Straßen erschlossen sind, wird «das Land» von Reisenden wenig aufgesucht, «mais il est interessant pour des contemplatifs solitaires qui aiment à s'enivrer à loisir des charmes de la nature, et à se recueillir». Die Zauber der Natur sind nicht an Heimat und Herkommen gebunden. Sie transzendieren das Gemeinwesen und machen «le pays», in dem sie zu finden sind, anziehend für den, der ein kontemplatives Leben zu führen vermag. Sie erlauben einem *contemplatif solitaire*, der sich an ihnen zu ergötzen und sich auf sich selbst zu besinnen weiß, außerhalb der Stadt, fern von Polis oder Republik, noch in der Verbannung oder im Exil, zu einer geglückten Existenz zu kommen.[6] Die Natur, die in der *Cinquième promenade* nur dieses eine Mal, nur in Verbindung mit den «contemplatifs solitaires» beim Namen genannt wird, trägt zu einer solchen Existenz als äußere Natur in zweifacher Weise bei: Sie lädt ein zur Betrachtung, und sie gewährt Stille zur Sammlung. Rousseau spricht von einer Stille, «die kein anderes Geräusch stört als der Schrei der Adler, das zeitweilige Gezwitscher einiger Vögel und das Rauschen der Bäche, die vom Berg herabstürzen». Er setzt seine poetische Akzentuierung fort, wenn er, von der Schilderung der Ufer zum See übergehend,

---

5 Die zweite Erwähnung von Genf findet sich erst in IX, 17 (1093).
6 Cf. Plutarch: *Wie man aus seinen Feinden Nutzen ziehen kann* 87 A über den Verlust des Vaterlands als Beginn und Beförderung des Wegs der Philosophie.

dem «schönen Becken», das «in seiner Mitte zwei kleine Inseln einschließt», eine «beinahe kreisrunde Gestalt» zuschreibt. Die *Cinquième* rundet das «beinahe regelmäßige Oval» der *Confessions*[7] beinahe zu einem vollkommenen Kreis und macht die natürliche Gestalt des Sees, der den Contemplatif Solitaire auf der St. Petersinsel umgrenzt, so annähernd deckungsgleich mit dem Gesichtskreis, den der Promeneur Solitaire mit sich oder bei sich trägt. Von den beiden Inseln, die wir auf unserem Weg von der Peripherie zum Zentrum erreicht haben, ist die eine bewohnt und bebaut, die andere öde und brach. Die größere, von Menschen kultivierte, existiert auf Kosten der kleineren, die keinen Sachwalter hat, der sie verteidigen könnte. Die kleinere «wird am Ende zerstört sein», da man von ihr ohne Unterlaß Erde wegschafft, um die Schäden zu beheben, die die Wellen und die Stürme der «großen» Insel zufügen, deren Umfang selbst nicht mehr als eine halbe Meile mißt. «Solchermaßen wird die Substanz des Schwachen immer zum Vorteil des Mächtigen verwandt.» Rousseaus Sentenz, die den Bogen von der Naturgeschichte zur Politik schlägt, schließt die Darstellung des natürlichen Ensembles ab, dessen Teil die St. Petersinsel ist.

Die letzten beiden der fünf konzentrischen Kreise, die Rousseaus Beschreibung ineinanderlegt und durchläuft, fassen die kultivierte Insel und den Solitären Spaziergänger auf ihr ins Auge. Die Kultur der Insel hat ihren Mittelpunkt im einzigen Haus, das es dort gibt. Über die ökonomische Grundlage, die politische Zuordnung und die soziale Gliederung des Hauses werden wir im ersten Satz der neuen Annäherung unterrichtet. Es gehört, wie die ganze Insel, dem Hospital von Bern, untersteht mithin Berner Herrschaft, und wird von einem Steuereinnehmer bewohnt, der mit seiner Familie und seinen Bediensteten in dem großen Gebäude lebt. Vom Geflügelhof, dem Vogelhaus und den Fischteichen, die er unterhält, werden wir durch Felder, Weingärten, Gehölze, Obstanlagen, Weiden und Wäldchen über einen Höhenzug in der Längserstreckung der Insel zu einem «hübschen Salon» oder Pavillon geführt, in dem sich die Bewohner der benachbarten Ufer während der Weinlese sonntags zum Tanz einfinden. In diesem Ambiente tritt uns Rousseau entgegen. «C'est dans cette Isle que je me réfugiai après la

---

[7] *Les Confessions* XII, p. 637–638 (Absatz 2 der Beschreibung des Aufenthalts auf der St. Petersinsel).

lapidation de Motiers.» Wir treffen auf den innersten Kreis. Er wird von einem Ich bewegt, das sich ausdehnen und zusammenziehen, in den durchlaufenen Kreisen erweitern und in einem Punkt sammeln kann. In seinem Gefolge kommt die Insel mit der Geschichte in Berührung, die, bis dahin, außerhalb ihrer statthat. Denn die «Steinigung von Môtiers» bedeutet ebendas: den Einbruch der Geschichte in den Raum der natürlichen Betrachtung. Sie verknüpft den Aufenthalt auf der St. Petersinsel mit einem historischen Ereignis, das nicht nur exakt datierbar, sondern in seiner symbolischen Verdichtung über Rousseaus Lebensgeschichte hinaus sinnfällig ist.[8] Rousseau kam nicht als namenloser Wanderer und aus freien Stücken auf die Insel, die wie das Land, das sie rings umgibt, für einen *contemplatif solitaire* anziehend ist. Sondern er suchte auf ihr Zuflucht vor theologisch-politischer Verfolgung. Auf ihr angelangt, stellt er fest, daß sie ihm erlaubt, ein Leben zu führen, das ihm so entspricht, daß er nichts anderes wünscht, als dieses Leben weiterzuführen, am selben Ort, ohne Störung von außen, ohne Aussicht auf Wechsel, mit Notwendigkeit. Der Notwendigkeit dieses Lebens verleiht Rousseau auf paradoxe Weise Ausdruck: Er hätte gewünscht, zu dem, was er sich wünscht, genötigt zu sein.[9] Er hätte gewollt, daß man ihm aus seinem Asyl ein «fortwährendes Gefängnis» gemacht, daß man ihn sein ganzes Leben lang darin eingesperrt, daß man ihm jede Möglichkeit und jede Hoffnung, die Insel jemals wieder zu verlassen, genommen und ihm jede Art von Verbindung mit dem Festland untersagt hätte. Aus der Jedermanns-Perspektive gesprochen, die er hier zum erstenmal in der *Cinquième promenade* einnimmt, setzt er hinzu: «so daß ich, ohne irgend etwas von dem zu wissen, was in der Welt geschah, ihre Existenz vergessen hätte und sie die meine ebenso.»[10]

Die Welt sollte Rousseau nicht vergessen. «Man hat mich kaum zwei Monate auf dieser Insel verbringen lassen». Der letzte Absatz des ersten Teils der *Cinquième*, der den Aufenthalt verortet, führt eine Zeitbestimmung ein. Sie gibt die Dauer an, die dem Glück auf der St. Petersinsel bemessen war, bis man, bis die Welt in Gestalt der Berner Herrschaft

8 Siehe Kapitel III, S. 110 mit Anm. 11.
9 Beachte V, 1 und S. 139.
10 Cf. den analogen Fall in III, 1 und 2 und beachte die weitere Entwicklung des Arguments.

ihm ein Ende setzte, indem sie den Fremden des Landes verwies.[11] Obwohl Rousseau außer seiner Gefährtin auf der Insel keine Gesellschaft hatte als den Steuereinnehmer, dessen Frau und dessen Bedienstete, hätte er dort «zwei Jahre, zwei Jahrhunderte und die ganze Ewigkeit» verbringen können, ohne sich einen Moment zu langweilen. Der Promeneur Solitaire bedarf keiner Gesellschaft gegen die Langeweile. Wer sich selbst genug ist, ist reich genug, daß es ihm in Ewigkeit nicht langweilig wird. Und wer bei sich selbst ist, wird sich durch eine Gesellschaft auch nicht von Wichtigerem ablenken oder von Besserem abhalten lassen, jedenfalls dann nicht, wenn es sich um «sehr brave Leute und nichts weiter» handelt. Denn Rousseau war auf der St. Petersinsel kein anderer Robinson.[12] Er konnte sich dort höchstens ein paar hundert Schritte oder einige Bootslängen von den Mitbewohnern entfernen und vor «unvorhergesehenen und ungelegenen Besuchen»[13] weniger leicht schützen, als ihm das in Paris oder irgendwo sonst auf dem Festland möglich gewesen wäre. So vermag Rousseau, die Zeit «runder» machend, wie er zuvor den Raum runder gemacht hatte, und von allem Nebensächlichen absehend, um das Wesentliche, Typische, Aufschlußgebende herauszustellen, zu erklären: «Je compte ces deux mois pour le tems le plus heureux de ma vie et tellement heureux qu'il m'eut suffi durant toute mon existence sans laisser naitre un seul instant dans mon ame le desir d'un autre état.» Am Ende der Exposition kehrt Rousseau zu deren Beginn zurück. Aber dazwischen liegt die Beschreibung des Zeit-Raums, der das Glück umfaßt, von dem der fünfte Spaziergang

---

11 Rousseau hatte zunächst geschrieben: «On ne m'a laissé passer que deux mois dans cette Isle», um danach «guéres» einzufügen. Tatsächlich dauerte der Aufenthalt sechseinhalb Wochen. Rousseau traf am 9. September 1765 auf der St. Petersinsel ein. Auf Befehl des Rats der Stadt Bern, der durch eine endgültige Verfügung vom 21. Oktober 1765 «gegen diesen gefährlichen Mann ohne anders in Execution zu setzen» war (CC XXVII, p. 154), verließ er sie am 25. Oktober 1765. Im Unterschied zu den *Confessions* (p. 646–648, 652–653) erwähnt Rousseau die Verfügung und die Rolle der Stadt Bern insgesamt in den *Rêveries* mit keinem Wort. Er beschränkt sich auf den Hinweis in V, 3, daß die St. Petersinsel dem Hospital von Bern gehörte. Auf diese Weise bleibt die «lapidation de Motiers» das einzige historische Ereignis, auf das in der *Cinquième* Bezug genommen wird. Man ist versucht zu sagen, die Erinnerung an die Steinigung von Môtiers sei in der *Cinquième promenade* das Gegenstück zur Erwähnung des Pontius Pilatus im Credo der Christenheit.
12 Cf. *Les Confessions* XII, p. 644 (Absatz 14 der Beschreibung).
13 V, 11 (1045).

handelt. Und die Rückkehr zum Beginn birgt einen Ertrag, der für alles, was folgt, grundlegend ist. Der letzte Satz erläutert, was der erste Satz meinte, als er von «si véritablement heureux» sprach: Wahrhaft glücklich wäre eine Existenz zu nennen, welche in keinem Augenblick das Verlangen nach einem anderen Zustand entstehen ließe. Der Rest des Spaziergangs dient der Explikation der Bestimmungen des Satzes, mit dem der erste Teil schließt. Es ist deshalb nur folgerichtig, daß sowohl der zweite als auch der dritte Teil der *Cinquième promenade* die Frage des Glücks jeweils zu Beginn ausdrücklich wiederaufnimmt.[14] «Quel étoit donc ce bonheur et en quoi consistoit sa jouissance? Je le donnerois à deviner à tous les hommes de ce siécle sur la description de la vie que j'y menois.» Der zweite, zentrale Teil der *Cinquième* wird die Frage beantworten, was das Glück war, das Rousseau auf der St. Petersinsel so erfüllte, daß in seiner Seele kein Verlangen nach einem anderen Zustand aufkam. Aber er wird die Frage indirekt beantworten. Auf der Grundlage der Beschreibung, die Rousseau von dem Leben gibt, das er dort führte, muß der Leser «erraten», durch eigene Reflexion herausfinden, von welchem Glück die Rede ist. Die meisten Leser, alle, die sich von den Meinungen, Wertschätzungen, Selbstverständlichkeiten ihrer Zeit bestimmen lassen, können bestenfalls «ahnen», worin Rousseaus Genuß bestand, von welchen Empfindungen und Gedanken sein Leben in «jenen zwei Monaten» bestimmt wurde. Den «Menschen dieses Jahrhunderts», denen der Zugang zu der «so natürlichen Neigung» fehlt, von der die Eröffnung der *Cinquième* sprach, und denen «das Glück eines Menschen, der sich zu umgrenzen liebt», deshalb ein Rätsel bleiben muß, kommt Rousseau mit einer Auskunft entgegen, die allgemeine Zugänglichkeit heischt: Der erste und der hauptsächliche unter seinen Genüssen sei das «köstliche *far niente*» gewesen. Rousseau schickt der «Beschreibung des Lebens», die die folgenden vier Absätze präsentieren werden, eine einprägsame Formel voraus, die eine Einordnung aus der Jedermanns-Perspektive vornimmt und ein möglichst harmloses Urteil vorsagt. Aus der Ferne betrachtet, erscheint das Tun und Lassen des Contemplatif Solitaire als Nichtstun. Näher besehen, stellt es sich als

---

14 Der erste Teil umfaßt die Absätze 1–5, der zweite die Absätze 6–11, der dritte die Absätze 12–17. *Bonheur* wird jeweils einmal in den Eröffnungsabsätzen der drei Teile, also in 1, 6 und 12, und dann noch viermal im dritten Teil, je zweimal in 13 und in 14, gebraucht.

Nichtstun gemessen an politischen Pflichten und sozialen Ansprüchen heraus. Denn Rousseau macht im selben Atemzug klar, daß der Slogan vom «köstlichen *far niente*» auf eine Aktivität eigener Art verweist, wenn er von «der wonnigen und notwendigen Beschäftigung eines Menschen» spricht, «der sich dem Müßiggang hingegeben hat». Die Hingabe des Contemplatif Solitaire gilt keiner Pflicht, auch nicht der selbstgewählten Pflicht, als Zeuge der Wahrheit aufzutreten, die Gegenstand der *Quatrième promenade* war. Sie gilt dem «Müßiggang», von dem das Sprichwort zu wissen meint, er sei aller Laster Anfang,[15] während er für den Contemplatif Solitaire mit einer Beschäftigung einhergeht, «die allein genügt, um das Leben glücklich und süß zu machen».[16]

Rousseau beginnt die Beschreibung seines Lebens auf der St. Petersinsel mit der Erwähnung einer doppelten Hoffnung. An die Hoffnung, daß «man» sich nichts Besseres zu wünschen vermöchte, als ihn in seiner selbstgewählten Isolierung zu lassen, aus der er ohne fremde Hilfe und ohne daß er bemerkt würde, mit der Welt nicht in Verbindung treten, geschweige denn sich entfernen konnte, an diese Hoffnung knüpfte er die weitere, daß er seine Tage dort ruhiger beschließen werde, als er sie zuvor verbracht hatte. Die Hoffnung, die sich in beiden Teilen als trügerisch herausstellen sollte, verleitete ihn zu der Vorstellung, über die Zeit zu verfügen, um sich in völliger Muße einzurichten, so daß er, wie er behauptet, erst gar keine Anstalten machte, sich einzurichten. Plötzlich «allein und nackt» auf die Insel versetzt, als fände er sich in einem neuen Garten Eden wieder, läßt er zunächst seine Gefährtin, die er jetzt «ma Gouvernante» nennt, dann seine Bücher und seine wenigen Habseligkeiten nachkommen. Aber er packt nichts aus und lebt an dem Ort, an dem er bis zu seinem Ende zu bleiben gedenkt, wie in einer Herberge, die er anderntags wieder zu verlassen hätte. «Toutes choses telles qu'elles étoient alloient si bien que vouloir les mieux ranger étoit y gâter quelque chose.» Das Sichnichteinrichten auf der St. Petersinsel, das als Ausdruck des Bewußtseins des Promeneur Solitaire gelesen werden mag, in seiner Heimatlosigkeit ganz daheim zu sein, dient Rousseau als erste Veranschaulichung des Slogans vom «köstlichen *far niente*». Prä-

---

15 L'oisiveté est la mère de tous les vices. Von *oisiveté* ist in den *Rêveries* außer in V, 6 (1042) in V, 17 (1048) und in VII, 6 (1062) die Rede.
16 VII, 23 (1069). Cf. dort: «La botanique est l'étude d'un oisif et paresseux solitaire» bzw. eine «oiseuse occupation».

zisierend setzt er hinzu: «Eine meiner größten Wonnen war vor allem, meine Bücher immer noch wohlverwahrt in Kisten zu lassen und kein Schreibzeug zu haben. Wenn mich unglückselige Briefe zwangen, zur Feder zu greifen, um auf sie zu antworten, borgte ich mir murrend das Schreibzeug des Steuereinnehmers, und ich beeilte mich, es zurückzugeben, in der eitlen Hoffnung, es nicht wieder borgen zu müssen.» Die Übersetzung des «précieux *far niente*» in nicht lesen und nicht schreiben müssen, die als Bekräftigung auftritt, unterstreicht den rhetorischen Charakter des Slogans und verdeutlicht die adressatenbezogene Absicht der Präsentation. Tatsächlich unterhielt Rousseau während der sechseinhalb Wochen auf der St. Petersinsel nicht nur eine ausgedehnte Korrespondenz – einunddreißig Briefe von seiner Hand sind uns erhalten geblieben, bei denen es sich keineswegs bloß um Antworten auf lästige Zusendungen handelt –, sondern er befaßte sich auch, lesend und schreibend, mit seinem Entwurf für die politische Neuordnung Korsikas; er hatte mithin weder die Welt vergessen noch die Arbeit an seinem Œuvre aufgegeben.[17] Durch die Konkretisierung des «köstlichen *far niente*» am Beispiel seiner Bücher und seines Schreibzeugs setzt Rousseau den aufmerksamen Leser in den Stand, die Formel zu prüfen und die Intention der Rhetorik zu erkennen. Alles, was er dafür nötig hat, stellt ihm die *Cinquième* selbst bereit. Schon der nächste Satz führt die Botanik ein, die der Veranschaulichung jener «wonnigen und notwendigen Beschäftigung» dient, die den Promeneur Solitaire in seiner Muße umtreibt. Er habe sein Zimmer statt mit «traurigen Schreibereien» und «Bücherkram» mit «Blumen und Heu» gefüllt, da er sich damals in seinem «ersten Botanik-Fieber» befand. Kurz danach kommt Rousseau

---

[17] Guillaume Moultou, der Sohn von Rousseaus Nachlaßverwalter Paul Moultou, schreibt 1828 im Vorwort zu der von ihm vorbereiteten Erstveröffentlichung des *Projet de constitution pour la Corse* über die Entstehung des Textes: Rousseau «s'en occupa pendant son séjour dans l'île de Saint-Pierre. Pendant ses promenades, il portait toujours avec lui deux petits livres sur lesquels il écrivait les fragments qu'on va lire, et dont le développement devait un jour former un ouvrage qui aurait peut-être rendu heureux le peuple auquel il était destiné.» Das Vorwort wurde von Guillaume Moultous Enkel dem Erstdruck des *Projet de constitution pour la Corse* (die Überschrift geht nicht auf Rousseau zurück) beigegeben: Guillaume Streckeisen-Moultou: *Œuvres et correspondance inédites de J. J. Rousseau*. Paris 1861, p. 53. Cf. V, 4 und S. 142 mit Anm. 10.

auf ein Vorhaben zu sprechen, das ohne Bücher und ohne Schreibzeug schlechterdings nicht zu beginnen war: «J'entrepris de faire la *Flora petrinsularis* et de décrire toutes les plantes de l'Isle sans en omettre une seule avec un détail suffisant pour m'occuper le reste de mes jours.» Für Unternehmungen, die seiner «occupation délicieuse et necessaire» entsprachen, hat Rousseau seine Bücher und sein Schreibzeug ausgepackt, ob es sich um die *Flora petrinsularis* oder ob es sich um den *Projet de constitution pour la Corse* handelte.

Die eigentliche Beschreibung des Lebens, das er auf der St. Petersinsel führte, gibt Rousseau in Gestalt einer nach Vormittag, Nachmittag und Abend gegliederten Übersicht über den Tageslauf.[18] Sie beginnt mit dem Frühstück, «das wir alle gemeinsam einnahmen». Danach machte sich Rousseau, «eine Lupe in der Hand und mein *Systema naturae* unter dem Arm»,[19] auf den Weg, um einen bestimmten Bezirk der Insel aufzusuchen, die er zuvor in kleine Quadrate eingeteilt hatte, in der Absicht, die Flora der Insel Quadrat für Quadrat zu erforschen und diese Quadrate Jahreszeit um Jahreszeit wieder durchzugehen. Nach der Schilderung der «Verzückungen» und «Ekstasen», die jede neue Beobachtung und Entdeckung bei ihm auslöste – Rousseau erwähnt die Struktur und Organisation der Pflanzen, insonderheit «das Zusammenspiel der Geschlechtsteile bei der Befruchtung» –, und nachdem er die Bedeutung herausgestellt hat, die er der Unterscheidung der Gattungsmerkmale und ihrer Anwendung bei der Bestimmung der Arten beimaß, läßt er die Darstellung des allmorgendlichen Botanisierens in einer so erstaunlichen wie einprägsamen Illustration seines Entzückens gipfeln. Im Unterschied zur *Deuxième* und zur *Septième*, in denen Rousseau die herangezogenen Pflanzen bei ihren lateinischen Namen nennt, verzichtet er in der *Cinquième promenade*, die die gemeinen Leser in besonderer Weise anspricht, auf die wissenschaftliche Nomenklatur, um durchweg auf die gewöhnlichen Namen zurückzugreifen: «Die Gabelung der zwei langen Staubfäden der Brunelle, die Spannkraft jener der Brennessel und des Glaskrauts, das Zerplatzen der Frucht der Balsa-

---

18 Die in V, 6 angekündigte «description de la vie que j'y menois» setzt in V, 7 mit den Worten ein: «En consequence de ce beau projet, tous les matins après le déjeuné ...»
19 Rousseau läßt Linné unerwähnt: Er hat *sein Buch* ausgepackt.

mine und der Kapsel des Buchses, tausend kleine Spiele der Befruchtung, die ich zum erstenmal beobachtete, erfüllten mich mit Freude, und ich lief umher und fragte, ob man die Hörner der Brunelle gesehen habe, wie La Fontaine fragte, ob man Habakuk gelesen habe.» Dieser Vergleich heißt uns innehalten. Denn er gibt ein Rätsel auf. Was haben die Hörner der Brunelle mit Habakuk gemeinsam? Soviel liegt offen zutage: Rousseau kontrastiert seine Begeisterung über etwas, das er in der Natur gesehen hat, mit der Begeisterung eines Dichters über etwas, das dieser in der Bibel gelesen hat. Die einzige Erwähnung, wo nicht der Bibel, so doch eines biblischen Buches, die sich in den *Rêveries* findet, ist Grund genug, einen Blick auf die Geschichte zu werfen, die den Propheten Habakuk ins Spiel bringt. Rousseau bezieht sich auf eine Anekdote, die der Sohn von Racine über seinen Vater und La Fontaine erzählt. Jean Racine nahm La Fontaine, der immer nur über Platon reden wollte, eines Tages mit in die Kirche. Als Racine bemerkte, daß La Fontaine der Gottesdienst lang wurde, gab er ihm einen Band der Bibel zu lesen, der die Kleinen Propheten enthielt. La Fontaine stieß auf das Gebet der Juden im Buch Baruch und war voller Bewunderung für den Autor. Noch Tage später richtete er an Bekannte, denen er auf der Straße begegnete, mit gehobener Stimme die Frage: «Haben Sie Baruch gelesen? Das war ein wirkliches Genie.»[20] Rousseau ersetzt in sei-

20 Louis Racine schreibt über La Fontaine: «Autant il était aimable par la douceur du caractère, autant il l'était peu par les agréments de la société. Il n'y mettait jamais rien du sien, et mes sœurs qui dans leur jeunesse l'ont souvent vu à table chez mon Père, n'ont conservé de lui d'autre idée, que celle d'un homme fort malpropre et fort ennuyeux. Il ne parlait point, ou voulait toujours parler de Platon, dont il avait fait une étude particulière dans la traduction Latine. Il cherchait à connaître les Anciens par la conversation, et mettait à profit celle de mon Père, qui lui faisait lire quelquefois des morceaux d'Homère dans la traduction Latine. Il n'était pas nécessaire de lui en faire sentir les beautés, il les saisissait: tout ce qui était beau le frappait. Mon Père le mena un jour à Ténèbres; et s'apercevant que l'Office lui paraissait long, il lui donna pour l'occuper un volume de la Bible qui contenait les Petits Prophètes. Il tombe sur la Prière des Juifs dans Baruch, et ne pouvant se lasser de l'admirer, il disait à mon Père: *C'était un beau génie que Baruch: qui était-il?* Le lendemain et plusieurs jours suivants lorsqu'il rencontrait dans la rue quelque personne de sa connaissance; après les compliments ordinaires, il élevait sa voix pour dire: *Avez-vous lu Baruch? c'était un beau génie.*» *Mémoires contenant quelques particularités sur la vie et les ouvrages de Jean Racine*, in Racine: *Œuvres complètes*. Ed. Georges Forestier. Paris 1999. I, p. 1187.

nem Vergleich das apokryphe Buch Baruch durch das Buch Habakuk, das zum Kanon der Heiligen Schrift zählt und mit seinen drei Kapiteln und kaum einer Handvoll Seiten eines ihrer kürzesten Bücher ist. Wer Rousseaus Hinweis folgt und Habakuk liest, begegnet einem Propheten, der Klage führt über das Elend seines unterdrückten Volkes, der an die Gerechtigkeit des Herrn glaubt und der darauf hofft, daß Jahwe seine Feinde strafen wird. Im zweiten Kapitel liest er das berühmte Wort, aus dem die Reformatoren Kraft und Trost schöpften: *Der Gerechte lebt seines Glaubens.*[21] Im dritten Kapitel endlich stößt er auf die noch berühmtere Vision, in der Gott selbst sich in seiner Majestät zeigt, Gerechtigkeit übt und die Gottlosen vernichtet. Hier löst sich das Rätsel. Denn die Hörner, *les cornes de la Brunelle*, als die Rousseau «la fourchure», die Gabelung oder gabelförmige Spaltung, der zwei langen Staubfäden der Brunelle in der sorgfältigen Wortwahl des Vergleichs bezeichnet, finden sich in der Erscheinung wieder, die Habakuk beschreibt. Sie entsprechen den Hörnern, die aus den Händen Gottes hervortreten: *cornua in manibus eius*.[22] Rousseau stellt die Einsicht in das lebenspendende Spiel der Organe einer Pflanze der Vision der Herrlichkeit eines Propheten gegenüber, das Wirken der Natur einem Wunder der Bibel. Das Ende des Teils, der in der *Cinquième promenade* der Botanik gewidmet ist, weist so voraus auf die Opposition von Natur und Autorität, von Theophrast und Adam, die in der *Rêverie* über die Botanik zur Sprache kommt.[23]

Kehren wir zu Rousseaus Tageslauf zurück. Nach zwei bis drei Stunden Feldforschung trug der Botaniker eine reiche Ausbeute an Pflanzen nach Hause, mit denen er sich am Nachmittag befassen konnte, falls es regnen sollte. Der Rest des Vormittags gehörte sozialen Aktivitäten. Rousseau suchte in Gesellschaft des Steuereinnehmers, dessen Frau und seiner Gefährtin, die er jetzt, und nur in diesem Absatz der *Cinquième*, Thérèse nennt, die Arbeiter des Hausherrn bei der Ernte auf und legte «zumeist» oder gelegentlich selbst Hand an, wenn Früchte gepflückt

---

21 *Habakuk* II, 4. In der Übersetzung Martin Luthers.
22 *Habakuk* III, 4 (Vulgata): «splendor eius ut lux erit / cornua in manibus eius / ibi abscondita est fortitudo eius». Luther übersetzt: «Sein glantz war wie liecht / Glentzen giengen von seinen Henden / Daselbst war heimlich seine Macht.» Das Wort *Glentzen* versieht er mit der Anmerkung: «Ebre. Cornua ut de Mose.»
23 Siehe VII, 12 (1063–1064) und Kapitel III, S. 114–118.

wurden. Die Bewegung, die er sich am Vormittag verschaffte, «und die gute Stimmung, die von ihr untrennbar ist», machten ihm die Ruhepause des Mittagsmahls «sehr angenehm». Wenn das Essen sich indes zu lange ausdehnte oder schönes Wetter ihn einlud, stahl er sich davon, während «man» noch bei Tisch saß – mutmaßlich seine Gefährtin, vielleicht auch andere Bewohner des Hauses –, um sich «allein in ein Boot zu werfen», das er, wenn das Wasser ruhig war, «bis zur Mitte des Sees» lenkte. Der Länge nach im Boot ausgestreckt, die Augen zum Himmel gerichtet, ließ er sich dort «manchmal mehrere Stunden lang vom Wasser langsam treiben». Wenn der Sonnenuntergang ihn zum Rückzug mahnte, befand er sich, wie er versichert, oft so weit von der Insel entfernt, daß er mit aller Kraft rudern mußte, um vor Einbruch der Nacht anzukommen. Dem Nachmittag fällt in Rousseaus Darstellung die Schlüsselrolle zu. Denn hier scheinen wir es mit leerer Zeit zu tun zu haben, die zu füllen ist, wenn wir das Glück «erraten» wollen, das in Rede steht. Bei der Beschreibung seiner Aktivität am Nachmittag verwendet Rousseau zum erstenmal in der *Cinquième* das Rätselwort *rêverie*. Während der Stunden, die er auf dem See verbrachte, war er «dans mille reveries confuses mais délicieuses» versunken, die er, obgleich sie «keinen sehr bestimmten oder beständigen Gegenstand hatten», allem «hundertmal vorzog», was er «an Süßestem in dem gefunden hatte, was man die Freuden des Lebens nennt». Weder über seine Aktivität noch über die Freuden, die mit ihr einhergehen und die er hundertmal mehr genießt als das Beste, das er den gewöhnlichen «plaisirs de la vie» abzugewinnen vermochte, gibt die Beschreibung zunächst weiteren Aufschluß. So bleiben die «tausend verworrenen, aber wonnigen Träumereien» in der Erinnerung haften, die sich in ihrer Unbestimmtheit mit dem in seinem Boot auf dem Rücken liegenden und sich vom Wasser treiben lassenden Rousseau unter der Überschrift «Köstliches Nichtstun» zum suggestivsten Bild des Buches verbinden, das die Rezeption der *Rêveries* für Jahrhunderte bestimmen sollte.

Rousseau beeilt sich, eine abweichende Beschreibung des Nachmittags anzuschließen, der zufolge er seinen Blick nicht gen Himmel, zur Sonne oder nach den über ihn hinwegziehenden Wolken, sondern auf Pflanzen, Tiere und Menschen richtete: «D'autres fois», andere Male gefiel es ihm, das Boot nicht auf den See hinaus, sondern an den grünbelaubten Ufern der Insel entlangzusteuern, wo klares Wasser und kühle Schattenplätze ihn «oft» zum Baden einluden. Eine seiner «häufigsten» Bootsfahrten führte ihn indes von der großen zur kleinen Insel, wo er an Land ging, um den Nachmittag mit «promenades très circonscrites» inmitten von Weiden, Faulbäumen, Flöhkraut und Sträuchern aller Art oder auf dem Gipfel eines sandigen Hügels zu verbringen, auf dem er sich niederließ, umgeben von Gras, Thymian, Blumen, sogar von Esparette und Klee, den späten Zeugen früherer Versuche, den Ort zu kultivieren. Wurde Rousseau am Vormittag von der Beobachtung der Wege und Organe verzückt, deren sich die Pflanzen zu ihrer Vermehrung bedienen, so faßt er am Nachmittag den Gedanken, die kleine Insel mit Kaninchen zu bevölkern, «die sich dort in Frieden vermehren konnten, ohne etwas fürchten zu müssen und ohne irgendwelchen Schaden anzurichten». Die Begeisterung über die Befruchtung der Brunelle und die Beförderung der Fruchtbarkeit der Kaninchen entspringen ein und derselben Quelle.[24] Das Glück des Promeneur Solitaire findet seinen sinnfälligen Ausdruck in der Freude zu sehen, daß und wie Leben gezeugt, geschenkt, weitergegeben wird. Rousseau bewegt den Steuereinnehmer, aus Neuchâtel männliche und weibliche Kaninchen kommen zu lassen, und bringt die Kaninchen selbst in Begleitung der Frau des Steuereinnehmers, einer von dessen Schwestern und Thérèse, die er zum zweiten und letzten Mal bei ihrem Namen nennt, auf die kleine Insel, die künftig «die Kanincheninsel» heißen wird. «Die Gründung dieser kleinen Kolonie war ein Fest. Der Führer der Argonauten war nicht stolzer als ich, da ich die Gesellschaft und die Kaninchen im Triumph von der großen Insel zur kleinen brachte». Im Unterschied zu Jason unternahm Rousseau seine Expedition nicht mit einer Schar von Kriegern, sondern mit drei Frauen, und das Ziel des Abenteuers bestand nicht darin, einen heiligen Schatz zu erbeuten, das goldene Fell eines Fabeltieres zu entführen, das von den Göttern gesandt und den Göttern geopfert worden war, sondern Naturwesen in die Freiheit zu entlassen und, für eine gewisse Zeit, eine Insel zu beleben und ihren natürlichen Reichtum zu mehren, die fortgesetztem Raubbau unterlag. Der Gründer der Kolonie war nicht nur stolz auf seine Tat. «Avec orgueil» bemerkte er, daß die Steuereinnehmerin, die größte Scheu vor dem Wasser hatte und der sonst immer übel wurde, sich unter seiner Führung vertrauensvoll einschiffte und während der Überfahrt keinerlei Furcht zeigte. Mit feiner Ironie gibt Rousseau, der «seul et nud» auf der

---

[24] Siehe *Du contrat social* III, 9, 4, p. 420 und *Projet de constitution pour la Corse*, OCP III, p. 904, 918, 928; cf. p. 907, 915, 935, 937–938.

St. Petersinsel angekommen war, ein Beispiel für die Wirksamkeit seines *amour-propre*. Er stellt sich am Ende der abweichenden Beschreibung des Nachmittags als soziablen Menschen dar.

Nach der Klimax und der Antiklimax der doppelten Darstellung des Nachmittags schiebt Rousseau zwei Absätze ein, die eine Alternative umreißen. Die Abschweifung unterbricht die Beschreibung, für die er bis dahin einzig den siebten Absatz verwandt hat, der der mit großem Abstand längste in der *Cinquième* ist und zusammen mit dem zehnten, der der kürzeste ist, den gesamten Tageslauf, vom frühen Morgen bis zum späten Abend, umfaßt. Auf diese Weise kommt die alternative Darstellung des Nachmittags der Absätze acht und neun im Zentrum der Beschreibung zu stehen, die Rousseau von seinem Leben auf der St. Petersinsel gibt. Die beiden Absätze, die jeweils mit «Quand» beginnen, schildern keine bloße Variante, die sich daraus ergibt, daß es Rousseau gefiel, mit seinem Boot diese oder aber jene Richtung einzuschlagen. Sie betreffen vielmehr den Fall, daß die Notwendigkeit, die Rousseau sich gewünscht hatte, ihn im strengen Sinn in seinem Asyl gefangenhielt und ihn hinderte, sich auch nur einen Fußbreit von der Insel zu entfernen. Wenn der bewegte See, wenn Regen oder Wind ihm nicht gestattete, mit dem Boot auszufahren, verbrachte er den Nachmittag damit, daß er die Insel zu Fuß durchstreifte. Er herborisierte zur Rechten und zur Linken, setzte sich bald «in den anmutigsten und einsamsten Verstecken» nieder, um ungestört zu «träumen», bald «auf den Anhöhen und den Hügeln», um «mit den Augen zu durchstreifen», wohin er mit seinen Füßen nicht gelangen konnte. Er genoß den «herrlichen und entzückenden Blick auf den See und seine Ufer», die auf der einen Seite von «nahen Bergen gekrönt» wurden, während sie sich auf der anderen zu reichen und fruchtbaren Ebenen weiteten, über denen «entferntere bläuliche Berge» die Sicht «begrenzten». Von seiner erhöhten Warte markiert Rousseau die Mitte eines Kreises, der das «beinahe runde Becken» des Sees in seine Fülle einschließt und weit darüber hinausreicht. Wenn der Abend nahte, stieg der Promeneur Solitaire von den Höhen der Insel herab, um sich am Gestade des Sees auf den sandigen Strand zu setzen, was er, wie er eigens vermerkt, gerne tat,[25] und

---

[25] «... et j'allois volontiers m'asseoir au bord du lac sur la gréve ...» V, 9 (1045). Es handelt sich um die einzige Verwendung von *volontiers* in der *Cinquième*. Cf. V, 7 (1044): «... et j'allois me jetter seul dans un batteau ...»

zwar «dans quelque azyle caché». Die Natur eröffnet Rousseau Asyle innerhalb des Asyls, das die St. Petersinsel für ihn war, sie bietet Zuflucht vor Ansprüchen, Pflichten, Gewohnheiten der Soziabilität, hält Asyle der Sammlung, der Besinnung, der Rückwendung auf sich selbst bereit.[26] Das Rauschen der Wellen und die Bewegtheit des Wassers fesselten seine Sinne und vertrieben jede andere Bewegtheit aus seiner Seele, wodurch sie diese «dans une rêverie delicieuse» versenkten, in der ihn die Nacht oft überraschte, ohne daß er es gewahr wurde. Das Rauschen, das ihm zu Gehör kommt, und die Bewegtheit, auf die sein Gesicht gerichtet ist, versetzen Rousseau in einen Zustand der Ruhe. Die *agitation* des Wassers, die er sieht, bringt jede *agitation* der Seele, die ihn aufwühlen oder ablenken könnte, zum Schweigen. Sein Sehen schafft einen Raum der Stille, in dem sich «eine wonnige Träumerei» entfalten kann, die seine Seele so erfüllt, daß das Vergehen von Tag und Nacht ihn nicht berührt. Die alternative Darstellung des Nachmittags bringt die zweite, und kurz danach die dritte, Verwendung von *rêverie* in der *Cinquième*. Der diffuse Plural «mille reveries confuses mais délicieuses» der ersten Schilderung weicht jetzt dem schlichten Singular «une rêverie delicieuse». Die Konzentration von tausend auf eine *rêverie* entspricht der Konzentration, die Gegenstand der Beschreibung ist. Und die Beschreibung gibt dieses Mal auch Hinweise zum Gegenstand der *rêverie*: «Le flux et reflux de cette eau, son bruit continu mais renflé par intervalles frappant sans relache mon oreille et mes yeux suppléoient aux mouvemens internes que la rêverie éteignoit en moi et suffisoient pour me faire sentir avec plaisir mon existence, sans prendre la peine de penser.» Der zentrale Satz des zentralen Absatzes der *Cinquième promenade* richtet die Aufmerksamkeit auf das Hin und Her, das Vor- und Zurücklaufen, das Sichnahen und Sichentziehen des Wassers. Das Anbranden und Abebben der Wogen am Strand, das fortwährend seine Augen beschäftigte, und ihr stetiges, aber in Abständen anschwellendes Rauschen, das ohne Unterlaß an sein Ohr drang, die rhythmischen Bewegungen des Wassers, die sich Rousseau durch Gesicht und Gehör mitteilten, nahmen die Stelle der inneren Bewegungen ein, die die *rêverie* in ihm auslöschte. Während die Bewegtheit des Wassers, die Rous-

---

26 V, 9 enthält die einzige Erwähnung eines Asyls innerhalb des Asyls, das die St. Petersinsel Rousseau vor theologisch-politischer Verfolgung bot. Cf. V, 4 (1041) und V, 17 (1049). Siehe S. 142–143.

seaus Gesichts- und Gehörsinn affizierte, die Bewegtheit durch Affekte, Unruhe und Unkonzentriertheit, aus seiner Seele zu vertreiben vermochte und so eine *rêverie* Platz greifen ließ, vermag offenbar erst die *rêverie* die der *agitation* vorausliegenden Regungen, Affekte wie Furcht und Hoffnung oder Mitleid und Stolz, zu suspendieren. Das aber besagt, daß die *rêverie* nicht als Ausdruck jener Regungen verstanden werden kann. Sie erscheint vielmehr als deren wahrer Antagonist. Wenn Rousseaus Seele in die *rêverie* versinkt oder sich zur *rêverie* erhebt, gewinnt sie Abstand zu den Affekten. Offen bleibt, was der *rêverie* die Kraft zur Abstandnahme oder zur Suspension der Affekte verleiht. Die Wahrnehmung des beständigen Hin und Her der Wellen genügte, um Rousseau seine Existenz mit Freude fühlen zu lassen, ohne daß es, wie er hervorhebt, dazu der Mühe des Denkens bedurfte. Das Gefühl der eigenen Existenz ist so grundlegend, daß es sich schon beim Mitschwingen in der rhythmischen Bewegung der Natur, die Gesicht und Gehör vermitteln, einstellt und mit ihm die Freude, die an dieses Gefühl gebunden ist, ohne daß dafür die Wonne der *rêverie* an ihr selbst nötig wäre. «Von Zeit zu Zeit kam eine schwache und kurze Reflexion über die Unbeständigkeit der Dinge dieser Welt auf, für die mir die Oberfläche des Gewässers das Bild bot». Die *rêverie* artikuliert sich als Reflexion, die von der Bewegung ausgelöst wird, welche Rousseau sieht, und die die Bewegung einbegreift, in der er seine Existenz spürt. Von der einzigen Verdeutlichung einer *rêverie*, die er in der Beschreibung des Tageslaufs gibt, kehrt Rousseau rasch zur Grundlinie des Gefühls der Existenz zurück, über der die *rêverie* sich entfaltet und auf die sie gleichsam eingezogen werden kann: «aber diese leichten Eindrücke verloren sich bald in der Einförmigkeit der stetigen Bewegung, die mich wiegte und die mich ohne irgendeine aktive Mitwirkung meiner Seele doch so sehr hielt, daß ich mich, wenn ich von der festgesetzten Stunde und dem vereinbarten Zeichen gerufen wurde, nicht ohne Anstrengung von dort losreißen konnte.» Mußte Rousseau seine ganze physische Kraft aufbieten, um vor Einbruch der Nacht zur Insel zu gelangen, wenn er sich in seinem Boot, «dans mille reveries confuses mais délicieuses» versunken, vom Wasser hatte treiben lassen, so ist seine psychische Kraft gefordert, um die «rêverie delicieuse» zu beenden, in die ihn die Betrachtung des Wassers am Ufer des Sees versetzt.

Die Beschreibung des Abends schließt bruchlos an die Darstellung des Nachmittags an, die der Alternative der Absätze acht und neun voranging. «Nach dem Abendessen machten wir, wenn der Abend schön war, alle gemeinsam noch einen kleinen Spaziergang auf der Anhöhe, um dort die Luft des Sees und die abendliche Kühle zu atmen.»[27] Man ruhte sich im Pavillon aus, man lachte, man plauderte, man sang ein altes Lied, «und schließlich ging man mit seinem Tag zufrieden schlafen und wünschte sich nur einen ähnlichen für den Tag darauf.» Im letzten Teil der Beschreibung seines Tageslaufs spricht Rousseau nicht länger in der ersten Person Singular. Der Promeneur Solitaire geht am Abend nicht bloß mit allen gemeinsam spazieren, wie er am Morgen mit allen gemeinsam frühstückte. Er taucht in ein «Wir» ein, in dem sich alles vertraut ausnimmt, in dem Mäßigung waltet und Hergebrachtes Gültigkeit besitzt. Er fügt sich einem fünffachen «Man», das noch die Zufriedenheit mit dem eigenen Dasein und den Wunsch, der diese Zufriedenheit bekräftigt, ein Tag möge dem anderen gleichen, als einhelligen Wunsch und als allgemeine Zufriedenheit erscheinen läßt. Der soziable Schluß der Beschreibung schlägt den Bogen über die solitäre Abschweifung hinweg zum Ende der Schönwetter-Variante des Nachmittags. Der Spaziergänger, der seine einsamen Kreise zieht, sich vom Vertrauten entfernt, auf eigene Gefahr denkt, der für sich steht und ein Fremder bleibt, weil er in keinem «Man» aufgeht, hat seine Mitte in dem verborgenen Asyl, aus dem er sich losreißen muß, um in die Gesellschaft zurückzukehren. Sein Ich ist dort, wo er bei sich ist.

Was also gibt Rousseau mit der Darstellung seines Lebens auf der St. Petersinsel zu erraten? «Telle est», versichert er nach der Beschreibung des Tageslaufs, «laissant à part les visites imprevues et importunes, la manière dont j'ai passé mon tems dans cette Isle durant le séjour que j'y ai fait.» Und er fügt hinzu, man möge ihm sagen, was die Insel dermaßen Anziehendes hat, um in seinem Herzen noch immer eine so lebhafte, so zärtliche und so anhaltende Empfindung schmerzlichen Vermissens auszulösen, daß es ihm unmöglich ist, an den geliebten Ort zu denken, ohne zu fühlen, wie er sich jedesmal voller Verlangen wieder dorthin versetzt.[28] Die Aufforderung, mit der der zweite Teil der *Cin-*

---

27 Vergleiche den Beginn von V, 10: «… quand la soirée etoit belle …» mit dem Beginn der Abschweifung in V, 8: «Quand le lac agité ne me permettoit pas la navigation …» Rousseau hatte zunächst geschrieben: «Quand la pluie ou le vent ne me permettoit …»

28 «… il m'est *impossible de songer* à cette habitation chérie sans m'y sentir à cha-

quième schließt, verweist in populärer Rede an die Fragen zurück, mit denen er begann. Was die St. Petersinsel für Rousseau so anziehend macht, hatte die Eröffung der *Cinquième* bereits im Vorgriff auf die Beschreibung des zweiten Teils angedeutet, als sie an der Insel hervorhob, sie sei «sehr angenehm und einzigartig gelegen für das Glück eines Menschen, der sich zu umgrenzen liebt». Die Beschreibung zeigt dann anschaulich, welchen Raum der Betrachtung und Besinnung die Insel einem Contemplatif Solitaire eröffnet, der sich der Natur zuwenden und sich sammeln will. Worum es bei dem Sichumgrenzen und Sichsammeln, *se circonscrire* und *se recueillir*, gehen wird, wissen wir spätestens, seitdem Rousseau in der Einleitung der *Deuxième promenade* den Zusammenhang von Einsamkeit, Nachdenken und Natur bestimmte und zu den titelgebenden *rêveries*, mit denen er auf seinen einsamen Spaziergängen befaßt ist und die sich einstellen, sobald er seinen Kopf ganz frei sein und seine Ideen ungehindert ihren Lauf nehmen läßt, ausdrücklich festhielt: «Ces heures de solitude et de méditation sont les seules de la journée où je sois pleinement moi et à moi sans diversion, sans obstacle, et où je puisse véritablement dire être ce que la nature a voulu.»[29] Das Glück, das Rousseau auf der St. Petersinsel so erfüllte, daß es in seiner Seele in keinem Augenblick das Verlangen nach einem anderen Zustand oder Aufenthalt aufkommen ließ, war das Glück des Beisichselbstseins. Aber worin bestand sein Genuß? Oder genauer gefragt: Wie läßt sich Rousseaus Beisichselbstsein denken?

Die sorgfältig komponierte und nicht weniger sorgfältig formulierte Darstellung des Tageslaufs zeigt an, wo der Versuch, Rousseaus Beisichselbstsein zu denken, einzusetzen hat. Sie lenkt die Aufmerksamkeit mit Umsicht zum Höhepunkt und umgrenzt die Lücke, die vom Leser verlangt, daß er sich sammelt, wenn er der Aktivität des Autors genügen will. Der Höhepunkt wird am Nachmittag erreicht, an dem wir dem äußeren Anschein nach auf eine Zeit ohne Aktivität treffen, die Rousseaus Beschreibung, wie wir gesehen haben, wiederholt umspielt. Die erste Präsentation hat den Vorzug der Suggestivität. Sie verdichtet die Losung vom *précieux far niente* zu emblematischer Einprägsamkeit und verbindet sie mit der Ungreifbarkeit von tausend *rêveries confuses*. Die

---

que fois transporter par les élans du désir.» V, 11 (1045) meine Hervorhebung. Cf. V, 7 (1042): «Transporté là brusquement seul et nud ...»
29 Siehe Kapitel III, S. 105–106.

letzte Präsentation hat dagegen das Vorrecht der Singularität. Sie gibt den Blick frei auf den Einen Fall, auf den es allein ankommt, und läßt im vermeintlichen Nichtstun die höchste Aktivität aufscheinen. Rousseau behält den Höhepunkt für den Denkenden dem Zentrum der Beschreibung vor. Er legt ihn in den zweiten Absatz der Schlechtwetter-Alternative, der exakt im Zentrum der *Cinquième promenade* steht und der die Episode enthält, die vor allen anderen Episoden des Tageslaufs dadurch ausgezeichnet ist, daß Rousseau zu Beginn seine Vorliebe für die geschilderte Aktivität vermerkt und am Ende betont, wie sehr er sich von ihr losreißen mußte, wenn er sie aus äußeren Gründen abzubrechen hatte. Der Höhepunkt der Darstellung ist erreicht, wenn wir Rousseau am Ufer des Sees sitzen und ruhig *le flux et reflux* des Wassers betrachten sehen.[30] Hier, auf dem festen Boden der Insel und in der konzentrierten Gelassenheit der Kontemplation – nicht im schwankenden Boot auf dem See treibend und das Gesicht zum Himmel gewandt –, wird Rousseau von einer stetigen Bewegung gewiegt. Das Wiegen, das dem Höhepunkt eine einförmige Grundlinie unterlegt, wird nicht durch die Bewegung der Wellen selbst bewirkt. Es ist kein Wiegen in Unmittelbarkeit. Die Bewegung, die Rousseau trägt, ist eine Bewegung, die er sieht, die er hört und die er in sich fühlt. Sie ist durch die Anschauung, sie ist durch die Wahrnehmung, sie ist durch das Gefühl vermittelt. Und sie ist der Reflexion zugänglich. Der Absatz, der das Wiegen der stetigen Bewegung zum Thema macht, weist eine sprachliche Rhythmik auf, die ihn der Lyrik näher kommen läßt als irgendeinen Absatz der *Rêveries* davor oder danach. Die Musikalität, die man der Darstellung zugesprochen hat,[31] spiegelt die Musikalität des dargestellten Zustands wider.[32] Die Komposition der drei Sätze und die Akzentuierung der Worte, aus denen der Absatz gebaut ist, ahmen die Bewegung, die in

---

30 Daß es sich hier um den Höhepunkt der Darstellung handelt, wird von Rousseau im dritten Teil, in dem er sich interpretierend auf die Beschreibung des Tageslaufs zurückbezieht, mit der Subtilität, die von ihm zu erwarten, und der Deutlichkeit, die in Rücksicht auf die Sache zu wünschen ist, bestätigt. Siehe V, 14 *in fine* (1047).
31 Cf. Robert Osmont: *Contribution à l'étude psychologique des «Reveries du Promeneur Solitaire» (La vie du souvenir – Le rythme lyrique).* Genf 1935, p. 84, 96–99.
32 Frédéric Chopins *Berceuse* mag eine musikalische Annäherung an den Zustand sein, den der neunte Absatz der *Cinquième promenade* evoziert.

Rede steht, in mimetischer Entsprechung nach, so daß sie sich dem Leser, der sich auf die Bewegung des Textes konzentriert, mitteilen kann. Auf ihrem Höhepunkt nähert sich Rousseaus Darstellung elliptisch der Mitte seiner Existenz. Im Hin und Her von außen nach innen und innen nach außen legt sie Takt für Takt und Ring um Ring den ausgesparten Kern frei: Von der Spiegelung des beschriebenen Zustands in der Art und Weise der Beschreibung, über das Zusammenspiel von Sinneswahrnehmung und Besinnung, zum Ineinander von Ruhe und Bewegung, über die Verschränkung von Betrachtung und Innesein, zur Einheit von Fühlen und Denken. Der Promeneur Solitaire ist in der Lage zu denken, was er fühlt, und zu fühlen, was er denkt. Er ist dazu in der Lage, nachdem er die Einheit von Fühlen und Denken radikal in Frage gestellt hat. Sie war für ihn weder eine selbstverständliche Gegebenheit noch auf die Annahme einer prästabilierten Harmonie gegründet. Er beruhigte sich auch nicht bei der Meinung, die die gemeine Klugheit lehrt, daß das Fühlen gewöhnlich das Denken trübe und das Denken zumeist das Fühlen behindere. Er nahm vielmehr bewußt eine exzentrische Position ein. Um sich von humanistischen Illusionen, anthropozentrischen Voreingenommenheiten und doktrinalen Geläufigkeiten der Tradition gleichermaßen fernzuhalten, um nichts zugunsten von Vernunft, Denken und Reflexion zu unterstellen oder im Gang der Prüfung und Selbsterforschung vorauszusetzen, schlug er den Weg einer Genealogie der Disparität, der Opposition und des Konflikts ein. Er grub bis zu einer Verfassung der Dinge, die Vernunft, Denken, Reflexion vorausliegt. Er suchte den Menschen im Zustand der Animalität auf. Er ging hinter Soziabilität und Sprache, Liebe und Todesbewußtsein zurück, um einen Horizont zu gewinnen, in dem das, was den Menschen unter den Tieren auszeichnet, als Problem gefaßt werden kann, in dem die Differenz, die seine Größe und seine Gefahr in eins begründet, zu denken ist, in dem die höchsten Möglichkeiten seiner Natur und deren Depravation sichtbar hervortreten. Es war im Horizont der Animalität, daß Rousseau den herausfordernden Gedanken zu erwägen gab, den Menschen, der nachdenkt, als ein depraviertes Tier und den Zustand der Reflexion als Zustand wider die Natur zu betrachten.[33] Der Perspektivenwechsel, den Rousseau vollzog und mit dem er die Besten unter seinen Lesern versuchen sollte, stellte nicht nur einen

33 *Discours sur l'inégalité*, Première partie, p. 88.

unerhörten Angriff auf die abendländische Tradition im allgemeinen, sondern auf deren Wertschätzung der Philosophie im besonderen dar. Der Gedanke, der Rousseau bei seinem Versuch, die Reflexion unter dem Gesichtspunkt der Gesundheit oder der Lebensdienlichkeit zu sehen und sie am Maßstab der Selbstgenügsamkeit zu messen, vor Augen stand, läßt sich so umreißen: Die Reflexion zerbricht die geschlossene Existenz fragloser Unmittelbarkeit, in der der natürliche Mensch seinem *amour de soi* folgt. Sie entfernt ihn vom *sentiment de l'existence*, den die Natur ihm gegeben hat, der ihn bei sich sein läßt und der ihn im Leben hält. Sie eröffnet eine Welt der Entzweiungen, der Ausrichtung an der Meinung anderer und des Zerfallenseins mit sich selbst. Das ist die anthropologische Problemstellung, auf die Rousseaus Œuvre antwortet, das für unterschiedliche Naturen unter unterschiedlichen historischen Bedingungen unterschiedliche Möglichkeiten geglückter Existenz entwirft und ausarbeitet. Der Blick auf die exzentrische Position, bei der Rousseaus Selbstreflexion ansetzt, macht deutlich, was im Zentrum der *Cinquième promenade* vorgeht. Er zeigt, welchen Weg der Promeneur Solitaire zurücklegen mußte, um von sich sagen zu können, nur in der Zeit der Einsamkeit und des Nachdenkens ganz bei sich zu sein und damit das zu sein, was die Natur gewollt hat. Er zeigt, welchen Weg der Erfahrung im Sehen und Versuchen, Denken und Fühlen der Contemplatif Solitaire auf dem Höhepunkt der Darstellung mit sieht und mit fühlt. Denn das Wissen dieses Wegs, mit seinen Kehren und Hindernissen, mit seinen Gefahren und Fortschritten, gehört untrennbar zu der Existenz, die zu fühlen ihn mit Freude erfüllt, zu seiner Existenz. Rousseau spricht en pleine connaissance de cause, wenn er schreibt, das Hin und Her des Wassers, das er betrachtete, genügte «pour me faire sentir avec plaisir *mon existence*, sans prendre la peine de penser». Rousseau muß sich nicht mehr davon überzeugen, daß sein Denken in keinem Widerspruch zum Gefühl seiner Existenz steht, die eine durch sein Denken vermittelte Existenz ist. Er braucht sich nicht mehr durch das Denken der Einheit seines Fühlens und Denkens zu vergewissern.

Le flux et reflux, die Bewegung im Zentrum der *Cinquième promenade*, ist die Bewegung, in der sich Rousseaus Denken und Fühlen treffen. Wenn Rousseau das Kommen und Gehen des Wassers betrachtet, fühlt er sich selbst in der Bewegung, die allem Leben zugrunde liegt. Und zugleich sieht er die Bewegung, die sich für sein Denken als grundlegend erwiesen hat: Das Zurückgehen auf ein Allgemeines, von dem her dem Besonderen seine Auszeichnung zukommt, auf ein Elementares, von dem sich die Integrationsleistung des Komplexen abhebt, auf ein Ungeschiedenes, das den Unterscheidungen ihre Schärfe gibt, ohne daß die Zugehörigkeit zum Allgemeinen, die Persistenz des Elementaren, die Verwurzelung im Ungeschiedenen aus dem Blick gerät. Das Zurückgehen auf die Bewegung des *flux et reflux*, die sich selbst genügt, ist als Bewegung des Denkens wesentlich eine Bewegung der Negation. Den wichtigsten, buchstäblich Grund legenden Fall haben wir im Zurückgehen auf den Naturzustand vor uns, den Rousseau nicht nur als anfänglichen Zustand rekonstruiert, als Ausgangspunkt einer langen Entwicklung, die am Ende zum Menschen, zum Bürger und zum Philosophen führt, sondern den er als natürlichen Zustand denkt. Als natürlicher Zustand ist der Naturzustand sich selbst genug. Er treibt nicht aus innerer Notwendigkeit über sich hinaus. Er könnte ohne das Eintreten zufälliger äußerer Faktoren «ewig» bestehenbleiben.[34] Er ist mithin die Negation jeder teleologischen Orientierung. Er verkörpert die Abkehr vom Anthropozentrismus und vom Philosophozentrismus zumal. Erst die Abkehr vom Naheliegendsten, die Entfernung vom Eigenen, erst die bewußte Verneinung gibt der Einkehr, der Aneignung, gibt der schließlichen Bejahung des Philosophen ihr wahres Gewicht und ihre ganze Reichweite. Was den natürlichen Zustand und den Zustand des Glücks verbindet, ist das Beisichselbstsein. Im anfänglichen Zustand, in dem der Homme Sauvage lebt, resultiert das Beisichsein aus der notwendigen Umgrenztheit der solitären Existenz. Im natürlichen Zustand, zu dem der Promeneur Solitaire gelangt, gründet das Beisichselbstsein in der Liebe zur Umgrenzung, zur Sammlung und in dem weitausgreifenden Unterfangen, die Notwendigkeit dieser Liebe im Denken einzuholen. Das Beisichselbstsein des Naturzustands dient als Maß des Unterfangens, das gegenstrebig zu den eigenen Vorlieben, Wünschen und Hoffnungen voranschreitet. Die gegenstrebige Ausrichtung ist das unverwechselbare Kennzeichen der Denkbewegung, die den Zustand des Glücks begründet. Ob sie Denken und Fühlen jemals zusammenführen wird, erscheint an ihrem Beginn höchst zweifelhaft. Daß der *état de réflexion* mit dem *sentiment de l'existence* zusammenstimmt, ist das, was nicht erwartet wird. Wenn die Philosophie sich mit dem Leben versöhnen läßt, dann entgegen der Annahme, mit der die

---

34 *Discours sur l'inégalité*, Première partie, p. 166.

Denkbewegung einsetzt. Für den Promeneur Solitaire macht es nicht den geringsten Teil des Glücks seines Beisichselbstseins aus, daß die Rückkehr gegen die Erwartung gelingt. Daß das für ihn Unwahrscheinliche eintritt. Daß in ihm zusammenkommt, was er gegeneinandergestellt hatte. Daß er ein Ganzes bildet, ohne seine Teilhaftigkeit ausgeblendet zu haben. Nicht einmal die Freude, mit der der Homme Sauvage im Naturzustand seine Existenz empfindet, scheint ihm verschlossen zu bleiben bei der Betrachtung der Bewegung des beständigen *flux et reflux*. Das Glück des Promeneur Solitaire wird durch den Kontrast akzentuiert, und sein Beisichselbstsein wird durch das Wissen der Differenz vertieft. Aber die Akzentuierung ist nicht an die Wahrnehmung fremden Unglücks gebunden, und die Vertiefung ergibt sich nicht aus der Geringschätzung anderer Formen des Beisichselbstseins. Wenn Rousseau am Ufer des Sees sitzt und das Hin und Her des Wassers betrachtet, nährt sich sein Glück nicht aus dem vergleichenden Blick auf Schiffbrüchige, die mit den Wellen kämpfen. Seine Freude speist sich weder aus dem «süßen» Gefühl, auf dem festen Land der Übel überhoben zu sein, welchen die preisgegeben sind, über denen das Wasser zusammenschlägt,[35] noch zieht sie Gewinn aus dem nicht weniger «süßen» Gefühl des Mitleids, das dem *amour-propre* nach Rousseaus Analyse nächstverwandt ist.[36] Sein Glück ist auf die eigene Existenz bezogen, aus der eigenen Natur geschöpft, im eigenen Leben gegründet. Es wird durch die Erfahrung von Entzug und Wiederkehr betont, von der Zuversicht im Wichtigsten getragen und durch das Gelingen des Unverhofften gestärkt. Das Beisichselbstsein des Philosophen unterscheidet sich vom Beisichselbstsein, das dem Bürger über die Identifikation mit dem *moi commun* des *corps moral* erreichbar ist, als dessen untrennbares Glied er sich versteht. Es unterscheidet sich desgleichen vom Beisichselbstsein, das dem Wilden in der Geschlossenheit seines natürlichen Horizonts und der Einheit seines *corps physique* zufällt. Die Grundbestimmung, in der sich die geglückte Existenz eines Heraklit oder Sokrates, eines

---

35 «Suave, mari magno turbantibus aequora ventis / e terra magnum alterius spectare laborem; / non quia vexari quemquamst iucunda voluptas, / sed quibus ipse malis careas quia cernere suave est.» Lukrez: *De rerum natura* II, 1–4.
36 Siehe *Émile* IV, p. 503–504 und *Lettre à Philopolis* in der Kritischen Edition des *Discours sur l'inégalité*, p. 476.

Nietzsche oder Diogenes und die geglückte Existenz eines Civis Romanus oder Citoyen de Genève, die eines Kariben oder Hottentotten und jene eines «Pongo» oder «Orang-Utan» treffen,[37] ist nach Maßgabe der jeweiligen Fähigkeiten und Umstände verschieden ausgeprägt. Doch kann das Beisichselbstsein in ein «höheres» und ein «niedereres», in ein geringeres und ein überlegenes unterschieden werden? Das Beisichselbstsein des mit sich identischen Wilden, dessen *amour de soi* ihn ohne Bruch und ohne Erweiterung seinen *sentiment de l'existence* genießen läßt, ist in seiner Einfachheit und Beschränktheit vollständig und in dieser Vollständigkeit nicht zu überbieten. Das des Bürgers, der sich mit dem wohlgeordneten Gemeinwesen identifiziert, ist sehr viel komplexer, aber auch ungleich prekärer. Es beruht auf der Erweiterung des *amour de soi* zum *amour de la patrie* und auf der Indienstnahme des *amour-propre* durch das politische Ganze. Es bedarf der Entwicklung aller menschlichen Vermögen und der Ausbildung aller politischen Tugenden, insbesondere der Einbildungskraft und der Gerechtigkeit. Es bleibt endlich an historische Voraussetzungen gebunden, über die er nicht gebietet, und auf politische Einrichtungen angewiesen, die andere für ihn ins Werk setzen müssen. Das Beisichselbstsein des Bürgers ist am prekärsten, da er, für sich genommen, über die geringste Autarkie verfügt und da das, was ihm not tut, mehr zu wünschen als zu finden ist. Für das Beisichselbstsein des Bürgers wie für das des Wilden im anfänglichen Naturzustand gilt, daß es wesentlich durch äußere Faktoren gestützt, geformt, gewährleistet wird. Die Fragilität eines Beisichselbstseins, das nicht auf dem Wissen der Differenz, auf der Vermittlung durch die Negativität des Denkens, auf bewußter Verneinung und Rückkehr zu sich gründet, hat Rousseau im Verfassungsentwurf für Korsika prägnant bezeichnet, mit dem er auf der St. Petersinsel befaßt war. Das Manuskript, das für das «eine Land», das Rousseau «in Europa noch zur Gesetzgebung geeignet» erschien,[38] eine politische Einrichtung konzipiert, die im scharfen Kontrast zu den modernen Überzeugungen und zum gemeineuropäischen Fortschritt die geglückte Existenz des Citoyen eröffnen könnte, hält lakonisch fest: «L'égalité, la simplicité de la vie rustique a pour ceux qui n'en connoissent point

---

37 Cf. *Discours sur l'inégalité*, Note X, p. 332–336; Note XVI, p. 376–378.
38 *Du contrat social* II, 10, 6, p. 391.

d'autre un attrait qui ne leur fait pas desirer d'en changer.»[39] Ein Beisichselbstsein, das auf Nichtwissen gestellt ist, kann des Schutzes der Notwendigkeit oder des Beistands des Verständigen, seines Weitblicks, seiner Weisheit, seiner Überredung, nicht entraten.[40] Insofern das Beisichselbstsein des Philosophen sich dem Vergleich mit den anderen Formen des Beisichselbstseins selbst auszusetzen und als Beisichselbstsein ohne jenen Schutz und ohne fremden Beistand zu bestehen vermag, erweist es sich als überlegen.

Das letzte Wort, zu dem der Promeneur Solitaire im Wissen der Differenz gelangt, ist aber nicht die Überlegenheit seines Beisichselbstseins. Das letzte Wort ist deren Rücknahme in die Bewegung des *flux et reflux*. Die Überlegenheit seines Beisichselbstseins bewährt sich darin, daß er die anderen Formen des Beisichselbstseins zu denken, zu begründen und in ihrem Eigenrecht zu bejahen weiß, ohne daß er der Bejahung durch sie bedürftig wäre. Die Vertiefung im Wissen der Differenz erreicht ihren Grund in der Einsicht, daß die höchste Bejahung und die weiteste Perspektive dem Beisichselbstsein des Philosophen eignen, ohne daß die anderen Formen des Beisichselbstseins deshalb einen Mangel litten. Wenn dem Beisichselbstsein des Wilden oder dem Beisichselbstsein des Bürgers die Perspektive und die Bejahung unzugänglich sind, ohne die das Beisichselbstsein des Philosophen nicht zu denken ist, bleibt es nicht weniger Beisichselbstsein. Sub specie naturae sind die unterschiedlichen Formen des Beisichselbstseins sich selbst genug. Populär gesprochen: die Natur wäre auch dann «gerechtfertigt», wenn

---

39 *Projet de constitution pour la Corse*, Absatz 9, p. 905. Cf. Abs. 84, p. 925: «Au lieu qu'ici *toutes les vues de l'institution tendent à rendre cet état* [du cultivateur] *heureux dans sa médiocrité*, respectable dans sa simplicité. Fournissant tous les besoins de la vie, tous les tributs publics sans ventes et sans trafic, tous les moyens de la considération, *il n'en laissera pas même imaginer un meilleur ou plus noble*. Ceux qui le rempliront ne voyant rien au dessus d'eux en feront leur gloire, et s'en frayant une route aux plus grands emplois ils le rempliront comme les prémiers Romains. *Ne pouvant sortir de cet état* on voudra s'y distinguer, on voudra le remplir mieux que d'autres, faire de plus grandes recoltes, fournir un plus fort contingent à l'état, mériter dans les élections les suffrage du peuple» (meine Hervorhebung).
40 Cf. *Dernière réponse*, OCP III, p. 90–91; *Discours sur l'inégalité*, Note IX, p. 318; *Du contrat social* II, 7, 1 und 9–11, p. 381 und 383–384; II, 11, 4, p. 392–393; II, 12, 5, p. 394; *Projet de constitution pour la Corse*, p. 935–936 und 950; *Considérations sur le gouvernement de Pologne*, p. 955, 956–959, 969, 1004.

sie sich nicht auf sich zurückwendete. Dieser Gedanke mindert das Glück, das in der Betrachtung der Natur liegt, nicht. So wenig wie das Absehen von sich, die Gegenprobe an der Nichtexistenz oder am Tod, das Glück zunichte macht, das mit der Einkehr bei sich einhergeht. Für das eine wie das andere bietet sich dem Promeneur Solitaire das Bild, wenn er hinaussieht auf das Wasser des lac de Bienne. Rousseau gibt im dritten Teil der *Cinquième promenade* eine eigene Auslegung des Glücks seines Beisichselbstseins.[41] Die Auslegung des dritten Teils läßt die politische Verträglichkeit sowenig außer acht, wie die Darstellung des zweiten Teils diese außer acht gelassen hat. Wie die Beschreibung des Tageslaufs zuvor macht sie dabei vom Mittel der passenden Rahmung oder des beschwichtigenden Ausklangs Gebrauch, und wie jene bedient sie sich in der wichtigsten Rücksicht des Kunstgriffs der ausgesparten Öffnung, eines freien Raums oder einer leeren Zeit, die der Leser durch ebendie Aktivität zu füllen und zu schließen hat, die ausgespart bleibt. Rousseau ordnet das Glück ein, das er mit der St. Petersinsel verbindet. Er kommt selbst der Aufforderung nach, die er am Ende des zweiten Teils an einen unbestimmten Adressaten gerichtet hat, und versucht zu erklären, weshalb die Insel ihn noch immer anzuziehen und die Empfindung lebhaften Vermissens bei ihm auszulösen vermag. Im Rückblick auf «die Wechselfälle eines langen Lebens» stellt er fest, daß es keineswegs «die Zeiten der süßesten Genüsse und der lebhaftesten Freuden» sind, deren Erinnerung ihn am meisten anzieht und berührt. Die «kurzen Momente der Tollheit und Leidenschaft» sind bei all ihrer Lebhaftigkeit und gerade ihrer Lebhaftigkeit wegen «ganz dünngesäte Punkte auf der Linie des Lebens». Sie sind zu selten und zu jäh, um einen Zustand zu begründen. Das Glück, das Rousseaus Herz vermißt, das ihn anzieht und berührt, ist aber nicht aus flüchtigen Augenblicken zusammengesetzt, sondern ein Zustand, *un état simple et permanent*. Es ist ein Zustand, der in keinem Augenblick das Verlangen nach einem anderen Zustand aufkommen läßt.[42] Es ist ein Zustand, der an ihm selbst nichts Lebhaftes hat, in der Erinnerung indes, im Modus der Abwesenheit, im Außersichsein lebhaft vermißt wird. Es ist ein Zu-

---

[41] Rousseau eröffnet den abschließenden Teil, der die Absätze 12 bis 17 umfaßt, mit *Je*. Der zwölfte ist der einzige Absatz innerhalb der *Cinquième*, der mit *Ich* beginnt.

[42] Siehe V, 5 (1042) und S. 143–144.

stand, dessen Dauer seinen Zauber so sehr mehrt, daß Rousseau in ihm schließlich die höchste Glückseligkeit findet. Nichts Geringeres als *la suprême félicité* also verbindet Rousseau mit der «Isle de St Pierre au milieu du lac de Bienne».[43] Nichts Geringeres als der Zustand höchster Glückseligkeit ist Gegenstand der *Cinquième promenade*. Und nichts Geringeres wird durch die Verbindung, die die *Cinquième* mit der räumlich und zeitlich klar umgrenzten Episode des Aufenthalts auf der St. Petersinsel herstellt, zum Ausdruck gebracht, als daß *la suprême félicité* für Rousseau kein Zustand des Wünschens und Hoffens blieb, der einer anderen Welt angehörte, sondern in Raum und Zeit statthatte. Nicht im Himmel, sondern auf der Erde.[44]

Gegen die Erreichbarkeit des Glücks, sofern es als Zustand begriffen und wesentlich an Dauer gebunden wird, erheben sich naheliegende Einwände. Die Unbeständigkeit der Welt, die Macht der Affekte, die Wechselhaftigkeit des Lebens, der Tod. «Tout est dans un flux continuel sur la terre». Wie dem fortwährenden Fluß entrinnen? Worin auf der Erde Halt finden? «Nichts auf ihr bewahrt eine beständige und festgestellte Gestalt, und unsere Affekte, die sich an äußere Dinge heften, vergehen und verändern sich notwendigerweise mit diesen.» Die Affekte machen uns abhängig von dem, was außer uns ist, und lassen uns außer uns sein, in einer Vergangenheit, die nicht mehr ist, oder in einer Zukunft, die vielleicht nie sein wird. Sie binden uns, in Hoffnung oder Furcht, in Abwehr oder Sehnsucht gespannt, an etwas, das uns vorausliegt oder das wir hinter uns haben, aber sie zeigen uns nichts, «woran das Herz sich heften kann», nichts, das Bestand hat, nichts, das in der Gegenwart Erfüllung bietet. «Aussi n'a-t-on guére ici-bas que du plaisir qui passe; pour le bonheur qui dure je doute qu'il y soit connu.» Damit, so hat es den Anschein, sind wir bei der Gegenposition angelangt: Rousseau scheint das Glück als Zustand in Frage zu stellen, die Möglichkeit der Dauer zu bestreiten und die höchste Glückseligkeit zu verneinen.

---

43 Vergleiche «... le bonheur que mon cœur regrette ...» in V, 12 (1046) mit «... ce qu'il y a là d'assés attrayant pour exciter dans mon cœur des regrets si vifs ...» in V, 11 (1045) und mit «... aucune ne m'a rendu si véritablement heureux et ne m'a laissé de si tendres regrets que l'Isle de St Pierre au milieu du lac de Bienne» in V, 1 (1040).
44 Der zwölfte Absatz, der mit «J'ai ...» beginnt, endet mit «... enfin la suprême félicité.» An keiner anderen Stelle der *Rêveries* ist von *la suprême félicité* die Rede. Siehe Kapitel II, S. 90.

Sein Zweifel, ob «das Glück, das dauert, hinieden bekannt sei», erschöpft sich indes nicht darin, die Vergänglichkeit alles Irdischen in Erinnerung zu rufen und den Leser auf etwas aufmerksam zu machen, auf das ihn niemand eigens aufmerksam zu machen braucht, da es sich um einen Gemeinplatz der *prudence commune* handelt.[45] Schon der darauffolgende Satz gibt den Sinn des Rückgriffs auf den Topos zu erkennen: Was mit der Dauer des Glücks in Rede steht, ist nicht so sehr ein Zeitmaß als vielmehr ein Urteil. Deshalb auch betont Rousseau so nachdrücklich die Rolle der Affekte, die er bereits im vorangehenden Absatz betont hat. «A peine est-il dans nos plus vives jouissances un instant où le cœur puisse véritablement nous dire: *je voudrois que cet instant durât toujours*».[46] Die Flüchtigkeit «unserer lebhaftesten Genüsse» wird nicht länger zum Thema im Hinblick darauf, daß die «kurzen Momente der Tollheit und Leidenschaft» auf der Linie des Lebens allzu dünn gesät sind. Sie bemißt sich nicht mehr daran, daß zu seltene und zu jähe Augenblicke keinen Zustand zu begründen vermögen. Es geht jetzt um die viel grundsätzlichere Frage, ob «unsere lebhaftesten Genüsse» die Erfüllung sind, die der Probe der Dauer standhält. Ob «Tollheit und Leidenschaft» für immer zu dauern verdienen.

Rousseau benennt im dreizehnten Absatz der *Cinquième promenade* den Prüfstein, an dem sich das Glück erweist. Der Wunsch nach uneingeschränkter Dauer formuliert das Urteil, das den Augenblick als glücklich bestimmt. Er formuliert nicht die uneingeschränkte Dauer als Bedingung des Glücks: Der Augenblick ist glücklich, wenn wir zu ihm sagen können, er möge für immer dauern; nicht aber sagen wir zum Au-

---

45 Rousseau wiederholt die Position, die die *prudence commune* lehrt, bis in Einzelheiten der Wendungen, die er in V, 13 verwendet, zu Beginn der *Neuvième promenade*: «Le bonheur est un état permanent qui ne semble pas fait ici bas pour l'homme. Tout est sur la terre dans un flux continuel qui ne permet à rien d'y prendre une forme constante. Tout change autour de nous. Nous changeons nous-mêmes et nul ne peut s'assurer qu'il aimera demain ce qu'il aime aujourd'hui. Ainsi tous nos projets de felicité pour cette vie sont des chiméres. Profitons du contentement d'esprit quand il vient; gardons-nous de l'éloigner par notre faute, mais ne faisons pas des projets pour l'enchainer, car ces projets-là sont de pures folies» IX, 1 (1085).
46 Ich folge dem Manuskript, in dem zweifelsfrei *je* und nicht *Je* zu lesen ist, wie die Editionen die Stelle durchweg wiedergeben. Rousseau hat die sieben Worte unterstrichen.

genblick, wenn er für immer dauerte, wäre er glücklich. Wie ließe sich schlichter zum Ausdruck bringen, daß niemand glücklich ist, solange er sein Glück von etwas abhängig macht, das in der Zukunft liegt? Von der Erfüllung jenes Wunsches, von der Überwindung dieses letzten Hindernisses, vom Hinzukommen des einzigen, was zum Glück noch fehlt? Das Wissen der Vergänglichkeit, das Wissen des Todes hebt das Urteil nicht auf, das die von Rousseau gewählte Formulierung enthält. Es gehört zur Weisheit Rousseaus, daß er das Glück an die Frage bindet, ob wir zum Augenblick wahrhaft zu sagen wissen: *Je voudrais que cet instant durât toujours.* Der Satz des Glücks antwortet auf den Gegen-Satz der Tragödie: *Ich wünschte, nie geboren zu sein.* Faust verneint den Satz Rousseaus, den einzigen, der in der *Cinquième* kursiv gesetzt ist, ausdrücklich und macht ihn zum Gegenstand seiner Wette mit Mephisto, um am Ende des Ersten Teils von Goethes Dichtung nicht weniger ausdrücklich beim Gegen-Satz der Tragödie anzugelangen. Am Ausgang des Zweiten Teils kehrt das so emphatisch negierte Glück wieder, jedoch als bloßes Vorgefühl von etwas Unwirklichem, in einem Zustand der Verblendung und des heillosen «Zu spät», in dem der Genuß des vermeintlich höchsten Augenblicks und der Tod zusammenfallen.[47] Im Augenblick des Todes scheint auf, was das Leben hätte sein können und was es nicht war, da die Flucht vor dem fortwährenden Ungenügen die Wirklichkeit zerfallen ließ und der Schrecken der verwehrten Ewigkeit alles versehrte. Die Verblendung des tragischen Menschen ist eins mit seinem Mangel an Selbsterkenntnis,[48] der ihn am Beisichselbstsein verhindert.

Der flüchtige Zustand, dem Rousseau abspricht, als Glück im anspruchsvollen Sinn gelten zu können, ist ein Zustand, der die Probe der Dauer nicht besteht. Er ist flüchtig, weil er «uns das Herz noch unruhig und leer läßt», weil wir etwas vermissen, das vor ihm war, oder etwas begehren, das erst nach ihm sein wird. Er ist «un état fugitif» nicht in

---

47 Johann Wolfgang Goethe: *Faust. Der Tragödie Erster Teil* 1699–1706, 4596; *Der Tragödie Zweiter Teil* 11585–11586.
48 In den Worten seines Schöpfers auf der Bühne gesprochen: «Er kennt sich nicht, er weiß nicht, was er soll / Und wird zuletzt verderblich überrennt / Von einem Schicksal, das er auch nicht kennt.» *Prolog zu Eröffnung des Berliner Theaters im Mai 1821*, in: *Goethes Werke*. Sophien-Ausgabe. Weimar 1894, 13. Band, p. 116, 34, 37 und 38.

Rücksicht auf seine tatsächliche Dauer, sondern in Rücksicht darauf, daß wir seine Dauer nicht wahrhaft bejahen. Wahrhaft bejaht zu werden vermag die Dauer eines Zustands, «der in der Seele keinerlei Leere läßt, die zu füllen sie das Bedürfnis verspürt». Rousseau charakterisiert einen solchen Zustand im ersten der beiden zentralen Absätze des dritten Teils. Er bestimmt ihn als «un état où l'ame trouve une assiete assez solide pour s'y reposer tout entiére et rassembler là tout son être, sans avoir besoin de rappeller le passé ni d'enjamber sur l'avenir». Ein Zustand, in dem die Seele eine hinlänglich feste Grundlage findet, um auf dieser Grundlage ganz zur Ruhe zu kommen und ihr ganzes Sein zu sammeln, ist ein Zustand des Erfülltseins, der weder in die Vergangenheit noch in die Zukunft ausbricht, da die zentrifugalen Kräfte der Affekte suspendiert oder gebunden sind, durch eine Kraft, die Rousseau nicht beim Namen nennt.[49] Es ist ein Zustand, in dem «die Zeit nichts ist» für die Seele, «où le présent dure toujours sans neanmoins marquer sa durée et sans aucune trace de succession», da die Seele sich in ihrer Gelassenheit an nichts heftet, das sie außer sich sein ließe, und da sie sich in ihrer Konzentration in jedem Nu selbst gegenwärtig ist. Es ist ein Zustand des Inneseins, «sans aucun autre sentiment de privation ni de jouissance, de plaisir ni de peine, de desir ni de crainte que celui seul de notre existence, et que ce sentiment seul puisse la remplir tout entiere». Solange dieser Zustand der Ruhe, der Sammlung, des Inneseins dauert, der im Gefühl der eigenen Existenz gründet und von ihm erfüllt wird,[50] «so lange kann der, der sich darin befindet, sich glücklich nennen». Er darf als glücklich im anspruchsvollen Sinn gelten. Denn am Ende seiner Charakterisierung des erfüllten Zustands nimmt Rousseau eine Unterscheidung des Glücks vor, die der Sache nach von Anfang an in seiner Verhandlung präsent war. Er spricht jetzt ausdrücklich von einem «unvollkommenen, armen und relativen Glück», das dem flüchtigen Zustand zuzuordnen wäre. Von diesem eingeschränkten Glück, «wie man es in den Freuden des Lebens findet»,[51] hebt er das Glück ab, das dem Zustand der zeitlosen Dauer zugehört. Wer sich in ihm befindet, kann

---

49 Cf. V, 9, 2 (1045) und siehe S. 154.
50 Die Verwendung von *existence* in V, 14 ist die vierte von sieben Verwendungen des Begriffs in der *Cinquième promenade* und die siebte von dreizehn in den *Rêveries* insgesamt.
51 Cf. V, 14 (1046) mit V, 7 (1044): «ce qu'on appelle les plaisirs de la vie».

sich, «tant que cet état dure», glücklich nennen «d'un bonheur suffisant, parfait et plein».

Nichts Geringeres als ein solches hinreichendes, vollkommenes und volles Glück erfuhr Rousseau nach dem Zeugnis des fünften Spaziergangs «oft» oder doch «manchmal», wie er zunächst schreibt, während seiner «zwei Monate» oder sechseinhalb Wochen auf der St. Petersinsel: «Tel est l'état où je me suis trouvé (quelquefois) souvent à l'Isle de St Pierre dans mes reveries solitaires, soit couché dans mon bateau que je laissois dériver au gré de l'eau, soit assis sur les rives du lac agité, soit ailleurs au bord d'une belle riviére ou d'un ruisseau murmurant sur le gravier.» In der Mitte des auslegenden Teils verweist Rousseau zurück an die beiden herausragenden Szenen des beschreibenden Teils, der die Auslegung zu tragen hat und der den Leser herausfordert, das in ihr Ungesagte zu Ende zu denken. Die erste Szene ruft die Schönwetter-Version des Nachmittags in Erinnerung, die den Slogan vom «Köstlichen Nichtstun» so plakativ illustrierte: Rousseau «au milieu du lac» in einem Boot liegend, die Augen zum Himmel gerichtet, sich vom Wasser langsam treiben lassend, «plongé dans mille reveries confuses mais délicieuses». Die zweite evoziert dagegen die Schlüssel-Situation der *Cinquième promenade*, die der Schlechtwetter-Version des Nachmittags zugehört: Rousseau in einem verborgenen Asyl der Insel «au milieu du lac de Bienne» am Ufer sitzend, das beständige Kommen und Gehen des Wassers betrachtend, über sich und die Welt nachdenkend, «dans une réverie delicieuse» vertieft mit Freude die eigene Existenz fühlend. Die Sonderstellung der zweiten Szene wird durch die dritte bekräftigt, die Rousseau am Gestade eines schönen Flusses oder eines Baches, der über den Kies plätschert, spielen läßt. Mit der dritten Szene, die in der Beschreibung des zweiten Teils kein Gegenstück hat, greift Rousseau fiktional über die Einheit von Raum und Zeit hinaus, denn auf der St. Petersinsel gab und gibt es weder einen Fluß noch einen Bach.[52] Allen drei

---

52 Kommentatoren, die Rousseaus Kunst des Schreibens nicht die gebotene Aufmerksamkeit schenken, hat die dritte Szene ratlos gelassen oder zu übereilten Schlüssen veranlaßt: «Légère incohérence (il n'y a pas, dans l'île, de *rivière* ni de ruisseau) qu'explique un premier jet insuffisamment amendé.» Marcel Raymond *ad locum*. «A-t-on suffisamment remarqué qu'il n'y a pas de rivière à l'île Saint-Pierre? Insensiblement, l'analyse de la rêverie tend à se généraliser, et à rejoindre celle du *Second Dialogue*.» Henri Roddier *ad locum*. Um die Punkte erkennen zu können, die Rousseaus fiktionale Ergänzung herausstellt, ist der Leser auf keine externe In-

Szenen ist gemeinsam, daß sie die *rêveries solitaires* mit dem Wasser in Verbindung bringen. Aber nur die zweite und die dritte handeln von der Betrachtung des Wassers, von einer Aktivität, die sich dem Element intensiv zuwendet, sich mit seiner Oberfläche und seiner Tiefe befaßt und zugleich Distanz zu ihm wahrt. Und einzig die zweite Szene ist auf der St. Petersinsel angesiedelt, nicht bloß in deren Nähe oder in einem fiktiven Supplement. Die Ergänzung, die Rousseau im Rückverweis auf die Beschreibung des Tageslaufs vornimmt, macht den Höhepunkt im Zentrum des fünften Spaziergangs zum zentralen Beispiel seines vollkommenen Glücks.

Wie hinreichend, wie vollkommen und wie voll vermag ein Glück zu sein, das oft oder manchmal, aber nicht immer erfahren wird, das beginnt und aufhört, zurückkehrt und schließlich endet? Offenbar so hinreichend, so vollkommen und so voll, wie es einem Wesen zukommt, das sein Glück und seine Endlichkeit weiß. Rousseau fügt in die beiden zentralen Absätze des dritten Teils zweimal wortgleich die Einschränkung *tant que cet état dure* ein, und er gibt nirgendwo zu erkennen, daß «un bonheur suffisant, parfait et plein, qui ne laisse dans l'ame aucun vuide qu'elle sente le besoin de remplir» für ihn in Wahrheit an die Aufhebung dieser Einschränkung oder an das vorübergehende Vergessen der Bedingung seiner Existenz gebunden wäre. Der Höhepunkt der *Cinquième promenade*, die Sammlung auf die notwendige Bewegung des *flux et reflux*, spricht eine deutliche Sprache. Die *suprême félicité*, auf die Rousseau verweist, ist nicht die Glückseligkeit eines imaginären Wesens, und die Dauer, die zu ihr beiträgt, bemißt sich nicht an einem imaginären Zeitmaß. Die Dauer, die zur höchsten Glückseligkeit Rousseaus führt, ist vorrangig eine kognitive und daraus abgeleitet, durch Einsicht vermittelt, eine temporale Bestimmung. Das verbindet die *suprême félicité* mit dem Denk-Raum des *monde idéal*, zu dessen zeitloser Gegenwart es keinen Zugang gibt ohne das Wissen der Endlichkeit, ohne die Erkenntnis von Notwendigkeiten, ohne die Einsicht in die eigene Natur.

Was genießt Rousseau, wenn er in seiner *rêverie solitaire* am Ufer die Wellen des bewegten Sees betrachtet? Die zweite Hälfte des dritten Teils

formation angewiesen. Er muß nur die Beschreibung des Tageslaufs im zweiten Teil der *Cinquième* ernst nehmen und beides, die Beschreibung wie den Rückverweis im dritten Teil, bedenken.

beginnt in beinahe ebenso vielen Worten mit dieser Frage. «De quoi joui-t-on dans une pareille situation?» fragt Rousseau in nächster Nähe zum Rückverweis auf den Höhepunkt der Promenade.[53] «De rien d'extérieur à soi, de rien sinon de soi-même et de sa propre existence», lautet die Antwort. Sie ist uns ihrer Substanz nach seit der ersten Verhandlung des Höhepunkts vertraut.[54] In Staunen setzen ihre Lakonik, ihre Härte, ihre Direktheit, auch wenn die Grundlagen des Selbstgenusses unausgesprochen bleiben: die Unschuld oder das Bewußtsein des eigenen Gutseins, die Abwesenheit von Gewissensqualen oder das Freisein von Sündenpein. Doch die Antwort hat eine nicht minder Staunen erregende Fortsetzung, die den Fluchtpunkt des Gedankengangs bezeichnet: «tant que cet état dure on se suffit à soi-même comme Dieu.» Im Zustand höchster Glückseligkeit ist Rousseau ganz bei sich. Er genießt sich, da er gut und insofern er sich selbst genug ist. Wenn wir Gott als ein vollkommenes oder als das höchste Wesen begreifen, das eine Person ist, können wir sagen, daß dieses Wesen im höchsten Maße bei sich, gut und sich selbst genug sei. Rousseaus Zustand höchster Glückseligkeit ist mithin, solange er dauert, ein göttlicher Zustand.[55] Der vierten Erwähnung von *Dieu* läßt Rousseau im unmittelbaren Anschluß die einzige Erwähnung von *sentiment de l'existence* in den *Rêveries* folgen. Er geht auf die Bestimmung zurück, die Gott und Tier verbindet, die göttlichem Zustand und natürlichem Zustand gemeinsam ist: «Le sentiment de l'existence depouillé de toute autre affection est par lui-même un sentiment précieux de contentement et de paix qui suffiroit seul pour rendre cette existence chére et douce à qui sauroit écarter de soi toutes

---

53 Die Frage, mit der Rousseau die zweite Hälfte des dritten Teils beginnt, nimmt die zweite Hälfte der Frage auf, mit der er den zweiten Teil begann: «Quel étoit donc ce bonheur et en quoi consistoit sa jouissance?» Um so mehr verdient Beachtung, daß Rousseau die ursprüngliche Frage auf die Höhepunkte seines Lebens konzentriert. Sein Glück aufs Ganze gesehen gibt nur die Beschreibung des zweiten Teils zu «erraten». Die Absätze V, 6 und V, 15 sind die einzigen Absätze der *Cinquième promenade*, die mit Fragen beginnen.
54 Siehe V, 9, 2 und V, 14, 1 sowie S. 154 und 168.
55 Cf. Kapitel II, S. 96–98 und 100. «… if we understand by God the most perfect being that is a person, there are no gods but the philosophers (Sophist in princ: θεος τις ἐλεγκτικος). Poor gods? Indeed, measured by imaginary standards.» Leo Strauss: *Reason and Revelation*, in: Heinrich Meier: *Leo Strauss and the Theologico-Political Problem*. Cambridge 2006, p. 163.

les impressions sensuelles et terrestres qui viennent sans cesse nous en distraire et en troubler ici bas la douceur.» Das Gefühl der Existenz ist dem göttlichen und dem natürlichen Zustand als die Grundlinie gemeinsam, die den nichtdepravierten vom depravierten Zustand unterscheidet. Im nichtdepravierten Zustand genügt das Gefühl der Existenz, da es an ihm selbst ein «köstliches Gefühl der Zufriedenheit und des Friedens» der Seele ist, um demjenigen, der es empfindet, die Existenz «teuer und süß» zu machen. Im depravierten Zustand lenken die Leidenschaften und die sozialen Bedürfnisse von seiner «Süßigkeit» ab. Sie übertönen und machen das Gefühl verstummen, das im nichtdepravierten Zustand das Leben trägt.

Das Gefühl, das die Existenz «teuer und süß» macht, ist tief in der Natur verwurzelt. Es hält den Einzelnen mit Grund im Leben und gibt dem, der es im Denken einzuholen weiß, recht, wenn er die Bejahung seines Lebens in das Urteil faßt: *Le tout est bien*. Das Gefühl der Existenz ist Grundlage für alles, aber es ist nicht alles für Rousseau. Anders als Diderot, der zur Zeit ihrer Freundschaft gewillt war, das Gefühl der Existenz mit dem Gefühl des Glücks in der «wonnigen Ruhe» eines «gänzlich passiven Genusses» zusammenfallen zu lassen und «den Begriff des größten und reinsten Glücks, das der Mensch sich vorstellen kann», nach einer solchen «Situation reinen Gefühls» zu bilden,[56] ver-

---

[56] Diderots Artikel *Délicieux*, der im vierten Band der *Encyclopédie* im Oktober 1754 veröffentlicht wurde, verdient wegen seiner Nähe zur *Cinquième promenade* Beachtung, eine Nähe, die die spezifische Differenz der Rousseauschen Darstellung um so schärfer hervortreten läßt: «Le repos a aussi son *délice*; mais qu'est-ce qu'un repos *délicieux*? Celui-là seul en a connu le charme inexprimable, dont les organes étaient sensibles et délicats; qui avait reçu de la nature une âme tendre et un tempérament voluptueux; qui jouissait d'une santé parfaite; qui se trouvait à la fleur de son âge; qui n'avait l'esprit troublé d'aucun nuage, l'âme agitée d'aucune émotion trop vive; qui sortait d'une fatigue douce et légère, et qui éprouvait dans toutes les parties de son corps un plaisir si également répandu, qu'il ne se faisait distinguer dans aucun. Il ne lui restait dans ce moment d'enchantement et de faiblesse, ni mémoire du passé, ni désir de l'avenir, ni inquiétude sur le présent. Le temps avait cessé de couler pour lui, parce qu'il existait tout en lui-même; le sentiment de son bonheur ne s'affaiblissait qu'avec celui de son existence. Il passait par un mouvement imperceptible de la veille au sommeil; mais sur ce passage imperceptible, au milieu de la défaillance de toutes ses facultés, il veillait encore assez, sinon pour penser à quelque chose de distinct, du moins pour sentir toute la douceur de son existence: mais il en jouissait d'une jouissance tout à fait passive, sans y être attaché, sans y

bindet Rousseau mit dem allgemeinen Gefühl der Existenz «Zufriedenheit und Frieden». Seine Glückseligkeit erschöpft sich nicht im *sentiment de l'existence*, das er nach dem Vergleich mit der Selbstgenügsamkeit Gottes aufbietet. Rousseaus «vollkommenem Glück» liegt das Gefühl *seiner* Existenz zugrunde,[57] und es ist diese Grundlage, auf der Rousseaus Seele *ihr* «ganzes Sein sammelt», ein Sein, dem Rousseaus Denken, seine Erfahrung mit dem Denken, seine Erinnerung an den zurückgelegten Denkweg als integrale Bestandteile angehören. Deshalb kann der Contemplatif Solitaire bei der Betrachtung des *flux et reflux* mitsehen, mitdenken und mitfühlen, was kein Nichtphilosoph, ob «Orang-Utan», Hottentotte oder Bürger von Genf, mitsieht, mitdenkt und mitfühlt. Aus demselben Grund ist Rousseaus Beisichselbstsein weder der Zustand eines «gänzlich passiven Genusses», noch läßt sich seine Sammlung als «Moment der Verzauberung und Schwäche» im Übergang vom Wachen zum Schlafen begreifen. Seit dem Ende der *Première promenade* wissen wir, daß Rousseau die *méditations solitaires*, deren Frucht die *Rêveries* sind, auf eine Quelle oder Aktivität zurückführt, ohne die seine Seele nicht sein kann. Und die *Deuxième promenade*, an deren Beginn Rousseau uns versichert, daß die Stunden der Einsamkeit und des Nachdenkens die einzigen Stunden des Tages seien, in denen er ganz er selbst und bei sich ist, enthält die denkwürdige Schilderung der langsamen Rückkehr ins Leben aus vorübergehender Bewußtlosigkeit infolge eines schweren Sturzes, einer Art Übergang vom Schlafen zum Wachen, die im auffälligen Kontrast des sonderbaren Außersichseins, das sie vor Augen stellt, das Beisichselbstsein erhellt, das die *Cinquième promenade* beschreibt. Gerade weil Rousseau die «hinreißende Ruhe» preist, die er während des extraordinären, nicht wiederkehrenden und nicht zu verstetigenden Augenblicks «in seinem ganzen Sein» fühlte, das gleichsam zerstreut, ohne das Zentrum und den Zusammenhang der eigenen Existenz, nach außen strömte und schwebte.[58]

---

réfléchir, sans s'en réjouir, sans s'en féliciter. Si l'on pouvait fixer par la pensée cette situation de pur sentiment, où toutes les facultés du corps et de l'âme sont vivantes sans être agissantes, et attacher à ce quiétisme délicieux l'idée d'immutabilité, on se formerait la notion du bonheur le plus grand et le plus pur que l'homme puisse imaginer.» Diderot: OC VII, *Encyclopédie* III (*Lettres D–L*), p. 9.
57 Cf. V, 14, 1: le sentiment «seul de *notre* existence»; V, 9, 2: «pour me faire sentir avec plaisir *mon* existence» (meine Hervorhebung).
58 «La nuit s'avançoit. J'apperçus le ciel, quelques étoiles, et un peu de verdure.

Sobald Rousseau die Bestimmung der höchsten Glückseligkeit in der Verbindung des Selbstgenusses mit der Selbstgenügsamkeit Gottes hat gipfeln lassen, beginnt er den Abstieg. Nicht nur der herausforderndste Satz der *Cinquième promenade*, sondern die Beschreibung und Erläuterung des Glücks des philosophischen Lebens insgesamt, an deren Ende oder Spitze er steht, bedarf der politischen Einbettung. An eine solche Einbettung, Mäßigung, Dämpfung wendet Rousseau den Rest des Spaziergangs. Nach dem Vergleich mit Gott richtet er den Blick auf die große Mehrzahl der Menschen: «Mais la pluspart des hommes agités de passions continuelles connoissent peu cet état». Durch die dazwischengeschobene, das steile Gefälle vermindernde Aussage zur allgemeinen Wirkung des *sentiment de l'existence*, die das Gefühl der Existenz als «köstliches Gefühl der Zufriedenheit und des Friedens» charakterisiert, «von dem uns die sinnlichen und irdischen Eindrücke unablässig ablenken», ist der Abstand zum göttlichen Zustand so weit verwischt, daß undeutlich bleibt, ob es sich bei dem Zustand, den «die meisten Menschen wenig kennen», um den Zustand vollkommenen Glücks oder um einen Zustand der Zufriedenheit und des Friedens handelt.[59] Da die meisten Menschen *cet état* «nur unvollkommen während weniger Augenblicke gekostet haben», verfügen sie nur über eine «dunkle und verworrene Vorstellung von ihm, die sie seinen Zauber nicht fühlen läßt.» Nach dieser milden und verhaltenen Umschreibung überrascht es

Cette préniére sensation fut un moment délicieux. Je ne me sentois encor que par là. Je naissois dans cet instant à la vie, et il me sembloit que je remplissois de ma legere existence tous les objets que j'appercevois. Tout entier au moment présent je ne me souvenois de rien; je n'avois nulle notion distincte de mon individu, pas la moindre idée de ce qui venoit de m'arriver; je ne savois ni qui j'étois ni où j'étois; je ne sentois ni mal, ni crainte, ni inquietude. Je voyois couler mon sang comme j'aurois vu couler un ruisseau, sans songer seulement que ce sang m'appartint en aucune sorte. Je sentois dans tout mon être un calme ravissant auquel chaque fois que je me le rappelle je ne trouve rien de comparable dans toute l'activité des plaisirs connus» II, 10 (1005). Cf. Diderots Beschreibung in Anm. 56.
59 Tatsächlich spricht Rousseau, nachdem er in V, 14, 1 den Zustand dessen erreicht hat, der sich «heureux» nennen kann «d'un bonheur suffisant, parfait et plein», im Rest der *Cinquième*, in der ganzen zweiten Hälfte des dritten Teils, nicht ein einziges Mal mehr von «bonheur» oder von «heureux». In der *Cinquième* kommt *bonheur* siebenmal vor, kulminierend in der siebten Verwendung, im «bonheur suffisant, parfait et plein» von V, 14, 1; *heureux* wird fünfmal gebraucht, ebenfalls kulminierend in V, 14, 1.

nicht, daß Rousseau keineswegs ermahnend oder ermunternd fortfährt und dazu auffordert, den depravierten Zustand zu verlassen. Er erklärt, im Gegenteil, daß es «dans la présente constitution des choses», d. h. unter Bedingungen der Soziabilität, «nicht einmal gut wäre», wenn sie, «begierig nach jenen süßen Ekstasen», im fraglichen Zustand einen Widerwillen gegen das tätige Leben faßten und, so dürfen wir annehmen, in der Folge einem «köstlichen *far niente*» anhingen, wie sie es verstehen. Denn ihre sich stets erneuernden gesellschaftlichen Bedürfnisse machen ihnen *la vie active* zur Pflicht. Was für die meisten nicht einmal gut wäre, geschweige, daß es der Verallgemeinerung zugänglich ist, kann gut sein für den, dessen natürliche Fähigkeiten ihm ein betrachtendes Leben zur Notwendigkeit machen. Rousseau spricht diesen Gedanken nicht aus. Er schließt vielmehr ein zweites, gegenläufiges Aber an, das den Contemplatif Solitaire unter Rekurs auf äußeren Zwang von der Pflicht zum tätigen Leben entbindet: «Mais un infortuné qu'on a retranché de la societé humaine et qui ne peut plus rien faire ici bas d'utile et de bon pour autrui ni pour soi, peut trouver dans cet état à toutes les félicités humaines des dédomagemens que la fortune et les hommes ne lui sauroient ôter.» Durch Verfolgung daran gehindert, sei es für andere, sei es für sich Gutes zu tun, vermag Rousseau nur gut zu sein, bei sich selbst zu sein, glücklich zu sein. Das Beisichselbstsein bietet ihm «Entschädigungen», die ihm weder Fortuna noch die Menschen rauben können. Was ihn «für alle menschlichen Glückseligkeiten» entschädigt, ist die höchste Glückseligkeit.[60]

Was für den Promeneur Solitaire gilt, gilt nicht für alle. Zu Beginn des vorletzten Absatzes räumt Rousseau ein: «Il est vrai que ces dedomagemens ne peuvent être sentis par toutes les ames ni dans toutes les situations.» Der Rhetorik der gesamten *Cinquième promenade* folgend, läßt Rousseau im unklaren, welche Fähigkeiten seiner Seele ihr unter «allen Seelen» vorzüglich eigen sind. Die Kraft, die ihn in den Stand setzt, «jene Entschädigungen» zu genießen, zu denen nicht Jedermann Zugang hat, bleibt weiter ungenannt. Desgleichen übergeht er den Grund mit Schweigen, der «den meisten Menschen» die Rückkehr zu sich nicht so sehr zu einer beseligenden Freude als vielmehr «unerträglich» macht, ein Befund, auf den er in der *Huitième promenade* zu sprechen kommen

60 Cf. Kapitel II, S. 85 und Kapitel I, Anm. 11. Siehe I, 1 (995); I, 13 (1000) und I, 4 (996); I, 11 (999); I, 12 (999); II, 3 (1002–1003).

wird.[61] Statt auf die Verschiedenheit der Naturen einzugehen, fährt Rousseau mit der Unterscheidung der «Situationen» fort. Um die «Entschädigungen» genießen zu können, muß das Herz in Frieden sein. Keine Leidenschaft darf seine Ruhe stören. «Il y faut des dispositions de la part de celui qui les éprouve, il en faut dans le concours des objets environnans.» Wiederum geht Rousseau nicht auf die Frage der natürlichen Anlagen oder der Grundlagen des Genusses «jener Entschädigungen» ein. Er nimmt die Dispositionen des Subjekts in einem Atem mit der Wirkung der Objekte, die es umgeben, in eine Kasuistik hinein, die die Aufmerksamkeit auf die «Situationen» lenkt und allgemeine Zugänglichkeit suggeriert: Weder eine absolute Ruhe noch zuviel Bewegtheit, eine einförmige und mäßige Bewegung ohne Erschütterungen und ohne Unterbrechungen sei erforderlich. Denn ohne Bewegung sei das Leben nichts als Lethargie, wohingegen uns die Bewegung, wenn sie ungleich oder zu stark ist, aufrüttle, indem sie uns an die Objekte erinnere, die uns umgeben, den Zauber der *rêverie* zerstöre und uns aus uns herausreiße, um uns augenblicklich wieder «dem Joch Fortunas und der Menschen» zu unterwerfen. Eine absolute Stille führe zur Traurigkeit. Sie biete ein Bild des Todes. An dieser Stelle, in einer Situation, in der die Objekte, die uns umgeben, ihre Mitwirkung versagen, in der wir an den Tod gemahnt werden und von «Zufriedenheit und Frieden» am weitesten entfernt zu sein scheinen, hat die Einbildungskraft ihren ersten Auftritt in der *Cinquième promenade* und der Himmel seinen letzten in den *Rêveries*.[62] «Alors le secours d'une imagination riante est necessaire et se présente assez naturellement à ceux que le Ciel en a gratifiés.» Eine heitere Einbildungskraft bringt die Bewegung im Inneren hervor, die von außen ausbleibt, und weist so einen Weg aus dem Engpaß, in den Rousseaus Kasuistik den Leser geführt hat. Zwar sei die Ruhe im Falle der durch Imagination erzeugten Bewegung geringer, doch dafür sei sie angenehmer, «wenn leichte und süße Vorstellungen, ohne den Grund der Seele zu bewegen, sozusagen nur deren Oberfläche streifen». Mehr

61 Cf. VIII, 4 (1075).
62 Rousseau verwendet *imagination* in der *Cinquième promenade* einmal in V, 16 (1047) und danach noch zweimal in V, 17 (1049). *Le Ciel* kommt vor in II, 24 (1010), III, 19 (1019), IV, 2 (1025), IV, 28 (1034) und V, 16 (1047). (An den Stellen IV, 2 und IV, 28 hat das Manuskript, wie der Sinn es verlangt, *le Ciel* und nicht *le ciel*, wie die Editoren Rousseau wiedergeben.)

aber brauche es nicht, um sich seiner selbst zu erinnern und dabei alle seine Leiden zu vergessen. Allen, denen der Himmel eine sonnige Einbildungskraft geschenkt hat, scheint die Unabhängigkeit von äußeren Umständen, scheint die Autarkie mit Leichtigkeit erreichbar, scheint ein Zustand von Zufriedenheit und Frieden im Träumen beinahe jederzeit und überall zugänglich zu sein: «Cette espéce de rêverie peut se goûter par tout où l'on peut être tranquille, et j'ai souvent pensé qu'à la Bastille et même dans un cachot où nul objet n'eut frapé ma vue, j'aurois encor pu rêver agreablement.»

Die Einbildungskraft, die Rousseau kurz vor Schluß einem deus ex machina gleich präsentiert und das Ende des Spaziergangs dominieren läßt, hat das Bild von der *Cinquième promenade* nachhaltig geprägt. Sie hat geholfen, die Natur dessen, was Rousseau in der Darstellung seines Lebens auf der St. Petersinsel verhandelt, zu verhüllen. Sie hat wesentlich dazu beigetragen, den harten Kern seines Denkens vergessen zu machen und die so angenehme wie beruhigende, um nicht zu sagen leichte und süße, Vorstellung vom harmlosen Spaziergänger in der Erinnerung zu verankern, der, wiewohl ein Sonderling, von einem Jedermann nicht allzu verschieden war und dessen Selbstgenügsamkeit niemanden zu verstören brauchte, da sie kaum mehr bedeutete als ein Traum. Rousseau verfügte über eine ausreichende Imagination und hinlängliche Erfahrung als Autor, um diese Wirkungen abzuschätzen. Er konnte unschwer vorhersehen, daß die wenigsten Leser die Kasuistik der Situationen an der Beschreibung des zentralen Teils überprüfen und die aus der Einbildungskraft geborene *rêverie* des Schlusses am Höhepunkt der *Rêverie* messen würden. Er konnte insbesondere darauf bauen, daß die große Mehrzahl der Leser nicht zwischen Gattung und Art unterscheiden und nur allzu bereitwillig «cette espèce de rêverie» mit den *rêveries* in eins setzen würde, die im Titel des Buches aufscheinen.[63] Was lag näher, als die so prominent plazierte «Art» *rêverie*, die der Einbildungskraft entstammt, in die *rêveries* hineinzulesen, von denen im zweiten Teil der *Cinquième* und in den *Rêveries* überhaupt die Rede ist? Und so die spezifischen Aktivitäten aus dem Blick zu verlieren oder gar nicht ins Auge zu fassen, die die «Gattung» *rêverie* in sich aufnimmt und übergreift? Die Jedermanns-*rêverie* am Ende des Spaziergangs befestigt den Eindruck vom Müßiggänger, der sich dem Nichts-

---

63 Siehe Kapitel III, S. 112–113. Cf. V, 7 (1043).

tun ergeben und in einer Phantasiewelt Zuflucht, Ersatz, Trost vor der Wirklichkeit gefunden hat. Wenige Leser werden danach mit der Bezeichnung *rêverie* ernstes und tiefes Nachdenken verbinden, und kaum einem wird in den Sinn kommen, der Promeneur Solitaire könnte während seines Aufenthalts auf der St. Petersinsel am Entwurf eines wohlgeordneten politischen Gemeinwesens gearbeitet haben, wofür er die unterschiedlichsten Realien – geographische, historische, politische, ökonomische, demographische – heranzog und untersuchte. Ein Unterfangen, von dem Rousseau gleichfalls sagte, es handele sich um eine *rêverie*.[64] Der exoterische Schluß steht ganz im Zeichen der Einbildungskraft. Aus dem imaginierten Kerker, in dem Rousseau «immer noch angenehm hätte träumen können», kehrt der Autor zur St. Petersinsel zurück, die er aber nicht mehr bei ihrem Namen nennt. Auf «einer fruchtbaren und einsamen Insel, die natürlicherweise umgrenzt und vom Rest der Welt getrennt ist», ließ sich, wie Rousseau «zugeben» muß, «viel besser und angenehmer» träumen als in der Bastille. In einer Umgebung, die ihn durchweg heiter stimmte, und angesichts einer höchst überschaubaren Gesellschaft, die seine Aufmerksamkeit nicht über Gebühr beanspruchte, vermochte er sich den ganzen Tag ohne Hindernis und ohne Sorgen den Beschäftigungen seiner Neigung oder dem weichsten Müßiggang zu überlassen. Über die «occupations de mon gout» verliert Rousseau kein weiteres Wort. Statt dessen versichert er dem Leser, daß die Insel «ohne Zweifel» schöne Umstände bot «für einen Träumer», der sich selbst «inmitten der verdrießlichsten Objekte von angenehmen Schimären zu nähren wußte». Wieviel mehr mußten «all die lieblichen Objekte», die ihn dort umgaben und die er den Hervorbringungen seiner Imagination assimilieren konnte, sein Träumen befördern. Der *rêveur* ersetzt den *contemplatif solitaire*.[65] Dichtung und Wahrheit ver-

---

64 Rousseau spricht im Hinblick auf seine Aufgabe als *Législateur* für Korsika 1764 von «mes rêveries», wie er 1771 am Ende der *Considérations sur le gouvernement de Pologne* von seiner Lageanalyse und seinen Reformvorschlägen als «mes rêveries» sprechen wird: *Lettre à George Keith, comte-maréchal d'Ecosse* vom 8. Dezember 1764, CC XXII, p. 184 und *Considérations sur le gouvernement de Pologne*, p. 1041 (zweitletzter Satz der Schrift). Zu den Realien, die Rousseau bei der Ausarbeitung seines Verfassungsentwurfs für Korsika heranzog, cf. *Lettre au capitaine Matthieu Buttafoco* vom 15. Oktober 1764, CC XXI, p. 258–260.
65 «Rêveur» kommt in den *Rêveries* nur dieses eine Mal in V, 17 (1048) vor.

schwimmen. «Fiktionen» und «Realitäten» werden nicht mehr geschieden. Vergangenheit und Gegenwart mischen sich in der Sehnsucht nach dem «gesammelten und einsamen Leben», das er während «jenes schönen Aufenthalts» führte. «Que ne peut-elle renaitre encore?» Die Sehnsucht, die sich in dem Wunsch, das früher geführte Leben möge wiedererstehen, wie in dem erneuerten Wunsch ausspricht, zu der «geliebten Insel» zurückkehren und seine Tage auf ihr beschließen zu können, ohne sie jemals wieder zu verlassen und ohne dort jemals «irgendeinen Bewohner des Festlands» wiedersehen zu müssen, der ihn an die «Trübsal jeder Art» erinnerte, die sie «seit so vielen Jahren» über ihn gebracht haben, diese Sehnsucht könnte zu der Annahme verleiten, *la vie recueillie et solitaire* sei für Rousseau eine Sache der Vergangenheit. Alles liege «fünfzehn Jahre» zurück. Einem solchen Eindruck wirkt Rousseau entgegen, indem er die Möglichkeiten der kurz zuvor eingeführten «Art» *rêverie* nutzt und die Reichweite der Einbildungskraft ausspielt. Seine Imagination erlaubte ihm, ob er sich auf der Insel oder fern von ihr befände, alle Erdenschwere abzustreifen und sich zu den «himmlischen Intelligenzen»[66] zu erheben: «Delivré de toutes les passions terrestres qu'engendre le tumulte de la vie sociale, mon ame s'élanceroit fréquemment au dessus de cet atmosphére, et commerceroit d'avance avec les intelligences celestes dont elle espére aller augmenter le nombre dans peu de tems.» Die Einbildungskraft scheint von den Fesseln des Körpers und damit von der Gebundenheit an Ort und Zeit zu befreien. Wenn die Menschen Rousseau die «süße Zuflucht» verweigern, nach der er sich sehnt, so können sie ihn doch nicht daran hindern, sich jeden Tag «auf den Flügeln der Einbildungskraft» dorthin zu versetzen und «während einiger Stunden dieselbe Freude zu genießen», als wenn er wie einst auf der Insel wohnte. Mehr noch, wenn er träumen kann, er träumte auf der Insel, dann kann er auch träumen, er träumte schöner, als er auf ihr träumte. Die *rêverie*, die in der Gegenwart das Werk der Imagination ist, vermag die imaginierte *rêverie* der Vergangenheit zu überbieten: «à l'attrait d'une rêverie abstraite et monotone je joins des images charmantes qui la vivifient.» Die Freiheit, die die Einbildungskraft eröffnet, scheint grenzenlos, die Sehnsucht folglich ohne Grund und Gehalt. Rousseau geht so weit zu erklären, daß er jetzt «oft mehr und angenehmer» in seinen «Ekstasen» sei als zu der Zeit, in der er

---

66 Zu den «intelligences celestes» cf. *Discours sur l'inégalité*, Note IX, p. 320.

wirklich in ihnen war. Das «Unglück» ist, daß die Einbildungskraft «erkaltet». Sie gehört zum Werden. Sie unterliegt den Veränderungen der Zeit. Sie altert. Ihre Unabhängigkeit vom Körper erweist sich als Illusion. «Helas, c'est quand on commence à quitter sa dépouille qu'on en est le plus offusqué!»
Der letzte Satz der *Cinquième promenade* ist geeignet, die Erwartung allseitiger Befreiung durch die Einbildungskraft zu zügeln. Damit wird er zum Vorboten der Revision, der Rousseau den Schluß der *Cinquième* unterzieht. Die Revision betrifft, genauer gesagt, die beiden markantesten Positionen, die Rousseau auf seinem Weg zurück zum Festland exponiert: Die Rechtfertigung der höchsten Glückseligkeit aus fremdem Zwang, der ihm das tätige Leben verwehre, wird in der *Sixième* wiederaufgenommen. Und die Lobeserhebung der *rêverie*, die wesentlich als *imagination* erscheint, wird in der *Septième* überprüft. Tatsächlich verlangt der Schluß der *Cinquième* eine Kritik der Einbildungskraft, wie die Trias aus *Septième*, *Huitième* und *Neuvième* sie entfaltet. Die Kritik kommt nicht unvorbereitet, da die Ambivalenz der Einbildungskraft zu den prominenten Themen in Rousseaus Œuvre zählt. Rousseau hätte von der *imagination* mit beinahe ebensoviel Recht sagen können, was er vom *amour-propre* gesagt hat: «wir verdanken ihr, was es an Bestem und was es an Schlechtestem unter den Menschen gibt.»[67] Sie kann Fesseln sprengen und Ketten anlegen, zur Wahrheit verhelfen und in Illusionen wiegen. Sie kann uns der Abhängigkeit von *êtres imaginaires* ausliefern, aber nicht weniger unsere Anstrengung beflügeln, die Gebundenheit an die Meinungen und Vorurteile der Zeit zu überwinden. Sie kann das Außersichsein befestigen wie das Beisichselbstsein befördern. Die Einbildungskraft vermag an ihr selbst weder von den gesellschaftlichen Leidenschaften noch von Hoffnung oder Furcht zu befreien. Sie läßt sich von den Affekten, ganz im Gegenteil, in Dienst nehmen, als Mittler gebrauchen, als Verstärker einsetzen. Die Affekte des soziablen Menschen begleiten ihn mit ihrem «traurigen Gefolge», wie Rousseau im Rückblick der *Huitième promenade* feststellt, in seine Einsamkeit und

---

67 *Discours sur l'inégalité*, Seconde partie, p. 256. Zur Wirkung der Einbildungskraft cf. *Discours sur l'inégalité*, Première partie, p. 108, 156; Seconde partie, p. 206; Note IX, p. 308; *Émile* IV, p. 504–505 und 651; *Du contrat social* I, 6, 10, p. 361; II, 7, 3, p. 381–382; II, 7, 10, p. 383; II, 12, 5, p. 394; IV, 8, 1, p. 460; IV, 8, 18, p. 464–465; IV, 8, 33, p. 468; *Rousseau juge de Jean-Jacques* II, p. 815–816.

beschäftigen bis in die Zuflucht, die ihm die Natur gewährt, seine Einbildungskraft. Rousseaus Imagination wird vom «Tumult der Welt» bevölkert, solange er sich nicht vermöge seiner Vernunft, aufgrund seiner Reflexion und kraft seines Entschlusses vom «Tumult der Welt» befreit, solange er sich dem «Tumult des sozialen Lebens», von dem am Ende der *Cinquième* die Rede ist, nicht bewußt entzogen hat. Die poetische Darstellung der fünften *Rêverie* blendet die Voraussetzungen der Selbstgenügsamkeit aus, die Rousseaus Zuversicht begründet, sogar in der Bastille noch «angenehm träumen» zu können. Sie übergeht mit Schweigen, daß auch die *imagination riante* der «Probe der Reflexion» unterliegt. Die achte *Rêverie* wird daran erinnern. So wie sie in nirgendwo sonst erreichter Deutlichkeit vor Augen führen wird, weshalb das Beisichselbstsein des Promeneur Solitaire ein Zustand der Bewegung ist.[68]

68 VIII, 22 (1083); VIII, 2 (1075); VIII, 23 (1084).

V

Politik

***

Verfolgung verschlägt Rousseau auf die St. Petersinsel. Verfolgung vertreibt ihn von ihr. Verfolgung umgrenzt die Episode, die er wählt, um die höchste Glückseligkeit in den *Rêveries* zu verhandeln. Das Beisichselbstsein des Promeneur Solitaire ist von Politik umringt. Sie umspielt es im Medium seiner Darstellung. Und sie fordert ihn heraus zur Selbstbefragung. Was trägt das Außersichsein bei zum Beisichselbstsein? Welches Gewicht hat, welcher Rang gebührt der Politik in seinem Leben? War es richtig oder war es falsch, sich in der Öffentlichkeit zu exponieren, zur Menschheit zu sprechen, als Zeuge der Wahrheit aufzutreten? Diese Fragen verbinden die beiden Promenaden, die die *Cinquième* flankieren und die ausdrücklich der Selbstforschung oder die jedenfalls der Selbsterklärung dienen.[1] Die *Quatrième* macht das Motto *Vitam impendere vero* zum Gegenstand der Erörterung, unter das Rousseau seine öffentliche Existenz gestellt hatte. Sie untersucht, in welcher Weise er der selbstproklamierten Tugend entsprach. Die *Sixième* gibt dem Argument eine radikale Wendung. Rousseau betrachtet in ihr die politischen Tugenden, moralischen Verbindlichkeiten, sozialen Ansprüche unter dem Gesichtspunkt des eigenen Guten und kommt im Rückgang auf seine Natur zu dem Schluß, daß er sich zur politischen Tugend nicht erhoben hat, für den Gehorsam nicht geschaffen ist und mithin für die bürgerliche Gesellschaft oder das politische Gemeinwesen[2] niemals wahrhaft geeignet war. Die *Cinquième promenade* nimmt sich zwischen den beiden Spaziergängen auf den ersten Blick wie ein erratischer Block, um nicht zu sagen wie ein Einschluß aus, der einer anderen Welt zugehört. Sie scheint den Gang des Arguments zu unterbrechen, wofern sie ihn nicht verdeckt, da sie den engen Zusammenhang, der zwischen dem vierten und dem sechsten Spaziergang besteht, in den Hintergrund treten läßt. Tatsächlich wird die Un-

---

1 IV, 1 (1024); VI, 1 (1050), VI, 3 (1051), VI, 6 (1052).
2 Cf. *Discours sur l'inégalité*, Seconde partie, p. 172 und den Kommentar *ad locum*.

terbrechung zum Wendepunkt der Untersuchung. Das Beisichselbstsein, das die *Cinquième* umkreist, eröffnet den Perspektivenwechsel, der zwischen der *Quatrième* und der *Sixième* statthat, und begründet allererst die Haltung, die der Contemplatif Solitaire zur Politik einnimmt. Das Wissen des Beisichselbstseins findet seinen sinnfälligen Ausdruck im Lachen Rousseaus, einem Lachen der Selbsterkenntnis und der Gelassenheit, das der zweiten Hälfte der *Rêveries* vorbehalten ist. Rousseaus Lachen über sich und über andere bewegt sich zwischen einem Lachen ungezwungener Geselligkeit, dem ersten Lachen des Buches, unmittelbar nachdem das Zentrum und der Höhepunkt der *Cinquième* überschritten ist, und dem Lachen der Natur, dem letzten Lachen der *Rêveries*: Einerlei, was die Menschen über Rousseau glauben und reden mögen, mit welcher Feindschaft sie ihm begegnen, welcher Verfolgung sie ihn unterziehen, «immer lacht» ihm die Natur.[3]

Nach der politischen Darstellung seiner Selbstgenügsamkeit im fünften Spaziergang wendet sich Rousseau im sechsten der grundsätzlichen Bestimmung seines Verhältnisses zur Politik zu. Ein harter Szenenwechsel bringt uns von der «Isle de S.t Pierre au milieu du lac de Bienne» an einen Ort mit einem nicht weniger sprechenden Namen, zur «barriére d'enfer». Rousseaus Reflexion, die weitreichender kaum sein könnte, hat ihren Ausgangspunkt in einer alltäglichen Beobachtung. Bei einem Spaziergang, den er «gestern» unternahm, um in den Außenbezirken von Paris der Bièvre entlang zu botanisieren, fiel ihm auf, daß er zum wiederholten Mal einen Umweg gegangen war, um zu dem «kleinen Fluß» zu gelangen.[4] Er hatte «machinalement» einen Bogen um die Barrière d'Enfer gemacht. Als er über das unbewußte Verhalten nachdachte, um dessen Ursache zu erforschen,[5] mußte er lachen, da er

---

3 V, 6 (1045) und IX, 20 (1095). Rousseau verwendet in den *Rêveries* zwölfmal das Verb *rire* und zweimal das Substantiv *le rire*. Er lacht selbst siebenmal oder, wenn man das gemeinschaftliche Lachen in V, 6 (*on rioit*) und das Lachen der Natur in IX, 20 (*la nature me rit toujours*) mitzählt, neunmal. Sein Lachen setzt ein in der *Sixième*: VI, 1 (1050), und erreicht die höchste Dichte in der *Septième*: VII, 1 (1060); VII, 26 (1071); VII, 28 (1072); VII, 28 (1073); in der *Huitième* lacht er zweimal über seine Verfolger: VIII, 7 (1076) und VIII, 23 (1084). Die *Neuvième* erwähnt das Lachen anderer: IX, 2 (1086) Substantiv; IX, 2 (1086) zweimal; IX, 10 (1090); IX, 17 (1093) Substantiv.
4 VI, 1 (1050). Cf. V, 14 (1047) und Kapitel IV, S. 169–170.
5 Der Eröffnungssatz der *Sixième*, den Rousseau dem Text nachträglich voran-

–186–

erkannte, daß er der Begegnung mit einem kleinen Jungen ausgewichen war, der sich während des Sommers tagein, tagaus in der Nähe der Barrière d'Enfer aufhielt und die Passanten um Almosen anbettelte. Rousseau hatte an dem Jungen, der «sehr artig, aber lahm» war, zunächst Gefallen gefunden. Wenn er an ihm vorüberging, machte «ce petit bonhomme» sein «kleines Kompliment», und Rousseau entrichtete «de très bon cœur» sein «kleines Opfer», was er noch eine Zeitlang «mit dem selben Vergnügen» tat. Aber als das Vergnügen nach und nach zur Gewohnheit geworden war, verwandelte es sich «in eine Art Pflicht», deren Lästigkeit Rousseau bald empfand. Zumal er sich jedesmal die Ansprache des Bittstellers anhören mußte, die der Opfergabe vorausging, eine Ansprache, «dans laquelle il ne manquoit jamais de m'appeller souvent M. Rousseau pour montrer qu'il me connoissoit bien, ce qui m'apprenoit assez au contraire qu'il ne me connoissoit pas plus que ceux qui l' avoient instruit.» Von da an begegnete er ihm weniger gerne, und schließlich nahm er «machinalement» die Gewohnheit an, zumeist einen Umweg zu gehen, um die Barrière d'Enfer zu meiden.[6] Ebendas, sagt Rousseau, entdeckte er tags zuvor, als er über seine Beobachtung nachdachte, und «zahlreiche andere Beobachtungen», an die er sich, durch jene veranlaßt, erinnerte, haben ihn darin bestärkt, daß «die wahren und ersten Beweggründe» der meisten seiner Handlungen ihm nicht so klar sind, wie er es sich vorgestellt hatte. Grund genug für Rousseau, sich jetzt genauer, eingehender, rückhaltloser zu betrachten – und dem Leser auf diese Weise Einblicke zu gewähren, die ihm bisher verwehrt waren, ihn in eine Klarheit mit hineinzunehmen, die manch einer als schockierend empfinden mag.

Rousseau beginnt seinen Versuch der Selbsterklärung umsichtig. Er bemüht noch einmal die Rechtfertigung aus fremdem Zwang, beruft sich auf das «elende Schicksal», das ihn verhindert, Gutes zu tun, und schließt bruchlos an das an, was er in der *Cinquième* bei seinem Abstieg vom Gipfel über die «félicités humaines» vortrug. «Je sais et je sens que faire du bien est le plus vrai bonheur que le cœur humain puisse gouter; mais il y a longtems que ce bonheur a été mis hors de ma portée, et ce

stellte, enthält das Programm der Selbsterforschung, in deren Zeichen der Spaziergang beginnt: «Nous n'avons guére de mouvement machinal dont nous ne pussions trouver la cause dans notre cœur, si nous savions bien l'y chercher» VI, 1 (1050).
6 VI, 2 (1050–1051).

n'est pas dans un aussi misérable sort que le mien qu'on peut espérer de placer avec choix et avec fruit une seule action reellement bonne.» In der Welt des trügerischen Scheins, in der seine Feinde ihn festzuhalten suchen, ist «un motif de vertu» nur ein Köder, ihn in die Falle zu locken, Tugend ein Mittel, Herrschaft über ihn auszuüben. Das einzige Gute, das er fortan zu tun vermag, bleibt für ihn deshalb, sich «des Handelns zu enthalten, aus Furcht, etwas Schlechtes zu tun, ohne es zu wollen und ohne es zu wissen.» Ein Schluß, der uns seit der *Première promenade* geläufig ist, in einem Auftakt, der der inzwischen vertrauten politischen Rhetorik des Buches ohne Neuerung entspricht.[7] Doch dann geht Rousseau auf eine frühere Epoche seines Lebens zurück und erinnert sich «glücklicherer Zeiten», in denen er, den Regungen seines Herzens folgend, «manchmal ein anderes Herz zufrieden machen» konnte, was ihn, wie er herausstellt, mit außerordentlicher Freude erfüllte: «je me dois l'honorable témoignage que chaque fois que j'ai pu gouter ce plaisir je l'ai trouvé plus doux qu'aucun autre.» Die Neigung, einen anderen aus freien Stücken zufrieden zu machen, findet ihre Erfüllung in der Freude, die Zufriedenheit des anderen als Frucht des eigenen Handelns zu sehen.[8] Rousseau nennt seine Neigung «lebhaft, wahr und rein», um sogleich hinzuzusetzen, daß er auch in jenen glücklicheren Zeiten «häufig» die Last der eigenen Wohltaten «durch die Kette der Pflichten» empfand, die sie nach sich zogen. Das Vergnügen erlosch, und er fand in der Fortführung der Handlungen, die ihm zunächst Freude bereitet hatten, «nur noch eine beinahe unerträgliche Lästigkeit». Die Analyse, die Rousseau für die Zeit vor der Verfolgung gibt, stimmt völlig mit der Analyse überein, zu der die Beobachtung vom Tag zuvor Anlaß gegeben hatte. *La gêne*, die Lästigkeit, der Zwang, die Bedrängnis, die Rousseau in seiner Betrachtung der Begegnung mit dem kleinen Jungen namhaft machte, setzt den Ton für die Erörterung der *Sixième* und gibt die Hauptlinien vor, die Rousseau verfolgen wird: einmal der Zwang, den die Verwandlung eines Vergnügens in eine Pflicht bedeutet; sodann die Bedrängnis, die daraus resultiert, anderen bekannt zu sein, die einen nicht kennen, und zum Adressaten ihrer Ansprüche zu werden. An dem Punkt, an dem die Betrachtung der früheren Epoche sich

---

7 VI, 3 (1051); V, 15 (1047); I, 13 (1000). Cf. VII, 3 (1061).
8 Siehe IX, 1 (1085) und IX, 17 (1093).

mit der Eingangsanalyse trifft, verschärft Rousseau die Wortwahl.⁹ Aus den Wohltaten, die seinem Herzen entsprangen, entstanden «Ketten sukzessiver Verbindlichkeiten», die er nicht vorhergesehen hatte und deren «Joch» er nicht mehr abzuschütteln vermochte. Mehr noch: die «freie und willentliche erste Wohltat», die er jemandem erwies, wurde für diesen «zu einem unbegrenzten Recht auf alle die, deren er in der Folge bedürfen konnte». «Voila comment des jouissances très douces se transformoient pour moi dans la suite en d'onéreux assujetissemens.»¹⁰ Was für Rousseau in der Opposition von Vergnügen und Zwang, von freier Wohltat und Pflicht bzw. Recht, von Genuß und Unterwerfung in Rede steht, ist die Wahrung seiner natürlichen Unabhängigkeit und seiner natürlichen Ausrichtung. Notwendig rückt damit die Frage seiner öffentlichen Existenz ins Zentrum der Aufmerksamkeit. Die «Ketten», fährt Rousseau fort, erschienen ihm nicht sehr drückend, solange er, «von der Öffentlichkeit unbeachtet, in der Verborgenheit lebte.» Aber dies traf nicht mehr zu, sobald seine Person durch seine Schriften bekannt wurde und, mit ihnen verbunden, öffentliche Sichtbarkeit erlangte – «ein schwerer Fehler ohne Zweifel», wie Rousseau einräumt oder herausfordernd in den Raum stellt. Von da an hatte er Gelegenheit, aus der Betrachtung des eigenen Lebensganges «zu erkennen, daß alle Neigungen der Natur, ohne selbst die Wohltätigkeit auszunehmen, wenn sie ohne Klugheit und ohne Auswahl in die Gesellschaft gebracht oder in ihr befolgt werden, ihre Natur verändern und oft ebenso schädlich werden, wie sie in ihrer ersten Richtung nützlich waren.» Erst die durch seine Autorschaft begründete öffentliche Existenz ließ Rousseau die Auswirkungen, die Macht, die Notwendigkeiten der Soziabilität am eigenen Leib und an der eigenen Seele ganz wahrnehmen. «Viele grausame Erfahrungen» veränderten allmählich seine «ersten Dispositionen», «oder sie stellten sie vielmehr am Ende in ihren wahrhaften Grenzen fest» und lehrten ihn, seiner «Neigung, Gutes zu tun, weniger blind zu folgen».¹¹

Rousseau ist nach dem Rückblick auf die Zeit vor seiner Verfolgung und vor seiner Bekanntheit wieder in der Gegenwart angelangt. Er er-

---

9 *La gêne* aus VI, 2 wird zu *une gêne presque insupportable* in VI, 4. Von den acht Verwendungen von *gêne* in den *Rêveries* entfallen vier auf die *Sixième*: VI, 2 (1050); VI, 4 (1051); VI, 8 (1053); VI, 21 (1059).
10 VI, 4 (1051–1052).
11 VI, 5 (1052).

klärt in aller Bestimmtheit und ohne jede Einschränkung, daß er die grausamen Erfahrungen keineswegs bedauert – Erfahrungen, die er im Gefolge des «schweren Fehlers» machte, sich mit seinem Œuvre politisch zu exponieren –, da diese Erfahrungen ihm «durch die Reflexion neue Einsichten» hinsichtlich seiner «Selbsterkenntnis und der wahren Beweggründe» seines Verhaltens «in tausend Umständen» verschafft haben, hinsichtlich deren er «so oft einer Illusion» unterlag. Die Erklärung, die die Durchführung des in den ersten fünf Absätzen der *Sixième promenade* angeschlagenen Themas eröffnet, steht in auffälligem Kontrast zu dem Eindruck, den die Eröffnung der *Troisième promenade* erweckte, als Rousseau aus der Jedermanns-Perspektive über Erfahrungen, Einsichten und Illusionen sprach und der Unwissenheit den Vorzug vor einem traurigen Wissen zu geben schien. Was im Fortgang der Promenade, in der Rousseau den Beginn des philosophischen Lebens verhandelte, impliziert war, macht die *Sixième* explizit.[12] Das gilt nicht nur für die Konstellation von Erfahrung, Reflexion und Selbsterkenntnis, die Rousseau klarstellt, bevor er mit der Durchführung beginnt, sondern ebenso für die herausragenden Gegenstände der Durchführung selbst, allen voran für die Stellung zu Pflicht und Gehorsam. Rousseau beginnt mit der Pflicht. Im Licht seiner Reflexion, die ihm gezeigt hat, daß die Verwandlung eines Vergnügens in eine Pflicht ihm noch die «süßesten Genüsse» zu einer Bürde macht,[13] sieht er sich veranlaßt, von der Meinung abzurücken, die er «lange Zeit» über seine eigene Tugend hatte: «denn es liegt keine Tugend darin, seinen Neigungen zu folgen und sich dem Vergnügen, Gutes zu tun, hinzugeben, wenn sie uns dazu veranlassen. Sondern die Tugend besteht darin, seine Neigungen zu besiegen, wenn die Pflicht es befiehlt, um zu tun, was die Pflicht uns vor-

---

12 Siehe III, 1 und 2 (1009–1010); beachte III, 5 (1012–1013); III, 8–10 (1015); III, 14 (1016–1017).
13 Welchen Unterschied der Modus – Freiwilligkeit oder Pflicht – bei der gleichen Handlung für ihn bedeutet, unterstreicht Rousseau durch ein Beispiel, in dem er mit leichter Hand die Reichweite theologisch-politischer Gebote, Gesetze, Vorschriften in Erinnerung bringt: «J'ai vû que pour bien faire avec plaisir, il falloit que j'agisse librement, sans contrainte, et que pour m'ôter toute la douceur d'une bonne œuvre il suffisoit qu'elle devint un devoir pour moi. Dès lors le poids de l'obligation me fait un fardeau des plus douces jouissances et ... j'eusse été chez les Turcs un mauvais mari à l'heure où le cri public les appelle à remplir les devoirs de leur état» VI, 6 (1052).

schreibt, und das ist es, was ich weniger zu tun vermocht habe als irgendein Mensch auf der Welt.» Der Lehrer der politischen und moralischen Tugend sagt in klaren Worten, daß er, gemessen an seiner Bestimmung der Tugend als Pflichterfüllung ohne Ansehen der eigenen Neigungen und ohne Rücksicht auf das eigene Gute, nicht tugendhaft gewesen ist.[14] Er war gut, wie wir aus seinem Œuvre wissen; er war «menschlich, wohltätig, hilfsbereit» aus innerem Antrieb, «sogar aus Leidenschaft», solange nur sein Herz sprach; er «wäre der beste und mildeste Mensch» gewesen, wenn er der mächtigste gewesen wäre; damit jedes Verlangen nach Rache in ihm erlösche, hätte es ihm genügt, sich rächen zu können. Aber tugendhaft war er nicht; befanden seine Pflicht und sein Herz sich im Widerspruch, hat die Pflicht «selten» den Sieg davongetragen, es sei denn, sie verlangte von ihm lediglich, sich einer Handlung zu enthalten; gegen seine Neigung zu handeln, war ihm indes «immer unmöglich». Rousseau war nicht tugendhaft, weil er nicht zu gehorchen vermag. «Que ce soient les hommes, le devoir ou même la nécessité qui commande quand mon cœur se tait, ma volonté reste sourde, et je ne saurois obeir.» Ob es «die Menschen» sind, die befehlen, ob «die Pflicht», ob «die Notwendigkeit» des Gesetzes[15] oder des Geschicks[16] befiehlt, einem Befehl zu gehorchen heißt, sich einem fremden Willen unterzuordnen, heißt, sich der Herrschaft einer Autorität zu unterwerfen. Dazu ist Rousseau nicht willens. Er kann nur gehorchen, solange sein «Herz» zustimmt, solange er gehorchen will, solange er nicht gehorchen muß. Der Promeneur Solitaire ist im präzisen Verstande für den Gehorsam nicht geschaffen.

Die Klärung seiner Stellung zu den Notwendigkeiten der Sozialität ist Rousseau wichtig genug, daß er ein weiteres Mal und jetzt nicht länger epochengebunden, sondern im beständigen Präsens gesprochen, auf die Opposition von Freiwilligkeit und Zwang, von Vergnügen und Pflicht zurückkommt. Der Zwang genügt, selbst wenn er mit dem Begehren zusammenstimmt, um Rousseaus Begehren zunichte zu machen und es in Abneigung zu verkehren. Wiederum an Rousseaus Neigung, Gutes zu tun, exemplifiziert: «Un bienfait purement gratuit est certai-

---

14 Cf. *inter multa alia Émile* V, p. 817 und siehe Kapitel I, S. 65 mit Anm. 99.
15 Cf. *Considérations sur le gouvernement de Pologne* I, 5–6, p. 955; III, 4, p. 961; XII, 12, p. 1019.
16 Siehe I, 3 *in fine* (996) und II, 24–25 (1010).

nement une œuvre que j'aime à faire.» Aber sobald der Empfänger der Wohltat aus der freien Gabe einen Rechtsanspruch ableitet, um «bei Strafe seines Hasses» die Fortführung der Wohltat zu fordern, und es Rousseau «zu einem Gesetz macht, für immer sein Wohltäter zu sein,» beginnt die Lästigkeit, und das Vergnügen, der Neigung zu folgen, verschwindet. Gibt Rousseau der Forderung nach, so tut er es aus Schwäche oder Scham. Er handelt nicht mehr aus Neigung, sondern gegen sein Gewissen. Denn wenn «das gute Werk» ihn in Abhängigkeit und Schwäche hält, ist es nicht mehr gut für Rousseau, und wenn es nicht gut ist für ihn, kann er es nicht mit gutem Gewissen tun. Der dritte Auftritt von «la gêne» in der *Sixième promenade* markiert einen neuen Höhepunkt in der Durchführung des Themas: Das Gewissen wird zu einer Instanz, die darüber wacht, daß Rousseaus Handeln mit seinem «Herzen» übereinstimmt, daß er seiner Natur genügt.[17] Aus seinem Gewissen sprechen nicht die Wertschätzungen, Ansprüche und Gebote anderer. Es unterwirft ihn keinem fremden Willen. Es ist nicht die Agentur der Soziabilität. Seine Stimme ermahnt ihn, ins Auge zu fassen, was er sich selbst schuldet. Der Ruf des Gewissens richtet Rousseaus Tun und Lassen am eigenen Guten aus. Rousseau unterstreicht dieses Verständnis, wenn er sich später – unter Wahrung eines gebührenden Abstands zur Bestimmung der politischen und moralischen Tugend, deren Anforderung er dem Zeugnis der *Sixième promenade* zufolge nicht genügt – nach Maßgabe des eigenen Guten eine «große Tugend» zuspricht. Sich den «Liebhabereien» hinzugeben, die ihn ergötzen, schreibt er in der *Septième promenade*, sei in der Lage, in der er sich befinde, «eine große Weisheit und sogar große Tugend: es ist das Mittel, um in meinem Herzen weder Rache noch Haß aufkeimen zu lassen». Auf den ersten

---

[17] VI, 7–8 (1052–1053). Die Aussage über das Gewissen, die Rousseau ans Ende des achten Absatzes stellt, ist so formuliert, daß die meisten Leser sie im gewöhnlichen Verstande von «Gewissen» nehmen und dem von ihnen unterstellten Begriff assimilieren können: «… dès lors la gêne commence, et le plaisir s'évanouit. Ce que je fais alors quand je cede est foiblesse et mauvaise honte, mais la bonne volonté n'y est plus, et loin que je m'en applaudisse en moi-même, je me reproche en ma conscience de bien faire à contrecœur.» Ihr wahrer Sinn enthüllt sich nur, wenn der Leser das Argument der ersten Absätze der *Sixième* Schritt für Schritt verfolgt und durchdenkt, das in der scheinbar konventionellen Aussage kulminiert. Beachte die Rolle, die *cœur* im Kontext der ersten und der zweiten Verwendung von *gêne* gespielt hat: VI, 2 (1050); VI, 4 (1051).

Blick scheint Rousseaus Erklärung eine moralische Auslegung zu dulden. Doch schon der nächste Satz zerstreut jeden möglichen Zweifel, daß die «große Tugend», die in der Beschäftigung mit einer «Liebhaberei» wie der «Botanik» liegt, sich nicht an einem moralischen Gebot oder Verbot, sondern einzig an Rousseaus eigenem Guten bemißt: «C'est me venger de mes persecuteurs à ma maniére, je ne saurois les punir plus cruellement que d'être heureux malgré eux.»[18] Das Prinzip der *grande vertu*, sich von allen Rach- und Nachgefühlen freizuhalten, die die eigene Existenz einschnüren, die die Seele kleiner machen, die einen außer sich statt bei sich sein lassen, hatte Rousseau in der *Sixième* bündig ausgesprochen: «schließlich liebe ich mich selbst zu sehr, um, wer es auch sei, hassen zu können.»[19]

Der letzte Schritt in Rousseaus Reflexion der Notwendigkeiten der Soziabilität steht indes noch aus. «Je sais», setzt er neu an, nachdem er die «Lästigkeit» der Wohltaten herausgestellt hat, die ihm abverlangt werden, «qu'il y a une espéce de contrat et même le plus saint de tous entre le bienfaiteur et l'obligé.» Eine Art von Vertrag ist die Antwort auf die Frage der Vergesellschaftung, die die *Sixième promenade* anhand des elementaren Verhältnisses, das die Gabe konstituiert, verhandelt. Durch die Wohltat und ihre Annahme bilden der Wohltäter und der Empfänger der Wohltat «une sorte de societé», die enger ist als jene Art Gesellschaft, «die die Menschen im allgemeinen eint». Die Gesellschaft zwischen dem Wohltäter und dem, der sich ihm mit dem Empfang der Wohltat verbunden hat, ist enger, konkreter, realer als die Gesellschaft, die alles umfaßt, was Menschenantlitz trägt, da es sich um eine besondere Gesellschaft handelt. Sie besteht in individualisierten Beziehungen und beruht im Unterschied zur «société générale» des Menschengeschlechts auf Verpflichtungen.[20] Deshalb spricht Rousseau von einem Vertrag. Denn Verpflichtungen werden durch Vertrag begründet, einerlei, ob der Vertrag ausdrücklich geschlossen oder ob er, wie im Falle der

---

18 VII, 3 (1061).
19 VI, 14 (1056). Cf. Rousseaus Aussage über die «Bewohner der idealen Welt» in *Rousseau juge de Jean-Jacques* I, «le monde idéal» 6, p. 671: «Enfin s'ils ne sont pas plus vertueux qu'on ne l'est ici, du moins par cela seul qu'ils savent mieux s'aimer eux-mêmes, ils sont moins malveillans pour autrui.»
20 Cf. Rousseaus Kritik der Konzeption der *société générale* im Kapitel «De la société générale du genre humain» des Genfer Manuskripts von *Du contrat social* I, 2, *OCP* III, p. 281–289.

Gesellschaft von «bienfaiteur» und «obligé», stillschweigend eingegangen wird, und unbeschadet der Frage, ob die durch den Vertrag Verbundenen alleinige Richter über die Einhaltung des Vertrags bleiben oder ob, wie im Falle des politischen Gemeinwesens, eine Gewalt eingerichtet wird, die über die Erfüllung der Verpflichtungen wacht, welche die gesellschaftliche Ordnung auferlegt. Doch weshalb nennt Rousseau den Vertrag, den der Wohltäter eingeht, den heiligsten aller Verträge? In *Du contrat social* hatte er die gesellschaftliche Ordnung «ein geheiligtes Recht» genannt, «das allen anderen als Grundlage dient». Daß das Recht, aus dem sich alle Rechte und Pflichten der bürgerlichen Gesellschaft herleiten, als «sacré» verstanden und von Rousseau so bezeichnet wird, bedeutet nicht, daß wir an eine dem Menschen übergeordnete, seinem Willen entzogene, göttliche Rechtsquelle verwiesen wären. Das «geheiligte Recht», das Rousseau in Anspruch nimmt, ist vielmehr auf menschliche Konventionen gegründet, die ihrerseits auf eine erste Konvention, den «contrat social», zurückgehen. Es hat seine letzte Rechtsquelle im Willen des politischen Subjekts, das durch den «contrat social» konstituiert wird. Das Recht der gesellschaftlichen Ordnung ist «geheiligt» einzig durch die «Heiligkeit» des gesellschaftlichen Vertrags, eine Heiligkeit, an der zwei Momente hervortreten und Aufmerksamkeit verdienen: Zunächst die Freiwilligkeit des Vertragsschlusses, durch den die Vertragschließenden ein «gemeinsames Ich» ins Leben rufen, dem jeder fortan «als ein untrennbarer Teil des Ganzen» zugehört. Dann der Glaube an die Heiligkeit des Vertrags, den die *Religion civile* als eines ihrer «dogmes positifs» oder «sentimens de sociabilité» sanktioniert, «ohne die es weder möglich ist, ein guter Bürger noch ein treuer Untertan zu sein.» Für die Heiligkeit des Vertrags, den der Wohltäter eingeht, gilt offenbar wie für «la sainteté du Contract social», daß sie uns auf die Freiwilligkeit und den Glauben als die wesentlichen Bestimmungen hinweist.[21] Wenn Rousseau den Vertrag des Wohltäters den «heiligsten von allen» nennt, dürfen wir annehmen, daß beide Bestimmungen hier im höchsten Maße zutreffen: Der Vertragsschluß ist im höchsten Maße freiwillig, da er, jedenfalls was den Wohltäter betrifft, der Neigung und nicht der Not geschuldet ist, wohingegen der gesell-

---

21 *Du contrat social* I, 1, p. 352; I, 6, 9 und 10, p. 361; I, 7, 3, p. 363; IV, 8, 32 und 33, p. 468. Beachte I, 7, 2, p. 362; II, 12, 2, p. 394 und III, 18, 9, p. 436 in Verbindung mit IV, 8, 1, p. 460.

schaftliche Vertrag auf das gemeinsame Bedürfnis zurückgeht, der Gefahr des Krieges aller gegen alle zu entkommen. Und die Unverbrüchlichkeit des Vertrags beruht im höchsten Maße auf Glauben, da der Vertrag nur durch die Anerkennung oder das Gefühl der Verpflichtung der Vertragschließenden garantiert wird, denn weder setzt er eine höhere Gewalt mit zwingender Befugnis ein, noch setzt er sie voraus, es sei denn im Glauben der Kontrahenten. Der Begünstigte verpflichtet sich stillschweigend zur Dankbarkeit gegenüber dem Wohltäter, während der Wohltäter sich ebenso stillschweigend verpflichtet, dem Begünstigten gegenüber den guten Willen beizubehalten, den er ihm aus freien Stücken bezeugt hat, solange der Kontrahent sich dieses guten Willens nicht als unwürdig erweist, und ihm die einmal gewährte Wohltat erneut zu gewähren, wann immer er kann und dies von ihm verlangt wird. Rousseau erklärt die Verpflichtungen der Kontrahenten als «natürliche Wirkungen» des Verhältnisses, das sich zwischen ihnen herausgebildet hat. Die Entscheidung aber, ob sich ein solches Verhältnis herausbildet, ob ein Vertrag zustande kommt oder nicht, liegt beim Wohltäter. Denn wenn einer einen «freiwilligen Dienst», den man von ihm verlangt, von vornherein verweigert, «gibt er dem, dem er ihn verweigert hat, keinerlei Recht, sich darüber zu beklagen». Wenn der Wohltäter der Neigung oder der Versuchung widersteht, eine Wohltat zu gewähren, geht er keine Verpflichtung ein, weitere Wohltaten zu gewähren. Gewährt er dagegen eine Gunst und verweigert dem Begünstigten danach deren Wiederholung auf Verlangen, so «enttäuscht er eine Hoffnung, die zu fassen er ihn autorisiert», er widerspricht einer «Erwartung», der er Nahrung gegeben hat. «On sent dans ce refus je ne sais quoi d'injuste et de plus dur que dans l'autre; mais il n'en est pas moins l'effet d'une indépendance que le cœur aime, et à laquelle il ne renonce pas sans effort.» Gegen die «natürlichen Wirkungen» einer Soziabilität, die durch Wohltat, Gunst, Geschenk begründet wird, gegen die Hoffnung und Erwartung, die sie weckt und zu Ansprüchen erhebt, bietet Rousseau «die Wirkung einer Unabhängigkeit» auf, «die das Herz liebt». Er beharrt unverwandt auf der Unabhängigkeit, die seine Natur verlangt. «Un bienfait purement gratuit» entspricht dieser Unabhängigkeit, da sie seiner Neigung entspringt. Für die Pflichten, die aus der Gabe entstehen, gilt das nicht mehr. Es gilt nicht für den freiwilligsten «Vertrag» der Soziabilität, der sich denken läßt. «Wenn ich eine Schuld begleiche, erfülle ich eine Pflicht; wenn ich ein Geschenk mache, schenke ich mir ein

Vergnügen.» Der Autor, der uns wissen ließ, daß er das, was er nicht mit Vergnügen tut, bald gar nicht mehr zu tun vermag,[22] fügt jetzt hinzu, daß «das Vergnügen, seine Pflichten zu erfüllen,» zu den Vergnügen zählt, die allein «die Gewohnheit der Tugend entstehen läßt». Das Vergnügen, seine Pflichten zu erfüllen, bedarf der langen Übung, der ständigen Praxis und der schließlichen Habitualisierung der Tugend. Das Konzept der «éducation publique», das Rousseau für die Erziehung des Citoyen entwarf, beruht auf dieser Einsicht.[23] Die Vergnügen, «die unmittelbar von der Natur kommen, erheben sich nicht so hoch», und nur sie hat Rousseau in seiner Reflexion für sich beansprucht. Auch der heiligste Vertrag kann am Ende Rousseaus Unabhängigkeit nicht binden, seine natürliche Neigung nicht zwingen.[24]

Um seiner Neigung folgen zu können, ohne das Joch der Pflicht tragen, um Gutes zu tun, ohne sich den Notwendigkeiten der Soziabilität unterwerfen zu müssen, hätte «der soziabelste der Menschen»[25] unsichtbar sein oder im Verborgenen leben müssen. Wenn er *libre, obscur, isolé* geblieben wäre, wozu er geschaffen schien, hätte Rousseau «nur Gutes getan», da es in seinem Herzen «nicht den Keim einer schädlichen Leidenschaft» gibt: er hätte «nur Gutes getan», da er über die Vernunft verfügt, das Gute zu erkennen, und über das Urteil, es zu verwirklichen – denn nur Gutes zu tun heißt durchaus nicht, Gutes nur tun zu wollen. Und wenn er unsichtbar gewesen wäre «wie Gott», wäre er wohltätig gewesen wie ein Gott: universell, ohne sich Einzelnen zuzuwenden und ohne Dankbarkeit zu erwarten.[26] Doch Rousseau lebt, in seiner Natur unerkannt, sichtbar unter den Menschen.[27] Sie kennen seinen Namen, den sein Œuvre allgemein bekannt gemacht hat, weit über die Gesellschaften hinaus, an deren Rändern er seine einsamen Spaziergänge unternimmt. Er ist einer der berühmtesten Autoren Europas. Bilder, Gemälde, Skulpturen, Stiche, Zeichnungen, die seine Gesichtszüge,

---

22 «En toute chose imaginable, ce que je ne fais pas avec plaisir m'est bientot impossible à faire» VI, 7 (1053).
23 Cf. *Considérations sur le gouvernement de Pologne* I, 5–7, p. 955; II, 5 und 7, p. 957, 958–959; III, 1–14, p. 959–966; IV, 1–2 und 8, p. 966–967, 969–970.
24 VI, 9 (1053–1054).
25 I, 1, 2 (995).
26 VI, 17–18 (1057). Beachte *Du contrat social* II, 6, 10 und II, 7, p. 380–384. Siehe Kapitel II, S. 99–101.
27 Siehe VI, 2 und 20 (1050–1051, 1059).

seine Gestalt, Episoden aus seinem Leben zeigen, haben ihm wie niemandem in seinem Jahrhundert auch visuelle Präsenz verliehen. Entsprechend groß sind die Hoffnungen und Erwartungen, auf die der Wohltäter trifft, die Ansprüche, die an die öffentliche Person gerichtet werden, die Pflichten, die die Gabe des Philosophen mit sich bringt, nicht zu reden von den Angriffen der Feinde und den Verfolgungen durch die Autoritäten, die er herausgefordert hat. Die Präsentation des Konflikts, den die *Sixième promenade* offenlegt, erreicht ihren letzten Höhepunkt, wenn Rousseau an der einzigen Stelle, an der die *société civile* in den *Rêveries* Erwähnung findet, seine Eignung für die bürgerliche Gesellschaft bestreitet und seine Befähigung zur Soziabilität verneint. Zum vierten und letzten Mal setzt «la gêne» eine Markierung: «Le résultat que je puis tirer de toutes ces reflexions est que je n'ai jamais été vraiment propre à la societé civile où tout est gêne, obligation, devoir, et que mon naturel indépendant me rendit toujours incapable des assujetissemens necessaires à qui veut vivre avec les hommes.»[28] Schärfer läßt sich die Spannung zwischen dem Promeneur Solitaire und dem politischen Gemeinwesen kaum herausstellen, eingedenk der berühmten Erklärung der *Politik* des Aristoteles, daß der, der vermöge seiner Natur oder aufgrund seiner Selbstgenügsamkeit nicht fähig ist zur politischen Gemeinschaft oder ihrer nicht bedarf, entweder ein Tier sei oder aber ein Gott.[29] So wichtig ist ihm die Betonung der Kluft zwischen seiner unabhängigen Natur und dem Zwang der Gesellschaft, so viel liegt ihm an der Profilierung der Selbstgenügsamkeit im Kontrast zur Abhängigkeit des soziablen Menschen, der bereit ist zu gehorchen, um befehlen zu können, daß Rousseau den Zeitgenossen schließlich zugesteht, sie hätten nicht unrecht getan, ihn «als ein nutzloses Mitglied aus der Gesellschaft zu entfernen». Ihr Unrecht bestand vielmehr darin, ihn «als ein verderbliches Mitglied aus ihr zu verbannen», denn er habe, er gebe es zu, «sehr wenig Gutes getan», aber nie im Leben den Willen gehabt, etwas Böses zu tun, und bezweifle, daß irgendein Mensch auf der Welt «wirklich weniger Böses getan hat» als er. Rousseau gibt und gesteht offensichtlich zu viel zu. Der Schluß der *Sixième promenade* sieht ostentativ ab von Rousseaus Œuvre. Nur solange sein Œuvre außer acht

28 VI, 21 (1059).
29 Aristoteles: *Politica* 1253a1–5 und 1253a26–29; cf. 1267a10–12. Beachte *Discours sur l'inégalité*, Note X, p. 336.

bleibt, kann Rousseau als «membre inutile» der Gesellschaft durchgehen, erst wenn ebendie Gabe vernachlässigt wird, um die sich in der *Sixième* alles dreht, kann davon die Rede sein, er habe «très peu de bien» getan. Denn daß der Autor sein Œuvre für alles andere als «nutzlos» hält, hat er in den *Rêveries* noch einmal zu Protokoll gegeben, und zwar ausgerechnet in Rücksicht und mit namentlicher Erwähnung der Schrift, die ihm die bitterste Verfolgung eintrug.[30] Am Ende des Spaziergangs spricht Rousseau über sich, als ob er nie Wohltäter, nie Autor, nie öffentliche Person gewesen wäre. Im «Ergebnis» der Reflexionen, die die Bewegung der Promenade bestimmen, imaginiert er eine Existenz außerhalb der Gesellschaft. Er stellt sich vor, er hätte der Neigung «de bien faire» nicht nachgegeben und wäre «libre, obscur, isolé» geblieben. Er streicht die «faute grave», die eigene Person durch seine Schriften ausgestellt, seinen Namen angeschlagen zu haben, aus seinem Leben.[31] Oder besser gesagt: er klammert sie versuchsweise ein, um damit nur um so dringlicher die Frage aufzuwerfen, die seit dem Wort von der «faute grave» im Raum steht: War das Œuvre, gemessen an Rousseaus eigenem Guten, tatsächlich ein Fehler?

Das Œuvre wäre ohne Zweifel ein schwerer Fehler gewesen, wenn es Rousseaus Beisichselbstsein unmöglich gemacht hätte. Ein Fehler könnte es auch genannt werden, wenn Rousseau im Rückblick auf sein Leben zu dem Urteil gelangte, das Œuvre habe die Aktualisierung seiner Natur mehr behindert als befördert. Daß das erstere nicht zutrifft, haben wir gesehen. Ob das letztere der Fall ist, wird uns noch näher beschäftigen. Beginnen wir mit einer, wie es scheint, eingeschränkteren Lesart. Unterstellt, es handelte sich um einen Fehler, hätte Rousseau ihn vermeiden, d. h. im voraus wissen können? Mangelte es Rousseau etwa an Klugheit,[32] als er seine Schriften mit seiner Person verband? Doch diese Verbindung ist ein integraler Bestandteil des Werkes, das wir als *sein* Œuvre kennen und das wir meinen, wenn wir von seinem Œuvre sprechen. Er hatte gewichtige Gründe, als Bürger, als Lehrer der Menschheit, als Zeuge der Wahrheit aufzutreten, Gründe, die ins Zentrum seines Unternehmens führen, politische und philosophische Gründe, die das Œuvre zu einer Gabe für unterschiedliche Adressaten

---

30 III, 17 (1018). Siehe Kapitel I, S. 44 und Kapitel II, S. 88–89.
31 VI, 5 (1052); VI, 18 (1057); VI, 21 (1059).
32 Cf. VI, 5, 3 (1052).

machen.³³ Bestand der Fehler also in der Ausrichtung des Œuvre? In den hochgesteckten Zielen, die Rousseau mit ihm verfolgte? In der Absicht, das Glück sehr verschiedener Naturen zu befördern? In der freien Wohltat, mit der der Autor sich Zwängen unterwarf, denen er sich nicht hätte unterwerfen sollen? Womit wir zu unserer Ausgangsfrage zurückgekehrt wären. Oder bestand der Fehler in der Haltung zum Œuvre? Ließ der Autor sich durch seine Lehre irreleiten? Unterlag er der Pflicht zu einer Tugend, für die er nicht geschaffen war? Schuldete der Zeuge der Wahrheit die Wahrheit Jedermann, zu jeder Zeit und in jeder Hinsicht, einschließlich der Wahrheit über seine Person und über seine Schriften? Bevor Rousseau sich in der *Sixième promenade* die Befähigung zu Tugend, Gehorsam, Soziabilität abspricht, verwendet er eine eigene, die längste aller *Rêveries* darauf, der Frage nachzugehen, ob er der Pflicht zur Wahrheit genügte und die moralische oder politische Tugend praktizierte, die er sich mit seinem Wahlspruch *Vitam impendere vero* öffentlich zusprach. Der Spaziergang, der Rousseaus Haltung zum Œuvre im Widerschein der Politik beleuchtet und unter die Forderung der Gerechtigkeit stellt, führt uns vor den Aufstieg und Abstieg der *Cinquième promenade* zurück.

Die Meditation der *Quatrième* hat wie die Reflexion der *Sixième promenade* ihren Ausgangspunkt in einem unscheinbaren Ereignis, das seine Bedeutung dadurch erhält, daß Rousseau ihm einen Grund zur Befragung und Erkenntnis seiner selbst abgewinnt. Beim Aufräumen einiger Broschüren, die ihm von den Verfassern zugeschickt worden waren, stößt Rousseau «auf eines der Journale des Abbés Rosier», dessen Titelseite die handschriftliche Widmung trägt: «Vitam vero impendenti, Rosier» – «Für den, der das Leben der Wahrheit weiht, Rosier». Die Widmung, durch deren Wortlaut nichts über die Intention des Autors ausgemacht ist, wird von Rousseau als Versuch verstanden, ihm unter dem Anschein der Politesse «eine grausame Gegen-wahrheit zu sagen». Er deutet die Bezugnahme Roziers auf seine Devise *Das Leben der Wahrheit weihen* als Attacke, wobei sich seine Auslegung offenkundig allein auf seine Kenntnis oder Einordnung des Autors der Widmung stützt, den er beharrlich «l'Abbé Rosier» nennt.³⁴ Um «die Leh-

---

33 Siehe Kapitel I, S. 37–45.
34 François Rozier wird von Rousseau in der *Quatrième* dreimal als «l'Abbé Rosier» bezeichnet: IV, 1 (1024); IV, 2 (1015); IV, 42 (1039). Der Eigenname tritt in

ren des guten Plutarch» zu seinem Nutzen anzuwenden, dessen Traktat *Comment on pourra tirer utilité de ses ennemis* er am selben Tag gelesen hat, ist Rousseau gewillt, den Angriff des Abbés nicht kurzerhand zurückzuweisen oder auf sich beruhen zu lassen, sondern zu untersuchen, welche Veranlassung er zu dem «Sarkasmus» der Widmung gegeben haben könnte. Er beschließt, auf dem Spaziergang des folgenden Tages seine Haltung zur Lüge zu prüfen, um so den Angriff des Feindes seiner Selbsterkenntnis dienstbar zu machen.[35] Tatsächlich betrifft die Attacke des Abbés nicht irgendeine Unzulänglichkeit im Verhalten oder eine nachrangige Einzelheit im Leben Rousseaus. Sie gilt seiner öffentlichen Existenz. Sie zielt auf sein Œuvre. Rousseau hatte den Wahlspruch *Vitam impendere vero* in der *Lettre à d'Alembert* eingeführt,[36] mit ihm danach die Briefe seiner ausgedehnten Korrespondenz gesiegelt und ihn schließlich auf dem Titelblatt der *Lettres écrites de la montagne*,

seiner Bedeutung hinter dem Abbé zurück. Die einzige andere Promenade, in der Rousseau von Abbés spricht, ist die *Sixième*. Er erwähnt dort den Abbé Palais und den Abbé de Binis, alte Bekannte, denen er vorwirft, ihn verraten zu haben, d. h., seinen Feinden behilflich gewesen zu sein: VI, 10 (1055). – In einem Brief, den François Rozier kurz nach Rousseaus Tod an den Marquis Girardin schreibt, gibt er sich als Verehrer Rousseaus zu erkennen: «Vous avés Eu La Triste consolation de fermer Les yeux de L'homme unique, du vrai philosophe dont je Regrete vivement La perte … Ma vénération pour cet homme qui meritoit d'etre mieux connu a toujours èté extrême Et Sa mort ajoute à Sa vivacité. J'ai son portrait en medaillon, dessiné et modelé pendant qu'il feuilletoit mon herbier …» CC XLI, p. 33. Es ist sehr gut möglich, um nicht zu sagen höchst wahrscheinlich, daß Roziers Widmung keinen Angriff beabsichtigte, sondern, frei von Ironie, Ausdruck seiner Bewunderung für Rousseau war.
35 IV, 1 (1024).
36 «Si mes Ecrits m'inspirent quelque fierté, c'est par la pureté d'intention qui les dicte; c'est par un desintéressement dont peu d'auteurs m'ont donné l'éxemple, et que fort peu voudront imiter. Jamais vüe particuliére ne souilla le desir d'être utile aux autres qui m'a mis la plume à la main, et j'ai presque toujours écrit contre mon propre intérêt. *Vitam impendere vero.* Voila la devise que j'ai choisie et dont je me sens digne. Lecteurs, je puis me tromper moi-même, mais non pas vous tromper volontairement; craignez mes erreurs et non ma mauvaise foi. L'amour du bien public est la seule passion qui me fait parler au public, je sais alors m'oublier moi-même … Sainte et pure vérité à qui j'ai consacré ma vie, non jamais mes passions ne souilleront le sincére amour que j'ai pour toi, l'intérêst ni la crainte ne sauroient altérer l'hommage que j'aime à t'offrir, et ma plume ne te refusera jamais rien que ce qu'elle craint d'accorder à la vengeance!» *Lettre à d'Alembert*, p. 120 n.

des letzten politischen und philosophischen Buches, das er veröffentlichte und das der Abbé vor Augen haben konnte, in großen Lettern als Vignette drucken lassen. Der Angriff des Abbés gibt Rousseau deshalb nicht nur Gelegenheit zu klären, ob er «jene stolze Devise»,[37] die in den *Rêveries* nicht wiederholt wird, «verdiente», sondern in eins damit seine Stellung zum Œuvre selbst zu bedenken, für das die Devise einsteht. «Lorsque je pris ma dévise, je me sentois fait pour la mériter, et je ne doutois pas que je n'en fusse digne quand sur le mot de l'Abbé Rosier je commençai de m'examiner plus serieusement.»[38] Daß die Prüfung, zu der «das Wort» des Abbés den Anstoß gab, das Signet seines Œuvre betrifft und nicht die Substanz seines philosophischen Lebens berührt, stellt Rousseau klar, bevor er den Gang seiner Untersuchung für den Leser aufbereitet.[39] Als er sich ernster zu prüfen begann, sei er «ganz überrascht» gewesen, wie viele Dinge er als wahr ausgegeben hatte, die auf seiner Erfindung beruhten, und dies, während er auf seine Liebe zur Wahrheit stolz war, da er ihr die größten Opfer brachte: «je lui sacrifiois ma sureté, mes intérets, ma personne avec une impartialité dont je ne connois nul autre éxemple parmi les humains.»[40] Der «amour pour la vérité», von dem Rousseau hier spricht, ist nicht die Liebe zur Wahrheit, die das philosophische Leben beflügelt und bis zum Ende in Bewegung hält, nicht die Leidenschaft der Erkenntnis, die es antreibt, den Dingen auf den Grund zu gehen. Er ist nicht zu verwechseln mit dem «Eifer für die Wahrheit», von dem Rousseau in der *Troisième promenade* sprach, mit dem brennenden Verlangen, «die Natur und die Bestimmung meines Seins», mit «dem alles beherrschenden Interesse, die Wahrheit zu erkennen».[41] Die Liebe zur Wahrheit, von der Rousseau zurückblickend sagt, er habe ihr seine Sicherheit, seine Interessen, seine Person geopfert, ist die Tugend, deren es bedarf, um die Wahrheit zu verkünden, nicht um die Wahrheit für sich zu entdecken. Es ist die Tugend, die er mit der Devise für sich reklamierte. *Vitam impendere vero* ruft den Zeugen, nicht den Erforscher der Wahrheit auf, kennzeichnet eine öf-

---

37 IV, 41 (1039).
38 IV, 3 (1025).
39 Der einleitende Teil der *Quatrième*, Absätze 1–5, endet mit der Ankündigung: «… voici de quelle maniére je parvins à me l'expliquer» IV, 5 (1026).
40 IV, 4 (1025).
41 III, 5 (1012–1013); III, 22 (1021). Cf. III, 15 (1017).

fentliche, nicht eine private Persona.⁴² Die Aussagen der *Troisième promenade* zur Wahrheitsliebe werden in den *Rêveries* nirgendwo revidiert oder im mindesten relativiert. Ganz anders der Anspruch auf die «Liebe zur Wahrheit», den Rousseau vor dem Beginn der Untersuchung der *Quatrième* in Erinnerung bringt, um ihn sogleich in Frage zu stellen. Wie war es möglich, daß Rousseau so viele Dinge als wahr verkündete, die er erfunden hatte, ohne daß sein «instinct moral» ihn davon abhielt, ohne daß seine «conscience» sich regte, ohne daß er «irgendeine wahre Reue» empfand?⁴³

Rousseau beginnt die Untersuchung zur Lüge mit einer bemerkenswerten Weichenstellung. Er erinnert sich, in einem «Livre de Philosophie» die Definition gelesen zu haben, lügen heiße, eine Wahrheit zu verbergen, die man kundtun soll.⁴⁴ Daraus folgt, wie er erläutert, nicht nur, daß eine Wahrheit zu verschweigen, die zu sagen man nicht verpflichtet ist, nicht lügen heißt. Es folgt daraus außerdem, wie er hervorhebt, daß auch der, der in einem solchen Fall das Gegenteil der Wahrheit sagt, nicht lügt. Wenn die von Rousseau herangezogene Definition als Grundlage der Erörterung dient, braucht die Frage, ob eine Lüge unter

---

42 In Juvenals vierter Satire, der Rousseau seine Devise entnimmt, wird über das Verhalten des dreimaligen Konsuls Q. Vibius Crispus am Hofe des Tyrannen Domitian gesagt: «Ille igitur nunquam direxit brachia contra / Torrentem, nec civis erat, qui libera posset / Verba animi proferre, et vitam impendere vero» – «Jener ist deshalb nie gegen den Strom geschwommen, war auch nicht der Bürger, der vermochte, in freien Worten zu äußern, was er auf dem Herzen hatte, und das Leben für die Wahrheit einzusetzen» (IV, 89–91). Der Genfer Humanist Isaac Casaubonus schrieb in seiner berühmten Edition der *Satiren* (Leiden 1695, p. 98) zu Vers 91: «*Vero: Pour dire la vérité*: haec enim, ait vetus verbum, odium parit.» Die Wiedergabe *Das Leben der Wahrheit weihen* entspricht Rousseaus Übertragung. Siehe Anm. 36.
43 IV, 4–5 (1025).
44 Rousseau hatte sich in seinem Exemplar des 1758 anonym veröffentlichten Buches von Claude-Adrien Helvétius *De l'esprit* die Stelle angestrichen: «M. de Fontenelle a défini le mensonge: *Taire une vérité qu'on doit*. Un homme sort du lit d'une femme, il en rencontre le mari: *D'où venez-vous?* lui dit celui-ci. Que lui répondre? lui doit-on alors la vérité? *Non*, dit M. de Fontenelle, *parce qu'alors la vérité n'est utile à personne*» (p. 79, note c). Zwei Jahrzehnte vor der *Quatrième promenade* notiert er dazu: «plaisant éxemple! Comme si celui qui ne se fait pas un scrupule de coucher avec la femme d'autrui, s'en faisoit un de dire un mensonge! Il se peut qu'un adultére soit obligé de mentir; mais l'homme de bien ne veut être ni menteur ni adultére» OCP IV, p. 1126. Cf. Kapitel III, S. 128 mit Anm. 57.

bestimmten Umständen erlaubt oder sogar geboten sei, nicht mehr als Frage nach der erlaubten, der gebotenen oder der edlen Lüge verhandelt zu werden. Denn wäre eine Lüge im geläufigen Verstande erlaubt oder geboten, handelte es sich nicht um eine Lüge im Sinne der Definition. Der Sache nach ist die Frage der erlaubten oder gebotenen Lüge in Rousseaus Untersuchung indes vom ersten bis zum letzten Schritt gegenwärtig und bei jeder Wendung, an jeder Gabelung des Arguments mit zu denken. Die Weichenstellung des Auftakts richtet alle Aufmerksamkeit auf die Wahrheit, die geschuldet wird. Die Frage der Wahrheit begegnet uns zuerst als Frage der Gerechtigkeit. Rousseau formuliert zwei Ausgangsfragen: Wann und wie schuldet man anderen die Wahrheit, da man sie ihnen nicht immer schuldet? Und gibt es Fälle, in denen man unschuldig täuschen kann? Die zweite Frage, merkt er an, werde «in den Büchern, in denen die strengste Moral den Autor nichts kostet,» verneint, «in der Gesellschaft, wo die Moral der Bücher als Geschwätz gilt, das zu praktizieren unmöglich ist,» dagegen bejaht. Angesichts der «sich widersprechenden Autoritäten» tut Rousseau, was ein Philosoph tut. Er läßt die Autoritäten, die Meinung, die die moraltheologischen Bücher verkünden, wie die Meinung, die die gesellschaftliche Praxis prägt, hinter sich und versucht, die Fragen nach seinen Prinzipien für sich zu beantworten.[45] Um die Frage, wann und wie man anderen die Wahrheit schulde, beantworten zu können, führt Rousseau eine Unterscheidung in der Wahrheit selbst ein. Er stellt der allgemeinen und abstrakten Wahrheit, die das kostbarste aller Güter ist, die besondere und individuelle Wahrheit gegenüber, die keineswegs immer ein Gut sei: «La vérité générale et abstraite est le plus précieux de tous les biens. Sans elle l'homme est aveugle; elle est l'œil de la raison. C'est par elle que l'homme apprend à se conduire, à être ce qu'il doit être, à faire ce qu'il doit faire, à tendre à sa véritable fin. La vérité particuliére et individuelle n'est pas toujours un bien, elle est quelquefois un mal, très souvent une chose indiférente.» Rousseau erläutert die Unterscheidung von allgemeiner und besonderer Wahrheit, auf die er nirgendwo zurückkommt, nicht näher. Wir mögen sie uns, um den wichtigsten Fall ins Auge zu fassen, an der Unterscheidung von philosophischer und politischer Wahrheit verdeutlichen, wobei die philosophische Wahrheit das wahrhaft gemeinsame, weil ohne Verlust für einen selbst teilbare Gute bezeichnete, wäh-

---

45 IV, 6–7 (1026). Cf. Kapitel III, S. 115–117.

rend die politische Wahrheit etwa historische Ereignisse und Tatsachen wie den Ursprung einer Tradition oder die Gründung eines Gemeinwesens beträfe. Doch wenn Rousseau auf die Unterscheidung von «vérité générale et abstraite» und «vérité particuliére et individuelle» nicht mehr zurückkommt, heißt das nicht, daß sie für die Untersuchung folgenlos bliebe. Indem er die Unterscheidung vornahm, erklärte er, daß nicht jede Wahrheit ein Gut ist, daß die Wahrheit manchmal ein Übel und sehr oft eine gleichgültige Sache sein kann. In der weiteren Erörterung behandelt Rousseau nur zwei der drei Varietäten: was anderen geschuldet wird, wenn die Wahrheit ein Gut, was, wenn sie eine gleichgültige Sache ist. Die zentrale Frage, was man anderen schulde, wenn die Wahrheit ein Übel sein sollte, übergeht er dagegen mit Schweigen. Soweit die Kenntnis der Wahrheit einem Menschen für sein Glück notwendig ist, handelt es sich um «ein Gut, das ihm gehört». Er «hat das Recht, es einzufordern, wo immer er es findet». Man kann es ihm nicht versagen, «ohne den unbilligsten Raub zu begehen», da die Wahrheit «eines jener Güter ist, die allen gemeinsam sind und deren Mitteilung demjenigen das Gut nicht nimmt, der es gibt.» Wenn dies von einem *bien commun* gesagt werden kann, dann von der philosophischen Wahrheit. Für sie treffen die Bestimmungen und Aufstellungen Rousseaus in jeder Hinsicht, im höchsten Maße und ohne Einschränkung zu. Die philosophische Wahrheit ist offenbar ein Gut, das einem anderen geschuldet wird, soweit er es für sein Glück nötig hat, und was das Wie angeht, so dürfen wir annehmen, daß sie ihm in einer Form mitgeteilt werden soll, die zu seinem Glück beiträgt.[46]

Anders steht es mit Wahrheiten, denen «jede Art Nützlichkeit» fehlt: «wie könnten sie ein geschuldetes Gut sein, da sie nicht einmal ein Gut sind?» Von der Gerechtigkeit kann nur die Rede sein, wo von Gütern die Rede ist. Zwar läßt Rousseau ausdrücklich offen, ob es tatsächlich «so vollkommen sterile Wahrheiten» gibt, daß sie unter jedem Gesichtspunkt, für alles und für jeden nutzlos sind. Gleichwohl legt er seiner Antwort auf die zweite der beiden Ausgangsfragen, ob es Fälle gibt, in denen man täuschen kann, ohne sich einer Ungerechtigkeit schuldig zu machen, die Annahme solcher Wahrheiten zugrunde. Wenn die Wahrheit gleichgültig ist, ist «der, der täuscht, indem er das Gegenteil der Wahrheit sagt, nicht ungerechter als der, der täuscht, indem er sie nicht

---

46 IV, 8 (1026).

kundgibt». Das Beispiel, das Rousseau für eine «nutzlose Wahrheit» anbietet, zeigt die Schwäche des Arguments: «Ob ich glaube, der Sand auf dem Meeresgrund sei weiß oder rot, daran liegt für mich nicht mehr, als nichts darüber zu wissen, welche Farbe er hat.» Es bedarf keines besonderen Scharfsinns, um zu erkennen, daß sich Umstände einstellen können, unter denen dergleichen «nutzlose Wahrheiten» nützliche werden, und daß es Menschen geben mag, denen sie wichtig sind. Was Rousseau mit seiner Antwort auf die zweite Frage im Sinn hat, einer Antwort, die er mehr umschreibt als ausspricht, gibt die rhetorische Gegenfrage zu erkennen, die die Diskussion dieses Punktes beschließt: «Wie könnte man ungerecht sein, wenn man niemanden schädigt, da die Ungerechtigkeit nur in dem Schaden besteht, den man anderen zufügt?»[47] Die Gerechtigkeit setzt ein Gutes voraus, das geschuldet werden kann, Ungerechtigkeit folglich eine Schädigung in bezug auf ein solches Gutes. Die Erwähnung der Schädigung erinnert uns an den Fall, den Rousseau benannt hat, um ihn in der Erörterung auszusparen: an den Fall der Wahrheit, die ein Übel ist. Wie steht es mit der Wahrheit, die anderen Schaden zufügte? Und wie mit der Unwahrheit, die Nutzen stiftet?

Die Ausrichtung am Guten, von der sich Rousseau bei seiner Verhandlung der Fragen, wann und wie man anderen die Wahrheit schulde und ob man andere irreführen dürfe, bestimmen läßt, liefert ihm «noch keine sichere Anwendung für die Praxis». Da das Gute für die unterschiedlichen Beteiligten kein wahrhaft gemeinsames, sondern ein jeweils besonderes, mithin vielfältiges, nicht selten sich widerstreitendes ist, erhebt sich die Frage des richtigen Urteils. Vor- und Nachteile müssen abgewogen werden. Kurzfristige Konsequenzen und weit in die Zukunft reichende Wirkungen sind zu berücksichtigen. Es gilt, Interessen zu erkennen und einzuordnen. Klugheit ist erforderlich, Wissen und Erfahrung. «Très souvent l'avantage de l'un fait le préjudice de l'autre, l'intérêt particulier est presque toujours en opposition avec l'intérêt public.» Die Orientierung am Guten führt und gehört selbst zum Politischen. Die Fragen, die sie aufwirft, sind, recht verstanden, politische Fragen. In einer Reihe von sieben Fragen, die Rousseau rasch aufeinander folgen läßt, lauten die drei mittleren: «Faut-il sacrifier l'utilité de l'absent à celle de la personne à qui l'on parle? faut-il taire ou dire la vérité qui profitant à l'un

---

47 IV, 9–11 (1026–1027). Der elfte ist der zentrale Absatz des zweiten Teils der *Quatrième*, der die Absätze 6–16 umfaßt.

nuit à l'autre? faut-il peser tout ce qu'on doit dire à l'unique balance du bien public ou à celle de la justice distributive, et suis-je assuré de connoitre assez tous les rapports de la chose pour ne dispenser les lumiéres dont je dispose que sur les régles de l'équité?» Fragen, die ein politisches Urteil und am Ende eine politische Entscheidung verlangen. Im Zentrum steht abermals der Hinweis auf die Crux jeder politischen Erörterung von Wahrheit und Lüge, jetzt in der Spezifizierung, daß die Wahrheit ein Gut und ein Übel zugleich sein, dem einen nutzen und dem anderen schaden kann. Der Leser mag bei der Frage: «Muß die Wahrheit, die dem einen nützt, während sie dem anderen schadet, verschwiegen oder gesagt werden?» an den berühmten Fall des Täters denken, der sich nach dem Aufenthalt der Person erkundigt, die er zum Opfer eines Verbrechens machen will, ein Fall, der Rousseau gewiß nicht in Verlegenheit gebracht hätte. Er kann sich aber auch der für Rousseaus Œuvre grundlegenden Konstellation erinnern, die das Frontispiz der Preisschrift von 1750 in dem Dreifigurenbild mit Prometheus, Jüngling und Satyr darstellte, und sich die Antwort vor Augen führen, die der Autor fand, um die Wahrheit in den Fällen, in denen es ihm ratsam erschien, zu verschweigen und sie doch zu sagen, so daß sie dem nütze, dem sie nützen, und jenen nicht schade, denen sie schaden kann.[48] Die Erinnerung an die rhetorische Ausrichtung des Œuvre, die der *Discours* wegweisend beschrieb und die die *Dialogues* abschließend bekräftigten, hilft ins rechte Licht zu rücken, daß Rousseau sich die eminent politische Devise, die er jetzt einer späten Revision unterwirft, im Wissen und Bewußtsein der notwendigen Unterscheidungen zugeschrieben hatte. Vor diesem Hintergrund verstehen wir auch, weshalb Rousseau in seiner politischen Reflexion nicht auf den Einen Fall des *bien commun* zurückkommt, den wir die philosophische Wahrheit genannt haben. Sie ist ein gemeinsames Gut, insofern der, der sie mitteilt, wie Rousseau hervorhob, nicht verliert, was er gibt. Aber das heißt weder daß der, der sie mitteilt, noch daß der, dem sie mitgeteilt wird, nichts zu verlieren oder in keinem Fall einen Schaden zu befürchten hätte. Die politischen Fragen des Absatzes, den wir betrachten, betreffen die «vérité générale et abstraite» nicht weniger als die «vérité particuliére et individuelle». Die für den Autor wichtigste politische Frage, die Frage seines eigenen Guten, ist in ihnen nicht vergessen. Rousseau faßt sie so: Hat er, als er prüfte, was er den anderen

---

48 Siehe Kapitel I, S. 19–23, 26 und Kapitel II, S. 90–91.

schuldete, genügend geprüft, was er sich selbst schuldet? Wenn er keinem anderen einen Schaden zufügt, indem er ihn täuscht, folgt daraus, daß er sich nicht selbst einen Schaden zufügt, und genügt es, niemals ungerecht zu sein, um immer unschuldig zu sein? Rousseau fragt in der Sprache der Gerechtigkeit über die Grenzen der Gerechtigkeit hinaus.[49] Wie weit er über sie hinaus gegangen ist, verdeutlicht er, wenn er im folgenden Absatz den Grund-Satz des Glaubens an die Gerechtigkeit und die unbedingte Pflicht zur Wahrheit formuliert. Alle politischen Fragen wären hinfällig, jede weitere Diskussion überflüssig, hielte man sich an das moralische Gebot, stets wahrhaftig zu sein, was immer daraus folgt oder geschehen mag. «La justice elle-même est dans la vérité des choses». Sobald die Antwort des Moralismus ausgesprochen ist, kehrt die Lüge zurück: «le mensonge est toujours iniquité». Die Lüge verstößt immer gegen die Billigkeit, und einerlei, was die Auswirkungen der Wahrheit sind, man braucht keine Anklage zu fürchten, wenn man die Wahrheit sagt, da man dann nichts vom Seinigen hinzugetan, da man seine Unschuld bewahrt hat. Rousseau hält dagegen, daß die Antwort der politischen Unschuld die Frage nicht löse. Es sei nicht darum gegangen, «ob es gut wäre, immer die Wahrheit zu sagen, sondern ob man immer gleichermaßen dazu verpflichtet ist». Damit verwischt er den Gegensatz nach Kräften, den er zuvor scharf hervortreten ließ. Denn genau das, ob es gut wäre, immer die Wahrheit zu sagen, hatte die ganze Erörterung zur Frage gemacht, da sie verneinte, daß die Wahrheit in jedem Fall und für alle gut ist. Der Sinn des moralischen Einwands wiederum bestand präzise in der Behauptung, daß man immer zur Wahrheit verpflichtet sei. In einem zweiten Schritt beruft sich Rousseau angesichts der Wiederkehr der Lüge auf die Definition, die die Lüge im geläufigen Verstande verabschiedete. Auf der Grundlage jener Definition habe er angenommen, daß man nicht immer gleichermaßen zur Wahrheit verpflichtet sei, und die Fälle, in denen die Wahrheit streng geschuldet wird, von denen zu unterscheiden gesucht, in denen man sie ohne Ungerechtigkeit verschweigen und ohne Lüge verhüllen kann: «denn ich habe gefunden, daß solche Fälle wirklich existierten.» Damit sind wir am Ende einer verschlungenen politischen Diskussion bei einer positiven Aussage angelangt: Es gibt Fälle, in denen die Lüge gerechtfertigt und mithin keine Lüge ist.[50]

---

49 IV, 12 (1027–1028).
50 IV, 13–14 (1028). In der *Lettre à Christophe de Beaumont* hatte Rousseau die

Die bei weitem gewichtigste Lüge eines anderen, die Rousseau in seinem Œuvre behandelt, ohne von einer Lüge zu sprechen, findet sich im siebten Kapitel des zweiten Buches von *Du contrat social*, das sich mit dem Gesetzgeber befaßt. Es ist das philosophisch bedeutsamste Kapitel der *Principes du droit politique*, da in ihm das Grundproblem der legitimen Ordnung in Rede steht, wie die souveräne Gewalt, die den Prinzipien des politischen Rechts entspricht, mit der notwendigen Einsicht verbunden oder wie der politische Wille zum gemeinsamen Guten mit der Erkenntnis dieses Guten übereingebracht werden kann. Im vorangehenden Kapitel «Vom Gesetz» hat Rousseau die Darlegung der Prinzipien in der Definition des Gesetzes als dem Akt, in dem der allgemeine Wille des Souveräns sich über eine allgemeine, das ganze Volk betreffende Materie ausspricht, gipfeln lassen und erläutert, daß er jeden Staat, in dem die Gesetze im Sinne seiner Lehre herrschen, eine Republik nennt. Die legitime Ordnung ist republikanisch. Die gesetzgebende Gewalt liegt in ihr beim Volk, und wenn es von seiner Souveränität einen schlechten Gebrauch macht, kann, wie Rousseau am Ende des zweiten Buches klarstellt,[51] nach den Prinzipien des politischen Rechts niemand, wer es auch sei, den Souverän daran hindern, gegen seine eigenen Interessen zu handeln. Allein, der Wille des Volkes will immer das Gute für das Volk, denn jeder will das Gute für sich, und niemand ist willentlich ungerecht gegen sich. Das ist die platonische Prämisse der Doktrin von der *volonté générale*. Das politische Problem par excellence besteht somit darin, den Willen am Wissen des Guten auszurichten, ihn sehend zu machen, ihm Augen einzusetzen, ihm zu dem Urteil zu verhelfen und die Aufklärung zuteil werden zu lassen, deren er bedarf, um sein Ziel erreichen zu können: «Comment une multitude aveugle qui souvent ne sait ce qu'elle veut, parce qu'elle sait rarement ce qui lui est bon, exécuteroit-elle d'elle-même une entreprise aussi grande, aussi difficile qu'un sistême de législation? De lui-même le peuple veut toujours le bien, mais de lui-même il ne le voit pas toujours. La volonté

Haltung, die er als Autor zur Wahrheit einnahm, so bestimmt: «Pour moi, j'ai promis de la dire *en toute chose utile*, autant qu'il seroit en moi» (p. 967, meine Hervorhebung; cf. p. 994 n.).

51 «... un peuple est toujours le maitre de changer ses loix, mêmes les meilleures; car s'il lui plait de se faire mal à lui-même, qui est-ce qui a droit de l'en empêcher?» *Du contract social; ou, Principes du droit politique* II, 12, 2, p. 394.

générale est toujours droite, mais le jugement qui la guide n'est pas toujours éclairé. Il faut lui faire voir les objets tels qu'ils sont, quelquefois tels qu'ils doivent lui paroitre». Zur Kennzeichnung, als sinnfällige Verkörperung des Problems führt Rousseau die Gestalt des *Législateur* ein: «Voilà d'où naît la nécessité d'un Législateur.» Die Prinzipien des politischen Rechts begründen die Notwendigkeit eines Gesetzgebers, der in diesen Prinzipien selbst keinen Anhalt, einer «höheren Intelligenz», die in der legitimen Ordnung keinen konstitutionellen Ort hat.[52] Durch nichts zeigt Rousseau die unaufhebbare Spannung zwischen Politik und Philosophie deutlicher an als durch die extrakonstitutionelle Stellung, die er dem *Législateur* in Rücksicht auf das Gemeinwesen des *Contrat social* zuweist, als durch das Außerhalb und Oberhalb, in dem er die Weisheit hält und beläßt.[53] Der *Législateur* gebietet weder über Zwangsmittel, um seine Einsicht beim Souverän durchzusetzen, noch vermag er seine Weisheit dem Volk in der ihr gemäßen Sprache mitzuteilen und es mit Gründen zu überzeugen. «Les sages qui veulent parler au vulgaire leur langage au lieu du sien n'en sauroient être entendus.»[54] Da er sich bei seiner Aufgabe, das Volk so «einzurichten», daß die *volonté générale* sich ausspricht und zu ihrem Ziel gelangt, weder auf «la force» noch auf «le raisonnement» stützen kann, steht der *Législateur* vor der «Notwendigkeit, daß er auf eine Autorität anderer Ordnung zurückgreift», auf eine Autorität, die die Macht hat zu packen, ohne Gewalt aufbieten zu müssen, und zu überreden, ohne zu überzeugen. «Voila ce qui força de tout tems les peres des nations à recourir à

---

52 *Du contrat social* II, 6, 5–7, 9 und 10, p. 379–380; II, 7, 1, p. 381.
53 Von *sagesse* ist in *Du contrat social* nur viermal die Rede. Die beiden einzigen Verwendungen, die sich auf Individuen beziehen, finden sich in II, 7, 10 und 11 (p. 383–384) und betreffen den *Législateur*. Die beiden anderen beziehen sich auf die aristokratische Einrichtung des Senats: III, 5, 5 n. und III, 6, 13 (p. 407 und 412). Beachte die Verwendung von *sage* – «le sage instituteur» und «quelque homme sage» – am Beginn und Ende der drei Kapitel «Du peuple», die die «Materie» des *Législateur* verhandeln: II, 8,1 und II, 10, 6 (p. 384 und 391).
54 «Or il y a mille sortes d'idées qu'il est impossible de traduire dans la langue du peuple. Les vues trop générales et les objets trop éloignés sont également hors de sa portée; chaque individu ne goûtant d'autre plan de gouvernement que celui qui se rapporte à son intérêt particulier, apperçoit difficilement les avantages qu'il doit retirer des privations continuelles qu'imposent les bonnes loix.» *Du contrat social* II, 7, 9, p. 383.

l'intervention du ciel et d'honorer les Dieux de leur propre sagesse, afin que les peuples, soumis aux loix de l'Etat comme à celles de la nature, et reconnoissant le même pouvoir dans la formation de l'homme et dans celle de la cité, obéissent avec liberté et portassent docilement le joug de la félicité publique.» Die edle Lüge, von der Rousseau spricht, ohne das Wort in den Mund zu nehmen, betrifft nicht nur die «Väter der Nationen», die mythischen Gesetzgeber, die sich auf das Eingreifen des Himmels beriefen, und die Götter mit ihrer eigenen Weisheit beehrten, um der Gesetzgebung die Autorität göttlicher Offenbarung zu verleihen; sie betrifft nicht minder den Glauben, daß die Völker den Gesetzen des Staates so unterworfen sein könnten, wie sie den Gesetzen der Natur unterworfen sind, und daß in der Formierung des Gemeinwesens dieselbe Macht zu erkennen sei wie in der Entwicklung des Menschen, Meinungen, die die Völker für wahr halten sollen, um in Freiheit, um in Übereinstimmung mit ihrem Willen und dem eigenen Guten, zu gehorchen und «das Joch der öffentlichen Glückseligkeit» folgsam zu tragen.[55] Die «erhabene Vernunft» gebietet die Lüge. Da die Vernunft, die zur Einrichtung und zur Aufrechterhaltung des wohlgeordneten Gemeinwesens not tut, das Fassungsvermögen der *hommes vulgaires* übersteigt, legt der *Législateur* ihre Entscheidungen, die die seinen sind, «in den Mund der Unsterblichen», «pour entraîner par l'autorité divine ceux que ne pourroit ébranler la prudence humaine.»[56] Sowenig die Gesetzgebung ein Werk der Götter ist, die die Gesetzgeber für sich sprechen lassen, so wenig beruht ihre Dauer auf den Wundern, auf die die Gesetzgeber zurückgreifen, denn «eitles Blendwerk» mag zwar ein vorübergehendes Band zustande bringen, doch «nur die Weisheit macht es dauerhaft». Der *Législateur* bedarf der Weisheit, sowohl um als Zeuge der Wahrheit Glauben zu finden als auch um eine politische Einrich-

---

55 *Du contrat social* II, 7, 10, p. 383.
56 Rousseau fügt der Aussage in II, 7, 11, p. 384 eine Fußnote hinzu, die Machiavellis *Discorsi* I, 11 zitiert. Das Kapitel II, 7 enthält drei Fußnoten. Die erste würdigt die Gesetzgebung Lykurgs, die «das Glück der Spartaten» bewirkte (p. 381). Die zweite spricht über das Verdienst, das sich Calvin als politischer Gründer im Unterschied zum Theologen erwarb: «Quelque révolution que le tems puisse amener dans *notre culte*, tant que l'amour de la patrie et de la liberté ne sera pas éteint *parmi nous*, jamais la mémoire de ce grand homme ne cessera d'y être en bénédiction» (p. 382, meine Hervorhebung). Während Rousseau in den Fußnoten zuvor über Lykurg und Calvin spricht, läßt er in der dritten Fußnote Machiavelli selbst sprechen.

tung zu schaffen, die jenen Glauben rechtfertigt. «Die große Seele des Gesetzgebers ist das wahre Wunder, das seine Mission beweisen muß.» Das Werk des *Législateur* hat seine Grundlage in der *raison sublime*, der *sagesse*, der *grande âme*, die ihn auszeichnen, und mithin in seiner Natur: sie ist die Wahrheit der edlen Lüge, wenn ihr Wahrheit eignen soll. Als Beispiele für Gründerväter, die die eigene Weisheit Göttern zusprachen, führt Rousseau weder Minos noch Numa an. Er kommt vielmehr einzig auf das Gesetz des Judentums und auf das Gesetz des Islams zu sprechen, die sich jeweils auf den Einen Gott des Offenbarungsglaubens als ihren Urheber berufen und von denen Rousseau sagt, daß sie «noch heute die großen Männer anzeigen, die sie diktiert haben».[57] In scharfer Abgrenzung von den *philosophes*, die ihren Kampf gegen die Offenbarungsreligionen im Namen der Aufklärung und unter dem Signum des zum Schlagwort gewordenen Traktats *De tribus impostoribus* vortrugen, setzt er hinzu, daß dort, wo «die stolze Philosophie oder der blinde Parteigeist» nur Betrüger am Werk sieht, die Glück hatten, der wahre politische Theoretiker das «große und mächtige Genie bewundert, das dauerhafte Einrichtungen beseelt und beherrscht».

Damit kehren wir zur *Quatrième promenade* zurück, in deren Zentrum Rousseau eine weitreichende Unterscheidung vornimmt: Wer wider die Wahrheit lobt oder tadelt, lügt, sofern es sich bei dem, den er lobt oder tadelt, um eine «reale Person» handelt. Handelt es sich dagegen um ein «imaginäres Wesen», kann er sagen, was er will, ohne zu lügen, vorausgesetzt, daß er nicht «wider die moralische Wahrheit lügt, die hundertmal achtenswerter ist als die der Tatsachen».[58] Die Unterscheidung steht in der Mitte des dritten Teils der *Quatrième*, der sich mit Fiktionen

---

57 *Du contrat social* II, 7, 11 (p. 383–384). Numa wird von Rousseau in IV, 4 n. erwähnt und in den *Considérations sur le gouvernement de Pologne* II, 6 (p. 957–958) prominent verhandelt. In der Trias Moses, Lykurg, Numa steht «le vrai fondateur de Rome» dort für den exemplarisch *religiösen* Gesetzgeber ein. Rousseau folgt in der Bezugnahme auf Numa der Darstellung Machiavellis im Kapitel I, 11 der *Discorsi*, dem Kapitel, aus der in *Du contrat social* II, 7, 11 n. wörtlich zitiert. (Vergleiche zu Numa jedoch *Discorsi* I, 19.) Zu Moses, der in *Du contrat social* IV, 8, 4 (p. 461) seinen einzigen namentlichen Auftritt hat, beachte *Considérations* II, 6, 2–4 (p. 956–957). Anders als Moses, der in *Du contrat social* II, 7 nicht beim Namen genannt wird, kommt «l'enfant d'Ismaïl» ausdrücklich vor. Siehe zu dieser Erwähnung in II, 7, 11 das Urteil über Mohammed in IV, 8, 11, p. 462–463.
58 IV, 21 (1030–1031).

befaßt. Rousseau schickt ihm die Definition voraus: «Mentir sans profit ni préjudice de soi ni d'autrui n'est pas mentir: ce n'est pas mensonge, c'est fiction.»[59] Sie scheint die Erörterung der Fiktion in politischer Rücksicht zu erübrigen. Denn eine Definition, der zufolge die Lüge, die weder einem selbst noch einem anderen Gewinn oder Schaden verursacht, Fiktion heißen soll, erklärte die Fiktion von vornherein zu einer moralisch oder politisch indifferenten Angelegenheit. Anders steht es, wenn die Definition, die sich im Gang der Erörterung als revisionsbedürftig erweist, uns gleich zu Beginn veranlassen soll, die Glieder der Definition zu dissoziieren und die Frage zu stellen, welcher Fall eintritt, sobald etwa der Gewinn für einen selbst, aber nicht für andere, oder der Schaden für andere, aber nicht für einen selbst ausgeschlossen wird.[60] Tatsächlich beginnt Rousseau seine Erörterung mit den Fiktionen, die einen moralischen Zweck haben und Apologe oder Fabeln genannt werden: Sie hüllen «nützliche Wahrheiten» in ansprechende und angenehme Formen, was zweifellos anderen zum Gewinn ausschlagen kann. Die Lüge der Fabel in der Welt der Tatsachen ist nichts als «das Kleid der Wahrheit», und «der, der eine Fabel nur als eine Fabel ausgibt, lügt in keiner Weise». Der Fall, auf den es Rousseau ankommt, wird mit den Fiktionen erreicht, die nicht als Fiktionen ausgegeben werden, sondern sich selbst als historische Tatsachen fingieren. Als Beispiel zieht Rousseau *Le Temple de Gnide* heran, dessen Autor sein Werk als die Übersetzung einer griechischen Handschrift präsentierte und die Geschichte der vorgeblichen Entdeckung des alten Textes zur Bekräftigung der Wahrheit der Fiktion in die Fiktion inkorporierte. «Si ce n'est pas là un mensonge bien positif, qu'on me dise donc ce que c'est que mentir?»[61] Rousseaus rhetorische Frage scheint nicht nur die Unterscheidung zwischen Lüge und Fiktion zu verabschieden, die dem dritten Teil zugrunde liegt, sondern auch dem Autor der *Nouvelle Héloïse* und der *Profession de foi du Vicaire Savoyard* das Urteil zu sprechen. Denn der Fall, den Rousseau am Exempel des *Temple de Gnide* verhandelt, ist im Kern sein eigener. Er hatte gegenüber seinen Leserinnen und Lesern vorgegeben, die Briefe zweier Liebender aus einer Stadt am Fuße der Alpen lediglich ediert und mit dem Glaubensbekenntnis des Vikars die

---

59 IV, 16 (1029). Der dritte Teil umfaßt die Absätze 17–24.
60 Beachte dazu IV, 20 (1030) sowie IV, 23 (1031) und IV, 24 (1032).
61 IV, 18 (1029–1030).

Schrift eines anderen transkribiert zu haben, die die Lehren eines Mannes enthielte, der «mehr wert war» als er.⁶² Doch Rousseau hat die Unterscheidung von Lüge und Fiktion nicht eingeführt, um sie sogleich wieder zu vergessen oder auf sich beruhen zu lassen. Die Frage, was, wenn nicht die Geschichte, die der moderne Autor über das antike Manuskript erfand, eine Lüge genannt zu werden verdiene, gibt Rousseau Gelegenheit, auf Unterscheidungen zu sprechen zu kommen, die «tout homme de bonne foi» ins Auge fassen muß, wie etwa die zwischen einer «unterrichteten Öffentlichkeit» und «den vielen einfachen und gutgläubigen Lesern», die sich durch die fingierte Geschichte des Manuskripts wirklich täuschen ließen, da sie ihnen von einem ernstzunehmenden Autor mit einem Anschein «de bonne foi» vorgetragen wurde, und die so «aus einem Pokal in antiker Gestalt das Gift ohne Furcht getrunken haben, dem sie zumindest mißtraut hätten, wenn es ihnen in einer modernen Vase gereicht worden wäre».⁶³ Die Fiktion wird zu einem Gewand der Wahrheit, wenn sie einem moralischen Zweck dient und Nutzen stiftet. Sie bleibt eine Lüge, wenn sie zum Gefäß eines Giftes für die Tugend der *hommes vulgaires* wird und Schaden anrichtet. Rousseau läßt am Sinn seiner Erörterung der Fiktion keinen Zweifel. In der Mitte des dritten Teils zieht er die «exakte Grenze», die die Lüge von der Fiktion trennt, und überholt damit seine frühere Definition: «Alles, was, entgegen der Wahrheit, auf welche Art es auch sei, die Gerechtigkeit verletzt, ist Lüge.» «Aber alles, was, entgegen der Wahrheit, die Gerechtigkeit in keiner Weise betrifft, ist nur Fiktion.»⁶⁴ Die eigentliche Streit-

---

62 «Lecteurs, ne craignez pas de moi des précautions indignes d'un ami de la vérité: je n'oublierai jamais ma devise; mais il m'est trop permis de me défier de mes jugemens. Au lieu de vous dire ici de mon chef ce que je pense, je vous dirai ce que pensoit un homme qui valoit mieux que moi. Je garantis la vérité des faits qui vont être raportés. Ils sont réellement arrivés à l'auteur du papier que je vais transcrire.» *Émile* IV, p. 558; cf. p. 635.
63 Cf. die beiden Verwendungen von «de bonne foi» in IV, 19 und 20 (1030) mit III, 17 (1018).
64 IV, 20 (1030). Rousseau setzt hinzu: «et j'avoue que quiconque se reproche une pure fiction comme un mensonge a la conscience plus délicate que moi», womit er, so beiläufig wie möglich, zu Protokoll gegeben hat, daß das Gewissen zu ihm so und zu anderen anders sprechen mag oder daß es für unterschiedliche Menschen eine unterschiedliche Richtschnur bedeutet. Siehe im Lichte von IV, 20 IV, 5 (1025), IV, 15 (1028) und IV, 31 (1035) sowie IV, 33 (1036). Beachte S. 192–193.

frage, die auf den ersten Blick ein weiteres Mal ausgespart zu werden scheint, findet so ihre Antwort. Denn alles, was, entgegen der Wahrheit, die Gerechtigkeit nicht verletzt oder die Gerechtigkeit befördert, fällt bei der Exaktheit dieser aussparenden Grenzziehung nicht der Lüge anheim. In gebührendem Abstand wird Rousseau auf sein Exempel zurückkommen, um am Ende des dritten Teils den Ertrag der Unterscheidung von Lüge und Fiktion für die Beurteilung der Schrift Montesquieus und mithin seiner eigenen Schriften festzuhalten, soweit sie sich der Unwahrheit bedienten: «Wenn der *Temple de Gnide* ein nützliches Werk ist, ist die Geschichte der griechischen Handschrift eine ganz unschuldige Fiktion; sie ist eine höchst sträfliche Lüge, wenn das Werk gefährlich ist.»[65] Doch bevor Rousseau die Unterscheidung von Lüge und Fiktion dergestalt appliziert und ihre Bedeutung für den eigenen Fall sichtbar macht, führt er eine fiktive Figur ein, die die Forderung der moralisch gebotenen Wahrhaftigkeit verkörpert. Er umreißt einen *homme vrai*, der im Gegensatz zu dem, was man «in der Welt» so zu nennen pflegt, im strengen Sinn *wahr* oder *wahrhaftig* genannt zu werden verdiente. In Dingen, «die vollkommen gleichgültig sind», kümmert die Wahrheit den Wahrhaftigen wenig. Er hat keine Skrupel, seine Umgebung mit «erfundenen Tatsachen zu unterhalten», wenn daraus gegen niemanden unter den Lebenden oder den Toten ein ungerechtes Urteil erwächst. Ganz anders verhält es sich mit einer Rede, aus der «Gewinn oder Schaden, Achtung oder Verachtung, Lob oder Tadel wider die Gerechtigkeit und die Wahrheit» entsteht. Eine solche Lüge wird sich «weder seinem Herzen noch seinem Mund, noch seiner Feder» jemals nähern. Er ist *vrai*, insofern er niemanden zu täuschen sucht, insofern er der Wahrheit, die ihn anklagt, nicht weniger treu bleibt als der Wahrheit, die ihn ehrt, und insofern er niemals betrügt, um daraus einen Vorteil für sich zu ziehen oder um seinem Feind zu schaden. Er ist selbst dann, er ist gerade dann wahrhaftig, wenn er «wider sein Interesse»

---

[65] IV, 24 (1032). Rousseau erwähnt *Le Temple de Gnide* in der *Quatrième* zweimal, ohne den Namen des Autors zu nennen. Er respektiert damit die Anonymität, die der Autor gewahrt wissen wollte, um daraus einen Vorteil zu ziehen. Unmittelbar vor der Formulierung der «exakten Grenze» zwischen Lüge und Fiktion sagt Rousseau: «Donner l'avantage *à qui ne doit pas l'avoir* c'est troubler l'ordre et la justice, attribuer faussement à soi-même ou à autrui un acte d'où peut résulter louange ou blame, inculpation ou disculpation, c'est faire une chose injuste» IV, 20 (1030), meine Hervorhebung.

wahrhaftig sein muß. Der *amour de la vérité*, der den *homme vrai* bestimmt, ist ganz und gar Ausfluß seines *amour de la justice*. Die Wahrheit unterliegt für ihn der Gerechtigkeit. Sie wird zur «heiligen Wahrheit, die sein Herz anbetet». Und die zum Synonym der Gerechtigkeit erhobene, geheiligte Wahrheit verlangt nicht nur Anbetung, sondern Opfer. Tatsächlich zeichnet sich der *homme vrai*, den Rousseau für das Gros seiner Leser imaginiert, vor dem, den die Welt so nennt, dadurch aus, daß er im Unterschied zu jenem, der «an jeder Wahrheit, die ihn nichts kostet», getreulich festhält, der Wahrheit «nie so treu dient, wie wenn er sich für sie opfern muß». Rousseaus Gerechter wird für sein Opfer durch seine Selbstachtung entschädigt. Oder richtiger gesagt: Die Selbstachtung, die Selbstbewunderung für ein Handeln, das den Anforderungen der moralischen Tugend genügt und dem sein Gewissen Beifall zollt, erscheint ihm als das Gute, das er am wenigsten entbehren kann und für das er deshalb jedes Opfer bringt.[66]

Im vierten Teil der *Quatrième* gibt Rousseau Proben aufs Exempel. Er beleuchtet seine Haltung zur Lüge im biographischen Rückblick, angefangen bei der «verbrecherischen Lüge, deren Opfer die arme Marion war», eine Lüge, die er der Darstellung der *Confessions* zufolge beging, als er, noch ein halbes Kind, im Turiner Haushalt der Mme de Vercellis eine junge Köchin bezichtigte, ihm ein Band der verstorbenen Herrin gegeben zu haben, das er gestohlen hatte.[67] Ein Hinweis auf diese Lüge stand bereits am Beginn der Betrachtung im ersten Teil.[68] Hier wie dort dient die Geschichte, die einzig durch ihn selbst bezeugt ist, Rousseau dazu, den Leserinnen und Lesern glaubhaft zu machen, das «große Verbrechen» seiner Jugend habe ihn für den Rest seines Lebens gegen «jenes Laster» gefeit und, wie er jetzt hinzusetzt, nicht nur gegen «jede Lüge jener Art», sondern gegen alle Lügen, die, auf welche Weise auch immer, «das Interesse und die Reputation anderer berühren könnten».[69] Rousseau versichert, sich sowohl den *mensonge nuisible* als

---

66 IV, 22–24 (1031–1032).
67 *Les Confessions* II, p. 84–87.
68 «... la prémiére idée qui me vint en commençant à me recueillir fut celle d'un mensonge affreux fait dans ma prémiére jeunesse, dont le souvenir m'a troublé toute ma vie ...» IV, 2 (1024). (OCP schreiben entgegen dem Wortlaut des Manuskripts: dans la prémiére jeunesse.)
69 IV, 3 (1025) und IV, 25 (1032).

auch den *mensonge officieux*, die Lüge, die jemanden schädigt, wie die Lüge, die jemandem zum Gefallen getan wird und ihn wider die Gerechtigkeit begünstigt, verboten zu haben. Der *mensonge utile* und der *mensonge pieux* bleiben unerwähnt. Rousseau beteuert im ersten Teil des Rückblicks, der Lügen im Gespräch und im unmittelbaren soziablen Umgang zum Gegenstand hat, nie mit Vorbedacht und nie zum eigenen Vorteil gelogen zu haben, oft aber aus Scham. Er spricht von Lügen, zu denen er «in gleichgültigen Dingen» oder in Angelegenheiten, die höchstens ihn allein etwas angingen, Zuflucht nahm, um sich aus einer Verlegenheit zu befreien, von Fiktionen, auf die er zurückgriff, um ein Gespräch führen zu können, von Fabeln, die er erfand, um nicht in Stummheit zu verharren. Das einzige konkrete Beispiel, das Rousseau anführt, seine Antwort auf die indiskrete Frage einer jungen Frau, ob er Kinder gehabt habe, stellt uns freilich «un mensonge bien positif» vor Augen, gesetzt, daß das, was Rousseau in den *Confessions* zu dem Aufsehen erregenden Fall bekannte, der Wahrheit entsprach. Rousseau erklärt sein Leugnen, zu dem ihn weder sein Urteil noch sein Wille bestimmte, als «l'effet machinal» seiner Verlegenheit und die Lügen im Gespräch insgesamt als Auswirkungen seiner Scham und seiner Furchtsamkeit. Der falschen Scham und dem furchtsamen Naturell hatte er eingangs der *Quatrième* auch die «entsetzliche Lüge» zugeschrieben, die Marion betraf – einer Schwachheit, die sicher Jedermann zugänglich ist und die dem *homme vrai* ebenso sicher fern sein muß.[70] Nach den Lügen des Sprechens behandelt der zweite Teil des Rückblicks die Lügen des Schreibens. Rousseau beschränkt sich auf die *Confessions*, über die er ganz aus der Post-Œuvre-Perspektive schreibt, als läge das Buch veröffentlicht vor und er könnte nichts mehr an ihm ändern, weder etwas berichtigen noch etwas nachtragen.[71] Niemals habe er, erklärt Rousseau zum Auftakt, seine «natürliche Aversion gegen die Lüge» deutlicher gespürt als beim Schreiben seiner Bekenntnisse. Weit davon entfernt, Belastendes verschwiegen oder verschleiert zu haben, neigte er dazu, «im entgegengesetzten Sinn zu lügen und sich mit zuviel Strenge anzuklagen». Rousseau war sein strengster Ankläger und sein streng-

---

70 IV, 26–30 (1033–1035) und IV, 2 (1024–1025).
71 IV, 31–38 (1035–1038). Auch die Bezugnahmen auf «la pauvre Marion» in der ersten Hälfte des vierten Teils setzen mit Selbstverständlichkeit die Kenntnis der Geschichte voraus, die in den *Confessions* erzählt wird.

ster Richter zugleich. Er hat kein Tribunal zu fürchten, niemandes Urteil zu scheuen: «ma conscience m'assure qu'un jour je serai jugé moins sévérement que je ne me suis jugé moi-même.»⁷² Rousseau bekräftigt den Anspruch, den er in den *Confessions* erhob, in dieser Schrift die Aufrichtigkeit und die Freimütigkeit, in ihr die Wahrhaftigkeit weiter getrieben zu haben als irgendein Mensch zuvor. Aber anders als sein *homme vrai* mußte Rousseau der Wahrheit weder sich noch sein Interesse zum Opfer bringen: «sentant que le bien surpassoit le mal j'avois mon intérest à tout dire, et j'ai tout dit.» Wer sich der strengsten Prüfung unterzog, wer die eigene Natur erkannt hat, wer sein Gutsein weiß, kann sich Wahrhaftigkeit leisten. Wenn er andere von seiner Wahrhaftigkeit überzeugen will, muß er indes mit Umsicht zu Werke gehen. Und wenn er es unternimmt, sich Lesern, die ihm unbekannt sind, als «einen Menschen in der ganzen Wahrheit der Natur zu zeigen», hat er Grund, wohl zu erwägen, welches Kleid er für die Wahrheit wählt. *Le meilleur des hommes* muß weniger gut erscheinen, als er ist, um Glauben zu finden. Er darf nicht alles über sich sagen, was er über sich zu sagen hätte und was es über ihn zu sagen gäbe. Um der moralischen Wahrheit willen kann er sich nur eine Wahrhaftigkeit leisten, die der politischen Klugheit Tribut zollt. Daß Rousseau in den *Confessions* keineswegs alles gesagt hat, ist deshalb das eigentliche Thema des zweiten Teils seines Rückblicks. Er gibt zu, daß er manchmal mehr sagte, nicht was die Tatsachen, aber was die Umstände betrifft, «et cette espéce de mensonge fut plustot l'effet du délire de l'imagination qu'un acte de la volonté». Er spricht von Erinnerungslücken des Alters, die es zu schließen galt, und von gelegentlichen Ausschmückungen. Er räumt ein, sich manchmal unwillkürlich im Profil gemalt und so die ungestalte Seite verdeckt zu haben – eine Praxis, die er an anderem Ort Montaigne zum Vorwurf gemacht hatte. Doch alle diese Einschränkungen tragen nur dazu bei, den Wahrheitsgehalt des Selbstporträts, was dessen Substanz anbelangt, herauszustellen⁷³ und die entscheidende Mitteilung vorzubereiten: Er hat in den *Confessions* das Gute, das es über ihn zu sagen

---

72 IV, 31 (1035). Vergleiche zu dem, was das Gewissen Rousseau versichert, IV, 1 *in fine* (1024) und IV, 15 *in fine* (1028). Siehe Kapitel II, S. 95.
73 «Je prêtois quelquefois à la vérité des charmes étrangers, mais jamais je n'ai mis le mensonge à la place pour pallier mes vices ou pour m'arroger des vertus» IV, 32 (1035–1036).

gab, selten im vollen Ausmaß dargestellt und oft ganz verschwiegen, wohingegen er in Rücksicht auf das Schlechte alles, und womöglich noch mehr, über sich gesagt hat, um das Ansehen einer Lobrede auf sich zu vermeiden. Rousseau unterstützt seine Enthüllung durch die Anschaulichkeit zweier Episoden, die er in den *Confessions* unterdrückte, weil sie ihn in einem zu günstigen Licht gezeigt hätten. Beide führen uns in die Zeit seiner Kindheit zurück und handeln von körperlichen Schmerzen, die ihm durch die Unachtsamkeit anderer Kinder zugefügt wurden. Beide Male bewahrte er über den Hergang des Vorfalls und den Verursacher seiner Verwundungen Stillschweigen. Die erste der beiden Geschichten, die das Zentrum des Teils über die *Confessions* bildet, ist von besonderer Bedeutung, da sie nicht nur belegt, daß Rousseau in den *Confessions* Zeugnisse seines guten Charakters verschwieg, sondern da sie außerdem die letzte Lüge enthält, die er in der *Quatrième* schildert: Ein Spielkamerad, der durch das willentliche Ingangsetzen einer Walze zwei Finger Jean-Jacques' zerquetschte, bat flehentlich darum, ihn nicht zu verraten, und Rousseau erzählte daraufhin allenthalben, ein großer Stein sei ihm auf die Hand gefallen und habe die Fingernägel zerschmettert. Offenkundig der Fall eines *mensonge officieux*, den Rousseau zuvor zweimal als unvereinbar mit der Gerechtigkeit ausgab,[74] gleichwohl eine gute Tat, die er sich noch nach Jahrzehnten zum Vorzug anrechnet und die er durch zwei Verse aus dem Gesang eines Dichters preist, das einzige Dichterwort, das in den *Rêveries* Verwendung findet:

Magnanima menzogna! or quando è il vero
Si bella che si possa a te preporre?[75]

---

74 «Ce qu'on appelle mensonges officieux sont de vrais mensonges, parce qu'en imposer à l'avantage soit d'autrui soit de soi-même n'est pas moins injuste que d'en imposer à son détriment» IV, 21 (1030). «... en regardant l'un et l'autre [le mensonge nuisible et le mensonge officieux] comme coupable[s] je me les suis interdits tous les deux» IV, 25 (1032).
75 «Großmütige Lüge! Wann ist die Wahrheit / So schön, daß sie dir vorzuziehen wäre?» Torquato Tasso: *La Gierusalemme liberata* II, 22. Sophronia gesteht einen Diebstahl, den sie nicht begangen hat, um die Christen zu retten. Rousseau hatte die beiden Verse in seiner Übersetzung *Olinde et Sophronie tiré du Tasse* (OCP V, p. 1290) ausgelassen, die er etwa zu der Zeit anfertigte, als er die *Dialogues* schrieb. «Il s'applique à lui-même les vers qui célèbrent le courage de Sophronie: il a donc été, à l'occasion, une Sophronie. L'étourderie de Rousseau oubliant de traduire

Neben den beiden Geschichten, die er in der *Quatrième* nachträgt, unterdrückte Rousseau in den *Confessions* noch «hundert andere ähnlicher Natur».[76] Wenn er sich dadurch einen Vorteil verschaffte, heißt das nicht, daß ihm der Vorteil nicht zustand.[77] Wenn er dem «Besten der Menschen» nur dadurch zu Glaubwürdigkeit verhelfen konnte, daß er ihn weniger gut erscheinen ließ, als er war, schlug seine Kunst zum Vorteil seiner Leser aus.[78] Wenn die *Confessions* sich als ein nützliches Werk erweisen sollten, sind die Lügen, die es enthält, preiswürdige Fiktionen.

Als Ertrag der Promenade zur Lüge und seiner Reflexion über die Gerechtigkeit hält Rousseau fest, daß das öffentliche Bekenntnis zur Wahrhaftigkeit, das er mit der Übernahme seines Wahlspruchs ablegte, mehr seine Gesinnung von Rechtlichkeit und Billigkeit als die Wirklichkeit der Dinge zur Grundlage hat und daß er in der Praxis mehr der Leitung seines Gewissens als den abstrakten Begriffen des Wahren und Falschen gefolgt ist. Bei allen «Fabeln», die er erdichtete – denn er hat «sehr selten gelogen» –, hat er niemandem Schaden zugefügt und sich selbst nicht mehr Vorteil zugesprochen, als ihm gebührte. Aber hat er sich zuerkannt, was ihm gebührte? Hat er genug gefragt und bedacht – hier setzt im fünften und letzten Teil der *Quatrième* die Gegenbewegung ein –, was er sich selbst schuldete?[79] Seine öffentliche Existenz war gerecht gegen andere. War sie gut für ihn? «S'il faut être juste pour autrui, il faut être vrai pour soi».[80] Für sich wahr zu sein heißt in unserem Fall, ein Leben zu führen, das den eigenen Ansprüchen in Rücksicht auf Begründung und Konsistenz gerecht wird und so Einstimmigkeit mit sich erlaubt.[81] Zugeständnisse an die vermeintlichen Erfordernisse der Soziabilität im unterhaltsamen Gespräch oder das Sicheinlassen auf die verführerischen Möglichkeiten der Dichtung beim ernsthaften Schreiben kommen so als Quellen der Selbstabweichung oder Selbstverfehlung in den Blick. Alle Erwägungen Rousseaus kehren

---

deux vers que pourtant il admirait signifie (pourrait-on croire) qu'ils appartenaient désormais moins au texte du Tasse qu'à celui de Rousseau.» Jean Starobinski: *L'imitation du Tasse*, in: *Annales Jean-Jacques Rousseau* XL, 1992, p. 274.
76 IV, 38 (1038).
77 Cf. Anm. 65 und IV, 39 (1038).
78 Siehe Kapitel I, S. 44.
79 Cf. IV, 12 (1028) und S. 206.
80 IV, 40 (1038). Der fünfte Teil umfaßt die Absätze 39–42.
81 Siehe Kapitel II, S. 77.

am Ende zurück zu der Frage, ob es richtig war, die Devise *Vitam impendere vero* zu wählen. War es gut für ihn, als Zeuge der Wahrheit aufzutreten? Sein Motto verpflichtete ihn mehr als jeden anderen Menschen, für die Wahrheit einzustehen. Die Proklamation der Tugend erlegte ihm den Zwang zur politischen Tugend auf. Sie war gleichbedeutend mit einer Art Selbstbindung. «Il falloit avoir le courage et la force d'être vrai toujours en toute occasion et qu'il ne sortit jamais ni fiction ni fable d'une bouche et d'une plume qui s'étoit particulierement consacrée à la vérité. Voila ce que j'aurois dû me dire en prenant cette fiére devise et me répéter sans cesse tant que j'osai la porter.» Rousseau bewies Tapferkeit, als es für ihn ums Ganze ging: er setzte alle Kräfte ein, über die er verfügte, und bot alle Tugenden auf, deren es bedurfte, um sein Leben als ein philosophisches Leben zu begründen.[82] Mit der Tapferkeit, die ihm sein Wahlspruch abverlangte, ist es eine andere Sache. Jetzt vor die Wahl gestellt, der moralischen Tugend zu genügen, die die Devise proklamierte, oder die Devise aufzugeben, entscheidet er sich dafür, die Devise fahren zu lassen. Solons Maxime, die er der *Troisième* vorangestellt hatte, um sie an deren Ende zu verneinen, bestätigt sich am Ende der *Quatrième*:[83] «il n'est jamais trop tard pour apprendre même de ses ennemis à être sage, vrai, modeste, et à moins présumer de soi.» Jetzt, da das Œuvre vollendet ist und er seine Aufgabe erfüllt hat, kann Rousseau es sich leisten, weise, einstimmig mit sich und bescheiden zu sein.[84]

Was das Ende des vierten Spaziergangs ankündigt, macht der sechste, der in der Erzählzeit der *Rêveries* nahtlos an den vierten anschließt,[85] wahr. Rousseau wird *vrai* nach Maßgabe seiner Natur sein und nicht länger prätendieren, *vrai* in Rücksicht auf die moralische Pflicht zu erscheinen. Er erhebt keinen Anspruch mehr auf die Tugend im konventionellen Sinn des Begriffs, er leugnet die Eignung zur Soziabilität, bestreitet die Fähigkeit zum Gehorsam. Er tritt nicht noch einmal als

---

82 Siehe Kapitel II, S. 79–81 und beachte dort Anm. 17.
83 Der Ausspruch Solons «Ich werde alt und lerne noch immer», der den dritten und den vierten Spaziergang verklammert, erwies sich als falsch, was die Wahl und die Begründung der richtigen Lebensweise angeht. Er bewahrheitet sich, was das Dazulernen und die Vertiefung der Selbsterkenntnis in dieser Lebensweise betrifft.
84 IV, 41 und 42 (1038–1039). Siehe Kapitel I, S. 66–67.
85 Siehe Kapitel IV, S. 137.

Zeuge der Wahrheit, als Lehrer der Menschheit, als Bürger auf. Die *Sixième promenade*, deren übergreifende Bewegung vom *nous*, mit dem sie beginnt, zum *moi* führt, mit dem sie endet, gibt die Sicht frei, in der Rousseau seine öffentliche Persona und alles, was sie ihm abverlangte, jetzt betrachtet. Es ist die einseitige, darum nicht weniger erhellende Perspektive des *bienfaiteur*, der sich der Gesellschaft gleichsam von außen nähert und sich um seines Œuvre willen davon entfernt, *libre, obscur, isolé* zu bleiben. Auch wenn sie später durch andere Gesichtspunkte ergänzt und mithin modifiziert wird, stellt die Perspektive des Wohltäters klar, daß Rousseau der Gesellschaft nicht als Schuldner gegenübertritt. Sie bringt so die unverlierbare Einsicht in seine fundamentale Unabhängigkeit zum Ausdruck, die in seiner Natur gründet.[86] Eine Einsicht, die ins Zentrum seines Denkens führt und die sein Œuvre von Anfang an in Perspektive setzte.[87] Eine Aussage wie die, in die Rousseau am Ende der *Sixième* das Ergebnis seiner Reflexionen faßt, daß er «für die *société civile* nicht wahrhaft geeignet gewesen» sei, findet sich innerhalb des Œuvre mit gutem Grund nicht. Nicht in so vielen Worten. Aber Rousseau wurde nicht müde, auf die Spannung zu verweisen, die zwischen der *société civile* und der Natur notwendig besteht. Wir brauchen dazu nicht das philosophischste Buch des Œuvre, den *Discours sur l'inégalité*, zu bemühen. Es genügt in unserem Zusammenhang, uns des Satzes aus *Du contrat social* zu erinnern: «Alles, was nicht in der Natur ist, hat seine Unzuträglichkeiten, und die *société civile* mehr als alles übrige.»[88] Selbst in dem Buch, in dem er als Anwalt des

---

86 «The independence of the philosopher, as far as he is a philosopher, is only one aspect of a more fundamental independence, which was recognized equally by those who spoke of a presocial ‹state of nature› and by those who emphasized so strongly the fact that ‹man is generated by man and the sun,› not by society.» Leo Strauss: *Persecution and the Art of Writing*, in: *Social Research*, 8:4 (November 1941), p. 503 n. 21. Cf. Anm. 29.
87 «S'il faut permettre à quelques hommes de se livrer à l'étude des Sciences et des Arts, ce n'est qu'à ceux qui se sentiront la force de marcher seuls sur leurs traces, et de les devancer: C'est à ce petit nombre qu'il appartient d'élever des monumens à la gloire de l'esprit humain.» *Discours sur les sciences et les arts*, p. 29. Siehe Kapitel I, S. 21–22.
88 «Quoi! la liberté ne se maintient qu'à l'appui de la servitude? Peut-être. Les deux excès se touchent. Tout ce qui n'est point dans la nature a ses inconvéniens, et la société civile plus que tout le reste. Il y a de telles positions malheureuses où l'on ne peut conserver sa liberté qu'aux dépends de celle d'autrui, et où le Citoyen ne

Bürgers auftritt und für einen legitimen Vertrag plädiert, spricht Rousseau, wie wir bei der Betrachtung des Kapitels II, 7 gesehen haben, vom «Joch der öffentlichen Glückseligkeit», das die Völker folgsam zu tragen haben, und er erklärt, wie jeder weiß, in der Eröffnung des Kapitels I, 1, daß der frei geborene Mensch «überall in Ketten ist», wobei Rousseau nicht in Aussicht stellt, den Bürger von den Ketten zu befreien, sondern ihm allein und allerdings zeigen zu können, wie der bürgerliche Zustand, wie der Zustand in den Ketten sich «legitim machen» ließe.[89] Was solches Legitimmachen erforderte und wie weit das wohlgeordnete Gemeinwesen davon entfernt wäre, die Spannung zwischen der *société civile* und der Natur aufzulösen, hat Rousseau wiederum am deutlichsten im Kapitel «Du Législateur» des *Contrat social* ausgesprochen: «Derjenige, der es zu unternehmen wagt, ein Volk einzurichten, muß sich imstande fühlen, sozusagen die menschliche Natur zu ändern; jedes Individuum, das an ihm selbst ein vollkommenes und solitäres Ganzes ist, in einen Teil eines größeren Ganzen zu verwandeln, von dem dieses Individuum in gewisser Weise sein Leben und sein Sein erhält; die Verfassung des Menschen zu verschlechtern, um sie zu verstärken; eine partielle und moralische Existenz an die Stelle der physischen und unabhängigen Existenz zu setzen, die wir alle von der Natur erhalten haben. Er muß dem Menschen, mit einem Wort, seine eigenen Kräfte nehmen, um ihm welche zu geben, die ihm fremd sind und von denen er keinen Gebrauch machen kann ohne die Unterstützung anderer.»[90] Rousseau bekennt am Ende seines Lebens, daß er konstitutionell unfähig war, eine integrale und natürliche für eine partielle und moralische Existenz aufzugeben. Er war nicht geeignet, in der Identifikation mit dem Gemeinwesen aufzugehen. Er war nicht dafür geschaffen, im politischen Leben zur Glückseligkeit zu gelangen.

Obgleich die *Sixième promenade* im Gang des Arguments wie im Er-

---

peut être parfaitement libre que l'esclave ne soit extrêmement esclave. Telle étoit la position de Sparte. Pour vous, peuples modernes, vous n'avez point d'esclaves, mais vous l'êtes; vous payez leur liberté de la votre. Vous avez beau vanter cette préférence; j'y trouve plus de lâcheté que d'humanité.» *Du contrat social* III, 15, 10, p. 431. Cf. *Lettres écrites de la montagne* IX, 45–47, p. 881.

89 *Du contrat social* I, 1,1, p. 351. Beachte I, 9, 8, den letzten Satz des ersten Buches, p. 367.

90 *Du contrat social* II, 7, 3, p. 381–382. Beachte dazu Rousseaus Aussage über die *aliénation totale* in I, 6, 6, p. 360 und cf. II, 4, 6, p. 373; III, 2, 7, p. 401.

gebnis mit dem Œuvre zusammenstimmt, nimmt Rousseau in ihrem letzten Satz eine subtile Korrektur vor. Wenn er über seine Zeitgenossen sagt, ihr Unrecht ihm gegenüber habe nicht darin bestanden, «de m'écarter de la societé comme un membre inutile, mais de m'en proscrire comme un membre pernicieux», bezieht er sich stillschweigend auf einen berühmten Satz seiner Preisschrift von 1750: «En politique, comme en morale, c'est un grand mal que de ne point faire de bien; et tout citoyen inutile peut être regardé comme un homme pernicieux.» Anders als der Autor, der am Beginn seines Œuvre stand, Politik und Moral öffentliches Gehör verschaffen wollte und aus der Perspektive des Bürgers sprach,[91] verwirft der Promeneur Solitaire die Gleichsetzung des nutzlosen Bürgers mit einem verderblichen Menschen. Wenn Rousseau *libre, obscur, isolé* geblieben wäre und zeit seines Lebens ein Dasein am Rande der Gesellschaft gefristet hätte, ohne ihr sein Œuvre zu geben, wäre er ein *citoyen inutile*, aber deshalb noch kein *homme pernicieux* gewesen.[92] Er hätte sich der nutzlosen Botanik überlassen, aber so wenig Böses getan wie nur irgendein Mensch auf der Welt. Er wäre der harmlose Träumer gewesen, den die *Rêveries* beschreiben.

Die politische Rechtfertigung des Philosophen in Rousseaus Œuvre ist sein Œuvre. Wenn der Promeneur Solitaire zu erkennen gibt, daß er dieser Rechtfertigung hätte entraten können, stellt sich abermals die Frage, was das Œuvre für Rousseau in Rücksicht auf sein eigenes Gutes bedeutete. Hätte er ohne das Œuvre der zu werden vermocht, der er seiner Natur nach war? Was hat die Übernahme der selbstgestellten Aufgabe in ihm aufgeschlossen und für ihn eröffnet, das ihm andernfalls unzugänglich geblieben wäre? Wie ließe sich die Selbstverständigung des Promeneur Solitaire ohne das Medium des Œuvre denken, auf das alle Promenaden direkt oder indirekt, kommentierend und reflektierend, sich abgrenzend, bestätigend oder vertiefend Bezug nehmen? Solche und verwandte Fragen, die die *Quatrième* und die *Sixième* nahele-

---

91 Im unmittelbaren Anschluß an den angeführten Satz des *Discours sur les sciences et les arts*, p. 18 fährt Rousseau fort: «Répondez-moi donc, Philosophes illustres ...» Cf. p. 30: «Pour nous, hommes vulgaires, à qui le Ciel n'a point départi de si grands talens ...»
92 Rousseau hatte im letzten Satz der *Sixième* zunächst geschrieben: «... de m'en proscrire comme un membre dangereux». Dann korrigiert er *dangereux* in *pernicieux*, womit er die Gegenüberstellung des *Discours* von *inutile* und *pernicieux* exakt aufnimmt. Cf. Kapitel I, S. 25.

gen, stehen im Hintergrund der Promenaden, mit denen Rousseau die *Rêveries* nach dem angekündigten Abschluß in der *Septième* wieder aufnimmt, um sie bis zu ihrem natürlichen Ende fortzuführen. Unser Interesse gilt zunächst der *Neuvième promenade*, die in einer Weise das Gegenstück zur *Sixième* bildet. Während Rousseau im sechsten Spaziergang die Lästigkeit, den Zwang, die Bedrängnis hervorhebt, die mit der Soziabilität einhergehen, betont er im neunten die Freuden, die sie für ihn bereithält.[93] Nicht zufällig ruft die *Neuvième* durch Anspielungen im Text und einen ihr nachträglich vorangestellten Absatz die erste im populären Sinn politische Schrift Rousseaus in Erinnerung, mit der er sich ausdrücklich «nicht mehr an die kleine Zahl, sondern an die Öffentlichkeit» wandte und in der er zum erstenmal seinen Wahlspruch verkündete.[94] Rousseau gibt anhand von neun Episoden Einblick, welche Art von soziablem Umgang er als so angenehm, befriedigend und verlockend empfand, daß er ihn aktiv aufsuchte. Die ausgewählten Beispiele zeigen Begegnungen mit allen Lebensaltern, vom kleinen Jungen bis zum greisen Veteran. Die zentrale und politisch aufschlußreichste Episode schildert die Begegnung mit zwanzig jungen Mädchen, die der Aufsicht «einer Art Nonne» unterstanden.[95] Mit Hilfe eines Losverkäu-

93 Das heißt nicht, daß *la gêne*, in der *Sixième* viermal erwähnt, in der *Neuvième* abwesend wäre. Sie kommt hier zweimal zur Sprache, zunächst in bezug auf Rousseau, dann in bezug auf eine Reaktion, die Rousseau nicht auslösen will: IX, 6 und 7 (1088).
94 Die *Neuvième* bezieht sich in der ursprünglichen Eröffnung gleich zu Beginn und dann ein weiteres Mal auf eine Schrift d'Alemberts, der in keiner anderen Promenade Erwähnung findet: IX, 2 und 3 (1086). Später verwendet Rousseau die ersten zwei Verse eines Zitats aus Plutarchs Lebensbeschreibung des Lykurg, das er am Ende der *Lettre à d'Alembert* angeführt hatte, um d'Alembert, den Genfer Mitbürgern und der Welt zu verdeutlichen, welche Art von Schauspielen eine Republik nötig hat: IX, 21 (1095). Der Absatz, mit dem Rousseau die *Neuvième* schließlich beginnen läßt, kulminiert in der Beschreibung des Genusses, den es Rousseau bereitet, «ein ganzes Volk sich an einem Tag des Fests der Freude hingeben» zu sehen, und damit in einem der prominentesten Themen der *Lettre à d'Alembert*: IX, 1 (1085).
95 Die Episode der Mädchen von Passy ist die fünfte von neun oder, wenn man sich nicht an die von Rousseau verwendeten Zeitbestimmungen als Gliederungsmerkmal für den Beginn der jeweiligen Episode hält, die vierte von sieben Episoden. In der vierundzwanzig Absätze umfassenden *Neuvième* nimmt sie die vier zentralen Absätze, die Absätze 11–14, ein.

fers, dem er die nötigen Anweisungen gibt und den er im vollen Umfang bezahlt, und assistiert von seiner Frau, verschafft Rousseau den Mädchen das Vergnügen, durch Lose, die sich nur einige von ihnen hätten leisten können, in den Besitz der begehrten Waffeln zu kommen, die der Losverkäufer als Gewinne auslobte. Rousseau gibt der Lustbarkeit eine durchdachte Ordnung. Er regelt den Zugang zu den Losen und richtet die Mädchenschar dem Zweck entsprechend aus. Den Verkäufer hält er dazu an, das Losglück abweichend von der gewöhnlichen Praxis so zu korrigieren, daß ausreichend viele Waffeln in die Hände der Mädchen gelangen. Seine Frau überredet die vom Losglück stärker Begünstigten, den weniger Begünstigten Waffeln abzugeben. Streitfälle tragen die Mädchen Rousseau vor, dessen Richterspruch im Sinne der distributiven Gerechtigkeit und zur schließlichen Zufriedenheit aller Beteiligten entscheidet. Selbst die Nonne, die den Mädchen das Kaufen von Losen untersagt hatte, bevor Rousseau intervenierte und die Leitung zum allgemeinen Besten übernahm, wird in das gemeinschaftliche Spiel einbezogen. Von Rousseau ermuntert, versucht auch sie ihr Glück und zieht ein Gewinnlos. Rousseaus Freude an der Freude, die er bei den Beschenkten auslöste, ist solcher Art, daß er danach noch mehrmals zur gleichen Stunde an denselben Ort zurückkehrt, in der Hoffnung, der kleinen Schar wiederzubegegnen und sie und sich erneut beschenken zu können. Anders als im Falle der Wohltat, zu der er sich von dem bettelnden Jungen an der Barrière d'Enfer erweichen ließ, findet Rousseau an dieser Wohltat, die sich in ihrer Durchführung und ihrem Erfolg seiner Initiative, seiner Übersicht, seinem Geschick verdankt, so viel Gefallen, daß er sie wiederholen will.[96]

Die *Neuvième promenade* reflektiert Gründe, die den Autor zu seinem Œuvre bestimmen konnten, zur Übernahme der Aufgabe, die ihm öffentliche Sichtbarkeit verlieh, die ihm politische Wirksamkeit eintrug und ihm diese Wirksamkeit zurechenbar machte. Die Episoden des Spaziergangs, allen voran die der Mädchen von Passy, verweisen im Kontrast zur Geschichte des «petit bonhomme» vom Beginn der *Sixième* auf Aspekte der Soziabilität, die für Rousseau anziehend genug oder die in

---

[96] Auch in der Episode des Jungen von Clignancourt, die der Episode der Mädchen von Passy unmittelbar vorangeht, erwähnt Rousseau, daß er mehrmals den Ort wieder aufsuchte, an dem er dem kleinen Jungen begegnet war und dessen spontane Herzlichkeit mit einer Gabe erwidert hatte: IX, 8–9 (1089–1090).

ihm stark genug waren, daß sie ihn zu bewegen vermochten, sich, in bestimmten Grenzen, auf den «heiligsten aller Verträge» einzulassen, der aus der Gabe entsteht. Und zwar jenseits seiner Schwäche, im Hinblick auf sein eigenstes Können und zu seiner Freude. Es sei denn, wir schlagen den *amour-propre* Rousseaus Schwäche zu und betrachten seine Eigenliebe als die eigentliche Quelle jener Selbstabweichung, die die Rede vom «schweren Fehler» des Œuvre namhaft zu machen schien. Denn insofern die Episoden Rousseaus soziable Seite beleuchten, stellen sie notwendig auch seinen *amour-propre* aus, ohne den die Soziabilität nicht zu denken ist und ohne den es keine Politik gibt. An dem Fest, das Rousseau für die Schützlinge der Nonne ins Werk setzte, hatte der *amour-propre* seinen Teil, und nicht weniger deutlich spielt Rousseau auf ihn an, wenn er sich in einer anderen Episode angesichts eines kleinen Mädchens, das ein Dutzend Äpfel in ihrer Auslage bewachte, die die verlangenden Blicke einiger savoyischer Jungen auf sich zogen, die Rolle eines zweiten Herakles zuweist, der den Jungen in ihrem «Garten der Hesperiden» zu den Äpfeln verhilft. So wie er sich in der soziablen Nachmittagsvariante der *Cinquième* bei der Überfahrt zur kleinen Insel in Begleitung dreier Frauen und einiger Kaninchen voll Selbstironie als einen zweiten Jason an der Spitze der Argonauten porträtierte.[97] In der *Huitième promenade* stellt Rousseau ohne Umschweife fest, daß er als Autor über «ungeheuer viel» *amour-propre* verfügte, wenngleich «vielleicht immer noch über weniger als ein anderer».[98] Ein weiterer Gesichtspunkt, der für die Entscheidung zum Œuvre einschlägig ist, wird im neunten Spaziergang in vielfältigen Abwandlungen vor Augen geführt: die Freude, die darin liegt, die Freude mit einem anderen teilen, sie ihm mitteilen oder zugänglich machen und dessen wie seine Freude vorwegnehmen zu können. Das alles überstrahlende Thema ist indes Rousseaus Augenlust: die Betrachtung von Menschen und ihren Reaktionen, mit einem Schwerpunkt auf der Beobachtung von Kindern, die in ihrem Verhalten am wenigsten durch die Meinungen und Vorgaben der Gesellschaft geprägt sind,[99] als Teil seines Studiums der

---

97 «… et moi qui partageois à si bon marché cette joye, j'avois de plus celle de sentir qu'elle étoit mon ouvrage» IX, 15 (1092–1093); cf. V, 7 *in fine* (1044).
98 VIII, 16 (1079).
99 In der letzten Episode der *Neuvième* betont Rousseau, wieviel er sich als alter Mann von der Spontaneität eines Kindes bewahrt hat: IX, 23 (1096).

menschlichen Natur; das Sehen mit eigenen Augen, was seine Gabe auslöst, an das die Vorstellung, die die Einbildungskraft ausmalt, nicht von ferne heranreicht;[100] demzufolge auch die Beobachtung der Wirkungen des Œuvre und der Schicksale, die die Kinder seiner Imagination, etwa die in der *Neuvième* genannten Bücher *Héloïse* und *Émile*, haben, sobald sie, in die Wirklichkeit entlassen, ihr Eigenleben entfalten.[101]

Rousseaus «Vergnügen, zufriedene Gesichter zu sehen», Gesichter, deren Zufriedenheit durch ihn bewirkt wurde, benennt einen starken Beweggrund für das Œuvre. Rousseau selbst spricht von einer «espéce de volupté».[102] Die Anwendung für eine im engeren Sinn politische Schrift wie die *Lettre à d'Alembert* liegt auf der Hand, wenn Rousseau zu Beginn der *Neuvième* in einer Bewegung, die den Abstieg der *Cinquième* politisch nachvollzieht,[103] von der Betrachtung des Glücks, «das kein äußeres Abzeichen hat», weshalb man im Herzen des Glücklichen lesen können müßte, um sein Glück zu erkennen, zur Betrachtung der Zufriedenheit übergeht, die sich an den Augen, an der Haltung, am Ton der Stimme, am Gang ablesen läßt, um am Ende der Eröffnung auszurufen: «Est-il une jouissance plus douce que de voir un peuple entier se livrer à la joye un jour de fête et tous les cœurs s'épanouir aux rayons suprêmes du plaisir qui passe rapidement mais vivement à travers les nuages de la vie?» Der politische Autor hat die Zufriedenheit des ganzen Volkes im Auge, das das Gemeinwesen konstituiert und das sich am Tag des Festes in realer Gegenwart manifestiert. Genf, das im Œuvre für das konkrete Gemeinwesen des Bürger-Philosophen steht, figuriert in der *Neuvième* auch als Musterbild für das Fest, das die Eröffnung evoziert. Genf hat mit seinen Festen in ebendem Absatz seinen Auftritt – und es findet in den *Rêveries* neben dem Vergleich zu Beginn der *Cinquième* nur dieses eine Mal Erwähnung[104] –, in dem Rousseau seinen «plaisir de voir des visages contens» erläutert. Rousseau versäumt nicht, im gleichen Atemzug seinen Ort am Rande der Gesellschaft zu markieren:

---

100 «Si je ne vois la satisfaction que je cause quand même j'en serois sûr je n'en jouirois qu'à demi» IX, 17 (1093).
101 IX, 5 (1087–1088).
102 IX, 17 (1093). Beachte die Andeutung des Grundes, weshalb Rousseau auf den Ring des Gyges verzichtet hätte, in VI, 19 (1058).
103 V, 15–16 (1047); cf. V, 7 (1044) und V, 10 (1045) und siehe Kapitel IV, S. 174–175.
104 V, 2 (1040). Siehe Kapitel IV, S. 140 und beachte dazu S. 223.

«Um mich an diesen liebenswerten Festen zu erfreuen, brauche ich nicht dabei zu sein, es genügt mir, sie zu sehen; indem ich sie sehe, nehme ich an ihnen teil».[105] Rousseaus Beteiligung ist wesentlich Betrachtung.[106] Wenn er am politischen Leben teilhat, dann indem er es beobachtet, indem er darüber nachdenkt, indem er für es schreibt, um es wieder zu beobachten und von neuem darüber nachzudenken. Rousseau war um seines eigenen Guten willen begierig dazuzulernen, nicht um andere zu lehren, sondern um selbst zu wissen. «Unter all den Studien», versicherte er in der *Troisième*, die er während seines Lebens «inmitten der Menschen» unternahm, «gibt es kaum welche», die er «allein auf einer verlassenen Insel», auf die er für den Rest seiner Tage verbannt gewesen wäre, «nicht gleichfalls unternommen hätte».[107] Zu den Studien, die er nicht unternommen hätte, gehörten, so dürfen wir vermuten, Untersuchungen, die durch die Teile des Œuvre veranlaßt waren, mit denen er, Rat gebend oder Kritik übend, zu Gemeinwesen seiner Zeit politisch Stellung bezog und in deren streitige Angelegenheiten eingriff. Die *Lettre à d'Alembert* und die *Lettres écrites de la montagne* zählen, ungeachtet der Bedeutung, die ihnen innerhalb des Œuvre

---

105 IX, 1 (1085) und IX, 17 (1093–1094). In der *Lettre à d'Alembert* hatte Rousseau eine lange Fußnote, die letzte des Buches, darauf verwandt, die öffentlichen Feste Genfs zu preisen (p. 124 n.). In die Schilderung eines dieser Feste flocht er die Ermahnung des Vaters ein: «Jean-Jacques, me disoit-il, aime ton pays. Vois-tu ces bons Genevois; ils sont tous amis, ils sont tous fréres; la joye et la concorde régne au milieu d'eux. Tu es Génevois, tu verras un jour d'autres Peuples; mais, quand tu voyagerois autant que ton Pére, tu ne trouveras jamais leur pareil.» Zum Schauspiel, das das Fest ihm bot, merkte der *Citoyen de Genève* an: «Je sens bien que ce Spectacle dont je fus si touché, seroit sans attrait pour mille autres. Il faut des yeux faits pour le voir, et un cœur fait pour le sentir. Non, il n'y a de pure joye que la joye publique, et les vrais sentimens de la nature ne régnent que sur le peuple. Ah! dignité, fille de l'orgueil, et mére de l'ennui, jamais tes tristes Esclaves eurent ils un pareil moment en leur vie?»
106 Cf. Rousseaus Darstellung seiner Zuneigung zu Kindern: «...je ne crois pas que jamais homme ait plus aimé que moi à voir de petits bambins folatrer et jouer ensemble et souvent dans la rue et aux promenades je m'arrête à regarder leur espieglerie et leurs petits jeux avec un interest que je ne vois partager à personne» IX, 3 (1087). «Si j'ai fait quelque progrès dans la connoissance du cœur humain, c'est le plaisir que j'avois à voir et observer les enfans qui m'a valu cette connoissance» IX, 5 (1087).
107 III, 5 (1013).

zukommt und die über die Zeitgenossenschaft weit hinausreicht, zu den Schriften, die Rousseau wohl kaum verfaßt hätte, wenn er bis an sein Lebensende aus der Menschenwelt verbannt gewesen wäre. Ebenso naheliegende Kandidaten sind die Verfassungsentwürfe für Korsika und Polen. Anders als die beiden Bücher zu Genf hat Rousseau die Manuskripte zu Korsika und Polen nicht veröffentlicht. Sie gehen auch nicht, oder nicht unmittelbar, auf seine Initiative zurück. Im Œuvre nehmen sie deshalb keinen weniger wichtigen Platz ein. Wenn die Veröffentlichungen zu Genf den Philosophen als Bürger zeigen, so erlauben die Schriften zu Korsika und Polen einen Blick auf den Philosophen als Gesetzgeber. Die Tatsache, daß es sich um erbetene Arbeiten, um politische Aufträge handelte, läßt die Frage des Œuvre, inwiefern es gut war für Rousseau, um so schärfer hervortreten. Der *Plan de Gouvernement* für Korsika ist für uns von zusätzlichem Interesse, da Rousseau auf der St. Petersinsel mit ihm befaßt war und da wir in ihm zudem das Beispiel einer «Pflicht» vor uns haben, die aus einer «Gabe» entstand. Denn als der Korse Mathieu Buttafoco aus der Umgebung des Nationalhelden Pasquale Paoli sich am 31. August 1764 in einem langen Brief an Rousseau wendet und ihn bittet, Korsika als *Législateur* zu dienen, beruft er sich ausdrücklich auf die «Eloge», die Rousseau den Korsen im *Contrat social* zuteil werden ließ.[108] Rousseau hatte ans Ende der drei Kapitel «Du peuple», die das Kapitel II, 7 «Du Législateur» fortsetzen, einen Absatz gestellt, der in Europa allein der «Insel Korsika» zubilligte, für eine *législation* geeignet und mithin ein lohnendes Betätigungsfeld für einen *Législateur* zu sein. Der kurze Absatz hat grundsätzliches Gewicht, da er pointiert auf die Unwahrscheinlichkeit hinweist, zu einem

---

[108] «Vous avez fait mention des Corses dans votre Contrat social d'une façon bien avantageuse; un pareil eloge est bien flatteur quand il part d'une plume aussi sincere; rien n'est plus propre a exciter l'emulation, et le desir de mieux faire. Il a fait souhaiter a la Nation que vous voulussiez etre cet homme sage qui pouroit procurer les moyens de conserver cette liberté qui a couté tant de sang a aquerir. Les Corses esperent que vous voudrez bien faire usage pour eux de vos talens, de votre bienfaissance, de votre vertu; de votre zèle pour l'avantage des hommes, sur tout pour ceux qui ont été le jouet de la tirannie la plus affreuse. / Les hommes de genie, ceux qui sont vertueux, ceux qui vous resemblent, ne dedaignent pas, monsieur, de consacrer quelques veilles à la félicité d'une nation: plus elle est malheureuse, plus elle a droit d'esperer un tel sacrifice.» *Le capitaine Mathieu Buttafoco à Rousseau*, 31. August 1764, *CC* XXI, p. 85-86.

wohlgeordneten Gemeinwesen zu kommen, und er erregte 1762 Aufsehen, da er den europaweit beachteten Kampf der Korsen um Unabhängigkeit unter der Führung Paolis unterstützte. Die Anstrengungen «dieses tapferen Volkes», seine Freiheit zurückzugewinnen und zu verteidigen, verdienten, erklärte Rousseau, daß ein *homme sage* es lehrte, diese Freiheit zu bewahren.[109] Zwei Jahre später fordert Buttafoco Rousseau auf, «cet homme sage» zu sein und eine «politische Einrichtung» für Korsika auszuarbeiten. Der Hauptmann in französischen Diensten appelliert an Rousseaus Tugend. Er spricht freimütig vom Opfer, das Rousseau für die Glückseligkeit der korsischen Nation bringen soll. Und er gibt sich dem Autor des *Contrat social* als genauer Leser des Kapitels II, 7 zu erkennen, wenn er in der entscheidenden Passage seines Briefes drei Bestimmungen, die Rousseau für den *Législateur* gefordert hatte, wörtlich aufgreift, um sie, mit den angezeigten Anpassungen, Rousseau zuzuschreiben. Alles in der Absicht, Rousseau davon zu überzeugen, daß er der *Législateur* ist, den Korsika braucht.[110] Rousseau nimmt die Aufgabe nach kurzem Zögern an. Er spezifiziert die Informationen, die er benötigt, verlangt die Zusendung verschiedener

109 «Il est encore en Europe un pays capable de législation; c'est l'Isle de Corse. La valeur et la constance avec laquelle ce brave peuple a su recouvrer et défendre sa liberté, mériteroit bien que quelque homme sage lui apprit à la conserver. J'ai quelque pressentiment qu'un jour cette petit Isle étonnera l'Europe.» *Du contrat social* II, 10, 6, p. 391.
110 «Une nation ne doit se flatter de devenir heureuse, et florissante, que par le moyen d'une bonne institution politique. Notre isle, comme vous le dite tres bien, monsieur, est capable de recevoir une bonne legislation; mais il lui faut un legislateur: il lui faut un homme dans vos principes, *un homme* [1] *dont le bonheur soit indépendant de nous; un homme* [2] *qui, connoissant a fond la nature humaine, et* [3] *qui dans les progrés des temps se menageant une gloire eloignée, voulut travailler dans un siecle, et jouir dans l'autre.* Daignerez-vous en traçant le plan du sisteme politique cooperer a la felicité de toute une nation?» *CC* XXI, p. 86, meine Hervorhebung. Buttafoco bezieht sich auf drei der vier Bestimmungen, durch die Rousseau den *Législateur* als ein göttliches Wesen auswies: «Pour découvrir les meilleures regles de société qui conviennent aux Nations, il faudroit une intelligence supérieure, [1] qui vit toutes les passions des hommes et qui n'en éprouvât aucune, [2] qui n'eut aucun rapport avec notre nature et qui la connût à fond, [3] dont le bonheur fût indépendant de nous et qui pourtant voulut bien s'occuper du notre; enfin [4] qui, dans le progrés des tems se menageant une gloire éloignée, put travailler dans un siecle et jouir dans un autre. Il faudroit des Dieux pour donner des loix aux hommes.» *Du contrat social* II, 7, 1, p. 381. Beachte Anm. 53.

Materialien und beginnt schließlich mit einem Vorhaben, für das er, was den ersten Entwurf betrifft, immerhin eineinhalb Jahre und, was die endgültige Ausarbeitung angeht, noch einmal drei Jahre veranschlagt – obgleich der «korsische Patriot», der ihm den Auftrag erteilt, keine Autorisierung durch irgendein Organ seiner Nation vorweist, obschon er sich bewußt ist, daß die prekäre außenpolitische Lage, in der sich Korsika befindet, das Unterfangen schon bald politisch gegenstandslos machen kann, obwohl er Gefahr läuft, auf dem Höhepunkt seiner politischen Verfolgung, als *Législateur* für Korsika in offenen Gegensatz zu den Großmachtinteressen Frankreichs zu geraten und in neue Intrigen seiner Feinde verstrickt zu werden.[111] Warum?

Die «gloire éloignée», die Buttafoco Rousseau, ihn zitierend, als Lohn für das Opfer seiner Lebenszeit in Aussicht stellt, wird Rousseau schwerlich verlockt haben.[112] Gesetzt, daß ihm am Ruhm der Nachwelt gelegen war, hatte er mit dem Œuvre nicht für einen Ruhm anderer Ordnung Sorge getragen, und zwar schon mit den Teilen des Œuvre, die er selbst auf einer verlassenen Insel ohne weitere Verbindungen zu den Zeitgenossen ausgearbeitet hätte oder noch ausarbeiten konnte? Auch die Schwäche, eine Bitte nicht abschlagen, zum patriotischen Antrag eines Bewunderers nicht nein sagen zu können, scheidet aus. Rousseau verpflichtet sich gegenüber Buttafoco zu nichts. Er verbirgt im Briefwechsel mit dem Korsen, wie intensiv er bereits an dem Entwurf arbeitet, und vertröstet seinen Auftraggeber nicht mit Versicherungen. Als er sich im März 1765 erkundigt, ob er auf Korsika Asyl erhalten könnte, teilt er gar mit, daß er im Falle einer Übersiedlung nach Korsika nicht an dem *Plan de Gouvernement* weiterarbeiten werde, da er eine Regierung, unter der er lebt, niemals tadeln und kritisieren noch in irgendeiner Weise reformieren wolle.[113] Rousseau übernahm den «Auftrag»,

---

111 Siehe Rousseaus Briefe an Buttafoco vom 22. September 1764 und vom 15. Oktober 1764, *CC* XXI, p. 173–175 und p. 258–260; cf. die Briefe vom 24. März 1765 und vom 26. Mai 1765, *CC* XXIV, p. 299–301 und *CC* XXV, p. 337–339.
112 Als Rousseau dem *Législateur* im Kapitel II, 7 einen «entfernten Ruhm» angesonnen hatte, tat er dies nicht so sehr, um ein göttliches Wesen dazu zu bewegen, sich die Gesetzgebung für Menschen angelegen sein zu lassen, als vielmehr um das Problem herauszustellen, das im Mangel eines gemeinsamen Guten besteht. Beachte Rousseaus note zu II, 7, 1, p. 381.
113 «Mais, M[onsieu]r, je dois vous tout dire: il faut que cette hospitalité Soit gratituite, non quant à la Subsistance, je ne Serai là-dessus à charge à personne, mais

eine Ordnung für Korsika zu konzipieren, nicht weil ein Leser des *Contrat social* seinen point d'honneur traf oder weil er die Korsen nicht enttäuschen konnte, sondern weil die Aufgabe an ihr selbst sein Interesse fand, weil sie ihm die willkommene Gelegenheit bot, einen Haupttrakt des Œuvre auszubauen, weil er in ihr eine neue Herausforderung erkannte, für sich dazuzulernen und Fähigkeiten auszuspielen, die andernfalls nicht geweckt würden: Aus der Sicht der Gründers erkundet Rousseau im *Projet de constitution pour la Corse* die Möglichkeit oder Unmöglichkeit, die europäische Entwicklung mit einem Gegenmodell zu konfrontieren. Deshalb tritt der Entwurf von Anfang an den «Vorurteilen» der Korsen entgegen, die ebenjene Entwicklung betreffen und sie verleiten könnten, die neu errungene nationale Unabhängigkeit dafür zu nutzen, dem Vorbild Frankreichs oder Englands zu folgen, d. h., sich nachholend einer fortschreitenden Kommerzialisierung mit dem Versprechen allgemeiner Prosperität zu verschreiben. Die herausragende Bedeutung, die der Entwurf der «agriculture» beilegt, ist das Signum des Versuchs, dem Universalismus durch die Verankerung im Partikularen zu begegnen. Kann dem Zug zum allgemeinen Ausgleich und zur allgemeinen Angleichung, zur unterschiedslosen Kompatibilität, für die das Geld als universeller «Wert» steht, durch die Stärkung der Bodenständigkeit, des Nationalcharakters, der Autarkie aussichtsreich widerstanden werden? Der Verfassungsentwurf für Korsika gibt Rousseau außerdem die Gelegenheit, ein erhellendes Supplement zum

quant au droit d'asile qu'il faut qu'on m'accorde Sans intérêt. Car Sitôt que je Serai parmi vous, n'attendez rien de moi Sur le projet qui vous occupe. Je le répéte, je Suis désormais hors d'état d'y Songer; et quand je ne le Serais pas, je m'en abstiendrais par cela même que je vivrais au milieu de vous; car j'eus, et j'aurai toujours pour maxime inviolable de porter le plus profond respect au gouvernement Sous lequel je vis, Sans me mêler de vouloir jamais le censurer et critiquer, ou réformer en aucune maniére. J'ai même ici une raison de plus, et pour moi d'une trés-grande force. Sur le peu que j'ai parcouru vos mémoires, Je vois que mes idées différent prodigieusement de celles de votre Nation. Il ne Serait pas possible que le plan que je proposerais ne fît beaucoup de mécontens, et peut-être vous-même, tout le premier.» Brief vom 24. März 1765, *CC* XXIV, p. 300. Buttafoco besteht die Probe und stellt Rousseau Asyl auf Korsika ohne jede Gegenleistung in Aussicht (Brief vom 11. April 1765, *CC* XXV, p. 77–78). Rousseau schlägt das Angebot aus, lädt Buttafoco zu einem Besuch ein (zu dem es nicht kommt) und gibt zu erkennen, daß er das Vorhaben des Entwurfs, anders als zuvor behauptet, nicht begraben hat (Brief vom 26. Mai 1765, *CC* XXV, p. 337–339).

Contrat social vorzulegen. Er zeigt zum einen, wie das wohlgeordnete Gemeinwesen jenseits der Prinzipien des politischen Rechts in seiner konkreten Gestalt von Rousseau gedacht wird: in der Ausrichtung auf eine Lebensweise, die die politische Legitimität erlauben soll und zugleich den Zweck der politischen Einrichtung darstellt. Er führt zum anderen vor Augen, wie der *Législateur* auf «die Sitten, die Gewohnheiten und vor allem die Meinung» eines Volkes Einfluß zu nehmen vermag, von denen Rousseau im *Contrat social* gesagt hatte, es handle sich um die «wichtigste Art von Gesetzen» und um den Teil, «dont le grand Législateur s'occupe en secret».[114] Der Leser der Schrift kann im einzelnen verfolgen, auf welche Institutionen der Gesetzgeber Rousseau zurückgreift, um die Lebensweise des Volkes zu prägen, das politische System zu stabilisieren, die Autarkie Korsikas zu erreichen; wie er durch ökonomische Maßnahmen, nationale Aufgaben, Feste und Ehren, durch Belohnung und Bestrafung die öffentliche Erziehung orchestriert; auf welchen Wegen er der politischen Klasse neue Wertschätzungen einzupflanzen, den *amour-propre* in den Dienst des Gemeinwesens zu stellen und den Bürgern die Identifikation mit dem *moi commun* zu ermöglichen versucht. So mag sich ihm besser erschließen, weshalb der Autor Rousseau die *mœurs*, die *coutumes* und die *opinion* als die wichtigste Art von Gesetzen herausstellte, obgleich sie nach den Prinzipien des politischen Rechts ebendies nicht sind: Gesetze.[115] Eine neue Herausforderung bedeutete der *Plan de Gouvernement* für Rousseau schließlich, insofern er sich, anders als in einem Traktat über Prinzipien des politischen Lebens, einem Diskurs über Grundfragen der Philosophie oder einem Roman über Erziehung, mit der Gestaltung eines *corps politique* in Raum und Zeit auf die Kontingenzen der Wirklichkeit und die Erfahrung ihrer Widerstrebigkeit einzulassen hatte. Daß Rousseau sich davon einen Gewinn eigener Art versprach und daß er einen solchen Gewinn aus der Aktualisierung der Figur des *Législateur* wie der erforderlichen Rhetorik im Horizont der möglichen Implementierung seiner Konzeption zog, zeigt der Umstand an, daß er die Arbeit am Entwurf abbrach, als die Besetzung Korsikas durch französische Truppen jede Aussicht auf Verwirklichung des politischen Vorhabens vereitelte.

Wenn Rousseau die Arbeit an den Verfassungsentwürfen für Korsika

---

114 *Du contrat social* II, 12, 4, p. 394.
115 *Du contrat social* II, 6, 5 und 7, p. 379. Beachte S. 208–211.

und Polen als so lohnend für sich ansah, daß er bereit war, Monate oder Jahre an sie zu wenden,[116] dann traf das für die tragenden Teile des Œuvre um so mehr zu. Daß er die Untersuchungen, die der Kern des Œuvre verlangte, auch allein auf einer verlassenen Insel unternommen hätte, heißt nicht, daß die Ausarbeitung des Œuvre den Ertrag für ihn selbst nicht wesentlich erhöhte. Was ihm früh als sein «Système» vor Augen stand,[117] erhielt klare Konturen im vergleichenden Blick auf konkurrierende Lehrgebäude, in der Betrachtung der Entfaltungsmöglichkeiten, die seiner Konzeption innewohnten, und in deren adressatenbezogenen Präsentation. Das Eingehen auf die Adressaten, auf ihre Meinungen, Bedürfnisse, Fähigkeiten, Erwartungen, das das Œuvre zu einer Gabe im eminenten Sinn macht, ist nicht zu trennen von der Beförderung der Selbsterkenntnis des Autors, die aus der Aufmerksamkeit auf die unterschiedlichen Adressaten und aus dem Nachdenken über sie erwächst. Die Werke, die er aus der Ferne für Genf, Korsika, Polen verfaßte, sind die Teile des Œuvre, die gewissermaßen die größte Distanznahme Rousseaus zu sich selbst darstellen. Und der Schluß des *Contrat social* genügte, um zu bezeugen, wie sehr Rousseau die Entfer-

---

116 Rousseau arbeitete an dem Fragment gebliebenen *Plan de Gouvernement* für die Insel Korsika, heute unter dem Titel *Projet de constitution pour la Corse* bekannt, den ihm sein erster Editor 1861 gab, über mehrere Monate des Jahres 1765. Während er die meisten seiner Papiere 1765 bei du Peyrou in Neuchâtel zurückließ, nahm er das Manuskript des Entwurfs bei seiner erzwungenen Abreise von der St. Petersinsel nach England mit. Als Choiseul Korsika 1768 annektierte, gab Rousseau den Text in einem Karton mit der Aufschift «Affaires de Corse» einer Äbtissin zur Verwahrung. An den *Considérations sur le gouvernement de Pologne*, seinem Verfassungsentwurf für das Königreich Polen, zu jener Zeit der größte Flächenstaat Europas, schrieb Rousseau vom Herbst 1770 bis zum Frühjahr 1771. Im Juni überreichte er die Reinschrift seinem Auftraggeber Michel Wielhorski, dem Abgesandten der Konföderation von Bar in Frankreich. Der Auftrag ging auf einen Beschluß des Reichstags von 1769 zurück, Experten um Rat zu fragen. Im Juli 1771 hatte der Abbé de Mably, der gleichfalls an einem Entwurf arbeitete, Rousseaus Text vor Augen. Im April 1772 zirkulierten Abschriften, die u. a. Choiseul und seinen Nachfolgern La Vrillière und d'Aiguillon vorlagen. Wie Korsika hatte Rousseau auch Polen ausdrücklich in einer Veröffentlichung erwähnt, bevor er um seinen Verfassungsentwurf gebeten wurde. Im Unterschied zu Korsika handelte es sich allerdings nicht um ein Lob, sondern um einen Hinweis auf die Gründe für den Verfall der polnischen Regierung: *Lettres écrites de la montagne* VII, 13, p. 816.
117 *Préface d'une seconde lettre à Bordes* (1753/1754), p. 105–106.

nung von sich schon in seinem politischen Hauptwerk bewußt war.[118] Aber die Entfernung von sich, die hier in Rede steht, ist eine Entfernung, die die reichere Rückkehr zu sich, Rousseaus *rentrer en soi-même* und *se rendre à soi-même*,[119] nicht ausschließt, sondern ermöglicht. So wie Rousseaus Œuvre die *Rêveries* allererst möglich macht, ein Buch, das um Rousseaus Beisichselbstsein kreist und das das, was es ist, nur sein kann, weil es vom Œuvre unterschieden ist. Die *Neuvième promenade*, die die soziable Seite Rousseaus mehr betont als jede andere Promenade, verfehlt nicht, das Gravitationszentrum seiner Existenz und des Buches in eins in Erinnerung zu bringen: «je ne suis à moi que quand je suis seul». Auch sie schlägt den Bogen zurück zur Eröffnung der *Deuxième promenade*, die die Zeit benannte, in der Rousseau im vollen Verstande er selbst und bei sich selbst ist: Die Zeit der Einsamkeit und des Nachdenkens. Die Zeit, von der er wahrhaft sagen kann, in ihr das zu sein, was die Natur gewollt hat. Die Zeit seiner einsamen Spaziergänge und der *rêveries*, der Meditationen und Reflexionen, die sie erfüllen, wenn er seinen Kopf ganz frei sein und seine Gedanken ihren Gang gehen läßt, «sans resistance et sans gêne».[120]

118 *Du contrat social* IV, 9 *in fine*, p. 470.
119 II, 3 (1002); III, 20 (1019); VI, 14 (1056); VIII, 23 (1084 in der Mitte); cf. II, 25 (1010); VIII, 16 (1079); VIII, 21 (1082); VIII, 23 (1084 oben).
120 IX, 19 (1094); II, 1 (1002). Siehe Kapitel I, S. 32 und Kapitel III, S. 105–106. Cf. Anm. 9, 28, 93.

VI

Liebe

***

Die Liebe hat in Rousseaus Nachdenken über das Œuvre eine Sonderstellung inne, und dasselbe gilt für die Betrachtung des philosophischen Lebens im ganzen. Die Liebe zeitigt eine Gabe eigener Art. Sie bringt eine «freie Wohltat» hervor, die auch in den Handlungen, welche aus ihr erwachsen, der Neigung folgt, solange die Liebe fortbesteht. Sie ist der vorzügliche Fall einer geteilten Freude, die zur doppelten Freude wird. In Rücksicht auf das Œuvre kommt die Liebe als Liebe zu vertrauten Personen und als Fernstenliebe, als Liebe zu verwandten Naturen, als Selbstliebe und als Eigenliebe ins Spiel. Das philosophische Leben wird getragen von der Liebe zur Wahrheit, von der Liebe zur Erkenntnis, von der Liebe zum Lernen. Es speist sich aus der liebenden Hinwendung zur Welt. Es setzt eine «liebende Seele» voraus, die in der Kontemplation ihre «inneren Wonnen» zu finden weiß. Es wird nicht anders wirklich denn für ein «wahrhaft liebendes Herz», das sich auf die Gegenstände der Kontemplation in ihrer Besonderheit einläßt und an ihnen selbst Interesse nimmt, das sie in ihrem Fürsichsein achtet, weil es sie und weil es sich erkennen will.[1] Doch wie verhält sich Rousseaus Alleinsein zu seiner Liebe? Wenn er sich zu Beginn der *Rêveries* als «le plus sociable et le plus aimant des humains» vorstellt, erweist sich die zweite Bestimmung im weiteren Gang der Promenaden, soweit die Liebe zu anderen in Rede steht, als ähnlich irreführend wie die erste? Vermag Rousseau, der die *Rêveries*, wie er uns in der *Première promenade* wissen läßt, für sich als einen zukünftigen Freund schreibt, nur sich selbst ein Freund zu sein?[2] Rousseau hatte, wie wir in der *Dixième promenade* erfahren, indes eine Freundin, die seinem Herz genügte. Und die Liebe zu ihr ist ihm mehr als eine beglückende Erinnerung, sie ist ihm ein gegenwärtiges Glück, da er sie als das Ereig-

---

1 I, 1 (995); I, 15 (1001); II, 3 (1003); III, 5 (1013); III, 22 (1021); V, 2 (1040); VI, 8 (1053); VI, 14 (1056); VII, 21 (1068); VII, 23 (1069); VIII, 16 (1079); IX, 7 (1088).
2 I, 14 (1001).

nis seines Lebens versteht, das ihn den Weg einschlagen ließ, auf dem er wurde, was er ist.

Rousseau widmet der ersten Liebe den letzten Spaziergang. Die *Dixième* besteht aus einem Absatz und neunundzwanzig Sätzen, von denen acht mit *Je* beginnen. Sie ist nächst der *Cinquième* die intimste der zehn Promenaden und die einzige, die Rousseau mit einem exakten Datum versieht: «Heute, am Palmsonntag, ist es genau fünfzig Jahre her seit meiner ersten Bekanntschaft mit Madame de Warens. Sie war damals achtundzwanzig Jahre alt, denn sie wurde mit dem Jahrhundert geboren. Ich war noch keine siebzehn».[3] Die Begegnung verdient historisch markiert zu werden, da sie, wie Rousseau festhält, für sein ganzes Leben über ihn entscheiden sollte «und durch eine unausweichliche Verkettung das Schicksal hervorbrachte», das seinen Weg bis zum Ende bestimmte. Die Besinnung auf den Beginn der Begegnung ist exakt datiert, da sie Rousseau in diesem Augenblick sein erwachsenes Leben gewissermaßen in einem Stück vor Augen stellt. Heute, am 12. April 1778, wird es, hat es, ist es in Rousseaus Denken und Fühlen Gegenwart. Das Schicksal, das er im Rückgang auf den Beginn erkennt, ist nicht mehr das undurchdringliche Gespinst aus Fäden, Maschen, Schlingen, das ihn zum Spielzeug fremder Absichten und Zwecke machte, sondern Ausdruck einer inneren Notwendigkeit, die einsetzte, als er durch die Liebe zu Madame de Warens zu sich fand. Denn sie allererst hat Rousseau zu sich befreit. Sie hat geweckt, was in ihm beschlossen lag, und seiner Seele zur eigenen Gestalt verholfen. Die erste Bekanntschaft mit der «bezaubernden Frau voller Geist und Anmut», die er sein Leben lang *Maman* nannte, ließ Rousseau Dankbarkeit empfinden. Mit der Dankbarkeit gab sie ihm «zärtlichere Gefühle» ein, die er anfangs jedoch nicht zu unterscheiden wußte: «Mon ame dont mes organes n'avoient pas developé les plus precieuses facultés n'avoit encore aucune forme déterminée. Elle attendoit dans une sorte d'impatience le moment qui devoit la lui donner et ce moment acceléré par cette rencontre ne vint

---

3 X, 1–3, nach Sätzen gezählt (1098). Rousseaus Datierung der Promenade ist exakt, obgleich seine Altersangaben es nicht sind: Madame de Warens wurde am 31. März 1699 geboren und war 1728 neunundzwanzig, Rousseau, am 28. Juni 1712 geboren, noch nicht sechzehn. Françoise-Louise-Eléonore de La Tour heiratete 1713 Sébastien-Isaac de Loys de Warens. 1726 verließ sie ihren Mann, entsagte dem protestantischen Glauben und siedelte sich in Annecy an.

pourtant pas sitot et dans la simplicité de mœurs que l'éducation m'avoit donnée je vis longtems prolonger pour moi cet état delicieux mais rapide où l'amour et l'innocence habitent le même cœur.» Nachdem Rousseau die Liebe in die Promenade eingeführt hat – es wird bei der einmaligen Erwähnung von *l'amour* bleiben –, nimmt er einen Wechsel des Subjekts vor: «Elle m'avoit éloigné.» Sie, seine Seele oder die Frau, die die Liebe in seiner Seele wachrief, hatte ihn von ihr entfernt oder fortgeschickt. Rousseaus Seele und Madame de Warens, von der sie im nächsten Atemzug ganz erfüllt sein wird, gehen im Text gleitend ineinander über. Ein Kunstgriff, der die entscheidende Wendung ankündigt: «Tout me rappelloit à elle, il y fallut revenir. Ce retour fixa ma destinée et longtems encore avant de la posseder je ne vivois plus qu'en elle et pour elle.»[4] Die Rückkehr zu Madame de Warens legte Rousseaus «Geschick» fest, da das expansive Gefühl der Liebe in ihr Halt und Erfüllung fand und seine expansive Seele in eins damit ihre «Form» annahm. In Rousseaus Darstellung der Entwicklung seiner Liebe wie der Ausbildung seiner Seele ist *retour* das Schlüsselwort. Die Rückwendung im Unterschied zum Fortschweifen gibt dem *sentiment expansif* Inhalt und Orientierung, verwandelt sein Sehnen und Suchen in zielgerichtetes und bewußtes Handeln. Sie überführt eine unbestimmte Möglichkeit in konkrete Wirklichkeit, erlaubt der *âme expansive*, in der Konzentration auf Einen Menschen die Quellen ihrer Kraft zu erfahren und die Reichweite ihrer Vermögen zu erkennen. Eine Erfahrung und Erkenntnis, die der ausgeprägten «Form» der Seele wesentlich ist. Der Wirklichkeit der ersten Liebe verdankt Rousseau das Wissen, daß sein Herz an etwas sein Genüge finden kann, daß es im Wichtigsten nicht der Bewegung der Entfernung oder des Wechsels, sondern der Bewegung der Rückkehr oder der Vertiefung bedarf. Unverlierbar bleibt für ihn an seiner Liebe zu Madame de Warens, daß er in dieser Liebe «ganz ich war, ohne Beimischung und ohne Hindernis,» und daß er einmal in seinem Leben wahrhaft sagen konnte, «gelebt zu haben».[5]

Die Erfahrung seiner Liebesfähigkeit, das Wissen seiner Kraft, das Bewußtsein, zum Leben ja sagen zu können, begründete Rousseaus innere Unabhängigkeit und sein Zutrauen zu sich. «Ohne jene kurze, aber

---

[4] X, 6–10 (1098). Ich habe die Interpunktion von Satz 9 nach dem Manuskript berichtigt.
[5] X, 10 und 14 (1098–1099).

kostbare Zeit», beginnt er die zweite Präsentation der Genese seiner Liebe und der Prägung seiner Seele, «wäre ich meiner vielleicht ungewiß geblieben». Rousseau spricht jetzt zum erstenmal vom Geliebtwerden: «Mais durant ce petit nombre d'années aimé d'une femme pleine de complaisance et de douceur je fis ce que je voulois faire, je fus ce que je voulois être, et par l'emploi que je fis de mes loisirs aidé de ses leçons et de son exemple je sus donner à mon ame encore simple et neuve la forme qui lui convenoit davantage et qu'elle a gardée toujours.» Das Geliebtwerden beförderte Rousseaus Übereinstimmung mit sich, das Vertrauen in seine Natur, die Entfaltung seiner Fähigkeiten. Der zweite Durchgang der Darstellung läßt das Geliebtwerden dem Lieben vorangehen.[6] Diese Akzentuierung hat ihren guten Sinn, da das Geliebtwerden, oder die Erwiderung der Liebe, zum Rückbezug auf sich selbst, zur Feststellung der eigenen Vermögen, zur Klärung der Identität führt, die Lieben im anspruchsvollen Verstande erst erlaubt, als ein Leben im anderen und für den anderen, das sich selbst weder flieht noch vergißt, sondern seiner selbst bewußt ist. Die Liebe zu Madame de Warens, sein Geliebtwerden und sein Lieben in jenem Verstande, ließ Rousseau frei werden für sie und für sich.[7] Und für seine spätere Lebensweise. Denn Rousseau führt seine Neigung zur Einsamkeit und zur Kontemplation auf die prägende Zeit der ersten Liebe zurück. Die Liebe und die Vorliebe für Einsamkeit und Kontemplation sind bei ihm gleichen Ursprungs: «Le gout de la solitude et de la contemplation naquit dans mon cœur avec les sentimens expansifs et tendres faits pour être son aliment. Le tumulte et le bruit les resserrent et les etouffent, le calme et la paix les raniment et les exaltent.» Wie läßt sich die Neigung zur Einsamkeit mit der Liebe zu einem anderen Menschen übereinbringen? Rousseau hatte zunächst geschrieben: «Le gout de la retraite et de la contemplation»,

---

6 In der *Dixième* kommen *amour*, *aimé* und *aimer* jeweils einmal vor: *amour* im ersten Durchgang der Darstellung (Satz 7), *aimé* und *aimer* im zweiten Durchgang (Sätze 17 und 20). Der Scheitelpunkt der Darstellung, der die Gliederung bestimmt, ist Satz 15: «Je puis dire à peu près comme ce Prefet du pretoire qui disgracié sous Vespasien s'en alla finir paisiblement ses jours à la campagne: j'ai passé soixante et dix ans sur la terre, et j'en ai vécu sept.» (Die Interpunktion ist nach dem Manuskript berichtigt.)
7 X, 16–17 (1099). Cf. die Wiederholung und Bekräftigung in Satz 24: «j'étois parfaitement libre, et mieux que libre, car assujeti par mes seuls attachmens, je ne faisois que ce que je voulois faire.»

um danach *retraite* durch *solitude* zu ersetzen.⁸ Die Neigung zur Zurückgezogenheit hätte gewiß in keiner Spannung zum Glück der Zweisamkeit gestanden, das die *Dixième promenade* beschreibt. Um so bemerkenswerter ist Rousseaus spannungsreiche Korrektur. Ihr liegt der Gedanke zugrunde, daß die Liebe, die Rousseau mit Madame de Warens verband, als eine Erweiterung seiner Seele und zugleich als die Umgrenzung der Liebenden zu verstehen sei, die sie aus dem Tumult der Welt herauslöste. Maman war gewissermaßen Teil von Rousseaus Beisichselbstsein, Teil einer gemeinsamen Autarkie, mithin Teil seiner Einsamkeit. Rousseau wird bis zum Ende seines Lebens auf die Einsamkeit, die Umgrenzung, die Sammlung angewiesen sein, um lieben zu können, was er im unmittelbaren Anschluß bündig ausspricht: «J'ai besoin de me recueillir pour aimer.»⁹ Umgekehrt eröffnete die Einsamkeit, in die Maman eingeschlossen war, Rousseau zum erstenmal die Erfahrung einer Art Selbstgenügsamkeit. Die Ersetzung von *retraite* durch *solitude* weist so über die Aufklärung der Genese von Rousseaus Liebe hinaus. Sie wirft Licht auf den Weg, den der Einsame Spaziergänger zurückgelegt hat. Die Verbindung von *solitude* und *contemplation* – es handelt sich um die letzte Verwendung von *solitude* in den *Rêveries* – bekräftigt die herausragende Bedeutung der Konstellation von *solitude* und *méditation*, in der uns *nature* in den *Rêveries* zuerst begegnete. Rousseau schließt den Kreis zur Eröffnung der *Deuxième promenade*, in der er seine Natur und sein Beisichselbstsein bestimmte, als er von seinen einsamen Spaziergängen und von den *rêveries* sprach, die sie erfüllen: «Ces heures de solitude et de méditation sont les seules de la journée où je sois pleinement moi et à moi sans diversion, sans obstacle, et où je puisse véritablement dire être ce que la nature a voulu.»¹⁰

Rousseau betrachtet am Ende der *Rêveries* das wichtigste Ereignis in der Vorgeschichte des philosophischen Lebens. Er blickt zurück auf das Aufbrechen seiner erotischen Natur, das in der Hinwendung zu «la meilleur des femmes», im Zusichkommen in der Einsamkeit und in der Liebe zur Kontemplation sichtbar wird. Dies erlaubt ihm nicht nur, das

---

8 Der Apparat der *OCP* teilt diese wichtige Variante nicht mit. Sie ist im Manuskript unschwer zu erkennen und in den Editionen von Spink und Roddier korrekt wiedergegeben.
9 X, 18–20 (1099).
10 II, 1 (1002). Vergleiche dazu im einzelnen X, 14 und 18.

Alpha und Omega des Buches aus Einem Ursprung zu denken, sondern setzt ihn in den Stand, sein Glück mit dem Glück des guten Anfangs zusammenzusehen, das in ihm fortwirkt. Der genaue Zeitpunkt und die näheren Umstände sind kontingent. Selbst die Sequenz könnte signifikant von der abweichen, die Rousseau für sich skizziert, ohne daß das Gewicht des Ereignisses davon berührt wird. Ich gebe ein Beispiel. Nehmen wir an, die Begegnung mit der großen Liebe hätte einige Jahre später stattgefunden. Unser philosophisch begabter junger Mann wäre sich über seine Neigung zur Einsamkeit und zur Kontemplation klargeworden. Er hätte womöglich schon einige Schritte auf dem Weg von der «Kontemplation» zur «Meditation» getan, sei es, daß die Gegenstände, mit denen er sich befaßte, ihn an ihn selbst zurückverwiesen, sei es, daß seine expansive Seele durch die Begegnung mit politischer Feindschaft zur Rückwendung auf sich angehalten wurde. In einem solchen Zustand der Sammlung also träfe ihn die Liebe der «Besten der Frauen». Dann bestünde das Glück des guten Anfangs in der Erfahrung, dieser Liebe trotz der Vorliebe für Einsamkeit und Kontemplation entsprechen zu können, und darüber hinaus in der Einsicht, ihr dank jener Vorliebe so entsprechen zu können, daß sie ihm genügte: Daß er sich in Einsamkeit, Kontemplation, Meditation sammelte, stand seiner Fähigkeit, einen anderen Menschen zu lieben, nicht entgegen, sondern kräftigte sie und machte seine Liebe reicher. Das Glück des guten Anfangs erhält, um zur *Dixième promenade* zurückzukehren, Ausdruck darin, daß Rousseau in seiner Liebe zu Madame de Warens «nichts wünschte als die Fortdauer eines so süßen Zustands». Die Liebe zerbrach, da sie dem Herzen der Geliebten nicht genügte, wie sie dem seinen genügte. Ihre prägende Bedeutung für Rousseau, für sein Zusichkommen, für sein Zutrauen zu sich und für sein späteres Glück wird dadurch indes nicht gemindert. Deshalb spricht Rousseau in der *Dixième promenade* ohne jede Bitterkeit. Es gibt auch keinen Nachhall einer öffentlich geführten Klage wie im Falle der zerbrochenen Freundschaft mit Diderot.[11] Rousseau stellt vielmehr heraus, daß kein Tag vergeht, an dem er sich nicht «mit Freude und Rührung» der Zeit seiner Liebe zu Madame de Warens erinnert, in der er «ganz ich war» und in der er seine Gestalt gewann.[12]

11 III, 2 und 11 (1011 und 1015). Siehe die Klage über den Verlust des Freundes in der *Lettre à d'Alembert*, Préface 9, p. 7.
12 X, 11, 14, 17, 26, 29 (1098–1099).

Die Zeit mit Maman wird im letzten Teil des Spaziergangs zuerst im Horizont ihrer möglichen Beständigkeit, ihrer Dauer, ihrer Zeitlosigkeit ins Auge gefaßt. Das gehört zum Glück des guten Anfangs, obschon wir wissen, daß es sich um eine kurze, knapp bemessene Zeitspanne handeln wird.[13] Rousseau bewog die Geliebte, mit ihm auf dem Land zu leben. Ein abgelegenes Haus am Hang eines Tals war ihre Zuflucht. Dort habe er während «vier oder fünf Jahren ein Jahrhundert an Leben und ein reines und volles Glück genossen». Ein Glück, «das mit seinem Zauber alles überdeckt», was Rousseaus «gegenwärtiges Los an Abscheulichem hat».[14] Dieses Urteil am Ende des Buches schlägt einen deutlich anderen Ton an als die Exposition der *Première promenade* und unterstreicht beredt die fortwirkende Kraft des guten Anfangs. Rousseau hatte in seiner ersten Liebe, was er brauchte, er war, wo er zu sein verlangte, er erfreute sich der Freiheit, deren er bedurfte. Er besaß eine Freundin nach seinem Herzen, befand sich zurückgezogen auf dem Land und tat nur, was er seiner Neigung folgend tun wollte. Der Zustand schien sich selbst zu genügen, soweit Rousseau betroffen war. Wie anders hätte er darin «ein reines und volles Glück» genießen können? Er wünschte nur seine Fortdauer. Aber der Zustand war nicht stabil, da er nicht Rousseau allein betraf. Rousseau hatte Grund zu fürchten, daß er nicht von langer Dauer sein werde: «Ma seule peine étoit la crainte qu'il ne durat pas longtems, et cette crainte née de la géne de notre situation n'étoit pas sans fondement.»[15] Die letzte Verwendung von *la gêne* in den *Rêveries*, die in Rücksicht auf die biographische Chronologie die erste ist, verweist noch einmal auf die Lästigkeit, auf den Zwang, auf die Bedrängnis, die die Soziabilität in sich trägt. Rousseaus Selbstgenügsamkeit beruhte auf einer geborgten und folglich fragilen Autarkie. Er blieb abhängig von Madame de Warens und ihrem Schicksal. Ihre *misère* mußte auf ihn durchschlagen. Das Beisichselbstsein, in das sie einbezogen war, würde zerfallen, sobald seine Liebe ihr nicht mehr genügte und sie sich einem anderen zuwandte. Die Kernspaltung versetzte beide untereinander schließlich wieder in eine im strengen Sinn soziable Situation. Um dem Zerfall entgegenzuwirken, doch auch schon in Voraussicht des Endes ihrer Autarkie, versuchte Rousseau aufzubieten, was in

13 X, 11, 13, 14, 16, 17 (1098–1099).
14 X, 22 (1099).
15 X, 27 (1099). Siehe Kapitel V, S. 235 mit Anm. 120.

ihm lag und bei ihm stand: «Je pensai qu'une provision de talens étoit la plus sure ressource contre la misére et je resolus d'employer mes loisirs à me mettre en état s'il étoit possible de rendre un jour à la meilleure des femmes l'assistance que j'en avois reçue.» Rousseau nutzte die Muße, die ihm die Jahre mit Madame de Warens boten. Er befaßte sich mit Philosophie und Mathematik. Er lernte Latein. Er erwarb Kenntnisse in den Naturwissenschaften, in Literatur und Musik. Er entwickelte seine Fähigkeiten. Er arbeitete an sich, um der Frau zu genügen, die für ihn die erste und die beste war, um sie unterstützen zu können, wie sie ihn unterstützte, um sie zu unterrichten, wie sie ihn unterrichtet hatte, um ihr ein Beispiel zu geben, wie sie ihm ein Beispiel gewesen war.[16]

Der Schluß der beiden Manuskriptseiten, die die *Dixième promenade* umfaßt, zeigt eine Dynamik an, aus der sich Rousseaus weitere Entwicklung herleiten läßt. Die Anstrengungen, die er aus Liebe zu Maman unternahm, sich zu bilden und seine Talente zu entfalten, schufen die Voraussetzungen für seine Laufbahn und mithin für das Œuvre. Im Blick auf seine öffentliche Existenz und die Feindschaft, der sie ausgesetzt sein wird, spricht Rousseau vom «Geschick», das durch seine «Rückkehr» zu Madame de Warens besiegelt worden sei. Die Rede von der «unausweichlichen Verkettung», in die seine Liebe mündete, gibt Grund zu der Annahme, daß Rousseau, wenn er fortgefahren wäre, sich sein Leben zu erzählen, das Œuvre nicht als «schweren Fehler» dargestellt hätte. Der Zugang, den er in der *Dixième* wählt, der Rekurs auf seine erotische Natur und die Betonung der inneren Notwendigkeit, der sein Leben folgte, legt nahe, daß er das Œuvre vielmehr als Ausdruck und als Mittel seiner Fähigkeit einordnete, sich zu vervollkommnen. Und die Fähigkeit, sich zu vervollkommnen, stand bei ihm, so gibt er zu verstehen, im Dienst ebenjener erotischen Natur. Die Ausbildung der Talente war nur der erste Schritt zum Œuvre, das Rousseau viele Jahre später in Angriff nahm. Wenn er erklärt, der erste Augenblick des Zusammentreffens mit Madame de Warens habe für sein ganzes Leben über ihn entschieden, dann verweist er auf das Prinzip, das dieses Leben bewegt, das es Schritt für Schritt bestimmt und das sich darin von Herausforderung zu Herausforderung durchgehalten hat. Hätte Rousseau die Erzählung, die er in der *Dixième* beginnt, fortgesetzt, hätte er sein Leben noch einmal durchgehen können, wäre er vielleicht auf die

16 X, 17 und 29 (1099).

Freundschaft zu Denis Diderot und ihre Bedeutung für das Œuvre zurückgekommen, das durch ihre enge Vertrautheit wie durch ihre nicht zu übersehende Gegenstrebigkeit nachhaltig gefördert wurde und seine präzise Ausrichtung erhielt. Es ist möglich, daß auch Sophie d'Houdetot in Rücksicht auf einen beachtlichen Seitentrakt des Œuvre ein Ort in der Erzählung zugewiesen worden wäre. Nicht ausgeschlossen, daß Rousseau selbst zu Thérèse mehr gesagt hätte, die in den *Rêveries* jenes Residuum an Soziabilität vertritt, vor dem sich die Einsamkeit des Promeneur Solitaire im Wichtigsten um so schärfer abhebt.[17] Wenn Rousseau uns keinen Anhaltspunkt dafür gibt, daß sie in sein Beisichselbstsein eingeschlossen war, hat sie doch auf ihre Weise das Œuvre unterstützt.[18] Was immer Rousseau in die späte Rückschau noch hätte aufnehmen und in ihr näher hätte beleuchten können, die großen Linien sind aus dem, was wir in der *Dixième* vor uns haben, zu erkennen. Sie führen zum einen von der Liebe zum Œuvre. Zum anderen von einer Art zweiten Geburt, die Rousseau mit der Liebe zu Maman verbindet, zum philosophischen Leben. Das philosophische Leben beginnt weder mit der ersten noch mit dieser zweiten Geburt. Aber es setzt die Klärung und das Bewußtwerden der eigenen Natur voraus, wie es das Philosophieren voraussetzt. Die Klärung mag allmählich erfolgen, das Bewußtwerden sich in Schüben vollziehen, wohingegen der Beginn des philosophischen Lebens nicht anders denn als ein ausgezeichneter Moment zu denken ist, als eine Einsicht, die einen Unterschied im Ganzen macht. Rousseau hat den Beginn des philosophischen Lebens, wie wir gesehen haben, in der *Troisième promenade* verhandelt und den tiefen Einschnitt durch seine Rede von der «grande revue» und der «grande révolution» markiert. In der *Troisième* findet sich die erste und die einzige Erwähnung von Madame de Warens außerhalb der *Dixième*. Sie gehört so sehr zur Vorgeschichte seines philosophischen Lebens, daß sie

---

17 Beachte Kapitel IV, S. 149, 151–152 und 155. Cf. Kapitel V, S. 224–225. Rousseau nennt Thérèse zweimal bei ihrem Namen: V, 7 (1043–1044). Er bezieht sich viermal auf sie als «ma femme»: II, 12 (1006); IV, 29 (1034); IX, 11 (1090); IX, 12 (1091); einmal als «ma compagne»: V, 5 (1041); und einmal als «ma Gouvernante»: V, 7 (1042). Die vier Bezugnahmen, die von «ma femme» abweichen, betreffen die Zeit, in der Rousseau noch nicht mit Thérèse verheiratet war.
18 In den *Confessions* schrieb Rousseau über sich und Thérèse: «… pour que, de quelque façon que je m'y sois pu prendre, nous ayons toujours continué d'être *deux*» IX, p. 415, meine Hervorhebung.

in der biographischen Skizze, die Rousseau der großen Revision vorausschickt, selbst dann nicht fehlen durfte, wenn er den tiefsten Grund für ihre Sonderstellung – kein anderer Mensch aus Rousseaus Leben wird in der Skizze beim Namen genannt – im letzten Spaziergang nicht hätte aufklären können. Der nächste, für den Gegenstand des dritten Spaziergangs unmittelbar einschlägige Grund ihrer Erwähnung ist das Gewicht des Glaubens, das Rousseau mit den «Unterweisungen und den Beispielen» herausstellt, welche er in der Blüte seiner Jugend von der Konvertitin empfing. Madame de Warens steht so in der *Troisième* zuerst für den Ernst der Auseinandersetzung, die den Beginn des philosophischen Lebens begründet, und für das, wovon der Promeneur Solitaire sich befreite. Die *Dixième* gibt Einblick in das, woraus ihm die Kraft zu jener Auseinandersetzung, der Mut und die Zuversicht zu sich, erwuchs und was ihm auf seinem Weg bis ans Ende erhalten bleibt.[19]

Im Zentrum des zehnten Spaziergangs preist Rousseau die Zeit seiner ersten Liebe als «jene einzige und kurze Zeit meines Lebens, in der ich ganz ich war, ohne Beimischung und ohne Hindernis, und in der ich wahrhaft sagen kann, gelebt zu haben.» Dem hyperbolischen Lob zu noch größerer Einprägsamkeit verhelfend, fährt er fort: «Beinahe wie jener Prätorianerpräfekt, der, unter Vespasian in Ungnade gefallen, fortging, um seine Tage friedlich auf dem Land zu beschließen, kann ich sagen: Ich habe siebzig Jahre auf Erden verbracht, und davon habe ich sieben gelebt.» Ein letztes Mal versteht sich Rousseau zu einem Urteil, das aus der Jedermanns-Perspektive plausibel erscheint und die übergreifende Rhetorik der *Rêveries* unterstützt. Bezeugt die Beteuerung, nur in seiner Jugend, bloß während der kurzen Frist, die seiner Liebe gesetzt war, gelebt zu haben, nicht das Elend des Verfolgten, den «man von der Gesellschaft der Menschen sequestriert hat»? Sie wird auf viele einen stärkeren Eindruck machen und länger im Gedächtnis haftenbleiben als das, was Rousseau früher, «allein und verlassen», zu sich selbst gesagt hatte: «Ich war dafür geschaffen zu leben, und ich sterbe, ohne gelebt zu haben.»[20] Denn acht Promenaden später kann wohl keinem Leser mehr verborgen sein, daß der Promeneur Solitaire zumindest zuzeiten tiefes Glück erfuhr. Die naheliegendste Beschwichtigung, deren

19 III, 6 (1013). Cf. zu III, 14 und 15 (1016–1017) X, 16 (1099). Siehe Kapitel II, S. 79–81.
20 II, 6 (1004).

sich der Autor jetzt zu bedienen vermag, ist, dieses Glück weit zurück zu verlegen, es zu einer Sache der Vergangenheit zu machen. Rousseau hatte die einprägsame Bekräftigungsformel zur Auszeichnung des wahren Lebens indes schon im Œuvre verwendet. Er konnte darauf zählen, daß das Lob der *Dixième promenade* mit dem früheren Lob verglichen würde. In der *Lettre à Malesherbes* vom 26. Januar 1762 führte er den römischen Ausspruch ins Feld, um die Zeit seines zurückgezogenen Lebens in der Eremitage entsprechend auszuzeichnen: «Ich habe erst am 9. April 1756 zu leben begonnen.»[21] Die Jahre 1756–1762, die Rousseau in der dritten *Lettre à Malesherbes* zur Zeit seines wahren Lebens erhebt, sind die Jahre, in denen der größte Teil des Œuvre entstand, von der *Lettre à d'Alembert* und der *Nouvelle Héloïse* über die *Profession de foi du Vicaire Savoyard* bis zu *Du contrat social* und *Émile*. Aber wenn die exponierte Formulierung im Zentrum der *Dixième* zum Vergleich mit dem Lob des Œuvre einlädt, so fordert das Lob der *Dixième* insgesamt zum Vergleich mit der *Cinquième* heraus. Es fordert zur Rückkehr zur Mitte des Buches auf, wo Rousseau das Glück seines Lebens verhandelt, in einer Eindringlichkeit und Genauigkeit, wie er dies nie davor oder danach getan hat. Den Aufenthalt auf der St. Petersinsel vom Herbst 1765, den er als Exempel wählt, nennt er «die glücklichste Zeit meines Lebens», ohne Einschränkung und ohne Vorbehalt. Er setzt hinzu, sie sei so glücklich gewesen, «daß sie mir während meiner ganzen Existenz genügt hätte, ohne einen einzigen Augenblick in meiner Seele das Verlangen nach einem anderen Zustand entstehen zu lassen.»[22] Die Zeit mit Madame de Warens, die Zeit in der Ermitage, die Zeit auf der

---

21 «Mes maux sont l'ouvrage de la nature mais mon bonheur est le mien. Quoi qu'on en puisse dire j'ai eté sage, puisque j'ai eté heureux autant que ma nature m'a permis de l'etre: je n'ai point eté chercher ma felicité au loin, je l'ai cherchée aupres de moi et l'y ai trouvée. Spartien dit que Similis courtisan de Trajan ayant sans aucun mecontentement personnel quitté la Cour et tous ses emplois pour aller vivre paisiblement à la campagne, fit mettre ces mots sur sa tombe: *J'ai demeuré soixante et seize ans sur la terre, et j'en ai vecu sept.* Voila ce que je puis dire à quelque egard, quoique mon sacrifice ait eté moindre. Je n'ai commencé de vivre que le 9 Avril 1756.» *Lettres à Malesherbes* III, p. 1138. Zur historischen Quelle von Rousseaus Berufung auf Similis unter Trajan und seiner abweichenden Erinnerung an den Prätorianerpräfekt unter Vespasian in der *Dixième promenade* cf. John S. Spink *ad locum*.
22 V, 5 (1042).

St. Petersinsel sind drei Beispiele für Rousseaus Beisichselbstsein. Daß Rousseau unterschiedliche Episoden durch Lobeserhebungen auszeichnet, die auf den ersten Blick miteinander unverträglich zu sein scheinen, hat den Sinn, den Leser darauf aufmerksam zu machen, daß der Promeneur Solitaire unter den vielfältigsten Umständen und in den verschiedensten Phasen seiner Existenz emphatisch zu leben, bei sich selbst zu sein, glücklich zu sein weiß.[23] Die beweglichen, einander widersprechenden oder sich überlappenden Angaben zur Dauer, zu Beginn und Ende des «Deliriums», in das Rousseau durch seine Verfolgung gestürzt wurde, dienen ersichtlich dem gleichen Zweck.[24] Tatsächlich erklärt Rousseau am Ende der *Huitième promenade* in ebenso vielen Worten, daß der Zustand des Glücks, den er in der *Cinquième promenade* beschrieb, sein beständigster Zustand sei.[25] Der Vergleich, zu dem uns das Lob der *Dixième promenade* veranlaßt, führt zu einem weiteren, nicht weniger wichtigen Ergebnis. Den beiden Episoden, die die *Dixième* und die *Cinquième* zum Sujet haben, ist gemeinsam, daß sie der Zeit der *Rêveries* Jahre und Jahrzehnte vorausliegen. Was sie unterscheidet, ist die «große Revision», die zwischen ihnen stattfand. Rousseau behandelte beide ausführlich innerhalb des Œuvre. In den *Rêveries* stellt die Episode von Les Charmettes den Höhepunkt des Glücks vor dem Beginn des philosophischen Lebens dar, und die Episode der Île de St. Pierre verweist auf das Glück ebendieses Lebens. In der *Dixième* spricht Rousseau von einem *bonheur pur et plein*, in der *Cinquième* von einem *bonheur suffisant, parfait et plein*. Warum sein Glück nicht genügend und nicht vollkommen war, konnte Rousseau in Les Charmettes nicht wissen.[26]

Die Linie, die von der Liebe zum Œuvre führt, wird in den *Rêveries* nicht ausgezogen. Der zehnte Spaziergang richtet den Blick auf den Anfang und erinnert an das Ende, ohne die Entwicklung nachzuzeichnen, die dazwischen liegt. Aber er zeigt nicht nur ihren Beginn. Er benennt das Prinzip. Rousseau hatte seine Leser im übrigen früh darauf hingewiesen, daß es bei «zwei als real gegebenen Tatsachen», wenn die Ge-

---

23 Cf. II, 3 (1003).
24 Cf. I, 2 (995); I, 3 (996); I, 7 (997); II, 2 (1002); II, 3 (1003); II, 22 (1009); III, 1 (1011); VI, 11 (1055); VII, 6 (1062); VII, 15 (1065); VIII, 12 (1078).
25 VIII, 23 (1084). Beachte II, 1 (1002) und II, 3 (1002–1003).
26 X, 22 (1099) und V, 14 (1046). Cf. V, 12 letzter Satz und V, 15 letzter Satz.

schichte fehlt, Aufgabe des Denkens ist, die Verbindung herzustellen. Wodurch also ist die Liebe jenseits der biographischen Ausgangskonstellation, auf die die letzte Promenade zurückgeht, mit dem Œuvre verbunden? Die Antwort liegt offenbar im Adressaten, und zwar in jenem Adressaten, an den sich Rousseau mit dem Œuvre als Ganzem wendet. Es ist der Adressat, der die unterschiedlichen Konzeptionen, die Rousseau für unterschiedliche Leser ausgearbeitet hat, überschaut und der richtig einzuordnen vermag, was der Lehrer der Menschheit den Bürgern, den Liebenden, den moralischen Menschen im einzelnen vorträgt. Es ist der Adressat, der das Œuvre in seinem inneren Gefüge zu denken und aus der ihm zugrundeliegenden Intention zu verstehen weiß. Es ist, mit einem Wort, der Adressat, den Rousseau von Anfang an als den ersten oder als den letzten, in jedem Fall als den wahren Adressaten des Œuvre bestimmte: die Wenigen, «qui savent entendre». In das Dreifigurenbild des Frontispizes übersetzt, das Rousseau für den Auftakt des Œuvre wählte, müssen wir den Jüngling betrachten, dem Prometheus die Linke auf die Schulter legt und für den er das Feuer in der Rechten bei sich trägt. Wir müssen noch einmal zu den *Dialogues: Rousseau juge de Jean-Jacques* zurückkehren, die das Œuvre zum Abschluß bringen, indem sie die Frage der unterschiedlichen Adressaten abschließend behandeln, und in denen uns der Autor seinen idealen Leser im Leser Rousseau vor Augen stellt.[27]

In der Allegorie des «monde idéal», die der Leser Rousseau eingangs der *Dialogues* aufbietet, um seinem Gegenüber, dem Franzosen, nahezubringen, daß der Autor Jean-Jacques dem Franzosen deshalb als «Monster» erscheint, weil er einer Welt zugehört, die dem Franzosen fremd ist und immer verschlossen bleiben wird, kommt Rousseau ausdrücklich darauf zu sprechen, weshalb ein Angehöriger jener Welt zum Autor wird. Die Allegorie, die das Problem des Philosophen unter Nichtphilosophen in einer komplexen Art und Weise verhandelt, endet mit der Erörterung, was die «Bewohner der idealen Welt» zu veranlassen vermag, Bücher zu schreiben und zu veröffentlichen. Rousseau erwähnt vier Gründe, die seine «supralunarischen Wesen», die ihrem *amour de soi* folgen und auf ihre fundamentale Unabhängigkeit bedacht sind, dazu bestimmen könnten, denn niemals würden sie aus dem Schreiben einen Beruf machen. «L'intérest» und «même la gloire» wäre

---

27 Siehe Kapitel I, S. 19–22 und 45 ff., 65–66.

kein hinreichender Antrieb,[28] wohl aber (1) «quelque heureuse découverte à publier», (2) «quelque belle et grande vérité à répandre» – die im Unterschied zur glücklichen, überraschenden und beglückenden, Entdeckung eine alte, nur neu oder auf neue Weise zu präsentierende Wahrheit sein mag –, (3) «quelque erreur générale et pernicieuse à combattre», (4) «enfin quelque point d'utilité publique à établir». Dies sind «die einzigen Beweggründe, die ihnen die Feder in die Hand drücken können; und auch dann müssen die Ideen neu genug, schön genug, schlagend genug sein, damit ihr Eifer in Wallung versetzt und er gezwungen wird auszuströmen.»[29] Rousseau, der Leser, der den Autor Jean-Jacques in seiner Sonderbarkeit zu zeigen und zu schützen versucht, will den Gesprächspartner davon überzeugen, daß die «habitans du monde idéal» jedenfalls eines nicht sind: Autoren, die schreiben, um damit ihren Lebensunterhalt zu bestreiten. Nicht weniger als dreimal hebt er hervor, daß Autor zu sein für sie kein *métier* ist. Es ist ein Akzidens ihrer *manière d'être*, etwas Ephemeres in Rücksicht auf ihre Natur, etwas Sekundäres gegenüber der primären Aktivität, die sie auszeichnet und sonderbar sein läßt. Rousseaus bemerkenswerter Katalog erweckt so den Eindruck, bei ihrem Schreiben handele es sich gleichsam um punktuelle Interventionen oder Einzelunternehmungen, die für sich stehen. Tatsächlich ist der Kontext vorausgesetzt. Die Bewohner erkennen sich in ihrer Zugehörigkeit zur idealen Welt und befinden sich in einem beständigen Austausch. Ein Œuvre aus sich herauszusetzen, geht dagegen über eine Mitteilung dieser Entdeckung oder jener Einsicht entscheidend hinaus. Es erfordert, einen Zusammenhang allererst zu schaffen. Zum Œuvre gehören konstruktive Energie, architektonische Übersicht, ein einheitsstiftendes Zentrum. Es macht die Frage nach der Intention des Autors und dem angemessenen Verständnis des Lesers akut. Die Gründe, die Rousseau nennt, mögen hinreichen, um auseinanderzusetzen, weshalb «die sonderbar verfaßten Wesen» des «monde idéal» zur Feder greifen. Sie reichen nicht hin, um zu erklären, weshalb der Autor Jean-Jacques einen Großteil seines Lebens an sein Œuvre wandte. Und keiner von ihnen gibt eine Antwort auf die Frage, weshalb der Verfasser des Œuvre von den Wenigen, die zu verstehen wissen, in

---

28 Cf. *Du contrat social* II, 7, 1, p. 381 und Kapitel V, S. 231 mit Anm. 112.
29 *Rousseau juge de Jean-Jacques* I, «le monde idéal» elfter und letzter Absatz, p. 673.

seiner Intention verstanden werden möchte. Das Bemerkenswerteste am Katalog der vier Beweggründe ist die Tatsache, daß der tiefste Grund fehlt. Er kommt nicht als Lehrgehalt zur Sprache. Er ist kein fünfter Grund, der den vier aufgeführten Gründen auf gleicher Ebene hinzuzufügen wäre. Der tiefste Grund ist in die Handlung des Dialogs eingesenkt. Der Leser muß ihn selbst entdecken, heben, benennen. In der Abschweifung des ersten Dialogs, in der Rousseau das Schlüsselwort der Eröffnung der *Rêveries* «seul sur la terre» deponiert, bekennt Rousseau, der Leser, daß er allein war, bis er sich in den Schriften von Jean-Jacques, dem Autor, wiederfand.[30] Für Rousseau, der sich in den Schriften von Jean-Jacques selbst findet, heißt das, daß er nicht mehr allein ist, da er in Jean-Jacques eine verwandte Natur erkennt, die ihm ebendieses Sichselbstfinden und Wiedererkennen, die Erfahrung, zu verstehen und nicht allein zu sein, durch das Schreiben ermöglichte. Aus der Sicht des Autors bedeutet es umgekehrt: Jean-Jacques schreibt, um von Rousseau verstanden zu werden. Er will Rousseau in den Stand setzen, sich selbst zu verstehen und in Jean-Jacques wiederzufinden. Für die *Rêveries*, die die Einheit von Autor und Leser proklamieren, folgt daraus: Jean-Jacques Rousseau, der in den *Rêveries* mitteilt, er schreibe nur noch für sich, ist in dem Augenblick nicht mehr allein, in dem er den Leser vorwegnimmt, der versteht, daß die *Rêveries* für ihn geschrieben sind.

Doch kehren wir zum Œuvre zurück, das an unterschiedliche Adressaten gerichtet ist. Zum erotischen Verhältnis des Sich-im-anderen-Erkennens und Wiederfindens, das für uns in Rede steht, gehört, daß der Autor Erfahrungen des Lesers vorhersehen kann, Erfahrungen, die er gemacht und als notwendig erkannt oder als beglückend empfunden hat und die er, da Erfahrungen sich nicht lehren lassen, dem Leser so mitteilt, daß der Leser sie selbst zu machen vermag. Hier liegt die tiefste Begründung für die Kunst des exoterisch-esoterischen Schreibens, deren Rousseau sich vom *Discours sur les sciences et les arts* an bediente und in der er sich bei seiner Arbeit am Œuvre Meisterschaft erwarb. Denn diese Kunst erlaubt nicht nur, unterschiedlichen Adressaten Unterschiedliches zu verstehen zu geben. Sie eröffnet dem philosophischen Adressaten die Möglichkeit zu Erfahrungen, die kein philosophischer Lehrgehalt vermitteln kann: Es gibt für ihn keinen anderen Weg heraus-

---

30 *Rousseau juge de Jean-Jacques* I, p. 728–729. Siehe Kapitel I, S. 51–52 und Kapitel III, S. 129–130.

zufinden, was der Autor über die von ihm verhandelte Sache gedacht hat, als sich ganz auf die Denkbewegung einzulassen, die der exoterisch-esoterischen Präsentation zugrunde liegt. Er muß auf die Kunst des sorgfältigen Schreibens mit der Kunst des sorgfältigen Lesens antworten und vom gegebenen Werk, das in den rhetorischen Einzelheiten wie als in sich verfugtes Ganzes seine volle Aufmerksamkeit verlangt, nach der Intention des Autors zurückfragen und die eigenen Kräfte einsetzen, um der philosophischen Aktivität zu entsprechen, die in dem Werk ihren Niederschlag gefunden hat, ohne in ihm aufgegangen oder mit ihm eins zu sein. Die philosophisch inspirierte Kunst des Schreibens hat also nicht allein die Aufgabe, in den Grenzen des Möglichen das Gemeinwesen vor der Philosophie und die Philosophie vor dem Gemeinwesen zu schützen. Sie dient insonderheit dem Zweck, die dafür Befähigten zur Philosophie hinzuführen und sie in der Philosophie zu begleiten, nicht im Sinne einer Ermahnung zur Philosophie, vielmehr als Herausforderung und Erprobung ihrer spezifischen Vermögen. Die Philosophen, die die Kunst des sorgfältigen Schreibens pflegen, stimmen diesseits aller Unterschiede des Lehrgehalts der von ihnen vorgelegten Werke darin überein, daß das philosophische Leben gut ist. Wenn sie es nicht als für sie und für verwandte Naturen gut ansähen, würden sie nicht durch ihre Werke mit großer Bewußtheit zu ihm hinführen, ungewiß, ob die zukünftigen Philosophen mit ihren Lehren übereinstimmen oder ihnen widersprechen werden. Der Wunsch des Autors, vom wahren Adressaten des Œuvre verstanden zu werden, zeugt von derselben fundamentalen Erfahrung und wird durch eine analoge Reflexion bestätigt. Rousseau wollte von dem Jüngling, den das Kupfer des *Discours* in die Mitte stellt, nicht verstanden werden, hegte er Zweifel, daß dieses Verstehen, daß das Sichselbstfinden in der Auseinandersetzung mit dem Œuvre gut ist für seinen idealen Leser.

Die Liebe ist ein hinreichender Beweggrund für das Œuvre des Philosophen. Anders als der Ruhm steht die Liebe beim Autor. Der Gewinn der Liebe bleibt dem Liebenden, einerlei, ob das Œuvre Ruhm ernten wird. Die Liebe befindet sich gegenüber dem Streben nach Ruhm auch weder hinsichtlich der Intensität, die sie freisetzt, noch hinsichtlich der disziplinierenden Wirkung, die von ihr ausgeht, der Sorgfalt, zu der sie anhält, der Konzentration, die sie befördert, im Nachteil. Vor allem aber treffen der Autor, der sich von seinem philosophischen Eros bestimmen läßt, und der Leser, für den er das Œuvre bestimmt, sich in der Liebe zur

Wahrheit, zum Lernen, zur Erkenntnis. Sie haben ein gemeinsames Gutes. Und dieses gemeinsame Gute öffnet einen gemeinsamen Raum, in dem die Trennungen der Zeit suspendiert, Vergangenheit und Zukunft beweglich und gesammelt sind: im Denken und Fühlen verschränkt. Rousseau nennt ihn «le monde idéal». Seine Bewohner erkennen sich, wie wir gesehen haben, an einem Zeichen, das charakteristisch ist für die, die sich zu dem gemeinsamen Raum Zugang zu verschaffen und sich darin zu bewegen wissen. Das Zeichen tritt an ihrer gesamten Seinsweise hervor; es läßt sich an ihrer Lebensführung wie an ihren Werken ablesen; und es ist nicht abhängig von der Zeit, in der sie existieren. Wer der «idealen Welt» zugehört, ist seinem Zeitalter nicht untertan, ist im Wichtigsten nicht historisch gebunden. Der «monde idéal» beruht nicht auf der Verschmelzung geschichtlicher Horizonte, sondern auf der Begegnung verwandter Naturen. Ihr Austausch vollzieht sich in zeitloser Gleichzeitigkeit.[31] Er wird getragen von der Einhelligkeit der grund-

---

31 Nietzsche spricht in der zweiten *Unzeitgemäßen Betrachtung* von den «Einzelnen, die eine Art von Brücke über den wüsten Strom des Werdens bilden» und «zeitlos-gleichzeitig» leben «Dank der Geschichte, die ein solches Zusammenwirken zulässt»; «sie leben als die Genialen-Republik, von der einmal Schopenhauer erzählt». Zeitlos-gleichzeitig leben die Einzelnen, insofern sie sich von den großen Einzelnen der Vergangenheit, die ihnen die monumentalische Geschichtsbetrachtung vergegenwärtigt, ihrerseits «zur Erzeugung des Grossen» inspirieren lassen. Schopenhauer, der Rousseaus Wahlspruch *Vitam impendere vero* seinem letzten Werk als Motto voranstellen wird, sagt über die Genialen-Republik: «In dieser geht es so zu: – ein Riese ruft dem andern zu, durch den öden Zwischenraum der Jahrhunderte, ohne daß die Zwergenwelt, welche darunter wegkriecht, etwas mehr vernähme, als Getön, und mehr verstände, als daß überhaupt etwas vorgeht: und wiederum, dies Gezwerge treibt da unten unaufhörlich Possen und macht großen Lerm, schleppt sich mit dem was Jene haben fallen lassen, proklamirt Heroen, die selbst Zwerge sind, u. dgl. m., wovon jene Riesengeister sich nicht stören lassen, sondern ihr hohes Geistergespräch fortsetzen. Ich meine: jedes Genie versteht, was vor Zeiten seines Gleichen sagte, ohne von den zugleich und dazwischen Lebenden verstanden zu werden, und sagt was die Mitlebenden nicht verstehn, aber dereinst sein Gleicher schätzen wird und beantworten.» Die Übereinstimmung mit Rousseau ist augenfällig. Doch es gibt Unterschiede. Anders als Rousseaus «Bewohner der idealen Welt» scheinen Schopenhauers «Riesen», nach dem knappen Notat zu urteilen, an ihrem geschichtlichen Standort zu verharren. Und weder Schopenhauers Genies noch Nietzsches Einzelne sind durch *un signe caractéristique* näher bestimmt oder genauer ausgewiesen. Bei allem Ungenügen am Historismus erhebt sich Schopenhauers Rede vom Geistergespräch der Genies, die den jungen Nietz-

legenden Erfahrungen. Er wird beflügelt von dem Verlangen, sich die Einsichten der anderen «Bewohner der idealen Welt» vor Augen zu führen und die eigenen Einsichten ihrem Urteil auszusetzen. Er wird aufrechterhalten durch das nicht zur Ruhe kommende Interesse an der Wahrheit, das nach vorwärts wie nach rückwärts in Bewegung bleibt, der Kraft des Arguments folgend, das nach beiden Seiten wirkt. So lädt Machiavelli abends, königlich gewandet, die «antiqui huomini» in sein Arbeitszimmer ein, um aus der Unterredung mit ihnen die einzige Nahrung zu gewinnen, die ihm entspricht und für die er geboren ist.[32] Und Rousseau begibt sich in die Schule von Athen, um Seinesgleichen die philosophische Rede vorzutragen, die er an den Menschen richtet, und zu hören, was sie dazu zu sagen haben.[33]

Daß der Ruhm kein hinreichender Grund ist, um die Philosophen des «monde idéal» zum Schreiben im anspruchsvollen Sinn zu bewegen, bedeutet nicht, daß er zu vernachlässigen wäre. Wer «über sein Jahrhundert hinaus leben will», um die Philosophen der Zukunft zu erreichen,[34] dem kann sein Ruhm nicht völlig gleichgültig sein. Für einen Autor, der erhebliche Energie und Ingeniosität dareinsetzt, ein Œuvre auszuarbeiten, das zu unterschiedlichen Adressaten spricht, gilt dies um so mehr. Ein Mindestmaß an öffentlicher Sichtbarkeit ist das Tor zur Aufmerksamkeit auch derer, an die das Œuvre sich vorzüglich wendet und die noch nicht zu den «Bewohnern der idealen Welt» zählen. Und selbst für jene Bewohner bleiben die Grundsätze einer Ökonomie der Aufmerksamkeit in Kraft. Es ist kein Zufall, daß Rousseau in den *Dialogues*, wenn er auf die «célébrité fatale» zu sprechen kommt, nach der Jean-Jacques keinerlei Bedürfnis verspürte und die nicht für ihn gemacht war, am Ende wenigstens einen Gewinn seiner Berühmtheit erwähnt: Die «unglückselige Frage der Akademie» ließ seine Seele in die «leb-

---

sche auf seinem Weg zur Philosophie beeindruckte, nicht zu der prägnanten Antwort, die Rousseau in seiner Allegorie der Welt der Philosophen auf den Historismus gibt. Siehe Arthur Schopenhauer: *Der handschriftliche Nachlaß*. Dritter Band. Berliner Manuskripte (1818–1830). Ed. Arthur Hübscher. Frankfurt am Main 1970, p. 188. Friedrich Nietzsche: *Vom Nutzen und Nachtheil der Historie für das Leben* IX, 6; *KGW* III, 1, p. 313; *KSA* 1, p. 317.
32 *Niccolò Machiavelli a Francesco Vettori*, Firenze, 10 dicembre 1513, in: *Opere* VI. *Lettere*. Ed. Franco Gaeta. Mailand 1961, p. 304.
33 *Discours sur l'inégalité*, Exorde, p. 72–74. Siehe Kapitel III, S. 115–116.
34 *Discours sur les sciences et les arts*, p. 3. Siehe Kapitel I, S. 38.

hafte Wallung» geraten, die die «supralunarischen Wesen» zur Veröffentlichung von Büchern zu zwingen vermag;[35] daraus entstand sein Œuvre, das ihm äußerste Konzentration abverlangte; «er lernte tief nachzudenken, und für einen Augenblick setzte er Europa durch Hervorbringungen in Erstaunen, in denen die gemeinen Seelen nur Beredsamkeit und Geist sahen, aber in denen jene, die unsere ätherischen Gefilde bewohnen, mit Freude eine der Ihren erkannten».[36] So wenig für Jean-Jacques an der *gloire* gelegen sein mochte, die er sich bei den *âmes vulgaires* erwerben konnte, so hilfreich erwies sich das Aufsehen, das das Œuvre erregte, für Rousseau, d. h. für die Erreichbarkeit des wahren Adressaten. Der Ruhm, den der Autor in den «régions éthérées» mit dem Œuvre ernten kann, hängt davon ab, ob es eine bedeutende Entdeckung enthält oder ob es einen bedenkenswerten Zugang zur Wahrheit eröffnet, ob es einem allgemeinen und verderblichen Irrtum wirksam entgegentritt oder ob es den öffentlichen Nutzen mehrt. Nicht zuletzt kommt in Betracht, wie er sich selbst zum Œuvre ins Verhältnis setzt. Auf lange Sicht entscheidet der Beitrag zum gemeinsamen Guten über den Ruhm. Der Autor tritt vermittels seines Œuvre in einen Wettstreit ein. Er vergleicht sich mit anderen, legt sie aus, knüpft an sie an, weicht von ihnen ab, fällt hinter sie zurück, überflügelt sie. Die Übereinstimmung im Wichtigsten, die Lebensweise, die den Bewohnern des «monde idéal» gemeinsam ist, widerspricht nicht dem agonalen Charakter ihres Austauschs. Sie gibt dem Kampf um Anerkennung, der dort statthat, indes sein eigentümliches Gepräge aus Ernst und Spiel. Sein Ernst liegt darin, daß es bei dem Agon um die Wahrheit geht. Spiel bleibt er, insofern der Ruhm des Einzelnen dem gemeinsamen Guten keinen Abbruch tut.

Der philosophische Eros verschafft das Entree zur «idealen Welt». Er muß sich nicht in einem Œuvre niederschlagen, nicht einmal in Schriften äußern. Doch wenn die Bewohner jener Welt sich auf ein Œuvre einlassen, spielt neben der Liebe die Anerkennung eine Rolle. Welcher Anteil der Liebe, welcher dem Streben nach Anerkennung zukommt, ist eine Frage der Selbsterkenntnis des Autors. In der Liebe die Liebe zu verwandten Naturen, die Liebe zum Wissen, die Liebe zu sich selbst zusammenzunehmen, um sie dem Streben nach Ruhm und Anerken-

---

35 Cf. *Rousseau juge de Jean-Jacques* II, p. 829 und «le monde idéal» 11, p. 673. Siehe S. 252.
36 *Rousseau juge de Jean-Jacques* II, p. 827–829.

nung gegenüberzustellen, legt den Akzent auf die Hauptsache. Die Gegenüberstellung geht auf die Unterscheidung von *amour de soi* und *amour-propre* zurück, die Rousseau als analytische Unterscheidung zu Zwecken der Selbsterkenntnis eingeführt hat. Als *homme de la nature éclairé par la raison* bleibt Rousseau am *amour de soi-même* ausgerichtet. Als *auteur* verfügte er nach seinem eigenen Urteil über einen ausgeprägten *amour-propre*.[37] Im Œuvre treffen beide, *amour de soi* und *amour-propre*, aufeinander. Wenn Jean-Jacques Rousseau zum Œuvre ja sagen kann, da es dazu beitrug, daß er wurde, was er seiner Natur nach ist, kann er am Ende auch ja sagen zum *amour-propre* des Autors, sofern der *amour-propre* vom *amour de soi* regiert, von ihm in Dienst genommen und mithin in die «Ordnung der Natur» zurückgebracht wurde. Aber vor dem Jasagen des Philosophen steht notwendig die Unterscheidung, mit der er Distanz schafft zu sich und zum Œuvre. Die Befragung gibt seiner Bejahung Gehalt und Gewicht.[38] In der Selbstbetrachtung, was der Liebe, was dem Streben nach Ruhm geschuldet sei, geht es für ihn nicht um die Reinheit des Herzens. Er legt sich Rechenschaft ab über seine Gründe. Er versucht Klarheit über sich selbst zu gewinnen. Er prüft die Abweichung von sich im Hinblick auf die Rückkehr zu sich. Seine Selbsterforschung ist Ausdruck seiner Selbstliebe.

37 VIII, 16 (1079). Beachte *Discours sur l'inégalité*, Seconde partie, p. 256 und Kommentar *ad locum*.
38 Cf. Kapitel IV, S. 160.

VII

Selbsterkenntnis

***

Das Beisichselbstsein des Promeneur Solitaire ist wesentlich Rückkehr zu sich. Es ist an die Bewegung der Selbsterkenntnis gebunden, die eine Entfernung von sich oder ein Außersichsein voraussetzt. Es ist ein Zustand der Sammlung, in einem Fühlen und Denken, das durch die «Probe der Reflexion» hindurchging und sie zu bestehen vermochte. Das Beisichselbstsein Rousseaus ist vermittelt durch die Auseinandersetzung mit dem Glauben, durch das Wissen der Politik, durch die Betrachtung der Natur, durch die Erfahrung der Liebe. Die Politik und den Glauben, die Natur und die Liebe hatte Rousseau zu großen Themen des Œuvre gemacht. Als Gegenstände seiner Selbsterkenntnis kehren sie in den *Rêveries* wieder. Dabei wird jetzt, nachdem das Œuvre abgeschlossen ist, das Verhältnis von Selbsterkenntnis und Beisichselbstsein zu einem eigenen Thema. Rousseau verwendet zwei Promenaden darauf, dem Inundauseinander von Beisichselbstsein und Selbsterkenntnis im philosophischen Leben nachzugehen. Die *Première* exponiert einen eindringlichen Versuch der Klärung, der in der *Huitième* wiederaufgenommen wird und eine entscheidende Wendung erfährt. Die zweifache Präsentation macht die Vertiefung augenfällig, die in der Bewegung der Selbsterkenntnis liegt. Und da die entscheidende Wendung im Rückgang auf die Unterscheidung von *amour de soi* und *amour-propre*, auf eine tragende Konzeption seines Lehrgebäudes, erreicht wird, verweist die zweite Durchführung des Themas an das Œuvre zurück, das Rousseau während eines Vierteljahrhunderts durchdachte und zur Entfaltung brachte. Damit, daß Rousseau eine zentrale Frage seiner Selbsterkenntnis im Zentrum seiner Philosophie verhandelte, steht er nicht allein.[1]

Rousseau führt die Frage der Selbsterkenntnis im ersten Absatz des ersten Spaziergangs ein. Der siebte Satz des Buches faßt einen Fragen-

---

[1] Siehe Nietzsche: *Ecce homo. Wie man wird, was man ist* I, 6; beachte Vorrede, 3, I, 3 und II, 10; *KGW* VI, 3, p. 271; 256–257, 265, 293–295.

den ins Auge, der, von den Menschen und von der Ordnung der Dinge geschieden, ganz auf sich gestellt ist: «Aber ich, von ihnen und von allem losgelöst, was bin ich selbst? Das ist es, was mir zu untersuchen bleibt.» Rousseau wählt eine denkbar radikale Formulierung. Anders als mancher Philosoph vor und nach ihm achtet er indes auf eine verträgliche Einbettung der Frage. Er beginnt nicht mit ihr, sondern führt sie politisch ein. Er befaßt sich mit ihr, weil die einzigartige Lage, in der er sich befindet, ihn dazu nötigt. Er folgt keinem inneren Antrieb, sondern beugt sich äußerem Zwang. Wenn er sich auf sich selbst zurückwendet, handelt er mit dem Recht dessen, dem es verwehrt ist, für andere Gutes zu tun, dem nur mehr die Erforschung seiner selbst, die Befassung mit dem eigenen Guten offensteht. Dem Fanfarenstoß der Eröffnung, der der Leser im Fortgang seiner Lektüre der *Rêveries* immer neue Bezüge abgewinnen kann – «Me voici donc seul sur la terre, n'ayant plus de frere, de prochain, d'ami, de societé que moi-même» –, läßt der Autor ohne Verzug die emphatische Versicherung seiner Soziabilität und Philanthropie folgen: «Der Soziabelste und der Liebevollste der Menschen ist durch eine einmütige Übereinkunft aus der Gesellschaft verbannt worden.» Er fügt hinzu, daß die Menschen alle Bindungen, die ihn an sie banden, gewaltsam lösten. Er hätte sie gleichwohl geliebt. Nur indem sie aufhörten, Menschen zu sein, konnten sie sich seiner Zuneigung entziehen. «Les voila donc étrangers, inconnus, nuls enfin pour moi puis qu'ils l'ont voulu.» Nachdem er die menschliche Berechtigung seines Unterfangens dargetan hat, kann der Vierundsechzigjährige eine Untersuchung beginnen, auf die er sich ein Leben lang vorbereitet[2] und an die er mit dem *Discours sur l'inégalité* sein philosophisch grundstürzendstes und sein rhetorisch ausgebildetstes Werk gewandt hatte. Die politische Einführung der Selbsterkenntnis des Promeneur Solitaire ist an ihr selbst beredter Ausdruck von Rousseaus Selbsterkenntnis.[3]

Kein Philosoph wird ganz auf sich gestellt geboren, umstandslos ge-

2 Die Berufung auf die Selbsterkenntnis findet sich bereits in den Schriften, die dem Œuvre vorangehen. So etwa, mit Rücksicht auf den Körper, im ersten Absatz der *Institutions chimiques* (Ed. Bruno Bernardi und Bernadette Bensaude-Vincent, p. 9).
3 Der Beginn der Einführung im zweiten Satz mag den Leser an Aristoteles und Platon erinnern: «Le plus sociable et le plus aimant des humains ...» Descartes' Ausgangspunkt ist im siebten erreicht: «Mais moi, détaché d'eux et de tout, que suis-je moi-même?»

schieden von den Menschen und ihren Meinungen über die Ordnung der Dinge, «détaché d'eux et de tout». Um zum Ausgangspunkt seiner Untersuchung zu gelangen, «pour arriver d'eux à moi», läßt Rousseau seine Loslösung zunächst als soziales Drama in Raum und Zeit Revue passieren. Er kleidet die Rückwendung auf sich in das Gewand einer Erzählung von Entfremdung und Abstoßung, von Desorientierung und Neuausrichtung, vom Verlust aller Sicherheit und von der schließlichen Wiedergewinnung der Seelenruhe. Bevor er von seinem Glück sprechen kann, muß er «unglücklicherweise» von dem Zustand sprechen, in dem er sich, wie er sagt, «seit fünfzehn Jahren und mehr» befindet und der ihm noch immer wie «ein Traum» erscheint,[4] als hätte er, ohne es gewahr zu werden, «einen Sprung aus dem Wachen in den Schlaf getan oder vielmehr aus dem Leben in den Tod». Rousseau zieht alle Register, um die «étrange position» herauszustellen, in die ihn der Ausschluß aus der Gesellschaft versetzte. «Tiré je ne sais comment de l'ordre des choses, je me suis vu précipité dans un cahos incompréhensible où je n'apperçois rien du tout, et plus je pense à ma situation présente et moins je puis comprendre où je suis.» Das «unbegreifliche Chaos», in das ihn die Verfolgung stürzte, wurde verschärft durch das «Delirium», in dem ihn sein Aufbegehren gegen die Verfolger «nicht weniger als zehn Jahre» gefangenhielt. Es sei «noch keine zwei Monate her», teilt er mit, daß sich in seinem Herzen «eine völlige Ruhe wiederhergestellt» habe. Der Rückblick auf sein Außersichsein, der durch die beiden Zeitangaben *seit mehr als fünfzehn Jahren* und *vor weniger als zwei Monaten* markiert wird,[5] berichtet nicht davon, daß Rousseau versucht hätte, sich seiner Identität zu vergewissern, die er durch seine Feinde so vehement in Frage gestellt sah: «moi le même homme que j'étois, le même que je suis encore, je passerois, je serois tenu sans le moindre doute pour un monstre, un empoisonneur, un assassin.» Rousseau geht statt dessen mit

---

4 Die erste der beiden Verwendungen von *rêve* in den *Rêveries* ist negativ besetzt. Rousseaus *Traum* wird im darauffolgenden Satz als *Albtraum* erläutert: «Je m'imagine toujours qu'une indigestion me tourmente, que je dors d'un mauvais sommeil, et que je vais me réveiller bien soulagé de ma peine en me retrouvant avec mes amis.» I, 2 (995). Zur Verwendung von *rêves* in VII, 1 (1060) siehe Kapitel III, S. 110–113.
5 Die beiden Zeitangaben eröffnen die Absätze 2 und 7 (995 und 997), wobei die erste («Depuis quinze ans et plus») in Absatz 3 modifiziert wird: «un délire qui n'a pas eu trop de dix ans pour se calmer» (996). Beachte Kapitel VI, S. 250 mit Anm. 24.

seiner Entrüstung über die ihm widerfahrene Ungerechtigkeit ins Gericht, mit den Irrtümern, Fehlern, Torheiten, die sie ihn begehen ließ, mit dem vergeblichen Bemühen, den «directeurs de ma destinée» entgegenzutreten, das ihn in eine beständige Abhängigkeit verstrickte. Die Entrüstung verwehrte ihm das Beisichselbstsein. Sie entsprach nicht seinem eigenen Guten. Der Fluchtpunkt von Rousseaus Kritik der *indignation* ist die *tranquillité*, die er im vierten Absatz der *Première promenade* als «le dédomagement de tous mes maux» einführt und von der er sagt, sie sei ihm zuteil geworden, als er sich in sein Schicksal fügte, «sans plus regimber contre la necessité». So wie Rousseau die Seelenruhe, das zentrale Thema der *Première*, bei ihrer ersten Erwähnung als «Entschädigung» ausgibt, ebenso wird er, nachdem der Höhepunkt des Buches erreicht ist, in der *Cinquième* die höchste Glückseligkeit bei deren einziger Erwähnung als «Entschädigung» ausgeben,[6] und beide Male läßt er sich in seinem Handeln, Neid und Ressentiment vorbeugend, von einer Besonnenheit bestimmen, die Selbsterkenntnis bezeugt.[7] Nächst den Affekten des soziablen Menschen ist es die Hoffnung und ist es die Furcht, die der Seelenruhe entgegenstehen. Rousseau konzentriert sich sowohl in seinem Rückblick als auch in der Reflexion seiner Rückkehr zu sich, die dem Rückblick folgt, auf diese beiden Affekte. Ihre Verhandlung ist von besonderem Gewicht für die Haltung zum Tod, in dessen Horizont sich die ersten drei Promenaden bewegen, wie für den Glauben an ein Leben nach dem Tod, der im dritten Spaziergang zur Sprache kommt. Der Darstellung des Rückblicks zufolge trugen die Verfolger maßgeblich zur Seelenruhe Rousseaus bei, da sie ihn von den Affekten der Hoffnung und der Furcht befreiten. Die Verfolger machten sein Elend so vollständig, daß ihm weder etwas zu hoffen noch etwas zu fürchten blieb. Sie verfügten nicht über die «Geschicklichkeit», in ihm jenen «Funken Hoffnung» zu erhalten, der Rousseau auf Dauer zu ihrem «Spielzeug» gemacht, mit dem sie ihn ködern und immer aufs neue hätten peinigen können. Sie setzten die Mittel, die ihnen zu Gebote standen, um seine gesellschaftliche Ächtung zu betreiben, in einem sol-

---

6 I, 4 (996); V, 15 und 16 (1047); siehe außerdem II, 3 (1002).
7 «L'aspect d'un homme heureux inspire aux autres moins d'amour que d'envie; on l'accuseroit volontiers d'usurper un droit qu'il n'a pas en se faisant un bonheur exclusif, et l'amour-propre souffre encore, en nous faisant sentir que cet homme n'a nul besoin de nous.» *Émile* IV, p. 503; beachte p. 506–507.

chen Übermaß ein, daß «alle menschliche Macht mit allen Listen der Hölle vereint» seine Lage nicht verschlimmern könnte.⁸ Da keinerlei Aussicht auf Besserung besteht und ihn künftig nichts mehr zu schrekken vermag, ist er «jeder neuen Furcht ledig und von der Unruhe der Hoffnung befreit». Wie zuvor bei der Überwindung des Affekts der Entrüstung legt Rousseau den Akzent ganz auf die Fatalität der äußeren Umstände. Er scheint die Wiedererlangung seiner *tranquillité* dem blinden Handeln Dritter zuzuschreiben und selbst wesentlich in Passivität zu verharren. Aber Rousseaus Darstellung erschöpft sich nicht in dem, was er sagt. Sie zeigt mehr, als er ausspricht. Die hyperbolische Rhetorik der Beschreibung seines Elends und der Berufung auf sein Schicksal kann nicht darüber hinwegtäuschen, daß es bei Rousseau steht, was er als sein Schicksal begreift, daß er darüber befindet, wann und in welchem Sinn sein Elend «vollständig» ist, und daß es ihm obliegt, die Notwendigkeit zu erkennen, die er sub specie boni sui anerkennen muß. Die Kritik seiner Entrüstung verdankt sich seiner Einsicht. Und es ist wiederum seine Einsicht, die ihn zum Herrn über die Affekte der Hoffnung und der Furcht macht, wenn er seiner Hoffnung und seiner Furcht Herr wird. Am Beispiel seiner *imagination*, die Rousseau bei ihrem ersten Auftritt in den *Rêveries* mit seinem Außersichsein verbindet, führt er vor Augen, wie sehr die Affekte durch die Phantasie, durch Mutmaßungen über einen unbekannten Zustand, durch Trugbilder eines zukünftigen Schreckens befeuert und mithin durch die Ernüchterung der Erkenntnis gezügelt werden können.⁹ Rousseaus Verfolger sind so weit entfernt, das Maß seiner Affekte zu bestimmen, daß sie nicht einmal die «Geschicklichkeit» besitzen, sie für ihre Zwecke einzuspannen. Wenn er über die Verfolger sagt: «da sie mir nichts gelassen haben, haben sie sich selbst alles geraubt», d. h., haben sie sich alle Macht über ihn genommen, dann sagt er in anderen Worten, daß ihnen das Wissen der menschlichen Seele fehlt, über das er verfügt. Die Überlegenheit seines Wissens versetzt ihn in die Lage, sich seiner Verfolger zu bedienen, um seine Ataraxie zu begründen. Er ist es, der sich «das Gute» verschafft,

---

8 «La diffamation, la depression, la dérision, l'opprobre dont ils m'ont couvert ne sont pas plus susceptibles d'augmentation que d'adoucissement; nous sommes également hors d'état, eux de les aggraver et moi de m'y soustraire.» I, 5 (996–997).
9 Cf. Kapitel III, S. 133–134 und Kapitel IV, S. 180–181.

von dem er sagt, daß sie es ihm getan hätten. Im Bewußtsein der Überlegenheit seines Wissens kann er, statt sich über sie zu entrüsten, ihrer «von nun an» spotten. «Ils se sont otés sur moi tout empire, et je puis desormais me moquer d'eux.»[10] Der Rückblick auf die Zeit des Außersichseins kommt in der allerjüngsten Vergangenheit an sein Ende: «Il n'y a pas deux mois encore qu'un pleine calme est rétabli dans mon cœur.» Wir erfahren jetzt, daß Rousseau zwar «seit langem» nichts mehr fürchtet, daß er indes noch immer gehofft hatte, obschon seine Verfolger ihm keinen Funken Hoffnung ließen. Die Hoffnung, die er bis vor wenigen Wochen hegte, hatte «tausend verschiedene Leidenschaften» in ihrem Gefolge. Offenbar ist es sehr viel schwerer, sich von der Hoffnung zu befreien als von der Furcht, und zugleich ist diese Befreiung ungleich wichtiger für die Seelenruhe. Der «schwache Hoffnungsstrahl», den Rousseau sich bewahrte, wurde durch «ein ebenso trauriges wie unvorhergesehenes Ereignis» ausgelöscht. Wir erfahren nicht, welches Ereignis ihn zu der *résignation* veranlaßte, der er in der Mitte des Rückblicks, bevor er in die Erörterung der Affekte der Hoffnung und der Furcht eintrat, vorgreifend die wiedergewonnene *tranquillité* zuschrieb.[11] Die näheren Einzelheiten, so dürfen wir annehmen, tun nichts zur Sache. Zur Sache gehört dagegen, daß die Hoffnung, von der Rousseau befreit wurde, von äußeren Ereignissen abhängig war, die eintreten oder nicht eintreten konnten, und daß das Wissen der Befreiung mit der Erinnerung des diskreten Zeitpunkts verbunden ist, an dem sie statthatte. Das äußere Ereignis, das Rousseau an den Schluß der Erzählung der Loslösung stellt, korrespondiert der «étrange révolution», mit der er sie ihren Anfang nehmen ließ. Im Unterschied zur «grande révolution», die in der *Troisième promenade* am Beginn des philosophischen Lebens steht, wurde die «étrange révolution» nicht von Rousseau für sich, sondern von anderen gegen ihn ins Werk gesetzt, und während jene die Ordnung schuf, die er sich geben wollte, stürzte diese ihn in ein «Chaos», aus dem er sich herausziehen mußte. Unbeschadet des Gegensatzes, der sie trennt, ist der Revolution, die er betrieb, und der Revolution, die ihm

---

10 I, 1–6 (995–997).
11 Die «résignation», die Rousseau im letzten Satz von Absatz 4 benannte, erreicht die Erzählung im letzten Satz von Absatz 7: «Dès lors je me suis résigné sans reserve et j'ai retrouvé la paix.»

zustieß, gemeinsam, daß sie zwei Wege markieren, die zu Rousseaus Beisichselbstsein führen. Das kontingente Ereignis, das Rousseau am Ende seiner Erzählung zur Abkehr von der Hoffnung auf äußeren Erfolg oder fremde Gunst bewegt, steht auch dafür ein, daß die unterschiedlichsten Umstände, Begegnungen, Widrigkeiten für ihn im Wichtigsten Ein Ergebnis zeitigen.

An den Rückblick schließt Rousseau unmittelbar eine Reflexion an, die die Loslösung noch einmal durchgeht und, in der Wiederholung weiter ausgreifend, den Akzent auf seine innere Haltung legt.[12] Er hält jetzt fest, daß er sich von der Vorstellung, die Öffentlichkeit zu seinen Lebzeiten umstimmen zu können, «für immer» verabschiedete, sobald er die Feindschaft, die ihm entgegenschlug, «in ihrem ganzen Ausmaß» erkannte. Außerdem gibt er zu verstehen, daß die Verachtung für die Zeitgenossen ihm half, sich abzustoßen und seiner affektiven Abhängigkeit von ihnen zu steuern. Schließlich deutet er an, daß es nicht das «vollständige» Elend war, das ihn zur Loslösung befähigte, sondern das Glück, das er in seiner Einsamkeit erfuhr: «je suis cent fois plus heureux dans ma solitude que je ne pourrois l'être en vivant avec eux.»[13] Rousseau bekräftigt, daß er mit den Zeitgenossen abgeschlossen hat: «mes contemporains ne seront jamais rien pour moi». Aber sich von den Meinungen seiner Zeit und dem Urteil der Lebenden unabhängig zu machen, ist eines. Vom eigenen Nachleben Abschied zu nehmen, ist ein anderes. Zumal die Ausrichtung an der Nachwelt die Unabhängigkeit von der eigenen Zeit zu unterstützen vermag.[14] Im zweiten Schritt seiner Reflexion faßt Rousseau die Sorge um das Nachleben als letzte Quelle seines Außersichseins ins Auge. Die Hoffnung, die er sich bis zum Eintreten jenes «evenement aussi triste qu'imprévu» bewahrte, war die Hoffnung auf eine «bessere Generation», die ihn «schließlich so sehen würde, wie ich bin». Diese Hoffnung, sagt er, ließ ihn die *Dialogues*

---

12 Absatz 8 «wiederholt» in gewisser Weise Absatz 6, Absatz 9 Absatz 5, Absatz 11 Absatz 4 und Absatz 12 «kehrt zurück» zu Absatz 1.
13 I, 8 (998). Die erste Stelle, an der Rousseau in den *Rêveries* von seiner Einsamkeit spricht, ist die erste Stelle, an der er davon spricht, glücklich zu sein. *Heureux* und *solitude* kommen in der *Première promenade* nur dieses eine Mal vor, und sie stehen in deren Zentrum. Beinahe fünfzehn Jahre zuvor hatte Rousseau in der *Lettre à Christophe de Beaumont* öffentlich erklärt: «Je n'ai pas toujours eu le bonheur de vivre seul» (p. 963).
14 Siehe Kapitel I, S. 38.

schreiben, das Buch, das den idealen Leser denkt und der intendierten Rezeption des Œuvre den Boden zu bereiten sucht. Mit der Erwähnung der *Dialogues* wird das Verhältnis zum Œuvre, das ein herausragender Gegenstand der Selbsterkenntnis in den *Rêveries* ist, zum erstenmal als Thema angeschlagen. Rousseau wirft die Frage, die sich am Ende erhebt, gleich zu Beginn auf: Wie kann der Autor, da das Œuvre abgeschlossen vorliegt, sich von dessen nachmaligem Erfolg oder Mißerfolg frei machen? Oder: Vom Œuvre losgelöst, was ist er selbst? Um sicherzustellen, daß das Œuvre der Nachwelt in seiner integren Gestalt, vollständig und unverfälscht, überliefert werde, verlor Rousseau sich an «tausend närrische Bemühungen».[15] Die Hoffnung, eine «bessere Ge-

15 Rousseaus Sorge war, daß seine Handschriften in die falschen Hände geraten und vernichtet oder für Fälschungen benutzt werden könnten. Sie betraf nicht nur die Manuskripte der Bücher, allen voran der *Dialogues* und der *Confessions*, deren Veröffentlichung ihm zu Lebzeiten nicht gestattet war, sondern auch den umfangreichen Nachlaß, Konvolute von Schriften, Entwürfen, Fragmenten und Briefen, den er auf seiner Flucht durch Europa an unterschiedlichen Orten deponieren mußte. Rousseaus Einbildungskraft konnte sich leicht an den Fälschungen entzünden, deren Zeuge er geworden war. So betraute der Pariser Verleger des *Émile* Néaulme den Pastor Jean-Henri-Samuel Formey 1762 mit einem *Emile chrétien, consacré à l'utilité publique*, über den Formey Jahrzehnte später berichtete: «Je substituai à la *confession du vicaire savoyard* un morceau où la doctrine contraire étoit exposée». Rousseau kommt in einem Brief vom 8. Januar 1763 an seinen Amsterdamer Verleger Marc-Michel Rey auf Formeys Vorhaben zu sprechen («une entreprise inouïe jusqu'ici dans la litterature, de S'emparer de mon vivant de mon propre bien, pour l'estropier et le défigurer») und weist Rey auf eine apokryphe Schrift hin, die einem Raubdruck von *Du contrat social* hinzugefügt worden war: «Vous savez sans doute qu'on a fourré sous mon nom dans une édition contrefaite du Contract social une lettre à laquelle je n'ai aucune part et que je n'ai même jamais vue. On fait aussi courir je ne sais combien de lettres manuscrites qu'on m'attribue, et qui sont ou supposées ou falsifiées par mes ennemis au point d'être méconnoissables» (CC XV, p. 16 und note c). Die Schrift, die nicht nur in einer, sondern wenigstens in einem halben Dutzend Editionen des *Contrat social* mit der falschen Angabe «A Amsterdam, Chez Marc Michel Rey, MDCCLXII» erschien, hatte den Titel «Lettre de J. J. Rousseau de Genève, Qui contient sa rénonciation à la Société Civile, et ses derniers adieux aux Hommes, adressée au seul Ami qui lui reste dans le monde». Sie war unterzeichnet: «J. J. ROUSSEAU, jusqu'à ce jour homme civilisé, et Citoyen de Genève, mais à present ORANG-OUTANG. Donnée la... année de mon âge à l'entrée de la Forêt noire, qui est au pied du Mont-Jura près des Alpes.» In meinem Besitz befindet sich eine Ausgabe des *Contrat social* mit der Rousseau untergeschobenen «Lettre», in der auf dem Titelblatt die Vignette des Originals, die

neration» in der Zukunft zu erreichen, versetzte ihn, so lautet seine Selbstkritik, nicht weniger in Unruhe, als wenn er seine Hoffnung im Rahmen «des Jahrhunderts» gehalten hätte. Er blieb ein «Spielzeug der Menschen von heute». Erst die Abkehr von der Sorge um sein Nachleben hat ihm, «zum Glück noch zeitig genug» vor seinem Tod, die Aussicht eröffnet auf «un intervalle de pleine quietude et de repos absolu». Beinahe täglich sieht er die Richtigkeit seiner Abkehr durch «neue Reflexionen» bestätigt. Rousseau erwähnt den Gedanken, der an kein kontingentes Ereignis gebunden ist und für den es im Rückblick zuvor kein Gegenstück gibt, daß zwar die einzelnen Verfolger sterben werden, nicht aber die «Kollektivkörper», die seine Verfolgung betreiben. Die Institutionen und die Organisationen der Feinde werden ihn in ihrem «unsterblichen» Haß auch nach seinem Tode bekämpfen. So vermag er sich davon zu überzeugen, daß die radikale Absage an die Sorge um sein Nachleben die Voraussetzung dafür ist, daß er sich seine Seelenruhe bewahrt, in der er, ohne Hoffnung und ohne Furcht in Rücksicht auf einen anderen oder auf äußere Ereignisse, bei sich sein kann, gelassen, unbewegt, gleichmütig «wie Gott selbst».[16]

Nach der doppelten Darstellung seiner Loslösung, die sich der Polarität von Jedermanns-Perspektive und Einzigartigkeits-Emphase fügt, ist Rousseau beim Ausgangspunkt der *Rêveries* angelangt. Er weiß «von nun an» alles Äußere, alles, das ihm nicht zugehört und das ihn außer sich sein läßt, von sich zu trennen.[17] Er wird seine «letzten Tage» darauf verwenden, sich selbst zu studieren. Er wird über seine «inneren Dispositionen» reflektieren, und wenn es ihm dadurch gelingt, sie in eine «bessere Ordnung» zu bringen, werden seine «Meditationen nicht gänzlich nutzlos sein». Tatsächlich weiß er aus einer langen Erfahrung –

---

eine Allegorie der Freiheit zeigt, durch eine Darstellung Neros mit Lorbeerkranz und Lyra ersetzt ist, die Rousseau den *Contrat social* dem als «Apollon» verherrlichten Nero zueignen läßt.
16 I, 8–11 (997–999). Siehe Kapitel II, S. 91–93 und Kapitel III, S. 117–118.
17 «Tout ce qui m'est extérieur m'est étranger desormais. Je n'ai plus en ce monde ni prochain, ni semblables, ni fréres. Je suis sur la terre comme dans une planette étrangére où je serois tombé de celle que j'habitois.» I, 12 (999). In Übereinstimmung mit der Rhetorik des ersten Spaziergangs, als jetzt beginnend auszugeben, was für Rousseau seit langem Wirklichkeit ist, weist die *Première promenade* die größte Häufigkeit von *desormais* innerhalb der *Rêveries* (sieben von sechzehn Verwendungen insgesamt) auf: I, 6, 8 (zweimal), 12, 13, 15 (zweimal).

die Reflexion seiner Rückkehr zur Seelenruhe hat sie noch einmal aufgerufen –, daß sein Nachdenken über sich zu seinem Guten ausschlägt. Er wird sich also «ganz der Süßigkeit überlassen», mit seiner Seele einen Dialog zu führen. Sie ist «das einzige», was die Menschen ihm nicht rauben können, und er findet in ihr alles, was ihm not tut: Trost, den ihm niemand zu spenden braucht, Frieden, um den er sich nur selbst bringen könnte, Hoffnung, die ihn nicht von anderen abhängig macht, da sie auf die eigenen Fähigkeiten gerichtet ist und in seiner Natur gründet, in der auch seine Dankbarkeit ihren Adressaten hat. Er will sich nur noch mit sich befassen und mit dem, was die Aktivitäten, die ihn unterscheiden, aufzunehmen oder hervorzubringen vermögen. Durch die Schrift will er die «bezaubernden Kontemplationen» festhalten, die seine täglichen Spaziergänge häufig erfüllen, um sich ihrer, wenn er sie wieder liest, immer neu zu erfreuen. Er will ein «formloses Tagebuch» seiner *rêveries* führen, von dem er sich «eine neue Erkenntnis meines Naturells und meiner Gemütsverfassung» verspricht durch die Erkenntnis «der Gefühle und der Gedanken, die mein Geist in dem sonderbaren Zustand, in dem ich bin, zu seinem täglichen Futter macht». Schließlich will er der Prüfung einer «so einzigartigen Situation», die es «sicherlich verdient, geprüft und beschrieben zu werden», seine «letzte Muße weihen» und zu diesem Zweck ähnlich den Physikern, die die Veränderungen der Luft zu erkennen suchen, «das Barometer» an seine Seele anlegen, um von deren Modifikationen und ihrer Abfolge Rechenschaft zu geben. In die *Rêveries* soll Eingang finden, was Rousseau in seinem Leben am wichtigsten ist, was ihn erfüllt und was es auszeichnet. Die *Rêveries* werden sein Beisichselbstsein umkreisen, seine Abweichung von sich selbst vermerken und seine Rückwendung auf sich feststellen. Sie werden seine Selbsterkenntnis befördern. Und sie werden in dem, was sie prüfen und beschreiben, aufschließen und zeigen, nicht nur für Rousseau von Bedeutung sein. Gleichwohl sagt Rousseau, daß er die *Rêveries* nur für sich schreibt.[18] Er wird einzig von seinem

18 «Je fais la même entreprise que Montagne, mais avec un but tout contraire au sien: car il n'écrivoit ses essais que pour les autres, et je n'écris mes rêveries que pour moi.» I, 14 (1001). Die Editoren der *Rêveries* hätten die Stelle mit demselben Recht als «… je n'écris mes *Rêveries* que pour moi» wiedergeben können, mit dem sie in den Absätzen 9 und 15 dreimal «mes *Dialogues*» und in den Absätzen 12, 13 und 15 dreimal «mes *Confessions*» schreiben. Denn im Manuskript steht «mes dialogues»

eigenen Guten bestimmt. Wenn er sie später liest, werden sie ihm nicht nur die *rêveries* vergegenwärtigen, die ihn früher bewegten und die der Schrift vorausgingen. Sie werden ihm auch die «Süßigkeit» ins Gedächtnis zurückrufen, die er empfand, als er sie schrieb. Ihre Lektüre wird die vergangene Zeit für ihn wiedererstehen lassen und seine Existenz «sozusagen verdoppeln»: «En depit des hommes je saurai gouter encore le charme de la societé et je vivrai decrepit avec moi dans un autre age, comme je vivrois avec un moins vieux ami.» Rousseau erschafft sich mit den *Rêveries* eine ganz eigene Gesellschaft. Er erschreibt sich einen jüngeren Freund.[19]

Der Schluß der *Première promenade* macht die Gelassenheit, die aus der Selbsterkenntnis des Promeneur Solitaire resultiert oder resultieren sollte, an der gewandelten Haltung zum Œuvre anschaulich. Rousseau blickt auf die «beständige Sorge» zurück, die ihn umtrieb, als er die letzten, postum zu veröffentlichenden Schriften des Œuvre verfaßte, die *Dialogues* und die *Confessions*, die er, eine trügerische Erwartung weckend, seine «ersten» *Confessions* nennt.[20] «J'écrivois mes premiéres *Confessions* et mes *Dialogues* dans un souci continuel sur les moyens de les dérober aux mains rapaces de mes persecuteurs pour les transmettre s'il étoit possible à d'autres generations.» Bei der Schrift, der er sich jetzt

---

(bzw. einmal «mes Dialogues»), «mes confessions», «mes rêveries», eine Schreibweise, an die sich nur die Edition von John S. Spink hält. Dasselbe gilt für die analoge Stelle VIII, 23 (1084), Rousseaus letzte Verwendung von *rêveries*: «J'ai décrit cet etat dans une de mes *Rêveries*.»
19 I, 12–14 (999–1001). Die Pluralbegriffe *méditations*, *contemplations*, *rêveries*, *sentiments*, *pensées* werden in den Absätzen 12 und 13 in dieser Reihenfolge eingeführt. Vorangegangen waren die *réflexions* in Absatz 10.
20 Zunächst hatte Rousseau davon gesprochen, er werde in den *Rêveries* «die strenge und aufrichtige Prüfung» wiederaufnehmen, die er «früher meine *Confessions* nannte». Dann suggerierte er, die *Rêveries* könnten «als ein Anhang meiner *Confessions*» angesehen werden, denen er indes nicht mehr diesen Titel gebe, da er nichts mehr zu sagen habe, das ihn verdiente. Die Rede von den «ersten *Confessions*», die nahelegt, daß ihnen neue oder andere *Confessions* folgen werden, steht am Beginn eines Absatzes, der keinen Zweifel daran läßt, daß die *Rêveries* ebendas nicht sein werden: eine Fortsetzung der *Confessions* oder ein Anhang zu ihnen. Die *Rêveries* unterscheiden sich von den *Confessions*, einem Werk, das seinen sozialen Bezug bereits im Titel trägt, denkbar grundsätzlich: in ihrer Absicht, in ihrem Adressaten und in der Sache, die in ihnen verhandelt wird. I, 12 (999); 13 (1000); 15 (1001). Siehe Kapitel I, S. 35–36 und 66–67.

zuwendet, liegen die Dinge anders: «La même inquietude ne me tourmente plus pour cet écrit». Daß Rousseau bei den *Rêveries* nicht mehr von derselben Unruhe geplagt wird wie bei den *Confessions* und den *Dialogues*, die er nicht nur für sich, sondern im Blick auf die politische Wirkung schrieb, die sie in der Zukunft entfalten sollten, besagt zunächst, daß die *Rêveries* nicht länger zum Œuvre gehören. Doch Rousseaus neue Gelassenheit beschränkt sich nicht darauf, daß er das Œuvre nicht fortsetzen will. Für eine Fortsetzung gäbe es keine Notwendigkeit, da das Œuvre bereits zu einem Ganzen verfugt ist. Die Gelassenheit, zu der ihm seine Selbsterkenntnis rät, betrifft ausdrücklich auch jene Schriften, die ihn mit «beständiger Sorge» erfüllten. Sie betrifft sein Verhältnis zum Œuvre im strengen Sinn, das er neu bestimmt: «le desir d'être mieux connu des hommes s'étant éteint dans mon cœur n'y laisse qu'une indiférence profonde sur le sort et de mes vrais écrits et des monumens de mon innocence qui déja peut être ont été tous pour jamais anéantis.» Rousseau hat sich von der Hoffnung befreit, er hat nicht einmal mehr das Verlangen, «die Menschen» in ihrem Urteil über ihn zu berichtigen. Die Erwartung, von den «supralunarischen Wesen» als einer der Ihren erkannt und verstanden zu werden, kann er getrost unerwähnt lassen, da sie seinem Beisichselbstsein in keiner Weise Abbruch tut.[21] Am deutlichsten zeigt Rousseaus *Vielleicht* in seiner Erwägung, die «Denkmäler» seiner Unschuld seien «vielleicht alle schon für immer vernichtet worden», den Gleichmut an, der seiner Selbsterkenntnis geschuldet ist. Der neue Gleichmut beruht nicht auf der Resignation vor der blinden Fatalität, daß die Manuskripte der *Confessions* und der *Dialogues* vernichtet wurden. Das *peut-être* ließe der Furcht, die Verfolger könnten sich der Schriften bemächtigen, um sie zu vernichten, und der Hoffnung, ebendies könnte noch abgewendet werden, genügend Raum. Die Unbewegtheit, mit der die *Première promenade* schließt, beruht auf der Einsicht, daß es für Rousseau gut ist, die Affekte der Furcht und der Hoffnung zu beherrschen. Er weiß, daß seine Ataraxie sich nicht mit der Abhängigkeit vom Schicksal seines Œuvre verträgt.[22] L'Œuvre est

---

21 Siehe Kapitel I, S. 46 und 61 und Kapitel VI, S. 257.
22 John S. Spink (*ad locum*) weist darauf hin, daß Rousseau in der Zeit, als er seine Erwägung formulierte, sowohl Kopien der *Confessions* als auch der *Dialogues* in seinem Besitz hatte. Aber er irrt, wenn er sich aus seiner Ratlosigkeit angesichts der überlieferten Tatsachen herauszuhelfen sucht, indem er die Schriften ins Spiel

fini. Was aber die *Rêveries* angeht, so wird Rousseau, «von den Menschen und von allem losgelöst», sie weder verbergen noch vorzeigen. «Si on me les enlêve de mon vivant on ne m'enlêvera ni le plaisir de les avoir ecrites, ni le souvenir de leur contenu, ni les méditations solitaires dont elles sont le fruit et dont la source ne peut s'éteindre qu'avec mon ame.» Wenn Rousseau die *Rêveries* schreibt, ist er ganz bei sich. Sie erfüllen ihn mit keiner Sorge, die ihn von ihm entfernt, da sie «un bienfait purement gratuit» sind. Sie können ihm sowenig genommen werden wie die *méditations solitaires*, denen sie sich verdanken. Sie entspringen der Aktivität, die nicht eher in ihm erlischt, als bis seine Seele stirbt. Und in derselben Aktivität, im Nachdenken in der Einsamkeit, gründet, wie die *Première promenade* vor Augen führt, Rousseaus *tranquillité*,[23] der seine Verfolger «von nun an» nichts mehr anhaben können: «qu'ils jouissent à leur gré de mon opprobre, ils ne m'empêcheront pas de jouir de mon innocence et d'achever mes jours en paix malgré eux.»

Die *Huitième promenade* ist die natürliche, die der Natur Rousseaus entsprechende Fortsetzung der *Première promenade*. Sie treibt seine Selbsterkenntnis über den Stand hinaus voran, den die *Première* erreichte. Zuerst aber stellt sie einen Neubeginn dar. Nachdem Rousseau die Spaziergänge eins bis sieben ins reine geschrieben hat, macht er sich erneut ans Werk, um zusammenzuführen und zu vertiefen, was zusammengeführt und vertieft zu werden verdient. Er nimmt sein Leben als Ganzes in den Blick und denkt über seine Seele in den unterschiedlich-

bringt, die Rousseau 1765 in Neuchâtel zurückließ. Der Kontext macht klar, daß es sich bei den «monumens de mon innocence» nur um die *Confessions* und die *Dialogues* handeln kann: «Rousseau avait, à coté de lui, dans la pièce même où il travaillait, au moins une copie de ses *Confessions* et une copie de ses *Dialogues*, mais il pense peut-être aux papiers qu'il avait laissés à Neuchâtel entre les mains de du Peyrou.» Der Kommentator schenkt dem *peut-être* Rousseaus nicht die Beachtung, die es verdient. Mit ihm hat der Autor dem Leser alles an die Hand gegeben, dessen er bedarf, um den Gedanken, der Rousseaus Aussage zugrunde liegt, denken und um die Bewegung der Selbsterkenntnis in der *Première* insgesamt nachvollziehen zu können.

23 Die Absätze 4 und 15 sind die einzigen Absätze der *Première promenade*, die Rousseau mit *Je* beginnt. In Absatz 4 führt er *la tranquillité* ein, in Absatz 15 benennt er mit *les méditations solitaires* ihre Grundlage. Von den in Anm. 19 in der Reihenfolge ihres Auftretens aufgeführten Begriffen ist *méditations* der einzige, der im letzten Absatz noch einmal einen Auftritt hat.

sten Situationen nach, in denen sie sich befand.[24] Gegenstände von Rousseaus Nachdenken sind näherhin sein Glück und sein Beisichselbstsein, ebendieselben Gegenstände, auf die er die Einleitung der *Deuxième* verwandte. Die Einleitung der *Huitième* umfaßt wie die der *Deuxième* vier Absätze, so daß die beiden Einleitungen, die Eines Sinnes sind, der Verhandlung des Glücks des Beisichselbstseins in der *Cinquième* in vollkommener Symmetrie vorangehen und nachfolgen. Rousseaus Nachdenken bestätigt die Befunde der vorangegangenen *Rêveries* und bekräftigt das Argument, das die *Deuxième*, die *Cinquième* und die *Septième promenade* Schritt für Schritt entwickelten.[25] Rousseaus Glück setzt Umgrenzung voraus. Es ist wesentlich Sammlung. Und es wird durch Vermittlung befördert. Rousseau beginnt mit dem Kontrast der beinahe gänzlich verblaßten Erinnerung, die die Zeiten seines «kurzen Wohlergehens» bei ihm zurückgelassen haben, und der «liebenswerten Erinnerung», die ihm von seinem inneren Zustand «in all dem Elend und der Not» seines Lebens geblieben ist. Die äußeren Widrigkeiten, die ihm die Konzentration auf sich abnötigten, steigerten die Intensität seiner Existenz. «Il me semble que j'ai plus gouté la douceur de l'existence, que j'ai réellement plus vécu quand mes sentimens resserrés pour ainsi dire autour de mon cœur par ma destinée n'alloient point s'évaporant au dehors sur tous les objets de l'estime des hommes, qui en meritent si peu par eux-mêmes et qui font l'unique occupation des gens que l'on croit heureux.» Weit größer als die Gefahr, sich an «Gegenstände der Wertschätzung der Menschen» zu verlieren, die als haltlos zu erkennen sind, ist für eine liebende oder, wie Rousseau sagt, eine expansive Seele indes die Gefahr, sich in der Hinwendung zu Gegenständen, die der eigenen Neigung entsprechen oder zu entsprechen scheinen, selbst zu vergessen. Rousseau erörtert diese Gefahr in seiner diachronischen Darstellung anhand jener Zeiten, in denen um ihn herum «alles in Ordnung», er «mit allem zufrieden» und «kein Feind» in Sicht war: «Mon ame expansive s'étendoit sur d'autres objets, et sans

---

24 Die Eröffnung lautet: «En meditant sur les dispositions de mon ame dans toutes les situations de ma vie je suis extrémement frappé de voir si peu de proportion entre les diverses combinaisons de ma destinée et les sentimens habituels de bien ou mal être dont elles m'ont affecté» (1074). Es handelt sich um die letzte Verwendung von «méditer» oder «méditation» in den *Rêveries*.
25 Siehe Kapitel I, S. 31–32, 33 und Kapitel III, S. 105–106.

cesse attiré hors de moi par des gouts de mille espéces, par des attachemens aimables qui sans cesse occupoient mon cœur je m'oubliois en quelque façon moi-même, j'étois tout entier à ce qui m'étoit étranger et j'eprouvai dans la continuelle agitation de mon cœur toute la vicissitude des choses humaines.» Er war dem Schein nach glücklich. Aber er weiß, daß er nicht glücklich war. Denn er «hatte nicht ein Gefühl, das die Probe der Reflexion bestehen konnte».

Die Kritik, der Rousseau das scheinbare Glück unterzieht – daß es sich um einen Zustand des Sichverlierens an die Welt, des Außersichseins, der Selbstvergessenheit handelte –, schafft einen scharfen Kontrast zum wahren Glück, das er, wie er am Ende des Spaziergangs sagen wird, «in einer meiner *Rêveries* beschrieben» hat. Die Einleitung der *Huitième* liefert gleich der Einleitung der *Deuxième* einen erhellenden Kommentar zur *Cinquième*. Das gilt insbesondere für den ausdrücklichen Rekurs auf die Reflexion als letzte Instanz, *l'épreuve de la réflexion*, der unterstreicht, daß die Reflexion in die «höchste Glückseligkeit» des Promeneur Solitaire eingegangen und daß der Satz des Glücks in der *Cinquième* ein Urteil ist.[26] Die Kritik Rousseaus läßt sich auf einen Begriff bringen: Seinem vermeintlichen Glück fehlte die Rückwendung auf sich. Rousseau kann dabei an die Einsicht der *Septième promenade* anknüpfen, daß die erotische Natur des Promeneur Solitaire in ihrer Ausrichtung am Ganzen, in ihrem Streben, das Ganze aufzunehmen, in ihrer Neigung, sich auf das Ganze auszudehnen, sich selbst allzu leicht aus dem Auge verliert. Die «ame expansive» wird, soweit ihre Reflexivität von außen veranlaßt ist, vor allem durch die Erwiderung der Liebe und durch die Begegnung der Feindschaft an sich zurückverwiesen. Die Bedeutung des Geliebtwerdens für die Selbsterkenntnis kommt in der *Dixième promenade* zur Sprache. Die Feindschaft bildet den Hintergrund aller *Rêveries*, die die Zeit des philosophischen Lebens betreffen. Und sie wird in jeder von ihnen bedacht. In der achten vermerkt Rousseau ihre Abwesenheit für die Zeit seines scheinbaren Glücks, wohingegen ihre Gegenwart seine Einkehr bei sich bewirkt und ihm die Bewährung seiner Selbstgenügsamkeit abverlangt. «Réduit à moi seul, je me nourris il est vrai de ma propre substance mais

---

26 Siehe Kapitel IV, S. 166–167 und beachte S. 155–164. Ich habe in meiner Auslegung der *Cinquième* den Kommentar der *Deuxième* und der *Huitième* keinen Augenblick außer acht gelassen.

elle ne s'épuise pas et je me suffis à moi-même quoique je rumine pour ainsi dire à vuide». Um sich von seiner eigenen Substanz zu nähren, muß freilich genügend Substanz vorhanden sein, und um sein Glück in sich finden zu können, muß man hinreichende Schätze in sich tragen.[27] Die Widrigkeit des Geschicks, die zur Rückwendung auf sich zwingt, gibt Rousseau die Gelegenheit anzumerken, daß «die meisten Menschen» es keineswegs als beglückend empfinden, bei sich selbst Einkehr zu halten. «C'est à ce retour sur nous même que nous force l'adversité, et c'est peut-être là ce qui la rend le plus insupportable à la pluspart des hommes.» Das Glück des Beisichselbstseins, das der Promeneur Solitaire erfährt, ist an eine Güte gebunden, die von der Güte, wie sie gemeinhin verstanden wird, verschieden ist.[28]

Die Einleitung setzt den Ton für alles, was folgt. Zunächst folgt eine Rekapitulation der Erzählung, die die *Première promenade* vom Drama der Loslösung gab. Rousseau schildert die Verstörung, die der «erste Verdacht des Komplotts» bei ihm bewirkte. Er spricht von «der Entrüstung, der Wut, dem Delirium», die sich seiner bemächtigten, von der «ersten Überraschung», da er sich «mit einem Schlag als ein entsetzliches Monster, wie nie eines existierte, travestiert» sah. Er blickt noch einmal auf die «étrange revolution» zurück, der er ausgesetzt war und deren Ursache ihm ein undurchdringliches Geheimnis geblieben sei. Er erwähnt, daß er seine Verfolger zwingen wollte, sich ihm zu erklären, und daß er lange gehofft hatte, «Menschen von Verstand» zu finden, die das «Delirium» der anderen nicht mitmachten, oder «gerechte Seelen,

---

27 Rousseau hatte bereits in der Einleitung der *Deuxième promenade* davon gesprochen, daß er sich von seiner eigenen Substanz nährte: «... ne trouvant plus d'aliment pour mon cœur sur la terre, je m'accoutumois peu à peu à le nourrir de sa propre substance et à chercher toute sa pâture au dedans de moi.» Was er im Anschluß daran erklärt, ist für die *Rêveries* grundlegend und für die Einleitung der *Huitième* unmittelbar einschlägig: «Cette ressource, dont je m'avisai trop tard devint si féconde qu'elle suffit bientot pour me dédomager de tout. L'habitude de rentrer en moi-même me fit perdre enfin le sentiment et presque le souvenir de mes maux, j'appris ainsi par ma propre expérience que la source du vrai bonheur est en nous, et qu'il ne dépend pas des hommes de rendre vraiment misérable celui qui sait vouloir être heureux.» Die Entdeckung seiner inneren Schätze schrieb er seinen Verfolgern zu: «sans eux je n'aurois jamais trouvé ni connu les tresors que je portois du moi-même». II, 2–3 (1002–1003).
28 VIII, 1–4 (1074–1075). Siehe V, 15 und 16 (1047) und Kapitel IV, S. 171, 173, 175.

die den Betrug und die Verräter verabscheuten». Er stellt schließlich klar und deutlich fest, wie sehr er, ohne es gewahr zu sein, selbst noch das Joch der Meinung trug, gegen die er sich wandte. Aber bei all dem legt die Rekapitulation den Akzent auf das gute Ende, das das Drama für Rousseau genommen hat. Rousseau unterbricht den Bericht schon bald, um sein Leben in dem «entsetzlichen Zustand», in dem er sich noch immer befindet, als «heureux et tranquille» zu charakterisieren und zu versichern, daß er über seine Verfolger und ihre vergeblichen Anstrengungen lache.[29] Die Darstellung der *Huitième* wird von einer Heiterkeit getragen, die der *Première promenade* nicht abzulesen war. Tatsächlich macht Rousseau jetzt nicht nur geltend, die Seelenruhe und den Frieden, sondern auch die Heiterkeit und das Glück wiedergefunden zu haben,[30] wobei er dem Glück am Ort seiner ersten Erwähnung im achten Spaziergang so Ausdruck verleiht, wie er das am Ende der Beschreibung seines Tageslaufs auf der St. Petersinsel tat: daß jeder Tag seines Lebens ihn mit Vergnügen an den vorigen erinnere und daß er sich für den folgenden keinen anderen Tag wünsche.[31] Die Rekapitulation der Loslösung dient Rousseau vor allem als Folie für die Verhandlung seines Beisichselbstseins: «réduit à moi seul j'ai repris enfin mon assiete. Pressé de tous cotés je demeure en equilibre parce que ne m'attachant plus à rien je ne m'appuye que sur moi.»[32]

Die wiedergewonnene Seelenruhe schreibt Rousseau «einer einzigen Sache» zu: «Ich habe gelernt, das Joch der Notwendigkeit ohne Murren zu tragen.» Darin stimmt die Rekapitulation der *Huitième* mit der *Première* überein.[33] Die Notwendigkeit, der Rousseau sich beugt, wird jedoch nicht mehr durch ein Ereignis verkörpert, das ihm die Hoffnung raubt, «eine bessere Generation» in der Zukunft erreichen zu können. Die Notwendigkeit, die Rousseau anerkennt, ist ebensowenig das Er-

---

29 «... j'y vis heureux et tranquille et j'y ris des incroyables tourmens que mes persecuteurs se donnent sans cesse *en vain* tandis que je reste en paix ...» VIII, 7 (1076), meine Hervorhebung. In der Edition der *OCP* fehlt *en vain*.
30 «... j'ai retrouvé la sérenité, la tranquillité, la paix, le bonheur même ...» VIII, 9 (1077). Es handelt sich um die einzige Stelle in den *Rêveries*, an der Rousseau *sérénité* gebraucht. *Bonheur* kam in der *Première* nur einmal in der Fügung *par bonheur* vor: I, 9 (998).
31 VIII, 9 (1077); V, 10 (1045).
32 VIII, 5–11 (1075–1077). Siehe zu «j'ai repris enfin mon assiete» V, 14 (1046).
33 VIII, 10 (1077); I, 4 (996); I, 7 (997).

gebnis seiner Überlegung, daß die Unsterblichkeit der Feinde das Schicksal des Œuvre besiegle. Von der Sorge um das Nachleben ist nicht die Rede. Rousseau spricht vielmehr von seinem gewandelten Verhältnis zu den Lebenden. Er führt einen neuen Gedanken ein, um sich vom Willen, vom Denken und Fühlen der gegenwärtigen Generation unabhängig zu machen. Er wird seine Zeitgenossen nicht mehr als moralische Wesen betrachten, sondern ihre Aktionen und Reaktionen ganz dem Reich der Notwendigkeit zuschlagen. Er wird von der Intentionalität ihres Handelns absehen. Auch dieser Gedanke erfährt eine biographisch-historische Herleitung. Durch lange Nachforschungen überzeugte Rousseau sich davon, daß in Rücksicht auf ihn «die Vernunft aus allen Köpfen und die Billigkeit aus allen Herzen verbannt war». Er sah «eine rasende Generation» sich der «blinden Wut ihrer Führer gegen einen Unglücklichen» überlassen, der nie etwas Böses tat oder tun wollte. Nach zehn Jahren, in denen er als ein anderer Diogenes einen Menschen suchte, habe er seine Laterne schließlich löschen und ausrufen müssen: es gibt keinen Menschen mehr. Damit ist Rousseau ein weiteres Mal beim Ausgangspunkt der *Rêveries* angelangt: «Alors je commençai à me voir seul sur la terre et je compris que mes contemporains n'étoient par rapport à moi que des êtres méchaniques qui n'agissoient que par impulsion et dont je ne pouvois calculer l'action que par les loix du mouvement.» Die Notwendigkeit, die Rousseau anerkennt, ist die Notwendigkeit der Welt der reinen Naturereignisse, in der er keinem fremden Willen begegnet, dem er sich zu unterwerfen hätte oder gegen den er aufzubegehren vermöchte. Wenn ihm die Distanzierung seiner Zeitgenossen zu «mechanischen Wesen», die den Bewegungsgesetzen folgen, gelingen sollte, versetzte er sie und sich in den nichtsozialen, vormoralischen Naturzustand zurück. «Je ne vis plus en eux que des masses différemment mues, depourvues à mon égard de toute moralité.» Als «unterschiedlich bewegte Massen» in Raum und Zeit könnten sie ihn physisch verletzen, doch seiner psychischen Integrität könnten sie nichts anhaben. So wie der «große dänische Hund», der Rousseau auf dem Spaziergang vom 24. Oktober 1776 zu Boden streckte, ihn verletzte, ohne die Spur eines Rach- oder Nachgefühls bei ihm zu hinterlassen. Rousseau beschreibt den Sturz in der *Deuxième promenade* als Unfall, nicht als Attentat. Er sieht in der Dogge weder ein Werkzeug der Verfolger noch der Vorsehung. Sie ist das Musterbild einer «bewegten Masse». Wenn Rousseau, um sich aus dem Antagonismus zu einem fremden Willen zu befreien, die Welt der reinen Naturereignisse aufsucht,[34] tut er das genaue Gegenteil von jenen «Unglücklichen», die, um dem Leid und Unheil, das ihnen widerfährt, einen Sinn abzugewinnen, «sich an das Schicksal halten, das sie personifizieren und dem sie Augen und eine Einsichtsfähigkeit beilegen, sie mit Vorsatz zu peinigen». Die Weisheit begründet eine andere Sicht der Dinge. Der *homme sage* sieht in allem Leid und Unheil «nur die Schläge der blinden Notwendigkeit». Er «schreit in seinem Schmerz», aber ohne Zorn. Er bleibt frei von moralischer Entrüstung. In dem Übel, das ihn befällt, nimmt er «nur die materielle Beeinträchtigung» wahr. Die Schläge, die ihn treffen, mögen seine Person verwunden, «keiner reicht bis an sein Herz».[35]

Im Zentrum der *Huitième promenade* erteilt Rousseau dem Versuch mit der Vorsehung Gottes eine Absage, die bündiger kaum sein könnte. Am Ende der *Deuxième* hatte er sich auf den Gedanken eingelassen, das blinde durch ein sehendes Geschick zu ersetzen. Er würde sich aus der affektiven Bezogenheit auf die Willen der Menschen lösen, wenn er in ihnen die Werkzeuge sähe, deren sich der Wille Gottes bedient, um die Zwecke des göttlichen Ratschlusses zu erreichen. Die Absichten seiner Feinde verlören jedes Eigengewicht, wenn sie alle von Einer Absicht regiert würden und in deren Unwiderstehlichkeit aufgingen. In diesem Fall hätte Rousseaus Seelenruhe ihre Garanten im Wissen seiner Unschuld und im Glauben an die Gerechtigkeit Gottes. Statt wie im zweiten Spaziergang das Werk der «Bosheit der Menschen» auf die «für die menschliche Vernunft unergründlichen Geheimnisse des Himmels» zurückzuführen, sieht Rousseau im achten von der Moralität ab oder durch sie hindurch. Statt Eine Absicht zu postulieren, die das Ganze lenkt und durchherrscht, betrachtet er jetzt eine Welt, die sich in der Absichtslosigkeit der natürlichen Notwendigkeit genügt. Daß die bei-

---

34 «Dans tous les maux qui nous arrivent, nous regardons plus à l'intention qu'à l'effet. Une tuile qui tombe d'un toit peut nous blesser davantage mais ne nous navre pas tant qu'une pierre lancée à dessein par une main malveillante. Le coup porte à faux quelquefois mais l'intention ne manque jamais son atteinte.» VIII, 13 (1078).
35 VIII, 12–13 (1077–1078); II, 5–13 (1003–1007). Am Ende des dreizehnten Absatzes der *Huitième* steht ein von Rousseau gestrichener Satz, der ganz der Rhetorik der *Prèmiere promenade* entsprochen hätte: «J'étois bien loin d'être cet homme là [sc. cet homme sage] mais j'ai appris à le devenir, mes persecuteurs ont été mes maitres.»

den Versuche, die Abhängigkeit von den Absichten und den Willen der Menschen zu überwinden, nicht etwa als parallele Optionen gelten können – im ersten Fall durch deren Unterwerfung unter den Willen Gottes, im zweiten durch deren Einordnung in das Reich der Notwendigkeit –, stellt die Kritik klar, die Rousseau im dreizehnten Absatz der *Huitième* an dem irregeleiteten Unterfangen übt, dem Schicksal Augen einzusetzen und ihm Intentionalität zuzuschreiben. Die Kritik trifft in vollem Umfang auf den Versuch mit der Vorsehung zu, in dem Rousseau die *Deuxième promenade* kulminieren ließ. Der Schritt vom Versuch des zweiten zur Kritik des achten Spaziergangs war im übrigen zwingend, da Rousseaus Analyse der depravierenden Auswirkungen der Abhängigkeit vom Willen eines anderen für die Abhängigkeit von jedem fremden Willen gilt. Ich habe am gebotenen Ort auf die theologischen Implikationen der Konzeption des *homme naturel* hingewiesen, die Rousseau von Anfang an bedachte. In der *Huitième promenade* bestätigt er sie ein letztes Mal. Dem *homme sage* weist er das Teil zu, die Folgerungen zu ziehen, die sich aus der Abwesenheit einer moralischen Weltordnung ergeben.

Im Licht des achten Spaziergangs, der ausdrücklich zur Eröffnung der *Rêveries* zurückkehrt,[36] scheint der Auftakt bereits die Reduktion der Zeitgenossen auf «mechanische Wesen» oder «unterschiedlich bewegte Massen» anzukündigen, so daß es sich in der *Huitième* nicht so sehr um die Entwicklung eines neuen als vielmehr um die Entfaltung eines von vornherein angelegten Gedankens handelte.[37] Die Rede von den Menschen, die aufhörten, Menschen zu sein, mit der Rousseau die Leser gleich zu Beginn konfrontierte, erlaubte indes eine bloß moralische Auslegung. Und Rousseau mußte eine solche Auslegung offenhalten. Ohne diese Offenheit wäre der Versuch mit der Vorsehung schlechterdings nicht möglich gewesen. Aber beim Wiederlesen der Eröffnung des Buches, zu dem uns die *Huitième promenade* einlädt, wird die direkte, die kürzeste Verbindung zwischen dem Auftakt und dem Gedanken im Zentrum der

---

36 Der Satz: «Alors je commençai à me voir seul sur la terre...» steht exakt im Zentrum der *Huitième promenade*: in der Mitte von VIII, 12 (1078).
37 «J'aurois aimé les hommes en dépit d'eux-mêmes. Ils n'ont pu qu'*en cessant de l'être* se dérober à mon affection. Les voila donc étrangers, inconnus, nuls enfin pour moi puis qu'ils l'ont voulu. Mais moi, détaché d'eux et de tout, que suis-je moi-même?» I, 1 (995), meine Hervorhebung.

Huitième erkennbar, eine Geradlinigkeit, die die Abweichung des Versuchs am Ende der *Deuxième* unterstreicht. Das heißt nicht, daß die Abweichung für das Argument folgenlos bliebe. Es heißt erst recht nicht, daß ihr Gegenstand von nachrangiger Bedeutung wäre. Rousseau führt mit ihr den Gott des Offenbarungsglaubens in die *Rêveries* ein.[38] Doch folgen wir der Bewegung der Selbsterkenntnis in der *Huitième promenade*, die wir noch nicht ausgeschritten haben. Denn Rousseau läßt es weder bei der Absage an die Vorsehung bewenden, noch bleibt er bei der vor- oder übermenschlichen Sicht auf die Zeitgenossen stehen, in der er von deren Willen nicht affiziert wird. Er fragt vielmehr nach der Wurzel, aus der der Glaube an die moralische Weltordnung erwächst, und nach der Quelle, aus der sich die Entrüstung und das Verletztsein durch fremde Absichten speisen: «C'est beaucoup que d'en être venu là mais ce n'est pas tout si l'on s'arrête. C'est bien avoir coupé le mal mais c'est avoir laissé la racine. Car cette racine n'est pas dans les êtres qui nous sont étrangers, elle est en nous mêmes et c'est là qu'il faut travailler pour l'arracher tout à fait.» Der Weise weiß, daß er «alle Einzelheiten» seines Schicksals «als ebenso viele Akte einer reinen Fatalität» zu betrachten hat, der er «weder Lenkung noch Absicht, noch eine moralische Ursache» zuschreiben darf. Seine Vernunft lehrt ihn, sich der Fatalität um seines eigenen Guten willen zu fügen. Sie plädiert dafür, der Einsicht in die Notwendigkeit in «allen Einzelheiten» zu entsprechen, aber die Beherztheit «murrt» und verweigert der Vernunft schließlich die Gefolgschaft. Der achte Spaziergang erläutert der Sache nach, weshalb dem Versuch des ersten, die Willen der Feinde in einem kompakten Geschick untergehen zu lassen, dem Rousseau sich beugen könnte, «ohne weiter gegen die Notwendigkeit aufzubegehren», weshalb jenem Versuch nicht der Erfolg beschieden war, den Rousseaus Einsicht und Entschlossenheit ihm zu versprechen schienen. Der zweite Spaziergang zeigte, daß die Unterwerfung unter das blinde Geschick Rousseau nicht hinreichend von der affektiven Bezogenheit auf die Individuen, Handlungen, Äußerungen befreite, in denen es gegenwärtig ist und konkret erfahren wird. Darauf antwortete das Experiment, das blinde durch ein sehendes Geschick zu ersetzen, das die Individuen, Handlungen, Äußerungen kraft einer unwiderstehlichen Lenkung und Einer Absicht gehorchend im Sinne der Moral zusammenzuzwingen vermöchte. Wenn

---

38 II, 24–25 (1009–1010). Siehe Kapitel II, S. 93–96 und 100–101.

Rousseau jetzt «tous les détails de ma destinée comme autant d'actes d'une pure fatalité» in den Blick nimmt, hat er den je konkreten Fall im Auge, an dem der Konflikt von *raison* und *cœur* aufbrechen kann. Ein Konflikt, über dessen Ausgang mit der Anerkennung der Notwendigkeit im Allgemeinen noch nicht entschieden ist. Die Frage, woher das Murren gegen die Vernunft rühre, führt Rousseau zum *amour-propre*. Der *amour-propre* entzieht sich der Selbsterforschung zunächst, da er im Gewande des *amour de la justice* auftritt und sich als *estime de soi-même* verkleidet, der leicht mit ihm verwechselt werden kann. Aber ebenjene Gewandung setzt Rousseau auch in den Stand, sobald er sich von den Illusionen befreit hat, an denen der *amour-propre* reich ist, den *amour-propre* als die Wurzel zu bestimmen, der die Personifizierung des Schicksals entspringt, und in ihm die wahrhafte Quelle der moralischen Entrüstung zu erkennen.[39]

Erst in der *Huitième promenade* erreicht Rousseaus Darstellung seiner Selbsterforschung das konzeptionelle Niveau, das er im Œuvre erarbeitet hatte. Während er in der *Première promenade* nur vom *amour-propre* der Feinde sprach,[40] spricht er jetzt ausdrücklich von seinem *amour-propre*. «Je n'eus jamais beaucoup de pente à l'amour propre, mais cette passion factice s'étoit exaltée en moi dans le monde et surtout quand je fus auteur; j'en avois peut être encor moins qu'un autre mais je'en avois prodigieusement.» Das Eingeständnis des eigenen *amour-propre* ist die Voraussetzung seiner Kritik, seiner Bezähmung, seiner Lenkung. Bezähmen muß Rousseau den *amour-propre*, der gegen seine Vernunft aufsteht und ihn in der Abhängigkeit von anderen erhält. Der kritischen Aufmerksamkeit bedarf der *amour-propre*, wenn Rousseau sich nicht vermittels der Selbstachtung, «dem stärksten Beweggrund der stolzen Seelen», oder über die Tugend, die die Tradition als *megalopsychia* bzw. *magnanimitas* bezeichnete, ohne es gewahr zu werden, an die Wertschätzungen der Gesellschaft binden und den Meinungen der Zeitgenossen ausliefern will. Die richtige Lenkung des *amour-propre* endlich erfordert, in Rousseaus grundlegender Formel, seine durchgängige Ausrichtung am *amour de soi*. Wenn Rousseau den *amour-propre* ein letztes Mal als «künstlich» charakterisiert, d. h. als in der Gesellschaft entstanden und durch die Gesellschaft geprägt, schlägt er den Bogen

---

39 VIII, 14–15 (1078–1079).
40 I, 10 (999).

zurück zum locus classicus im *Discours sur l'inégalité*, der die Unterscheidung von *amour-propre* und *amour de soi* einführte.[41] In dem, was folgt, bringt er schärfer gefaßt als jemals zuvor den Gedanken zum Ausdruck, daß es möglich sei, den *amour-propre* auf sich selbst zurückzubiegen und ihn gleichsam im *amour de soi* aufzuheben: «En se repliant sur mon ame et en coupant les relations extérieures qui le rendent exigeant, en renonçant aux comparaisons et aux préférences il s'est contenté que je fusse bon pour moi; alors redevenant amour de moi même il est rentré dans l'ordre de la nature et m'a délivré du joug de l'opinion.» Wie der Gedanke aufzuschließen ist, deutet Rousseau mit dem Hinweis an, den er dem Satz über *amour-propre* und *amour de soi* unmittelbar vorangehen läßt, sein *amour-propre* habe sich am Anfang gegen die Ungerechtigkeit empört, am Ende habe er sie dagegen verachtet. Wenn der *amour-propre*, der den Vergleich zu anderen, zu ihren Meinungen und Handlungen anstellt, statt um Anerkennung zu kämpfen und Gerechtigkeit einzufordern, durch Geringschätzung für ihr Unverständnis und ihre Ungerechtigkeit sich von ihrem Urteil abstößt, leitet er die Abkehr vom Außersichsein ein. Der vergleichende Blick auf die Feinde, der Rousseau die Überlegenheit seiner Einsicht zeigt, der Spott über die Verfolger, das Lachen über ihre eitlen Bemühungen, ihn unglücklich zu machen, sind Äußerungen seines *amour-propre*, die Rousseaus Unabhängigkeit stärken, ihn aus dem Wettstreit um gesellschaftliche Wertschätzung und Bevorzugung herauslösen und dazu beitragen, daß er sich damit zufriedengibt, für sich gut zu sein. Wenn der *amour-propre* zum Einverständnis mit dem Gutsein für sich beiträgt, wirkt er im selben Richtungssinn wie der *amour de soi*. Der *amour-propre* «wird wieder *amour de soi*», die analytische Unterscheidung kann eingezogen werden, sofern der eine wie der andere auf das wirkliche und nicht auf das scheinbar Gute geht. Wenn der *amour-propre* Rousseaus Beisichselbstsein fördert, «tritt er wieder in die Ordnung der Natur ein». Ganz ebenso hat Rousseau in der *Sixième* sein Gewissen und in der *Septième* seine Tugend nach Maßgabe des *amour de soi* neu bestimmt und sie so ausgerichtet, daß sie der Probe der Reflexion genügen können.[42]

41 *Discours sur l'inégalité*, Note XV, p. 368 und siehe Kapitel II, S. 98. Rousseau präzisiert seine Konzeption, wenn er den *amour-propre* in den *Rêveries* anders als im *Discours* nicht mehr als *sentiment factice*, sondern als *passion factice* bezeichnet.
42 VIII, 16 (1079); VI, 8 (1053); 14 (1056); VII, 3 (1061). Siehe Kapitel V, S. 192–193.

Von dem Zeitpunkt an, da er den *amour-propre* dem *amour de soi* dienstbar machte, hat Rousseau, wie er den früheren Bericht präzisierend erklärt, «den Seelenfrieden und beinahe die Glückseligkeit wiedergefunden». Allein der ungezügelte *amour-propre* mache «beständig unglücklich». «Wenn er schweigt und die Vernunft spricht, tröstet sie uns am Ende über alle Übel hinweg, die wir nicht haben vermeiden können.» Die Vernunft tritt als der wahre Antagonist des *amour-propre* in Erscheinung. Sie ist die Kraft, die es Rousseau erlaubt, die «Illusionen» des *amour-propre* zu durchschauen. Sie befähigt ihn, sein Unglück in sein Glück umzuschaffen. Ihr verdankt er die Rückkehr in die Welt der reinen Naturereignisse und die Besinnung auf sich selbst, deren Ertrag er noch einmal umreißt: «Les offenses, les vengeances, les passedroits, les outrages, les injustices, ne sont rien pour celui qui ne voit dans les maux qu'il endure que le mal même et non pas l'intention, pour celui dont la place ne dépend pas dans sa propre estime de celle qui plait aux autres de lui accorder. De quelque façon que les hommes veuillent me voir ils ne sauroient changer mon être». Rousseau trägt Sorge, daß der Absatz, der mit dem Lob der Vernunft beginnt, mit dem Verweis auf das Gute endet, das die Feinde ihm taten. Seine tiefe Gleichgültigkeit, betont er im Sinne der *Première promenade*, sei ihr Werk, nicht das seiner Weisheit. Die Feinde hätten ihn für alle Widrigkeiten «unempfindlich» gemacht, die ihm in der Zukunft zustoßen mögen. Er läßt sich durch nichts mehr beunruhigen. Es gibt nichts, das er noch fürchtete. Die Erinnerung an die Widrigkeiten, denen er ausgesetzt ist, Widrigkeiten, bei denen seine Feinde eine herausragende Rolle spielen, dient Rousseau ein weiteres Mal zur Profilierung des Glücks seines Lebens, dem alle Schläge im Kern nichts anhaben können: «Tout me raméne à la vie heureuse et douce pour laquelle j'étois né.» Rousseau bezeichnet die Aktivitäten des Lebens, für das er geboren wurde, in Abbreviatur. «Dreiviertel» seines Lebens verbringt er (1) in der Beschäftigung mit «lehrreichen und sogar angenehmen Gegenständen», (2) im Verkehr mit den Kindern seiner Phantasie und (3) im Umgang mit sich allein, zufrieden mit sich selbst. Wir dürfen annehmen, daß die Kinder seiner Phantasie nicht nur die Geschöpfe umfassen, die Rousseau in seinen Büchern und auf seinen Spaziergängen aus sich heraussetzt, sondern desgleichen die «supralunarischen Wesen», in denen er sich urteilsfähige Gesprächspartner eigenen Rechts geschaffen hat. Die Dreigliederung der Aktivitäten, denen er sich «mit Wonne» hingibt (1) und die ihn «voll des Glücks» sein lassen

(3), steht demnach ein für (1) die Kontemplation der Natur, (2) den Dialog mit Wesen unterschiedlichster Natur und Herkunft und (3) die Erforschung der eigenen Natur. In allen diesen Aktivitäten folgt Rousseau seinem *amour de soi*.[43] Anders steht es um sein Leben, soweit es an der Soziabilität teilhat. Hier meldet sich der *amour-propre* mit Macht zurück. In den «traurigen Augenblicken», die Rousseau noch unter den Menschen verbringt, wird er zum «Spielzeug ihrer tückischen Liebkosungen, ihrer geschraubten und höhnischen Komplimente, ihrer honigsüßen Bosheit». Wenn er den Haß und die Feindseligkeit im Herzen seines Gegenübers «sieht», kann er sich dem unmittelbaren Eindruck nicht entziehen. Der Stich, den er hier und jetzt wahrnimmt, reicht durchaus bis an sein Herz. Die Distanzierung der Zeitgenossen zu mechanischen Wesen feit ihn in der tatsächlichen Begegnung nicht gegen eine affektive Reaktion. Die Einsicht, daß sie der Notwendigkeit unterliegen und nicht von einem freien Willen regiert werden, verhindert nicht die spontane Regung von Ärger und Verletztheit. Rousseau irrte, als er, ohne die erforderliche Einschränkung hinzuzufügen, davon sprach, daß der *amour-propre*, erst einmal erkannt, leicht zu unterwerfen sei. Er muß sich eingestehen, daß es Situationen gibt, in denen er den *amour-propre* nicht zu unterwerfen vermag, obschon er ihm in seiner «ganzen Dummheit» klar vor Augen steht.[44] Der *amour-propre* ist so fest eingewurzelt, daß er sich weder «ersticken» noch ein für allemal «unterwerfen» läßt. Er macht sich bemerkbar, sobald Rousseau sich in Gesellschaft befindet oder mit der Gesellschaft in Berührung kommt. Rousseaus Selbsterforschung stimmt mit der anthropologischen Analyse des *Discours sur l'inégalité* zusammen, wonach der *amour-propre* und die Soziabilität gleichen Ursprungs sind.[45]

Aus der Einsicht, daß seine Versuche, die affektive Bezogenheit auf

---

43 VIII, 17–19 (1080–1081).

44 «... mais quand la fraude enfin se decouvre et que l'amour propre ne peut plus se cacher, dès lors il n'est plus à craindre et quoiqu'on l'étouffe avec peine *on le subjugue au moins aisément.*» VIII, 15 (1079). «... et l'idée d'être ainsi sottement pris pour dupe ajoute encore à cette douleur un dépit très puerile, fruit d'un sot amourpropre dont je sens toute la bêtise mais *que je ne puis subjuguer.*» VIII, 19 (1081–1082). Meine Hervorhebungen.

45 VIII, 19 (1081–1082). Cf. *Discours sur l'inégalité*, Seconde partie, p. 268 und Kommentar *ad locum*.

andere vermittels einer grundsätzlichen Neuausrichtung oder in einem allgemeinen Zugriff zu überwinden, nicht bis zur direkten Begegnung und spontanen Reaktion durchdringen, zieht Rousseau eine Konsequenz, die ich als sinnliche Reduktion bezeichnen möchte. Er beugt sich der Notwendigkeit des sinnlichen Eindrucks und seiner affektiven Reaktion, während der Eindruck andauert, in der Gewißheit, daß das Ende des sinnlichen Eindrucks auch das Ende seiner affektiven Bezogenheit bedeutet: «Dominé par mes sens quoique je puisse faire, je n'ai jamais su resister à leurs impressions, et tant que l'objet agit sur eux mon cœur ne cesse d'en être affecté; mais ces affections passagères ne durent qu'autant que la sensation qui les cause.» Rousseau kann sich dem Stich, den ihm der Anblick des Verfolgers versetzt, nicht entziehen. Aber sobald er den Verfolger nicht mehr sieht, ist er nichts mehr für ihn, d. h., Rousseau bleibt frei von Rach- und Nachgefühlen. An den Tagen, an denen er niemanden sieht, denkt er nicht mehr an sein menschengemachtes Schicksal, und da er nicht mehr an es denkt, fühlt er es nicht mehr. Er ist «glücklich und zufrieden ohne Ablenkung, ohne Hindernis». Seine Seelenruhe hat ihre Grenze an der sinnlichen Wahrnehmung des Hindernisses und der Ablenkung.[46] In der sinnlichen Reduktion, im Wissen der Flüchtigkeit der Ablenkung und des Hindernisses findet sie ihren Rückhalt. Daß die sinnliche Reduktion die vorangegangenen Schritte der Selbsterforschung und der Loslösung voraussetzt und nicht etwa an ihnen vorbei- oder gar hinter sie zurückgeht, macht Rousseau durch die Erinnerung an eine Zeit deutlich, in der er seinen *amour-propre* noch nicht auf sich zurückgebogen und dem *amour de soi* dienstbar gemacht hatte.[47] Während er jetzt zur Ruhe kommt, sobald er mit sich allein ist, blieben die gesellschaftlichen Leidenschaften damals an ihm haften und beschäftigten seine Einbildungskraft auch dann noch, wenn er sich fernab von jeder Gesellschaft befand. Die *promenades solitaires*, die ihm «heute so köstlich sind», erschienen ihm zu jener Zeit fade und langwei-

---

46 «Mais j'échape rarement à quelque atteinte sensible, et lorsque j'y pense le moins un geste, un regard sinistre que j'apperçois, un mot envenimé que j'entends, un malveillant que je rencontre, suffit pour me bouleverser.» VIII, 21 (1082); in der Edition der *OCP* und ebenso bei Spink fehlt *un geste*.
47 Rousseau stellt den kontrastierenden Vergleich dem letzten Absatz der *Huitième* unmittelbar voran. Absatz 22 verweist auf Absatz 16 zurück, der über den früheren Status des *amour-propre* in Rousseaus Leben sprach. Die Absätze 16 und 22 sind die einzigen Absätze der *Huitième promenade*, die mit *je* beginnen.

lig. Die «Schwaden des *amour-propre* und der Tumult der Welt» folgten ihm in seine Einsamkeit und verbargen ihm «die ganze Natur»: «Ce n'est qu'après m'etre detaché des passions sociales et de leur triste cortége que je l'ai retrouvée avec tous ses charmes.»[48]

Am Ende seiner Selbsterforschung, nachdem er alle Versuche der Loslösung diachronisch auseinandergelegt hat, gelangt Rousseau zu einem verständigen Umgang mit seiner zweiten Natur. Weder wird er von seinen soziablen Affekten absehen, noch wird er sie zu unterdrükken versuchen. Vielmehr wird er ihrer ersten unwillkürlichen Regung nachgeben, damit er über sie Herr werden kann. So läßt er den Zorn und die Entrüstung über eine Verunglimpfung sich erst einmal seiner Sinne bemächtigen: «je céde à la nature cette premiere explosion que toutes mes forces ne pourroient arrêter ni suspendre. Je tâche seulement d'en arrêter les suites avant qu'elle ait produit aucun effet.» Er hindert die soziablen Affekte nicht an ihrer physiologischen Manifestation, über die die Vernunft nichts vermag, um sie ihr zu unterwerfen, sobald die Vernunft sich Gehör zu verschaffen weiß: «mais après avoir laissé faire au naturel sa premiére explosion l'on peut redevenir son propre maitre en reprenant peu à peu ses sens». Gestützt auf die Erkenntnis, was möglich, und die Anerkenntnis, was notwendig ist, entwirft Rousseau die Lenkung seiner unmittelbaren affektiven Reaktionen durch die Vernunft im Sinne seines eigenen Guten, wie er das zuvor in Rücksicht auf das Verhältnis von *amour-propre* und *amour de soi* unternahm. Aber während er in der Mitte der *Huitième promenade* die beherrschende Rolle der Vernunft in großer Klarheit vor Augen führte, verkleinert er ihre Bedeutung am Schluß des Spaziergangs ostentativ.[49] Sie habe, erklärt er im Widerspruch zu ebendem, was er Schritt für Schritt gezeigt hat, an dem «Triumph» über die soziablen Affekte «kaum Anteil». Alles rühre von seinem «wechselhaften Temperament» her. «Mein hitziges Naturell bewegt mich, mein träges Naturell beruhigt mich.» Wo das Nötige sich gleichsam von selbst einstellt, erscheint die Kraft der Vernunft entbehrlich. Ein letztes Mal schwenkt Rousseau auf die Generallinie der Rheto-

---

48 VIII, 20–22 (1082–1083).
49 «… j'attends le moment de vaincre en laissant agir ma raison, car elle ne me parle que quand elle peut se faire écouter. Et que dis-je hélas! ma raison? J'aurois grand tort encor de lui faire honneur de ce triomphe car elle n'y a guéres de part.» VIII, 23 (1083–1084).

rik der *Rêveries* ein, die im Titel des Buches ihren ersten Ausdruck fand und die im fünften Spaziergang ihren Höhepunkt erreichte. Wie sehr ein «wechselhaftes Temperament» Rousseau auch helfen mag, rasch zur Ruhe zu kommen, wenn er sich erregt hat, es liegt auf der Hand, daß die *tranquillité*, die in der *Première* und in der *Huitième promenade* in Rede steht, nicht als das Resultat sich selbst regulierender Gemütsschwankungen begriffen werden kann. Der letzte Fall, in dem Rousseau seiner Vernunft die «Ehre» verweigert, die ihr gebührt, beleuchtet so die Fälle, in denen er das gleiche tat, ohne indes förmlich darauf aufmerksam zu machen. Rousseaus Seelenruhe ist auf Vernunft gebaut, wie sein Glück in Einsicht gegründet ist. Die Erkenntnis seiner ersten, seiner eigensten Natur erlaubt ihm die Gelassenheit im Umgang mit seiner zweiten, seiner soziablen Natur, die der letzte Absatz der *Huitième* zum Ausdruck bringt. «Je suis ce qu'il plait aux hommes tant qu'ils peuvent agir sur mes sens; mais au prémier instant de relache je redeviens ce que la nature a voulu, c'est là quoi qu'on puisse faire mon état le plus constant et celui par lequel en dépit de la destinée je goute un bonheur pour lequel je me sens constitué. J'ai décrit cet etat dans une de mes reveries.» Das Glück, das die *Cinquième promenade* beschrieb, entspricht Rousseaus Natur so sehr, daß er, wie er fortfährt, nichts anderes wünscht als die Dauer jenes Glücks und nur fürchtet, es könnte gestört werden. Bekräftigend setzt er hinzu, daß das Übel, das die Menschen ihm zufügten, ihn in keiner Weise berühre, einzig die Furcht vor dem Übel, das sie ihm in der Zukunft zufügen könnten, vermöge ihn noch zu beunruhigen. Träfe letzteres zu oder bliebe Rousseau bei der Feststellung seiner Furcht stehen, stünde es, wie die *Première promenade* gezeigt hat, freilich schlecht um seine *tranquillité*. Indem Rousseau im letzten Satz des Spaziergangs noch einmal auf die Furcht zurückkommt, ruft er die Crux seines Versuchs der sinnlichen Reduktion in Erinnerung. Denn ich habe nachzutragen, daß Rousseau, als er versicherte, seine affektive Bezogenheit ende mit dem sinnlichen Eindruck, der sie auslöst, einschränkend auf die Furcht vor der nächsten möglichen Begegnung hinwies, eine Furcht, die genügte, um sein Glück zu beeinträchtigen.[50] Das «wechselhafte Temperament» reicht nicht aus,

50 «Le trouble de mon cœur disparoit avec l'objet qui l'a causé et je rentre dans le calme aussitot que je suis seul. Ou si quelque chose m'inquiete c'est la crainte de rencontrer sur mon passage quelque nouveau sujet de douleur. C'est là ma seule

um die Furcht vor zukünftiger Unbill zum Schweigen zu bringen. Rousseau vermag ihrer nur Herr zu werden, wenn er sich von seiner Vernunft sagen läßt, daß sein Glück für die Machenschaften anderer unverfügbar bleibt, da er, solange er lebt, durch niemanden dauerhaft an seinem Beisichselbstsein verhindert werden kann. Und so schließt er mit einer Aussage, die die vorausgegangenen Reflexionen nicht verleugnet, das Zurückbiegen des *amour-propre* auf sich selbst einbegriffen: «mais certain qu'ils n'ont plus de nouvelle prise par laquelle ils puissent m'affecter d'un sentiment permanent je me ris de toutes leurs trames et je jouis de moi même en depit d'eux.»

Die *Première* und die *Huitième* sind die einzigen Promenaden, die mit demselben Wort enden. Beide münden in Rousseaus Abstoßung von «ihnen», von den anderen, von den Zeitgenossen. Doch am Ende der achten im Unterschied zur ersten lacht Rousseau. Zwischen beiden liegt die Beschreibung und nähere Bestimmung des Glücks seines Beisichselbstseins in der zweiten, dritten, siebten und namentlich in der fünften Promenade, an die der letzte Absatz der achten eigens zurückverweist, den Höhepunkt des Buches kennzeichnend, nach dem Rousseau in den *Rêveries* zum erstenmal lacht.[51] Die *Huitième* nimmt die Selbsterforschung der *Première* im Horizont der Konzepte und Resultate wieder auf, die Rousseaus Selbsterkenntnis inzwischen bereitgestellt hat. Angefangen bei der Gefahr der «expansiven Seele», sich selbst zu verlieren, über die Kritik der Einbildungskraft bis zur Würdigung der Bedeutung des Feindes für das eigene Gute, von der Selbstgenügsamkeit der Kontemplation über die Ambivalenz des Œuvre für das Werdenzusich bis zur Erklärung der mangelnden Eignung für das bürgerliche Leben. Mit der Zurüstung aus sieben *Rêveries* im Rücken gräbt die achte tiefer. Sie nutzt den Rahmen, den die *Première* für die Selbsterforschung wählte, das Komplott der Verfolger, um an die erste und die zweite Promenade anknüpfend die radikalen Optionen auszuspielen, die dieser Rahmen erlaubt. Doch sie geht über ihn hinaus und nimmt das ganze Leben Rousseaus in den Blick, das, wie sie klarstellt, in seiner Substanz von jenem Komplott nicht berührt wird. Am Ende kräftigen

---

peine; mais elle suffit pour altérer mon bonheur.» VIII, 21 (1082). Rousseau hatte zunächst noch schärfer formuliert: «... pour empoisonner mon bonheur.» (Variante bei Spink, nicht in *OCP*.)
51 Siehe Kapitel V, S. 186 mit Anm. 3.

beide Promenaden Rousseaus Gelassenheit, die erste in Rücksicht auf sein Nachleben, die achte in Rücksicht auf seine zweite Natur. Aber erst die *Huitième* nennt die Kraft beim Namen, die Rousseaus Gelassenheit im einen wie im anderen Fall bewirkt. Erst die Promenade, die zunächst nicht vorgesehen war, legt die Hauptstränge frei, die ins Zentrum von Rousseaus Existenz führen und sein Leben halten und tragen. Was nicht heißt, daß die *Huitième* es dem Leser abnähme, die Verbindungen herzustellen und die notwendigen Schlüsse selbst zu ziehen. Auch bleibt es ihm vorbehalten, den Ertrag der einzelnen Versuche der Loslösung zu bergen, die Rousseau im ersten, zweiten und achten Spaziergang unternahm und die sich, jeder für sich betrachtet, als nicht ausreichend erwiesen.

Der Leser, für den die *Rêveries* geschrieben sind, wird in der Lage sein, Rousseaus Wort vom *épreuve de la réflexion* mit Rousseaus *sentiment de l'existence* zusammenzubringen und zu erkennen, daß die Probe, die das Gefühl der Existenz des fünften Spaziergangs zu bestehen hatte, nichts Geringeres war als die grundsätzliche Selbstbefragung von Rousseaus Philosophie.[52] Der Leser, für den die *Rêveries* gedacht sind, wird imstande sein, die Aporie der Dauer des *état le plus constant* so zu verstehen, daß der Zustand des Glücks, von dem Rousseau spricht, ein Zustand der Wiederkehr ist. Einer Wiederkehr, die nicht als Minderung, sondern als Stärkung und Vertiefung erfahren wird. Ein Zustand, der seine Dauer vermittels der begründeten Erwartung der Wiederkehr über die Unmittelbarkeit seiner Gegenwart hinaus entfaltet. Der Leser, für den die *Rêveries* geschrieben sind, wird in Rousseaus Erkenntnis der eigenen Natur den Grund seiner Zuversicht sehen, daß er immer aufs neue zu sich zurückzukehren und bei sich selbst zu sein vermag. Rousseau versetzte sich in «die sonderbarste Lage, in der sich ein Sterblicher jemals befinden kann», um für sich den alten Satz zu bestätigen: Naturam expelles furca tamen usque recurret.

---

52 Ein Gefühl, das diese Probe bestanden hat, mag mit Freude erfahren werden «sans prendre la peine de penser». Siehe V, 9 (1045) und Kapitel IV, S. 158–161.

ZWEITES BUCH

Frontispiz der *Profession de foi du Vicaire Savoyard*
(*Émile*, Band III) von 1762

Rousseau und das Glaubensbekenntnis
des Savoyischen Vikars

***

Die *Profession de foi du Vicaire Savoyard* nimmt im Œuvre Rousseaus eine Sonderstellung ein. Als selbständiges Werk konzipiert und einem ungenannten Verfasser zugeschrieben, hat sie ihren festen Ort im vierten Buch des *Émile* gefunden, wo ihr die Aufgabe zufällt, beispielhaft vor Augen zu führen, wie ein *homme vulgaire* der Vernunft gemäß, seiner Natur entsprechend und den historischen Gegebenheiten Rechnung tragend, in Dingen der Religion unterwiesen werden kann. Da Religion und Glaube nach Rousseaus wiederholter Erklärung für die Moral grundlegend und für die Politik von größter Bedeutung sind, lastet auf dem Glaubensbekenntnis ein Gewicht, das über ein Exemplum in einem Traktat über die Erziehung weit hinausreicht. In der dritten *Rêverie* stellt Rousseau dem Werk das Zeugnis aus, es könnte unter den Menschen eines Tages eine Revolution bewirken, wenn bei ihnen *bon sens* und *bonne foi* jemals wiedererstehen sollten. Doch unabhängig von seiner möglichen politischen Wirkung, diesseits des praktischen Nutzens, den das Glaubensbekenntnis haben oder nicht haben mag – tatsächlich war es dem Savoyischen Vikar beschieden, nicht nur gemeine Menschen zurechtzubringen –, eignet ihm zuallererst ein theoretisches Interesse. Die Schrift, die einen Priester in moralischer Absicht das Credo der Natürlichen Religion vertreten und dogmatisch entfalten läßt, artikuliert die Probleme der Religion, die sie verhandelt, in konkreter Anschaulichkeit und legt kunstvoll die Voraussetzungen frei, auf denen der Glaube des moralischen Menschen notwendig beruht. Rousseau weist den philosophischen Leser auf das theoretische Interesse des Werkes hin, wenn er, wiederum in der dritten *Rêverie*, erwähnt, das Ergebnis, zu dem er in seiner eingehenden Auseinandersetzung mit der Frage des rechten Lebens, mit der Gehorsamsforderung des Glaubens und den Verheißungen der Religion gelangte, finde sich «ungefähr» in dem wieder, was er inzwischen in der *Profession de foi du Vicaire Savoyard* «niedergelegt» habe.[1]

---

1 Der siebzehnte Absatz der *Troisième promenade* lautet vollständig und in der

Was er für den philosophischen Leser im einzelnen darin deponiert hat, erschließt sich nicht ohne weiteres. Denn das Werk ist mit Umsicht gesichert. Am sichersten wird der Zugang durch den Glauben verwehrt, bei dem Glaubensbekenntnis des Vikars handle es sich um das Glaubensbekenntnis Rousseaus, Rousseau und der Vikar seien eines Sinnes, beide verfolgten im wesentlichen denselben Zweck. Die Rede des Vikars zur Natürlichen Religion für das Credo Rousseaus zu nehmen, geht nicht weniger in die Irre, als in der Lehre der Natürlichen Religion, die der Athenische Fremde im zehnten Buch der *Nomoi* seinen Gesprächspartnern Kleinias und Megillos vorträgt, den Glauben Platons ausmachen zu wollen. Zumal Rousseau weit mehr als Platon auf Abstand bedacht ist und Abstand hält. Nicht nur, daß er seine Fassung der Natürlichen Religion einem Geistlichen in den Mund legt, er leugnet bei der Veröffentlichung der Schrift in aller Form, der Autor zu sein. Rousseau schickt ihrem Abdruck im *Émile* die Versicherung voraus, das «Papier» eines anderen wiederzugeben, das er lediglich «transkribiert» habe, und er bekräftigt diese Versicherung im ersten Absatz, der auf die vorgebliche Transkription folgt.[2] Die Transkription ihrerseits umfaßt nicht allein die *Profession de foi du Vicaire Savoyard*, sondern setzt mit einer Rahmenerzählung ein, in die der namenlose Autor die aus der Erinnerung aufgezeichnete Rede des Vikars eingebettet hat, dreißig Jahre nachdem er sie hörte. Die Kette der Überlieferung wird so um ein Glied verlängert und das Glaubensbekenntnis in noch größere Distanz gerückt. Viele haben in diesen fiktionalen Zügen leicht durchschaubare und deshalb untaugliche Vorsichtsmaßnahmen erkannt, die Rousseau im Hinblick auf die brisante Kritik ergriff, die der Vikar im zweiten Teil seiner Rede an der Offenbarungsreligion übt. Aber wenige haben sie als Vorkehrungen verstanden, die sich aus einem nicht minderen, wiewohl gegenläufigen Grund auf den ersten Teil der Rede beziehen. Die Verfolgung, die der zweite Teil des Glaubensbekenntnisses Rousseau schon wenige Tage nach der Ausliefe-

originalen Schreibweise des Manuskripts: «Le résultat des mes pénibles recherches fut tel à peu près que je l'ai consigné depuis dans la profession de foi du Vicaire Savoyard, ouvrage indignement prostitué et profané dans la génération presente, mais qui peut faire un jour révolution parmi les hommes si jamais il y renait du bon sens et de la bonne foi.»
2 *Émile* IV, p. 558 und 635.

rung des Buches eintrug,³ hat das Ihre dazugetan, die Problematik des ersten Teils zu verdecken. Was hätte die Aufrichtigkeit des Bekenntnisses der Natürlichen Religion schlagender bezeugen können als die Kühnheit der Kritik der Offenbarungsreligion?⁴ Rousseau hat dem *Glaubensbekenntnis des Savoyischen Vikars* die

3 Im Mai 1762 zirkulieren die ersten Exemplare des *Émile* in Paris. Am 7. Juni verurteilt die Theologische Fakultät der Sorbonne das Buch, zwei Tage später folgt die politische Autorität dem Beispiel der Theologen: Die Große Kammer des Parlement de Paris spricht die staatliche Verurteilung aus und läßt einen Haftbefehl gegen Rousseau ergehen, der am selben Tag in Richtung Genf flieht. Am 11. Juni wird der *Émile* auf der Treppe des Justizpalastes durch den Scharfrichter verbrannt. Am 18. Juni tritt der Petit Conseil in Genf zusammen, um sowohl den *Émile* als auch den *Contrat social* zu verdammen. Auf Antrag des Genfer Staatsanwalts, Jean-Robert Tronchin, werden beide Bücher am 19. Juni öffentlich verbrannt und wird ein Haftbefehl gegen den Autor ausgestellt. Am 23. Juni verbieten die Staaten von Holland und Westfriesland Rousseaus Verleger Rey den Verkauf des *Émile*. Am 1. Juli wird Rousseau der Aufenthalt auf Berner Territorium untersagt. Am selben Tag beginnt die Sorbonne mit der ausführlichen *Censure* des Werkes, die vor allem den zweiten Teil der *Profession de foi* betrifft. Am 8. Juli verbietet Bern den *Émile*. Am 2. August erfolgt das Verbot in den Österreichischen Niederlanden. Am 20. August unterzeichnet der Erzbischof von Paris, Christophe de Beaumont, seinen Hirtenbrief gegen Rousseau, der in den Kirchen der Diözese zur Verlesung kommt und Lektüre wie Besitz des als «irrig», «gottlos», «blasphemisch» und «häretisch» verurteilten Buches unter Strafe stellt. Am 9. September 1762 wird der *Émile* in Rom auf den Index gesetzt. (Der Hirtenbrief des Erzbischofs von Paris ist, neben anderen aufschlußreichen zeitgenössischen Reaktionen, abgedruckt in: *Documents officiels et contemporaines sur quelques-unes des condamnations dont l'Emile et le Contrat social ont été l'objet en 1762*. Recueillis par Marc Viridet. Genf 1850, p. 41–65).

4 In seiner Erwiderung auf den Erzbischof von Paris bedient sich Rousseau eines verwandten Arguments, wenn er die Glaubwürdigkeit eines nicht orthodoxen Bekenntnisses herausstellt: «Je n'ai pas trop, ce me semble, l'air d'un homme qui se déguise, et il n'est pas aisé de voir quel intérêt j'aurois à me déguiser ainsi. L'on doit présumer que celui qui s'exprime si librement sur ce qu'il ne croit pas, est sincere en ce qu'il dit croire ...» Es hätte, betont Rousseau, außerdem weit mehr in seinem Interesse gelegen, er wäre einer weniger schlimmen Verfolgung ausgesetzt gewesen, man hätte ihn, «wie die anderen», bald in Frieden gelassen und nicht als abscheuliches Monster verunglimpft, wenn er sich offen für den Atheismus erklärt hätte. Viermal wiederholt Rousseau die Wendung *si je me fusse ouvertement déclaré pour l'athéisme* in rascher Folge und auf engstem Raum. *Lettre à Christophe de Beaumont*, p. 962 und 964–965.

doppelte Sonderstellung zugewiesen, wie keines seiner Werke Teil und Ganzes und anders als irgendeines sein Werk und nicht sein Werk zu sein. Die Fiktion, es handle sich um die Schrift eines Dritten, die der Autor des *Émile* in seinen Erziehungsroman aufnimmt und als Herausgeber der Welt zur Kenntnis bringt, erlaubt Rousseau, seine Kritik der Offenbarungsreligion auszusprechen und der Lehre der Natürlichen Religion in seinem Œuvre Gehör zu verschaffen, ohne es an der Vorsicht fehlen zu lassen, die die Klugheit gebietet, und ohne den Abstand aufzugeben, den die Einsicht verlangt. Der Kunstgriff macht die ungewöhnliche Länge des Textes plausibel, der in der Erstausgabe 204 Druckseiten einnimmt, und rechtfertigt die Prominenz, die die Auseinandersetzung mit der Religion im *Émile* erhält: Der Editor muß die Transkription getreu wiedergeben. Er hat es mit einem Werk eigenen Rechts zu tun. Sein Gegenstand, seine innere Geschlossenheit, seine literarische Qualität, sein Umfang – alles spricht dafür, daß es für sich genommen Aufmerksamkeit finden und seine Wirkung entfalten wird.[5] Zugleich ist es ein integrierender Bestandteil des *Émile*, in dem es den Autor davon befreit, den Zögling im eigenen Namen über die Religion zu unterrichten. So bleibt uns das Gespräch des Erziehers mit Émile vorenthalten, das im vierten Buch anstünde, nachdem der Zögling die Pubertät erreicht hat und der «Fortschritt der Leidenschaften», durch die Gesellschaft beschleunigt, eine Beschleunigung des «Fortschritts der Einsichten» erfordert, um die *passions* und die *lumières* bei Émile im Gleichgewicht zu halten, d. h., um den neu aufbrechenden Leidenschaften durch Regeln zu steuern. Die religiöse Unterweisung, die Rousseau uns vorenthält, gehörte, daran läßt er keinen Zweifel, in den Kontext der moralischen Erziehung.[6]

---

5 Die *Profession de foi* liegt seit langem auch als selbständige Veröffentlichung vor. An erster Stelle verdient hier die monumentale Edition von Pierre-Maurice Masson Erwähnung, die mit ihren 718 Großoktavseiten bis heute die umfassendste Ausgabe des Textes und der überlieferten Manuskripte geblieben ist: *La «Profession de foi du Vicaire Savoyard» de Jean-Jacques Rousseau*. Édition critique d'après les Manuscrits de Genève, Neuchâtel et Paris avec une introduction et un commentaire historiques par Pierre-Maurice Masson. Fribourg, Librairie de l'Université, Paris, Hachette, 1914. Weitere Einzelausgaben, jeweils mit Einleitung und Kommentar, haben Georges Beaulavon 1937 (Paris, Hachette) und Bruno Bernardi 1996 (Paris, Flammarion) publiziert.
6 *Émile* IV, p. 557. Zum Folgenden siehe p. 549–558.

Mit fünfzehn weiß Émile nichts darüber, ob er eine Seele hat, noch hat er irgend etwas von Gott gehört. Die gänzliche Abwesenheit der Religion in der Erziehung Émiles bis zum Alter von fünfzehn oder, wenn möglich, achtzehn Jahren wird, wie Rousseau vorhersieht, «viele Leser überraschen». Was christlichen Lesern, denen Rousseau einiges abverlangt,[7] absonderlich, um nicht zu sagen schockierend erscheinen muß, hat seinen Grund darin, daß Émile in der Kindheit eine «negative Erziehung» genießt. Sie soll ihn in den Stand setzen, in der größtmöglichen Annäherung, die seine Natur ihm gestattet, als *homme de la nature* zu leben.[8] Obgleich Émile, den Rousseau als *esprit commun* und *homme vulgaire* charakterisiert,[9] nicht dazu bestimmt ist, ein Philosoph zu wer-

---

7 «Si j'avois à peindre la stupidité fâcheuse, je peindrois un pédant enseignant le cathechisme à des enfans; si je voulois rendre un enfant fou, je l'obligerois d'expliquer ce qu'il dit en disant son cathechisme. On m'objectera que la pluspart des dogmes du christianisme étant des mistéres, attendre que l'esprit humain soit capable de les concevoir ce n'est pas attendre que l'enfant soit homme, c'est attendre que l'homme ne soit plus. A cela je réponds, premiérement qu'il y a des mistéres qu'il est non seulement impossible à l'homme de concevoir mais de croire, et que je ne vois pas ce qu'on gagne à les enseigner aux enfans, si ce n'est de leur apprendre à mentir de bonne heure.» «… l'enfant qui professe la réligion chrétienne que croit-il? ce qu'il conçoit, et il conçoit si peu ce qu'on lui fait dire, que si vous lui dites le contraire, il l'adoptera tout aussi volontiers. La foi des enfans et de beaucoup d'hommes est une affaire de geographie. Seront-ils recompensés d'être nés à Rome plustôt qu'à la Mecque? On dit à l'un que Mahomet est le prophète de Dieu, et il dit que Mahomet est le prophète de Dieu; on dit à l'autre que Mahomet est un fourbe, et il dit que Mahomet est un fourbe. Chacun des deux eût affirmé ce qu'affirme l'autre s'ils se fussent trouvés transposés. Peut-on partir de deux dispositions si semblables pour envoyer l'un en paradis et l'autre en enfer? Quand un enfant dit qu'il croit en Dieu, ce n'est pas en Dieu qu'il croit, c'est à Pierre ou à Jacques qui lui disent qu'il y a quelque chose qu'on appelle Dieu; et il le croit à la manière d'Euripide.

O Jupiter ! car de toi rien sinon
Je ne connois seulement que le nom.»

Émile IV, p. 554 und 555.
8 «… voulant former l'homme de la nature il ne s'agit pas pour cela d'en faire un sauvage et de le reléguer au fond des bois, mais qu'enfermé dans le tourbillon social, il suffit qu'il ne s'y laisse entraîner ni par les passions ni par les opinions des hommes, qu'il voye par ses yeux, qu'il sente par son cœur, qu'aucune autorité ne le gouverne hors celle de sa propre raison.» *Émile* IV, p. 550–551.
9 *Émile* I, p. 266; cf. IV, p. 537.

den, wird ihm eine Erziehung zuteil, die mit ihrer Zielsetzung, der Einwurzelung von Vorurteilen, der Herrschaft der Meinung, der Unterordnung unter Autoritäten entgegenzuwirken, die philosophische Orientierung nicht verleugnen kann. Am Ende seiner Kindheit bezieht Émile das Gefühl der eigenen Existenz nicht aus dem Urteil der anderen. Er hat sich nicht im Gehorsam des Glaubens geübt. Er gibt dem Wissen des Nichtwissens jederzeit den Vorzug vor dem Schein des Wissens. Mit der Unterweisung in Dingen der Religion stößt die «negative Erziehung» indes an ihre Grenze. Rousseau verleiht der Schwierigkeit, vor der er steht, in den beiden Absätzen, die der Wiedergabe der von ihm transkribierten Schrift unmittelbar vorangehen, beredten Ausdruck. «Ein Kind soll in der Religion seines Vaters großgezogen werden; man beweist ihm immer sehr trefflich, daß diese Religion, wie sie auch sei, die einzig wahre ist, daß alle anderen nur Extravaganz und Absurdität sind. Die Kraft der Argumente zu diesem Punkt hängt schlechterdings vom Land ab, in dem man sie vorbringt.» Die Wahrheit der Religion ist eine Frage der Geographie, des Herkommens, der Autorität. Wie die Sitten und die Gesetze, wie *mœurs* und *nomoi*, beruht die Religion auf Konvention. Sie ist eine Sache der Meinung. *C'est surtout en matière de Religion que l'opinion triomphe.* «Aber wir, die wir ihr Joch in jeder Hinsicht abzuschütteln gedenken, wir, die wir der Autorität nichts geben wollen, wir, die wir unseren Émile nichts lehren wollen, was er nicht von sich aus in jedem Land lernen könnte, in welcher Religion werden wir ihn großziehen?» Die Religion erweist sich nicht nur als der schwierigste Fall für ein Erziehungsunternehmen, das der Herrschaft der Meinung vorbeugen soll. Sie stellt sich als der Fall heraus, der in diesem Erziehungsunternehmen vorzüglich in Rede steht, den die Abwehr von Meinung und Autorität von Anfang an im Auge hatte. Und es wird schließlich die Religion sein, an der sich der Fall des *homme vulgaire*, der der Rousseauschen Erziehung bedarf, von dem Fall desjenigen scheidet, der sich selbst erzieht und seinen Weg alleine zu gehen vermag.[10]

Auf die Frage, welcher Sekte der *homme de la nature* beigesellt werden soll, lautet Rousseaus Antwort «ganz einfach»: weder dieser noch jener, «sondern wir werden ihn in den Stand setzen, die zu wählen, zu der ihn der beste Gebrauch seiner Vernunft führen muß.» Ihn dazu in den Stand

---

10 Cf. *Émile* I, p. 266 und *Discours sur les sciences et les arts*, p. 29.

zu setzen scheint freilich alles andere als einfach oder unbedenklich. Rousseau unterbricht den Gang der Erörterung durch ein Dichter-Wort, das anzeigt, auf welch gefährlichem Terrain er sich bewegt.

Incedo per ignes
Suppositos cineri doloso.[11]

Die Bedenklichkeit des Unterfangens wird durch eine Erklärung unterstrichen, mit der Rousseau sich an seine Leser wendet, um ihnen zu versichern, sie bräuchten nicht zu befürchten, die «Vorsichtsmaßnahmen», die zu ergreifen er gezwungen ist, könnten «eines Freundes der Wahrheit unwürdig» sein. Rousseau wird seine Devise *Vitam impendere vero* niemals vergessen. Aber die Rede über die Religion, deren Émile bedarf und auf die alles zuzulaufen schien, wird er nicht halten. Er teilt den Lesern des *Émile* ausdrücklich mit, daß er ihnen hier und jetzt nicht sagen wird, was er denkt. Als Ersatz bietet er an, ihnen zu sagen, «was ein Mann dachte, der mehr wert war» als er. Rousseau verbürgt sich für «die Wahrheit der Tatsachen», die in der Schrift berichtet werden, welche er transkribiert. Sie seien dem namenlosen Verfasser «wirklich begegnet». Rousseau verbürgt sich nicht für den Wahrheitsgehalt der Reden, die die Schrift wiedergibt. Er steht nicht ein für die Dogmen, die das Glaubensbekenntnis des Savoyischen Vikars enthält. Es bleibt den Lesern überlassen, aus dem Werk, das er ihnen vorlegt, «nützliche Reflexionen» über die Religion, über den Glauben und die Moral zu gewinnen. Rousseau wird niemandem die eigene Prüfung abnehmen.[12]

Das Werk besteht aus drei Teilen und hat drei Stimmen. Es beginnt mit einer Rahmenerzählung des namenlosen Autors, die 19 Absätze umfaßt. Darauf folgt die *Profession de foi*, die sich über 181 Absätze erstreckt und ihrerseits in drei Hauptteile gegliedert ist: Die Absätze 1–105

---

11 «Ich gehe durch Feuer, die von trügerischer Asche bedeckt sind.» Rousseau macht sich zwei Verse aus *Carmina* II, 1 (7–8) zu eigen, mit denen sich Horaz an den Konsul, Schriftsteller und Historiker Gaius Asinius Pollio wandte, der eine Geschichte der Bürgerkriege seiner Zeit schrieb und sich Horaz zufolge für Angeklagte einsetzte. Indem Rousseau Horaz' *incedis, du gehst* durch *incedo, ich gehe* ersetzt, tritt er an die Stelle dessen, der von tödlichem Streit zu handeln hat und die Verteidigung von Angeklagten übernimmt.
12 *Émile* IV, p 558.

geben die Rede des Vikars über die Natürliche Religion, die Absätze 108–181 seine Auseinandersetzung mit der Offenbarungsreligion und seinen Rat zur religiösen Praxis wieder. Die beiden Teile der Rede des Vikars werden durch eine Reaktion des Erzählers auf die Predigt der Natürlichen Religion und einen kurzen Dialog mit dem Vikar in den Absätzen 106 und 107 unterbrochen. Den dritten Teil machen die achtzehn Anmerkungen aus, die der Rede des Vikars – neun zu Teil I, neun zu Teil II – hinzugefügt sind und in denen Rousseau selbst das Wort ergreift.[13] Die Rahmenerzählung ist keine schmückende Beigabe, sondern der Teil der Schrift, der die Rede über die Religion in Perspektive setzt und ihre Aufgabe bestimmt. Sie unterrichtet über die Umstände, unter denen das Glaubensbekenntnis statthat, umreißt die Geschichte des jungen Mannes, an den es sich wendet, und kennzeichnet in erster Näherung die Fähigkeiten und Bedürfnisse, die Interessen und Qualitäten des Geistlichen, der es vorträgt. Die Eröffnung gibt Zeit und Ort der Handlung an und benennt die Ausgangslage, bei der der moralisch-religiöse Erziehungsversuch beginnt: «Il y a trente ans que dans une ville d'Italie un jeune homme expatrié se voyoit réduit à la derniére misére.» In einen Zustand äußersten Elends war der Namenlose geraten, als er – Flüchtling in einem fremden Land und mittellos infolge jugendlicher Unbesonnenheit – die Religion wechselte, um Brot zum Leben zu haben. Für den Konvertiten, der als Calvinist geboren wurde, war die Religion eine Sache der Konvention, etwas, das eingetauscht oder abgelegt werden kann, wenn die Opportunität sich ändert. Erst in dem katholischen Hospiz für Proselyten, in dem er Zuflucht sucht, erfährt er die Religion als etwas, das ihn existentiell betrifft: (1) Er wird im dogmatischen Glaubensstreit unterwiesen, wodurch Zweifel bei ihm geweckt werden, die er zuvor nicht hatte. (2) Er sieht neben den «neuen Dogmen», mit denen man ihn bekannt macht, «noch neuere Sitten», denen er sich widersetzt, um nicht zu ihrem Opfer zu werden. (3) Er sieht sich

13 Ich zitiere nach dem Wortlaut der Edition von Charles Wirz und Pierre Burgelin in *OCP* IV, p. 558–635 unter Angabe des Absatzes, in der Rahmenerzählung in römischen, in der *Profession de foi* in arabischen Ziffern, im Falle der Anmerkungen Rousseaus mit dem Vermerk *Note*. Die Seitenzahl der *OCP* folgt der Angabe des Absatzes in Klammern. Manuskriptvarianten werden nach der Edition von Pierre-Maurice Masson angeführt, die ich durchweg berücksichtigt habe. Sie ist die reichhaltigste und übersichtlichste Kritische Ausgabe des Textes, aber für die meisten Leser nicht leicht erreichbar.

«Tyrannen» ausgeliefert, die ihn als Verbrecher behandeln, weil er dem Verbrechen nicht nachgeben wollte, und ihn seiner Freiheit berauben. Während der erste Punkt, die kognitive Begegnung mit der Religion, die Zweifel weckt, in gewisser Weise für sich steht, sind die Punkte zwei und drei, die moralische Bedrängnis und die politische Preisgegebenheit, aufs engste miteinander verbunden. Der Erzähler stellt die Erfahrung im Hospiz, der ersten Verkörperung der partikularen Religion, als «la prémiére épreuve de la violence et de l'injustice» im Leben des Proselyten heraus. Der Namenlose fleht den Himmel und die Menschen um Beistand an und wird von niemandem erhört. Einzig die Bekanntschaft mit einem «honnête Ecclesiastique», die ihm der Zufall beschert, verhilft dem Unterdrückten zur Flucht. Der Geistliche, der als anständig, arm und anderer bedürftig eingeführt wird, zögert nicht, um der Befreiung des Proselyten willen das Risiko einzugehen, «de se faire un dangereux ennemi». Wenn die Rahmenerzählung am Ende des ersten Absatzes einen gefährlichen Feind evoziert, weist sie sinnfällig auf die Feindschaft hin, der das Unternehmen des Vikars von Anfang an ausgesetzt ist. Und sie erinnert den Leser an die Vorsichtsmaßnahmen, zu denen sich der «Freund der Wahrheit» veranlaßt sah.

Der Heimatlose weiß die neugewonnene Freiheit nicht zum Guten zu nutzen. Abermals in Not, besinnt er sich auf seinen Wohltäter, dem er keine Dankbarkeit bezeugt hatte. Er kehrt zu ihm zurück und wird gut aufgenommen. Sein Anblick erinnert den Geistlichen an die gute Tat, an das Verdienst, das er sich mit ihr erwarb, «und eine solche Erinnerung erfreut die Seele immer.» Der Geistliche, der «von Natur aus menschlich, mitfühlend war», besorgt ihm eine Bleibe, hilft ihm auf jede Art und teilt das Wenige, das er hat, mit ihm. Er unterweist ihn, tröstet ihn, lehrt ihn «die schwierige Kunst, die Widrigkeiten geduldig zu ertragen».[14] Wir erfahren, daß der Geistliche über «ein gutes Naturell» verfügte, das «die Lehren der Weisheit und eine aufgeklärte Tugend gefestigt hatten». Seine erste Charakterisierung wiederaufnehmend, berichtet der Erzähler über den «honnête Ecclesiastique», daß es sich um einen «armen Savoyischen Vikar» handelte, der durch «ein jugendliches Abenteuer» bei seinem Bischof in Ungnade gefallen war, weshalb er sein Land verließ und über die Berge nach Italien kam. Dort fand er bald Förderer, die ihm eine Anstel-

---

14 Der Erzähler setzt für *les philosophes* hinzu: «Gens à préjugés, est-ce d'un prêtre, est-ce en Italie que vous eussiez espéré tout cela?» III (560).

lung als Erzieher des Sohnes eines Ministers verschafften. Obschon er sich die Wertschätzung des Ministers erwarb, gab er die Position wieder auf, da er die Armut der Abhängigkeit vorzog. Er «lebte weise» und machte sich bei allen beliebt. So hegte er die Hoffnung, von seinem Bischof wieder in Gnaden aufgenommen zu werden und eine kleine Pfarrei in den Bergen zu erhalten, wo er den Rest seiner Tage zubringen könnte. Denn er hatte keinen Ehrgeiz, der darüber hinaus ging. Der Ehrgeiz des Vikars erschöpfte sich, mit anderen Worten, in einem Amt, das ihm die Möglichkeit gäbe, im überschaubaren Umkreis persönlicher Kenntnis und Bekanntheit Gutes zu tun – zu helfen und zu raten, gesucht zu sein und geliebt zu werden. Sein Verlangen ging dahin, in der Zuwendung zu anderen das eigene Gute zu erreichen. Über die geistige Statur des Vikars, den Menschlichkeit und Bescheidenheit auszeichnen, erfahren wir außerdem, daß er «ni sans esprit ni sans lettres» war. Diese verhaltene Kennzeichnung läßt uns an Émile denken, der im Vikar augenscheinlich ein adäquates Gegenüber fände. Mit dem Vikar und dem Zögling Rousseaus begegneten sich verwandte Naturen.[15]

Der Vikar glaubt in dem jungen Flüchtling eine verwandte Natur zu erkennen. «Ein natürlicher Hang» ließ ihn an ihm interessiert sein und ihn «sorgfältig prüfen». Der natürliche Hang, von dem der Erzähler spricht, geht über das Mitgefühl für einen in Not Geratenen entschieden hinaus. Er ist sehr viel spezifischer als die allgemeine Menschlichkeit, die dem Vikar zuvor und danach wiederholt bescheinigt wird. Das besondere Interesse, das der Vikar an der Geschichte des Proselyten nimmt, beruht darauf, daß er in ihr wesentliche Züge seiner eigenen Geschichte sieht. In großer Deutlichkeit stand ihm die Glaubenskrise vor Augen, in der sich der Proselyt befand. Er sah, daß Unglück, Schande und Geringschätzung den Proselyten schon entmutigt hatten «und daß sein in bittern Unwillen verwandelter Stolz ihm in der Ungerechtigkeit und der Härte der Menschen nur das Laster ihrer Natur und die Schimäre der Tugend zeigte. Er hatte gesehen, daß die Religion nur dem Eigennutz als Maske und daß der heilige Kult nur der Heuchelei als Schutz dient.»[16] Die ersten Schritte, die zur Abkehr von der Religion

---

15 II–IV (559–560).
16 Der Text unterstreicht die Verwandtschaft der Naturen, die der Vikar zu erkennen glaubt, indem er den Subjektwechsel vom Vikar zum Proselyten, der zwischen dem *Il vit* und dem anschließenden, dreimaligen *Il avoit vû* statthat, im selben Per-

führen, sind die Erfahrung der Ungerechtigkeit, der Glaube an die Schlechtigkeit der menschlichen Natur und die Beobachtung der Hypokrisie der Gläubigen, Laien wie Geistlichen. Die weiteren betreffen den Lehrgehalt der Offenbarungsreligion. Er hatte gesehen, daß in der Subtilität des dogmatischen Streits «das Paradies und die Hölle als Preis für Wortspiele ausgesetzt», d. h. Wortklaubereien zu heilsnotwendigen Forderungen der Rechtgläubigkeit erhoben werden. Er hatte außerdem gesehen, daß «die erhabene und anfängliche Idee der Gottheit durch die phantastischen Imaginationen der Menschen entstellt» wurde, und da er zu dem Ergebnis kam, «daß man, um an Gott zu glauben, dem Urteilsvermögen entsagen mußte, das man von ihm erhalten hatte,» entwikkelte er für «unsere lächerlichen *rêveries*», für die überlieferten Glaubenslehren, dieselbe Verachtung wie für «den Gegenstand, auf den wir sie anwenden». Die einzige Stelle, an der *Dieu* in der Rahmenerzählung zur Sprache kommt, macht klar, vor welcher Aufgabe der Vikar steht. Der junge Mann wird für den Glauben an Gott nur zu retten sein, wenn Gott von der Unglaubhaftigkeit der herrschenden Lehre befreit wird und eine Lehre von Gott ihren Platz einnimmt, die seinem Urteilsvermögen genügt. Nach der Wahrnehmung des Vikars verfügte der Proselyt nicht über die Mittel, den konstruktiven Teil der Aufgabe selbst zu lösen. Er wußte nichts von dem, was ist, und hatte keinerlei Vorstellung von der Entstehung der Dinge. Vor allem aber schien er sich in «seiner stupiden Unwissenheit» einzurichten, nicht bereit, sich von anderen belehren zu lassen, da ihn eine tiefe Geringschätzung für alle erfüllte, die dachten, über das Sein, über das Entstehen und Vergehen, über die Moral, über Gott mehr zu wissen als er. Der Vikar muß deshalb zunächst ein Ansehen gewinnen, das den Proselyten für die religiöse Unterweisung empfänglich macht, die er in moralischer Rücksicht offenbar dringend nötig hat. Denn sein Unglaube und sein Elend brachten den «Freigeist», wie der Bericht festhält, in die Gefahr, bei «den Sitten eines Bettlers und der Moral eines Atheisten» zu enden.[17]

«L'oubli de toute religion conduit à l'oubli des devoirs de l'homme.» Der «Fortschritt» des religiös-moralischen «Vergessens» hatte sich im

---

sonalpronomen verschwinden läßt und lediglich einen Wechsel der Zeit vom Passé simple zum Plus-que-parfait vornimmt. Der Vikar sah in der Gegenwart des Proselyten etwas von seiner eigenen Vergangenheit. V (560).
17 V–VI (560–561).

Herzen des *libertin* «schon mehr als zur Hälfte», aber noch nicht ganz vollzogen. Nach seiner Prüfung des jungen Mannes faßt der Vikar den Entschluß, «das Opfer, das er der Infamie entrissen hatte, der Tugend zuzuführen». Das edle Motiv spornt seinen Mut an. Er macht weitreichende Pläne für die Verwirklichung des Vorhabens, das nicht aus der Pflicht geboren ist, sondern seiner Neigung entspringt.[18] Ein retardierendes Moment kommt ihm entgegen: Die Seele des Proselyten war noch nicht jener «Raserei der Sinne» unterworfen, die Rousseau bei seinem Zögling möglichst lange hinauszuzögern suchte und im Hinblick auf deren Eintreten er die religiöse Erziehung Émiles ins Auge faßte. Der Autor des Werkes zeigt sich über Rousseaus Konzeption gut informiert, wenn er, an Rousseau gewandt, den Aufschub in der Entwicklung der Leidenschaften des Flüchtlings konstatiert: «Une honte native, un caractére timide suppléoient à la gêne et prolongeoient pour lui cette époque dans laquelle vous maintenez vôtre élève avec tant de soins.» Der Mißbrauchsversuch, dessen er sich im Hospiz zu erwehren hatte, trug dazu bei, daß die Einbildungskraft des Proselyten nicht früher belebt wurde: «Longtems le dégoût lui tint lieu de vertu pour conserver son innocence; elle ne devoit succomber qu'à de plus douces séductions.» Der Vikar kann deshalb seine ganze Aufmerksamkeit auf den gegenwärtigen moralischen Zustand des Jungen richten. Durch kluge Zurückhaltung und kameradschaftlichen Umgang erwirbt er sich sein Vertrauen. Verständnisvoll und einfühlsam bringt er ihn zum Sprechen. Aus eigenem Antrieb legt der Proselyt schließlich eine Generalbeichte ab.[19] Das Bild, das sich ihm bietet, alarmiert den Priester: «ohne für sein Alter unwissend zu sein, hatte er alles vergessen, was zu wissen für ihn wichtig war», und «die Schande, die das Schicksal über ihn gebracht hatte, erstickte in ihm jedes Gefühl von Gut und Böse». Der Namenlose weiß nicht, wie und wozu er leben soll. Darin besteht sein wahres Elend.

---

18 «Quel que fût le succès, il étoit sur de n'avoir pas perdu son tems: on réussit toujours quand on ne veut que bien faire» VIII (561). Cf. V (560).

19 «Le plaisir avec lequel il se croyoit écouté augmentoit celui qu'il prenoit à tout dire. Ainsi se fit sa confession générale, sans qu'il songeât à rien confesser» IX (562). Gleichsam im Vorübergehen gibt der Autor einen Hinweis auf die anthropologische Grundlage einer prominenten kirchlichen Einrichtung. Solange die Offenbarungsreligion mit ihren institutionellen Ausprägungen nicht als Antwort auf tief verwurzelte Bedürfnisse, Hoffnungen und Sehnsüchte in den Blick genommen wird, bleibt ihr historischer Erfolg unverstanden.

Der Vikar hat den «moralischen Tod» des Proselyten vor Augen. Um ihn vor diesem Tod zu bewahren, beginnt der Vikar damit, in dem «jungen Unglücklichen», wie der Autor uns exakt im Zentrum der Rahmenerzählung wissen läßt, den *amour-propre* und die Selbstachtung zu wecken. Er stellt ihm eine «glücklichere Zukunft» in Aussicht, sofern er von seinen Talenten einen guten Gebrauch macht. Durch den Bericht «schöner Handlungen anderer» belebt er in seinem Herzen wieder «ein großmütiges Feuer». Indem er ihn die bewundern läßt, die die edlen Taten vollbrachten, gibt er ihm das Verlangen, es ihnen gleichzutun. Der Vikar nutzt die Möglichkeiten, die der *amour-propre* eröffnet, um den Proselyten aus seiner Abstumpfung, seiner Verzagtheit, seiner Orientierungslosigkeit zu holen. Er ermutigt ihn durch den Vergleich seines gegenwärtigen Elends mit der Hoffnung zukünftigen Glücks, begeistert ihn durch Beispiele, die ihn erheben, durch Vorbilder, die ihn anspornen, und beflügelt ihn durch das Sichmessen an anderen zu eigener Anstrengung. Er setzt den *amour-propre* ein, um den Proselyten am Schönen, am Edlen, an der Tugend auszurichten und um das dafür unerläßliche Selbstwertgefühl bei ihm zu wecken. Durch kleinere Aufträge gibt er ihm Gelegenheit, sich in Dankbarkeit zu üben. Die Auswahl geeigneter Lektüre ist Teil der moralischen Erziehung. Damit er nicht länger glaubt, daß er ein für alles Gute nutzloses Wesen sei, verhilft der Vikar ihm zu einer «hinlänglich guten Meinung von sich». Nachdem die Rahmenerzählung den Punkt erreicht hat, da der Namenlose in seinen eigenen Augen nicht mehr verächtlich erscheint, teilt der Autor Rousseau mit, daß er selbst der unglückliche Flüchtling ist, über den er bisher in der dritten Person berichtet hat.[20] Er glaubt, daß die Verirrungen seiner Jugend weit genug hinter ihm liegen, um sie eingestehen zu können. Außerdem will er «der Hand», die ihn einst aus jener Verirrung zog, für ihre Wohltaten die Ehre erweisen, die sie verdient. Er wird die Geschichte also als seine Geschichte erzählen und «dem edlen Gefühl der Dankbarkeit», das der Vikar vor dreißig Jahren zu seinem Guten «in ihm nährte», in der ersten Person Ausdruck verleihen.[21]

---

20 Der Erzähler beginnt den zwölften Absatz mit *Je* und wendet sich zum zweitenmal an Rousseau, den er jetzt als «cher concitoyen» anredet. Er weiß, wofür Rousseau den Text braucht, und er gibt sich als Bürger von Genf zu erkennen. XII (563); cf. VII (561).
21 VI–XII (561–563).

Was den Erzähler am Vikar zuerst und bleibend beeindruckt, ist die Lebensführung. Er sah bei ihm «Tugend ohne Heuchelei, Menschlichkeit ohne Schwäche, Reden, die immer geradeheraus und einfach waren, und ein Verhalten, das diesen Reden immer entsprach.» Sein «würdiger Lehrer» nahm ihn durch Handlungsweisen und Eigenschaften für sich ein, die jenen genau entgegengesetzt waren, durch die ihn *les dévots* abgestoßen hatten. Besonders vermerkt er, daß der Vikar seine Tugend übte, einerlei ob die, denen er half, den kirchlichen Vorstellungen und Forderungen genügten oder nicht. Ein Rätsel war ihm dagegen der Glaube des Priesters. Er gab nicht zu erkennen, daß er an den Denkweisen des «Freigeistes» Anstoß nahm. Gelegentlich stimmte er Dogmen zu, die denen der römischen Kirche entgegenstanden. Und alle ihre Zeremonien schien er nicht sonderlich zu schätzen. Der Konvertit hätte ihn deshalb für einen verkappten Protestanten gehalten, hätte er ihn nicht ebendie Gebräuche, Riten, Vorschriften getreulich beachten und ausführen sehen, an denen ihm offenbar so wenig lag. Da er seine Priesterpflichten ohne Zeugen genauso pünktlich erfüllte wie unter den Augen der Öffentlichkeit, kam dem jungen Mann der Vorwurf der Hypokrisie vermutlich nicht in den Sinn. Aber er wußte nicht, wie er «die Widersprüche» beurteilen sollte. Dessenungeachtet fiel sein Urteil über das Leben des Vikars entschieden aus: Es war vorbildlich, die Sitten des Vikars waren tadellos. Mit der einen Einschränkung, daß er «den Fehler», der ihn einst zur Flucht gezwungen hatte und über den wir später vom Vikar selbst erfahren werden, daß er seinen Verkehr mit dem weiblichen Geschlecht betraf, «nicht allzu sehr abgelegt hatte». Wenn die Liebesabenteuer des Priesters seinem vorbildlichen Leben und seinen tadellosen Sitten in den Augen des Proselyten keinen Abbruch taten, wirft der pointierte Hinweis des Autors gleichwohl die Frage auf, welche Orientierung die Moral, welchen Halt die Religion in Liebesdingen zu geben vermag, mithin in der Rücksicht, in der Rousseau die religiöse Unterweisung ursprünglich für Émile reklamiert. Und die weitere Frage schließt sich an, wie sehr der Vikar der Religion bedarf. Ist die Religion, die ihn nicht in den Stand setzte, seinen Fehler zu korrigieren, der beständige Zeuge einer Schwäche, die seine Lebensführung so wenig zu überwinden vermochte, daß sie vielmehr als deren Ausdruck gelten kann? Auf den Proselyten machte die Lebensführung des Vikars jedenfalls einen solchen Eindruck, daß er mit «neugieriger Unruhe» den Augenblick erwartete, da er erfahren würde, d. h. vom Vikar erklärt bekäme, auf welches Prinzip der Lehrer gründete, was dem Schüler als die «Einheitlichkeit eines so einzigartigen Lebens» erschien. Wie es um die Einheit des Lebens bestellt ist, das der Vikar führte, wird der Leser erst beurteilen können, wenn er mehr über «das Prinzip» weiß, das ihr zugrunde liegen soll und das der Frage der Einheit sowenig äußerlich bleibt wie das Selbstverständnis jenes Lebens. Bevor der Vikar seinen Schüler darüber ins Bild setzt, was sein Leben hält und trägt, steht ein zweiter wichtiger Schritt in der moralischen Erziehung des Proselyten an. Er betrifft wie der erste den *amour-propre*. Der Erzähler sagt rückblickend über sich, am schwierigsten sei in ihm damals «eine hochmütige Misanthropie, eine gewisse Bitternis gegen die Reichen und die Glücklichen der Welt» auszurotten gewesen. Wollte der Vikar ihm einen gangbaren Weg zum Glück weisen, mußte er ihn von seinem Haß und seiner Mißgunst gegen die vermeintlich Bessergestellten heilen. Er mußte ihn aus der Verblendung befreien, als ob die anderen zu seinen Lasten glücklich wären und «ihr vorgebliches Glück» das seine usurpiert hätte. Er mußte, mit einem Wort, seinen *amour-propre* zügeln, der ihn zu den irregeleiteten Vergleichen veranlaßte und ihn in die unheilvollen Abhängigkeiten des Ressentiments verstrickte. Ging es im ersten Schritt darum, den *amour-propre* zu «wecken», d. h. seine konstruktive Kraft aufzubieten, um den Unglücklichen zu erheben, sein Selbstwertgefühl aufzurichten, so geht es jetzt um die Mäßigung des *amour-propre*, der den Proselyten zum Stolz führte und ihm die Menschen «noch niedriger» erscheinen ließ, so daß die Geringschätzung für sie zu seinem Haß hinzutrat. Der *amour-propre* ist damit in seinem Janusgesicht erkennbar. Die beiden Stellen, an denen er in der Rahmenerzählung zur Sprache kommt, lassen keinen Zweifel an der zentralen Bedeutung, die er für die moralische Erziehung hat, im ersten wie im zweiten Schritt. Welche Bedeutung der *amour-propre* in der religiösen Erziehung erhält und ob die zweifache Verhandlung, die er in der Rahmenerzählung erfährt, in den beiden Teilen des Glaubensbekenntnisses des Vikars eine Wiederholung findet, wird unser besonderes Augenmerk verdienen.[22] Um den *amour-propre* seines Zöglings zu bezähmen, bemüht sich der Vikar, «die Samen der Vernunft und der Güte zum Keimen zu bringen,

---

22 In der Rahmenerzählung wird der *amour-propre* einmal in Absatz X (562) und einmal in Absatz XV (564) erwähnt, *la divinité* und *Dieu* kommen jeweils einmal in Absatz V (560) vor.

die er in seine Seele säte». Statt seinen Hochmut direkt zu bekämpfen, stärkt er seine *raison* und seine *bonté*, indem er ihn die Menschen mit anderen Augen sehen läßt. Er klärt ihn über ihre – und seine – Irrtümer auf und zeigt sie ihm als Wesen, denen Mitgefühl gebührt. Hinter der Fassade ihres Glücks enthüllt er ihr Elend, hinter dem eitlen Schein ihres Reichtums ihre wirklichen Übel, Gegenstände nicht seines Neids und seiner Mißgunst, sondern seines Bedauerns und Erbarmens. Der Schüler lernt die Menschen überall als Opfer ihrer eigenen Laster und der Laster anderer sehen. Und so sieht er jetzt «die Armen unter dem Joch der Reichen und die Reichen unter dem Joch ihrer Vorurteile ächzen.» Die neue Sicht der Mitmenschen und seiner selbst begründet eine neue Überlegenheit, die sich vom alten Hochmut nicht nur durch ihre Milde, sondern vor allem durch die Einsicht in die eigene Bedürftigkeit unterscheidet. Der Schüler hat, wie es scheint, die wichtigsten Lektionen gelernt. Am Ende des zweiten Teils der moralischen Erziehung gewährt uns der Autor zum erstenmal unmittelbaren Einblick in die Unterweisung, die der Proselyt erfährt. Er erteilt dem Vikar das Wort, der sich in seiner kurzen Rede eher als Jünger der stoischen Weisheit denn als Lehrer des christlichen Glaubens zu erkennen gibt: «Croyez-moi, disoit-il, nos illusions loin de nous cacher nos maux les augmentent en donnant un prix à ce qui n'en a point et nous rendant sensibles à mille fausses privations que nous ne sentirions pas sans elles. La paix de l'ame consiste dans le mépris de tout ce qui peut la troubler; l'homme qui fait le plus de cas de la vie est celui qui sait le moins en joüir, et celui qui aspire le plus avidement au bonheur est toujours le plus misérable.»[23]

Auf die erste Rede des Vikars folgt der erste von zwei Dialogen mit dem Erzähler innerhalb des Werkes. Der Erzähler stellt keine Frage zum ersten Teil der Rede. Er erkundigt sich nicht danach, wie sich die bemerkenswerte Sentenz, die den Auftakt bildet, zum Glauben des Priesters verhält. Er steht ganz unter dem Eindruck des zweiten Teils, den er als trostlose Absage an das Glück auffaßt: «Wozu sind wir geboren worden, wenn man sich alles versagen muß, und wenn man selbst das Glück geringschätzen muß, wer weiß noch glücklich zu sein?» «Ich», lautet die bündige Antwort des Vikars, und die erstaunte Nachfrage, was er getan habe, um glücklich zu sein, wird mit der Ankündigung des Glaubensbekenntnisses beschieden: «Mein Kind, ich werde es

---

23 XIII–XVI (563–564).

Ihnen gerne sagen.» Das Glück ist etwas, das den Proselyten wirklich, an ihm selbst und nicht nur bedingungsweise interessiert wie der Glaube des Vikars mit seinen Widersprüchen. Aber die Frage des Proselyten nach dem Glück des Vikars macht es erforderlich, daß der Vikar seinen Glauben im Zusammenhang erklärt, da er den Glauben als die Grundlage seines Glücks begreift oder als das Prinzip, auf dem die vom Proselyten vermutete Einheit seines Lebens beruht. Seinen Glauben umfassend darzustellen heißt, seine Seele bloßzulegen. Der Vikar wird den Bekenntnissen des Zöglings die seinen folgen lassen. Er wird alle Gefühle und Überzeugungen seines Herzens vor ihm ausbreiten. Er wird ihm gestatten, ihn so zu sehen, wie er sich selbst sieht. Die in Aussicht gestellte seelische Intimität bekräftigt der Vikar durch eine Umarmung, eine Geste, die er zu Beginn des zweiten Teils des Glaubensbekenntnisses wiederholen wird, bevor er dem Erzähler seine Kritik der Offenbarungsreligion vorträgt. Wenn der Proselyt die ganze *profession de foi* des Vikars vernommen hat und den Zustand seiner Seele kennt, wird er nicht nur begreifen, warum der Vikar sich für glücklich hält, sondern – falls er so denkt wie der Vikar – auch wissen, was er tun muß, um selbst glücklich zu sein. Das Glaubensbekenntnis verspricht, die Frage zu beantworten, wie der Vikar zu seinem Glück gelangte, um dem Schüler den Weg zu dessen Glück zu zeigen. Die Nachfolge ist indes an die Voraussetzung gebunden, daß der Schüler mit dem Lehrer im Wichtigsten übereinstimmt und so denkt wie er. Das Glück, das die *Profession de foi* bereithält, erschöpft sich weder in edler Begeisterung, noch erschließt es sich durch bloße Einfühlung. Es ist auf eine besondere Denkweise gegründet, von der der Vikar, seinem «natürlichen Hang» folgend, glaubt, daß sie der Natur des Proselyten entspreche. In einem Gespräch will der Vikar ihm «alles» auseinandersetzen, was er «über das Los des Menschen und über den wahren Wert des Lebens» denkt. Das Gespräch, das sich als eine lange Rede mit einer kurzen Intervention des Zuhörers herausstellen wird, findet an einem Sommertag auf einer Anhöhe außerhalb der Stadt statt. Es beginnt unter den Strahlen der aufgehenden Sonne mit freiem Blick auf den Lauf des Po und die Kette der Alpen. «Man hätte fast sagen mögen, daß die Natur ihre ganze Pracht vor unseren Augen entfaltete, um ihnen den Text für unsere Gespräche zu liefern.» Die Natur, die zuvor nur einmal Erwähnung fand, als vom Glauben an die Schlechtigkeit der Natur der Menschen die Rede war, der wesentlichen Anteil an der Glaubenskrise des Proselyten hatte, wird am Ende der Rahmenerzählung in ihrer Integrität restituiert und bekommt einen großen Auftritt. Es ist der Text der Natur, das Eine Buch, das allen Büchern der Religion vorausliegt, in dessen Auslegung der Vikar sich versuchen wird. Auf den Seelenfrieden, den zentralen Gegenstand seiner Rede über das Glück, zurück- und auf den Religionsfrieden, den politischen Zweck seiner Rede über die Offenbarung, vorausweisend, nennt der Erzähler ihn jetzt den Mann des Friedens: «l'homme de paix me parla ainsi.»[24]

Die Auslegung der *Profession de foi du Vicaire Savoyard* steht und fällt mit der Frage, wessen Glaubensbekenntnis wir vor uns haben. Sie hängt ab von unserer Kenntnis des Vikars, seiner Geschichte und seiner Natur, seiner Sicht des Adressaten, an den er sich mit dem Glaubensbekenntnis wendet, und des Zwecks, den er mit ihm verfolgt. Deshalb ist die Rahmenerzählung für das Verständnis des Glaubensbekenntnisses grundlegend. Das gilt insbesondere für dessen Herzstück, die Lehre der Natürlichen Religion. Sie ist nicht ortlos oder zeitlos, indifferent weder gegen den, der sie vorträgt, noch gegen den, dem sie vorgetragen wird. Wenn wir die Lehre der Natürlichen Religion angemessen verstehen wollen oder, was ebensoviel besagt, wenn wir die Intention des Autors verstehen wollen, der sie vortragen läßt, verdient die präzise Fassung, die er für sie wählt, und verdient der Rahmen, in dem er sie präsentiert, sorgfältige Beachtung. So gibt, um ein Beispiel zu nennen, das mehr als ein Beispiel ist, der Bericht, den er der *Profession de foi* vorausschickt, zu erkennen, daß die Antwort auf die Frage, ob die Lehre der Natürlichen Religion beim Proselyten Erfolg haben wird oder nicht, davon abhängt, ob der Vikar die Natur des Zöglings richtig einschätzt und zuordnet. Wenn der Schüler ein anderer Émile sein sollte, mag sie erfolgreich sein, wenn er Jean-Jacques Rousseau ist, nicht. Die Lehre der Natürlichen Religion wendet sich an Nichtphilosophen, und sie wird in der *Profession de foi* von einem Nichtphilosophen vorgetragen. Falls die

---

24 XVI–XIX (564–565); cf. V (560). – Rousseau hatte im letzten Satz der Rahmenerzählung zunächst die Formulierung *mon digne maitre* verwendet (Ed. Masson 34), die er zuvor in Absatz XIII (563) gebraucht. Die Bezeichnung *l'homme de paix* für den Vikar findet sich nur an dieser exponierten Stelle. Dem *homme de paix* der Rahmenerzählung entspricht der *Dieu de paix* des Glaubensbekenntnisses, den der Vikar gegen den Gott des Offenbarungsglaubens stellt: 170 (624); cf. 115 (610) und 125 (614).

Rede über die Illusionen und den Seelenfrieden in der Rahmenerzählung den einen oder anderen Leser mutmaßen ließ, der Vikar könnte ein verkappter Philosoph sein – denn der Leser weiß zu diesem Zeitpunkt noch nicht, wie der Vikar «Seelenfrieden» versteht –, belehrt ihn das Glaubensbekenntnis bald eines Besseren. Gleich zu Beginn der *Profession de foi*, die die Anrede der Ankündigung aufnimmt und mit «Mon enfant» einsetzt, erklärt der Vikar, das «Kind» habe von ihm weder «gelehrte Reden» noch «tiefe Schlußfolgerungen» zu erwarten. Er sei «kein großer Philosoph» und mache sich auch nichts daraus, einer zu sein. Aber manchmal verfüge er über gesunden Menschenverstand, und immer liebe er die Wahrheit. Er werde ihm guten Glaubens darlegen, was er in der Einfalt seines Herzens denke. Daß es sich bei dieser Eröffnung nicht nur um eine rhetorische Geste handelt, die einen Zuhörer von der Philosophie ablenken oder fernhalten soll, der keine Begabung für sie hat, daß wir es also nicht mit einer Distanzierung von der Philosophie in philosophischer Absicht zu tun haben, wie Rousseau sie häufig verwendet, zeigt die autobiographische Skizze, die der Vikar folgen läßt. Tatsächlich mag die wichtigste Funktion der Bekenntnisse, die sich unmittelbar anschließen, sehr wohl darin bestehen, vor Augen zu führen, daß der Vikar kein Philosoph ist und warum er keiner sein kann.

Für den katholischen Priester ist die Religion zunächst wie für den calvinistischen Namenlosen eine Sache der Konvention. Herkommen und Konvenienz bestimmen ihn, «le métier de Prêtre» anzustreben. Arm und als Bauer geboren, findet man für ihn die Mittel, ein Studium aufzunehmen, aber weder seine Eltern noch er denken dabei an die Suche nach dem, was *bon*, *véritable*, *utile* ist, sondern lediglich an den Erwerb jenes Wissens, das verlangt wird, um die Weihe zu empfangen. Nachdem er das Gelübde als Priester abgelegt hat, stellt er fest, daß er, als er sich verpflichtete, «de n'être pas homme», mehr versprach, als er halten kann. Es gibt einen Skandal, da er sich mit einer unverheirateten Frau einläßt. Er wird verhaftet, mit dem kirchlichen Interdikt belegt und verjagt. Der Priester sieht sich weit mehr als Opfer seiner Skrupel denn seiner Unenthaltsamkeit, war es doch sein «Respekt vor dem Bett anderer», der seine «Fehler» an den Tag kommen ließ.[25] Von Jugend an

---

25 Ob der Vikar mit dem Eingeständnis von «fautes» mehr bekennen will, als ihm der Erzähler mit der Erwähnung von «une avanture de jeunesse» zuschrieb, ob die «Fehler» also auf Beziehungen zu mehreren Frauen hinweisen oder ob sie die wie-

hatte er die Ehe als «la prémiére et la plus sainte institution de la nature» respektiert. Aus der Sicht des Lehrers der Natürlichen Religion wäre der Bruch der Ehe ein *crime* gewesen, da er die Ehe heute wie damals durch die Natur geheiligt glaubt. Bei dem Bruch des Gelübdes handelte es sich dagegen allenfalls um eine *faute*, da das Gelübde auf Konvention beruhte und er dessen Gehalt als contra naturam erkannte. Die Berufung auf «die erste und heiligste Einrichtung der Natur» gibt uns drei erste Beispiele der *Profession de foi* in einem: Sie ist das früheste Beispiel für den Glauben des jungen Vikars, der seinen Glauben an die Heiligkeit der Ehe freilich anders verstanden haben wird, als der Vikar ihn jetzt versteht. Zum anderen sehen wir die erste Anwendung der Lehre vom Vorrang der Ordnung der Natur vor allen Gesetzen und Einrichtungen des Menschen oder das erste Zeugnis einer konkreten moralischen Forderung, die der Vikar auf den Glauben gründet, daß man der Natur mehr gehorchen soll als den Menschen. Und schließlich haben wir den ersten Fall einer Doktrin des Vikars vor uns, die, wie jeder Leser des *Discours sur l'inégalité* weiß, in unverhohlenem Widerspruch zu einer bekannten Position Rousseaus steht, so daß schon im vierten Absatz des Glaubensbekenntnisses die Differenz zwischen Rousseau und dem Vikar markiert ist und der Ineinssetzung beider vorgebaut wird. Dem jungen Priester, auf den der Vikar zurückblickt, steht die Lehre der Natürlichen Religion noch nicht zu Gebote. Er findet keinen Halt im Bewußtsein der Übereinstimmung seiner *conscience* mit dem *ordre de la nature* und keine Klarheit in der Ausrichtung an dem, was *la nature bien ordonnée* ihm erlaubt oder vorschreibt.[26] Aus der Bestrafung, die ihm seine Skrupel eintrugen, zieht er den Schluß, daß man einen Fehler oft nur schlimmer machen muß, um der Bestrafung zu entgehen. Er bleibt im Gewirr inkohärenter Verfügungen und hypokriten Verhaltens gefangen. Die Erfahrung der Ungerechtigkeit stürzt den Priester in eine Glaubenskrise, wie er sie später bei dem Konvertiten beobachten wird,

derholte Verletzung des Gelübdes bezeichnen, mag offenbleiben. 5 (567); IV (560); cf. XIV (563).
26 Die autobiographische Skizze, die im zweiten Absatz mit der Eröffnung «Je suis né pauvre et paysan» beginnt, wird im dritten Absatz durch eine Stellungnahme des Vikars unterbrochen, die sich mit der Anrede «Ô! bon jeune homme» an den Zuhörer wendet. Der Vikar führt Grundbegriffe seiner Lehre der Natürlichen Religion ein, in deren Licht er die Verirrungen seiner Jugend beurteilt, und schiebt so die Ebenen des Berichts und der Reflexion ineinander.

dem er zur Flucht aus dem katholischen Hospiz verhilft. Seine Vorstellungen «vom Gerechten, Anständigen und allen Pflichten des Menschen» werden umgestoßen, die meisten Meinungen, an die er sich bisher hielt, zuschanden. Er weiß nicht mehr, was er denken soll, und gelangt schließlich an den Punkt, an dem sich der Proselyt befindet: er erreicht den Zustand der *incrédulité*.[27] Der Vikar betont, den Schüler ermutigend, daß der Unglaube, in dem er sich befand, «schwieriger zu zerstören» war als der des Proselyten, da er ihn in einem reiferen Alter und unter größeren Schmerzen erreicht hatte. Doch er betont noch viel mehr, daß der Unglaube für ihn unerträglich war, ja, daß der Unglaube schlechterdings unerträglich ist und deshalb notwendig zerstört oder aufgegeben werden muß. Von Anfang an gibt er dabei unmißverständlich zu verstehen, daß der Schüler schlecht beraten wäre, wenn er sich die Überwindung des Unglaubens von der Philosophie erhoffte. Er vergleicht seinen früheren Unglauben mit dem Zustand «der Ungewißheit und des Zweifels, den Descartes für die Suche nach der Wahrheit fordert», um sogleich hinzuzusetzen, daß dieser Zustand nicht andauern kann und daß nur «l'intérest du vice ou la paresse de l'ame» uns darin verharren läßt. Der Vikar weiß, daß Philosophen sich aus einem theoretischen Interesse und einem höchst lebhaften Verlangen ihrer Seele im Zweifel halten und in der Ungewißheit bewegen können. Er sieht, daß der Zustand der Reflexion und der Kontemplation für sie keineswegs unerfreulich ist. Noch mit der moralischen Kritik, die er an ihrer «müßigen Leidenschaft» und ihrer «Zufriedenheit mit sich» übt, räumt er auf seine Weise ein, daß die Aktivität, die ihr Leben bestimmt, sich selbst genügt.[28] Das aber heißt: ihr Zweifel und ihre Ungewißheit können nicht alles, sie können nicht das für sie Wichtigste betreffen. «Le doute sur les choses qu'il nous importe de connoitre est un état trop violent pour l'esprit humain; il n'y résiste pas longtems, il se décide malgré lui de manière ou d'autre, et il aime mieux se tromper que ne rien croire.»[29] Der Vikar glaubt, daß die Suche nach der Wahrheit zu keinem Wissen

---

27 Der Vikar erreicht den Zustand der *incrédulité* im sechsten Absatz des Glaubensbekenntnisses (567), der Proselyt erreichte ihn im sechsten Absatz der Rahmenerzählung (561).
28 «… rien ne conserve mieux l'habitude de réfléchir que d'être plus content de soi que de sa fortune» 7 (567). Beachte 177 (631).
29 2–10 (566–568).

führt, das die Frage nach dem richtigen Leben zu beantworten und eine kohärente Lebensweise zu begründen vermag. Er glaubt daher, daß das philosophische Leben nur auf einem Glauben beruhen kann. Er glaubt außerdem, daß der Glaube, der dem philosophischen Leben zugrunde liegt, oder das Wissen, das der Philosoph als Grundlage geltend macht, nicht genügt, um ein gutes Leben führen zu können. Wir dürfen annehmen, daß der Vikar unter den «Dingen, die zu wissen für uns wichtig ist,» die Fragen versteht, auf die seine Lehre der Natürlichen Religion eine Antwort gibt, und daß über die Antwort auf diese Fragen im Zweifel zu sein ihm als «ein zu gewaltsamer Zustand» erscheint oder als ein Unglaube, der durch eine neue Glaubensgewißheit überwunden werden muß. Dies vor allem unterscheidet den Vikar von einem Philosophen. Es unterscheidet ihn von Rousseau, der, entgegen mancher Beteuerung,[30] vor und nach der *Profession de foi* bewies, daß er mit «Zweifeln» in Rücksicht auf die Lehre des Vikars zu leben wußte, und von dem ein neuerer Philosoph gesagt hat, daß er über jenen «wohlgebauten Kopf» verfügte, «für den der Zweifel ein gutes Kopfkissen ist».[31]

Das Bild, das der Vikar von den Philosophen zeichnet, fällt deutlich genug aus. Zwar war er nicht so «verdorben», daß er an dem Zustand Gefallen gefunden hätte, den Descartes für die Erforschung der Wahrheit verlangt. Aber um dem Elend des Unglaubens, dem Umherirren von Zweifel zu Zweifel, der Unklarheit «sur la cause de mon être et sur la régle de mes devoirs» zu entkommen, «konsultierte» er die Philosophen. Er «blätterte in ihren Büchern», machte sich mit ihren Meinungen bekannt und fand sie «alle stolz, bestimmt, dogmatisch», einander beständig widersprechend, stark nur im Angriff und in der Zerstörung, kraftlos in der Verteidigung, sich gegenseitig, zu Recht, allesamt verspottend, einig einzig im Streit. Auf sie zu hören, wies keinen Weg zu neuer Glaubensgewißheit. Das doktrinale Durcheinander der Vielstimmigkeit, das sich ihm bot, führte er auf die Insuffizienz des menschlichen Geistes und

---

30 Cf. *Lettre à Voltaire*, 18. August 1756, CC IV, p. 29.
31 Leo Strauss: *On the Intention of Rousseau*, in: *Social Research*, 14:4 (Dezember 1947), p. 482. Zum Hintergrund der Charakterisierung siehe Nietzsche: *Morgenröthe* I, 46, KGW V, 1, p. 49; Diderot: *Pensées philosophiques* XXVII, OC II, p. 33; Montaigne: *Essais* III, 13, Ed. Albert Thibaudet und Maurice Rat (*Œuvres complètes*). Paris 1962), p. 1050–1051; Ed. Jean Balsamo et al. Paris 2007, p. 1120.

den Hochmut der Philosophen zurück. Das große Ganze, dem der Mensch als kleiner Teil zugehört, übersteigt unsere Fassungskraft, sowohl was «die ersten Gesetze» und «die Zweckursache» als auch was die «undurchdringlichen Mysterien» angeht, die uns umgeben. In der Mitte der Aufzählung der Gegenstände, die sich unserer Erkenntnis entziehen, erwähnt er, daß wir «weder unsere Natur noch unser aktives Prinzip» kennen und «kaum wissen, ob der Mensch ein einfaches oder zusammengesetztes Wesen» ist. Der Hochmut der Philosophen besteht mithin darin, sich ein Wissen anzumaßen, das dem Menschen nicht zukommt, oder ergründen zu wollen, was ihm verschlossen bleiben muß. Doch damit nicht genug. Was die Philosophen antreibt, so lautet das moralische Verdikt des Vikars, ist nicht ihre Wahrheitsliebe, sondern ihr Streben nach Ruhm, nach Auszeichnung, nach Unterscheidung. Jeder weiß, daß «sein System» nicht besser begründet ist als all die anderen. Er vertritt es, weil es seines ist.[32] Der Vikar geht noch weiter: «Es gibt keinen einzigen unter ihnen, der, wenn er dahin gelangte, das Wahre und das Falsche zu erkennen, nicht die Lüge, die er gefunden hat, der Wahrheit vorzöge, die von einem anderen entdeckt wurde.» Nach dieser Warnung vor den Philosophen kommt die Wendung nach innen nicht überraschend. Statt der Philosophen «konsultierte» er fortan *la lumière intérieure*. Es wäre für ihn immer noch weniger schädlich, seiner Unabhängigkeit zuträglicher, «meinen eigenen Illusionen» zu folgen, als sich «ihren Lügen» auszuliefern. Der Vikar ließ die Meinungen Revue passieren, die ihn seit seiner Geburt der Reihe nach beeindruckt hatten, um sie in foro interno nach dem Grad ihrer Wahrscheinlichkeit zur Abstimmung zu stellen. «Dans le silence des préjugés» kam er zu dem Ergebnis, daß die erste und die den unterschiedlichen Vorstellungen gemeinsamste Vorstellung auch die einfachste und die vernünftigste war. Wenn sie gleichwohl nicht alle Stimmen auf sich vereinigen konnte, mußte es daran liegen, daß sie nicht als letzte vorgeschlagen, nicht von den am Ende befragten Philosophen vertreten worden war. Der Vikar verliert kein Wort darüber, wie er seine Vorurteile bei der Abstimmung zum Schweigen brachte. Wie hätte dies gelingen können, ohne daß die Vorurteile jemals

---

32 «L'essentiel est de penser autrement que les autres. Chez les croyans il est athée, chez les athées il seroit croyant» 14 (569). Im Manuskript lautete der letzte Satz zunächst: «Chez un peuple croyant il est incredule chez un peuple athée il seroit croyant» (Ed. Masson 56).

einer radikalen Kritik, einem *examen sévère* unterworfen wurden? Dagegen zeigt er, wie er dem Mangel abhalf, daß die erste und verbreitetste nicht zugleich die letzte Vorstellung in der inneren Abstimmung war, damit sie einhellig als verbindlich anerkannt würde. Er lädt zu einem historisch kontrafaktischen Gedankenexperiment ein und fordert den Schüler auf, sich auszumalen, «tous vos philosophes anciens et modernes» hätten «leurs bizarres sistémes [1] de forces, [2] de chances, [3] de fatalité, [4] de nécessité, [5] d'atômes, [6] de monde animé, [7] de matiére vivante, [8] de matérialisme de toute espéce» zuerst vorgetragen und so ihre Möglichkeiten erschöpft; dann aber wäre, nach ihnen, «der illustre Clarke» aufgetreten und hätte «die Welt aufgeklärt», indem er endlich «das Wesen der Wesen und den Spender der Dinge» verkündete. «Mit welch allgemeiner Bewunderung, mit welch einmütigem Beifall wäre dieses neue System aufgenommen worden», ruft der Vikar aus. Wenn es nur das letzte Wort behalten und ein jeder zu sich gesagt hätte, was der Vikar zu sich sagte: Zwar ist auch dieses System wie alle, die ihm vorausgingen, «unlösbaren Einwänden» ausgesetzt, da der menschliche Geist zur Lösung der zugrundeliegenden Probleme nicht hinreicht, aber es ist «das einzige, das alles erklärt», und es hat, vor allem, im Unterschied zu den anderen «die direkten Beweise» für sich. Von welcher Art Beweisen der Vikar spricht, verdeutlicht ein Blick auf die Charakterisierung des «so tröstlichen Systems» des englischen Geistlichen, das er gegen die «bizarren Systeme» der Philosophen, wohlverstanden aller Philosophen, der alten wie der neueren, stellt: Gegen die Notwendigkeit und die Atome im Zentrum der Aufzählung der philosophischen Lehrgebäude steht im Lob auf das theistische Lehrgebäude am entsprechenden Ort die Doppelcharakterisierung, es sei «so geeignet, die Seele zu erheben, der Tugend eine Grundlage zu geben».[33] Die Überlegenheit des «neuen Systems» erweist sich an seiner Nützlichkeit für die Praxis. Das Gedankenexperiment bereitet die Antwort vor, wie die erste, die einfachste und vernünftigste Vorstellung zur «letzten» gemacht werden kann. Der Hinweis auf Clarke, der kurz vor dem mutmaßlichen Zeitpunkt der Rede des Vikars gestorben war und den der Vikar mit einem dreißig Jahre danach be-

---

33 «... ce nouveau sistême si grand, si consolant, si sublime, si propre à elever l'ame, à donner une base à la vertu, et en même tems si frapant, si lumineux, si simple, et ce me semble offrant moins de choses incompréhensibles à l'esprit humain qu'il n'en trouve d'absurdes en tout autre sistême!» 17 (570).

rühmten Epitheton versieht, ist nicht selbst diese Antwort.³⁴ Der Vikar weiß, daß die allgemeine Bewunderung und der einmütige Beifall, die er für das «letzte» System imaginiert, ausgeblieben waren. Die Lobeserhebung dient dazu, die grundsätzliche Kritik des Vikars an den Philosophen kenntlich zu machen. Sie hat nicht den Sinn, Samuel Clarke als Autorität aufzubieten, der in der *Profession de foi* nie wieder erwähnt wird. Die Wendung nach innen, die der Vikar vollzogen hat, kann nicht bei der Abstimmung über die Meinungen anderer in fore interno stehenbleiben. Sie verlangt, wie durch das Gedankenexperiment illustriert, aus der historischen Chronologie der «Systeme» herauszutreten und ebenso die biographische Sequenz der «Vorstellungen» zu unterbrechen. Um seine «erste» zu seiner «letzten» Vorstellung zu machen, muß der Vikar sich die einfachste und vernünftigste Vorstellung mit eigenen Mitteln erarbeiten, und zwar so, daß er sich seine Glaubensgewißheit jederzeit zu vergegenwärtigen und die wesentlichen Schritte ihres Begründungsgangs zu überblicken vermag. Der Vikar läßt «alle Philosophie» hinter sich, um nur seiner Wahrheitsliebe zu folgen. Er kehrt der «eitlen Subtilität der Argumente» den Rücken und hält sich an die einfache Regel, die Erkenntnisse als evident zu betrachten, denen er «dans la sincérité de mon cœur» seine Zustimmung nicht versagen kann, als wahr alle die anzunehmen, die ihm eine «notwendige Verbindung» mit den ersteren zu haben scheinen, und alle anderen ohne weitere Untersuchungen in der Ungewißheit zu belassen. Der Vikar bekümmert sich nicht um den Erwerb von Kenntnissen, um die Aufklärung von Problemen, um die Beantwor-

---

34 Samuel Clarke, 1675 geboren, starb 1729. Die beiden Bücher, die ihn berühmt machten, gingen aus Predigten hervor, die er 1704 und 1705 in St. Paul's Cathedral gehalten hatte: *A Demonstration of the Being and Attributes of God: More Particularly in Answer to Mr. Hobbs, Spinoza, and their Followers: Wherein the Notion of Liberty is Stated, and the Possibility and Certainty of it Proved in Opposition to Necessity and Fate* und *A Discourse Concerning the Unchangeable Obligations of Natural Religion, and the Truth and Certainty of the Christian Revelation*. Ich zitiere nach der Ausgabe in einem Band: The Fifth Edition, Corrected. London 1719. – Voltaire schreibt in den *Lettres philosophiques* 1734 über Clarke: «Mais le plus ferme patron de la doctrine Arienne est l'illustre Docteur Clarck. Cet homme est d'une vertu rigide et d'un caractere doux, plus amateur de ses opinions que passionné pour faire des Prosélites, uniquement occupé de calculs et de démonstrations, une vraie machine à raisonnemens.» *Septiéme lettre. Sur les Sociniens, ou Ariens, ou Anti-Trinitaires*. Edition critique par Gustave Lanson, Paris 1909, I, p. 79.

tung von Fragen, «wenn sie zu nichts Nützlichem für die Praxis führen».
Er vertritt einen unbedingten Primat der praktischen Vernunft.[35]

Die Wendung nach innen wirft die Frage auf, *wer* es ist, der seine Zustimmung zu Meinungen geben oder versagen kann, der Erkenntnisse als evident, wahr oder gleichgültig beurteilt, und worin seine Urteile über die Dinge ihren Rechtsgrund haben. Der Vikar beginnt sein Unterfangen, auf sich gestellt zu neuer Glaubensgewißheit zu gelangen, mit einem Versuch der Selbstvergewisserung, in dem die Lektüre der Philosophen ihre Spuren hinterläßt. «J'existe et j'ai des sens par lesquels je suis affecté.» Die erste Wahrheit oder – wie wir in Übereinstimmung mit der von ihm vorgenommenen Unterscheidung besser sagen sollten – die erste Evidenz, von der er ausgeht, führt zum ersten Zweifel: «Ai-je un sentiment propre de mon existence, ou ne la sens-je que par mes sensations?» Weder das Denken noch das Gefühl, die Sinnesempfindung begründet die erste Gewißheit des Vikars, die Unterscheidung von Ich und Nichtich. Die Sinnesempfindungen, durch die er von etwas außer ihm affiziert wird, verbürgen ihm seine eigene Existenz und die Existenz des Universums, ohne daß etwas über die Beschaffenheit von Ich und Nichtich ausgemacht wäre, d. h., die erste Gewißheit ist neutral gegen den Streit, den «Idealisten» und «Materialisten» unter sich austragen. Die Reflexion über die Gegenstände seiner *sensations* veranlaßt den Vikar zu einer weiteren Unterscheidung. Er empfindet in sich die Fähigkeit, aktiv Beziehungen zwischen den Gegenständen der Sinnesempfindungen herzustellen, sie zu vergleichen, über sie zu urteilen und ihnen nicht nur passiv gegenüberzustehen. Daraus leitet er ab, daß zum *être passif* der Sinnesempfindungen ein *être actif* hinzutritt, dem das Vergleichen und Urteilen, dem *attention, méditation, réflexion* zugehören. «Selon moi la faculté distinctive de l'être actif ou intelligent est de pouvoir donner un sens à ce mot *est*.» Der Sinn von Sein beruht auf einem Urteil. Ohne den *être actif ou intelligent* gäbe es keine Artikulation der Welt und keine Identität des Ich, der der erste Zweifel des Vikars galt. Die Fähigkeit zu urteilen schließt die Möglichkeit, falsch zu urteilen, ein. Die Unterscheidung von *sentir* und *juger*, die in den Dualismus von *être passif* und *être actif* übersetzt wird, führt deshalb dazu, daß der *être actif* als Quelle der Fehler und Irrtümer identifiziert wird. Wenn der Verstand Individuen bestimmt, Arten unterscheidet,

35 7, 9, 12–18 (567, 568–570).

Eigenschaften zuordnet, über Beziehungen urteilt, «mischt er seine Irrtümer in die Wahrheit der Sinnesempfindungen hinein, die nur die Gegenstände zeigen». Die Sinnesempfindungen, die die Gewißheit des ersten Dualismus, der Existenz des Ich und der Existenz des Universums, begründeten, wandern im zweiten Dualismus, mit dem der Vikar operiert, auf die Seite der unmittelbaren, irrtumsfreien, fraglosen Wahrheit. Der *être sensitif et passif* bedarf, da er kraft Setzung von jedem Urteil freigehalten wird, keiner Kritik. Darauf baut der Vikar ein Argument, das den Schüler vom Vorrang des Gefühls vor der Vernunft überzeugen soll. Er wird sich der Wahrheit, die in den Dingen und nicht in dem Geist, der über die Dinge urteilt, ist, um so sicherer nähern, je weniger er «vom Seinigen» in die Urteile hineinträgt, die er fällt, d. h., je weniger sein *être actif et intelligent* in ihnen zum Tragen kommt: «ainsi ma régle de me livrer au sentiment plus qu'à la raison est confirmée par la raison même.» Bis dahin war das Gefühl nur ein einziges Mal erwähnt worden, als der Vikar das Gefühl seiner Existenz zum Gegenstand seines ersten Zweifels machte. Das Gefühl muß durch den Zweifel hindurchgehen und hat die Bestätigung durch die Vernunft nötig, um zu einer verläßlichen Berufungsinstanz zu werden. Die privilegierte Stellung zur Wahrheit, in die der Vikar den *être sensitif et passif* rückt, erlaubt ihm, im gleitenden Übergang von den *sensations* zum *sentiment* für den Vorrang des Gefühls zu plädieren. Zugleich weist sie dem *être actif et intelligent*, auf den der Vikar die Dogmen seines Credos gründen wird, indes den Part zu, für Irrtümer anfällig zu sein und in der Gefahr der Selbsttäuschung zu stehen.[36]

Auf die Wendung nach innen folgt die Wendung nach außen. Der Vikar steuert vom behaupteten Vorrang des Gefühls nicht etwa direkt auf die Stimme des Gewissens zu. Er geht von der Versicherung seiner selbst auch nicht zur Erkundung seiner Pflichten über. Der weiteste Ausgriff scheint erforderlich, um dem Primat der praktischen Vernunft folgend zur Moral zu gelangen. Der Vikar sieht sich «mit einer Art Schauder» «geworfen», «verloren» in den Weiten des Universums, «wie ertränkt in der Unermeßlichkeit der Wesen», von denen er nicht weiß, was sie sind, weder untereinander noch in Beziehung zu ihm. Er untersucht sie, beobachtet sie und vergleicht sie mit sich. Alles, was er durch die Sinne wahrnimmt, ist Materie, die er teils in Bewegung, teils in Ruhe sieht.

36 19–32 (570–573).

Daraus schließt er, die Bewegung sei der Materie nicht wesentlich. Wenn nichts auf die Materie einwirke, bewege sie sich nicht, so daß ihr natürlicher Zustand darin bestehe, in Ruhe zu sein. Rousseau greift an dieser für die weitere Argumentation wichtigen Stelle ein, um die Aussage des Vikars in einer Anmerkung zu berichtigen und zu erläutern: Die Ruhe, die der Vikar sieht, ist nur eine relative Ruhe. Wir sind geneigt, die Ruhe, die nur relativ ist, für absolut zu halten, weil wir die Ruhe als äußerstes Ende einer Skala des Mehr oder Weniger «sehr klar begreifen». Wenn die Materie als in Ruhe befindlich begriffen werden kann, sei es nicht wahr, daß die Bewegung ihrem Wesen zugeschrieben werden muß. Daraus, daß wir uns die Materie in Ruhe vorstellen können, folgt indes sowenig, daß die Ruhe der natürliche Zustand der Materie ist, wie aus der Vorstellung des Vikars vom *être passif* und *être actif* folgt, daß die Sinnesempfindungen von Urteilen frei und mithin in der Unmittelbarkeit der Wahrheit der Gegenstände blieben, durch die die Sinne affiziert werden, oder daß die Ruhe der Materie, die der Vikar sieht, das ist, was er zu sehen glaubt. Der Vikar glaubt, daß die Materie an ihr selbst passiv und ohne Bewegung ist. Deshalb muß er, oder so kann er ein Sein postulieren, das aktiv und keine Materie ist, um die Materie in Bewegung zu versetzen. Bei den Körpern nimmt er zwei Arten von Bewegung wahr: *mouvement communiqué* und *mouvement spontané ou volontaire*. Die Bewegung der Uhr ist ein Beispiel für eine übertragene oder von außen mitgeteilte Bewegung. Daß Lebewesen über die Fähigkeit zur spontanen Bewegung verfügen, erschließt sich ihm auf dem Wege der Analogie. Er weiß, daß es spontane Bewegungen gibt, da er in sich die Fähigkeit fühlt, Bewegungen willentlich herbeizuführen: «je le sais parce que je le sens. Je veux mouvoir mon bras et je le meus, sans que ce mouvement ait d'autre cause immédiate que ma volonté.» Es ist an diesem Ort, es ist zur Sicherung des Willens als Ausgangspunkt einer spontanen, nicht übertragenen oder abgeleiteten Bewegung, daß der Vikar das Gefühl als letzte Gewißheit und Berufungsinstanz gegen jedes denkbare Argument in Anspruch nimmt: «C'est en vain qu'on voudroit raisoner pour détruire en moi ce sentiment; il est plus fort que toute évidence; autant vaudroit me prouver que je n'existe pas.» Das Gefühl, kraft seines Willens Materie bewegen, eine Kette von Ursache und Wirkung beginnen und auf andere Körper übertragen zu können, ermutigt den Vikar zu einer ebenso kühnen wie folgenreichen Extrapolation. Von der Spontaneität der Handlungen der Menschen, die er auf den menschlichen Willen zurückführt, schließt er auf eine erste Ursache jeder Bewegung, die durch einen spontanen Akt gesetzt und also ebenfalls auf einen Willen zurückgeführt werden muß: Das sichtbare Universum befindet sich in Bewegung. Seine Bewegungen unterliegen konstanten Gesetzen, die der Beobachtung zugänglich sind. Es zeigt nicht die Freiheit, die in den spontanen Bewegungen der Lebewesen aufscheint. Es weist als Ganzes nicht die Einheit, die Organisation, das alle Teile verbindende Gefühl eines belebten Körpers auf. Es ist kein großes Lebewesen, das sich selbst bewegt. Die verstreute und tote Materie, aus der es besteht, muß deshalb von einer Ursache bewegt werden, die dem Universum äußerlich ist und von der der Vikar sagt, daß er sie nicht wahrnimmt; «mais la persuasion intérieure me rend cette cause tellement sensible, que je ne puis voir rouler le soleil sans imaginer une force qui le pousse, ou que si la terre tourne, je crois sentir une main qui la fait tourner.» Was der Vikar über die Ursache, die er außerhalb der Welt vermutet, vorträgt – daß sie seinen Sinnesempfindungen unzugänglich ist, seine *innere Überzeugung* oder, präziser, *Überredung* sie ihm aber so *fühlbar* macht, daß er die Hand *zu fühlen glaubt*, die die Erde dreht, *falls* die Erde sich dreht –, zeigt, daß die letzte Berufungsinstanz des Vikars nicht so sehr sein Gefühl als vielmehr sein Glaube ist. Der Glaube reicht nicht hin, um «die Wahrheit, die in den Dingen ist,» zu erlangen, weshalb der Vikar offenläßt, ob die Sonne sich um die Erde oder ob die Erde sich um die Sonne dreht. Aber der Glaube gibt eine praktische Orientierung in der Welt. So informiert er die Extrapolation des Vikars in ihren Voraussetzungen wie in ihrem Ergebnis: Da die Materie sich natürlicherweise im Zustand der Ruhe befindet, muß ihr die Bewegung durch ein Sein mitgeteilt werden, das keine Materie ist. Und da die Welt kein großes Lebewesen, wohl aber ein Ganzes zu sein scheint, das von Gesetzen regiert wird, muß die Ursache ihrer Bewegungen außerhalb der Welt der Materie gesucht werden. Mit dem ersten Räsonnement stimmt ein zweites zusammen, das zum Ziel führt: Um einen regressus in infinitum von Ursache und Wirkung zu vermeiden, ist es erforderlich, auf eine erste Bewegung zurückzugehen, die selbst durch keine Bewegung, sondern durch einen spontanen, willentlichen Akt gesetzt wird. Und zu einem solchen Akt sind unbelebte Körper nicht fähig, da «sie nur durch die Bewegung handeln und es keine wahrhafte Handlung gibt ohne Willen.» So ist der Vikar von der innersten Gewißheit zur äußersten Ursache gelangt und doch immer bei seinem «prémier principe» geblieben. Aber wenn er das Ergebnis der Extrapolation verkündet, spricht er nicht mehr von *sentiment*, sondern ausdrücklich von *foi*: «Ich glaube also, daß ein Wille das Universum bewegt und die Natur belebt. Das ist mein erstes Dogma oder mein erster Glaubensartikel.»[37] Mit dem ersten Glaubensartikel ist der entscheidende Schritt getan. Wird er angenommen, lassen sich die weiteren Artikel unschwer an ihm ausrichten, auf ihn gründen, mit ihm verbinden. Sein Status verdient deshalb besondere Beachtung. Der Vikar räumt ein, daß das von ihm aufgestellte Dogma *obscur* ist. Es ergebe «aber schließlich einen Sinn» und habe nichts, was der Vernunft oder der Beobachtung widerstrebe. Da die Ursache, die das Dogma benennt, sich der Beobachtung, wie der Vikar festgehalten hat, entzieht, kann sie der Beobachtung nicht widersprechen. Und daß das Dogma einen Sinn anbietet, steht außer Frage. Ebendarum wurde es aufgestellt. Doch wie verträgt sich seine Dunkelheit mit der Vernunft? Widerstrebt der Vernunft nicht, was weder gewußt wird noch zu begreifen ist? Der Vikar bekennt in Rücksicht auf das oberste Prinzip, das er seinem Credo zugrunde legt, den Willensakt, sein Nichtwissen: «Comment une volonté produit-elle une action physique et corporelle? Je n'en sais rien, mais j'éprouve en moi qu'elle la produit.» Er will seinen Körper bewegen, und sein Körper bewegt sich. Er erfährt, daß etwas geschieht, aber er weiß nicht, wie das, was er erfährt, geschieht. «La volonté m'est connüe par ses actes, non par sa nature.» Im Falle des Willens, der das Universum bewegen soll, kennt er indes weder die Natur noch die Akte, die er fordert. Wenn er durch seinen Willen auf andere Körper einwirkt, so gelingt ihm dies nur vermittels seines Körpers, selbst dort, wo er durch Gesten oder Sprechakte, ohne körperlichen Kontakt, belebte Körper zu Bewegungen veranlaßt. Der Vikar muß bei seiner Extrapolation unterstellen, daß der Wille ohne den Körper sein, daß der *être actif* getrennt vom *être passif* auftreten kann. Doch der Vikar erklärt in aller Form, daß ihm die Vereinigung «der zwei Substanzen», die in ihm statthat, «absolut unbegreiflich» erscheint. Wenn das, was er aus der Erfahrung einzig im Zustand der Vereinigung kennt, nicht zu begreifen ist, was kann dann über den Zustand der Trennung «der zwei Substanzen», der seiner Erfahrung verwehrt bleibt, ausgesagt werden, ohne daß die Aussage der Vernunft widerstrebe? Das Dogma vom Willen, der das Universum bewegt und die

---

37 33–40 und Note 2 (573–576).

Natur belebt, ist dunkel, da es auf einen Willensakt zurückgeht. Seine Dunkelheit weicht in dem Maße, in dem es den Sinn freigibt, der in ihm von Anfang an gewollt wird. Schon der nächste Schritt des Vikars hellt das Bild deutlich auf: «Wenn die bewegte Materie mir einen Willen zeigt, so zeigt die nach gewissen Gesetzen bewegte Materie mir eine Intelligenz: das ist mein zweiter Glaubensartikel. Handeln, Vergleichen, Wählen sind Operationen eines *être actif et pensant.*» Der Wille wird durch die Einsicht bestimmt. Die Macht, die das Universum bewegt, ordnet es nach Maßgabe des Denkens. Die Ordnung der Welt ist nicht das Spiel von Zufall und Notwendigkeit, sondern das Ergebnis überlegten Handelns. Der Willensakt, den der Vikar als Anfang setzt, entbirgt sich im Werk des Gesetzgebers, der dem Vikar der Garant ist, daß das Ganze einen Zweck hat. Der Vikar kennt den Zweck nicht, aber die beiden Glaubensartikel sind Ausdruck seiner *persuasion intérieure*, seines Verlangens und seiner Hoffnung, daß es ihn gebe. Der Vikar vergleicht sich mit einem Menschen, der zum erstenmal in eine offene Uhr blickt und, obwohl er die Verwendung des Geräts nicht kennt und das Zifferblatt nie gesehen hat, angesichts der Abstimmung der Teile aufeinander und des Ineinandergreifens der Räder im Werk den Werkmeister bewundert und davon überzeugt ist, daß alle Einzelheiten einem gemeinsamen Zweck dienen, den er nicht wahrzunehmen vermag. Wie die Uhr auf den Uhrmacher so verweist «die fühlbare Ordnung des Universums» auf die *suprême intelligence*, die in dieser Ordnung waltet und mit ihr eine Absicht verfolgt. Nur eine solche Absicht, einzig der Wille des höchsten einsichtsfähigen Wesens verheißt den Sinn, an dem die neue Glaubensgewißheit des Vikars ihr Genüge finden kann. Aus diesem Grund konzipiert der Vikar die Welt nach dem Verständnis von *ouvrage* und *ouvrier*. Deshalb bietet er das Handwerkermodell auf, um jeden Versuch abwegig erscheinen zu lassen, der es unternimmt, die Bewegung der Materie, die Entstehung der Welt, die Entwicklung des Lebens, die Stellung des Menschen zu erklären oder plausibel zu machen, ohne auf Absicht, Plan, Zwecksetzung zurückzugreifen. Deshalb, nicht weil er das Argument, auf das das schrille Beispiel verweist, zu entkräften weiß,[38] kehrt er die «Lüge» hervor, daß ein Kunstwerk wie die

---

38 Der Vikar räumt ein: «Je ne dois point être surpris qu'une chose arrive lorsqu'elle est possible et que la difficulté de l'événement est compensée par la quantité des jets, j'en conviens» 47 (579).

Aeneis, das der Absicht seines Urhebers gehorcht, jemals aus zufällig hingeworfenen Drucklettern fertig hervorgegangen sein könnte.[39] Es sind nicht theoretische Überlegungen, keine Erwägungen zur größeren oder geringeren Plausibilität einer vorgeschlagenen Erklärung, die hier den Ausschlag geben. Der Vikar, der die von ihm herangezogene Zweisubstanzenlehre als «absolument incompréhensible» qualifizierte, beharrt seinem praktischen Interesse folgend auf der «Einheit der Absicht», die das Ganze trägt, und stellt sie gegen eine «blinde Fatalität», in

39 Der Vikar bezieht sich, anachronistisch gesprochen, auf eine der berühmtesten Stellen in Diderots *Pensées philosophiques*: «J'ouvre les cahiers d'un professeur célèbre, et je lis: ‹Athées, je vous accorde que le mouvement est essentiel à la matière; qu'en concluez-vous? ... que le monde résulte du jet fortuit des atomes? J'aimerais autant que vous me dissiez que l'Iliade d'Homere, ou la Henriade de Voltaire est un résultat de jets fortuits de caractères›. Je me garderai bien de faire ce raisonnement à un athée. Cette comparaison lui donnerait beau jeu. Selon les lois de l'analyse des sorts, me dirait-il, je ne dois point être surpris qu'une chose arrive, lorsqu'elle est possible, et que la difficulté de l'événement est compensée par la quantité des jets. Il y a tel nombre de coups dans lesquels je gagerais avec avantage d'amener cent mille six à la fois, avec cent mille dés. Quelle que fût la somme finie des caractères avec laquelle on me proposerait d'engendrer fortuitement l'Iliade, il y a telle somme finie de jets qui me rendrait la proposition avantageuse: mon avantage serait même infini, si la quantité de jets accordée était infinie.» XXI, *OC* II, p. 28. Rousseau war mit der Erwägung der einundzwanzigsten *pensée philosophique* zur zufälligen Entstehung der sichtbaren Welt nicht nur bestens vertraut, sondern von Diderots Argument nachhaltig beeindruckt. In einem Absatz der *Lettre à Voltaire*, der für diese exoterische Schrift allzu kühn war und von Rousseau schließlich unterdrückt wurde, schreibt er 1756: «Je me souviens que ce qui m'a frappé le plus fortement en toute ma vie, sur l'arrangement fortuit de l'univers, est la vingt et unième pensée philosophique, où l'on montre par les lois de l'analyse des sorts, que quand la quantité des jets est infinie, la difficulté de l'événement est plus que suffisamment compensée par la multitude des jets, et que par conséquent l'esprit doit être plus étonné de la durée hypothétique du chaos que de la naissance réelle de l'univers. C'est en supposant le mouvement nécessaire, ce qu'on a jamais dit de plus fort à mon gré sur cette dispute; et, quant à moi, je déclare que je n'y sais pas la moindre réponse qui ait le sens commun, ni vrai, ni faux, sinon de nier comme faux ce qu'on ne peut savoir, que le mouvement soit essentiel à la matiere.» *CC* IV, p. 61. Zur *Lettre à Voltaire* verweise ich auf den erhellenden Aufsatz von Victor Gourevitch: *Rousseau on Providence*, in: *The Review of Metaphysics*, 53:3 (März 2000), p. 565–611. Im *Discours sur l'inégalité* bedient Rousseau sich durchgängig des Arguments, daß «der Zeitraum die geringe Wahrscheinlichkeit der Ereignisse aufwiegt.» Première partie, p. 168; cf. Kommentar *ad locum*.

der er keinen Sinn findet. Der Sinn des Seins hängt ab vom Urteil eines Wesens, das im höchsten Grade sehend ist, *actif*, *intelligent*, *pensant*.[40] Was die beiden ersten Glaubensartikel umfassen und wozu sie für ihn gut sind, zeigt der Vikar in sieben aufeinanderfolgenden Absätzen, die das Zentrum des ersten Teils seiner Rede bilden und den Kern seines Credos, die Lehre von Gott und von der Stellung des Menschen in der Welt, enthalten.[41] Der Vikar beginnt mit einer Präzisierung, die an die Formulierung des ersten Glaubensartikels anknüpft: «Ich glaube also, daß die Welt von einem mächtigen und weisen Willen regiert wird; ich sehe es, oder vielmehr, ich fühle es, und dies zu wissen, ist wichtig für mich.» Wichtig zu wissen ist für den Vikar, worin er die Ursache seines Seins und die Regel seiner Pflichten findet. Die Regierung der Welt durch einen mächtigen und weisen Willen ist wichtig für ihn, weil sie seinen Ort im Ganzen und seine Lebensführung betrifft. Allerdings *weiß* er nicht, was zu wissen wichtig ist, sondern er glaubt es. Sein Glaube an den mächtigen und weisen Willen ist nicht auf das gegründet, was er sieht, sondern auf das, was er fühlt oder was er zu fühlen *glaubt*.[42] Nicht wichtig sei für ihn hingegen, versichert der Vikar dem Schüler, zu wissen, ob die Welt ewig oder erschaffen ist, ob es ein oder zwei oder mehrere Prinzipien der Dinge gibt und was ihre Natur ist. Sollten Kenntnisse darüber für ihn «interessant», d. h. für seine praktische Orientierung dringlich werden, werde er sich bemühen, sie zu erwerben. Bis dahin entsage er solch «müßigen Fragen», die seinen *amour-propre* reizen mögen, aber für seine Lebensführung «nutzlos» sind und seine Vernunft übersteigen. An dem kritischen Punkt, den seine Rede erreicht hat, angesichts der fundamentalen Alternative: Ewigkeit oder Erschaffenheit der Welt, bekräftigt der Vikar nicht nur nachdrücklich, daß er sich vom Primat der praktischen Vernunft bestimmen läßt, sondern er erinnert den Proselyten zugleich an seine Ermahnung, sich nicht der Philosophie zuzuwenden. Für die Philosophen ist die Frage, ob die Welt ewig oder erschaffen sei, freilich alles andere als eine «question oiseuse». In der Fassung: Notwendigkeit oder Schöpfung aus dem Nichts, in der die Frage für die Auseinandersetzung mit dem Offenbarungsglauben entscheidend geworden ist, da sie die Behauptung be-

---

40 41–49 (576–580). Beachte Erstes Buch, Kapitel VII, S. 279–281.
41 50–56 (580–583).
42 Siehe 38 (575) und S. 322.

nennt, die der Offenbarungsglaube machen muß, wenn er sich selbst begreifen will, steht nicht weniger als die Möglichkeit der Philosophie in Frage. Wenn die Welt aus dem Nichts erschaffen wurde, sind der Macht, die sie erschuf, keine Grenzen gesetzt. Sie unterliegt keiner Notwendigkeit, die sie nicht selbst geschaffen hätte und mithin nicht zunichte machen, durchbrechen, aufheben könnte. Die Schöpfung aus dem Nichts ist die notwendige Voraussetzung der Rede von der Allmacht. Die Rede von der Allmacht aber besagt in ebenso vielen Worten, daß alles möglich und nichts notwendig sei. Und wenn nichts notwendig ist, ist die Philosophie unmöglich. Denn ohne Notwendigkeit gibt es kein Wissen und keine «Weisheit der Welt». Dem Vikar sind diese Zusammenhänge vertraut. Daß er den Proselyten von der Philosophie fernhalten will, heißt nicht, daß er von den Philosophen nichts gelernt hätte. Wieviel er von ihnen gelernt hat, geht daraus hervor, daß er in der Explikation seines ersten Dogmas die Regierung der Welt keinem allmächtigen Willen, sondern einer *volonté puissante et sage* zuschreibt.[43] Wie sehr ihm bewußt ist, was in der Frage, ob die Welt ewig oder erschaffen sei, tatsächlich in Rede steht,[44] läßt er erkennen, wenn er die Frage zu Beginn des nächsten Absatzes wiederaufnimmt und dabei die Welt durch die Materie ersetzt: «Ob die Materie ewig oder erschaffen ist, ob es ein passives Prinzip gibt oder nicht gibt, es ist jedenfalls gewiß, daß das Ganze eines ist und auf eine einzige Intelligenz hindeutet.» Der Vikar läßt scheinbar offen, was er nach allem bisher Gesagten nicht offenlassen kann. Er stellt die unmittelbare Konfrontation mit der Offenbarungsreligion bis zum zweiten Teil der Rede zurück. Aber er ist sich im klaren, daß die Natürliche Religion mit einem Credo unvereinbar ist, das auf die Allmacht und die Schöpfung aus dem Nichts rekurriert. Als der Pariser Erzbischof Rousseau wegen der ausweichenden Behandlung der fundamentalen Alternative durch den Vikar scharf angreift, wagt Rousseau sich in der *Lettre à Christophe de Beaumont* weiter vor als der Vikar. Nicht nur weist er darauf hin, daß die Philosophen zu

---

43 Es versteht sich, daß Rousseau im ersten Glaubensartikel der *Religion civile* von einer Gottheit spricht, die *puissante* und nicht *tout-puissante* ist. *Du contrat social* IV, 8, 33, p. 468.
44 Der Vikar eröffnet den einundfünfzigsten Absatz nicht von ungefähr mit der Erklärung: «Souvenez-vous toujours que je n'enseigne point mon sentiment, je l'expose» (581). Eine «précaution», die hier besonders angezeigt erscheint.

allen Zeiten «die Möglichkeit der Schöpfung einmütig verworfen haben».[45] Er stuft die «Vorstellung der Schöpfung», d. h. der Schöpfung aus dem Nichts, ausdrücklich als die Vorstellung ein, «die von allen Vorstellungen, die sich nicht klar widersprechen, für den menschlichen Geist am wenigsten begreifbar» ist.[46] Die creatio ex nihilo wäre das größte aller Wunder. Wenn sie zugegeben wird, gibt es keinen Grund, irgendein Wunder für unmöglich zu halten.

Von den Attributen, die die beiden Glaubensartikel postulierten, schließt der Vikar auf die Existenz eines Wesens, das jene Attribute in sich vereinigt und sie in der Regierung der Welt aktualisiert: «Dieses Wesen, das will und das kann, dieses aus sich selbst aktive Wesen, dieses Wesen endlich, das, was es auch sei, das Universum bewegt und alle Dinge ordnet, nenne ich Gott.» *Dieu* findet im einundfünfzigsten Absatz der *Profession de foi* zum erstenmal Erwähnung, und der Vikar setzt hinzu, daß er «mit diesem Namen» die Vorstellungen der *intelligence, puissance, volonté* verbindet, die er zuvor eingeführt hat – wobei die Einsicht jetzt die Führung übernimmt und die Macht, die in den Artikeln zum Willen und zur Einsicht eingeschlossen war, die Mitte hält –, sowie die der *bonté*, «die ihre notwendige Folge ist». Er erläutert nicht, weshalb die vierte aus den drei anderen Bestimmungen, bzw. aus einer oder zwei von ihnen, folgen muß. Aber er hält bei der ersten Erwähnung Gottes fest, daß die Attribute Gottes in einer notwendigen Beziehung zueinander stehen, daß Gott mithin der Notwendigkeit un-

---

45 Rousseau gibt in seiner Antwort zugleich ein aufschlußreiches Beispiel dafür, wie Autoren, die unter Bedingungen der Zensur geschrieben haben, zu lesen sind: «… si l'existence éternelle et nécessaire de la matiere a pour nous ses difficultés, sa création n'en a pas de moindres; puisque tant d'hommes et de philosophes, qui dans tous les tems ont médité sur ce sujet, ont tous unanimement rejetté la possibilité de la création, excepté peut-être un très-petit nombre qui paroissent avoir sincerement soumis leur raison à l'autorité; sincérité que les motifs de leur intérêt, de leur sûreté, de leur repos, rendent fort suspecte, et dont il sera toujours impossible de s'assurer, tant que l'on risquera quelque chose à parler vrai.» *Lettre à Christophe de Beaumont*, p. 955. – Cf. Leo Strauss: *The Argument and the Action of Plato's «Laws»*. Chicago 1975, p. 150 und *Persecution and the Art of Writing*. Glencoe, Ill. 1952, p. 121 und 123–125.
46 «… l'idée de création, l'idée sous laquelle on conçoit que par un simple acte de volonté rien devient quelque chose, est, de toutes les idées qui ne sont pas clairement contradictoires, la moins compréhensible à l'esprit humain.» *Lettre à Christophe de Beaumont*, p. 956.

terliegt. Wiederum zeigt der Vikar, wieviel er von den Philosophen gelernt hat, auf deren Natürliche Theologie er in einer für ihn höchst wichtigen Rücksicht zurückgreift, ohne daß er sie erklärt oder zu erklären vermag und ungeachtet dessen, was er im unmittelbaren Anschluß einräumt. Denn er fährt fort, daß er das Wesen, dem er den Namen Gott gegeben hat, darum nicht besser kennt, daß es sich seinen Sinnen und seinem Verstand entzieht und daß er, je mehr er über es nachdenkt, in um so größere Verwirrung gerät.[47] «J'apperçois Dieu par tout dans ses œuvres; je le sens en moi, je le vois tout autour de moi; mais sitôt que je veux le contempler en lui-même, sitôt que je veux chercher où il est, ce qu'il est, qu'elle est sa substance, il m'échappe, et mon esprit troublé n'apperçoit plus rien.» Der Vikar scheint geradewegs darauf zuzusteuern, daß er sich die Frage, was Gott sei, untersagt. Doch die Frage, die, soweit sie von der theoretischen Vernunft aufgeworfen wird, als müßig oder unstatthaft, als Ausdruck menschlicher Neugierde oder Vermessenheit zurückgewiesen werden kann, nimmt sich als dringlich oder gerechtfertigt aus, sofern die praktische Vernunft gebietet, ihr nachzugehen. So versichert der Vikar im zweiundfünfzigsten Absatz, in dem die Ausrichtung am Primat der praktischen Vernunft ihren größten Triumph feiert, daß er, durchdrungen von seiner Insuffizienz, *la nature de Dieu* niemals der Vernunft und deren Schlußfolgerungen unterwerfen werde, sofern er nicht durch das Gefühl der Beziehungen Gottes zu ihm «dazu gezwungen» ist, d. h. soweit er nicht Klarheit über die Natur Gottes gewinnen muß, weil sie ihn in ihren Auswirkungen, im Verständnis seiner selbst und seiner Pflichten, in seinem Hoffen und Fürchten betrifft. Diese Schlußfolgerungen der Vernunft seien «immer vermessen» – weshalb die Offenbarungsreligionen sie von Anbeginn an untersagt haben –, und «ein weiser Mensch sollte sie nur mit Zittern anstellen», denn es sei «beleidigender für die Gottheit», wenn schlecht über sie nachgedacht, als wenn gar nicht über sie nachgedacht werde. Wir werden Zeuge, wie der Vikar, stets der praktischen Vernunft folgend, zunächst das Interdikt gegen die Frage nach der Natur Gottes bestätigt, um es für seine Zwecke außer Kraft zu setzen, und dann das erste Ad-hominem-Argument für die Auseinandersetzung mit dem Offenbarungsglauben vorbereitet, indem er, von der Prämisse des Gegenübers ausgehend, unter Berufung auf die Ehre Gottes ein gutes,

---

47 Cf. Cicero: *De natura deorum* I, 60.

richtiges, der Natur Gottes angemessenes Nachdenken über Gott fordert.[48] Vom Nachdenken über Gott kehrt der Vikar zu sich zurück, um im Zentrum seiner Rede über die Natürliche Religion eine Antwort auf die Frage zu geben, welchen Rang ihm die Gottheit in der Ordnung der Dinge zugewiesen hat, die sie regiert. Der stolze Befund und die ermutigende Botschaft für den Proselyten lautet, daß er vermöge seiner Gattung «unbestreitbar» den ersten Rang einnimmt. Durch seine *volonté* und die Instrumente, über die er gebietet, um seinen Willen auszuführen, hat er *plus de force* als «alle Körper», die ihn umgeben, und durch seine *intelligence* ist er der einzige, der über eine Sicht auf das Ganze verfügt. Die Bestimmungen, die die Auszeichnung des Menschen und seine Herrschaft auf Erden begründen, sind das getreue Bild der ersten drei Attribute, die der Vikar Gott zuschrieb – bei einer nicht zu übersehenden, folgenreichen Minderung des zweiten Attributs. «Was ist so lächerlich daran», fragt er am Ende des dreiundfünfzigsten Absatzes, «zu denken, daß alles für mich gemacht ist, wenn ich der einzige bin, der alles auf sich zu beziehen vermag?» Der Finalismus zeigt seinen Sinn an prominentem Ort. Er ist im Ursprung wie im Ergebnis Anthropozentrismus. In der anthropozentrischen Mitte der Natürlichen Religion tritt die Kluft unverhüllt zutage, die das Glaubensbekenntnis des Vikars von der Philosophie Rousseaus trennt.[49] Wenn der Vikar die Konse-

---

[48] Rousseau hatte dieses Ad-hominem-Argument verwendet, als er seine Erziehungspraxis verteidigte, Émile bis zum fünfzehnten Lebensjahr über Gott unwissend zu lassen: «Gardons-nous d'annoncer la vérité à ceux qui ne sont pas en état de l'entrendre, car c'est y vouloir substituer l'erreur. Il vaudroit mieux n'avoir aucune idée de la divinité que d'en avoir des idées basses, fantastiques, injurieuses, indignes d'elle; c'est un moindre mal de la méconoitre que de l'outrager. J'aimerois mieux, dit le bon Plutarque, qu'on crut qu'il n'y a point de Plutarque au monde, que si l'on disoit que Plutarque est injuste, envieux, jaloux, et si tiran qu'il éxige plus qu'il ne laisse le pouvoir de faire.» *Émile* IV, p. 556. Die Stelle in Plutarchs *De superstitione* 169E–170A, auf die sich Rousseau bezieht, hatte in der Kritik der Offenbarungsreligion seit langem ihren Ort. Siehe Diderot: *Pensées philosophiques* XII, OC II, p. 21; Shaftesbury: *A Letter Concerning Enthusiasm* V, in: *Characteristicks of Men, Manners, Opinions, Times*. The Fifth Edition. 1732, I, p. 40–41; Bayle: *Pensées diverses sur la comète*. Edition critique par A. Prat et Pierre Rétat. Paris 1984, zwei Bände. CXV, p. 306–308; Bacon: *The Essayes or Counsels, Civill and Morall* XVII, Of Superstition, Ed. Michael Kiernan, p. 54.
[49] Siehe Erstes Buch, Kapitel IV, S. 158–164.

quenzen für das Selbstverständnis des Menschen umreißt, tut er dies in ständigem Kontrast zu Rousseau.[50] Er bietet die erbauliche Rede vom Menschen als dem «König der Erde», der «sich bis zu der Hand erheben kann, die das Universum regiert» und ihm seine Königswürde verliehen hat, gegen eine «traurige Philosophie» auf, die den Menschen sich mit den Tieren vergleichen läßt und ihn ihnen ähnlich macht.[51] Als «einfacher und wahrer Mensch», der – im Unterschied zu Rousseau – kein «System» zu vertreten habe, sei er mit dem Platz, an den ihn Gott gestellt hat, zufrieden, ja er betrachte ihn als den besten, den er selbst für seine Gattung hätte wählen können – eine Reflexion, die ihn «weniger» stolz mache, als sie ihn rühre. «Puis-je me voir ainsi distingué sans me féliciter de remplir ce poste honorable et sans benir la main qui m'y a placé?» Er empfindet Dankbarkeit gegenüber dem «Urheber» seiner Gattung und betet «die höchste Macht» an, die ihn durch ihre Wohltaten für sich einnimmt. Rührung, Dankbarkeit, Anbetung sind ein «Kult», den ihn niemand zu lehren braucht, da er ihm «von der Natur selbst diktiert» wird. «N'est-ce pas une consequence naturelle de l'amour de soi, d'honorer ce qui nous protége, et d'aimer ce qui nous veut du bien?» Weder schützt die *puissance suprême*, die der Vikar anbetet, den Menschen indes, wie sie andere Lebewesen behütet, noch will sie ihm wohl, wie sie für deren Gutes Sorge trägt. Vielmehr exponiert sie ihn als *Roy de la terre*, und das Gefühl der Dankbarkeit und der Segnung, das der Vikar für den «Auteur de mon espece» hegt, bezieht sich ohne Umschweife darauf, daß er den ersten Rang im *ordre des êtres* innehat. Der Kult der Natürlichen Religion speist sich wesentlich aus dem *amour-propre*. Der *amour-propre* ist mit der Sonderstellung, die der Vikar für den Menschen geltend macht, so eng verbunden, wie die Auszeichnung, die der Athenische Fremde dem Menschen zuschreibt, von allen Lebewesen dasjenige zu sein, das die Gottheit am meisten verehrt,

50 Die Folgerungen für das Selbstverständnis des Menschen werden in den Absätzen 54–56 erläutert, so daß sich eine vollkommene Symmetrie zur Gotteslehre in den Absätzen 50–52 ergibt. *Dieu* wird in den sieben Absätzen des Zentrums von Teil I viermal genannt, *divinité* zweimal, und einmal tritt *l'Auteur de mon espece* auf.
51 Pierre-Maurice Masson und viele Kommentatoren nach ihm haben in der Kritik einen Angriff Rousseaus auf Helvétius' *De l'esprit* erkannt. Keiner von ihnen hat erwogen, daß der Vikar in die Kritik einstimmen könnte, der sich der Autor des *Discours sur l'inégalité* nicht nur von kirchlicher Seite ausgesetzt sah.

mit der Bevorzugung der menschlichen Gattung durch die Gottheit einhergeht.[52]

Die Gemeinsamkeiten, die das Glaubensbekenntnis des Vikars mit der Glaubenslehre des Athenischen Fremden aufweist, sind weitreichend und Grund genug, einen Augenblick innezuhalten. Sie beginnen bei der erklärten Absicht der Rede, die der Fremde an einen imaginären Jüngling richtet und in das Gespräch mit den beiden Alten aus Kreta und Sparta einflicht, den noch formbaren Adressaten durch die Anleitung zum rechten Denken über die Götter in den Stand zu setzen, «ein edles Leben» zu führen.[53] Sie kommen im doktrinalen Gehalt der Unterweisung zum Ausdruck, sowohl in wichtigen Rücksichten, die die Moral betreffen und uns bald begegnen werden, wie in den entscheidenden Voraussetzungen des Glaubens, die uns bereits begegnet sind: so nimmt der Fremde die wesentlichen Postulate und Argumente vorweg, die der Vikar zur Unterstützung der ersten beiden Artikel ins Feld führt.[54] Vor allem aber scheinen der Vikar und der Fremde eine gemeinsame Front zu bilden gegen die Philosophen, die die Entstehung der Welt aus dem Zu-

---

52 Platon: *Nomoi* X, 902b5–6 (Ed. Eduard des Places und Auguste Diès). «The vanity of man is inseparable from his religiosity». Seth Benardete: *Plato's «Laws». The Discovery of Being*. Chicago 2000, p. 309. – Der Vikar hatte im Manuskript zunächst gesagt: «N'est-ce pas un sentiment immediatement dérivé de l'amour propre et par consequent naturel au cœur humain d'honorer ce qui nous protége et d'aimer ce qui nous fait du bien» (Ed. Masson 164). Indem der Vikar am Ende des sechsundfünfzigsten Absatzes nicht von *amour-propre*, sondern von *amour de soi* spricht und den Menschen gleichsam in seine Lebewesenhaftigkeit zurücknimmt, verdeckt oder mildert er, was er zuvor hinsichtlich seiner Besonderheit herausgestellt hat.

53 Platon: *Nomoi* X, 888a4–b4.

54 Der Fremde verfolgt die Kette der Bewegung und des Bewegtwerdens bis zu einem Sichselbstbewegenden zurück, das er als Seele und als lebendig identifiziert. Er postuliert, daß ψυχή, νοῦς, τέχνη früher sind als die Körper und die sichtbare Welt, und bedient sich wie der Vikar des Handwerkermodells von Werk und Werkmeister. Auf welche Weise die Seele den Körper – etwa die Sonne und die anderen Gestirne – bewegt, bleibt bei ihm so ungeklärt wie die Wirkung der aktiven auf die passive Substanz beim Vikar. Daß die Bewegung des Ganzen durch die beste Seele erfolge und mithin der Leitung durch den göttlichen Intellekt unterstehe, diese Folgerung zu ziehen, überläßt der Fremde der Frömmigkeit des Kreters Kleinias: die gegenteilige Annahme wäre gottlos. Platon: *Nomoi* X, 892a–b, 893a6–7, 893b, 894b–895c, 896a–b, 897b1–3, 898c1–9, 899a3–4, 899b2–8, 902e5–903a3; cf. XII, 966d9–967a5 und d4–e2.

sammenspiel von Natur und Zufall und die Erhaltung der Welt aus einer ihr innewohnenden Bewegung begreifen, dieselben Philosophen, die, wie der Fremde klarstellt, dafürhalten, daß die Götter ihre Existenz nicht der Natur, sondern der Konvention verdanken.[55] Dem Credo des Vikars und der Lehre des Fremden ist gemeinsam, daß sie Spielarten ein und derselben Sache vertreten. In beiden Fällen handelt es sich um historische Adaptationen der Natürlichen Religion. Die Natürliche Religion beruht im Unterschied zur positiven oder partikularen Religion nicht auf Herkommen oder Einrichtung. Sie wird durch keine Autorität verfügt oder verbürgt, sondern hält sich in dem Sinne an die bloße Vernunft, daß sie auf die Überredung der Vernunft zurückgeht und angewiesen bleibt. Die Natürliche Religion ist eine Antwort der Vernunft auf das Glaubensbedürfnis des soziablen Menschen. Historische Aktualität gewinnt sie dort, wo die positive Religion ihre Glaubwürdigkeit verloren hat oder im Begriff steht, sie zu verlieren. Sei es, daß der Gehorsam gegen die Religion durch die Praxis ihrer Repräsentanten untergraben wird, oder daß ihre inneren Widersprüche aufbrechen und zur Abkehr von ihr führen, sei es, daß die Konflikte der partikularen Religionen untereinander zu einem Überstieg nötigen, oder daß ihnen ein Gegenspieler erwächst, der ihre Autorität nachhaltig erschüttert. Die Philosophie befand und befindet sich gegenüber den Krisen von Kult, Glaube, Moral nicht in der Position des unbeteiligten Zuschauers. Der Savoyische Vikar und der Athenische Fremde weisen nachdrücklich auf die Gefahren hin, die von der Philosophie ausgehen. Doch die Natürliche Religion, die diesen Gefahren Rechnung tragen soll, verdankt sich, wer immer sie verkündet, nicht weniger dem Denken und Handeln von Philosophen. Rousseau und Platon haben keinen Zweifel gelassen, daß die Lehre der Natürlichen Religion die Herausforderung der Philosophie im Auge hat.[56] In der Präsentation nahmen beide die Anpassungen vor, die ihnen angesichts der jeweiligen historischen Konstellation, der Lage des Glaubens und des Einflusses der Philosophie, geraten erschienen. Da die Natürliche Religion ihre raison d'être darin hat, durch die Vernunft den

---

55 Platon: *Nomoi* X, 888c–890a, insbes. 889b2 und c6 (Natur und Zufall), 889e4–6 und 890a5–6 (Existenz der Götter). Cf. *Émile* IV, p. 552 und 646; *Du contrat social* I, 1, 2, p. 352 und IV, 8, 1, p. 460.
56 Siehe Note 10 (607) und Note 18 (632–635); cf. 107 (606); Platon: *Nomoi* X, 886b10–887a2, 891b2–4; cf. XII, 948c.

Glauben zu befördern, bedarf sie, um auf den Glauben wirken oder Glauben wecken zu können, notwendig der Ausrichtung am geschichtlichen Horizont der Adressaten der Lehre. Ganz anders die Natürliche Theologie, die von den Philosophen weder als Lehre vorgetragen wird noch Glauben verlangt. Die Natürliche Theologie hat ihren Gegenstand in der Frage τί ἐστι θεός, die mit der Philosophie gleichen Ursprungs ist.[57] Ihr fällt das Nachdenken über die Attribute, die Erörterung der Bestimmungen, der Ausweis der Kriterien zu, nach denen die Frage *Was ist ein Gott?* fragt. Sie dient der Klärung des Maßstabs. Die Natürliche Theologie bezeichnet ein Unterfangen der Reflexion und der Kritik.[58] Sie ist nicht die Sache des Vikars, obschon wir gesehen haben, daß er auf wichtige Ergebnisse des philosophischen Nachdenkens zurückgreift, sofern die Natürliche Religion nicht ohne sie auskommen kann oder soweit sie sie in sich aufzunehmen vermag.

Aus den lichten Höhen seiner moralischen Sicht des Universums, seines Stolzes auf den ersten Rang in der Ordnung der Dinge und seiner Anbetung der höchsten Macht steigt der Vikar mit einem großen Aber in die Welt der Menschen herab, über der der Schatten des Übels liegt.

---

57 Cf. *Die Lehre Carl Schmitts*, p. 138–141 und (Dritte Auflage. Stuttgart–Weimar 2009) p. 299–300 sowie *Das theologisch-politische Problem. Zum Thema von Leo Strauss*. Stuttgart–Weimar 2003, p. 45–47.

58 Beachte Erstes Buch, Kapitel II, S. 100–101 und Kapitel IV, S. 171. Wenn in der vorliegenden Schrift von *Natürlicher Theologie* gesprochen wird, ist ausschließlich von der philosophischen Reflexion und Kritik die Rede, die im Text und an den angeführten Stellen der Kapitel II und IV näher bestimmt wird. Ich bin mir bewußt, daß die meisten Autoren die Begriffe *natürliche Theologie* und *natürliche Religion* nicht unterscheiden, sondern synonym verwenden. Um so wichtiger ist eine Unterscheidung der Begriffe, die den Unterschied in der Sache klären hilft und die Intention der Philosophen nicht außer acht läßt. Nach unserer Unterscheidung von Natürlicher Theologie und Natürlicher Religion präsentiert etwa das Buch des Raimundus Sabundus *Theologia naturalis seu liber creaturarum*, das zwischen 1485 und 1852 nicht weniger als vierzehnmal gedruckt wurde und durch Montaignes Übersetzung und Rezeption den Begriff der natürlichen Theologie über die Traditionen des Thomismus und des Calvinismus hinaus bekannt machte, eine Lehre der Natürlichen Religion. Der Autor hat den erfolgreichen Titel seines postum erschienenen Werkes im übrigen nicht selbst gewählt, sondern vom *Liber naturae sive creaturarum* gesprochen, womit der Weg für den Menschen «ad cognoscendum se ipsum et Deum» angegeben wird. (Ed. Friedrich Stegmüller. Stuttgart–Bad Cannstatt 1966, p. 25.)

Das Schauspiel, das sich ihm bietet, sobald er seinen Platz als Individuum innerhalb der Gattung zu erkennen sucht, steht in scharfem Kontrast zur Vorstellung vom wohlgeordneten Ganzen, die ihn daran glauben ließ, die Welt werde von einem mächtigen und weisen Willen regiert: In der Natur nur Harmonie und Ebenmaß, im Menschengeschlecht nur Verwirrung und Unordnung – Chaos. «Les animaux sont heureux, leur Roi seul est misérable! Ô! sagesse, où sont tes loix? Ô! providence, est-ce ainsi que tu régis le monde? Etre bienfaisant qu'est devenu ton pouvoir? Je vois le mal sur la terre.» Der Anthropozentrismus, der den Menschen zum Zweck der Natur und zum König der Erde von Gottes Gnaden erhebt, belädt Gott mit dem Elend der von ihm ausgezeichneten Gattung. Wenn die Gesetzgebung, wo nicht die unmittelbare Regierung der Welt als Werk der Weisheit verstanden werden soll, wird das Übel in der Menschenwelt zum Problem der Weisheit. Wenn alle Bewegung auf absichtsvolles Handeln zurückgeführt wird, unterliegt alles der Frage der moralischen Rechtfertigung. Den Ausweg, den der Vikar zur Entlastung Gottes einschlägt – die Ausgrenzung eines Reichs der Freiheit, in dem die Verantwortung für das Übel dem Menschen übertragen wird –, haben viele vor ihm gesucht. Der Vikar folgt ihm bis zur Antwort des gemäßigten Moralismus, das Übel habe seine Rechtfertigung in der Glückseligkeit, die das Bewußtsein des moralischen Verdienstes eröffnet. Die Mäßigung, die der Vikar dem Moralismus mit der Ausrichtung an der Glückseligkeit auferlegt, sollte erst im strengen Gesetzesdenken des größten Schülers, den der Vikar gefunden hat, aufgegeben werden. Doch ich greife vor. Der Vikar erklärt dem jungen Zuhörer, den er zum erstenmal als «mein guter Freund» anspricht, daß die «erhabenen Vorstellungen von der Seele», zu denen er gelangte, sich ebenjenen «traurigen Reflexionen» und «scheinbaren Widersprüchen», d. h. dem Übel als dem eigentlichen Stein des Anstoßes, verdanken. Beim Nachdenken über die Natur des Menschen glaubte er zwei voneinander unterschiedene Prinzipien zu entdecken. Das eine erhob den Menschen «zum Studium der ewigen Wahrheiten, zur Liebe der Gerechtigkeit und des moralisch Schönen, zu den Gefilden der intellektuellen Welt, deren Kontemplation die Wonnen des Weisen ausmacht»; das andere «zog ihn in die Niederungen seiner selbst hinab, unterwarf ihn der Herrschaft der Sinne, den Leidenschaften, die deren Diener sind, und wirkte durch die Leidenschaften allem entgegen, was ihm das Gefühl des ersten Prinzips eingab». Der Vikar erfährt sich als Kampfplatz «zweier entgegengesetzter Bewegungen». Eine Erfahrung, aus der er zunächst einen anthropologischen und dann einen metaphysischen Dualismus ableitet: «non, l'homme n'est point un; je veux et je ne veux pas, je me sens à la fois esclave et libre; je vois le bien, je l'aime, et je fais le mal». Die Unterscheidung von *être actif* und *être passif*, die ihn von der menschlichen Handlung zu den ersten beiden Glaubensartikeln führte, kehrt mit neuen Zuordnungen wieder. Aktiv glaubt er jetzt zu sein, wenn er auf die Vernunft hört, passiv dagegen, wenn seine Leidenschaften ihn fortreißen. Die Wortwahl des Vikars läßt bereits erkennen, daß der neuen Verwendung von *aktiv* und *passiv* jene Plausibilität fehlt, die der gemeine Menschenverstand der Rede vom aktiven Willen, der eine Bewegung setzt, und vom passiven Körper, dem eine Bewegung mitgeteilt wird, zubilligen mochte. In der neuen Übersetzung heißt aktiv sein, die Leidenschaften beherrschen, passiv sein, von den Leidenschaften beherrscht werden. Aktiv oder frei ist der Wille, wenn er von der Vernunft, passiv oder unfrei, wenn er von den Leidenschaften bestimmt wird. Nachdem wir die Gegenüberstellung Herrschaft der Vernunft oder Herrschaft der Leidenschaften erreicht haben, schiebt der Vikar eine Abschweifung ein, die mit der zweiten emphatischen Berufung auf *la conscience* in der Unterweisung einsetzt,[59] um die «zwei Prinzipien», die sich im Menschen widerstreiten, auf einen moralischen Antagonismus zurückzuführen, der dem Dualismus von Vernunft und Leidenschaften keineswegs entspricht: «wenn es ein dem Menschen natürlicher Hang ist, sich allem vorzuziehen, und wenn das erste Gefühl der Gerechtigkeit dem menschlichen Herzen dennoch angeboren ist», wie der Vikar in seiner Lehre vom Gewissen annimmt, die er später entfalten wird, dann bedarf es mehr als «nur einer Substanz», um diesen Antagonismus zu begründen.[60] Aus moralischen Erwägungen postuliert der

---

[59] «Jeune homme, écoutez avec confiance, je serai toujours de bonne foi. Si la conscience est l'ouvrage des préjugés, j'ai tort, sans doute, et il n'y a point de morale démontrée; mais si ...» 59 (583–584). Zum erstenmal hatte sich der Vikar im dritten Absatz auf das Gewissen berufen und dabei den Proselyten mit «O! bon jeune homme» angesprochen: «On nous dit que la conscience est l'ouvrage des préjugés; cependant je sais par mon expérience qu'elle s'obstine à suivre l'ordre de la nature contre toutes les loix des hommes. On a beau nous deffendre ceci ou cela, le remords nous reproche toujours foiblement ce que nous permet la nature bien ordonnée, à plus forte raison ce qu'elle nous prescrit» 3 (566).
[60] Der Vikar knüpft in der Formulierung des moralischen Antagonismus mit «le

Vikar einen metaphysischen Dualismus, den er gegen die Einwände der Materialisten verteidigt. Dabei stützt er sich abermals auf die innere Gewißheit, aus der er zuvor gefolgert hatte, «die erste Ursache jeder Bewegung» müsse ein Wille sein und mithin einer Absicht gehorchen.[61] Am Ende der Abschweifung ist die Unterscheidung von *être actif* und *être passif* in die von *être immateriel* und *être materiel* überführt, und die Erhebung der «Stimme der Seele gegen das Gesetz des Körpers», dem die Leidenschaften zugeschlagen werden, weist das «Gefühl der Freiheit» aus. Mit der Rückkehr zur Frage, wodurch der Wille bestimmt wird, der als frei soll gelten können, betritt der Vikar wieder anderen Boden. Der Wille des Menschen, der auf die Vernunft hört, statt sich von seinen Leidenschaften hinreißen zu lassen, folgt, näher besehen, der Aktivität seines Urteils, das durch seine *faculté intelligente* oder seine *puissance de juger* bestimmt wird. Kurz: «die bestimmende Ursache ist in ihm selbst» – eine Aussage, die ohne die Annahme eines metaphysischen Dualismus auskommt. Gleiches gilt, wenn der Vikar auf der notwendigen Ausrichtung der Freiheit seines Willens am eigenen Guten besteht und in beinahe so vielen Worten festhält, daß Freiheit nicht Freiheit von der eigenen Identität, geschweige von der eigenen Natur, bedeutet: «Sans doute je ne suis pas libre de ne pas vouloir mon propre bien, je ne suis pas libre de vouloir mon mal; mais ma liberté consiste en cela même, que je ne puis vouloir que ce qui m'est convenable ou que j'estime tel, sans que rien d'étranger à moi me détermine. S'ensuit-il que je ne sois pas mon maitre, parce que je ne suis pas le maitre d'être un autre que moi?» Erst die Formulierung des dritten Dogmas, das der Vikar aus dem «aktiven Prinzip» gewinnt, notifiziert den metaphysischen Ertrag der Abschweifung. «Der Mensch ist also frei in seinen Handlungen und als solcher von einer immateriellen Substanz belebt/beseelt; das ist mein dritter Glaubensartikel.» Alle übrigen Artikel folgen aus den ersten drei.[62]

---

prémier sentiment de la justice» an den zentralen der drei Zwecke an, die er dem «ersten Prinzip» zugeschrieben hatte: «à l'amour de la justice et du beau moral». Die beiden flankierenden Zwecke, die auf die Philosophie verwiesen, läßt er zurück. 58 (583) und 59 (584).

61 «Nul être materiel n'est actif par lui-même, et moi je le suis. On a beau me disputer cela, je le sens, et ce sentiment qui me parle est plus fort que la raison qui le combat» 63 (585). Cf. 36 (574) und siehe S. 323–324.

62 57–66 (583–587).

Aus dem dritten Glaubensartikel leitet der Vikar unmittelbar die Entlastung Gottes ab. Wenn der Mensch frei ist und aus sich selbst heraus handelt, «tritt alles, was er frei tut, nicht in das von der Vorsehung geordnete System ein.» Die immaterielle Substanz, an der der Mensch im Unterschied zu den anderen Lebewesen teilhat, eröffnet ein Reich der Freiheit, das der Vorsehung «nicht zugerechnet werden kann», gleichwohl indes, wie sich bald herausstellt, der göttlichen Gerichtsbarkeit unterstehen soll. Die Vorsehung «will das Böse nicht, das der Mensch tut, indem er die Freiheit mißbraucht, die sie ihm gibt, aber sie hindert ihn nicht daran, es zu tun.» Trägt sie, wenn sie ihn hindern könnte, keine Verantwortung für das, was sie in der Enklave des von ihr geordneten Systems geschehen läßt? Warum also verwehrt sie dem Menschen den Mißbrauch seiner Freiheit nicht? Der Vikar gibt zwei alternative Antworten, die der Bifurkation des ersten Prinzips der Natur des Menschen zur Philosophie einerseits, zur Moral andererseits korrespondieren. Entweder ist «dieses Böse von seiten eines so schwachen Wesens» in den Augen Gottes «nichts», oder er könnte es nicht verhindern, ohne die Freiheit des Menschen einzuschränken und «ein größeres Übel zu tun», indem er die Natur des Menschen «herabwürdigte». Die Unverträglichkeit der ersten Antwort mit der Natürlichen Religion, die der Vikar bisher vorgestellt hat, liegt auf der Hand. Nicht nur spricht sie dem Menschen ebendie Bedeutsamkeit ab, die die anthropozentrische Lehre dem «König der Erde» zuerkannte. Sie läßt sich vor allem nicht mit der moralischen Sicht des Ganzen übereinbringen, die den drei Glaubensartikeln zugrunde liegt. Zwar beeilt sich der Vikar zu versichern, die Vorsehung habe die Kräfte des Menschen so begrenzt, «daß der Mißbrauch der Freiheit, die sie ihm läßt, die allgemeine Ordnung nicht stören kann». Und er setzt über das Böse, das der Mensch auf der ihm innerhalb des *ordre général* eingeräumten Spielwiese zu tun vermag, beschwichtigend hinzu: «Le mal que l'homme fait retombe sur lui, sans rien changer au sistême du monde, sans empêcher que l'espéce humaine elle-même ne se conserve malgré qu'elle en ait.» Aber all dies kann nicht über den entscheidenden Punkt der ersten Antwort hinwegtäuschen, daß das Böse, das der Mensch tut, in den Augen der Vorsehung *nul* wäre und die göttliche Weisheit demzufolge die Sorge der menschlichen Moral nicht teilte.[63] Der Vikar muß deshalb ganz auf die zweite Antwort

---

63 Cf. Platon: *Nomoi* X, 885b7–8, 888c4–5, 899d5–6, 900b2–3 und 901b8–c1.

bauen. Gott konnte nicht verhindern, daß der Mensch das Böse tut, wenn er den Zweck verwirklichen wollte, den er für die menschliche Gattung bestimmt hatte. Denn Gott ist nicht allmächtig. Doch er teilt die Sorge der menschlichen Moral. Sie ist untrennbar mit seinem Zweck verbunden. Er zeichnete die menschliche Natur durch die Freiheit zur Moral aus. Er «veredelte» die Handlungen des Menschen durch die Moralität. Er gab ihm «das Recht auf die Tugend». Er stellte ihm das Glück in Aussicht, Erfüllung vorzüglich im moralischen Verdienst zu finden. «Der höchste Genuß liegt in der Zufriedenheit mit sich selbst; um uns diese Zufriedenheit zu verdienen, sind wir auf Erden, und mit der Freiheit begabt, werden wir durch die Leidenschaften versucht und durch das Gewissen zurückgehalten.» Das Bewußtsein des moralischen Verdienstes setzt die Möglichkeit des Bösen voraus. Im Genuß des Bewußtseins des selbsterworbenen moralischen Verdienstes erfährt das Übel seine Rechtfertigung. Und im Kontext dieser Rechtfertigung ruft der Vikar zum erstenmal in seiner Rede Gott an: «Non, Dieu de mon ame, je ne te reprocherai jamais de l'avoir faite à ton image afin que je pusse être libre, bon et heureux comme toi!» Nach allem, was wir gehört und gesehen haben, müssen wir annehmen, daß der Vikar sich die göttliche Glückseligkeit nach dem Bilde des moralischen Menschen denkt. Auch deshalb rückt die Anrufung Gottes die Frage der göttlichen Gerechtigkeit in den Vordergrund, die mit der Rechtfertigung des Übels aus der Notwendigkeit von Freiheit und Verdienst offenbar nicht hinreichend beantwortet ist. Der Vikar tritt einen Schritt zurück und sieht, weiter ausgreifend, von der besonderen Zwecksetzung für die menschliche Gattung ab, um zunächst die Güte der generellen Providenz darzutun. «Das moralische Übel ist unbestreitbar unser Werk, und das physische Übel wäre nichts ohne unsere Laster, die es für uns spürbar gemacht haben.» Der Mensch erscheint in jeder Hinsicht als *l'auteur du mal*. Seine Fortschritte, seine Irrtümer, seine Verfehlungen abgerechnet, ohne das, was er an Eigenem beigetragen hat, ohne sein Werk – ist alles gut.[64] Wo alles gut ist, ist nichts ungerecht. Die Güte Gottes ist die

---

64 Der Vikar bedient sich in den Absätzen 68 und 69 einer Argumentation, die Rousseau im *Discours sur l'inégalité* und andernorts verwendet, um die Natur im Rückgang auf einen Zustand der Animalität oder der Einfachheit zu «rechtfertigen», in dem der Mensch «ewig» hätte verharren können, wäre er nicht durch zufällige Veränderungen, die in seinen äußeren Lebensverhältnissen eintraten, gezwun-

erste Antwort auf die Frage nach seiner Gerechtigkeit. Doch anders als der Weg über die Ordnung der allgemeinen Vorsehung erwarten ließe, bindet der Vikar die Güte Gottes nicht an die Güte von Gottes Werk. Tatsächlich leitet er, im Unterschied zu manchem Vertreter der Natürlichen Religion vor und nach ihm, die Güte Gottes nicht aus ihrer Wirkung ab, sondern er begreift sie selbst als eine notwendige Wirkung, nämlich als «l'effet nécessaire d'une puissance sans borne et de l'amour de soi essentiel à tout être qui se sent». Was seinen *amour de soi* betrifft, so könnte der Gott, der seine Macht im Hervorbringen und Bewahren aktualisiert und «seine Existenz sozusagen mit der Existenz der Wesen ausdehnt», nicht «zerstörerisch und böse sein», ohne sich zu schaden.[65] Und was die *puissance sans borne* angeht, so kann der, der – innerhalb des Reiches der Notwendigkeit – «alles» kann, nur wollen, was gut ist. Der Vikar stützt sich hier auf ein grundlegendes Konzept der Natürlichen Theologie, das Rousseau durch eine eigene Anmerkung unterstreicht und das er in seiner Rekonstruktion des Naturzustandes entfaltet hatte: Die Güte resultiert aus der Macht. Macht verstanden als die Stärke, die kein Ressentiment entstehen läßt. Macht verstanden als das Vermögen, die Bedürfnisse und die Mittel zu ihrer Befriedigung im Gleichgewicht zu halten. Macht verstanden als Selbstgenügsamkeit. Wenn der Vikar erklärt, das Wesen, das im höchsten Maße gut ist, sei dies, weil oder insofern es im höchsten Maße mächtig ist, steht er auf dem Boden der Natürlichen Theologie und der Anthropologie Rousseaus. Aber der Vikar macht beim Gutsein nicht halt. Er zielt auf die Gerechtigkeit. Das

gen worden, jenen Zustand zu verlassen. In der Lehre der Natürlichen Religion verliert diese Argumentation indes alle Kraft, da die Welt als absichtsvoll geordnet und die Entwicklung des Menschen zu einem moralischen Wesen als Zweck des göttlichen Willens vorgestellt wird. So sagt der Vikar etwa über die Leidenschaften und den Tod: «Combien l'homme vivant dans la simplicité primitive est sujet à peu de maux! Il vit presque sans maladies ainsi que sans passions, et ne prévoit ni ne sent la mort»; «la prévoyance de la mort la rend horrible et l'accélère; plus on la veut fuir, plus on la sent, et l'on meurt de frayeur durant toute sa vie en murmurant contre la nature des maux qu'on s'est faits en l'offensant» 68 (588). Nach der Doktrin, die der Vikar soeben vorgetragen hat, setzt «la suprême jouïssance», die wir uns als moralische Wesen verdienen können, aber voraus, «que nous somme tentés par les passions», und die Moralität der Handlungen, in die der Vikar die Auszeichnung des Menschen verlegt, ist an die Voraussicht des Todes gebunden. 67 (587).
65 Cf. Platon: *Nomoi* X, 902b8–9.

Wesen, das im höchsten Maße gut ist, müsse «also» auch im höchsten Maße gerecht sein, «andernfalls widerspräche es sich selbst»: *l'Être souverainement bon* ist sich Konsistenz schuldig.[66] Wäre es inkonsistent oder irrational, könnte es nicht als im höchsten Maße gut gelten. Noch einmal stimmt der Vikar mit der Natürlichen Theologie überein. Die Frage, weshalb das höchste Gutsein ohne die höchste Gerechtigkeit einen Selbstwiderspruch beinhaltete, beantwortet der Vikar mit Definitionen, die *bonté* und *justice* als zwei Aspekte Einer Sache bestimmen: «denn die Liebe zur Ordnung, die die Ordnung hervorbringt, heißt *Güte*, und die Liebe zur Ordnung, die sie erhält, heißt *Gerechtigkeit*». Der Wille zum Guten, der in der Liebe zur Ordnung seinen Ausdruck findet, wäre inkonsistent, wenn er nicht erhalten wollte, was er hervorbringt. Auf diese Weise schlägt der Vikar eine Brücke von dem im höchsten Maße guten Wesen, das sich selbst Konsistenz schuldet, zu einem im höchsten Maße gerechten Wesen, das anderen Wesen Fürsorge schuldet. Er läßt die Natürliche Theologie hinter sich und öffnet die Selbstgenügsamkeit des höchsten Wesens für die Forderungen der Natürlichen Religion.[67] So gerüstet, begibt er sich auf das Terrain der Offenbarungsreligion – der Vikar spricht zum erstenmal von *créatures* –, um der Gnadenlehre des Paulus und seiner Nachfolger entgegenzutreten:[68] «Gott, sagt man, schuldet seinen Geschöpfen nichts; ich glaube, daß er ihnen alles schuldet, was er ihnen versprach, indem er ihnen das Sein gab. Nun, ihnen die Vorstellung von einem Gut zu geben und sie das Bedürfnis danach fühlen zu lassen, heißt es ihnen zu versprechen.» Das Gut, das der Vikar unter Berufung auf die Gerechtigkeit einfordert, ist nichts Geringeres als das höchste Gut. Er liest in seiner Seele «diese Worte geschrieben: *sei gerecht, und du wirst glücklich sein*.» Der Lohn, den die göttliche Gerechtigkeit dem Gerechten schuldet, ist das Glück. Im «gegenwärtigen Zustand der Dinge» wird dem Gerechten der versprochene Lohn aber nicht zuteil. Vielmehr gilt: «der Böse gedeiht, und der Gerechte bleibt unterdrückt.» Die moralische Entrüstung des Gerechten über diesen Befund und die Feststellung, daß sich selbst das Gewissen

---

66 Cf. Erstes Buch, Kapitel II, S. 77.
67 Cf. Erstes Buch, Kapitel II, S. 93 und 96–98; Kapitel V, S. 193–196.
68 Paulus: *Ad Romanos* IX, 11–23. Beachte Rousseaus Kritik an Paulus in *Lettres écrites de la montagne* I, 49, 58, 69, p. 700, 702, 705; III, 31 note 3, 95, p. 735, 754; V, 122 note, p. 798; und siehe Erstes Buch, Kapitel II, S. 96 mit Anm. 51.

«gegen seinen Urheber» erhebt, um ihn im Namen der Gerechtigkeit anzuklagen, sprechen dafür, daß dem moralischen Menschen der höchste Genuß, den ihm die Natürliche Religion vor Augen hält, das Bewußtsein des selbsterworbenen moralischen Verdienstes, als Rechtfertigung des Übels nicht genügt.[69] Das Ungenügen an der Antwort, die zur Rechtfertigung des Übels auf die generelle Providenz und deren besondere Zwecksetzung für die menschliche Gattung verweist, veranlaßte den Vikar, die Gerechtigkeit Gottes als Fürsorge im einzelnen zu fordern. Die Kluft, die sich zwischen der Erwartung an die partikulare Providenz und dem *état present des choses* auftat, bringt ihn jetzt dazu, den gerechten Ausgleich in einem Leben nach dem Tod zu postulieren.[70] Die Voraussetzung für einen solchen Ausgleich ist die Lehre von den zwei Substanzen. «Wenn die Seele immateriell ist, kann sie den Körper überleben, und wenn sie ihn überlebt, ist die Vorsehung gerechtfertigt.» Die Hoffnung, daß mit dem Tod «alles zur Ordnung zurückkehrt», was im Leben aus ihr herausfällt, sie stört oder ihr widerspricht, wird zur wahrhaften Entlastung Gottes und zur wichtigsten Stütze der moralischen Weltordnung. «Wenn ich keinen anderen Beweis für die Immaterialität der Seele hätte als den Triumph des Bösen und die Unterdrückung des Gerechten in dieser Welt, hinderte allein das mich, daran zu zweifeln.» Deutlicher läßt sich die praktische Absicht kaum herausstellen, der die Metaphysik der zwei Substanzen gehorcht. Der Vikar beschränkt sich nicht darauf, sie als Bedingung der Möglichkeit des jenseitigen Ausgleichs auszuweisen, indem er erläutert, daß der Zerfall der Einheit von Körper und Seele bei Annahme der zwei Substanzen den Glauben erlaubt, der Körper löse sich auf, wohingegen die Seele sich erhält. Er geht so weit, die Einheit von Körper und Seele im Leben als einen «gewaltsamen Zustand» herabzusetzen und ihre Zerstörung als einen Augenblick auszugeben, in dem beide zu ihrem «natürlichen Zustand zurückkehren». Der Tod erscheint so als ein Akt der Befreiung. «Die aktive und lebendige Substanz gewinnt die ganze Kraft zurück, die sie aufwandte, um die passive und tote Substanz zu bewegen.»[71] Die Sorge der Moral führt am Ende zur Vertauschung von Tod und Leben: «Hélas! je je sens trop par mes vices,

---

69 67–71 und Note 7 (587–589). Cf. Erstes Buch, Kapitel VII, S. 281.
70 Cf. Platon: *Nomoi* X; 903b1 und 904a6–905d4.
71 Cf. Anm. 54.

l'homme ne vit qu'à moitié durant sa vie, et la vie de l'ame ne commence qu'à la mort du corps.» Allerdings bekennt der Vikar, daß er nichts über das Leben weiß, auf das die Hoffnung des Gerechten und für den Gerechten baut. Auch weiß er nicht, ob die Seele «ihrer Natur nach unsterblich ist». Tatsächlich nimmt er weder davor noch danach den Begriff der Unsterblichkeit der Seele ein einziges Mal in den Mund. «Ich glaube, daß die Seele den Körper lange genug für die Aufrechterhaltung der Ordnung überlebt; wer weiß, ob das lange genug ist, um für immer Bestand zu haben?» Die Hoffnung auf ein Leben nach dem Tod antwortet in der Rede des Vikars auf die Forderung nach Gerechtigkeit. Sie wird nicht im Wunsch nach Unsterblichkeit verankert oder aus der Behauptung eines natürlichen Bedürfnisses nach ewigem Leben hergeleitet. Deshalb braucht *la vie à venir*[72] nicht länger zu dauern als die Frist, die der gerechte Ausgleich verlangt. Und da der Ausgleich eine «Entschädigung» für die «Unterdrückung des Gerechten» oder für das nicht aufgewogene Unglück in diesem Leben gewähren soll, mag die Frist individuell sehr verschieden ausfallen. Mit der Konsequenz, daß für den, der Glückseligkeit im Diesseits erfährt, kein gerechter Ausgleich im Jenseits und folglich kein zukünftiges Leben postuliert werden muß.[73] Die Behandlung der Frage, welche «Entschädigung» von einem Leben nach dem Tod zu erhoffen sei, weist in dieselbe Richtung.

72 Das sechste Dogma der *Religion civile*, das wie die anderen neun Dogmen «sans explications ni commentaires» bleiben soll, besteht aus den vier Worten: *la vie à venir*. Von Unsterblichkeit ist in der *Religion civile* ebensowenig die Rede wie im Glaubensbekenntnis des Vikars. Die Dogmen sieben und acht lauten: *le bonheur des justes, le châtiment des méchans. Du contrat social* IV, 8, 33, p. 468. – Zur Unterstützung des Dogmas vom zukünftigen Leben bietet Rousseau in Note 8 der *Profession de foi* (591) – ohne jede Erklärung oder irgendeinen Kommentar – die einzige Bibelstelle auf, die er in seinen Anmerkungen zur Rede des Vikars zitiert: «*Non pas pour nous, non pas pour nous, Seigneur, / Mais pour ton nom, mais pour ton propre honneur, / O Dieu! fais-nous revivre!* Ps. 115.» Er entnimmt das Zitat aus Psalm 115 mit der gemeinhin unbekannten dritten Zeile in Vers 1 *O Gott, rufe uns wieder ins Leben!* wörtlich dem durch die Kirche von Genf autorisierten Text des zu seiner Zeit verwendeten Gesangbuchs der Psalmen: *Les Psaumes de David, en vers françois. Aprouvés par les Pasteurs et Professeurs de l'Eglise et de l'Academie de Geneve.* Genf, Pierre Jaquier, 1737, p. 229. (Beachte die Kritik des Vikars an der Aussage, Gott schulde seinen Geschöpfen nichts, in Absatz 71, die sowohl gegen Paulus als auch gegen Calvin gerichtet ist.)
73 Cf. Erstes Buch, Kapitel II, S. 90, 98 und Kapitel IV, S. 165, 171, 175.

Der Vikar weiß, «daß die Identität des *Ich* sich nur durch das Gedächtnis verlängert». Sie beruht auf einem Urteil, das Erinnerung voraussetzt.[74] Wenn er in einem zukünftigen Leben entschädigt werden soll, muß er sich also an sein wirkliches Leben erinnern können, an das, was er fühlte, was er dachte und was er tat. Auf das Einzige, was er in Rücksicht auf das Leben nach dem Tod *weiß*, auf die *Notwendigkeit* der Erinnerung für jede mögliche Entschädigung, gründet er seine Erwartung: «ich zweifle nicht daran, daß diese Erinnerung eines Tages die Glückseligkeit der Guten und die Qual der Bösen ausmachen wird».

Die Guten werden einesteils, befreit von den «Illusionen», die der Körper und die Sinne bewirken, die Kontemplation der «vérités éternelles» und des «Etre suprême» genießen, die sie vermöge des ersten Prinzips der menschlichen Natur, obschon unter größeren Anstrengungen, in ihrem früheren Leben genießen konnten;[75] anderenteils werden sie die «reine Wollust» erfahren, «die aus der Zufriedenheit mit sich selbst entsteht», eine Erfahrung, die ihnen zuvor gleichfalls nicht verwehrt war. Den Bösen bleibt im Unterschied zu den Guten und den Gerechten «die bittere Reue, sich erniedrigt zu haben». Der Vikar weist die Frage zurück, ob es «andere Quellen des Glücks und des Leidens» geben werde als die der Erinnerung und der gesteigerten Wiederholung des im Diesseits Erfahrenen. Darüber weiß er nichts. Aber er deutet an, daß die Guten, ob im Diesseits oder im Jenseits, ihr Glück nie in etwas anderem finden werden als in einer Existenz gemäß ihrer Natur. Auch die Frage, «ob die Qualen der Bösen ewig dauern werden», weist der Vikar von sich. Wiederum weiß er darüber nichts. Doch es fällt ihm schwer zu glauben, die Bösen könnten zu «Qualen ohne Ende» verdammt sein. Wären unendliche Strafen ein gerechter Ausgleich für endliche Verbrechen? Die Hölle, die die Offenbarungsreligionen für die ewige Verdammnis bereithalten, braucht jedenfalls nicht erst im anderen Leben gesucht zu werden: «sie ist schon in diesem in den Herzen der Bösen».

---

74 Siehe 20 und 25 (571–572). Kann das Gedächtnis die «identité du *moi*» ohne den Körper, unabhängig von den Sinnen aufrechterhalten? Der Vikar, der im Satz davor sagt, daß er nicht weiß, was die *essence* der Seele sei, äußert sich nicht über die Zuordnung von *la mémoire*. Dasselbe gilt für das Verhältnis des Gedächtnisses zum *être pensant*, über den er im vorangegangenen Absatz erklärt hat: «n'imaginant point comment il peut mourir, je présume qu'il ne meurt pas» 75 (590).
75 Cf. 58 (583); siehe S. 335–337 und Anm. 60.

Sind sie nicht genug gestraft, sich ihrer eigenen Hölle erinnern zu müssen? Das Schicksal der Bösen gibt dem Vikar Gelegenheit, beunruhigende Fragen aufzuwerfen, die erhebliche Weiterungen für die Lehre der Trennung von Seele und Körper in sich bergen. Was kann an den Bösen noch böse sein, sobald sie tot sind, d. h., wenn sie von ihren Körpern, ihren Leidenschaften, ihren Verbrechen für immer geschieden werden? «De quelle perversité de purs esprits seroient-ils susceptibles? N'ayant besoin de rien pourquoi seroient-ils méchans? Si, destitués de nos sens grossiers, tout leur bonheur est dans la contemplation des êtres, ils ne sauroient vouloir que le bien, et quiconque cesse d'être méchant peut-il être à jamais misérable?» Am Ende seiner Betrachtungen zum Leben nach dem Tod kehrt das Problem der Identität wieder, auf das der Vikar zuvor aufmerksam gemacht hatte. Wie kann vom Weiterleben der Bösen, der Gerechten oder der Guten gesprochen werden, wenn das, was den Guten gut, den Gerechten gerecht, den Bösen böse sein läßt, aufhört zu existieren? Wie vermag die «Identität des Ich» sich zu «verlängern», wenn die Einheit von Seele und Körper zerfallen, das Individuum zerstört, die Natur, die seine Identität konstituiert, nicht länger intakt ist? Statt dergleichen Fragen auszusprechen, zu denen er hingeführt hat, ruft der Vikar aus: «Ô Etre clément et bon! quels que soient tes decrets, je les adore; si tu punis les méchans, j'anéantis ma foible raison devant ta justice.» Das Aber, das dieser Versicherung der Bereitschaft, seine Vernunft vor der Gerechtigkeit zunichte zu machen, folgen muß, mündet in ein Beispiel der Mäßigung oder der Barmherzigkeit, das geeignet ist, den Furor der moralischen Entrüstung zu bezähmen: «Ist der Böse nicht mein Bruder?» Sollte er in seinem zukünftigen Leben glücklich werden, wie ich es bin, «wird sein Glück, weit entfernt, meine Eifersucht hervorzurufen, nur das meine vergrößern».[76]

Bevor der Vikar sich anschickt, den Schlußstein, die Lehre von der «unsterblichen und himmlischen Stimme» des Gewissens, im Gebäude der moralischen Weltordnung zu verfugen, gibt er in vier Absätzen eine gedrängte Zusammenfassung der Lehre von Gott, die dieses Gebäude zur Voraussetzung hat.[77] Durch die Betrachtung der Werke und durch

---

76 72–78 (589–592).
77 79–82 (592–594). Die Absätze 81 und 82 bilden das numerische Zentrum der «Transkription»: die Absätze 100 und 101 des mit Rahmenerzählung und Glaubensbekenntnis zweihundert Absätze umfassenden Werkes.

das Studium derjenigen Attribute Gottes, die zu erkennen für ihn wichtig war,[78] ist der Lehrer der Natürlichen Religion zu einer Vorstellung vom «Etre immense» gelangt, die er als «plus noble et plus grande» und zugleich als «moins proportionnée à la raison humaine» charakterisiert. Der Gott, auf den der Vikar baut, soll in seinem Wesen, obschon nicht in jedem seiner Attribute, für den Menschen inkommensurabel sein. So rückt er ihn zunächst in eine unfaßbare Ferne. Gott ist nicht körperlich oder sinnlich wahrnehmbar. Die höchste Intelligenz, die die Welt regiert, ist kein Teil der Welt. Wenn der Vikar sagen hört, seine Seele sei geistig und Gott sei ein Geist, «entrüstet» er sich über «diese Erniedrigung des göttlichen Wesens». «Comme si Dieu n'étoit pas le seul être absolu, le seul vraîment actif, sentant, pensant, voulant par lui-même, et duquel nous tenons la pensée, le sentiment, l'activité, la volonté, la liberté, l'être.» Wir sind nur frei, weil er will, daß wir frei sind, und seine «unerklärliche Substanz» verhält sich so zu unseren Seelen, wie sich unsere Seelen zu unseren Körpern verhalten, d. h., sie ist «höher» als unsere Seelen, ohne daß wir sagen könnten, was sie ist, und sie bewegt unsere Seelen, ohne daß wir zu verstehen vermöchten, wie sie das tut. Der Vikar wiederholt sein Nichtwissen und Nichtbegreifen angesichts des Schöpfungsglaubens.[79] Er verweigert Gott den Titel «Schöpfer der Welt», um in einem Atemzug emphatisch den großen Werkmeister in Erinnerung zu bringen, zu dem er sich in den ersten beiden Glaubensartikeln bekannte: «ich weiß, daß er das Universum und alles, was existiert, geformt hat, daß er alles gemacht, alles geordnet hat». Und «ohne Zweifel» ist Gott ewig, wie man sagt. Aber der Geist des Vikars kann die Vorstellung der Ewigkeit nicht fassen. Was die Attribute angeht, die der Vikar Gott im eigenen Namen beigelegt hatte, so beginnt er die neue

---

78 Absatz 79 bezieht sich auf Absatz 50 zurück. Siehe S. 327–335 und beachte Anm. 58.
79 «S'il a créé la matiére, les corps, les esprits, le monde, je n'en sais rien. L'idée de création me confond et passe ma portée; je crois autant que je la puis concevoir» 79 (593). Allerdings läßt der Vikar der Wiederholung seines Nichtwissens einen Hinweis auf das Problem des Übergangs von Sein zu Nichts und Nichts zu Sein folgen, das in einer an ihr selbst unanstößigen Aussage das gefährliche Wort *absurdité* einführt: «Qu'un être que je ne conçois pas donne l'existence à d'autres êtres, cela n'est qu'obscur et incompréhensible; mais que l'être et le néant se convertissent d'eux-mêmes l'un dans l'autre, c'est une contradiction palpable, c'est une claire absurdité» 79 (593). Siehe 50–51 (581) und S. 327–329.

Erörterung bei der *Einsicht*: «Dieu est intelligent; mais comment l'est-il? L'homme est intelligent quand il raisone, et la suprême intelligence n'a pas besoin de raisoner; il n'y a pour elle ni prémisses, ni conséquences, il n'y a pas même de proposition; elle est purement intuitive, elle voit également tout ce qui est et tout ce qui peut être, toutes les vérités ne sont pour elle qu'une seule idée comme tous les lieux un seul point et tous les tems un seul moment.» Die höchste Intelligenz hat mit der menschlichen Intelligenz in der staunenswerten Darstellung des Vikars kaum mehr als den Namen gemein. Sie bedarf keiner vernünftigen Schlußfolgerungen. Sie kennt im Unterschied zum Vikar offenbar keine Negativität. Sie legt nichts auseinander, sondern bewahrt alles in der Ungeschiedenheit der reinen Intuition, d. h., sie denkt nicht. Und sowenig sie die Wahrheit in propositionalen Gehalten artikuliert, so wenig *ist* die Welt für sie in Raum und Zeit artikuliert. Auch das zweite Attribut, die *Macht*, scheint vom Menschen durch eine unüberbrückbare Kluft getrennt. Während die menschliche Macht auf Mittel angewiesen ist, Körper und Sprache, Instrumente und Institutionen nötig hat, handelt die göttliche Macht ganz aus sich und für sich. Im Falle Gottes ist der Wille Macht. «Dieu peut parce qu'il veut, sa volonté fait son pouvoir.» Sind die ersten beiden Attribute Gottes dem Fassungsvermögen des Menschen entzogen, so gilt das für die Verhandlung des dritten und des vierten Attributs keineswegs. Zwar unterscheidet der Vikar auch die *Güte* und die *Gerechtigkeit* in Rücksicht auf Gott und die Menschen, aber der Sinn der Bestimmungen liegt ebendarin, daß sie Gott für den Menschen einsichtig machen bzw. ihm nahebringen. «Dieu est bon, rien n'est plus manifeste». Der Vikar konnte sich hier, wie wir sahen, auf ein gewichtiges Argument der Natürlichen Theologie stützen. Den Unterschied der Güte beim Menschen und bei Gott erläutert er jetzt folgendermaßen: Beim Menschen bedeute die Güte «die Liebe zu seinesgleichen», bei Gott hingegen «die Liebe zur Ordnung». Während der Vikar aus dem *amour de l'ordre* zuvor zwei Attribute gewonnen und ihn durch förmliche Definitionen in die *Güte*, die die Ordnung schafft, und die *Gerechtigkeit*, die die Ordnung erhält, auseinandergelegt hatte, gibt er diese Definitionen nun stillschweigend auf, um die Gerechtigkeit gleichsam einzuziehen und die Erhaltung der Ordnung ausdrücklich der Güte Gottes zuzuschlagen: «car c'est par l'ordre qu'il maintient ce qui éxiste et lie chaque partie avec le tout». Die Güte Gottes manifestiert sich in seiner Ordnung. Die göttliche Güte ist wesentlich selbstbezüglich. Wenn der Vikar fortfährt: «Gott ist gerecht; ich bin davon überzeugt; es ist eine Folge seiner Güte; die Ungerechtigkeit der Menschen ist deren Werk und nicht das seine», scheint er lediglich zu wiederholen, was er früher gesagt hatte. Tatsächlich macht er indes in der Wiederholung über jeden Zweifel klar, daß die Gerechtigkeit Gottes ganz auf den Menschen bezogen, daß sie das notwendige Komplement der Ungerechtigkeit im Reich der Freiheit ist: Die Gerechtigkeit des Menschen besteht darin, «jedem zu geben, was ihm gehört», die Gerechtigkeit Gottes darin, «von jedem Rechenschaft zu verlangen über das, was er ihm gegeben hat». Der Vikar fordert von Gott im Namen der Gerechtigkeit, daß er als Richter seines Amtes walte und sich der Sorge um jeden Einzelnen dienstbar mache. Die Weisheit zählt nicht mehr zu den göttlichen Attributen.[80] Die beiden Absätze, die sich in der Vierergruppe an die Erörterung der vier Attribute *intelligence*, *puissance*, *bonté*, *justice* anschließen, markieren den größtmöglichen Abstand der Natürlichen Religion von der Natürlichen Theologie. Im Zentrum der Schrift des Ungenannten steht das Bekenntnis des Vikars zur Unbegreiflichkeit Gottes und zur Demütigung der Vernunft. «Der würdigste Gebrauch meiner Vernunft», sagt er an das «Wesen der Wesen» gewandt, «ist, daß sie sich vor dir zunichte macht».

Die Natürliche Religion kann ihren Sinn, dem Menschen seinen Ort im Ganzen zuzuweisen und ihn moralisch zu binden, ohne ihn einer Autorität zu unterwerfen, nur erfüllen, wenn sie ihn davon zu überzeugen vermag, daß ein jeder die Quelle seiner Pflichten und Rechte in sich trägt und deren zureichender Interpret ist. Nachdem der Vikar sich die Wahrheiten, die für ihn am wichtigsten sind – über die Fürsorge Gottes, die Stellung des Menschen im Universum und das Übel in der Welt –, vermöge seiner «lumiéres naturelles» hergeleitet hat, wendet er sich der Frage zu, welche Maximen er daraus für sein Verhalten ziehen muß, «et quelles régles je dois me prescrire pour remplir ma destination sur la terre selon l'intention de celui qui m'y a placé.» Er erinnert den Schüler an seine «Methode», sich vom unbedingten Primat der Praxis leiten zu lassen und die Meinungen für evident zu halten, denen sein moralisches Gefühl die Zustimmung nicht versagen kann. Dieser Methode folgend, gewinnt er seine Regeln nicht aus den «Prinzipien einer hohen Philosophie». Vielmehr beansprucht er, sie auf dem Grunde seines Herzens

---

80 Cf. 50 (580) und 57 (583).

«von der Natur in unauslöschlichen Lettern geschrieben» zu finden und im Gewissen «den besten aller Kasuisten» für ihre Applikation zu haben. Die Dinge scheinen sonnenklar zu sein: «alles, was ich als gut empfinde, ist gut, alles, was ich als schlecht empfinde, ist schlecht». Doch rasch stellen sich Komplikationen ein. Das Gewissen trifft auf bedeutende Antagonisten. «Le prémier de tous les soins est celui de soi-même; cependant combien de fois la voix intérieure nous dit qu'en faisant nôtre bien aux dépends d'autrui nous faisons mal!» Wenn der *amour de soi* uns an unserem eigenen Guten ausrichtet, tritt die *conscience* ihm als Anwalt unserer Pflichten gegen andere, d. h. als Fürsprecher ihres Guten entgegen? Als Nächstes erfahren wir, daß die Natur zu unseren Sinnen etwas anderes sagt als zu unseren Herzen, daß sie mithin nicht in einer, sondern in verschiedenen Stimmen zu uns spricht. «Das Gewissen ist die Stimme der Seele, die Leidenschaften sind die Stimme des Körpers». Doch in der Seele selbst gibt es, wie wir gesehen haben, einen Konflikt. Denn der Vikar geht nicht so weit, den *amour de soi* schlichtweg der «Stimme des Körpers» zuzuschlagen. Statt dessen stellt er drittens und letztens die *conscience* gegen die *raison*. Die Vernunft trügt uns allzu oft, so daß wir «nur allzu sehr das Recht erworben haben, sie zurückzuweisen». Der Vikar sagt nichts darüber, ob wir dieses Recht haben, weil die Vernunft uns *zu sehr* oder weil sie uns im Gegenteil *zu wenig* im Sinne des *amour de soi* zu leiten pflegt. Es kommt ihm allein darauf an, das Gewissen gegen jeden denkbaren Konkurrenten durchzusetzen und die Sicherheit, die es verheißt, in das bestmögliche Licht zu rücken: «aber das Gewissen trügt niemals, es ist der wahre Führer des Menschen; es ist für die Seele, was der Instinkt für den Körper ist; wer ihm folgt, gehorcht der Natur und fürchtet nicht, sich zu verirren.» Der Vikar hatte die Lehre vom Gewissen im dritten Absatz seiner Rede zum erstenmal ins Spiel gebracht. Daß er sie erst achtzig Absätze danach zu einem förmlichen Glaubensartikel erhebt, zeigt, was für eine weitausholende Überzeugungsarbeit er für erforderlich hält, um sie glaubhaft zu machen. Das Dogma vom Gewissen als dem wahren Führer des Menschen, das an ein scheinbar unmittelbar Gegebenes verweist, stellt sich selbst als im höchsten Maße voraussetzungsvoll heraus. Der Autor unterstreicht den prekären Status dieses Glaubensartikels nicht nur durch die lange Vorbereitung und durch eine umständliche Erläuterung, auf die der Vikar die nächsten dreizehn Absätze verwenden wird, sondern vor allem durch ein Ereignis, das im gesamten *Glaubensbe-*

kenntnis ohne Gegenstück ist: Als der Vikar das Dogma ausgesprochen hat, versucht der Proselyt, ihn zu unterbrechen, um eine Frage zu stellen oder einen Einwand zu erheben. Doch der Vikar läßt ihn nicht zu Wort kommen. Vielmehr beginnt er unverzüglich, sein Dogma zu erklären und zu kommentieren, um Zweifel zu zerstreuen. Er bemüht sich, dem Schüler nahezubringen, daß die Moralität ein wahrhaftes Gut und das Gewissen als Organ der Moralität die wahrhafte Auszeichnung der menschlichen Natur sei. Wer seine Handlungen als moralisch gut beurteilt – und in diesem Urteil liegt ihre «ganze Moralität» –, muß dieselben Handlungen als gut für sich erkennen können, wenn das moralisch Gute Teil des wahrhaft Guten sein soll. «S'il est vrai que le bien soit bien il doit l'être au fond de nos cœurs comme dans nos œuvres, et le prémier prix de la justice est de sentir qu'on la pratique. Si la bonté morale est conform à nôtre nature, l'homme ne sauroit être sain d'esprit ni bien constitué qu'autant qu'il est bon.» Der Vikar steht vor der Aufgabe darzutun, daß die Gerechtigkeit ihren Lohn in sich trägt und daß unsere Natur uns dazu bestimmt, moralisch gut zu sein, oder daß die «moralische Güte» und nicht die von Rousseau ins Auge gefaßte «natürliche Güte» der menschlichen Natur entspricht.[81] Dafür verweist er auf das interesselose Wohlgefallen am Glück anderer, auf den angenehmen Eindruck, den gute im Unterschied zu bösen Handlungen bei uns hinterlassen, auf die Parteinahmen der Zuschauer im Theater, auf den Trost und die Vergnügen, die wir aus der Freundschaft, aus der Menschlichkeit und anderen Gefühlen der Soziabilität ziehen, auf die Bewunderung für Heldentaten, auf die Liebe zu den großen Seelen, auf den Enthusiasmus der Tugend. Ohne die Liebe zum Schönen, ohne den Glanz des Edlen verliert das Leben allen Zauber. Wer nur sich selbst liebt, fühlt nicht mehr, lebt nicht mehr, ist schon tot: Ein starkes Argument dafür, daß der, der sich selbst liebt, über sich hinaus liebt, sich über sich hinaus freut, über sich hinaus zielt. Aber ist damit der Nachweis erbracht, daß der Gerechte seiner Gerechtigkeit froh wird? Bevor der Vikar auf den Gerechten zurückkommt, führt er den Zorn und die Entrüstung angesichts von Akten der Gewalt und der Ungerechtigkeit, die Gefühle des Hasses auf die Bösen und des Mitleids für die Unglücklichen und insonderheit den «Schrei des Gewissensbisses», der die Verbrechen im verborgenen bestraft, ins Feld, um die Bestimmung der moralischen Natur

---

81 *Discours sur l'inégalité*, Première partie, p. 150.

weiter zu untermauern. Im kontrastierenden Vergleich mit dem Bösen, der die Stimme der Natur zu fürchten hat, zeichnet der Vikar schließlich für den Gerechten ein Bild innerer Heiterkeit. Sie beruht auf der Zufriedenheit des Gerechten mit sich selbst und speist sich aus der Freude, sich mit der eigenen Natur im Einklang zu fühlen. Von der Unterdrückung des Gerechten ist nicht mehr die Rede. Offenbar kann sie seiner Zufriedenheit mit sich nichts anhaben und seine tiefste Freude nicht mindern. Der Vikar verhandelt indes nicht nur die moralische Natur des Gerechten. Sein Dogma beansprucht Gültigkeit für den Menschen schlechthin, und die Erläuterung vollendet die Erhebung des Gewissens zu einem integralen Bestandteil der menschlichen Natur. Sprach der Glaubensartikel davon, daß das Gewissen sich zur Seele verhalte wie der Instinkt zum Körper, so spricht der Kommentar unumwunden vom *instinct moral* bzw. davon, daß das Gewissen *un principe inné de justice et de vertu* bezeichne. Dieses angeborene Prinzip sorge dafür, daß bei allen Nationen der Welt und überall in der Geschichte dieselben Vorstellungen der Gerechtigkeit und Anständigkeit und dieselben Begriffe von Gut und Böse anzutreffen seien.[82] Der Vikar illustriert die Macht der anthropologischen Universalie des Gewissens durch Beispiele aus der Geschichte der Religionen: Nicht einmal «das Laster», das die «abscheulichen Götter» des Heidentums repräsentierten, konnte, obschon «durch eine geheiligte Autorität gewappnet», dem moralischen Instinkt standhalten. Die «heilige Stimme der Natur» erwies sich als stärker denn die Götter. Unter Berufung auf *la sainte voix de la nature* kann die

---

82 Der Vikar tritt namentlich dem «Skeptiker Montaigne» entgegen, den er in Absatz 90 zweimal erwähnt (598–599). Montaigne hatte über das Gewissen geschrieben: «Les loix de la conscience, que nous disons naistre de nature, naissent de la coustume: chacun ayant en veneration interne les opinions et mœurs approuvées et receuës autour de luy, ne s'en peut desprendre sans remors, ny s'y appliquer sans applaudissement.» *Essais*. Ed. Albert Thibaudet und Maurice Rat I, 23, p. 114; Ed. Jean Balsamo et al., I, 22, p. 119. Der Vikar hält Montaigne vor, «den suspektesten Reisenden die Autorität zuzubilligen, die er den berühmtesten Schriftstellern verweigert», und zeigt, anders als Rousseau, kein Interesse an Reisen. Zur philosophischen Bedeutung, die Rousseau der Unterrichtung durch Reisen und dem Studium der Menschen in ihrer Verschiedenheit zuerkennt, beachte *Discours sur l'inégalité*, Note X, p. 322–348, insbes. p. 338–342, sowie das Kapitel «Des voyages» in *Émile* V, p. 826–855, insbes. die ersten achtzehn Absätze, in denen von Émile nicht die Rede ist, wohingegen nach der ersten Erwähnung Émiles in Absatz 19 vom *Philosophieren* nicht mehr die Rede ist.

Natürliche Religion allen partikularen Religionen entgegentreten und sie in die Schranken weisen. Die Lehre vom Gewissen als dem angeborenen Prinzip der Gerechtigkeit und der Tugend setzt sie darüber hinaus in den Stand, eine Antwort auf die Frage zu geben, wie der Gerechte seinen Beitrag zum *bien public* im Sinne seines eigenen Guten zu verstehen vermag, auch wenn sein Eintreten für das Gemeinwohl ihm zum Nachteil ausschlägt oder den Einsatz seines Lebens verlangt. Der Vikar, der diese Frage im Zentrum der *Profession de foi* stellt, weiß, daß der Gerechte im moralisch Guten das Gute sieht und daß er ihm das Gute im moralisch Guten zeigen muß. Ebendas hat er mit dem Glaubensartikel vom Gewissen als dem wahren Führer des Menschen und mit der Erläuterung, daß die tiefste Freude in der Übereinstimmung mit der als gut erkannten Natur zu finden ist, getan. «Sans doute nul n'agit que pour son bien», lautet die entscheidende Aussage, «mais s'il n'est un bien moral dont il faut tenir compte on n'expliquera jamais par l'intérêt propre que les actions des méchans.» Die Streitsache verdeutlichend, imaginiert der Vikar «eine gar zu abscheuliche Philosophie»,[83] die von tugendhaften Handlungen in Verlegenheit gebracht würde und sich nur so aus der Affäre ziehen könnte, daß sie ihnen «niedrige Intentionen und Motive ohne Tugend» andichtete, ein blinder oder übelmeinender Reduktionismus, der gezwungen wäre, «Sokrates herabzuwürdigen und Regulus zu verleumden». Er äußert sich nicht dazu, ob er glaubt, daß Sokrates, als er sein philosophisches Leben führte und am Ende den Tod eines Philosophen starb, der gleichen Stimme folgte, der Regulus gehorchte, als der römische Konsul, durch einen Eid gebunden in der Gewalt Karthagos, für die konzessionslose Standhaftigkeit Roms gegen Karthago eintrat und den Tod eines Bürgers starb, der die Liebe zu seinem Vaterland und zu seiner Ehre über sein Leben stellte.[84] Aber er beteuert, daß sowohl *la voix de la nature* als auch *la voix de la raison* sich unablässig gegen «solche Doktrinen», sollten sie «jemals unter uns aufkommen können», erhöben, die weder dem Verständnis des Guten genügten noch dem Selbstverständnis des Tugendhaften gerecht wür-

---

83 Der Vikar verwendet zur Charakterisierung der Philosophie, von der er sich in aller Schärfe absetzt, dasselbe Adjektiv, das er zuvor für die Götter verwendete, die das alte Heidentum hervorbrachte: *abominable*. 91 (599); 88 (598).
84 Siehe Cicero: *De officiis* III, 99–111 und beachte *De finibus bonorum et malorum* II, 65.

den.⁸⁵ Nach diesem Angriff auf eine verkehrte Philosophie erinnert der Vikar den Zuhörer und sich selbst daran, daß er mit seinem Schüler nicht philosophieren, sondern daß er ihm helfen wollte, sein Herz zu Rate zu ziehen. Er hofft, daß der Schüler mit seiner «Methode» inzwischen vertraut und bereit ist, sie sich zu eigen zu machen. «Quand tous les philosophes prouveroient que j'ai tort, si vous sentez que j'ai raison, je n'en veux pas davantage.» Gleichwohl glaubt er nicht darauf verzichten zu können, die Zustimmung des Herzens zu seinem Glaubensartikel durch ein theoretisches Argument zu unterstützen. Dafür legt er die Annahme der natürlichen Soziabilität offen, auf der die Gewissenslehre beruht: Wir verfügen über angeborene Gefühle, die unserer Selbsterhaltung als Individuen dienen, zu denen, aufgrund der soziablen Natur des Menschen, weitere angeborene Gefühle hinzutreten, die uns an der Gattung ausrichten und für deren Erhaltung sorgen. «Ces sentimens, quant à l'individu, sont l'amour de soi, la crainte de la douleur, l'horreur de la mort, le desir du bien-être. Mais si, comme on n'en peut douter, l'homme est sociable par sa nature, ou du moins fait pour le devenir, il ne peut l'être que par d'autres sentimens innés, rélatifs à son espèce; car à ne considérer que le besoin physique, il doit certainement disperser les hommes, au lieu de les rapprocher.» Der Vikar benennt die angeborenen Gefühle, die sich auf die Gattung beziehen, im Unterschied zu jenen, die auf das Gute des Individuums gerichtet sind, nicht. Zweifellos rechnet er das Gewissen dazu, das er bereits als moralischen Instinkt und als angeborenes Prinzip der Gerechtigkeit und der Tugend charakterisiert hat und das der Fluchtpunkt der ganzen Erörterung ist. Gleichwohl spricht er es nicht aus. Zurückhaltend, um nicht zu sagen ausweichend, fährt er fort: «Or c'est du sistême moral formé par ce double rapport à soi-même et à ses semblables que nait l'impulsion de la conscience.» Abermals scheut der Vikar vor einer unmittelbaren Konfrontation von *amour de soi* und *conscience* zurück,⁸⁶ obschon seine Erläuterung des

---

85 Im numerischen Zentrum des *Glaubensbekenntnisses*, das die Doktrin vom *bien moral* profiliert, ist von der Natur und von der Vernunft die Rede. Gott, das Göttliche oder das Heilige kommen nicht vor. Das heißt indes nicht, daß die Lehre der Natürlichen Religion von der moralischen Bestimmung der menschlichen Natur des Glaubens an den Gott entraten könnte, der im numerischen Zentrum der *Transkription* evoziert wird. Das zweite Zentrum setzt das erste voraus. 91 (599); 81–82 (594).
86 Vergleiche die Wortwahl in den Absätzen 94 (600) und 83 (594) und siehe S. 350.

Glaubensartikels beständig die Botschaft vermittelt, das Gewissen sei von Grund auf dem *bien moral* im Sinne der Pflichten der Soziabilität zugeordnet und bringe als Stimme der Natur in uns die Ansprüche anderer an uns zur Geltung. Die Zurückhaltung in der Verhandlung des *amour de soi* macht den Widerspruch zu der Konzeption, die Rousseau im eigenen Namen vertrat, weniger augenfällig, ohne ihn deshalb zu verdecken. Denn in der anthropologischen Grundlegung seiner Politischen Philosophie hat das angeborene Gefühl des Gewissens buchstäblich keinen Ort; ein Blick in den *Discours sur inégalité*, in dem Rousseau diese Grundlegung unternimmt, genügt, um sich davon zu überzeugen, daß es, anders als der Vikar meint, *nicht* unmöglich ist, zu zweifeln, ob der Mensch seiner Natur nach soziabel sei.[87] Und Rousseaus letztes Wort zur Sache wird eine Auslegung seines Gewissens als Ruf seiner Natur sein, die sich ganz im Horizont des *amour de soi* bewegt.[88] Während der Vikar die ausdrückliche Bestimmung des Verhältnisses zum *amour de soi* umgeht, kommt er am Ende seines theoretischen Versuchs noch einmal auf das Verhältnis von *conscience* und *raison* zu sprechen: «Das Gute zu erkennen heißt nicht, es zu lieben; der Mensch hat keine angeborene Erkenntnis des Guten; aber sobald seine Vernunft ihn das Gute erkennen läßt, bewegt sein Gewissen ihn dazu, es zu lieben: es ist dieses Gefühl, das angeboren ist.» Nach allem, was wir gesehen haben, sind wir nicht überrascht, daß der Vikar die Erkenntnis des Guten und des moralisch Guten zusammenfallen läßt. Aber daß er die Erkenntnis des einen wie des anderen der Vernunft überträgt, das war angesichts des Dogmas vom Gewissen als dem wahren Führer des Menschen und der mit ihm einhergehenden Zurückweisung der Vernunft, die uns allzu oft trüge, nicht zwingend zu erwarten. Offenbar bedarf der moralische Instinkt des Auges der Vernunft, um sehend zu werden, und das angeborene Prinzip der Gerechtigkeit und der Tugend weiß nicht unabhängig von den Leistungen und Fehlleistungen der Vernunft zu operieren.

---

87 Mit der Einschränkung, die der Vikar seiner Aussage folgen läßt: «wenn, wie man nicht bezweifeln kann, der Mensch seiner Natur nach soziabel ist, *oder zumindest dafür gemacht, es zu werden*», wird der Widerspruch rhetorisch abgeschwächt, aber in der Sache nicht behoben. Es führt kein Weg von der «Perfektibilität» einer *nicht*sozialen Natur zum «*angeborenen* Prinzip der Gerechtigkeit und der Tugend».
88 Siehe Erstes Buch, Kapitel V, S. 191–193 und Kapitel VII, S. 282–283.

Das ergibt sich aus der Aussage, daß die Vernunft den Menschen das Gute erkennen lassen muß, das zu lieben er bestimmt ist. Angesichts aller Schwierigkeiten, die seine Erklärung des letzten Dogmas an den Tag gebracht hat, läßt der Vikar den Kommentar in einem Hymnus kulminieren, der das Gewissen als «göttlichen Instinkt» feiert, es zur «unsterblichen und himmlischen Stimme» erhöht und es als «unfehlbaren Richter des Guten und des Bösen» preist, «der den Menschen Gott ähnlich macht».[89] Ein Lobgesang, der die Glaubensartikel zusammenführt und die Vortrefflichkeit der menschlichen Natur in das Gewissen und die Moralität der Handlung verlegt.[90]

Auf den Hymnus «Conscience, conscience!», der zu den meistzitierten Stellen des *Émile* zählen wird und weiteste Verbreitung finden sollte, läßt der Vikar ein «Dem Himmel sei Dank!» für die Befreiung von der Last der Philosophie folgen. «Wir können Menschen sein, ohne Gelehrte zu sein.» Mit dem Gewissen als «sicherem Führer» für Jedermann im «unermeßlichen Irrgarten der menschlichen Meinungen» scheint die religiös-moralische Unterweisung ihr Ziel erreicht zu haben.[91] «Aber es genügt nicht, daß dieser Führer existiert, man muß ihn zu erkennen und ihm zu folgen wissen.» Der wahre Führer des Menschen, hören wir jetzt, spricht die Sprache der Natur, «die alles uns hat vergessen lassen». Das Gewissen ist scheu. Die Welt und der Lärm verscheuchen es. Die Vorurteile sind seine grausamsten Feinde. Sie hindern es, sich vernehmlich zu machen.[92] Was noch schlimmer ist: «der Fanatismus» macht es nach und diktiert in seinem Namen das Verbrechen. Ein Verbrechen, dem Religion und Moral zu einem guten Gewissen verhelfen, bedeutet den Gipfel der Verkehrung. Das Gewissen, das «die Zurückgezogenheit und den Frieden liebt», wird zur Waffe der Verfolgung und des Krieges. Das Beste, was der Vikar unter diesen Umständen über das Gewissen sagen kann, um dessen Ruf zu retten, ist: «Es spricht nicht mehr zu uns; es antwortet uns nicht mehr». Doch ohne die zwingende Macht und die unversehrte Kraft des «göttlichen Instinkts» fehlt der Lehre des Vikars der Garant der Einfachheit, der Sicherheit

---

89 In seinem Kommentar hatte der Vikar erklärt: «Les actes de la conscience ne sont pas des jugemens, mais des sentimens» 93 (599).
90 83–96 (594–601).
91 Cf. *Discours sur les sciences et les arts*, p. 30.
92 Cf. 3 (566) und 59 (584).

und der Verbindlichkeit, die sie versprach. Die Moral wird wieder zum Problem. Deshalb beginnt der Vikar am Schluß seiner Rede über die Natürliche Religion noch einmal von vorne, um in der Rückwendung auf seine Geschichte den Lehrgehalt zu rekapitulieren und durch das persönliche Beispiel zu beglaubigen, den er zuvor der praktischen Vernunft folgend von Glaubensartikel zu Glaubensartikel entfaltet hatte. Er erinnert sich des Zustands der Ungläubigkeit und des Zweifels, der ihm unerträglich war,[93] einer Zeit der *tristesse* und des *ennui*, als er das moralisch Gute für eine Schimäre hielt und zu sich sagte, daß es nichts Gutes gibt außer den Freuden der Sinne. Hat man «den Geschmack an den Freuden der Seele», kommentiert der Vikar, erst einmal verloren, ist es schwierig, ihn wiederzugewinnen. Doch weshalb sollte man ihn verlieren, wenn er so beglückend ist, wie der Vikar ihn in seiner Rede darstellt? Anders lägen die Dinge offensichtlich für den, der diesen Geschmack niemals kostete. Wer die Freuden der Seele nie erfahren, wer nie etwas Gutes getan hätte, das ihn mit sich zufrieden machte, wäre außerstande, sich zu erkennen, «und da er nicht fühlte, welche Güte seiner Natur entspricht, bliebe er zwangsläufig böse und wäre ewig unglücklich».[94] Dergleichen schließt der Vikar indes aus, da er «die Versuchung, Gutes zu tun», für «so natürlich und so süß» hält, daß es unmöglich ist, «ihr immer zu widerstehen». Der Priester hat bei den *plaisirs de l'âme* beständig *le bien moral* im Blick. Das Vergnügen des Dazulernens, die Lust des Denkens, das Glück der Erkenntnis der theoretischen Vernunft, die Freuden der solitären Aktivitäten der Seele, die sich selbst tragen und fortzeugen, bleiben in seiner Erörterung für den Proselyten ausgeblendet. Er spricht einzig von den *plaisirs de l'âme*, die er mit den moralischen Tugenden verbindet. Bei ihnen stellt sich die Freude als Lohn der guten Tat ein. Im Bewußtsein, sich einen solchen Lohn verdient zu haben und ihn sich selbst zuerkennen zu dürfen. Im Gefühl, zu einer festen inneren Haltung gelangt zu sein. In der Erfahrung, sich durch die moralische Praxis eine andere Art Natur angeeignet zu haben. «Nichts ist liebenswerter als die Tugend, aber man muß sie genießen, um sie liebenswert zu finden.» Was also kann den Tugendhaften, der die Stärke aufgebracht hat, die inneren Widerstände zu überwinden, und der die Tugend genießt, dazu bewegen, jemals wieder von

---

93 Cf. 6 (567) und 10 (568).
94 Siehe 84 (595) und S. 351.

ihr zu lassen? Der Vikar gibt dem Schüler zu verstehen, daß der Hinweis auf die Freuden der Seele nicht genügt, um den Tugendhaften zu begreifen und die Tugend zu unterstützen, wenn er abermals auf seinen früheren Zustand zurückkommt und die tiefe Zerrissenheit betont zwischen seinen «natürlichen Gefühlen, die für das Gemeine Interesse sprachen,» und seiner «Vernunft, die alles auf mich bezog». Aus «dieser beständigen Alternative», aus dem Zwiespalt der moralischen Tugend einerseits, der Vernunft andererseits, den er als Zerfallenheit mit sich selbst, «faisant le mal, aimant le bien», schildert, befreite ihn erst der Glaube. Ausdrücklich verwirft der Vikar den Versuch, die Tugend auf einen «amour de l'ordre» zurückführen zu wollen.[95] Alles nämlich hängt davon ab, was im Zentrum der Ordnung steht, die geliebt wird. Die Erklärung der Tugend aus der Liebe zur Ordnung täuscht darüber hinweg, daß tatsächlich zwei Arten von Ordnung unversöhnlich aufeinandertreffen, je nachdem, was den Bezugspunkt der Ordnung bildet: «der Gute ordnet sich in bezug auf das Ganze, und der Böse ordnet das Ganze in bezug auf sich». Das Zentrum der Ordnung macht den Unterschied.[96] Es erweist die Liebe zur Ordnung entweder als Tugend oder als Laster. Der Gute kann sich dem Ganzen aber nur so unterordnen, er kann die moralische Ordnung nur so lieben, wie es die Tugend verlangt, wenn er glaubt, daß das Zentrum des Ganzen Gott ist. «Si la Divinité n'est pas, il n'y a que le méchant qui raisonne, le bon n'est qu'un insensé.» Der Glaube macht einen Unterschied im Ganzen. Zum zweitenmal in seiner Predigt und zum erstenmal seit ihrem Auftakt nennt der Priester den Proselyten «mon enfant».[97] Was er dem «Kind» im folgenden aufzeigt, ist, daß der Glaube an den Gott der Gerechtigkeit den rechten Weg zur Glückseligkeit eröffnet. Was er in eins damit zeigt, ist, wie sehr das Glück des Gerechten in diesem Glauben gründet. «Alle Pflichten des natürlichen Gesetzes, die durch die Ungerechtigkeit der Menschen beinahe aus meinem Herzen gelöscht waren», erläutert der Vikar den moralischen Umschwung, den der Glaube in ihm bewirkte, «kehren im Namen der ewigen Gerechtigkeit in es zurück, die mir sie auferlegt und

---

95 «La vertu, disent-ils, est l'amour de l'ordre; mais cet amour peut-il donc et doit-il l'emporter en moi sur celui de mon bien-être? Qu'ils me donnent une raison claire et suffisante pour le préférer» 99 (602).
96 Cf. S. 341, 342, 350.
97 100 (602), 1 (565).

die sieht, wie ich sie erfülle.» Der Glaube gibt seiner Moral einen dreifachen Halt. In der Übereinstimmung seines Willens mit dem Willen des «großen Wesens», das das Gute will und das Gute tut, fühlt er sich getragen von einer Ordnung, in der «alles gut ist» und die ihm selbst «eines Tages» Glückseligkeit verheißt. Wenn sein moralisches Handeln ohne menschlichen Zeugen und mithin ohne Anerkennung bleibt, glaubt er, daß es gleichwohl gesehen wird und daß er es sich für «das andere Leben» zugute halten kann.[98] Erleidet er eine Ungerechtigkeit, vertraut er darauf, daß «das gerechte Wesen, das alles regiert», ihn dafür entschädigen wird. In allen drei Rücksichten stellt der Glaube einen zukünftigen Lohn oder Ausgleich in Aussicht. In allen drei Fällen ist der Glaube wesentlich Hoffnung. Alle drei unterstreichen, daß der intrinsische Lohn der moralischen Handlung offenbar nicht genügt, um sie aufrechtzuerhalten, und daß eine Berufung auf die *plaisirs de l'âme* nicht ausreicht, um sie als gut für den Handelnden auszuweisen, wofern die Hoffnung nicht an die Spitze der Freuden treten soll. Im nächsten Schritt seiner verdeutlichenden Rekapitulation wendet sich der Vikar noch einmal dem Kardinalproblem der moralischen Weltordnung, der Rechtfertigung des Übels, zu. Er wiederholt nicht einfach das Argument, das Übel sei der Preis der *Freiheit*, die notwendig die Möglichkeit zum Bösen einschließt, sondern trägt seiner jüngsten Erörterung von Tugend und Laster Rechnung. Es gibt einen von der Vernunft vertretenen Grund für das Laster. Das Böse, verstanden als Störung oder Abweichung von der moralischen Ordnung, hat im Konflikt der Interessen von «Körper» und «Seele» ein fundamentum in re. «Durch nicht weniger mächtige als unbegreifliche Bande mit einem sterblichen Körper vereint, spornt die Sorge um die Erhaltung dieses Körpers die Seele an, alles auf ihn zu beziehen, und mißt ihm ein Interesse zu, das der allgemeinen Ordnung entgegengesetzt ist, die die Seele dennoch zu sehen und zu lieben vermag.» Der Vikar weiß nicht, warum seine Seele seinen Sinnen «unterworfen» und an den Körper «gekettet» ist, «der sie knechtet und ihr Zwang antut». Aber, ohne «in die Dekrete Gottes» eingeweiht zu sein, mutmaßt er, der Sinn dieser Anordnung bestehe darin, daß der Mensch sich ein *Verdienst* erwerbe, das keinem anderen Wesen offensteht: «si l'esprit de l'homme fut resté libre et pur, quel mérite auroit-il d'aimer et suivre l'ordre qu'il verroit établi et qu'il n'auroit nul

---

98 Siehe Erstes Buch, Kapitel II, S. 98.

intérest à troubler?» Wer die moralische Ordnung liebt und befolgt, ohne daß er ein ihr entgegenstehendes Eigeninteresse zu überwinden, ohne daß er ein Opfer zu bringen hätte, der erwirbt sich kein moralisches Verdienst, dem ist das Glück verwehrt, zu dem einzig dieses Verdienst Zugang gewährt. «Il seroit heureux, il est vrai; mail il manqueroit à son bonheur le degré le plus sublime, la gloire de la vertu et le bon témoignage de soi». Wäre der Mensch «frei und rein» geblieben und nicht gezwungen, gegen sein eigenes Gutes zu handeln, um dem moralisch Guten zu entsprechen, so wäre er «nur wie die Engel», wohingegen der tugendhafte Mensch «ohne Zweifel mehr sein wird als sie». Nachdem der Vikar den Menschen im Namen der Freiheit über die Tiere erhoben hat, erhebt er ihn im Namen der Tugend über die Engel. Im moralischen Gebrauch der Freiheit stellt er dem Proselyten *le merite et la récompense* zugleich vor Augen. Das Verdienst, das er sich erwirbt, findet seinen Lohn nicht nur im Ruhm der Tugend oder der Anerkennung durch andere, sondern vor allem in der Selbstbewunderung des Tugendhaften, zu der es ihn als Individuum wie im Blick auf die Gattung berechtigt. Die Selbstbewunderung begründet zwar nicht seine Unabhängigkeit vom Urteil anderer, aber sie macht ihn unabhängig von dem Ansehen, das er bei ihnen genießt oder nicht genießt. Mit der Selbstbewunderung schlägt der Vikar den Bogen zurück zu den *plaisirs de l'âme*, von denen die Zusammenfassung ihren Ausgang nahm. Die Selbstbewunderung ist das letzte Wort zu der Frage, wie der Gerechte, der das eigene Gute dem moralisch Guten unterordnet, sein Handeln als gut für sich erkennen kann. Die Rechtfertigung des Übels ist dagegen noch nicht an ihr Ende gelangt. Seiner «bescheidenen Mutmaßung», zu welchem Zweck die Seele an den Körper gekettet sei und aus welchem Grund der Geist des Menschen nicht frei und rein bleiben durfte, läßt der Vikar die Beteuerung folgen, daß die Schwäche, über die die Menschen sich beklagen, ihr Werk und also dem «Urheber der Dinge» sowenig zur Last zu legen sei wie ihre «erste Depravation», die von ihrem Willen herrühre. Wir sind, mit anderen Worten, anfänglich weder zu schwach noch zu verderbt, «um uns glücklich zu machen, indem wir unsere Pflichten ausüben».[99] Der Mensch hat die Freiheit, zum Herrn über seine Leidenschaften zu werden, aber er büßt diese Freiheit ein, wenn er ihnen nachgibt, wenn er den Versuchungen nicht widersteht, die ihn bedrängen, wenn er sein

---

99 Cf. Erstes Buch, Kapitel V, S. 188–191 und Kapitel IV *in toto*.

Glück zu lange dort zu finden glaubt, wo er es nicht suchen soll. Die moralische Weltordnung verlangt, daß der Mensch frei *war*, das moralisch Gute zu wählen. Die moralische Rechtfertigung des Übels erfordert, ihn als *einmal* frei zu unterstellen, damit ihm die Verantwortung für seine Unfreiheit übertragen werden kann. Der Vikar bekennt, daß die «Illusionen», denen er in Rücksicht auf sein Glück unterlag, bei ihm zu lange andauerten. Er erkannte sie zu spät und konnte sie «nicht gänzlich zerstören», weshalb sie, durch Habitualisierung verfestigt, so lange andauern werden, wie der «sterbliche Körper, der sie verursacht», fortbesteht.[100] Der Vikar hätte frei sein können. Er ist es nicht. Aber obgleich die *illusions*, die er mit seinem *corps mortel* verbindet, ihn weiter «verführen» werden, vermögen sie ihn nicht mehr zu «betrügen». Wenn er ihnen folgt, sieht er in ihnen nicht länger den Weg zu seinem Glück. Sie erscheinen ihm vielmehr als das Hindernis, das ihn von seinem Glück trennt. Der «Körper», über den er nicht Herr geworden ist, hält ihn ab, dem moralisch Guten zu genügen und dem Glauben im Handeln zu entsprechen. Deshalb ersehnt er den Augenblick, in dem er, «von den Fesseln des Körpers befreit», endlich «ohne Widersprüche *ich*» und, so bei sich selbst, glücklich sein wird. Er lebt in der Hoffnung auf einen Zustand, in dem er nicht mehr der sein wird, der er ist. Die Verwirklichung des moralischen Ich ist an die Erlösung vom wirklichen Ich gebunden. Das Glück des Vikars scheint den Tod zur Voraussetzung zu haben. Doch bei dem tragischen Schluß, den seine Morallehre für ihn – wenn auch nicht zwangsläufig für das «Kind», dem er sie vorträgt – bereithält, bleibt der Vikar nicht stehen. In «sublimes contemplations» nimmt er, soweit als möglich, «cet état de bonheur, de force et de liberté» vorweg, den er ersehnt und den ihm das tätige Leben versagt. Das Glück des imaginären Zustands kann freilich nicht mehr als das Glück des moralischen Verdienstes und der moralischen Selbstbewunderung verstanden werden, da die Freiheit, von der jetzt die Rede ist, die Freiheit vom Körper, von seinen Bedürfnissen, Leidenschaften und Interessen sein soll und mithin die Freiheit zum Bösen ausschließt.[101] Aus demselben Grund kann die zentrale Bestimmung der Trias Glück, Stärke, Freiheit nicht länger als das Rückgrat der moralischen Tugend begriffen werden. Das Glück, das der Vikar antizipiert und das er er-

---

100 Cf. IV (560), XIV (563), 5 (567) und S. 308 sowie 313.
101 Beachte 78 (592) und siehe S. 345–346.

fährt, wenn er «über die Ordnung des Universums nachdenkt», ist das Glück eines Wesens, das, «frei und rein», durch nichts von der Betrachtung des Ganzen abgelenkt und durch nichts von der Bewunderung für den «weisen Urheber» der Ordnung abgehalten wird. Bedarf dieses Wesen der Stärke, um seine eigene Unvollkommenheit zu ertragen? Hat es sie nötig, um in seinen «erhabenen Kontemplationen» die Augen vor der Unvollkommenheit der moralischen Weltordnung nicht zu verschließen? Oder verweist die Stärke nicht so sehr auf ein Vermögen, das im Zustand der Betrachtung aufzubieten ist, sondern zuerst und vor allem auf eine Qualität, die dem Betrachtenden kraft der Ungeteiltheit, die ihm eignet, und der Übereinstimmung mit dem Ganzen, in der er sich befindet, zukommt? Mit der Hinwendung zum Glück der Betrachtung kehrt die Weisheit Gottes zurück.[102] Der Vikar spricht am Ende seiner Rede über die Natürliche Religion ausdrücklich von der *sagesse*, die der Ordnung des Universums, dem Gegenstand der Betrachtung, zugrunde liegt, und von der *providence*, durch die die Ordnung aufrechterhalten wird. Daß er dabei eine generelle Providenz im Auge hat und mit dem *sage auteur* keine partikulare Providenz in Verbindung bringen will, stellt er klar, indem er jede Bitte, jedes Gebet, jede Aufforderung, Gott möge für ihn den Lauf der Dinge ändern, von der allgemeinen Ordnung abweichen, *Wunder* wirken, entschieden zurückweist.[103] Aber was immer der Vikar von der Natürlichen Theologie gelernt hat, der Lehrer der Natürlichen Religion kann die Gerechtigkeit Gottes, den Willen zur Wahrung der Moral, die Forderung nach individueller Rechenschaft, die Sorge um jeden Einzelnen, nicht preisgeben. So läßt er schließlich im harten Wechsel aufeinanderfolgen, wovon er weiß, daß es sich nicht übereinbringen läßt. Sechsundzwanzig Absätze nach dem Ausruf «Ô Etre clément et bon!» und der Beteuerung des Vikars, seine schwache Vernunft vor der Gerechtigkeit des Richters des Guten und Bösen zunichte zu machen, kulminiert sein Glaubensbekenntnis in einer förmlichen Anrufung Gottes als Quelle der Gerechtigkeit und der Wahrheit: «Source de justice et de vérité, Dieu clément et bon! dans ma confiance en toi, le suprême vœu de mon cœur est que ta volonté soit faite.»[104] Nach dem Eingeständnis der Unzulänglichkeit

102 Siehe S. 339 und 349.
103 «Non, ce vœu téméraire mériteroit d'être plustot puni qu'éxaucé» 104 (605).
104 Die Anrufungen Ô *Etre clément et bon!* und *Dieu clément et bon!* kommen

seiner Moral und der Betonung des Glücks seiner Kontemplation appelliert er, anders als sechsundzwanzig Absätze zuvor, nicht zugunsten seines «Bruders», sondern für sich selbst an den milden Richter und guten Herrscher. Der Sinn des Seins hängt für ihn ab vom Urteil eines Wesens, dessen Wille die Welt hält und trägt, eines Willens, dessen Gerechtigkeit sich in der allgemeinen Ordnung *und* in der besonderen Zuwendung zu ihm ausspricht.[105] In der vollständigen Bejahung des höchsten Willens sieht er seine eigene Erhöhung und glaubt er im voraus an der höchsten Glückseligkeit teilzuhaben, die er sich als Lohn solch vorbehaltloser Bejahung und Unterordnung erhofft.[106] Der Vikar spricht in der *Profession de foi* nur dieses eine Mal von *la suprême félicité*. Rousseau wird ihm in den *Rêveries* darin folgen. Aber er wird von etwas anderem sprechen.[107]

«Der gute Priester hatte mit Vehemenz gesprochen; er war bewegt, ich war es auch.» Nachdem der Vikar seine Lehre der Natürlichen Religion in einem Stück vorgetragen hat, ergreift der Erzähler das Wort. Er fügt zwei Absätze ein, die in der *Profession de foi* einzig dastehen. Der erste ist der einzige Absatz, in dem er einen knappen Bericht, der zweite der einzige, in dem er eine eigene Äußerung wiedergibt. Die beiden Absätze, die die *Profession de foi* in zwei ungleiche Hälften brechen, beleuchten die Wirkung der ersten Hälfte auf den Schüler und stellen die Weichen für seine Unterweisung in der zweiten. Der Zuhörer faßt den

jeweils einmal in den Absätzen 78 (592) und 104 (605) vor. Beachte dazu 52 (581) und siehe S. 329–330.
105 Daß der Vikar von der Gerechtigkeit Gottes mehr verlangt als die Aufrechterhaltung der allgemeinen Ordnung und daß er nicht nur in Gottes allgemeinen Willen einstimmt, wenn er in Absatz 104 erklärt: «dein Wille geschehe», verdeutlicht er in Absatz 105, wenn er Gott im Namen der Gerechtigkeit auffordert, um seinetwillen zu intervenieren: «Dans la juste défiance de moi-même la seule chose que je lui demande ou plustot que j'attends de sa justice est de redresser mon erreur, si je m'égare et si cette erreur m'est dangereuse … L'illusion qui m'abuse a beau me venir de moi, c'est lui seul qui m'en peut guérir» 105 (605–606). Beachte 78 (592) und 82 (594) sowie S. 346 und 349.
106 Cf. 53 (582) und 96 (601) sowie S. 331–333 und 356. Der letzte Satz von Absatz 104 lautete im Manuskript zunächst: «En y [sc. à ta volonté] joignant la mienne je fais ce que tu fais, *je gouverne avec toi l'univers et je partage ta félicité suprême* qui en est le prix» (Ed. Masson 296, meine Hervorhebung).
107 97–104 (601–605). – Siehe Erstes Buch, Kapitel IV, S. 165 mit Anm. 44 und S. 170–171.

Eindruck, den die Rede des Priesters auf ihn machte, in einen ungewöhnlichen Vergleich: «Ich glaubte den göttlichen Orpheus die ersten Hymnen singen und die Menschen den Kult der Götter lehren zu hören.» Nicht nur, daß der Erzähler den mythischen Sänger, der den Menschen die Götter verkündete, vergöttlicht, verdient Beachtung. Noch bemerkenswerter ist, daß er den Vikar einem Religionsstifter oder Weisen assimiliert, der in dem Ansehen stand, in grauer Vorzeit die Verehrung der heidnischen Götter begründet zu haben.[108] Damit markiert er seine Distanz zur christlichen Offenbarung ebenso, wie er sein Verständnis der Natürlichen Religion als einer Art Passepartout zum Ausdruck bringt, das von den unterschiedlichsten Kulten ausgefüllt werden kann. Rousseau hat den Vergleich des Vikars mit dem Dichter der Götter als Sujet des Frontispizes gewählt, das er für den dritten Band des *Émile* bestimmte, und die Aussage des Erzählers durch die bildliche

108 Pierre-Maurice Masson hat auf eine Stelle zu Orpheus in der *Dissertation sur les Hymnes des Anciens* des Abbé Souchay hingewiesen, die 1751 in den *Mémoires de l'Académie des Inscriptions* erschien, in einem Band, aus dem Rousseau Exzerpte anfertigte: «Si Orphée a été un sage, un théologien, un législateur sacré, et que les hymnes qui portent son nom renferment sa doctrine, qui pourra le regarder avec Heinsius, comme une liturgie de Satan, ou, avec l'auteur de la *Bibliothèque universelle*, comme des évocations magiques? C'est avoir détruit une opinion si peu fondée que d'avoir établi qu'Orphée était un sage, et que sa doctrine est contenue dans les hymnes qui portent son nom» (Ed. Masson 299 *ad locum*). Was Masson nicht erwähnt, ist die im Kreis der *encyclopédistes* vertraute Deutung des Orpheus als allegorischer Figur, die die Philosophie verkörpert. Francis Bacon trug sie in *De sapientia veterum* XI, Orpheus sive philosophia, vor. Bacon nennt Orpheus gleich im ersten Satz «göttlich» (plane divinus) und stellt in seiner Auslegung die Wendung der Philosophie von der *philosophia naturalis* zur *philosophia moralis et civilis* heraus. Der Beredsamkeit des Orpheus bzw. der Philosophie gelinge es, für eine gewisse Zeit, den Menschen die Liebe zur Tugend, zur Billigkeit und zum Frieden einzupflanzen und die Völker das Joch der Gesetze auf sich nehmen zu lassen. Davon, daß Orpheus die Menschen den Kult der Götter lehrte, ist bei Bacon nicht die Rede. Sollte der Proselyt sich anschicken, den Orpheus, den er zu hören glaubte, nach dem Vorbild Bacons und Bacon berichtigend, als Verkörperung einer alten Weisheit auszulegen? (*The Works of Francis Bacon*. Ed. Spedding, Ellis, Heath. VI, p. 646–648. Alexandre Deleyre, der mit Rousseau seit 1754 oder 1755 über ein Jahrzehnt hinweg in Verbindung stand, behandelt Bacons Fabel unter dem Titel «Orphée, ou la Philosophie» in seiner zwei Bände umfassenden *Analyse de la philosophie du Chancelier François Bacon*. Amsterdam und Paris 1755, II, p. 182–185.) Cf. Erstes Buch, Kapitel III, S. 122–129.

Darstellung wie keine andere Passage der *Profession de foi* hervorgehoben.[109] Den Hymnen, die er zu hören glaubte, setzt der Erzähler nach einem schneidenden «Jedoch» die «Haufen Einwände» entgegen, die er sah. Allerdings fügt er hinzu, daß er die Einwände nicht aussprach, da sie ihn eher in Verlegenheit brachten. Denn die Moral schien für den Vikar zu sprechen. Der Erzähler, der im Zentrum seiner kurzen Reaktion auf «foules d'objections» hinweist, ohne eine einzige zu benennen, stellt es dem Leser anheim, die Einwände zu bedenken, die den Dogmen des Vikars entgegenstehen.[110] Wir dürfen annehmen, daß insbesondere das Dogma vom Gewissen als dem «wahren Führer des Menschen» auf Einwände des Zuhörers traf, obschon er uns versichert, daß sein Gewissen zu bestätigen «schien», was der Vikar ihm vortrug. Dafür spricht nicht nur, daß der Erzähler sich nach der Verkündigung dieses Dogmas und nirgendwo sonst mit einem Halbsatz einschaltete, um mitzuteilen, er sei vom Vikar daran gehindert worden, sich zu Wort zu melden. Es gibt auch keinen anderen Teil der Rede des Vikars, der einer veritablen Hymne näher kommt als der Lobpreis, den er auf den «göttlichen Instinkt» anstimmte.[111] Statt uns seine Einwände gegen die Natürliche Religion wissen zu lassen, berichtet der Erzähler, was er dem Vikar sagte: Die Ansichten des guten Priesters erschienen ihm «neuer» in bezug auf das, wovon er eingestand, daß er es nicht weiß, als im Blick auf das, wo-

---

109 Das Frontispiz steht in der Erstausgabe mit der Unterschrift «Orphée, *Liv. IV.*» und der Stellenangabe am oberen Rand des Bildes «Tom. III. Page 128.» links neben dem Titel von Band III, der mit der Rahmenerzählung beginnt und die gesamte *Profession de foi* enthält. Absatz 106 findet sich auf Seite 128. In Band I kündigt Rousseau innerhalb der *Explications des Figures* bereits an: «IV. *La Figure qui appartient au Livre quatre, et qui est à la tête du Tome troisieme, représente* Orphée *enseignant aux hommes le culte des Dieux.* Voyez T. III. p. 128.» Die Edition der *OCP* gibt das Frontispiz nicht wieder, das in allen Ausgaben zu Rousseaus Lebzeiten enthalten war. Es fehlt auch in den Editionen von Pierre-Maurice Masson und Bruno Bernardi, während Georges Beaulavon den Stich (nach Eisen) im Text neben Absatz 106 abbildet.
110 Cf. Erstes Buch, Kapitel II, S. 86.
111 83 (595) und 96 (600–601). Das Gewissens-Dogma ist das prominenteste Dogma des Vikars. Um so mehr fällt auf, daß Rousseau es nicht in die zehn Dogmen der *Religion civile* übernommen hat. – Beachte die politische Brisanz der Berufung auf das Gewissen, die der Vikar kenntlich macht, wenn er davon spricht, daß «der Fanatismus» das Gewissen «nachzumachen und in seinem Namen das Verbrechen zu diktieren» weiß: 97 (601).

von er beteuerte, daß er es glaube. Zu den Dingen, von denen der Vikar bekannte, daß er keine Antwort weiß, gehörten die Fragen, wie die «zwei Substanzen» verbunden und wie Seele und Körper getrennt werden können oder wie lange die Seele nach dem Tod weiterlebt. Er stellte klar, daß die Schöpfung nicht gewußt wird, und er sah sich außerstande, die Gerechtigkeit mit der Weisheit Gottes zu vereinbaren. Die Rede des Vikars arbeitet heraus, was im Glauben unverstanden, sie betont, was allein Postulat des Glaubens ist. Im zweiten Satz seiner kurzen Rede nimmt der Schüler eine Einordnung der Rede des Vikars vor, die nicht dafür spricht, daß wir in ihm einen anderen Émile vor uns haben. Er, nicht der Vikar, führt den Begriff der Natürlichen Religion in die *Profession de foi* ein und setzt ihn von dem ab, was «die Christen» als Irreligion bekämpfen: «J'y vois à peu de chose près le théisme ou la religion naturelle que les chrétiens affectent de confondre avec l'athéisme ou l'irréligion, qui est la doctrine directement opposée.» Aber im aktuellen Zustand seines Glaubens bzw. Unglaubens, fährt der Schüler fort, habe er mehr wieder hinauf- als etwa hinabzusteigen, um die *opinions* des Vikars zu übernehmen, d. h., er müßte mehr und nicht weniger glauben, als er jetzt glaubt, und er finde es «schwierig», an präzise dem Punkt des Aufstiegs und Abstiegs im Glauben stehenzubleiben, an dem er den Vikar stehen sieht. Damit wirft er die Frage auf, wie sich die Natürliche Religion angesichts des Gehorsamsanspruchs der Offenbarungsreligion zu behaupten vermag oder weshalb der Vikar in seinem Glauben nicht bis zum Offenbarungsglauben «wieder hinaufsteigt». Die Frage ist um so naheliegender, als der Vikar am Ende seiner Rede die Erwartung äußerte, daß der Gott der Gerechtigkeit sich um ihn sorge, und in einer großen rhetorischen Schlußgeste der Wahrheit ansann, da er nicht an sie heranreiche, zu ihm zu kommen.[112] Der Schüler erklärt, er wolle sich, dem Beispiel des Vikars folgend, von seinem «inneren Gefühl» leiten lassen und über die Reden des Lehrers nachdenken. «Si après m'être bien consulté j'en demeure aussi convaincu que vous, vous serez mon dernier apôtre, et je serai vôtre proselite jusqu'à la mort.» Aber wenn er nach gründlichem Nachdenken nicht überzeugt ist wie der Vikar, wird

---

112 Der Schluß der Rede des Vikars lautet: «J'ai fait ce que j'ai pu pour atteindre à la vérité mais sa source est trop elevée: quand les forces me manquent pour aller plus loin de quoi puis-je être coupable? C'est à elle à s'approcher» 105 (606). Beachte Anm. 105.

der Vikar nicht sein «Apostel» bleiben. Und wenn sich zu einem späteren Zeitpunkt herausstellen sollte, daß er dafür geschaffen ist, alle seine Meinungen, auch die, die er vom Vikar übernehmen mag, einer strengen Prüfung zu unterziehen, wird er niemandes Proselyt sein und einen Aufstieg ganz anderer Art beginnen.[113] Zunächst einmal wünscht der Schüler indes, daß der Vikar seine Unterweisung fortsetzt, da er ihm «erst die Hälfte» von dem gesagt hat, was er «wissen muß». Er beendet seine Rede mit der Aufforderung an den Lehrer, über die *Offenbarung*, über die Heiligen Schriften, über die «dunklen Dogmen» zu sprechen, die er seit seiner Kindheit weder begreifen noch glauben konnte. Wiederum ist es der Schüler, nicht der Vikar, der den entscheidenden Begriff in die *Profession de foi* einführt. Sein Begehren nach Aufklärung über die Offenbarung oder über das, was er «weder anzunehmen noch zu verwerfen» weiß, wird das letzte Wort sein, das wir von ihm hören.[114]

Die zweite Rede des Vikars beginnt mit *Ja* und endet mit *Amen*.[115] Der Vikar leitet sie mit der Anrede «mon enfant» ein, mit der er die erste Rede begonnen und die er ein zweites Mal gebraucht hatte, als er seinen Glauben an den gerechten Gott bekannte. Er wird die Anrede noch dreimal wiederholen und durch ihren Gebrauch die Gliederung seiner Verhandlung der historischen Religionen in drei Teile markieren.[116] Die erste Verwendung geht mit einer Umarmung einher, mit der der Vikar das Versprechen bekräftigt, das der *Profession de foi* vorausgegangen war, der Schüler werde von ihm sein «ganzes Glaubensbekenntnis» erhalten und ihn so sehen können, wie er sich selbst sieht.[117] «Oui, mon

---

113 Siehe Erstes Buch, Kapitel II, S. 75–77 und 81.
114 105–107 (605–606).
115 *Amen* fehlt in der Erstausgabe. Rousseau hatte dem letzten Absatz der *Profession de foi* jedoch sowohl in der Druckvorlage als auch in der Abschrift des Manuskripts für Paul Moultou *Amen* hinzugesetzt und das fehlende Wort im Text seines Handexemplars wieder ergänzt. Die postume Ausgabe von Moultou und Du Peyrou (*Collection complète des œuvres*. Genf 1780–1782) hat den ursprünglichen Wortlaut restituiert und *Amen* als letztes Wort der *Profession de foi* gedruckt.
116 Der Vikar verwendet die Anrede *mon enfant* im ersten Teil in den Absätzen 1, erster Satz (565) und 100 (602), im zweiten Teil in den Absätzen 108 (606), 154 (617), 172 (627) und 181, letzter Satz des Textes (635). Der zweite Teil gliedert sich in die Abschnitte A: 108–153, B: 154–171 und C: 172–181, wobei sich A mit dem Offenbarungsglauben, B mit den Offenbarungsreligionen und C mit Fragen der religiösen Praxis angesichts der historischen Lage der Offenbarungsreligionen befaßt.
117 XVIII (565), siehe S. 311. Unmittelbar davor, in Absatz XVII (565), findet sich

enfant, dit-il en m'embrassant, j'acheverai de vous dire ce que je pense; je ne veux point vous ouvrir mon cœur à demi. Mais le desir que vous me témoignez étoit necessaire pour m'autoriser à n'avoir aucune réserve avec vous.» Die zweite und letzte Umarmung zeigt an, daß die Unterweisung erst jetzt an ihr Ziel gelangt und zugleich in ihre intimste und riskanteste Phase eintritt. Der Vikar kommt auf die Offenbarung zu sprechen, über die zu sprechen er von Anfang an die Absicht hatte. Um sich über die Offenbarung zu erklären, hielt er jedoch eine umsichtige Vorbereitung und eine besondere Autorisierung, nämlich das erkennbare Bedürfnis und ausdrückliche Begehren des Adressaten, für erforderlich. Denn die Prüfung, die folgt, ist «ganz verschieden» von dem, was er bis dahin vorgetragen hat. Sie ist wesentlich Kritik und steht, anders als die Lehre der Natürlichen Religion, von der der Vikar glaubt, daß sie dem Schüler «nur nützlich sein konnte», in der Gefahr, Schaden anzurichten. Schaden für den Schüler, aber auch für den Lehrer, der sich an sie wagt. «Mit Zittern» läßt sich der Vikar auf eine Prüfung ein, wo er «nur Verwirrung, Mysterium, Dunkelheit» sieht. Er tut es mit jenem Zittern, das dem Weisen ansteht, der die Frage nach der Natur Gottes stellt. Und er tut es in dem Wissen, daß der Proselyt sich vom Glauben an Gott abwandte, weil ihm der Gott des Offenbarungsglaubens unglaubhaft geworden war.[118] Die Aufforderung des Schülers allein hätte nicht ausgereicht, um ihm die Kritik der Offenbarungsreligion vorzutragen. Nur das Begehren *und* das wirkliche Bedürfnis des Proselyten nach Aufklärung – ein Bedürfnis, über das der Lehrer zu einem eigenen Urteil kommen muß – autorisieren den Vikar, in seiner Unterweisung fortzufahren: «Wenn Ihre Ansichten stabiler wären, zögerte ich, Ihnen die meinen auseinanderzusetzen; aber in dem Zustand, in dem Sie sind, werden Sie gewinnen, wenn Sie wie ich denken.»[119] Rousseau setzt in einer Fußnote hinzu: «Das ist etwas, glaube ich, das der gute Vikar gegenwärtig zur Öffentlichkeit sagen könnte.» Weder der Vikar noch Rousseau lassen sich von missionarischem Eifer bestimmen, wenn sie

die erste Verwendung von *mon enfant*. Die Anrede kommt also insgesamt siebenmal, einmal in der Rahmenerzählung, zweimal im ersten Teil und viermal im zweiten Teil der *Profession de foi*, vor.
118 Cf. 52 (581) und S. 330; V–VI (560–561) und S. 305. Beachte Rousseaus «Vorsichtsmaßnahmen», *Émile* IV, p. 558 und S. 301.
119 Beachte XVIII (565) und S. 311.

ihre Kritik der Offenbarungsreligion vortragen. Für den einen wie für den anderen ist das Urteil ausschlaggebend, zu dem sie in Rücksicht auf die Lage des Adressaten kommen. An ihr, am konkreten individuellen bzw. historischen Zustand, richten sie sowohl ihre Reden über die Offenbarung als auch über die Natürliche Religion aus.[120] Und beide stimmen darin überein, daß sie ihren Reden «nur die Autorität der Vernunft» zusprechen, d. h., daß sie *keine* Autorität für sich in Anspruch nehmen.[121]

Die zweite Rede wendet sich an die Vernunft. Sie gibt *raisons de douter*. Sie verlangt keinen Glauben. Wenn der Proselyt zur Natürlichen Religion «wieder hinaufstiege», entspräche dies der Absicht des Vikars. Dafür hätte er Glauben nötig. Glauben an Gott als den Gesetzgeber und Herrscher der Welt, Glauben an die Moralität als die wahre Auszeichnung des Menschen, Glauben an das ihn sicher leitende Organ des Gewissens. Aber er soll nicht noch weiter zurücksteigen. Deshalb braucht er bei dem, was ihm jetzt zu erwägen gegeben wird, nur die Vernunft zu befragen und zu betätigen, die ihm mit dem Lehrer gemeinsam ist. Der Vikar nimmt den Begriff *Religion naturelle* auf und eröffnet seine Kritik der Offenbarungsreligion mit der Frage, weshalb und wozu er über die Natürliche Religion hinaus einer Religion bedürfe. «Il est bien étrange qu'il en faille une autre! Par où connoitrai-je cette nécessité? Dequoi puis-je être coupable en servant Dieu selon les lumiéres qu'il donne à mon esprit et selon les sentimens qu'il inspire à mon cœur?» Daß er schuldig sein, daß er sündigen könnte, indem er Gott allein durch die Aktualisierung seiner natürlichen Vermögen diente, ohne sich zum Gehorsam des Glaubens an heilsnotwendige geschichtliche Ereignisse und

---

120 In der Abschrift des Manuskripts, die Rousseau dem Genfer Pastor Moultou zuschickte, findet sich eine Notiz, die die historische Verortung der Schrift und die politische Reflexion Rousseaus bündig zum Ausdruck bringt: «Vous saurez bien remarquer, cher Moultou, que cet écrit ne seroit pas bon à publier en tout tems, mais que dans celui-ci le public ne peut plus qu'y gagner» (Ed. Masson 430). In seiner Erwiderung auf den Pariser Erzbischof schreibt Rousseau über die *Profession de foi*: «je la tiendrai toujours pour l'Ecrit le meilleur et le plus utile dans le siécle où je l'ai publié.» *Lettre à Christophe de Beaumont*, p. 960. Siehe p. 996 und vergleiche zur historischen Situation, auf die der Athenische Fremde seine Lehre der Natürlichen Religion abstimmt, Platon: *Nomoi* X, 891b2–6 und XII, 948c2–8.
121 108 und Note 10 (606–607). – Beachte zu *l'autorité de la raison* in 108 (607) *la raison nous est commune* in Absatz 1 (566) und cf. *Émile* IV, p. 558.

überlieferte Wahrheiten zu verstehen, verweist uns nicht an eine Meinung des Schülers, der die Lehre des Vikars auf den Begriff der Natürlichen Religion gebracht und die Frage nach der Offenbarung gestellt hat, sondern unmittelbar an den alles entscheidenden Vorhalt, den die Offenbarungsreligion gegen die Natürliche Religion erhebt: sie sei nicht nur unzureichend, sondern wer bei ihr stehenbleibe und auf dem Ungehorsam beharre, sei *coupable*. Der Vikar hat darauf zwei Entgegnungen. Zunächst antwortet er defensiv. Was ließe sich «den Pflichten des natürlichen Gesetzes», also dem Kernbestand der Natürlichen Religion, «zum Ruhme Gottes, zum Wohle der Gesellschaft und zu meinem eigenen Vorteil» hinzufügen? Über die Natürliche Religion hinausgehen zu wollen, wäre mithin, im besten Fall, ein eitles Unterfangen. Dann leitet er die Offensive ein: «Les plus grandes idées de la divinité nous viennent par la raison seule. Voyez le spectacle de la nature, écoutez la voix intérieure. Dieu n'a-t-il pas tout dit à nos yeux, à nôtre conscience, à nôtre jugement?» Der erste Satz rekurriert auf die Natürliche Theologie, der zweite auf die Natürliche Religion, und beide werden gegen die Offenbarungsreligion aufgeboten. Was können die Menschen uns in Rücksicht auf Gott über das hinaus sagen, was die Vernunft zu erkennen weiß und was wir vermittels der Natur wahrzunehmen vermögen? «Ihre Offenbarungen würdigen Gott nur herab, indem sie ihm die menschlichen Leidenschaften beilegen.» Der Vikar beginnt seine Rede über die Offenbarung mit großer Schärfe. Er spricht bei der ersten Verwendung des Begriffs von den Offenbarungen im Plural und weist so auf den zentralen Abschnitt der Rede voraus, der sich mit der Mehrzahl der Offenbarungsreligionen und ihren einander widerstreitenden Wahrheitsansprüchen befaßt. Er spricht nicht von der Offenbarung Gottes, sondern von den Offenbarungen der Menschen. Und er hält ihnen von Anbeginn an vor, daß sie die Ehre Gottes verletzen, da sie ihn zu einem irrationalen Wesen machen.[122] Die verwerflichen Auswirkungen der Offenbarungsreligionen für Gott und die Menschen in einen einzigen

---

122 Rousseau hat den Satz: «Leurs révélations ne font que dégrader Dieu en lui donant les passions humaines» erst in die letzte Reinschrift des Manuskripts eingefügt. In einem Entwurf hatte er notiert: «Toutes les révélations ne font que dégrader Dieu» (Ed. Masson 306). – Siehe Anm. 24 und cf. Goethe: *West-östlicher Divan. Besserem Verständnis. Israel in der Wüste*. Ed. Hendrik Birus. Frankfurt a. M. 1994, p. 246.

Satz fassend, fährt der Vikar fort: Ihre Dogmen klären «die Begriffe vom großen Wesen» nicht auf, sondern verwirren sie; sie veredeln sie nicht, sondern erniedrigen sie; sie «fügen den unbegreiflichen Mysterien, die es umgeben, absurde Widersprüche hinzu»; sie machen die Menschen hochmütig, intolerant, grausam; statt Frieden auf Erden zu schaffen, bringen sie das Schwert und das Feuer. Wenn der Vikar sich fragt, wozu die Offenbarungen gut sind, weiß er keine Antwort. Er sieht nur «die Verbrechen der Menschen und die Not und das Elend des Menschengeschlechts», die sie zur Folge haben. Mit diesem Auftakt stellt der Vikar klar, daß die Natürliche Religion, die er im ersten Teil exponiert hat, weit davon entfernt ist, der Offenbarungsreligion als eines Supplements zu bedürfen oder ihr als der höheren, wahren, eigentlichen Religion den Weg zu bereiten. Sie ist ihr vielmehr entgegengesetzt, sie ist ihre scharfe Kritikerin und tritt an, die Offenbarungsreligion abzulösen.[123] Die erste Erwähnung der Offenbarung im Singular dient dem Vikar dazu, die Phantasie ins Spiel zu bringen, der die Offenbarungen entspringen: Man sage ihm, «daß es einer Offenbarung bedurfte, um die Menschen die Art und Weise zu lehren, in der Gott

---

123 Die Theologen der Sorbonne, die 1762 ihre *Censure* des *Émile* vorlegten, bestanden, in Übereinstimmung mit einer langen Tradition, die Rousseau vertraut war, auf der Heilsnotwendigkeit des *ordre surnaturel*, den ausschließlich die christliche Religion, oberhalb einer ihr vorausliegenden *religion naturelle*, dem Glauben eröffne: «ordre qui suppose et confirme tout ce que la Religion et la Loi naturelles comprennent, et y ajoute beaucoup de vérités entiérement inconnues à la raison». Sie werden nicht müde zu wiederholen, daß die «natürliche Religion» nur eine vorbereitende, hinführende, dienende Funktion haben, aber niemals hinreichend sein kann: «comme nous l'avons déja dit plusieurs fois, les hommes qui seroient privés de la révélation, s'égareroient et se diviseroient entr'eux sur les principaux points de la Religion naturelle. Cela arriveroit non-seulement parmi le peuple, mais à l'égard des Philosophes mêmes.» Die «natürliche Religion» finde ihre Erfüllung und Autorisierung in und durch die christliche Religion: «Une grande partie de cette Religion, sa base, pour ainsi dire, et ses premiers fondemens, ce sont les dogmes et les préceptes de la Religion naturelle: il a été nécessaire qu'ils fussent confirmés et promulgués par l'autorité de la révélation divine: sans cela, ils n'eussent pû se conserver entiers dans beaucoup d'articles de la plus grande importance: tant est grande la foiblesse de la raison humaine!» «… les dogmes et la morale de la Religion naturelle tirent de notre Religion révélée une lumiere nouvelle, et une grande consistence». *Censure de la Faculté de Théologie de Paris, Contre le Livre qui a pour titre, Émile ou de l'Éducation.* Paris 1762, p. 69, 81, 127, 140.

wollte, daß ihm gedient werde», und als Beweis führe man «die Verschiedenartigkeit der bizarren Kulte» an, die sie einrichteten, ohne zu sehen, «daß ebendiese Verschiedenartigkeit von der Phantasie der Offenbarungen herrührt. Sobald die Völker sich unterstanden, Gott sprechen zu lassen, hat ein jedes ihn auf seine Weise sprechen und ihn das sagen lassen, was es wollte. Wenn man auf das gehört hätte, was Gott zum Herzen des Menschen sagt, hätte es immer nur eine Religion auf Erden gegeben.» Der Beginn bei der Meinung, die Offenbarung habe ihren Grund im Willen Gottes, den Menschen kundzutun, wie sie ihm dienen sollen, gibt dem Vikar nicht nur die Gelegenheit, den Auftakt seiner Rede mit einem Ausrufungszeichen zu versehen: die Offenbarung tritt im Plural auf, weil sich in ihr die je besonderen Willen der Menschen aussprechen.[124] Er hat vor allem den Vorzug, das Selbstverständnis des Offenbarungsglaubens zum Ausgangspunkt und die Offenbarung zuerst als Forderung Gottes an die Menschen in den Blick zu nehmen. Der Vikar hält sich gewissermaßen an die Rangordnung des Dekalogs, so wie er sich mit der Ehre Gottes und der Gerechtigkeit Gottes auf Maßstäbe bezogen hat und beziehen wird, die der Offenbarungsglaube selbst vertritt. Der Beginn bei dem, was «man sagt», erlaubt dem Vikar außerdem, unmittelbar in die Bewegung vom Besonderen zum Allgemeinen oder von der Geschichte zur Natur einzutreten, die für seine Rede über die Offenbarung kennzeichnend sein wird. Von den Offenbarungen der Menschen, die Gott zu unterschiedlichen Zeiten und an unterschiedlichen Orten Unterschiedliches sagen ließen, was seinen Niederschlag in der Verschiedenartigkeit der bizarren Vorschriften fand, wie Gott zu dienen sei, geht er auf das zurück, was Gott immer, überall und im allgemeinen sagt, so daß daraus niemals mehr als Eine Religion zu begründen wäre. Mit der ersten koordiniert er eine zweite Bewegung, die von außen nach innen oder von der Gesellschaft zum Individuum führt. Das Zeremoniell der Religion betrifft die Ge-

---

[124] Das Urteil der Theologen der Sorbonne fällt entsprechend aus: «souverainement téméraire, impie et blasphématoire. On y parle en général de toutes les révélations, sans en excepter aucune. La révélation faite aux premiers hommes et aux Patriarches, la révélation donnée autrefois aux Juifs, et la révélation Chrétienne, y sont confondues sans distinction avec les autres prétendues révélations que tant de divers peuples reçurent, et qui sont toutes fausses» *Censure de la Faculté de Théologie de Paris*, p. 78.

sellschaft, die Religion, an der Gott Interesse nimmt, betrifft das Individuum. «Der Kult, den Gott verlangt, ist der des Herzens, und wenn dieser aufrichtig ist, ist er immer einförmig.» Wir dürfen annehmen, daß die Eine Form, in der er sich manifestiert, die Haltung desjenigen ist, der zu Gott sagt: «dein Wille geschehe», und nichts außerdem.[125] Daß Gott dem Zeremoniell der Religion Beachtung schenkte, ist mit seiner Erhabenheit nicht zu vereinbaren. Wenn er «im Geiste und in der Wahrheit verehrt werden will», stellt er sich mutmaßlich in den Dienst der Aufrechterhaltung der Ordnung, und die «Pflicht aller Religionen» zu solcher Verehrung besteht um des Guten der Menschen willen. Der Kult des Herzens unterliegt niemandes Regulierung und Inspektion. «Quant au culte exterieur, s'il doit être uniforme pour le bon ordre, c'est purement une affaire de police, il ne faut point de révélation pour cela.»[126] Mit dem Erfordernis der Offenbarung für den «äußeren Kult» verneint der gute Priester die Zuständigkeit der Priester als Interpreten und Sachwalter der Offenbarung für die öffentliche Ordnung der Religion, die der Politik zugeschlagen und in letzter Instanz der Entscheidung des Souveräns unterworfen wird. Die Unterscheidung von äußerem und innerem Kult stellt so die Weichen für den dritten und letzten Abschnitt der Rede.[127]

Im Gewand einer autobiographischen Rückblende, die bei den «Vorurteilen» seiner religiösen Erziehung ansetzt, gibt der Vikar einen knappen Abriß des Aufkommens des Offenbarungsglaubens. Eine Schlüsselrolle weist er in der Genese dem *amour-propre* zu, der den Menschen verleitet, sich über das seiner Natur Gemäße zu erheben und das «große Wesen», an das der Mensch mit seinen Begriffen nicht heranreicht, zu sich herabzuziehen und unmittelbare Mitteilungen und besondere Unterweisungen von ihm zu wollen. Der *amour-propre* operiert im Hinblick auf die Gattung, wenn er Gott dem Menschen gleich macht, wie in Rücksicht auf das Individuum oder die partikulare Gemeinschaft, der es zugehört, wenn er sie veranlaßt, um unter ihresgleichen privilegiert zu sein, übernatürliche Einsicht erlangen, einen exklusiven Kult haben,

---

125 Cf. 104–105 (605–606) und S. 362–363.
126 Rousseau hatte im Manuskript zunächst geschrieben: «... *mais c'est au gouvernement à le prescrire*, c'est une affaire de pure police ...» (Ed. Masson 310, meine Hervorhebung).
127 109–111 (607–608).

einer besonderen Ansprache durch Gott gewürdigt oder eines besonderen Verständnisses seines Wortes teilhaftig werden zu wollen, die anderen nicht zuteil wurden. Der Wille zum *Übernatürlichen*, von dem der Vikar an dieser Stelle zum erstenmal spricht, beruht als Wille zur Auszeichnung, zur Bevorzugung, zur Abweichung von der allgemeinen Ordnung, wesentlich auf *amour-propre*. Der Vikar ist sich der Macht des *amour-propre* wohl bewußt. Deshalb macht er ihn zu einem Leitmotiv in seiner Kritik der Offenbarungsreligion, und deshalb hat er ihm in seiner Präsentation der Natürlichen Religion selbst hohen Tribut gezollt, getragen von dem Bemühen, den *amour-propre*, was die Religion betrifft, soweit als möglich an der Gattung auszurichten, um ihn, so gezähmt, in festen Bahnen zu halten und seine Energie der Moral nicht zu entziehen.[128] Während die *Religion naturelle* «die Elemente jeder Religion» in sich vereinigt, schließen die partikularen, historischen, konventionellen Religionen, «die Sekten, die auf Erden herrschen», einander aus. Sie «beschuldigen sich wechselseitig der Lüge und des Irrtums», da jede für sich in Anspruch nimmt, die richtige Religion zu sein, und sich dabei auf eine Autorität, bzw. auf eine Sukzession von Autoritäten, auf eine ehrwürdige Tradition beruft, an deren Anfang die Autorität Gottes stehen soll. Die Kritik der Offenbarungsreligionen, die der Vikar im Namen der Natürlichen Religion vorträgt, ist entscheidend eine Kritik der Autorität und der auf Autorität gegründeten Exklusivität des Kultes, der Erlangung des Heils, des Zugangs zur Wahrheit. Das gilt für die Rede des Vikars im ganzen, im besonderen aber für deren ersten Abschnitt, der sich mit den Grundlagen des Offenbarungsglaubens befaßt. Rousseau sekundiert dem Vikar mit einer Anmerkung, in der er zur Unterminierung der Berufung auf die Autorität Gottes die Autorität eines «guten und weisen Priesters» anführt und eine Stelle aus Pierre Charrons *De la sagesse* zitiert, die die Herkunft der Religion von Gott verneint, eine Stelle, die der katholische Theologe ihrer Anstößigkeit wegen in der Neubearbeitung seines Werkes unterdrückte.[129] Der Vikar hält

---

128 Beachte 53–56 (581–583), S. 331–333, und 101 (603), S. 357–360; vergleiche 112 (608) mit 96 (601); und siehe X (562), XV (564) sowie S. 309.
129 Rousseau trägt Sorge, die Quelle des ausführlichen Zitats aus der Erstausgabe von *De la sagesse*, bevor es Charrons Selbstzensur zum Opfer fiel, präzise zu bezeichnen: «L. II. Chap. 5. p. 257. Edition de Bordeaux 1601.» 1605 wurde der Titel von den kirchlichen Autoritäten auf den Index der verbotenen Bücher gesetzt.

der auf Autorität, Herkunft, Überlieferung gegründeten Wahrheit des Glaubens entgegen, daß sie nicht mit der Gerechtigkeit Gottes zu vereinbaren ist. Der Gehorsam gegenüber einer Autorität bedeutete, daß «die Methode desjenigen, der den rechten Weg geht, und desjenigen, der sich verirrt, dieselbe ist», so daß der, der gemäß der Wahrheit des Glaubens lebte, und der, dem dies nicht beschieden ist, dem jeweils anderen weder ein Verdienst noch ein Unrecht voraushätte. Ihre Wahl bliebe die Wirkung eines historischen oder geographischen Zufalls, und sie ihnen zuzurechnen wäre unbillig, hieße, sie dafür zu belohnen oder zu bestrafen, daß sie in diesem oder in jenem Land geboren wurden. «Oser dire que Dieu nous juge ainsi c'est outrager sa justice.» Die Gerechtigkeit Gottes verlangte, daß Gott entweder alle Religionen gut und gefällig sind, d. h., daß die Wahl dieser oder jener partikularen Religion ihm einerlei ist, oder aber, daß er, falls er den Menschen bei Strafe der Nichtbeachtung eine Religion vorschreibt, diese mit «gewissen und offensichtlichen Zeichen» versehen hat, so daß sie als die einzig wahre Religion unterschieden und erkannt werden kann. Die *signes certains et manifestes* müssen «zu allen Zeiten und an allen Orten» erkennbar sein, d. h., sie müssen den Anforderungen genügen, die der Vikar, von den Philosophen belehrt, an die Natürliche Religion stellt, und sie müssen außerdem, wenn die wahre Religion als Menschenpflicht soll gelten können, «allen Menschen, großen und kleinen, gelehrten und unwissenden, Europäern, Indern, Afrikanern, Wilden gleichermaßen wahrnehmbar sein». Der Vikar schließt so unter Berufung auf Gottes Gerechtigkeit nicht nur die Offenbarung als heilsnotwendiges, Jedermann zum Gehorsam verpflichtendes Ereignis aus. Er zeigt auch, vierundvierzig Absätze nachdem er den Theologen der Offenbarungsreligion widersprochen hat, die unter Berufung auf Gottes Souveränität die Meinung vertraten, daß Gott den Menschen nichts schulde, den Sinn seines Insistierens auf der Gerechtigkeit und die äußerste Konsequenz jenes Widerspruchs auf. «Wenn eine Religion auf Erden wäre, außerhalb deren es nur ewige Strafe gäbe, und an irgendeinem Ort der Welt wäre ein einziger Sterblicher guten Glaubens nicht von ihrer Evidenz getroffen, dann wäre der Gott dieser Religion der unbilligste und grausamste aller Ty-

Rousseau fügt der Stelle den Kommentar hinzu: «Il y a grande apparence que la *sincère* profession de foi du vertueux Théologal de Condom n'eut pas été fort différente de celle du Vicaire savoyard.» Note 11 (609, meine Hervorhebung).

rannen.» Damit ist die Spitze der theologisch-politischen Kritik benannt. Der Vikar weiß, daß der, der «aufrichtig die Wahrheit suchen» will, einer anderen Methode folgen muß. Statt sich an den Gehorsam zu halten, muß er alles, was er von Kindheit an über die Religion gelehrt wurde, der «Prüfung durch das Gewissen und die Vernunft» unterziehen. Das Gewissen äußert sich zur Gerechtigkeit der Behauptungen, die Vernunft richtet über die Beweiskraft der Gründe. Die einander widerstreitenden Autoritäten zwingen zur Besinnung auf die eigene Vernunft. «Ils ont beau me crier: soumets ta raison. Autant m'en peut dire celui qui me trompe; il me faut des raisons pour soumettre ma raison.» Was ihm eine menschliche Autorität über die Wahrheit des Glaubens sagt, unterliegt dem Urteil seiner Vernunft. Und was seine Vernunft zu bestätigen vermag, geht nicht über das hinaus, was der Vikar als Natürliche Religion exponierte. Die erste Rede des Vikars enthält «die ganze Theologie», zu der er, gestützt auf seine natürlichen Fähigkeiten, gelangte. «Außerordentliche Mittel» wären erforderlich, um mehr glauben zu können, d. h. Mittel, wie sie der Offenbarungsglaube reklamiert, indem er sich auf die Autorität Gottes beruft. Der Vikar macht diese Berufung zum Gegenstand des ersten und kürzesten von drei imaginierten Dialogen, die er in seine Rede aufnimmt: «Apôtre de la vérité, qu'avez-vous donc à me dire dont je ne reste pas le juge? Dieu lui-même a parlé; écoutez sa révélation.» Die Gehorsamsforderung der Offenbarung beruht darauf, daß Gott *selbst* gesprochen hat, aber die, an die seine Offenbarung gerichtet ist, diese nicht selbst hören können, weil er zu einer bestimmten Zeit *gesprochen hat*, und sie deshalb den Menschen glauben müssen, die ihnen sagen, daß er in der Vergangenheit selbst gesprochen habe. Die Mission seiner Gesandten, die die Offenbarung weitergeben und verbreiten, hat Gott durch Wunderzeichen beglaubigt. Aber die Wunderzeichen wurden von Menschen bezeugt, deren Zeugnisse in Büchern überliefert werden, die von Menschen geschrieben worden sind. Die Berufung des Apostels der Offenbarung auf die Autorität Gottes verweist den Vikar beständig an die Autorität von Menschen. «Quoi! toujours des témoignages humains? Toujours des hommes qui me raportent ce que d'autres hommes ont rapporté! Que d'hommes entre Dieu et moi! Voyons toutefois; éxaminons, comparons, vérifions.»[130]

130 112–118 und Note 11 (608–611). – Rousseau nimmt den berühmten Ausruf des Vikars: «Wie viele Menschen zwischen Gott und mir!» in seinem Brief an den Erz-

Von «gewissen und offensichtlichen Zeichen», an denen die wahre Religion immer und überall zu erkennen wäre, kann bei keiner Offenbarungsreligion die Rede sein. Wenn der Vikar gleichwohl die Bereitschaft bekundet, sich prüfend, vergleichend, verifizierend auf die historischen Zeugnisse einzulassen, an die ihn der «Apostel der Wahrheit» verweist, tut er dies, weil er weiß, daß er sein Gegenüber nicht anders zu widerlegen vermag, als indem er auf dessen Wahrheitsanspruch eingeht und die Aufstellungen, die ihm entgegengehalten werden, zum Gegenstand einer dialektischen Auseinandersetzung macht. Deshalb auch enthält die Rede über die Offenbarung anders als die Rede über die Natürliche Religion ausdrückliche Dialoge und wird sie von Anfang an durch Ad-hominem-Argumente dominiert.[131] Der Vikar führt dem Schüler vor Augen, in «welch entsetzliche Diskussion» einzutreten und «welch unermeßliche Gelehrsamkeit» nötig hätte, wer die Behauptungen und Forderungen des Glaubens auf ihren Wahrheitsgehalt untersuchen und «die Prophetien, die Offenbarungen, die Tatsachen, all die Glaubensdenkmäler, die in allen Ländern der Welt vorgebracht werden», im einzelnen durchgehen wollte. Er gibt zu bedenken, wieviel historische Forschung, philologische Kompetenz und intensive Quellenkritik dafür erforderlich wäre. Im zweiten Abschnitt wird er die schiere Unmöglichkeit eines solchen Unternehmens für den herausstellen, der sich angesichts des Absolutheitsanspruchs der konkurrierenden Offenbarungsreligionen Klarheit über seine Gehorsamspflicht verschaffen muß. Hier steht der Hinweis auf die «horrible discussion» im Kontext des zentralen Themas des ersten Teils der Rede über die Offenbarung, der Selbstbehauptung der Vernunft gegen jede Autorität, und ist eingebunden in eine sich Zug um Zug aufbauende und verschärfende Argumentation, daß der Offenbarungsglaube der Vernunft nicht entraten kann, wenn er dem Einwand der Leichtgläubigkeit oder der Selbstblendung entgehen will. Von den «Denkmälern» des Glaubens schreitet der Vikar zu den «Beweisen der Mission ihrer Urheber» voran, zu den Wundern. Mit der Wunderkritik der Philosophen vertraut, betont er das Wissen und die

---

bischof von Paris auf und schreibt im eigenen Namen: «… pourquoi en faut-il [des intermédiaires] entre Dieu et moi, et pourquoi en faut-il de si éloignés, qui en ont besoin de tant d'autres? Est-il simple, est-il naturel que Dieu ait été chercher Moïse pour parler à Jean Jaques Rousseau?» *Lettre à Christophe de Beaumont*, p. 987.
131 Cf. S. 328 und 329–331.

Vernunft, deren es bedarf, um Wunder erkennen und über die Berufung auf sie urteilen zu können. Die Erkenntnis des Wunders setzt die Erkenntnis der Natur voraus, denn die Feststellung einer Ausnahme oder einer Abweichung von der Ordnung der Natur ist an das Wissen dieser Ordnung, der Notwendigkeiten, durch die sie bestimmt wird, und der Möglichkeiten, die sie zuläßt, gebunden. Wenn die Gesandten Gottes, die Mittler der Offenbarung, durch Wunder autorisiert werden, muß die Feststellung der Beglaubigung ihrer Sendung, muß mithin die Erkenntnis des von Natur Möglichen und Unmöglichen für den Offenbarungsgläubigen von größter Bedeutung sein. Er muß etwa, wie der Vikar eigens erwähnt, über die Gesetze des Zufalls und der Wahrscheinlichkeit gut Bescheid wissen, um beurteilen zu können, ob die Erfüllung einer Weissagung die Annahme eines Wunders rechtfertigt oder nicht. Er muß ein lebhaftes Interesse daran haben, Wundertäter von Betrügern zu trennen. Er muß vor allem zu «sicheren Regeln» kommen, um «wahre und falsche Wunderzeichen» zu unterscheiden, d. h. Wunder, von denen er glaubt, daß Gott sie gewirkt, und Wunder, von denen er glaubt, daß der Teufel sie nachgemacht habe. Alle Fragen, die den Wunderglauben umgeben, münden ein in die Frage nach der Vernunft Gottes, dem der Glaube ansinnt, sich des Mittels des Wunders zu bedienen: «pourquoi Dieu choisit pour attester sa parole des moyens qui ont eux-mêmes si grand besoin d'attestation, comme s'il se joüoit de la crédulité des hommes, et qu'il évitât à dessein les vrais moyens de les persuader.» In rascher Folge bringt der Vikar die Vernunft, die Gerechtigkeit, die Billigkeit und die Würde Gottes gegen die Lehre von den Wundern in Stellung, um seine Ad-hominem-Argumentation schließlich in der «wichtigsten Prüfung» seines Gegenübers und in der ersten Berufung auf eine Geschichte der Bibel kulminieren zu lassen. Der wichtigste Einwand stützt sich auf etwas, das diejenigen, die an Wunder glauben, selbst sagen, nämlich daß Gott Wunder wirke und daß der Teufel diese manchmal nachmache. Der Vikar kehrt also zu der Frage zurück, wie wahre von falschen Wunderzeichen zu unterscheiden wären, gesetzt, die Ordnung der Natur könnte von übernatürlichen Mächten durchbrochen werden. Als Schriftzeugnis führt er die Zauberer des Pharao an, die «es wagten, selbst in Mose Anwesenheit dieselben Zeichen zu tun, die er auf ausdrücklichen Befehl Gottes tat»,[132] und fragt:

---

132 *Exodus* VII, 10, 11, 20, 22; VIII, 1–3.

«warum hätten sie in seiner Abwesenheit nicht mit denselben Beweisgründen dieselbe Autorität beanspruchen sollen?» Was besagt, daß der Autorisierung durch Wunder der Boden entzogen ist: «So muß man also, nachdem man die Lehre durch das Wunder bewiesen hat, das Wunder durch die Lehre beweisen, aus Furcht, das Werk des Dämons für das Werk Gottes zu halten.» Abermals meldet sich Rousseau selbst zu Wort, um die Argumentation des Vikars gegen die Berufung der Offenbarungsreligion auf die Autorität Gottes zu unterstützen und zu schärfen. Daß das Wunder durch die Lehre bewiesen werden müsse, d. h., daß es seine Begründung allein im Glauben findet, gehe aus «tausend Stellen der Heiligen Schrift» und unter anderem aus dem dreizehnten Kapitel des *Deuteronomiums* hervor. Dort wird gesagt, daß einem Propheten, der fremde Götter verkündet und seine Verkündigung durch Wunderzeichen bekräftigt, nicht etwa Gehör geschenkt werden soll, wenn sich seine Weissagung erfüllt, sondern daß man diesen Propheten im Gegenteil töten muß. Denn die Mission, die er durch Wunder erweist, ist ein Mittel Gottes, um die Gläubigen zu versuchen und herauszufinden, ob sie Gott von ganzem Herzen und von ganzer Seele lieben. «Quand donc les payens mettoient à mort les apôtres leur annonçant un Dieu étranger et prouvant leur mission par des prédictions et des miracles, je ne vois pas ce qu'on avoit à leur objecter de solide qu'ils ne pussent à l'instant retorquer contre nous. Or que faire en pareil cas? Une seule chose: Revenir au raisonement et laisser-là les miracles. Mieux eut valu n'y pas recourir.» Rousseau weiß, daß die Demonstration der Unerkennbarkeit genügt, um die Autorisierung der Mittler der Offenbarung durch Wunderzeichen zurückzuweisen, daß sie indes nicht hinreicht, um die Möglichkeit von Wundern zu widerlegen. Aber wenn er sich in seiner Anmerkung, wie der Vikar im Text, auf die Unerkennbarkeit konzentriert, heißt das nicht, daß das entwickelte Ad-hominem-Argument nur für die Erkennbarkeit der Wunder einschlägig wäre. Es handelt sich um ein Exemplum mit weitergehenden Applikationen, die zu erproben dem Leser aufgetragen wird. Außerdem weiß Rousseau, welche Kraft der Auseinandersetzung mit der «Lehre» des Offenbarungsglaubens zukommt, auf die er die Aufmerksamkeit lenkt, eine Auseinandersetzung, die zu führen das Officium der Natürlichen Theologie ist.[133] Der

---

133 In den *Lettres écrites de la montagne* verwendet Rousseau den Dritten Brief, der sechsundneunzig Absätze umfaßt, auf eine eingehende Auseinandersetzung

Vikar tritt in sie ein und umreißt sie, soweit sie sich mit der Natürlichen Religion verträgt. Wenn die Lehre, die das Wunder «beweisen» soll, von Gott kommt, muß sie den «geheiligten Charakter der Gottheit» haben. Sie muß nicht nur unsere Vorstellungen von Gott zur Klarheit führen, statt die Dunkelheit zu mehren, sondern uns auch «einen Kult, eine Moral und Maximen vortragen, die den Attributen entsprechen, durch die allein wir sein Wesen begreifen». So nötigt die Behauptung der Wunder sowohl an ihr selbst als auch vermittels der Lehre, die sie bestätigen soll, den Vikar, sich der Frage *quid est deus?* zuzuwenden und den Gott der Offenbarungsreligionen mit dem Gott der Natürlichen Religion zu konfrontieren.[134] Wenn die Lehre des Glaubens «uns nur einen zorni-

mit dem Wunderglauben. Die ausgearbeitete Kritik knüpft an Spinozas Kritik der biblischen Wunder an, geht jedoch sowohl im einzelnen, in der Ausweitung auf die Wunder Jesu, als auch im ganzen, in der Exposition der Natürlichen Theologie, über das berühmte sechste Kapitel des *Tractatus theologico-politicus* hinaus. Rousseau entfaltet die Kritik des Wunderglaubens am Leitfaden der göttlichen Weisheit und in ständiger Rücksicht auf das Urteil des Weisen. Ohne die Ad-hominem-Argumente seiner Vorgänger im mindesten zu vernachlässigen, macht er die Wunderkritik so zu einem besonderen Ort philosophischer Selbstauslegung. (III, 3, 5, 7, 8, 9, 31, 32 note, 36, 40, 51, 54, p. 727–728, 729, 734–735, 736, 737, 738, 743, 744; beachte III, 48–49 und 41 note, p. 741–742 und 738.) Die Prominenz, die Rousseau dem Attribut der Weisheit zuspricht, unterscheidet seine Verhandlung des Wunderglaubens sowohl von der Spinozas, der die Weisheit in «De miraculis» unerwähnt läßt, als auch von der Lockes, der sich auf «God's honour and goodness», «the unity and majesty of his eternal godhead», «the dignity of his majesty» und «the glory of God» beruft (*A Discourse of Miracles* in: *The Works of John Locke.* Glasgow–Dublin, 1823, IX, p. 260–262). Der Rang von Rousseaus Auseinandersetzung und die Subtilität ihrer Durchführung springen ins Auge, wenn der Leser sie etwa mit Humes Wunderkritik vergleicht. (*An Enquiry concerning Human Understanding* X, Of Miracles. Critical Edition by Tom L. Beauchamp. Oxford 2000, p. 83–99). Auch Rousseaus Diskussion der Wunder Jesu hat ihren Fluchtpunkt im Kriterium der Weisheit. (Cf. III, 3, 31, 32 note *in fine*, 94, p. 727, 734, 736, 754.) Während Rousseau das größte Wunder, das Jesus nach *Johannes* XI wirkte, die Auferweckung von den Toten, erörtert, übergeht er das größte Wunder, das Jesus selbst betrifft, die Inkarnation, mit Schweigen. Der Genfer Theologe David Claparede, der auf die *Lettre troisième* mit einem Traktat von 262 Seiten erwiderte, stellte Rousseaus Schweigen sogleich heraus: *Considérations sur les miracles de l'Évangile, pour servir de réponse aux difficultés de Mr. J. J. Rousseau dans sa 3.ᵉ lettre écrite de la montagne.* Genf 1765, p. 29–35.

134 Siehe 52 (581) und S. 330 sowie 335. – Der Vikar hat die Konfrontation bereits innerhalb der Erörterung des Wunderglaubens selbst zu Protokoll gegeben: «... et

gen, eifersüchtigen, rächenden, parteiischen Gott zeichnete», d. h., wenn sie ein von Leidenschaften beherrschtes, irrationales und ungerechtes Wesen als Gott ausgäbe, «einen Gott des Krieges und der Kämpfe», einen Gott der Zerstörung, der «sich rühmte, selbst die Unschuldigen zu strafen», würde der Vikar sich «hüten, die Natürliche Religion aufzugeben», um die Religion anzunehmen, die «diesen schrecklichen Gott» proklamierte. Denn da beide nicht miteinander übereinzubringen wären, müßte man «notwendig wählen». Er ginge so weit, immer auf den Konjunktiv achtend, für die Anhänger einer solchen Religion eine kurze Ansprache hinzuzusetzen: «Votre Dieu n'est pas le nôtre, dirois-je à ses sectateurs. Celui qui commence par se choisir un seul peuple et proscrire le reste du genre humain n'est pas le pére commun des hommes; celui qui destine au supplice éternel le plus grand nombre de ses créatures n'est pas le Dieu clement et bon que ma raison m'a montré.»[135] Wenn die Natürliche Religion, wie ihr entgegengehalten wird, insuffizient ist, dann insofern, als sie in bezug auf «die großen Wahrheiten, die sie uns lehrt,» nicht die wünschenswerte Klarheit schafft und verbreitet. Der Offenbarung fiele demnach die Aufgabe zu, die Wahrheiten der Natürlichen Religion auf eine Art und Weise zu lehren, die diese Wahrheiten für den Geist des Menschen wahrnehmbar und faßlich macht, «ihn sie begreifen zu lassen, damit er sie glaube». Der Vikar gestünde der Offenbarung, mit anderen Worten, eine unterstützende, eine pädagogische, eine dienende Funktion zu, innerhalb des Rahmens, den die Natürliche Religion vorgibt, und unter der Voraussetzung, daß sie die Klarheit fördert und nicht etwa den Kult mit «Mysterien» und «Widersprüchen» belädt. Denn der Glaube bedarf des Verstandes zu seiner Sicherung und Festigung, weshalb «die beste aller Religionen unfehlbar die klarste ist».[136] Der Vikar läßt keinen Zweifel, daß er das Urteil, wer oder was als

le plus grand de tous les miracles seroit que là où il y a des fanatiques persecutés il n'y eut point de miracles. C'est l'ordre inaltérable de la nature qui montre le mieux l'être suprême; s'il arrivoit beaucoup d'exceptions je ne saurois plus qu'en penser, et pour moi je crois trop en Dieu pour croire à tant de miracles si peu dignes de lui» 121 (612). Cf. Spinoza: *Tractatus theologico-politicus* VI, De miraculis. Ed. Carl Gebhardt (*Opera*. Heidelberg 1925), III p. 86, 23–27.
135 Zum *Dieu clement et bon* siehe 78 (592) und 104 (605), S. 346 und 362–363.
136 Rousseau hatte im Manuskript zunächst geschrieben: «La meilleure de toutes les religions est infailliblement la plus *raisonnable*» (Ed. Masson 342, meine Hervorhebung).

Gott zu verehren sei, seiner Vernunft vorbehält. «Le Dieu que j'adore n'est point un Dieu de ténébres, il ne m'a point doüé d'un entendement pour m'en interdire l'usage; me dire de soumettre ma raison c'est outrager son auteur. Le ministre de la vérité ne tirannise point ma raison; il l'éclaire.» Die Opposition von Vernunft und Autorität enthüllt ihre Wahrheit im Gegensatz von Vernunft und Tyrannei.[137]
Die Opposition von Vernunft und Autorität, Einsicht und Gehorsam, Beweisgrund und Hörensagen ist in der Auseinandersetzung mit dem Offenbarungsglauben von solchem Gewicht, daß der Vikar sie, nachdem er sie im eigenen Namen behandelt hat, noch einmal aufgreift, um sie zum Thema des mittleren, des längsten und des bei weitem auffälligsten der drei Dialoge zu machen, die er in die Rede über die Offenbarung einfügt. Der Dialog bildet den Abschluß des ersten Abschnitts und läßt dessen bedeutendste Gegenstände und Fragen, von der Prophetie über die Wunder bis zur Natur Gottes, in gedrängter Form Revue passieren, lakonisch formuliert, leicht faßlich, polemisch pointiert, weniger durch neue Argumente Aufmerksamkeit heischend, wie es scheint, als der Intransigenz wegen, mit der in ihm der grundlegende Konflikt artikuliert wird. Der harte Wortwechsel, in dem *L'Inspiré* und *Le Raisoneur* aufeinandertreffen, besteht aus sechsundzwanzig Beiträgen und siebenundzwanzig Absätzen: jeder der beiden Redner kommt dreizehnmal zum Zuge, aber die dreizehnte Äußerung des *Raisoneur*, der das letzte Wort behält, umfaßt zwei Absätze (26 und 27). Der Vikar schickt einen kurzen Absatz voraus, der die Aufgabe des Dialogs benennt. Er erinnert den Schüler daran, daß «wir», d. h. der Vikar und sein Zuhörer, «jede menschliche Autorität» als Beweisgrund ausgeschlossen haben. Ohne die Berufung auf eine Autorität aber vermag der Vikar nicht zu sehen, «wie ein Mensch einen anderen überzeugen kann, indem er ihm eine unvernünftige Lehre predigt». Der imaginierte Dialog setzt einen solchen zum Scheitern verurteilten Überzeugungsversuch in Szene, und nicht erst der Verlauf des Gesprächs, sondern schon die Bezeichnung der Gesprächspartner gibt zu erkennen, wer für die Predigt der *doctrine déraisonable* einzustehen hat. Der *Inspiré* wird sich auf die Quelle seiner Inspiration berufen, als deren Gefäß oder Organ er sich versteht, und im Namen eines Anderen, eines Höheren, eines Mächtigeren sprechen. Der *Raisoneur* wird sich auf seine Vernunft beziehen, den

---

[137] 119–125 und Note 12 (611–614).

Inspiré nach Gründen fragen und ihm seine Schlußfolgerungen entgegenhalten.[138] Der Anwalt der Offenbarung eröffnet den Dialog mit einem Angriff auf das, was die Vernunft lehrt: «Die Vernunft lehrt Sie, daß das Ganze größer ist als sein Teil; ich aber lehre Sie im Auftrag Gottes, daß es der Teil ist, der größer ist als das Ganze.»[139] Sein Gegenüber erwidert mit Fragen, die die Vernunft in ihr Recht einsetzen: «Und wer sind Sie, daß Sie es wagen, mir zu sagen, Gott widerspreche sich? und wem werde ich eher glauben, dem, der mich durch die Vernunft die ewigen Wahrheiten lehrt, oder Ihnen, der Sie mir in seinem Auftrag eine Absurdität verkünden?» Damit ist die Scheidelinie gezogen und der Ton für alles Weitere angeschlagen. Die Konfrontation erreicht ihren Höhepunkt, wenn der *Inspiré*, nachdem er «die Sünde» als Verderberin der Vernunft in die Schrift eingeführt hat (5) und bevor er den Anwalt der Vernunft zum «Satelliten des Dämons» erklären wird (25), in der Mitte des Dialogs den Anspruch erhebt, seine Beweise seien «ohne Widerrede», da sie «einer übernatürlichen Ordnung» entstammten (13),[140] worauf der *Raisoneur* im zentralen Absatz entgegnet: «Übernatürlich!

138 Rousseau hatte in früheren Fassungen die Bezeichnungen *Le Missionaire*, *Le Prophète* und *L'Apôtre* verwendet, bevor er sich für *L'Inspiré* entschied. Für *Le Raisoneur* erwog er zunächst *Le Théiste* und *L'Homme* (Ed. Masson 346). Hätte er diese Bezeichnungen beibehalten, wäre die Zuordnung der beiden Parteien zur Offenbarungsreligion und zur Natürlichen Religion durch keine Auslegung mehr abzumildern, in keiner Apologie zu bestreiten gewesen. Cf. *Lettre à Christophe de Beaumont*, p. 998–999.
139 Rousseau hatte das Beispiel zuvor im eigenen Namen verwendet und kommentiert: «… je suis l'ami de toute Religion paisible, où l'on sert l'Etre éternel selon la raison qu'il nous a donnée. Quand un homme ne peut croire ce qu'il trouve absurde, ce n'est pas sa faute, c'est celle de sa raison; et comment concevrai-je que Dieu le punisse de ne s'être pas fait un entendement contraire à celui qu'il a receu de lui? Si un Docteur venoit m'ordonner de la part de Dieu de croire que la partie est plus grande que le tout, que pourrois-je penser en moi-même, sinon que cet homme vient m'ordonner d'être fou? Sans doute l'Orthodoxe, qui ne voit nulle absurdité dans les mistéres, est obligé de les croire …» *Lettre à d'Alembert* 7, p. 11–12; cf. die lange Anmerkung über absurde dogmatische Behauptungen, die Rousseau der Textstelle hinzugefügt hat.
140 Die Berufung des *Inspiré* auf das Übernatürliche ist die erste Verwendung von *surnaturel*, seitdem der Vikar in Absatz 112 (608) von *surnaturel* sprach, als er das Verlangen nach übernatürlicher Einsicht auf den *amour-propre* zurückführte. Siehe S. 373–374.

Was bedeutet dieses Wort? Ich verstehe es nicht» (14),¹⁴¹ und die Antwort erhält: «Änderungen in der Ordnung der Natur, Prophetien, Wunder, Wunderzeichen jeder Art» (15). Am Schluß (27) kommt der *Raisoneur* auf die «vorgeblich übernatürlichen Beweise» des *Inspiré* zurück, um in epigrammatischer Schärfe zum Ausdruck zu bringen, weshalb «wir», weshalb der Vikar, sein Zuhörer, der *Raisoneur* und wer immer an der Rede der Vernunft Interesse nimmt, keine menschliche Autorität als Beweisgrund gelten lassen können: Im Vertrauen auf die Beglaubigung durch andere an Prophetien, an Wunder, an Offenbarungen zu glauben hieße, «die Autorität Gottes, die zu meiner Vernunft spricht, der Autorität der Menschen zu unterwerfen».¹⁴² Das letzte Wort, das der Vikar den Verteidiger der Natürlichen Religion sprechen läßt, lautet: «Si les vérités éternelles que mon esprit conçoit pouvoient souffrir quelque atteinte il n'y auroit plus pour moi nulle espéce de certitude, et loin d'être sur que vous me parlez de la part de Dieu, je ne serois pas même assuré qu'il existe.» Anfang und Ende der Rede, ihr letzter und ihr erster Satz schließen sich in den *vérités éternelles* zusammen, zu denen die Vernunft Zugang gewährt und an denen sich die Behauptungen und Versicherungen Gott betreffend zu bewähren haben, die seiner Existenz nicht ausgenommen.¹⁴³ Wenn der Dialog kein neues Argument vorträgt, enthält er doch ein Argument, das der Vikar nirgendwo so deutlich hervortreten läßt: Um zu glauben, daß ein Wesen existiert, das er als *Gott* anerkennen kann, muß der *Raisoneur* sich davon überzeugen, daß dieses Wesen mit den Wahrheiten im Einklang wäre, die seine Vernunft als notwendige Wahrheiten zu erkennen vermag, d. h. mit Wahrheiten, die zu jeder Zeit und an jedem Ort gelten. Der Vikar verwendet die Bezeichnung «raisoneur» später noch einmal, um sie, ironisch und in angemessenem Abstand, mit sich in Verbindung zu bringen.¹⁴⁴ Auch wenn er das nicht getan hätte, wäre die in der ge-

---

141 Cf. Platon: *Apologie des Sokrates* 20d-e.
142 Cf. S. 369 und Anm. 121.
143 Das erste Wort des Dialogs, nicht der Rede des *Raisoneur*, war im Manuskript ursprünglich *Dieu*. Rousseau ersetzte es durch *La raison* (Ed. Masson 346).
144 «A l'égard de la révélation, si j'étois *meilleur raisonneur* ou mieux instruit, peut-être sentirois-je sa vérité, son utilité pour ceux qui ont le bonheur de la reconoître» 171 (625, meine Hervorhebung). Es handelt sich um den einzigen Gebrauch von *raisonneur* im gesamten Text, die dreizehn Bezeichnungen für den Protagonisten des Dialogs ausgenommen.

meinsamen Sache begründete Nähe zum Protagonisten des Dialogs
nicht zu übersehen. Der Schluß des Dialogs birgt die Antwort auf die
Glaubenskrise des Vikars und ist ein Aufruf an den Proselyten in dessen
Unglauben.[145] Der Offenbarungsglaube begründet seinem Anspruch nach Eine
Religion. Er beruft sich auf Eine Wahrheit und will sich aus dem Gehorsam gegen Einen Souverän verstehen. Er ist deshalb auch Eine Herausforderung für die Philosophie. Aber da er sich auf geschichtliche Offenbarungen bezieht, die miteinander im Streit liegen, da er die Wahrheit
auf unterschiedliche Überlieferungen zurückführt und die Gebote des
Souveräns unterschiedlich auslegt, tritt er nicht in der Einzahl, sondern
in der Mehrzahl der Offenbarungsreligionen auf. Nachdem der Vikar
den Offenbarungsglauben als Einen ins Auge gefaßt und in der Konfrontation mit der Natürlichen Religion einer grundsätzlichen Kritik
unterzogen hat, setzt er neu an, um im zweiten Abschnitt seiner Rede
über die Offenbarung, den er wiederum mit der Anrede «mon enfant»
eröffnet,[146] auf die Offenbarungsreligionen in ihrer historischen Partikularität einzugehen. Der Gesichtspunkt, von dem er sich leiten läßt, ist
ihr Anspruch, die einzig richtige Religion zu sein, der, allen gemeinsam,
alle entzweit. Da jede ihn erhebt, muß man alle prüfen, sie miteinander
vergleichen, untersuchen, was sie jeweils gegen die anderen vorzubringen und was diese darauf zu erwidern haben. Die Gerechtigkeit erforderte, jeder Gehör zu schenken und unparteiisch vorzugehen.[147] Die

145 126–153 (614–617). Die Absätze 1–27 des Dialogs entsprechen den Absätzen 127–153 der *Profession de foi*. – Siehe V–VI (560–561) und 6–10 (567–568) sowie S. 304–305, 312, 314–316.
146 Rousseau hatte im Manuskript zunächst *mon ami* geschrieben, um dann in *mon enfant* zu korrigieren, in die Anrede, die er zur Markierung der Rede des Vikars, insbesondere der Abschnitte A, B und C von Teil II, verwendet. Siehe Anm. 116 und 117. Neben der Anrede *mon enfant* (XVII, 1, 100, 108, 154, 172, 181) gebraucht er die Anreden *bon jeune homme* (3, 181), *jeune homme* (59, 177), *mon ami* (44, 95, 111, 119, 172, 177), *mon bon ami* (58, 76, 175), *mon jeune ami* (85, 176) und *mon fils* (170, 179). Die vierundzwanzig Anreden mit *enfant* (siebenmal*), jeune homme* (viermal*), ami* (elfmal) und *fils* (zweimal) verteilen sich folgendermaßen: Rahmenerzählung: einmal; Teil I, Absätze 1–100: neunmal; Teil II AB, Absätze 108–170: fünfmal; Teil II C, Absätze 172–181: neunmal.
147 Rousseau unterstützt die Aussage des Vikars: «dans quelque matiére que ce soit on ne doit point condanner sans entendre», in Note 13 durch einen Hinweis auf Plutarch, den er gegen den Anspruch einer *révélation exclusive* anführt, und ver-

Klugheit rät, nicht für erwiesen zu halten, was uns am nächsten liegt, sondern einen Perspektivenwechsel vorzunehmen und zu fragen, weshalb das uns Vertraute von so vielen anderen nicht für erwiesen gehalten wird. Schließlich liegt es in unserem Eigeninteresse, die Position des Gegenübers nicht schwächer zu machen, als sie ist, sondern ihre Gründe schwerer zu nehmen, als sie uns vorgestellt werden, wenn anders wir aus ihrer Widerlegung wahren Gewinn ziehen wollen. Die Behauptung ihrer Exklusivität veranlaßt den Vikar, die Offenbarungsreligionen aus einer Warte der Äquidistanz zu betrachten. Er beginnt beim Buch, dem entscheidenden Medium ihrer Überlieferung und ihrer Selbstvergewisserung. Nicht allein, um an das anzuknüpfen, was er im ersten Abschnitt zu bedenken gab – wieviel Gelehrsamkeit, Sprach- und Geschichtskenntnisse erforderlich wären, um gestützt auf die Bücher der verschiedenen Traditionen zu einem begründeten Urteil zu kommen –, sondern um aus der ethnologischen Perspektive, aus der er jetzt spricht, festzuhalten, daß auch das kompetenteste Studium der Schriftzeugnisse niemals die Feldforschung ersetzen kann. «Pour bien juger d'une Réligion il ne faut pas l'étudier dans les livres de ses sectateurs, il faut aller l'apprendre chez eux; cela est fort différent. Chacun a ses traditions, son sens, ses coutumes, ses préjugés, qui font l'esprit de sa croyance et qu'il y faut joindre pour en juger.» Anders als der Eine Offenbarungsglaube, der eine prinzipielle Auseinandersetzung verlangt, sind die Offenbarungsreligionen Gegenstände ethnologischer und soziologischer Untersuchung. Um den Unterschied zwischen dem, was geschrieben steht, und dem, was gelebt wird und was man mit eigenen Augen sehen, mit eigenen Ohren hören kann, herauszustellen, bezieht sich der Vikar auf keines der als heilig verehrten Bücher. Er wählt ein Beispiel aus der Konfession, der er als Priester zugehört, und beschränkt sich auf den Hinweis, wie irreführend es wäre, «den katholischen Glauben nach dem Buch von Bossuet» beurteilen zu wollen, und wie wenig die Doktrin, die der französische Hofprediger und katholische Geschichtstheologe gegenüber den Protestanten vortrug, mit der übereinstimmt, «die man das Volk lehrt» oder die die Kirche praktiziert. So kommt die Glaubensspaltung in den Blick, bevor das Buch beim Namen genannt wurde, über dessen gehorsame Auslegung Katholiken und Protestanten sich

sieht ihn mit dem Kommentar: «Sitot que chacun prétend avoir seul raison, pour choisir entre tant de partis il les faut tous écouter, ou l'on est injuste.»

entzweiten, und ehe der Vikar das Christentum und die Christen in seiner Rede zum erstenmal erwähnt hat. Der Streit über den rechten Gehorsam ist von größerer Evidenz als der Gehorsam des Glaubens. Das Buch als Leitfaden seiner Annäherung an die Offenbarungsreligionen gibt dem Vikar Gelegenheit, daran zu erinnern, «wie viele große Völker keine Bücher drucken und die unseren nicht lesen». Wie können sie in die Erörterung der richtigen Religion einbezogen werden? Denn auch in den entlegensten Ländern dürfen wir «des gens sensés, des gens de bonne foi, d'honnêtes gens amis de la vérité» vermuten, die zu dieser Erörterung etwas beizutragen haben. Einem von ihnen wird der Vikar später das Wort erteilen, oder der Vikar wird an seiner Stelle die Rede halten, die er nicht halten kann.[148]

Von den Völkern der Welt, die der Wahrheitsanspruch der Offenbarungsreligionen betrifft, richtet der Vikar den Blick auf das Zentrum des Geschehens zurück. «Wir haben drei Hauptreligionen in Europa. Die eine nimmt eine Offenbarung an, die zweite nimmt zwei an, die dritte nimmt drei an. Jede verabscheut, verflucht die beiden anderen, beschuldigt sie der Blindheit, der Verhärtung, des Starrsinns, der Lüge.» Angesichts des Zwistes der drei untereinander, der, wie wir wissen, nicht nur in Büchern und nicht allein mit Worten ausgetragen wird, wahrt der Anwalt der Natürlichen Religion Neutralität, bis er die Beweise und Gründe aller drei gehört und erwogen hat. Allerdings fällt ihm unmittelbar auf, daß die Religion, die nur eine Offenbarung annimmt und die älteste der drei ist, die sicherste zu sein scheint, da die beiden anderen ihre Offenbarung einräumen und sie am längsten Bestand hat, während die, die drei Offenbarungen annimmt und die neueste ist, am konsequentesten erscheint. Denn wenn man eine Offenbarung für möglich hält und eine oder zwei Offenbarungen annimmt, ist nicht ersichtlich, mit welchem Grund eine dritte oder weitere Offenbarungen ausgeschlossen werden können. Für die Religion, die zwei Offenbarungen annimmt und die dritte verwirft, heißt das, daß sie von den dreien «sehr wohl die beste sein kann» – wie sollte ein unvoreingenommener Richter, von einem Priester zu schweigen, das ausschließen? –, «aber sie hat gewiß alle Vorurteile gegen sich; die Inkonsequenz springt in die Augen.» Dem ethnologischen Beobachter fällt an den drei Offenbarungsreligionen, denen er jetzt Eigennamen zuordnet, außerdem auf, daß ihre Heiligen Bücher in Spra-

[148] 154-155 (617-619).

chen geschrieben sind, die den Völkern, für die sie Verbindlichkeit besitzen, Gesetz, Gebot, Moral, Ordnung bedeuten, unbekannt sind. «Die Juden verstehen kein Hebräisch mehr, die Christen verstehen weder Hebräisch noch Griechisch, weder Türken noch Perser verstehen Arabisch, und selbst die heutigen Araber sprechen nicht mehr die Sprache von Mohammed.» Die autoritativen Bücher haben menschliche Autoritäten nötig, die sie für die Völker übersetzen und erklären. Wenn Gott es vermag, wenn er es für erforderlich hält und wenn er sich dazu herbeiläßt, zu den Menschen zu sprechen – warum bedarf er, weshalb bedient er sich dann eines Dolmetschers? Vom Appell an die Vernunft Gottes geht der Vikar ohne weiteren Zwischenschritt zum zentralen Argument seiner Kritik der Offenbarung über. Er hält den drei Buchreligionen entgegen, daß sie nicht mit der Gerechtigkeit Gottes zu vereinbaren sind. «Ich werde niemals begreifen, daß das, was jeder Mensch zu wissen verpflichtet ist, in Büchern verschlossen ist und daß der, der keinen Zugang hat zu diesen Büchern oder zu Leuten, die sie verstehen, für ein Nichtwissen bestraft wird, das unfreiwillig ist.» Und im übrigen: «Sind nicht alle Bücher von Menschen geschrieben worden?» Dem Ausruf, mit dem der Vikar im ersten Abschnitt die intermediären Autoritäten zwischen Gott und seiner Vernunft von sich wies, läßt er im zweiten in beinahe ebenso vielen Worten den Ausruf folgen: Wie viele Bücher zwischen Gott und mir! Die Kritik an der Buchgläubigkeit – wie kann der Mensch auf Bücher angewiesen sein, um seine Pflichten zu erkennen, um der Strafe Gottes zu entgehen oder um zum Heil zu gelangen? – gilt allen drei Offenbarungsreligionen. Im Christentum zuallererst dem Protestantismus, den der Vikar hier indes nicht erwähnt. Statt dessen fährt er mit der Bemerkung fort, daß «unsere Katholiken viel Aufhebens von der Autorität der Kirche machen». Sie scheinen, mit anderen Worten, nicht oder nicht im gleichen Maße wie die Protestanten von der Kritik betroffen zu sein. Doch der Schein trügt. Denn die Kirche hat, um ihre Lehrautorität zu begründen, einen ebenso großen Aufwand an Schriftbeweisen nötig, wie «die anderen Sekten» nötig haben, «um ihre Lehre direkt zu begründen». «L'Eglise décide que l'Eglise a droit de décider. Ne voila-t-il pas une autorité bien prouvée?» Wenn sie über einen bloßen Dezisionismus hinauskommen will, muß die Katholische Kirche am Ende wie die Protestanten auf die Autorität der Schrift rekurrieren.[149]

[149] 156–159 (619–620).

Juden und Mohammedaner zieht der Vikar zu Zwecken der Kontrastierung und der Kritik des Christentums heran. Vor allem das Judentum dient ihm dazu, christlichen Voreingenommenheiten zu begegnen und christliche Übel zu benennen, wobei er nicht wie der Proselyt zuvor, sich ostentativ unterscheidend, von «den Christen», sondern von «uns» spricht und «wir» sagt.[150] Von Rousseau ausdrücklich unterstützt, prangert er die Unterdrückung der Juden an. Was sie gegen das Christentum vorzubringen haben, wird nicht nur nicht «mit Sorgfalt geprüft». Schon die freie Rede und die ungehinderte Unterrichtung über das Judentum bleiben verwehrt. Wenn Bücher offen für das Judentum eintreten, bestraft man den Autor, den Verleger, den Buchhändler.[151] Die Bücher der Juden werden verboten oder verbrannt. «Die Tyrannei, die man gegen sie übt, macht sie furchtsam; sie wissen, wie wenig die Ungerechtigkeit und die Grausamkeit die christliche Liebe kosten; was werden sie zu sagen wagen, ohne sich der Gefahr auszusetzen, daß wir sie der Blasphemie zeihen?» Die Verfolgung der Juden liefert dem Vikar den Bezugspunkt, und «Blasphemie» ist das Stichwort, um das Thema einzuführen, das in der Behandlung der Offenbarungsreligionen für ihn die größte Gefahr birgt: die Frage der Göttlichkeit Jesu.[152] Sie steht im Zentrum der Rede über die Offenbarungsreligionen. Viermal spricht der Vikar in den vier mittleren Absätzen des zweiten Abschnitts von *Jesus-Christ*.[153] Aber der Zusammenhang, in dem er auf ihn zu sprechen

---

150 Siehe 107 (606) und cf. 160–163 (620–621).
151 Rousseau hatte, in mehreren Anläufen, erwogen: «On ne laisseroit pas imprimer parmi nous des livres où l'on prouveroit ou croiroit prouver que Jesus Christ n'est pas le Messie [,] on puniroit l'auteur, l'imprimeur, le libraire, nous crierions aux pieux blasphêmes» (Ed. Masson 368–370). Anschließend baute er die Stelle um, erweiterte sie, verschob die entscheidenden Aussagen in den nächsten Absatz und kam so zur definitiven Anordnung und Abfolge des Arguments.
152 Nur in Absatz 161 (621) und nur dieses eine Mal kommt *blasphême* vor. Beachte die einzige Verwendung von *blasphêmer* in Absatz 174 (629), wenn der Vikar von sich und seiner Haltung gegenüber der göttlichen Gerechtigkeit spricht: «Quoi qu'il arrive je ne blasphêmerai point contre la justice divine».
153 *Jesus-Christ* wird je einmal in den Absätzen 161, 162, 163 und 164 (621–622) erwähnt, bei denen es sich um die Absätze 8, 9, 10 und 11 des achtzehn Absätze umfassenden zweiten Abschnitts handelt. Beachte Anm. 151. Der Vikar wird in Absatz 172, der den dritten und letzten Abschnitt der zweiten Rede eröffnet, auf Jesus zurückkommen. Er spricht dort viermal von *Jesus*, flankiert von je einer Erwähnung von *Jesus-Christ* davor und danach (626–627).

kommt, ist die Verneinung, aus der die Feindschaft zwischen dem Christentum und den beiden anderen Offenbarungsreligionen erwächst, die Bestreitung, daß Jesus der Christus ist. Der Vikar suspendiert sein Urteil. Er hat, wie er bei der ersten Erwähnung von Jesus Christus sagt, noch kein angemessenes Verständnis der «Gründe der Juden», die die Göttlichkeit Jesu von Anbeginn leugneten: «En Sorbonne il est clair comme le jour que les prédictions du Messie se rapportent à Jesus-Christ. Chez les Rabbins d'Amsterdam il est tout aussi clair qu'elles n'y ont pas le moindre raport. Je ne croirai jamais avoir bien entendu les raisons des Juifs qu'ils n'aient un Etat libre, des écoles, des universités où ils puissent parler et disputer sans risque. Alors seulement nous pourrons savoir ce qu'ils ont à dire.» Die Türken in Konstantinopel «benennen ihre Gründe», d. h., sie erklären Jesus zu einem Vorläufer des Propheten und leugnen, daß er der Sohn Gottes ist. Sie verschaffen sich mit Zwangsmitteln Gehör. «Dort ist es an uns, auf dem Boden zu liegen,» vertauschte Rollen, aus denen der Vikar abermals ein Argument gegen die christliche Selbstgewißheit gewinnt. «Wenn die Türken von uns für Mohammed, an den wir nicht glauben, denselben Respekt verlangen, den wir von den Juden für Jesus Christus verlangen, an den sie ebensowenig glauben, haben dann die Türken unrecht? haben wir recht?» Der Vergleich von Jesus Christus mit Mohammed bei der zweiten Erwähnung bereitet uns auf die dritte vor: «Zweidrittel des Menschengeschlechts sind weder Juden noch Mohammedaner, noch Christen, und wie viele Millionen Menschen haben niemals von Moses, von Jesus Christus oder von Mohammed sprechen hören?» An der einzigen Stelle, an der die Anhänger der drei Offenbarungsreligionen namentlich und in einem Atem aufgerufen werden, ebnet der Vikar den für die Christen alles entscheidenden und auf keinen Fall preiszugebenden Unterschied zwischen Christus und den Propheten Moses und Mohammed ein. Über den Gott Mose und über den Gott Mohammeds hat sich der Vikar im ersten Abschnitt deutlich geäußert, ohne die Propheten zu erwähnen.[154] Daß ihre jetzige Erwähnung auf das Christentum zielt, wird dadurch unterstrichen, daß im weiteren allein vom Christentum die Rede ist. Wenn des Menschen Heil von der richtigen Religion abhängt und wenn die richtige Religion den Glauben verlangt, daß Jesus der Christus ist, dann gebietet die Gerechtigkeit Gottes, daß kein

---

154 Siehe 124 (613–614) und S. 381.

Mensch vom Heil ausgeschlossen werde, weil er von Jesus Christus niemals auch nur hat sprechen hören. Den Verweis auf die Missionsanstrengungen des Christentums läßt der Vikar als Antwort nicht gelten. Selbst wenn es den Missionaren gelänge, das Evangelium auf der ganzen Erde zu verkünden, wenn sie die entlegensten Orte erreichten und sich zu den verschlossensten Bezirken Zugang verschafften, könnte das dem so universalen wie exklusiven Anspruch der christlichen Offenbarung nicht Genüge tun. «Am Vorabend des Tages, an dem der erste Missionar in einem Land angekommen ist, ist dort sicher jemand gestorben, der ihn nicht hat hören können.» Die vierte Erwähnung von *Jesus-Christ* behält der Vikar der Exposition des Problems der Geschichtlichkeit der christlichen Lehre vor: «Hätte es im ganzen Universum nur einen einzigen Menschen gegeben, dem man Jesus Christus niemals gepredigt hätte, wäre der Einwand um dieses einzigen Menschen willen ebenso stark wie um eines Viertels des Menschengeschlechts willen.»[155]

Die Einwände, auf die die christliche Lehre treffen muß, wenn sie einem Menschen verkündet wird, den weder Erziehung noch Überlieferung auf den Offenbarungsglauben vorbereitet haben, sind Gegenstand des dritten und letzten Dialogs, den der Vikar in seiner Rede imaginiert. War der Vikar im ersten Dialog selbst aufgetreten, um die Autorität der Überlieferung in Frage zu stellen, und übertrug der zweite die Kritik des Offenbarungsglaubens im ganzen einem Anwalt der Vernunft, so legt der dritte die Antwort auf das Christentum einem Fremden in den Mund, in dem wir einen jener «Freunde der Wahrheit» sehen können, die es in jedem Land gibt. Der Fremde erwidert einem Missionar, der den Versuch unternommen hat, ihn durch die Predigt des Evangeliums zu bekehren. Der Missionar kommt nur soweit zu Wort, wie der Fremde Äußerungen von ihm aufgreift oder berichtet, um ihnen entgegenzutreten, so daß es sich beim dritten Dialog tatsächlich um eine Rede des Fremden handelt, die letzte Rede innerhalb der Rede des Vikars.[156] Der Fremde beginnt mit dem, was ihm an der christlichen Lehre am meisten

---

155   160–164 und Note 14 (620–622).
156   Im *Discours sur l'inégalité* hatte Rousseau die Rede eines Hottentotten, der, nachdem er christlich erzogen worden war, der christlichen Religion in aller Form entsagt, zum letzten *discours dans le Discours* und zum Sujet des Frontispizes des Buches gemacht. Siehe *Discours sur l'inégalité*, Note XVI, p. 376–378 und Kommentar *ad locum*.

auffällt und was sie von den beiden anderen Offenbarungsreligionen am offenkundigsten unterscheidet: «Vous m'annoncez un Dieu né et mort il y a deux mille ans à l'autre extrémité du monde dans je ne sais quelle petite ville, et vous me dites que tous ceux qui n'auront point crû à ce mistére seront dannés. Voila des choses bien étranges pour les croire si vîte sur la seule autorité d'un homme que je ne connois point!»[157] Wie der «Raisoneur» in seiner Rede die Kritik des Vikars wiederholte, um sie am Ende in einer wesentlichen Rücksicht zu verdeutlichen, so knüpft der Fremde verdichtend und verschärfend an das an, was der Vikar vorgetragen hat. Warum ließ der Gott des Missionars die Ereignisse, über die unterrichtet zu sein er dem Menschen als Pflicht auferlegen wollte, so weit entfernt von ihm geschehen? Ist es ein Verbrechen, nicht zu wissen, was sich vor Hunderten von Jahren in Jerusalem zutrug? Was ist das für ein Gott, der Rettung oder Verdammnis vom Glauben an unglaubhafte Dinge abhängig macht? Weshalb ist der Missionar erst eingetroffen, als der so gute und so wohltätige, immer nur die Wahrheit suchende Vater nicht mehr am Leben war? Vor allem aber: wie lassen sich so viele Ungerechtigkeiten mit dem gerechten Gott vereinbaren, den der Missionar verkündet? Der Fremde erklärt sich außerstande, auf das bloße Zeugnis seines Gegenübers hin zu glauben, was der Gehorsam des Glaubens zu glauben verlangt. Er muß jenes Land mit eigenen Augen sehen, in dem sich so viele Wunder ereigneten, die in seinem Land unerhört sind.[158] Er muß die Stadt aufsuchen, in der der «Gottesmord» geschah und deren heutige Bewohner den Gott, an den er glauben soll, sowenig als Gott anerkennen wie die früheren, die, dem Missionar zufolge, deswegen von dort vertrieben wurden. Er muß über das Buch, das der Missionar heilig nennt, nähere Erkundigungen einziehen, was sein Ursprung ist, wie es um die Überlieferung steht, was die Gründe derjenigen sind, die es verwerfen, obwohl sie über das, was der Missionar ihn lehrt, nicht weniger gut Bescheid wissen als der Missionar. Mit einem Wort: er muß alles

---

157 Der Fremde bezieht sich in seiner Rede dreimal darauf, daß Gott gestorben ist bzw. ermordet wurde.
158 Der Fremde hatte ursprünglich von «jenem wundersamen Land» gesprochen, «wo die Jungfrauen niederkommen und die Götter wie Menschen geboren werden und wo die Götter essen, leiden und sterben» (Ed. Masson 384). Rousseau ersetzte diese herausfordernde Formulierung durch «ce pays lointain où s'opérerent tant de merveilles inoüies dans celui-ci». Siehe Anm. 157.

selbst prüfen – «il faudroit que je fusse fou pour vous écouter avant ce tems-là». Nach dem Dialog zwischen «L'Inspiré» und «Le Raisoneur» enthielt sich der Vikar jedes Kommentars. Er beschränkte sich auf das quod erat demonstrandum, das er der Beweisführung vorangestellt hatte. Jetzt erlegt er sich diese Zurückhaltung nicht auf. Die Rede des Wilden erscheint ihm nicht nur verständlich. Er nennt sie *raisonable*, was bedeutet, daß «jeder verständige Mensch in einem solchen Fall so sprechen muß». Der Vikar hat noch einmal gezeigt, daß der Versuch, einen Menschen von einer *doctrine déraisonable* zu überzeugen, ohne den Beistand einer Autorität zum Scheitern verurteilt ist. Er beeilt sich hinzuzufügen, «daß es keine Offenbarung gibt, gegen die dieselben Einwände nicht ebensoviel oder mehr Kraft hätten wie gegen das Christentum.» Es bleibt ihm noch, den Schluß auszusprechen, den er bei seiner Verhandlung der Offenbarungsreligionen nie aus dem Blick verlor und den er dem Proselyten am Ende in einer ganz eigenen Anschaulichkeit vor Augen führt. Wenn es nur eine wahrhafte, die eine richtige Religion gibt, der zu folgen jeder Mensch bei Strafe der Verdammnis verpflichtet ist, dann muß man sein Leben damit zubringen, sie *alle* aufs genaueste zu prüfen, d. h. alle, die diesen absoluten Anspruch erheben und unbedingten Gehorsam verlangen. «Keiner ist von der ersten Pflicht des Menschen ausgenommen, keiner hat ein Recht, sich auf das Urteil anderer zu verlassen.» Das Eine, was not tut, ist, die Wahrheit über die Offenbarungsreligionen herauszufinden.[159] Was nichts anderes bedeutet, als daß aus der Pflicht zum religiösen Leben die Pflicht zum philosophischen Leben für Jedermann erwächst. «Der Handwerker, der nur von seiner Arbeit lebt, der Bauer, der nicht lesen kann, das zarte und furchtsame junge Mädchen, der Kranke, der kaum aus seinem Bett kommt, alle ohne Ausnahme müssen studieren, nachdenken, diskutieren, reisen». Es gibt kein seßhaftes Volk mehr, die Welt wird zur allgemeinen Pilgerstätte, das bürgerliche Leben kommt zum Erliegen. «Mit Mühe und Not wird der, der sich der kräftigsten Gesundheit erfreut, der seine Zeit am besten verwandt, von seiner Vernunft den besten Gebrauch gemacht, am längsten gelebt hat, in seinem Greisenalter wissen, woran er sich halten soll, und es wird viel sein, wenn er vor seinem Tod in Erfahrung bringt, in welchem Kult er hätte leben müssen.»[160]

159 Cf. *Lukas* X, 42.
160 165–167 (622–624).

Alle müßten wie Philosophen leben, um es sich erlauben zu können, aus dem Gehorsam des Glaubens und also nicht als Philosophen zu leben. Die Rhetorik der reductio ad absurdum, mit der der Vikar auf den Anspruch der Offenbarungsreligionen antwortet, zeigt einen Engpaß auf, aus dem es nur den Ausweg zu geben scheint, jenen Anspruch fahren und statt dessen göttliche Toleranz walten zu lassen. Denn wenn man die rigorose Pflicht zur eigenen Prüfung, die dem Ernst des absoluten Anspruchs korrespondiert, aufgeben und die «Methode» des Vikars lockern will, muß man darauf bauen, daß Gott auf keiner partikularen Religion besteht und keinen konventionellen Kult verlangt. Sobald man «der Autorität der Menschen die mindeste Handhabe gibt», betont der Vikar, überträgt man ihr «alles». «Wenn der Sohn eines Christen recht daran tut, ohne eine gründliche und unparteiische Prüfung der Religion seines Vaters zu folgen, warum sollte dann der Sohn eines Türken unrecht daran tun, in derselben Weise der Religion des seinen zu folgen?» «Alle Intoleranten der Welt» sind aufgefordert, eine Antwort auf diese Frage vorzulegen, die einen «verständigen Menschen» wie den Vikar oder den Fremden, der für ihn sprach, zu befriedigen vermag. Der Verzicht auf die Prüfung aller Religionen hat die Gerechtigkeit oder die Indifferenz Gottes zur Voraussetzung.[161] Der Vikar stellt den Zusammenhang her, wenn er am Ende zwei Doktrinen erwähnt, mit denen man den absoluten Anspruch der Religion zu verteidigen versucht. In beiden Fällen geht es darum zu rechtfertigen, daß die Rettung des Menschen durch seine natürlichen Vermögen und ohne den Glauben an die heilsnotwendigen historischen Ereignisse nicht möglich sei. Der erste Versuch betrifft die Erbsündenlehre, die den Ausschluß des größten Teils der Menschheit vom Heil mit dem Sündenfall erklären will. Der «Inspirierte» hatte im Dialog mit dem Vertreter der Vernunft die Verderbtheit der Vernunft auf die Sünde zurückgeführt. Der Vikar, der die Sünde und den Sündenfall bisher mit Schweigen überging, äußert sich jetzt, den Begriff «Erbsünde» nach wie vor vermeidend, knapp, aber unmißverständlich. Weit entfernt, die Exklusivität der Offenbarungsreligionen zu rechtfertigen, widerspricht die Lehre von der Erbsünde selbst der Gerechtigkeit Gottes. Ihre Vertreter «machen Gott lieber ungerecht» und lassen ihn «die Unschuldigen für die Sünde ihres Vaters bestrafen», als daß sie «ihr barbarisches Dogma», das Dogma der allein-

---

161 Cf. 115 (609) und S. 375.

seligmachenden Religion, das Dogma der Intoleranz aufgeben.[162] Der zweite Versuch betrifft die Lehre vom rettenden Engel, der zufolge Menschen, die einen moralisch einwandfreien Lebenswandel vorweisen können, aber ohne Kenntnis der heilsnotwendigen Ereignisse geblieben sind, vor ihrem Tod übernatürlicherweise Zugang zur Rettung erhalten, von der sie natürlicherweise ausgeschlossen sind.[163] Der Vikar weist den zweiten Rechtfertigungsversuch nicht weniger entschieden zurück als den ersten: «La belle invention que cet ange! Non contens de nous asservir à leurs machines, ils mettent Dieu lui-même dans la nécessité d'en employer.» Beide Doktrinen dienen ihm als letzte Belege, um dem Proselyten, den er zum erstenmal «mon fils» nennt, aufzuzeigen, «zu welcher Absurdität der Hochmut und die Intoleranz führen», die im Anspruch der Offenbarungsreligionen auf unbedingten Gehorsam und ausschließliches Heil beschlossen liegen. Um die beanspruchte Exklusivität und die Gerechtigkeit Gottes zugleich zu verteidigen, enden die Lehren von der Erbsünde und dem rettenden Engel bei einem Gott, der entweder ungerecht oder unvernünftig ist. Dagegen stellt der Vikar den Gott der Natürlichen Religion, «ce Dieu de paix que j'adore et que je

---

162 Rousseau hatte zunächst *péché originel* geschrieben und dann in *péché de leur pére* korrigiert (Ed. Masson 392). – Cf. 124 (613) und S. 381.
163 Über die Lehre vom rettenden Engel, die sich von Thomas von Aquin (*Summa theologica* II, 2, quaestio 2, art. 7, 3 und *Quaestiones disputatae, De veritate* XIV, art. 11 in Verbindung mit *Apostelgeschichte* X, 1–7) herleitet, konnte Rousseau sich im Artikel *Foi* des Abbé Morellet in der *Encyclopédie*, Band VII, 1757 unterrichten, der die Problematik der göttlichen Intervention für die christliche Gnadenlehre, d. h. für die Lehre von der Souveränität Gottes, nicht unerwähnt läßt: «S. Thomas répond que si ces hommes observoient la loi naturelle, Dieu leur enverroit plûtôt un ange du ciel pour leur annoncer les vérités qu'il est nécessaire qu'ils croyent pour arriver au salut, ou qu'il useroit de quelque moyen extraordinaire pour les conduire à la foi, et qu'ainsi ils ne se sauveroient pas sans la foi; ou s'ils fermoient les yeux à la vérité après l'avoir entrevûe, leur infidélité cesseroit d'être purement négative. Mais cette réponse n'est pas encore satisfaisante; car *on peut toûjours demander si Dieu est obligé, par sa justice et sa bonté, d'envoyer cet ange* et d'accorder ce secours; *s'il y est obligé, la gratuité de la grace de la foi est en grand danger; s'il n'y est pas obligé, on peut supposer qu'il n'employera pas ces moyens extraordinaires*; et dans ce cas, il reste encore à demander si cet observateur fidele de la loi naturelle se sauvera sans la foi, auquel cas la foi n'est pas nécessaire; ou sera damné, ce qui est bien dur» (p. 23 a, meine Hervorhebung).

vous annonce».¹⁶⁴ Er schließt «alle Bücher», d. h. insonderheit alle Heiligen Bücher der Offenbarungsreligionen, und kehrt zu dem «einzigen» zurück, «das für alle Augen offen ist», zum Buch der Natur. Aus der allgemeinen Zugänglichkeit leitet er die allgemeine Pflicht des Menschen her, in diesem Buch zu lesen – «nul n'est excusable de n'y pas lire» –, um sich kundig zu machen, wie «seinem göttlichen Urheber» gedient und wie er verehrt werden soll. Daß die Pflichten des Menschen allein dem Buch der Natur zu entnehmen seien und daß die Moralität im Glauben an den Gott, der sich darin mitteilt, ihren Grund habe, unterstreicht der Vikar, indem er dem Zuhörer ausmalt, was er vollbrächte, wenn er auf einer einsamen Insel geboren worden wäre und keinen anderen Menschen gesehen noch jemals etwas darüber erfahren hätte, «was sich früher in einem Winkel der Welt zugetragen hat»: Wenn er seine Vernunft übte, wenn er sie entwickelte und die unmittelbaren Fähigkeiten, die Gott ihm gab, gut gebrauchte, würde er, ganz auf sich gestellt, lernen, Gott zu erkennen, ihn zu lieben, seine Werke zu lieben, das Gute zu wollen, das er will, und, um Gott zu gefallen, alle seine Pflichten auf Erden zu erfüllen. Es genügt, diese knappe Beschreibung mit dem noch knapperen Hinweis zu vergleichen, den der Promeneur Solitaire dem Leser geben wird, was er auf einer einsamen Insel getan und gelassen hätte, um den kennzeichnenden Unterschied zwischen der Natürlichen Religion des Savoyischen Vikars und der Natürlichen Theologie Rousseaus vor Augen zu haben.¹⁶⁵ Nach den harten Angriffen, die der zweite Abschnitt seiner Rede über die Offenbarung enthielt,

164 Cf. XIX (565) und S. 312.
165 Siehe *Rêveries* III, 5 (1013) und Erstes Buch, Kapitel II, S. 74. Es versteht sich, daß Rousseau sich nicht vorstellt, auf einer «Isle déserte» *geboren* und ohne jeden Kontakt zu anderen Menschen *aufgewachsen* zu sein. Daß er unter solchen Bedingungen seine Vernunft weder hätte üben noch entwickeln können, wie der Vikar voraussetzt, war Rousseau bewußt. Er hatte im *Discours sur l'inégalité* nicht nur ein einschlägiges Argument vorgetragen, sondern im *Émile* wenige Seiten vor Beginn der «Transkription» unter ausdrücklicher Berufung auf den *Discours* daran erinnert, daß «die, die von Kindheit an von jeder Gesellschaft isoliert wären, ein absolut wildes Leben führten» und deshalb «der Einsicht beraubt wären, die man nur im Verkehr mit Menschen erwirbt.» Für einen auf einer einsamen Insel geborenen und allein aufgewachsenen Menschen wäre deshalb, anders als der Vikar nahelegt, der Glaube der Natürlichen Religion unerreichbar. «Car il est d'une impossibilité démontrée qu'un pareil sauvage pût jamais elever ses reflexions jusqu'à la connoissance du vrai Dieu.» *Émile* IV, p. 556.

scheint der Vikar im abschließenden Absatz einen milderen Ton anzustimmen. Er spricht von «einem respektvollen Zweifel», davon, daß er sich «nicht für unfehlbar» hält, und selbstverständlich beansprucht er keine Autorität: «je raisone pour moi». Wenn er ein besserer «raisoneur» oder besser unterrichtet gewesen wäre, hätte er «vielleicht» die Wahrheit der Offenbarung, «ihre Nützlichkeit für die, die das Glück haben, sie anzuerkennen,» wahrgenommen. Er sieht die «Beweise», die für sie, und die «Einwände», die gegen sie sprechen. Er geht so weit, sich gleichsam für neutral zu erklären, weder die Gründe für noch die Gründe gegen die Offenbarung anzunehmen oder zu verwerfen. «Ich verwerfe einzig die Verpflichtung, die Offenbarung anzuerkennen, weil diese vorgebliche Verpflichtung unvereinbar ist mit der Gerechtigkeit Gottes.» Der Vikar verwirft einzig den Anspruch, der für die Offenbarungsreligionen konstitutiv ist: die wahrhafte, die richtige, die Eine Religion zu sein, die zum Gehorsam verpflichtet.[166]

Mit der Kritik des Offenbarungsglaubens und der Offenbarungsreligionen hat der Vikar dem Begehren des Schülers nach Aufklärung entsprochen und ihn über die andere «Hälfte» dessen ins Bild gesetzt, was der Zuhörer «wissen muß». Aber er hat ihm noch nicht das ganze Glaubensbekenntnis vorgetragen, das er ihm versprach. Um sich dem Proselyten so zu zeigen, wie er sich selbst sieht, muß er erklären, wie sich sein Amt mit seinem Credo verträgt und wie beides, sein Glaube und sein Leben als Priester, das Glück befördert, das er sich zuspricht. Dem Lehrer der Natürlichen Religion bleibt darzulegen, wie er das Verhältnis zu der historischen Religion näher bestimmt, die ihn umgibt, in der er aufwuchs und in der der Zuhörer erzogen wurde. Der letzte Abschnitt ist deshalb der, im engeren Sinn, politischste Teil seiner Rede. Er beginnt höchst politisch. Nachdem der Vikar alle Bücher geschlossen hat, um sich allein an das Buch der Natur zu halten, eröffnet er den Teil zur religiösen Praxis mit der Lobrede auf eines der Bücher, die er gerade schloß. Er verwendet den längsten Absatz des Textes darauf, «über die Schönheit des Evangeliums» zu sprechen[167] und so sein Verhältnis zum

---

166 168–171 (624–625). – Vergleiche den Schluß von Absatz 171 mit dem Schluß von Absatz 105 (605–606).
167 Rousseau hat den Absatz, der jetzt als Absatz 172 Abschnitt II C eröffnet, erst spät in das Manuskript eingefügt und zunächst in einer Marginalie für sich notiert: «N. B. parler de la beauté de l'évangile» (Ed. Masson 398).

Christentum in einem günstigeren Licht erscheinen zu lassen.[168] Wie auch sollte er dem Vorwurf bloßer Hypokrisie entgehen, wenn er der partikularen Religion, in deren Gewand er öffentlich auftritt, nichts Lobenswertes abzugewinnen vermöchte? Die «Heiligkeit des Evangeliums» spricht zu seinem Herzen. Die Bücher der Philosophen «mit all ihrem Pomp» können sich nur «klein» ausnehmen neben dem Buch oder neben den vier Büchern, die das so «erhabene» wie «schlichte» Evangelium überliefern.[169] In einer kurzen Folge von Fragen, die jeweils eine bejahende oder verneinende Antwort im Sinne des Christentums nahezulegen scheinen, aber ebensogut die entgegengesetzte Antwort dulden,[170] geht der Vikar von den Büchern zu dem über, dessen Geschichte sie erzählen, um die Milde und die Reinheit seiner Sitten, die rührende Anmut seiner Unterweisung, den hohen Sinn seiner Maximen, die tiefe Weisheit seiner Reden, die Geistesgegenwart, die Feinheit und die Genauigkeit seiner Erwiderungen, die Beherrschung seiner Leidenschaften zu rühmen. Das Lob des Lebenswandels und der Lehrtätigkeit des «Helden» des Evangeliums bereitet den Vergleich von Jesus mit Sokrates vor, auf den der Vikar, an eine lange christliche Tradition anknüpfend, zusteuert. Die Berufung auf das Buch eines Philosophen, das aus demselben Grund, aus dem der Vikar es heranzuziehen scheint,

168 Der Pariser Erzbischof sagt in seinem Hirtenbrief über die Lobrede: «Il seroit difficile, M. T. C. F., de rendre un plus bel hommage à l'authenticité de l'Evangile» (*Mandement de Monsieur l'Archevêque de Paris.* Ed. Marc Viridet, p. 56; cf. *Lettre à Christophe de Beaumont*, p. 993). Doch die Hommage reichte nicht aus, um das Buch vor dem Verbot und den Autor vor der Verfolgung zu bewahren.
169 Das Lob des Vikars gilt den vier Evangelien, die «das Evangelium» enthalten. Es erstreckt sich nicht auf die dreizehn Briefe des Paulus. Der Vikar nennt den Begründer des Christentums nirgendwo beim Namen, was nicht bedeutet, daß er nicht von ihm spricht. So heißt es im letzten Satz der Lobrede auf das Evangelium: «Jamais des auteurs Juifs n'eussent trouvé ni ce ton ni cette morale» (627). Beachte 71 (589) und S. 342 mit Anm. 68.
170 «Se peut-il qu'un livre à la fois si sublime et si simple soit l'ouvrage des hommes? Se peut-il que celui dont il fait l'histoire ne soit qu'un homme lui-même? Est-ce là le ton d'un enthousiaste ou d'un ambitieux sectaire?» Die vierte Frage, die die Einzigartigkeit von Jesus herauszustellen scheint, könnte den Leser selbst dann an Sokrates und andere seines Schlages denken lassen, wenn Sokrates im unmittelbaren Anschluß nicht ausdrücklich verhandelt würde: «Où est l'homme, où est le sage qui sait agir, souffrir et mourir sans foiblesse et sans ostentation?» 172 (625–626).

bei den Kirchenvätern Ansehen genoß, stellt die Verbindung her. Der vollkommen Gerechte, den Glaukon im Gespräch mit Sokrates in Platons *Politeia* ausmalt, um ihn vom vollkommen Ungerechten zu unterscheiden, der seine Ungerechtigkeit im Schein der Gerechtigkeit vollendet, der Gerechte also, der «mit der ganzen Schande des Verbrechens» beladen ist, während ihm «jeder Preis der Tugend zusteht», nehme «Zug für Zug» Jesus vorweg.[171] Zu wessen Gunsten der Vergleich des Gerechten mit Sokrates ausfallen muß, daran läßt der Vikar von Anfang an keinen Zweifel: «Quels préjugés, quel aveuglement ne faut-il point avoir pour oser comparer le fils de Sophronisque au fils de Marie?» Die augenfällige Asymmetrie der Kontrastierung des Sohns der Maria mit dem Sohn des Sophroniskos statt mit dem Sohn der Phainarete macht aber auch deutlich, daß Sokrates, der im Zentrum der *Profession de foi* für seine Tugend gepriesen wurde, bei seinem zweiten Auftritt nicht dem Sohn Gottes gegenübergestellt wird.[172] Der substantielle Punkt des Vergleichs zwischen Sokrates und Jesus innerhalb der Eloge auf das Evangelium ist die Frage, wer von beiden als der größere, der wirksamere und aussichtsreichere Lehrer der Moral gelten könne.

171 Siehe Platon: *Politeia* II, 360e–361b. Glaukon berichtet kurz zuvor die Geschichte von Gyges' Ring (359d–360b), auf die Rousseau sich in der *Sixième promenade* beziehen wird. Siehe *Rêveries* VI, 18–20 (1057–1058) und Erstes Buch, Kapitel II, S. 99 sowie Kapitel V, S. 196–198, 222–223.
172 Pater semper incertus. Phainarete ist im übrigen durch die Sokratische Mäeutik, für die Sokrates sich ausdrücklich auf die Hebammen-Tätigkeit seiner Mutter berief, ungleich mehr mit dem Namen des Sokrates verbunden als Sophroniskos. Wenn der Vikar dessenungeachtet mit dem «Sohn des Sophroniskos» beginnt, weckt er die Erwartung, daß er *nicht* mit dem «Sohn der Maria» fortfährt. Rousseau hatte den Namen *Sophronisque* im Manuskript zunächst ausgespart, im Vergleich mit *fils de Marie* also eine Lücke gelassen. Anscheinend mußte er den Namen des Vaters von Sokrates nachschlagen. (Ed. Masson 400 und 405. Massons Kommentar stellt den Sachverhalt, die mit der Asymmetrie der Kontrastierung verfolgte Absicht wie den Befund der Textgeschichte, auf den Kopf: «Notons, qu'ayant désigné Socrate par le nom de son père, Rousseau ne lui a pourtant pas opposé ‹le fils de Joseph›. Il y a là un souci visible de ménager la conscience chrétienne.») – Sokrates und Jesus werden vom Vikar jeweils zehnmal genannt: Sokrates einmal im zentralen Absatz der *Profession de foi* 91 (599) und neunmal in Absatz 172 (626–627), Jesus je einmal in den vier zentralen Absätzen des zweiten Teils der zweiten Rede 161–164 (621–622) und sechsmal in Absatz 172 (626–627). Rousseau fügt Absatz 172 Notes 15 und 16 hinzu, in denen er auf Platons *Politeia* und auf die Bergpredigt im *Evangelium des Matthäus* hinweist.

Sie steht offenbar im engsten Zusammenhang mit beider Tod. «Socrate mourant sans douleur, sans ignominie, soutint aisément jusqu'au bout son personage, et si cette facile mort n'eût honoré sa vie on douteroit si Socrate avec tout son esprit fut autre chose qu'un sophiste.» Es muß Nichtphilosophen schwerfallen, einen Philosophen von einem Sophisten zu unterscheiden, und um so mehr, das philosophische Leben als das zu erkennen, was es ist. In ihren Augen beglaubigt der Tod, den Sokrates starb, daß er ein ehrenhaftes Leben führte. Die Ungerechtigkeit seines Todes steht für die Gerechtigkeit seines Lebens ein. Was sich in einem sinnfälligen Ereignis verdichtet und sich in einprägsamen Bildern forttragen läßt, ist geeignet, Jedermann zu erreichen und das allgemeine Urteil zu bestimmen. Bleibt die Wirksamkeit des Sokrates als Lehrer der Moral eingeschränkt, weil der gewaltsame Tod, den er erlitt, anders als der gewaltsame Tod Jesu, ein Tod ohne Pein, ohne Schmach und ohne die Verzweiflung des Verlassenseins war? Bevor er die Kontrastierung ihres Todes fortführt, mit der der Vergleich einsetzt und die ihn schließlich entscheidet, stellt der Vikar eine Betrachtung zur historischen Originalität von Sokrates und Jesus an, der der rhetorische Charakter an der Stirn geschrieben steht. Zunächst Sokrates: «Er erfand, sagt man, die Moral.» Eine Behauptung, mit der der Vikar leichtes Spiel hat. Wer ließe sich nicht davon überzeugen, daß es vor Sokrates Moral gab? Sokrates tat nichts, als zu sagen, was andere getan hatten. Er tat nichts, als ihre Beispiele in Lehren zu fassen. «Aristides war gerecht gewesen, bevor Sokrates gesagt hatte, was Gerechtigkeit ist, Leonidas war für sein Land gestorben, bevor Sokrates es zu einer Pflicht gemacht hatte, das Vaterland zu lieben, Sparta war mäßig, bevor Sokrates die Mäßigkeit gepriesen hatte.» Anders Jesus. Während Sokrates in Griechenland tugendhafte Männer vor Augen hatte, als er die Tugend definierte, war Jesus ganz auf sich gestellt. Er war für die «hohe und reine Moral», die er lehrte, selbst das alleinige Beispiel, und er lehrte sie im offenen Bruch mit der Moral seiner Umgebung. Um die geschichtliche Leistung Jesu ins rechte Licht zu rücken, läßt der Vikar «die höchste Weisheit» sich inmitten des «rasendsten Fanatismus» Gehör verschaffen, und er erhöht Jesu Lehre der «Einfachheit der heldenhaftesten Tugenden», indem er das Volk, an das sich die Lehre richtete, zum «gemeinsten aller Völker» erniedrigt. Jesus hat die Neuheit und das Außergewöhnliche auf seiner Seite. Allerdings erfahren wir über seine neue Moral nichts Näheres. Dagegen teilt der Vikar mit, daß Sokrates mit den politischen Tugenden der Gerechtigkeit, der Vaterlandsliebe und der Mäßigkeit befaßt war. Seine Neuerung bestand darin, die Tugenden, die er vorfand, zu befragen, zu bestimmen, was die Tugend sei, und die Tugenden, die er befragt hatte, zu lehren. Er tat, was ein guter Philosoph tut, und er sagte, was ein guter Bürger tun sollte. Sokrates war nach dem Bild, das der Vikar von ihm zeichnet, nicht weniger Lehrer der Moral als Jesus. Aber er war nicht eins mit ihr. Er war nicht ihre Verkörperung. Das kommt, auf eigene Weise, auch in der Charakterisierung des Todes von Sokrates und Jesus zum Ausdruck, in der die Gegenüberstellung ihren Höhepunkt erreicht und endet: «La mort de Socrate philosophant tranquilement avec ses amis est la plus douce qu'on puisse desirer; celle de Jesus expirant dans les tourmens, injurié, raillé, maudit de tout un peuple est la plus horrible qu'on puisse craindre; Socrate prenant la coupe empoisonée bénit celui qui la lui présente et qui pleure; Jesus au milieu d'un supplice affreux prie pour ses bourreaux acharnés.» Sokrates stirbt den Tod eines Philosophen. Jesus stirbt den qualvollen und schimpflichen Tod des vollkommen Gerechten. Das Martyrium seines öffentlichen und frommen Sterbens prädestiniert ihn im höchsten Maße zum Zeugen der Wahrheit.[173] Der Vikar stellt die Entsetzlichkeit des Todes Jesu heraus. Er verliert keine Silbe darüber, daß ihm eine heilsgeschichtliche Bedeutung eignete. Das letzte Wort des Vergleichs lautet: «Ja, wenn das Leben und der Tod von Sokrates die eines Weisen sind, dann sind das Leben und der Tod von Jesus die eines Gottes.» Wenn wir dieses Wort, das den zuvor imaginierten Wilden überrascht und befremdet hätte,[174] nicht als bloße Verbeugung in der Lobrede auf das Evangelium nehmen wollen, müssen wir es als Bekräftigung der Option begreifen, die der Vikar traf, als er in der Lehre der Natürlichen Religion vor der Wahl stand zwischen der Weisheit und der Gerechtigkeit Gottes. In einem verwandten Sinn hatte Rousseau in einer Rede über das wohlgeordnete Gemeinwesen, die er an den Bürger richtete, Cato als Verkörperung des vollkommenen Bürgers Sokrates gegenübergestellt

---

173 Siehe Erstes Buch, Kapitel I, S. 44 und 62–63.
174 Siehe 165–166 (622–623) und S. 392–393 mit Anm. 157 und 158. Voltaire notierte am Rand zu der Stelle: «quesce que la mort d'un dieu!» und in einem anderen Exemplar des Textes am gleichen Ort: «quelle extravagante absurdité / as tu vu mourir des dieux pauvre fou!» George R. Havens: *Voltaire's Marginalia on the Pages of Rousseau*. Columbus 1933, p. 118.

und ihm als «einem Gott unter Sterblichen» vor dem Weisen den Vorzug gegeben.[175] Der Vikar beschließt seine Eloge mit der Beteuerung, daß die Geschichte, die das Evangelium überliefert, auf keiner Erfindung beruhen kann: «ihr Erfinder wäre erstaunlicher als der Held». Doch auf das Lob folgt unmittelbar ein Satz, der dem Evangelium jede Autorität abspricht. «Bei all dem ist dieses selbe Evangelium voll von unglaubhaften Dingen, von Dingen, die der Vernunft widerstreben und die zu begreifen oder anzunehmen für jeden verständigen Menschen unmöglich ist!» Der Vikar wiederholt damit das Urteil, zu dem der Wilde in seiner Rede an den christlichen Missionar gekommen war. Angesichts «all dieser Widersprüche» im Evangelium wie in seiner Haltung dem Evangelium gegenüber, auf die er den Zuhörer emphatisch hinweist, rät der Priester dem Proselyten, «immer bescheiden und umsichtig» zu sein und «sich vor dem großen Wesen zu demütigen, das allein die Wahrheit weiß».[176]

Der Vikar verharrt in Rücksicht auf die partikulare Religion, die er öffentlich vertritt, in einer «unfreiwilligen Skepsis». Er konnte sich nicht von ihrer Wahrheit überzeugen, da er sich nicht von etwas zu überzeugen vermag, das der Vernunft widerstrebt, jedenfalls dann nicht, wenn sein Wille, den Zustand des Zweifels zu verlassen, in einem Glauben Halt finden kann, der ihm mit der Vernunft vereinbar erscheint. Doch die «Skepsis» gegenüber der Wahrheit der Religion beschwert ihn keineswegs, «da sie sich nicht auf die für die Praxis wesentlichen Punkte erstreckt» und da er, was «die Prinzipien» seiner Pflichten betrifft, «ganz entschieden» ist. Von Anfang an dem unbedingten Primat der praktischen Vernunft folgend, suchte er, woran er den Zuhörer noch einmal erinnert, nur zu wissen, was zu wissen er für seine Lebensfüh-

---

175 «La vertu de Socrate est celle du plus sage des hommes: mais entre César et Pompée, Caton semble un dieu parmi des mortels. L'un instruit quelques particuliers, combat les sophistes, et meurt pour la vérité: l'autre défend l'état, la liberté, les lois contre les conquérans du monde, et quitte enfin la terre quand il n'y voit plus de patrie à servir. Un digne éleve de Socrate seroit le plus vertueux de ses contemporains; un digne émule de Caton en seroit le plus grand. La vertu du premier feroit son bonheur, le second chercheroit son bonheur dans celui de tous. Nous serions instruits par l'un et conduits par l'autre, et cela seul décideroit de la préférence: car on n'a jamais fait un peuple de sages, mais il n'est pas impossible de rendre un peuple heureux.» *Discours sur l'économie politique*, OCP III, p. 255.
176 172 und Notes 15 und 16 (625–627).

rung für wichtig hielt.[177] Deshalb bereiten ihm die Dogmen, die weder auf das Handeln noch auf die Moral Einfluß haben, keinerlei Beschwer. Seine Sorge um die Moral findet in der Natürlichen Religion ihr Genüge. Sie begründet seinen Glauben und in eins damit seine Gelassenheit gegenüber den Aufstellungen und Forderungen der partikularen Religionen. Das gilt nicht nur für die Religion, in der er aufwuchs, und den Streit um die Wahrheit jener Dogmen, «mit denen sich so viele Leute plagen», obschon sie für das Handeln und die Moral ohne Bedeutung sind. Es gilt nicht minder für den Streit unter den partikularen Religionen insgesamt, der sich an ebensolchen Dogmen entzündet.[178] Die Natürliche Religion setzt den Vikar in den Stand, die konventionellen Religionen um des Guten willen zu bejahen, der Einsicht vergleichbar, die einen Philosophen befähigt, die politischen Gesetze unbeschadet der Irrationalität, die ihnen notwendig eignet, zu bejahen. Sobald der Wahrheitsanspruch, den jede für sich erhebt, ausgeblendet werden kann und eine jede sub specie utilitatis betrachtet wird, sind alle partikularen Religionen *gut*, d. h. gut für die, die ihnen anhängen, auch wenn sie, je nach den Gegebenheiten, *mehr* oder *weniger* gut sein können. «Je regarde toutes les réligions particulieres comme autant d'institutions salutaires qui prescrivent dans chaque pays une maniére uniforme d'honorer Dieu par un culte public, et qui peuvent toutes avoir leurs raisons dans le climat, dans le gouvernement, dans le génie du peuple, ou dans quelque autre cause locale qui rend l'une préférable à l'autre selon les tems et les lieux.» Das Gute, an dem die Natürliche Religion ausgerichtet ist, erlaubt es, die partikularen Religionen zwanglos in den Rahmen einzuordnen, den die Natürliche Religion absteckt. Sie sind alle gut, insofern ihnen der öffentliche Kult übertragen wird: «Der wesentliche Kult ist der des Herzens.» Für den Gott der Natürlichen Religion ist die äußere Form, in der man ihm die Ehre erweist, gleichgültig. Der Vikar spricht ihm ein Interesse einzig an der inneren Aufrichtigkeit zu.[179] Die

177 Cf. 7–10 (567–568) sowie 17–18 (570) und S. 314–316, 318–320.
178 Rousseau wird in seiner Apologie der *Profession de foi* und der *Religion civile* aus der Sicht des «weisen *Législateur*» namentlich die Dogmen der christlichen Religion zurückweisen, die nichts «zum irdischen Guten» beitragen: (1) «das Mysterium der Trinität», (2) die Rechtfertigung sola fide, die gleichbedeutend ist mit der Verwerfung des «Verdienstes der guten Werke», und (3) «das Dogma der Erbsünde». *Lettres écrites de la montagne* I, 69, p. 705.
179 Beachte S. 358 und 362–363.

Wesentlichkeit des inneren Kultes, des Privaten, gibt den nichtwesentlichen äußeren Kult, das Öffentliche, für die Konvention, für das Gesetz, für eine Regelung nach Maßgabe der Klugheit frei. Sie überantwortet den *culte public* der Politik. Mit Bedacht weist der Vikar der Regierung bzw. dem Regierungssystem die zentrale Stellung unter den bestimmenden Faktoren zu. Die politische Unterscheidung von Innen und Außen, Aufrichtigkeit und Konformität, Glaube und Lippendienst macht die Natürliche Religion mit den partikularen Religionen kompatibel. Wie sich die Verträglichkeit näherhin ausnimmt, zeigt der Vikar am eigenen Beispiel. Der Vikar erfüllt alle Aufgaben, die ihm im Dienst der Kirche vorgeschrieben sind, mit der größtmöglichen Genauigkeit. Ließe er es in irgendeinem Punkt willentlich daran fehlen, würde sein Gewissen ihn dafür tadeln. Er ruft dem Proselyten in Erinnerung, daß er nach langem kirchlichen Interdikt «aufgrund des Einflusses von M. de Mellarède» – wir dürfen annehmen, daß es sich um den Minister handelt, dessen Wertschätzung sich der Vikar durch die Erziehung seines Sohnes erworben hatte[180] – die Erlaubnis erhielt, die Tätigkeit als Vikar wiederaufzunehmen. Er macht geltend, daß er jetzt, nachdem er durch die Krise der Ungläubigkeit hindurchgegangen ist und sich zum Glauben der Natürlichen Religion bekehrt hat, die Messe mit «mehr Ehrfurcht» liest, als er dies zuvor tat. Die überlieferte Zeremonie verleitet ihn nicht länger zur Gedankenlosigkeit einer Art Routine. Sie ist für ihn eine Form, die er mit einem Inhalt zu füllen, mit Empfindungen und Erfahrungen zu verbinden weiß, für die die Natürliche Religion keine vergleichbare eigene Form bietet. Wenn er die kirchlichen Riten praktiziert, ist er von der «Majestät des höchsten Wesens», von dessen «Gegenwart» und von der «Insuffizienz des menschlichen Geistes», es angemessen zu begreifen, durchdrungen. Und da er sie in dem Bewußtsein zelebriert, daß er der Gottheit «die Bitten des Volkes in einer vorgeschriebenen Form darbringt», achtet er peinlich darauf, weder mit dem mindesten Wort noch in der geringsten Handlung vom Ritus abzuweichen. Vor der Konsekration sammelt er sich, um sie in der Verfassung auszuführen, die die Kirche und das Sakrament verlangen. Er setzt

---

180 Siehe IV (560) und S. 304. Die Bezugnahme auf den Staatsminister des Königs von Sardinien, de Mellarède, der in Turin lebte, unterstreicht die Verankerung der *Profession de foi* in Raum und Zeit und gibt der Schrift des Ungenannten den Anschein eines historischen Berichts.

hinzu, daß er sich «bemüht», seine Vernunft vor der höchsten Intelligenz zu vernichten. Ob es ihm gelingt, sagt er nicht.[181] Soviel zur Erläuterung seiner inneren Haltung bei der Beachtung der Gebräuche, Riten und Vorschriften der Kirche, auf die sich der Proselyt keinen Reim zu machen wußte.[182] Es wird dem Schüler nach den beiden Reden, die er gehört hat, nicht schwerfallen, dem Vikar zu glauben, wenn dieser ihm versichert, daß er, was immer es mit dem «unbegreiflichen Mysterium» der Transsubstantiation auf sich haben mag,[183] nicht fürchtet, «am Tag des Gerichts» dafür bestraft zu werden, es in seinem Herzen profaniert zu haben. Hinsichtlich seiner priesterlichen Pflichten als Seelsorger erklärt der Vikar, er werde den Menschen stets die Tugend predigen, sie stets ermahnen, Gutes zu tun, und ihnen darin, soweit er kann, ein Vorbild sein. Mit anderen Worten: die historische Religion, zu der er sich öffentlich bekennt, gibt ihm mit dem geistlichen Amt die konkrete Möglichkeit, den Glauben der Natürlichen Religion zu leben, nach deren Prinzipien zu handeln und in deren Sinn eine moralische Wirksamkeit zu entfalten. Zur Verdeutlichung malt sich der Vikar aus, was er täte, wenn ihm eines Tages eine Pfarrei übertragen werden sollte, eine Aufgabe, die er nach wie vor anstrebt, denn es gibt für ihn «nichts Schöneres, als Pfarrer zu sein», aber die er sich nicht mehr erhofft. Die Beschreibung seines Lebenstraums, als Pfarrer eine eigene Gemeinde in den Bergen zu haben, beschließt das Bekenntnis, das er dem Proselyten vorträgt. Es ist die Beschreibung eines imaginären Glücks. Des Glücks, andere glücklich zu machen: «je serois heureux, car il me semble que je ferois le bonheur de mes paroissiens.» Seines Glücks, «niemals Böses tun» zu müssen, sondern sich ganz in den Dienst der Güte, des höchsten Attributs des Gottes seiner Natürlichen Religion, zu stellen: «Un bon Curé est un ministre de bonté comme un bon magistrat est un ministre de justice.» Als Pfarrer würde er die Not seiner Gemeindemitglieder lindern, ihnen Trost spenden und sie an seinem Beispiel aufrichten. Er würde sie dazu bringen, die Eintracht und die Gleichheit zu lieben, um ihrem Elend entgegenzuwirken. Er würde ihre Armut mit ihnen teilen, um die Schmach und die Verachtung von ihr zu nehmen, die sie unerträglicher macht als die Bedürftigkeit selbst. Er würde ihnen vor Au-

---

181 Cf. 78 (592) und 82 (594) sowie S. 346–349.
182 Siehe XIV (563) und S. 308.
183 Beachte 127 (614) und S. 383 mit Anm. 139.

gen führen, daß er, obschon arm, zufrieden lebte, und sie so lehren, sich mit ihrem Los zu versöhnen und zufrieden zu leben wie er. In seinen Unterweisungen würde er sich «weniger an den Geist der Kirche als an den Geist des Evangeliums halten, wo das Dogma einfach und die Moral erhaben ist und wo man wenige religiöse Praktiken und viele Werke der Nächstenliebe sieht.» Und er würde sich stets anstrengen, als erster zu praktizieren, wovon er ihnen sagte, daß man es tun muß, «damit sie deutlich sähen», daß er alles glaubt, was er ihnen sagt. In Anbetracht alles dessen, was der Vikar nicht glaubt und folglich nicht sagen darf, oder aber als Priester der Kirche sagen müßte, ohne daß er es glauben kann, unterstreicht dieser Vorsatz, wie sehr der Vikar die Offenbarungsreligion auf ihren praktischen Gehalt zurückführt. Der Geist des Evangeliums ist mit der Natürlichen Religion verträglich, soweit er zur Barmherzigkeit anhält und sich in einer Morallehre erschöpft.[184]

Die Grenze der Verträglichkeit mit den partikularen Religionen wird für die Natürliche Religion dort erreicht, wo das für die Offenbarungsreligionen nach ihrem eigenen Verständnis Wichtigste ins Spiel kommt: ihr Wahrheitsanspruch, ihre Gehorsamsforderung, ihre Exklusivität. Der Vikar hat die Linie in den ersten beiden Abschnitten seiner Rede über die Offenbarungsreligionen scharf gezogen. Im dritten bestimmt er sie politisch. Er faßt die politische Brisanz der Gehorsamsforderung der Offenbarung in den Begriff der Intoleranz, und er tritt dieser «Intoleranz» mit derselben Berufung auf die Gerechtigkeit Gottes entgegen, mit der er in den beiden Abschnitten zuvor dem exklusiven Wahrheitsanspruch der Offenbarungsreligionen entgegentrat. Der Vikar wird «die erhabenen Pflichten» seines geistlichen Amtes gewissenhaft erfüllen. Mit der einen Ausnahme, daß er die Menschen nicht zur «Intoleranz» anstiften wird: «Gott behüte, daß ich ihnen jemals das grausame Dogma der Intoleranz predige, daß ich sie jemals dazu veranlasse, ihren Nächsten zu verabscheuen, zu anderen Menschen zu sagen: ‹Ihr werdet verdammt sein›.» Der Vikar verweigert der Kirche, die verkündet, außerhalb ihrer sei kein Heil, die Gefolgschaft. Wenn er einen höheren Rang bekleidete als den, den er innehat, d. h. mutmaßlich schon dann, wenn sein Traum von einer eigenen Pfarrei in Erfüllung ginge, könnte sein «Vorbehalt» ihm «Unannehmlichkeiten» bereiten. Aber als Vikar,

---

184   173–175 (627–629).

auf der untersten Stufe der geistlichen Hierarchie, ist er «zu gering, um viel zu fürchten zu haben». Er wird jedenfalls nie «gegen die göttliche Gerechtigkeit blasphemieren». Sowenig die Einrede des Vikars, die Rousseau im *Contrat social* zu seiner eigenen Sache macht, die Verdammnis im allgemeinen betrifft, sondern auf den Glaubenssatz *extra ecclesiam nulla salus* zielt, so wenig hat seine und Rousseaus Kritik der «Intoleranz» nur historische Auswüchse des Fanatismus oder politische Verirrungen kirchlicher Autoritäten im Auge – Rousseau kommt in den späteren Verteidigungsschriften etwa auf das Massaker der Bartholomäusnacht oder auf die Verbrennung von Michel Servet im Genf Calvins zu sprechen.[185] «Intoleranz» dient beiden vielmehr als Chiffre für die tiefer wurzelnde Lehre, daß Menschen aufgrund ihres falschen oder fehlenden Glaubens als Verdammte und, wie Rousseau präzisiert, als «Feinde Gottes» zu betrachten seien, eine Feindschaft, die alle anderen Feindschaften übertrifft und die, so an sie geglaubt wird, auf alle anderen Feindschaften durchschlagen muß. Rousseau erhellt den grundlegenden Zusammenhang, der ein wichtiges Stück der Politischen Theologie ausmacht, in einer Anmerkung, die er der Wendung gegen die «Intoleranz» hinzufügt: «Die Unterscheidung zwischen der bürgerlichen Toleranz und der theologischen Toleranz ist kindisch und eitel. Diese beiden Toleranzen sind untrennbar, und man kann die eine nicht ohne die andere annehmen. Selbst Engel könnten nicht in Frieden leben mit Menschen, die sie als die Feinde Gottes betrachteten.» Die Identifizierung des Gläubigen mit Gottes Unterscheidung von Freund und Feind oder mit dem, was er Gott theologisch als Feindschaft ansinnt, ist politisch von größter Tragweite. Deshalb gräbt Rousseau in seiner Kritik der «Intoleranz» bis zu dem Glauben zurück, der über Heil und Verdammnis entscheiden soll und der die Trennung in Freunde und Feinde Gottes begründet.[186] Und es ist wiederum Rousseau, der die gelassene

---

185 *Lettre à Christophe de Beaumont*, p. 161; *Lettres écrites de la montagne* II, 53 note, p. 726; cf. III, 50 note und 89, p. 742, 752.
186 In *Du contrat social* IV, 8, 34 trägt Rousseau das gleiche Argument vor, das er in Note 17 der *Profession de foi* verwendet, ohne indes *les ennemis de Dieu* und die Engel zu erwähnen: «Ceux qui distinguent l'intolérance civile et l'intolérance théologique se trompent, à mon avis. Ces deux intolérances sont inséparables. Il est impossible de vivre en paix avec des gens qu'on croit dannés; les aimer seroit haïr Dieu qui les punit; il faut absolument qu'on les ramene ou qu'on les tourmente. Partout où l'intolérance théologique est admise, il est impossible qu'elle n'ait pas quelque

Einschätzung des Vikars, daß alle partikularen Religionen gut seien, mit der ausdrücklichen, politisch gebotenen Einschränkung versieht, an die sich der Vikar tatsächlich hält, wenn er es ablehnt, das Dogma der «Intoleranz» zu predigen: «Die Pflicht, der Religion seines Landes zu folgen und sie zu lieben, erstreckt sich nicht auf Dogmen, die der guten Moral entgegenstehen, wie das der Intoleranz.» Rousseau läßt die Kritik der «Intoleranz», die ein integraler Bestandteil seiner Kritik der Politischen Theologie ist, politisch im zehnten und einzigen «negativen» Dogma der *Religion civile* kulminieren, das die «Intoleranz» mit einem Verbot belegt.[187] Der Vikar beschließt sein Glaubensbekenntnis mit der Darlegung der praktischen Konsequenzen, die er aus seiner Kritik der «Intoleranz» zieht: Er würde als Pfarrer die Protestanten in seiner Nachbarschaft nicht nur in die christliche Barmherzigkeit einschließen, sondern die Mitglieder seiner Gemeinde und die Protestanten gleichermaßen dazu bewegen, «einander zu lieben, sich als Brüder zu betrachten, alle Religionen zu achten und ein jeder in der seinen in Frieden zu leben». Der Vikar ist so sehr davon überzeugt, daß dem Gott der Natürlichen Religion die partikularen Religionen gleich gültig sind, daß er allen Missionsanstrengungen entgegentritt. Aber er beschränkt sich nicht darauf, Bekehrungsversuche als überflüssig oder sinnlos zu verwerfen. Er verurteilt sie als böse. «Ich denke, jemanden zu drängen, die Religion zu verlassen, in der er geboren wurde, heißt, ihn zu drängen,

---

effet civil; et sitot qu'elle en a, le Souverain n'est plus Souverain, même au temporel: dès lors les Prêtres sont les vrais maitres; les Rois ne sont que leurs officiers» (p. 469). Im Genfer Manuskript des *Contrat social* hatte Rousseau noch schärfer formuliert: «Ceux qui distinguent l'intolérance civile et l'intolérance Ecclésiastique se trompent. L'une mène nécessairement à l'autre, ces deux intolérances sont inséparables. Il est impossible de vivre en paix avec des gens qu'on croit damnés. Les aimer ce seroit haïr Dieu qui les punit, il faut nécessairement qu'on les convertisse ou qu'on les persécute.» OCP III, p. 341.
187 *Du contrat social* IV, 8, 33 p. 468–469. In Absatz 35 nennt Rousseau die Lehre beim Namen, der das Verbot unmittelbar begegnen soll: «Maintenant qu'il n'y a plus et qu'il ne peut plus y avoir de Religion nationale exclusive, on doit tolérer toutes celles qui tolerent les autres, autant que leurs dogmes n'ont rien de contraire aux devoirs du Citoyen. Mais quiconque ose dire, *hors de l'Eglise point de Salut*, doit être chassé de l'Etat; à moins que l'Etat ne soit l'Eglise, et que le Prince ne soit le Pontife. Un tel dogme n'est bon que dans un Gouvernement Théocratique, dans tout autre il est pernicieux» (p. 469).

Böses zu tun, und folglich selbst Böses zu tun.»[188] Wenn für den Gott der Natürlichen Religion alle partikularen Religionen gleich viel Achtung verdienen, sind die Missionsanstrengungen einzelner Religionen offenbar in die göttliche Indifferenz mit einbegriffen. Das moralische Urteil des Vikars wäre demnach nicht theologisch, sondern politisch bestimmt. Um von der theologischen Toleranz der Natürlichen Religion zum Verbot der Intoleranz oder der Missionierung zu gelangen, muß der Vikar auf die Orientierung am Guten der Bürger rekurrieren und, wenn er sich der Unterstützung der Natürlichen Religion versichern will, annehmen, daß der Gott der Natürlichen Religion sich diese Orientierung zu eigen macht, daß ihm an der Ordnung und am Frieden unter den Menschen gelegen ist. Unter der Voraussetzung, daß Gott die Sorge um die Gerechtigkeit teilt, können jetzt Erwägungen der politischen Klugheit die Führung übernehmen, und der Vikar vermag theologische Forderungen oder kirchliche Lehren mit Rücksicht auf die öffentliche Ordnung und den Gehorsam gegen die Gesetze des Gemeinwesens zurückzuweisen: «En attendant de plus grandes lumiéres gardons l'ordre public; dans tout pays respectons les loix, ne troublons point le culte qu'elles prescrivent, ne portons point les Citoyens à la désobeissance; car nous ne savons point certainement si c'est un bien pour eux de quitter leurs opinions pour d'autres, et nous savons très certainement que c'est un mal de desobéir aux loix.» Die Natürliche Religion zeigt so nicht nur, daß sie mit der legitimen Herrschaft des politischen Souveräns verträglich ist, sondern daß sie den Primat der

---

188 Die Theologen der Sorbonne versahen diesen Satz des Vikars mit einem scharfen Tadel, der sich über fünf Seiten erstreckt: «Cette proposition est avancée en haine de la Religion Chrétienne, qui n'a pû être reçue des Payens sans qu'ils quittassent l'idolatrie où ils étoient nés, et qui étoit la Religion de leur peres. Elle est blasphématoire contre Jesus-Christ, qui a envoyé ses Apôtres annoncer l'Evangile *à toutes les Nations*, pour les retirer de l'idolatrie, qui étoit la Religion qu'elles suivoient ... Elle est injurieuse aux Apôtres, qui obéissant aux ordres de Jesus-Christ, s'éleverent fortement contre le culte des idoles ... Elle est injurieuse à tous les prédicateurs de l'Evangile ... Elle est insensée et impudente, dans le reproche qu'elle fait aux premiers fidéles d'avoir *mal fait* en renonçant á l'idolatrie ...» Zusammenfassend urteilten sie über den Autor: «Il favorise toutes les erreurs sur la Religion, il en rend toute correction impossible, et sous le prétexte d'engager chacun à suivre la Religion où il est né, il introduit dans la Religion le scepticisme le plus pernicieux.» *Censure de la Faculté de Théologie de Paris*, p. 305, 306, 307, 310.

Politik gegenüber den partikularen Religionen nachdrücklich zu stärken weiß.[189] Das Glaubensbekenntnis des Vikars ist mit der politischen Kritik der Offenbarungsreligionen an sein Ende gelangt. Aber der Vikar hat noch nicht alles gesagt. Die Exhortatio des Proselyten steht noch aus. Und davor weiß der Vikar einiges über sich mitzuteilen, das uns zusätzlichen Aufschluß gibt über sein Credo. Das Erste, was der Vikar auf das Glaubensbekenntnis folgen läßt, ist eine politische Rechtfertigung seiner Rede. Sie nimmt die Rechtfertigung auf, die er dem im Hinblick auf die möglichen Weiterungen bedenklichsten Teil des Glaubensbekenntnisses unmittelbar vorausgehen ließ.[190] Der Vikar umgibt die Verhandlung des Offenbarungsglaubens mit Merkzeichen der Besonnenheit. Er beteuert seinem «jungen Freund», daß er ihm sein Glaubensbekenntnis so vortrug, wie Gott es in seinem Herzen liest, d. h., daß er ohne Verstellung und ohne Vorbehalt sprach. Zugleich erklärt er, daß der Proselyt der erste war und «vielleicht der einzige» bleiben wird, der es von ihm zu hören bekommt, d. h., daß sein Credo nicht für die Öffentlichkeit bestimmt ist oder daß er nicht die Absicht hat, sich mit ihm an die Öffentlichkeit zu wenden. Der Vikar ist nicht vom Furor der Aufklärung beseelt und weit davon entfernt, einen integren Glauben in Gefahr bringen zu wollen. «Tant qu'il reste quelque bonne croyance parmi les hommes il ne faut point troubler les ames paisibles ni allarmer la foi des simples par des difficultés qu'ils ne peuvent résoudre et qui les inquiettent sans les éclairer.» Anders steht es, wenn bei einem Einzelnen oder in einer bestimmten Zeit «alles erschüttert» ist. In einem solchen Fall «muß man den Stamm auf Kosten der Äste bewahren». «Wenn die Gewissen aufgewühlt, unsicher, beinahe erloschen und in dem Zustand sind», in dem der Vikar das Gewissen seines Zuhörers sah, dann gilt es, die wankenden Pfeiler, an denen sie noch hängen und Halt zu haben meinen, ganz einzureißen, um die Gewissen «auf der Grundlage der ewigen Wahrheiten» wiederherzustellen. Die Bilder, die der Vikar zur Erläuterung seines Versuchs verwendet, den Zuhörer für den Glauben an Gott und die Moral zu retten, sprechen für sich. Dagegen mag es

---

189 174–175 und Note 17 (628–629). – Vergleiche den letzten Satz im Bekenntnis des Vikars (Abs. 175) mit dem neunten Dogma der *Religion civile* (*Du contrat social* IV, 8, 33, p. 468).
190 Siehe 107 (606–607) und S. 368–369 mit Anm. 120.

nicht überflüssig sein, darauf hinzuweisen, daß der Vikar sich in seiner Selbstauslegung auf die *vérités éternelles* beruft, in deren Namen der «Raisoneur» dem Inspirierten, dem Propheten, dem Missionar entgegentrat, und daß er so, aus angemessener Entfernung, im zentralen Dialog der *Profession de foi* unzweideutig Partei ergreift.[191] Die Selbstauslegung wirft die Frage auf, weshalb der Vikar sich damit zufriedengibt, sein Glaubensbekenntnis einem Menschen vorzutragen. Denn der Namenlose ist, der Vikar macht es deutlich genug, nicht der einzige, bei dem «der Stamm auf Kosten der Äste» zu bewahren wäre. Wenn der Vikar das Glaubensbekenntnis seinem «jungen Freund» mitteilt, weil er in ihm eine verwandte Natur zu erkennen glaubt, reicht seine Liebe – im Unterschied zur Barmherzigkeit, die der Priester gegen Jedermann übt – nicht hin, um die *Profession de foi* für verwandte Naturen schriftlich zu fixieren, die ihm nicht persönlich bekannt sind? Beschränkt er sich in allem auf die überschaubare Wirksamkeit des unmittelbaren Umgangs und des unschwer Erreichbaren, weil es ihm an *amour-propre* mangelt? Fehlt ihm der Mut, sich in der Öffentlichkeit zu exponieren, oder die Zuversicht, sein Glaubensbekenntnis der Kritik auszusetzen? Oder hegt er die Hoffnung, der Schüler werde seine Reden einst aufschreiben und vollbringen, wozu er sich selbst nicht imstande sah oder sich nicht zu überreden vermochte? Der Vikar überantwortet sein Glaubensbekenntnis dem «jungen Mann». Es ist jetzt an ihm zu urteilen. Die Ansichten, die ihm einleuchten, soll er sich zu eigen machen, das Übrige verwerfen. Daß der Schüler sich Zeit ausbedungen hat, läßt den Vikar «gut» von ihm denken. Er nennt seine Vorsicht «weise». Aber er ist nicht bereit, das Glaubensbekenntnis mit ihm zu erörtern. Die Erörterung könnte in einen Disput übergehen, auf den er sich nicht einlassen will. In einen Disput, meint er, mischten sich notwendig Eitelkeit und Eigensinn. Er geht bis zur förmlichen Ermahnung: «Mein Freund, disputieren Sie niemals, denn durch den Disput klärt man weder sich noch die anderen auf.» Der Vikar wird seinen Reden nicht mit Gründen beistehen. Er will in keinen Streit verwickelt werden und in keine Auseinandersetzung eintreten, die die Frage aufwerfen könnte, ob er das richtige Leben führt. Er will sich an den Glauben halten, mit dem er sein Glück verbunden hat, und ihn durch nichts in Gefahr bringen. «Je resterai comme je suis, de peur qu'insensiblement le gout de la contempla-

---

191 Siehe 128 und 153 (614 und 617) sowie S. 382–384.

tion devenant une passion oiseuse ne m'attiedît sur l'exercice de mes devoirs, et de peur de retomber dans mon prémier pyrrhonisme sans retrouver la force d'en sortir.»[192] Es ist unklar, was der Vikar mehr fürchtet, die Versuchung durch den Zauber, den er der Betrachtung nicht absprechen kann, oder den Rückfall in den Zustand des Zweifels, den er als unerträglich empfand.[193] Aber es ist klar, daß er das eine wie das andere, die «müßige Leidenschaft» der Kontemplation und den entscheidungslosen, die Praxis lähmenden «Pyrrhonismus», im Namen der Pflicht verneint. Er will der Moral Geltung verschaffen. Er will das tätige Leben schützen. Das Glaubensbekenntnis des Savoyischen Vikars steht im Dienst eines Lebens, das einen scharfen Kontrast darstellt zum philosophischen Leben. Beide verhalten sich zueinander wie Figur und Grund in einem Vexierbild.[194]

Die Exhortatio des Proselyten steht unter dem Vorbehalt, daß die Rede des Vikars den Zuhörer in vollem Umfang zu überzeugen vermochte. Wenn der Proselyt denkt, wie der Vikar denkt, wenn er dessen Ansichten zu den seinen macht und wenn beide «dasselbe Glaubensbekenntnis» haben, d. h., wenn ihnen jetzt, anders als zu Beginn der Rede, nicht nur die Vernunft, sondern darüber hinaus der Glaube gemeinsam ist, dann weiß der Vikar, was dem jüngeren Alter ego in seinem Leben not tut. Der Rat, den er dem Proselyten erteilt, übersetzt das Credo der Natürlichen Religion in vier praktische Lehren. (1) Der Proselyt soll sein Leben «nicht länger den Versuchungen des Elends und der Verzweiflung aussetzen», es nicht in der Abhängigkeit von Fremden zubringen und durch Almosen fristen, sondern in sein Vaterland zurückkehren, die Religion der Väter wieder annehmen, ihr in der Auf-

---

192 Der Gegensatz zur Position des Promeneur Solitaire ist um so markanter, als die beiden vorangehenden Sätze eine auffällige Nähe zu Formulierungen der *Troisième promenade* aufweisen: «Pour moi ce n'est qu'après bien des années de méditation que j'ai pris mon parti; je m'y tiens, ma conscience est tranquille, mon cœur est content. Si je voulois recommencer un nouvel examen de mes sentimens, je n'y porterois pas un plus pur amour de la vérité et mon esprit déjà moins actif seroit moins en état de la connoitre.» Beachte Erstes Buch, Kapitel II, S. 75–77 und Kapitel V, S. 192–193 und 222–223.
193 Cf. S. 315–316 und 361–363.
194 176–177 (629–631). – Cf. zur Rhetorik des Schlusses von Absatz 177, die sich einer Anspielung auf *Matthäus* III, 9 bzw. *Lukas* III, 8 bedient, den Schluß von Absatz 171 und den Schluß von Absatz 105.

richtigkeit seines Herzens folgen und sie nicht mehr verlassen. Die politische Botschaft lautet: Die Natürliche Religion befördert ein Leben der Selbstachtung in den angestammten Bindungen und Einrichtungen des politischen Gemeinwesens und der ihm zugehörigen partikularen Religion, obschon sie deren kontingenten Ursprung und konventionelle Grundlage ans Licht hebt. Für den Genfer Flüchtling bedeutet die Aufforderung des katholischen Priesters, daß er seine Konversion zum Katholizismus rückgängig machen und sich neu zum Protestantismus bekennen muß, so daß die Religion der Väter für ihn zur Religion seiner Wahl wird. Der Vikar erleichtert ihm die Wahl, indem er die Religion Genfs vor den anderen Religionen durch ein bemerkenswertes Lob auszeichnet: «Sie ist sehr einfach und sehr heilig; ich glaube, daß sie von allen Religionen auf Erden diejenige ist, deren Moral am reinsten ist und mit der die Vernunft sich am besten abfindet.»[195] Für den Proselyten besitzt sie mithin den Vorzug, daß sie nicht nur seine eigene Religion ist, sondern daß er sie als die in einer bestimmten Hinsicht beste und der Vernunft am wenigsten widerstrebende unter den konventionellen Religionen ansehen kann. Doch der Gesichtspunkt, den der Vikar für den Proselyten herausstellt, ist offenkundig von sehr begrenzter Tragweite. Der Vikar selbst läßt sich nicht durch ihn bestimmen. Er beeilt sich, ein Argument einzuführen, das seine Lehre von der Gleichgültigkeit aller partikularen Religionen zur Voraussetzung hat, ohne daß es sie ausdrücklich wiederholt. Angesichts der «Ungewißheit», in der wir uns befinden, sei es «eine unentschuldbare Anmaßung, sich zu einer anderen Religion zu bekennen als zu der, in der man geboren wurde». Die Kontingenz oder Irrationalität der historischen Religionen begründet eine Pragmatik des Nichthandelns: Halte am Eigenen fest und triff keine Wahl unter den konkurrierenden Geltungsansprüchen. «Si l'on s'égare on s'ôte une grande excuse au tribunal du souverain juge. Ne pardonnera-t-il pas plustot l'erreur où l'on fut nourri que celle qu'on osa choisir soi-même?» Was immer der Zuhörer, der die Konzeption der Natürlichen Religion verstanden hat, vom Argument einer solchen

---

195 Rousseau hat das Lob der Religion Genfs erst in die letzte Fassung des Manuskripts eingefügt (Ed. Masson 438). Das Lob hielt die Genfer Autoritäten nicht davon ab, das Buch zu verbieten und gegen den Autor einen Haftbefehl zu verfügen. Rousseau wird sich zur Verteidigung der *Profession de foi* später auf «den Kult meiner Väter» berufen: *Lettre à Christophe de Beaumont*, p. 961. Cf. Anm. 167, 168.

«Entschuldigung» zur Strafvermeidung halten mag,[196] er kann ihm jedenfalls die Bestätigung entnehmen, daß die Natürliche Religion die einzige Religion ist, deren Wahl ihm ein Verdienst verspricht. Für Émile, der kein Vaterland hat, in das er zurückkehren, und der in keiner Religion geboren wurde, an der er festhalten könnte, besagte die späte Maxime des Vikars, daß er *keine* partikulare Religion wählen und also *keiner* in der Aufrichtigkeit seines Herzens folgen sollte.[197] (2) Der Vikar ermahnt den «Sohn», seine Seele in einem Zustand zu halten, in dem sie «immer wünscht, daß es einen Gott gebe». Dann werde er «niemals daran zweifeln». Daß ein Gott sei, ist die Voraussetzung für den Glauben an die moralische Weltordnung, den Kern der Natürlichen Religion.[198] Wenn die Seele an diesem Glauben ausgerichtet wird und sie vom Wunsch nach dem Gott der Natürlichen Religion erfüllt ist, macht sie den Zweifel verstummen. Der Proselyt soll, einerlei, ob er in sein Vaterland zurückkehrt oder nicht, und gleichgültig, welcher partikularen Religion er folgt oder ob er keiner von ihnen folgt, nicht vergessen, daß «die wahren Pflichten der Religion von den Einrichtungen der Menschen unabhängig sind», daß «ein gerechtes Herz der wahre Tempel der Gottheit ist» und daß «Gott über alles und seinen Nachbarn wie sich selbst zu lieben in jedem Land und in jeder Sekte die Summe des Gesetzes ist». Er soll sich daran erinnern, daß es keine «wahrhaft wesentlichen» Pflichten gibt als die der Moral und daß der «innere Kult», der die Seele im Zustand des Glaubens hält, die erste dieser Pflichten ist, da «ohne den Glauben keine wahrhafte Tugend existiert». Daß ein Gott sei, wird ein Postulat der praktischen Vernunft, der Wunsch ein Gebot des moralischen Gesetzes. (3) Der Ermahnung zum Glauben tritt die Warnung vor den Philosophen zur Seite. Sie gilt den wahren wie den zeitgenössischen «Philosophen», auf die der Vikar jetzt die Aufmerksamkeit lenkt.[199] «Fliehen Sie diejenigen, die unter dem Vorwand, die

---

196 Cf. 114–115 (609–610), 173 (627–628) und S. 405–406.
197 Siehe dazu die «Wahl», von der Rousseau kurz vor Beginn der «Transkription» und unmittelbar nach deren Ende spricht: *Émile* IV, p. 558 und 636; cf. S. 300.
198 Cf. 170 (624–625), den neben 179 einzigen Absatz, in dem der Vikar die Anrede *mon fils* gebraucht.
199 Der Vikar läßt die, von denen sich der Proselyt fernhalten soll, in Absatz 180 ohne Namen. Aber er fordert den Proselyten im nächsten Absatz auf: «Osez confesser Dieu chez les philosophes» 181 (634). Und er knüpft, zum Teil in wörtlichen Wiederholungen, an seine Kritik der Philosophen in den Absätzen 12–18 (568–570)

Natur zu erklären, trostlose Lehren in die Herzen der Menschen säen und deren scheinbare Skepsis hundertmal bestimmter und dogmatischer ist als der entschiedene Ton ihrer Gegner.» Der Vikar erweitert den langen Katalog der Kritik, den er für die Philosophen, von ihrem «Hochmut» bis zu ihren «bizarren Systemen», durchgegangen war, um zwei kardinale Punkte, die er den Aufklärern entgegenhält: den herrischen Geist, mit dem sie «uns» ihren einschneidenden Entscheidungen unterwerfen, und die Unbesonnenheit, mit der sie ihren Kampf gegen die Religion führen. «Indem sie alles umwerfen, zerstören, mit Füßen treten, was die Menschen achten, nehmen sie den Betrübten den letzten Trost ihres Elends, den Mächtigen und den Reichen den einzigen Zügel ihrer Leidenschaften»; der Schaden, den sie anrichten, reicht bis auf den «Grund der Herzen», wo sie «die Gewissensbisse über das Verbrechen» und «die Hoffnung der Tugend ausreißen»; und dabei «rühmen sie sich noch, die Wohltäter des Menschengeschlechts zu sein.» Der Vikar beschließt seine Warnung mit einer rhetorischen Geste: er nimmt die Behauptung der Aufklärung, die Verbreitung der Wahrheit und die Beförderung des Guten gingen bruchlos zusammen,[200] auf, um sie gegen die Aufklärer zu kehren: «Niemals, sagen sie, ist die Wahrheit für die Menschen schädlich; ich glaube es wie sie, und das ist meiner Ansicht nach ein großer Beweis dafür, daß das, was sie lehren, nicht die Wahrheit ist.»

(4) Der letzte Appell des Vikars faßt eine öffentliche Wirksamkeit des Proselyten ins Auge. Die Talente, die er an ihm wahrnimmt, lassen ihn vermuten, daß der Schüler später, anders als sein Lehrer, in Reden und in

an. Beachte S. 314–320. – Rousseau hatte erwogen, der Kritik der *philosophes* in Absatz 180 eine Kritik der *dévots* voranzustellen, diese Anordnung aber schließlich verworfen: «Ayez de la pieté, mon enfant, aimez ceux qui en ont, mais *fuyez les devots, rien n'est si dangereux que leur commerce. Leur humble orgueil n'est point traittable*, il faut qu'il[s] dominent ou qu'il[s] nuisent; ils sont envieux, jaloux, fourbes, vindicatifs, mistérieux dans toutes leurs affaires et sans cesse épiant celles d'autrui. Leur amitié n'est point sure, leur haine est irreconciliable, et ils ont toujours une ligue entre eux à laquelle on échape difficilement quand on a le malheur de leur déplaire. Le mieux est de s'en tenir loin, ils ne font que mépriser ceux qui les évitent, mais qui les quite en a tout à redouter.» (Ed. Masson 442–444; Wiedergabe des Wortlauts nach der Transkription in OCP IV, p. 874; meine Hervorhebung.)

200 «... rien de plus utile que d'éclairer les hommes. *Les lumieres philosophiques*, dit M. l'abbé de Fleury, *ne peuvent jamais nuire*.» Helvétius: *De l'esprit*. Paris 1758, II, 19, note e, p. 180.

Schriften zu den Menschen sprechen wird. Womöglich gewinnt er die Statur, sich als Zeuge der Wahrheit an die Menschheit zu wenden. Das mag das Pathos und die Emphase des Appells erklären, in dessen Zentrum die Aufforderung steht: «Bleiben Sie stets fest auf dem Weg der Wahrheit oder dessen, was Ihnen in der Einfachheit Ihres Herzens die Wahrheit zu sein scheint, ohne aus Eitelkeit oder aus Schwäche sich jemals von ihm zu entfernen.» Wenn der Proselyt einst das Wort an die Öffentlichkeit richtet, soll er allein seinem Gewissen folgen und sich nichts aus dem Beifall machen, den er ernten kann, nichts darauf geben, ob er geliebt oder gehaßt wird, ob man seine Schriften liest oder verachtet. Was zählt, ist das Zeugnis, das er sich selbst ausstellt. Es begründet seine Unabhängigkeit von der Achtung der Menschen und gibt ihm die innere Freiheit, den Weg der Tugend zu gehen. Aber der Verweis an das Gewissen, der Wille, auf es zu hören, und die Entschlossenheit, ihm unbeirrt zu folgen, reichen nicht hin, um den «Weg der Wahrheit» zu erkennen. Deshalb rekapituliert der Vikar die wichtigsten Direktiven, die seine Rede zur Orientierung eines *homme vulgaire* bereithält. Er warnt noch einmal vor der Philosophie. Und er erinnert an die Abirrung vom Pfad der Gerechtigkeit, der er in der Hauptsache entgegentrat, die Unterwerfung unter die Tyrannei der Religion. Die Philosophie nährt den Zweifel und lebt die müßige Leidenschaft der Kontemplation. «Der Mißbrauch des Wissens erzeugt den Unglauben.» Die, die auf Wissen Anspruch erheben, blicken auf den *sentiment vulgaire* herab. «Die hochmütige Philosophie führt zur Freigeisterei, wie die blinde Frömmigkeit zum Fanatismus führt.» Der Proselyt soll «diese Extreme» meiden und, indem er zu beiden Abstand hält, einen Weg der Mitte und des Ausgleichs einschlagen. «Wagen Sie es, bei den Philosophen Gott zu bekennen; wagen Sie es, den Intoleranten die Menschlichkeit zu predigen.» Der Vikar bringt die moralische Botschaft für den Proselyten auf die dreiteilige Formel: «Sagen Sie, was wahr ist, tun Sie, was gut ist; wichtig ist für den Menschen, daß er seine Pflichten auf Erden erfüllt; und indem man sich vergißt, arbeitet man für sich.» Der Glaube an die prästabilierte Harmonie der Wahrheit und des Guten, dem der Vikar am Ende seiner Exhortatio Ausdruck verleiht, ist wie der Glaube an den schließlichen Ausgleich des moralisch Guten und des eigenen Guten Teil des Glaubens an die moralische Weltordnung.[201] Auf der Grund-

---

201 Cf. zu diesem Glauben Erstes Buch, Kapitel V *in toto*.

lage dieses Glaubens ist dem künftigen Zeugen der Wahrheit das Glück verheißen, das die Natürliche Religion jedem Menschen verheißt. Es ist das Glück der Einhelligkeit des Gewissens und der Einstimmung in das Ganze, der Zufriedenheit mit sich und dem tätigen Leben im Bewußtsein des moralischen Verdiensts, das Glück der Selbstbewunderung. Der Priester, der den Appell an den «guten jungen Mann» mit der wohlmeinenden Ermahnung begann, weder sich noch die anderen zu betrügen, beendet ihn mit der tröstlichen Versicherung, daß nur *die Hoffnung des Gerechten* nicht betrügt: «Mon enfant, l'intérest particulier nous trompe; il n'y a que l'espoir du juste qui ne trompe point. Amen.»[202]

Nach der zweiten Rede schweigt der Erzähler. Wir erhalten keinerlei Hinweis, daß die Kritik, die der Lehrer der Natürlichen Religion am Offenbarungsglauben übte, beim Zuhörer auf Vorbehalte gestoßen wäre oder Widerspruch gefunden hätte. Anders als im Falle der Rede über die Natürliche Religion unternahm der Erzähler auch keinen Versuch, den Vikar zu unterbrechen. Nach der ersten Rede erfuhren wir dagegen, daß die Dogmen der Natürlichen Religion bei ihm Einwände in großer Zahl hervorgerufen hatten. Der unterschiedlichen Reaktion des Zuhörers auf die beiden Teile der *Profession de foi*, seinem Widerstand gegen die Doktrin und seinem stillschweigenden Einverständnis mit der Kritik, verleiht Rousseau später zusätzliches Gewicht, wenn er in den *Confessions* suggeriert, der Namenlose könnte – wovon die Leser zu Rousseaus Lebzeiten keine Kenntnis hatten – der junge Jean-Jacques gewesen sein.[203] Während der Erzähler sich in der zweiten Hälfte der *Profession de foi* nicht mehr zu Wort meldet, begleitet Rousseau die zweite Rede mit neun Anmerkungen, deren letzte und mit Abstand längste er der Warnung des Vikars vor den Philosophen hinzufügt.[204] Die Anmerkung, die zwölf Absätze umfaßt, enthält nicht nur einen bemerkenswerten Kommentar zur Warnung des Vikars, sondern darüber hinaus, dem erbaulichen Schlußappell unmittelbar vorausgehend, eine erhellende politische Stellungnahme Rousseaus zum Unterfangen des Vikars insgesamt. Der Kommentar setzt ein mit einer Kritik «der beiden

---

202 178–181 (631–635); Ed. Masson 473. Siehe Anm. 115.
203 Cf. *Les Confessions* II, p. 60–70; III, p. 90–92; beachte III, p. 118–119.
204 Die Fußnoten 1–9 zur ersten Hälfte erläutern, unterstützen oder berichtigen die Lehre des Vikars. Die Fußnoten 10–17 zur zweiten Hälfte erläutern, unterstützen und verschärfen die Kritik des Vikars zum Teil erheblich.

Parteien», die sich gegenseitig «mit so vielen Sophismen» angreifen. Welche Parteien genau in Rede stehen, ist weniger klar, als es scheinen mag. Denn in dem Absatz, den Rousseau kommentiert, ordnet der Vikar weder der einen noch der anderen Partei – er selbst spricht nicht von Parteien – einen Namen zu. Zudem kann der Leser Rousseaus Fußnote auf den Absatz im ganzen oder aber auf dessen Schluß im besonderen beziehen, in welchem Fall der Vikar der Partei der Aufklärer gegenüberstünde, denen er ihre eigene Maxime entgegenhält: «Jamais la vérité n'est nuisible aux hommes» – eine Sentenz, die in der Verwendung beider Parteien ein veritabler Kandidat für die Kritik an Sophismen wäre. Durch das erste Beispiel, das Rousseau anführt, bestimmt er zumindest diejenige Partei unzweideutig, die er in der Anmerkung am schärfsten angreift. Es sei einer der verbreitetsten Sophismen der *parti philosophiste*, ein vorgebliches Volk guter Philosophen einem Volk schlechter Christen gegenüberzustellen, «als ob ein Volk wahrer Philosophen leichter zu schaffen wäre als ein Volk wahrer Christen!»[205] Da kein wahrer Philosoph jemals ein Volk von Philosophen propagierte, geschweige denn für möglich hielt, liegt es auf der Hand, daß die «Philosophen» der Gegenwart das erste Ziel von Rousseaus Kritik sind. Damit ist indes noch nicht ausgemacht, ob Rousseau die «beiden Parteien» auf *les philosophes* einerseits und *les dévots* bzw. *les intolérants* andererseits beschränkt oder ob er in der Konfrontation der Partei der Philosophisten und der Partei der Offenbarungsgläubigen nicht, sehr viel weitergehend, das politische Verhältnis von Philosophie und Religion verhandelt. Rousseau erklärt, er wisse nicht, ob unter den Individuen ein wahrer Philosoph leichter zu finden sei als ein wahrer Christ, aber er wisse sehr wohl, daß man auf der politischen Ebene, sobald es sich um Völker handelt, Völker annehmen muß, die mit der Philosophie ohne Religion Mißbrauch treiben werden, wie «die unseren», d. h. die christlichen Völker, mit der Religion ohne Philosophie Mißbrauch treiben. Mit anderen Worten: Rousseau wird in der achtzehnten Anmerkung zur *Profession de foi* nicht nach der besten Möglichkeit fragen, sondern sich auf den politischen Mißbrauch von Philosophie und Religion konzentrieren. Er

---

205 Cf. *Du contrat social* IV, 8, 22, p. 465: «On nous dit qu'un peuple de vrais Chrétiens formeroit la plus parfaite société que l'on puisse imaginer. Je ne vois à cette supposition qu'une grande difficulté; c'est qu'une société de vrais chrétiens ne seroit plus une société d'hommes.»

wird nicht den wahren Philosophen gegen den wahren Christen halten, sondern den hypothetischen Zustand eines Gemeinwesens, in dem die Philosophie zur allgemeinen Meinung geworden wäre und der Religion keinen Raum ließe, mit dem Zustand eines Gemeinwesens kontrastieren, in dem die Religion herrscht und die Philosophie ohne politischen Einfluß bleibt. Er wird nicht die Wahrheit von Philosophie und Religion untersuchen, sondern deren gesellschaftliche Auswirkungen betrachten. Rousseau bescheinigt Bayle, überzeugend «bewiesen» zu haben, «daß der Fanatismus verderblicher ist als der Atheismus», d. h., daß der «Fanatismus» durch die Beförderung von Krieg und Verfolgung mehr Leid und Tod verursacht. Das sei «unbestreitbar».[206] Aber Bayle

---

206 Was Rousseau «bewiesen» und «unbestreitbar» nennt, ist eine für seine Zwecke abgewandelte und zugespitzte Fassung der berühmten Sentenz, die Pierre Jurieu «le dangereux paradoxe» von Bayle nannte: *Que l'Atheïsme n'est pas un plus grand mal que l'Idolatrie*. Pierre Bayle: *Pensées diverses sur la comète*. Ed. A. Prat und Pierre Rétat, CXIV, p. 303–306; cf. CIII, p. 280–283; CLXI, Bd 2, p. 77–78; CLXXII, p. 102–105; CLXXX, p. 131; CLXXXIX, p. 155; CXCI, p. 158–159; CXCIII, p. 160–163. Zum Hintergrund des «gefährlichen Paradoxes» gehört Bacons Gegenüberstellung von Atheismus und Aberglaube: «*Atheisme* leaves a Man to Sense; to Philosophy; to Naturall Piety; to Lawes; to Reputation; All which may be Guides to an outward Morall vertue, though *Religion* were not; But *Superstition* dismounts all these, and erecteth an absolute Monarchy, in the Mindes of Men. Therefore *Atheisme* did never perturbe *States*; For it makes Men wary of themselves, as looking no further: And we see the times enclined to *Atheisme* (as the Time of *Augustus Caesar*) were civil Times. But *Superstition*, hath beene the Confusion of many States; And bringeth in a new *Primum Mobile*, that ravisheth all the Spheares of Government. The Master of *Superstition* is the People; And in all *Superstition*, Wise Men follow Fooles.» *The Essayes or Counsels, Civill and Morall* XVII, Of Superstition, Ed. Michael Kiernan, p. 54–55; zur theologischen Wurzel der «absoluten Monarchie», die der «Aberglaube» aufrichtet, beachte *De sapientia veterum* XVIII, Diomedes sive zelus, Ed. Spedding, Ellis, Heath, p. 658 («dii ethnici zelotypia, quod est Dei veri attributum, non tangerentur»). Während Bayle von *idolatrie* und Bacon von *superstition* sprechen, spricht Alexandre Deleyre (siehe Anm. 108) in seinem Artikel *Fanatisme* für die *Encyclopédie*, Band VI, 1756 explizit über den «Fanatismus», auf den Rousseau sich bezieht: «Le *fanatisme* a fait beaucoup plus de mal au monde que l'impiété. Que prétendent les impies? se délivrer d'un joug, au lieu que les *fanatiques* veulent étendre leurs fers sur toute la terre. Zélotypie infernale! A-t-on vu des sectes d'incrédules s'attrouper, et marcher en armes contre la divinité? Ce sont des âmes trop foibles pour prodiguer le sang humain» (p. 400–401). Deleyre spricht am Ende seines langen Artikels aber noch von einem anderen Fanatismus: «*Fanatisme du patriote*. Il y a une sorte de *fanatisme*

habe sich gehütet zu sagen, was nicht weniger wahr sei, «daß der Fanatismus, obwohl blutdürstig und grausam, dennoch eine große und starke Leidenschaft ist, die das Herz des Menschen erhebt, die ihn den Tod verachten läßt, die ihm eine wunderbare Spannkraft gibt, welche man nur besser lenken muß, um aus ihr die erhabensten Tugenden zu gewinnen». Rousseau läßt unerwähnt, daß er alles, was er hier der Leidenschaft des «Fanatismus», der religiösen Hingabe, der Identifikation mit der Heil verheißenden Wahrheit, dem Gehorsam des Glaubens, zugute hält, andernorts der Leidenschaft der Vaterlandsliebe, der politischen Hingabe, der Identifikation mit dem «gemeinsamen Ich», der Pflichterfüllung des Bürgers, zuspricht. Statt dessen stellt er *le fanatisme* in einem scharfen Schnitt gegen *l'irréligion* und *l'esprit raisoneur et philosophique* im allgemeinen, «der ans Leben fesselt, verweichlicht, die Seelen herabwürdigt, alle Leidenschaften in der Niedrigkeit des Partikularinteresses, in der Verworfenheit des menschlichen *Ich* konzentriert und so beinahe geräuschlos die wahren Grundlagen jeder Gesellschaft untergräbt, denn das, was die Partikularinteressen an Gemeinsamem haben, ist so wenig, daß es das, was sie an Widerstreitendem haben, niemals aufwiegen wird.»[207] Rousseau stellt die Gefahr, die von einer Philosophie ohne Besonnenheit ausgeht, ins grellste Licht, in das er sie stellen kann. Die kontrastierende Apologie des «Fanatismus» am Ende einer Schrift, die den «Fanatismus» einer eingehenden Kritik unterzog, ist ein Akt der Besonnenheit. Und sie enthält eine Aufforderung zur Selbsterkenntnis: Daß der «Atheismus» des Philosophen im Unterschied zum «Fanatismus» kein Blut vergießt, ist weniger in der Friedensliebe des Philosophen als in seiner Indifferenz gegenüber dem moralisch Guten begründet. Der Philosoph will in seiner Ruhe nicht gestört werden. Aber seine Prinzipien gefährden die Voraussetzungen ebendieser Ruhe, seiner eigenen oder der seiner Nachfolger, da sie die *mœurs* zu zerstören drohen, von denen der Zusammenhalt und der

---

dans l'amour de la patrie, qu'on peut appeler *le culte des foyers*. Il tient aux mœurs, aux lois, à la religion, et c'est par-là sur-tout, qu'il mérite davantage ce nom. On ne peut rien produire de grand sans ce zele outré, qui grossissant les objets, enfle aussi les espérances, et met au jour des prodiges incroyables de valeur et de confiance» (p. 401).
[207] Beachte zu Rousseaus Aussage über die Partikularinteressen, was er in *Du contrat social* II, 3, 2 note über die Kunst der Politik sagt (p. 371).

Fortbestand der Gesellschaft abhängen. Rousseau vergleicht die «philosophische Indifferenz» mit jener Ruhe, die in einem Staat unter dem Despotismus herrscht, d. h. mit einer Ruhe ohne politische Tugend und mithin ohne politische Freiheit. Er nennt sie eine «Ruhe des Todes» und «zerstörerischer als selbst der Krieg». «Ainsi le fanatisme, quoique plus funeste dans ses effets immediats que ce qu'on appelle aujourdui l'esprit philosophique, l'est beaucoup moins dans ses consequences.» Die Kritik an der mangelnden Selbsterkenntnis der «Philosophen» oder am politischen Mißbrauch der Philosophie läßt sich schwerlich deutlicher zum Ausdruck bringen.[208]

Nach der Kritik des Mißbrauchs in Rücksicht auf die Gefahr, die die Philosophie darstellt, wenn sie von der Besonnenheit getrennt wird, wendet sich Rousseau dem Mißbrauch zu, der darin besteht, von der Religion keinen politischen Gebrauch zu machen. Er beginnt den zweiten Teil der Anmerkung mit einem hyperbolischen Lob des Guten, das die Religion verglichen mit der Philosophie zu bewirken vermag: «Par les principes, la philosophie ne peut faire aucun bien que la religion ne le fasse encore mieux, et la religion en fait beaucoup que la philosophie ne sauroit faire.» Allerdings fügt er sogleich hinzu, daß das, was er über «die Prinzipien» gesagt hat – wohl wissend, daß es nicht der Wahrheit entspricht[209] –, sich in der Praxis anders verhält. Er räumt ein, daß «kein Mensch in jedem Punkt seiner Religion folgt, wenn er eine hat». Er räumt weiter ein, daß die meisten «kaum eine» haben und der, die sie haben, «überhaupt nicht» folgen.[210] «Aber schließlich haben einige eine

---

208 Note 18, 1–4 (632–633).
209 Daß die Philosophie kein Gutes bewirken kann, das die Religion nicht noch besser bewirkte, ist nicht einmal im Hinblick auf das Volk, die Gesellschaft, das Gemeinwesen wahr, also unter dem Gesichtspunkt, unter dem Rousseau das Verhältnis von Philosophie und Religion in Note 18 ausschließlich betrachtet. Davon legt *Du contrat social* in seiner gesamten Konzeption beredtes Zeugnis ab. Im Genfer Manuskript des politisch-philosophischen Traktats hatte Rousseau notiert: «La terre entiére regorgeroit de sang et le genre humain periroit bientôt si la Philosophie et les loix ne retenoient les fureurs du fanatisme, et si la voix des hommes n'etait plus forte que celle des Dieux» (p. 285).
210 Ohne Bayle ein zweites Mal zu erwähnen, antwortet Rousseau auf Einwände, die Bayle gegen die Gleichsetzung von religiösem Credo und moralischer Praxis erhebt. Cf. *Pensées diverses sur la comète* CXXXIII–CXXXVI (Bd. 2, p. 5–13), insbes.: *Pourquoi il y a tant de différence entre ce qu'on croit et ce qu'on fait* und *Que l'homme n'agit pas selon ses Principes*.

und folgen ihr wenigstens zum Teil, und es ist unzweifelhaft, daß Beweggründe der Religion sie oft daran hindern, Böses zu tun, und ihnen Tugenden, lobenswerte Handlungen abverlangen, die ohne diese Beweggründe ausgeblieben wären». Ein eingeschränktes Lob des Guten, das die Religion bewirkt, angesichts des Lobes, mit dem Rousseau beginnt und mit dem er die Fallhöhe bestimmt. Er schränkt das Lob weiter ein, wenn er die Folgelasten in Erinnerung bringt, die die Amtsträger der Religion verursachen: «Alle Verbrechen, die im Klerus wie anderwärts geschehen, beweisen nicht, daß die Religion nutzlos ist, sondern daß es sehr wenige Leute gibt, die Religion haben.» Kaum minder zweischneidig fällt Rousseaus Urteil über die im engeren Sinn politische Wirkung aus. «Unsere modernen Regierungen» verdankten ihre im Vergleich zu den Regierungen der Antike «solidere Autorität» und «weniger häufigen Revolutionen» «unbestreitbar» dem Christentum. Im *Contrat social*, der Parallelveröffentlichung zum *Émile*, wird Rousseau die *verità effettuale della cosa* nicht zurückhalten, die er im Auge hat, wenn er die Stabilität der christlichen Monarchien herausstellt: daß sie nämlich auf der Usurpation der legitimen Autorität beruhe und daß das Christentum der Tyrannei Vorschub leiste.[211] Außerdem wird er der Römischen Republik, die er von der ersten bis zur letzten seiner politischen Schriften als das Vorbild aller freien Völker preist, größte Aufmerksamkeit zollen und auf die Erörterung ihrer Institutionen beinahe ein ganzes Buch verwenden.[212] In der achtzehnten Anmerkung zur *Profession de foi* bleibt die Römische Republik dagegen nicht nur bei der Gegenüberstellung der «gouvernemens modernes et anciens» unerwähnt. Rousseau übergeht sie auch, wenn er die «Sanftheit» der christlichen Sitten mit den «Grausamkeiten der Athener, der Ägypter, der Kaiser von Rom, der Chinesen» kontrastiert, bei denen Literatur und Wissenschaft blühten, ohne daß die Menschlichkeit deshalb mehr geachtet worden wäre. Er spart sie mit einer Auffälligkeit aus, die allenfalls

---

211 *Du contrat social* I, 3, 3, p. 355; II, 6, 2, p. 378; III, 6, 16, p. 413; IV, 8, 28, p. 467; cf. I, 6, 7, p. 361 und III, 1, 18, p. 399. Beachte *Discours sur l'inégalité*, Seconde partie, p. 246 und den Kommentar *ad locum* sowie den *Einführenden Essay*, p. XLI–XLVII.
212 *Du contrat social* IV, 4, 2, p. 444 sowie IV, 2–8 *in toto*. Cf. *Discours sur les sciences et les arts*, p. 11; *Discours sur l'inégalité*, Dédicace, p. 14; Note XIX, p. 382; *Lettres écrites de la montagne* IX, 45, p. 880–881; *Considérations sur le gouvernement de Pologne* II, p. 956–959.

von der Auffälligkeit der scheinbar deplazierten Wiederkehr des «Fanatismus» in der Aussage übertroffen wird, die der Kontrastierung zugrunde liegt: «La religion mieux connue *écartant le fanatisme* a donné plus de douceur aux mœurs chrétiennes.»[213] Rousseaus Lob des Christentums sieht nicht nur ab von dem, was er in *Du contrat social* über das Christentum sagen wird, sondern ebenso von dem, was er im ersten Teil über die «beiden Parteien» gesagt hat. Das Lob erreicht sein Ziel, wenn Rousseau gegen Ende des zweiten Teils die Beförderung des gesellschaftlichen Zusammenhalts durch die Offenbarungsreligionen rühmt. Er verweist auf die Wiedergutmachung, die Versöhnung, die Almosen, den Ausgleich, die Wohltätigkeit, die die Beichte bei den Katholiken, das Abendmahl bei den Protestanten, das Jubeljahr der Hebräer, die frommen Einrichtungen der Türken bewirkten. Er hebt insonderheit die Werke der Barmherzigkeit hervor, die das Evangelium inspiriere, und die Brüderlichkeit, in der das jüdische Gesetz «die ganze Nation einte». Aber seine Verhandlung der Offenbarungsreligionen gipfelt in dem Beitrag, den sie zur Aufrechterhaltung der Gerechtigkeit leisten. Er erläutert ihn an der Vorstellung der Mohammedaner von der Höllenbrücke *Poul-Serrho*, d. i. *Poul-i-Sirat*, und verwendet darauf den dritten Teil der Anmerkung, in dem er ein langes Zitat aus Jean Chardins persischem Reisebericht anführt. «Die Mohammedaner», gibt Rousseau Chardin wieder, «sagen, daß nach der Prüfung, die der allgemeinen Auferstehung folgen wird, alle Körper über eine Brücke, genannt *Poul-Serrho*, gehen werden, die über das ewige Feuer geschlagen ist, eine Brücke, die man, sagen sie, die dritte und letzte Prüfung und das wahre Endgericht nennen kann, weil dort die Trennung der Guten von den Bösen erfolgen wird ... etc.» Dem zweiten, weit umfangreicheren Teil des Zitats von Chardin zufolge glauben die Perser, daß keiner die Höllenbrücke passieren wird, sofern er nicht in diesem Leben die Ungerechtigkeiten vergolten hat, die er sich zuschulden kommen ließ, da die, denen er Unrecht zufügte, ohne es zu vergelten, ihn am Tag des Gerichts am Überqueren des Feuers hindern werden. Wenn man den Persern, kommentiert Rousseau, diese Vorstellung nähme und sie überzeugte, daß es weder eine *Poul-Serrho* noch etwas Vergleichbares gäbe, wo-

---

213 Die Aussage in Absatz 8 (meine Hervorhebung) enthält die vierte und letzte Erwähnung von *le fanatisme* in Note 18. Es ist die einzige außerhalb des ersten Teils (Absätze 1–4).

durch «die Unterdrückten an ihren Tyrannen nach dem Tod gerächt werden», erleichterte das die Tyrannen sehr und entledigte sie der Sorge, «jene Unglücklichen zu besänftigen», d. h., die begangenen Ungerechtigkeiten wiedergutzumachen oder sie gar nicht erst zu begehen. «Es ist also falsch», lautet Rousseaus Schluß, «daß diese Lehre», nämlich die Lehre, daß es keine *Poul-Serrho* gebe oder daß die Lehre von der Höllenbrücke nicht wahr sei, «nicht schädlich wäre; sie wäre also nicht die Wahrheit». Mit diesem hinlänglich verwirrend formulierten Sophismus tritt Rousseau am Ende der Anmerkung, die er dem *Jamais la vérité n'est nuisible aux hommes* der Aufklärer und des Vikars hinzufügt, beiden Parteien entgegen, indem er ihre Maxime parodiert und ad absurdum führt. Gewiß hält Rousseau die Lehre von der Höllenbrücke sowenig für wahr wie der Vikar oder die Aufklärer. Damit kein Zweifel entstehen kann, erörtert er den Beitrag der Religion zur Gerechtigkeit anhand einer persischen Vorstellung. Doch im Unterschied zu beiden betrachtet er die Wahrheit über den Glauben der Perser als schädlich für die Perser. Wie wenig ihm an der religiösen Wahrheit der Lehre von der Höllenbrücke gelegen ist, daß es ihm einzig auf deren praktischen Nutzen ankommt, gibt Rousseau durch eine Auslassung im Zitat Chardins zu erkennen, auf die er durch die Aufteilung in zwei Absätze, Auslassungszeichen am Ende des ersten Absatzes und die Einfügung «etc.» aufmerksam macht. Der Leser, der die präzise bezeichnete Stelle bei Chardin nachschlägt, erfährt, daß die Brücke *Poul-Serrho* «schmaler als eine Haaresbreite und schärfer als eine Rasierklinge» sei, weshalb es «unmöglich ist, auf ihr zu gehen, ohne von der allmächtigen Hand *Gottes* gehalten zu werden. Die *Ungläubigen* und die *Bösen* werden beim ersten Schritt straucheln und so in den *Höllenschlund* stürzen; aber die *Gläubigen* wird *Gott* sicheren Fußes auf diesem scharfen Pfad leiten.»[214]

---

214 Die von Rousseau ausgelassene und durch *etc.* ersetzte Stelle lautet vollständig: «... ils appellent ce Pont *Poul serrha*, mot qui signifie *Pont sur le milieu du chemin. Voici comment leurs Livres de Religion en parlent: Il faut croire qu'il y a véritablement un* Chemin réel, *savoir un Corps materiel étendu sur le milieu de* la Gehenne, *dont la superficie est plus étroite qu'un poil délié, et le chemin plus aigu que le tranchant d'un rasoir, sur lequel il est impossible de marcher sans être soûtenu de la main toute-puissante de* Dieu. *Les* Infidéles *et les* Méchans *y broncheront au premier pas, et tomberont ainsi dans la* Gehenne d'Enfer; *mais pour les* Fidéles, Dieu *affermira leurs pieds sur cette voye aiguë. Ils passeront ce* Pont *par la misericorde de* Dieu *plus vite qu'un Oiseau ne fend l'air, et ils entreront au* Paradis Eternel.» *Voya-*

In Rousseaus Wiedergabe ist weder vom allmächtigen Gott die Rede, auf dessen Gnade hoffen muß, wer die Höllenbrücke passieren will, noch spielt die Unterscheidung von Gläubigen und Ungläubigen beim Jüngsten Gericht eine Rolle. Rousseau beläßt es bei der Trennung der Guten und der Bösen, um im eigenen Namen von Unterdrückten und von Tyrannen zu sprechen. In seiner Darstellung des Glaubens an die *Poul-Serrho* scheint das Üben von Gerechtigkeit darüber zu entscheiden, ob einer die letzte Prüfung bestehen wird. Darin liegt der Nutzen jenes Glaubens und der Schaden seiner Erschütterung begründet. Seitdem der Bürger von Genf im *Discours sur les sciences et les arts* als ein anderer Prometheus die gemeinen Menschen vor dem Feuer der Wissenschaft warnte, ist die Einsicht, daß die Wahrheit schädlich sein kann, für Rousseaus Œuvre bestimmend geblieben.[215]

Während der Vikar den letzten Absatz seines Glaubensbekenntnisses mit der Anrede «Bon jeune homme» beginnt und mit «Amen» endet, beginnt Rousseau den letzten Absatz seiner Anmerkung mit der Ansprache «Philosophe» und endet mit «Poul-Serrho». Er fordert den Philosophen auf, die Sanktion für die moralischen Gesetze zu zeigen, die der Philosoph postuliert, und ihm rundheraus zu sagen, was er an die Stelle des jenseitigen Gerichts der Höllenbrücke zu setzen weiß.[216] Rousseaus Aufforderung ist nicht allein an die Wortführer der «parti philosophiste» gerichtet. Sie betrifft nicht minder den Vikar aus Savoyen oder den nachmaligen Lehrer des moralischen Gesetzes in Königsberg. Das letzte Wort Rousseaus in der *Profession de foi* enthält eine grundsätzliche Anfrage an die Lehre des Vikars: Vermag sie ihrem An-

---

ges de Mr. le Chevalier Chardin en Perse, et autres lieux de l'Orient. Tome VII: *Contenant la description de la religion des Persans.* Amsterdam 1711, p. 50.
215 Note 18, 5–11 (633–635). – Ob die Vorstellung der Höllenbrücke nicht nur für die Moral der «Unterdrückten», d. h. des Volkes, sondern auch für die Politik der «Tyrannen», d. h. der Wenigen, eine heilsame Wirkung entfaltet, hängt davon ab, ob die Tyrannen an die «Poul-Serrho» glauben oder ob wenigstens der eine oder andere von ihnen daran glaubt. Da «es sehr wenige Leute gibt, die Religion haben,» bedarf es politischer Vorkehrungen, um den Tyrannen Zügel anzulegen, wie Rousseau in *Du contrat social* zeigen wird. Entsprechend zurückhaltend fällt sein Lob der «Poul-Serrho» aus: «Sollte ich glauben, daß die Vorstellung jener Brücke, die so viele Ungerechtigkeiten wiedergutmacht, *niemals* welchen vorbeugt?» Note 18, 11 (meine Hervorhebung); siehe Note 18, 6 und 7.
216 Note 18, 12 (635).

spruch zu genügen und das moralisch Gute, in dessen Praxis sie die höchste Glückseligkeit des Menschen verlegt, hinreichend zu befördern, ohne eine wirksame Sanktion gegen das Üben von Ungerechtigkeit anzugeben? Denn im Licht der Vorstellung von der «Poul-Serrho» erscheint die Strafe, die der Vikar für die Ungerechten imaginiert – daß sie mit ihrer Ungerechtigkeit zu leben und sie eine Zeitlang zu betrachten haben –, reichlich blaß, wenig abschreckend und folglich von begrenzter Wirksamkeit. Mit der letzten Fußnote macht Rousseau sich zum ersten politischen Kritiker des Vikars. Die Frage nach dem Gegenstück zur «Poul-Serrho» nimmt einen Einwand vorweg, der gegen das Glaubensbekenntnis erhoben werden wird, und macht ihn prägnanter, als die späteren Kritiker ihn formulieren werden.[217] Aber die Kritik behält den Status einer Frage. Rousseau versteht sich zu keiner Antwort, die die Imagination des Priesters im eigenen Namen überböte. Er tritt weder als tragischer Dichter auf, noch ist er bereit, sich als politischer Mythologe an einem Ersatz zu versuchen. Das Äußerste sind die drei einschlägigen Artikel des «rein bürgerlichen Glaubensbekenntnisses», das Rousseau im *Contrat social* entwirft: «das zukünftige Leben, das

---

217 Justus Möser zählte mit seinem *Schreiben an den Herrn Vicar in Savoyen abzugeben bey dem Herrn Johann Jacob Rousseau*, datiert «Osnabrück, d. 2. Nov. 1762», zu den frühen politischen Kritikern des Vikars: «Es ist von der äussersten Wichtigkeit für das Wohl einer Gesellschaft, daß der Mensch Andacht habe, und sich dadurch zu guten Regungen, zur heilsamen Furcht und zu der nöthigen Standhaftigkeit bereiten lasse. Es ist von der größten Nothwendigkeit, daß wir gewisse verstärkte Glaubensartikel haben, welche den Unglücklichen trösten, den Glücklichen zurückhalten, den Stolzen demüthigen, die Könige beugen und den Krämer einschränken. Ich sage, es ist dieses von der äussersten Nothwendigkeit in der bürgerlichen Gesellschaft.» Möser sieht in solchen zum Nutzen der Gesellschaft verstärkten Glaubensartikeln den «Endzweck» der Offenbarung und vermerkt den sinnlichen Mangel der Rede des Vikars. Dabei läßt er den Vikar mehr behaupten, als dieser tatsächlich vertritt: «Sie haben ewige Strafen und Belohnungen in ihrer natürlichen Religion aufgenommen. Thun Sie mir nun die Liebe, und malen der bedürftigen Einbildung einiger Menschen den Himmel und die Hölle, so wie uns Gott diese Vorstellung zu geben dienlich befunden hat, um den nöthigen Eindruck zu machen: so sind wir über den ersten Punkt schon verglichen, daß nemlich Gott gar wohl einige Wahrheiten zur nähern Intuition bringen, und dasjenige, was wir in der natürlichen Religion blos als Schlüsse und Folgen erkennen, durch eine Offenbarung verstärken, bilden und besiegeln können.» Neue Auflage. Bremen 1777, p. 19–20 und 25–26; cf. p. 31, 39, 55.

Glück der Gerechten, die Bestrafung der Bösen». Sie sollen, wie alle Dogmen der *Religion civile*, «ohne Erklärungen oder Kommentare» verkündet werden, damit das Credo, das für alle Bürger in ihrer Eigenschaft als Bürger verbindlich ist, dem theologischen Streit entzogen bleibt.[218] Die Lakonik der drei Artikel hat indes den weiteren Vorzug, daß ihr konkreter Gehalt nach Maßgabe der politischen Klugheit an den Gegebenheiten des jeweiligen Gemeinwesens ausgerichtet und durch «die Sitten, Gewohnheiten und vor allem die Meinung» bestimmt werden kann, mit denen «der große *Législateur* sich im geheimen befaßt».[219] In unserem Zusammenhang bedeutet das: die existierenden Vorstellungen von der Dauer des Lebens nach dem Tod, von der Belohnung der Gerechten und vom Schicksal der Bösen vermögen gleichsam in die Glaubensartikel einzuströmen und sie in ihrer sinnlichen Anschaulichkeit mit der Furcht und der Hoffnung zu erfüllen, auf die die praktische Wirksamkeit des Credos angewiesen ist. Im Unterschied zum Glaubensbekenntnis des Vikars, das sie unterminiert, sind die drei Dogmen der *Religion civile* zu vereinbaren mit der Vorstellung von der *Poul-Serrho*.

Aber wenn der Glaube an die «Poul-Serrho» mit der *Religion civile* übereinzubringen ist, so gilt dies nur für den Glauben in Rousseaus Wiedergabe. Es gilt für den Glauben an eine Höllenstrafe, selbst an eine ewige Höllenstrafe, nicht für den Glauben, daß eine solche Strafe die Sanktion des Unglaubens sei. Sofern die Vorstellung vom Gericht der Höllenbrücke die Unterscheidung von Gläubigen und Ungläubigen betrifft, die Rousseau in seiner Bezugnahme geflissentlich ausspart, verfällt sie dem zehnten Dogma der *Religion civile*, dem Verbot der «Intoleranz». Der einzige verneinende und untersagende Artikel, den Rousseau in die «profession de foi purement civile» aufnimmt, markiert die Scheidelinie zu jeder partikularen Religion, die den Anspruch erhebt, außerhalb ihrer gebe es kein Heil. Der Artikel sucht einem Glauben öffentlich Einhalt zu gebieten, der die Ungläubigen ihres Unglaubens wegen der Verdammnis überantwortet. Er ist Rousseaus Artikel zur Abwehr der politischen Aspirationen der Offenbarungsreligionen: ihres Strebens nach Suprematie über die staatliche Autorität in Gestalt der

---

218 *Du contrat social* IV, 8, 32–33, p. 408.
219 *Du contrat social* II, 12, 5, p. 394. Cf. Erstes Buch, Kapitel V, S. 208–211 und 233.

religion du Prêtre, ihrer Unterscheidung der Freunde und der Feinde des Heiligen Gottes, der Theokratie als der äußersten Verneinung des politischen Souveräns, den der *Contrat social* als die allein verbindliche Rechtsquelle und legitimierende Gewalt konstituiert.[220] Das «negative» Dogma der *Religion civile* ist mithin für Rousseaus Konzeption des politischen Gemeinwesens von denkbar grundsätzlicher Bedeutung, und es hat seinen guten Sinn, daß der Zurückweisung der «intolérance» «la sainteté du Contract social et des Loix» als das neunte und abschließende positive Dogma unmittelbar vorausgeht. So ergibt sich ein Chiasma der Positionen Rousseaus und des Vikars mit einer doppelten Aporie. Der Vikar läßt die partikularen Religionen beinahe unterschiedslos gelten, da er an ihnen kein politisches Interesse nimmt und ganz auf den inneren Kult abstellt. Aber er untergräbt mit seinem Glaubensbekenntnis ihre moralische Wirksamkeit. Rousseau ist politisch daran interessiert, die moralische Wirksamkeit der partikularen Religionen aufrechtzuerhalten und sie vermittels eines bürgerlichen Glaubensbekenntnisses im Rahmen des öffentlichen Kultes zur Geltung zu bringen. Aber da er aufgrund desselben politischen Interesses nicht umhinkann, den exklusiven Anspruch auf Herrschaft und Heil der historisch gegebenen Religionen zu verneinen, stellt er deren moralische Wirksamkeit am Ende nicht weniger in Frage. Denn diese vermag ohne jenen nicht auf Dauer zu bestehen: Die Offenbarungsreligionen beziehen ihre Kraft aus dem Glauben an ihre Absolutheit.[221] Rousseau und

---

220 Rousseau nennt die Gegenposition zu seiner politischen Konzeption in *Du contrat social* dreimal beim Namen: Zum erstenmal im ersten Satz von Absatz 1, zum zweitenmal im zweiten Satz von Absatz 18 und zum drittenmal im dritten Satz von Absatz 35, d. h. im ersten, im zentralen und im letzten Absatz des Kapitels IV, 8: *De la Religion civile*.

221 Justus Möser hält dem Vikar entgegen, was er ebenso Rousseau entgegenhalten kann: «Was dächten Sie weiter, wenn ich gegen Sie den Satz wagte, daß die Oekonomie einer jeden Religion erfoderte, öffentlich zu behaupten, daß ausser ihr kein Heil sei? Mir scheinet es, als könne eine Religion ihre bürgerliche Wirkung ohne diesen Grundsatz nicht haben. Wenigstens bilde ich mir ein, wenn in einem öffentlichen Katechismus mit grossen Buchstaben die Kinderlehre stünde: *Man kann in allen Religionen selig werden*, daß dieses den nöthigen Enthusiasmus ungemein schwächen würde ... Eine solche Gleichgültigkeit hätte, meiner Meynung nach, jede Religion um ihre Kraft gebracht, die Gewissen zu binden; welches doch nothwendig ist, um den bürgerlichen Endzweck des Eides, dieses unentbehrlichen, obgleich traurigen Mittels, zu erhalten. Und dieses bewegt mich, zu glauben, daß

der Vikar treffen sich in der Zurückweisung des Wahrheitsanspruchs der Offenbarungsreligionen, der allen übrigen Ansprüchen und insbesondere dem auf Gehorsam und Heil zugrunde liegt. Vor dem Hintergrund dieser Zurückweisung unternehmen sie Versuche, eine Mäßigung ins Werk zu setzen, die unterschiedlich ausgerichtet sind. Der Vikar optiert für eschatologische Mäßigung und appelliert an den «Dieu clément et bon». Der Bürger von Genf plädiert für politische Mäßigung und rekurriert auf die «souveraineté inaliénable du corps politique». In Übereinstimmung mit dem von ihnen verfolgten Zweck der Milderung beziehungsweise der Bezähmung der Offenbarungsreligionen verkündet der Vikar das Dogma vom göttlichen Instinkt des Gewissens, wohingegen der Bürger von Genf die Heiligkeit des *Contrat social* zum Glaubensartikel erhebt. Der Glaube an den «unfehlbaren Richter des Guten und des Bösen» im Menschen findet keine Aufnahme in die *Religion civile*, und umgekehrt bleibt deren letztes positives Dogma als einziger ihrer zehn Artikel ohne Entsprechung im Credo des Lehrers der *Religion naturelle*. Der Versuch der eschatologischen Mäßigung räumt dem privaten Glück des *homme vulgaire* Vorrang ein, in welcher Gesellschaft er auch leben und einerlei was für eine Religion er öffentlich bekennen mag. Der Versuch der politischen Mäßigung faßt den *citoyen* ins Auge, der sein Glück im politischen Leben zu erlangen bestrebt ist, innerhalb eines Gemeinwesens, das der Religion ihre Stellung zuweist und die Grenzen ihres Einflusses bestimmt. Die eschatologische Mäßigung hat den Preis, daß die moralische Lehre ohne hinlängliche Sanktion auskommen muß. Der Preis für die politische Mäßigung besteht in der absehbaren Minderung der religiösen Hingabe und in der zunehmenden Auszehrung des Enthusiasmus, den «der Fanatismus» freizusetzen in der Lage war. Historisch betreffen beide Versuche unmittelbar das Christentum – so wie die Tatsache, daß Émile nur in der Natürlichen Religion unterwiesen wird, unter den konkreten Umständen bedeutet, daß er nicht zum Christen erzogen werden soll.[222] Historisch betrachtet, trägt Rousseau durch die Vorstöße des Vicaire Savoyard und

---

jede Religion in ihrer öffentlichen Lehre alle andere ausschließen, und den Philosophen nichts mehr, als die heilsame Ungewißheit, zur weitern Betrachtung lassen müsse.» *Schreiben an den Herrn Vicar in Savoyen abzugeben bey dem Herrn Johann Jacob Rousseau*, p. 37–39.
222 *Émile* IV, p. 636; siehe S. 414 und Anm. 197.

des Citoyen de Genève aus dem Jahr 1762 wie durch die beiden Aufsehen erregenden Schriften, mit denen er danach der Verfolgung durch die katholischen und protestantischen Autoritäten entgegentritt, erheblich zur Verinnerlichung des Christentums, zur Erschütterung der Orthodoxie beider Konfessionen und zur schließlichen Erosion ihrer öffentlichen Bastionen bei.[223] Historisch gesprochen, ist die so folgenreiche Ablösung der christlichen Moral vom Glauben an den christlichen Gott eng mit der Wirkungsgeschichte der *Profession de foi* und dem unbedingten Primat der praktischen Vernunft verbunden, den der Vikar vertritt.[224] Unhistorisch ist indes ein Urteil, das seine Gründe der historischen Rezeption entnimmt, ohne sich auf die Gründe einzulassen, die für das Handeln des Philosophen bestimmend waren, ein Urteil also,

---

223 Die Bedeutung Rousseaus für die Geschichte der christlichen Theologie hat Karl Barth in einem ausführlichen Kapitel seines Buches *Die protestantische Theologie im 19. Jahrhundert* (Zollikon–Zürich 1947, p. 153–207) zu würdigen versucht und am Schluß in den Satz zusammengefaßt: «Von Rousseau und erst von Rousseau ab gibt es im Vollsinn des Begriffs das, was man theologischen Rationalismus nennt: eine Theologie, der das Christliche identisch ist mit dem wahrhaft Humanen, wie es uns in jener Tiefe der *ratio*, in jener innersten anthropologischen Provinz unverlierbar und griffbereit gegenwärtig ist» (p. 207). Barth hält sich an die geläufige Meinung, daß das Glaubensbekenntnis des Vikars das Glaubensbekenntnis Rousseaus sei (p. 174, 181). Aber er sieht doch «allen Grund», die *Rêveries*, die «schönste Schrift» Rousseaus, «theologisch verdächtiger zu finden als alles Übrige», und er hält fest: «so verblüffend offen, kräftig und existentiell wie bei Rousseau ist die kirchliche Erbsündenlehre wohl nur selten negiert worden» (p. 188, 199; cf. 201, 204–205). Von katholischer Seite hatte zuvor Pierre Maurice Masson in seiner dreibändigen Studie *La Religion de J. J. Rousseau* (Paris 1916; insbes. Bd. 3: *Rousseau et la Restauration religieuse*) einen Beitrag zur religiösen Wirkungsgeschichte Rousseaus geleistet, in die er mit seiner Darstellung wie mit seinem Kommentar zur *Profession de foi* selbst gehört. Auch Massons Auslegung beruht auf der für ihn selbstverständlichen Annahme, daß Rousseau glaubt, was er den Vikar sagen läßt.
224 Beachte Nietzsche: *Götzen-Dämmerung*. Streifzüge eines Unzeitgemässen 5, *KGW* VI, 3, p. 107–108. – In den *Lettres écrites de la montagne* skizziert Rousseau einen Dialog, in dem *les Chrétiens disputateurs* den Anhängern der Religion der *Profession de foi*, die Rousseau als *les Chrétiens paisibles* auftreten läßt, vorhalten, nicht an Jesus Christus zu glauben. Die «friedlichen Christen» geben darauf die Antwort: «Nous ne savons pas bien si nous croyons en Jésus-Christ dans votre idée, parce que nous ne l'entendons pas. Mais nous tâchons d'observer ce qu'il nous prescrit» I, 41, p. 698.

das nicht nach der historischen Herausforderung fragt, wie er sie selbst verstand. Unhistorisch wäre die Kritik eines Freundes der Weisheit der Alten zu nennen, den ich im Geiste von Note 18 der *Profession de foi* sagen hörte, Rousseau hätte besser daran getan, Verfolgungen und Religionskriege hinzunehmen, als den «Fanatismus» bezähmen zu wollen und damit jener Spannungslosigkeit Vorschub zu leisten, die ein Jahrhundert später die Diagnose des «letzten Menschen» heraufbeschwören sollte. Unhistorisch bleiben in einem verwandten Sinn meine Erwägungen zum Preis, den die Versuche der Mäßigung forderten. Denn diese Erwägungen wie jene Kritik würdigen nicht zureichend Rousseaus Urteil, daß der Stamm, wenn überhaupt, nur auf Kosten der Äste zu erhalten sei, daß die christliche Religion, mit anderen Worten, keinen Bestand haben werde, da ihr Gott im Unterschied zum Gott der Natürlichen Religion nicht als glaubhaft verteidigt werden könne. Außerdem und vor allem sehen sie ab von Rousseaus Intention, in der Auseinandersetzung mit dem Christentum eine Aporie sichtbar zu machen, die sehr viel weiter reicht als die beiden Aporien, denen wir begegnet sind, wiewohl sie mit ihnen in direktem Zusammenhang steht: die Aporie der modernen Politik, einer Politik, die im Christentum keine Grundlage hat, aber auch nicht hinter das Christentum zurück- oder an ihm vorbeigehen kann.

Die Aporie der nachchristlichen Politik ist der wahre Gegenstand des berühmten zweitletzten Kapitels des *Contrat social*. Am Ende des ersten Teils, der sich mit der Genealogie des Antagonismus von Politik und Religion befaßt, erklärt Rousseau, es wäre ihm ein leichtes, die einander entgegengesetzten Ansichten von Bayle und Warburton zu widerlegen.[225] Die Position des modernen Philosophen einerseits, daß

---

225 Der Hinweis auf Pierre Bayle stellt eine direkte Verbindung zu Note 18 der *Profession de foi* her. William Warburton las Rousseau in Silhouettes Übersetzung und Adaption: *Dissertations sur l'union de la religion, de la morale, et de la politique: Tirées d'un ouvrage de M. Warburton*. London 1742, 2 Bände. Warburton ist für Rousseaus Erörterung in Note 18 nicht nur wegen der ausführlichen Bezugnahme auf Bayle, dem Warburton ein eigenes Kapitel (p. 59–112) widmet, sondern vor allem im Hinblick auf die Betonung der Notwendigkeit der Religion für die Politik und der Unverzichtbarkeit des Glaubens an ein jenseitiges Strafgericht einschlägig. Siehe dazu p. 19, 20, 49–50, 65, 90, 112, 128, 142–143; Bd. 2: p. 4 ff. Warburton stellt heraus, daß die alten Philosophen in ihrer exoterischen Lehre einhellig die Belohnung der Gerechten und die Bestrafung der Bösen in einem zukünftigen

keine Religion für das politische Gemeinwesen nützlich sei, und die des christlichen Bischofs andererseits, daß es im Christentum seine festeste Stütze habe. «On prouveroit au premier que jamais Etat ne fut fondé que la Religion ne lui servit de base, et au second que la loi Chrétienne est au fond plus nuisible qu'utile à la forte constitution de l'Etat.»[226] Bayle hat unrecht, der Staat bedarf der Religion. Aber Warburton hat doppelt unrecht, denn das Christentum ist nicht die Religion, deren der Staat bedarf. Es schadet dem legitimen *corps politique* ganz im Gegenteil

Leben vertraten. Schon in der *Préface du Traducteur* ist zu lesen: «C'est dans la vue d'assurer l'établissement de la religion que tous les anciens législateurs ont prétendu à quelque inspiration divine, envisageant ce moyen comme un des plus propres à persuader aux hommes que la providence des Dieux veille aux afaires particulieres du genre humain» (p. 7–8). «On éxamine l'origine, le progrès, la perfection, le déclin et le génie de l'ancienne philosophie, et dans le cours de cet éxamen, l'on fait voir deux choses: l'une que les Grecs croyoient qu'il étoit permis de tromper le peuple pour son avantage, et par conséquent d'enseigner une chose et d'en croire une autre: la seconde, que les Philosophes avoient une doctrine publique et une doctrine secrete, roulant non sur des objets diférens, mais sur les mêmes sujets qu'ils traitoient d'une maniere contradictoire» (p. 11). «Pour convaincre le lecteur de plus en plus que les anciens Philosophes ne croyoient point intérieurement le dogme des peines et des récompenses d'une autre vie, l'on fait voir que ce dogme étoit incompatible avec leurs principes métaphysiques sur la nature de Dieu et sur celle de l'ame» (p. 13–14). Die Lektüre Warburtons bot Rousseau auf Schritt und Tritt reiches Material für die *Profession de foi* wie für den *Contrat social*. Neben vielem anderen konnte er dort eine Kritik avant la lettre vom Standpunkt des Theismus seiner Konzeption des politischen Souveräns als der einzig verbindlichen Quelle des Rechts finden (p. 75–78). Vielleicht ist ihm auch ein Zitat aufgefallen, das Warburton anführt, dem zufolge Orpheus «wilde Menschen, die ohne jede Kenntnis der Tugend und ohne jede Vorstellung von einem Gesetz waren», in die Bande der Gesellschaft schlug, «indem er ihnen die Frömmigkeit gegen die Götter anempfahl und ihnen den Aberglauben eingab» (p. 147). Siehe Anm. 108 und 109.
226 *Du contrat social* IV, 8, 14, p. 464. Das Kapitel ist in drei Hauptteile gegliedert. (I) Absätze 1–14: Genealogie des Verhältnisses von Politik und Religion; (A) Absätze 1–7: vor dem Christentum; (B) Absätze 8–14: seit dem Christentum. (II) Absätze 15–30: Typologie des Verhältnisses von Religion und Politik. (III) Absätze 31–35: Rechtliche Bestimmung des Verhältnisses von Politik und Religion. Im Doppelzentrum von Teil I findet sich die einzige Erwähnung von Jesus innerhalb des *Contrat social* (Absatz 8.) Im Doppelzentrum von Teil II bestreitet Rousseau, daß «eine Gesellschaft wahrer Christen» noch «eine Gesellschaft von Menschen» wäre (Absätze 22–23). Im Zentrum von Teil III formuliert er die Dogmen der *Religion civile*, die im Verbot der «Intoleranz» kulminieren (Absatz 33).

mehr, als es ihm nützt. Rousseaus politische Kritik des Christentums beginnt bei dem «geistlichen Reich», das Jesus auf Erden errichtete. Es bewirkte, da es die Gläubigen einer theologisch hergeleiteten und einer politisch begründeten Gehorsamsforderung, mithin zwei heterogenen Gewalten und zwei divergierenden Gerichtsbarkeiten unterwarf, «daß der Staat aufhörte, Einer zu sein, und verursachte die inneren Spaltungen, die nie aufgehört haben, die christlichen Völker aufzurühren». Das «geistliche Reich», das sich in den Institutionen der «Religion des Priesters» materialisierte, «hat jede gute Politie in den christlichen Staaten unmöglich gemacht». Der Dualismus von geistlich-priesterlicher und politischer Herrschaft ist das erste Ziel von Rousseaus Kritik: «Alles, was die gesellschaftliche Einheit zerbricht, taugt nichts. Alle Einrichtungen, die den Menschen mit ihm selbst in Widerspruch bringen, taugen nichts.» Die Kritik am Auseinanderklaffen der «zwei Köpfe des Adlers», das der politischen Einheit entgegensteht, und an den Zerreißungen, die das Einssein des Bürgers verwehren, geht nahtlos über in die unmittelbare Kritik der Kirche und ihres Willens zur Macht: «bientôt on a vu ce prétendu royaume de l'autre monde devenir sous un chef visible le plus violent despotisme dans celui-ci». Die Wendung gegen die Despotie der geistlichen Gewalt, die das Signum für die politische Unfreiheit der Völker und für die Verfolgung der Philosophen zugleich ist, verbindet Rousseau mit seinen philosophischen Vorgängern.[227] Aber

---

227 *Du contrat social* IV, 8, 8–10, 16–17, p. 462, 464. In seiner späteren Verteidigung der Schrift wird Rousseau den Kampf gegen «den blinden Fanatismus, den grausamen Aberglauben, das stupide Vorurteil» herausstellen und den Zweck der *libertas philosophandi* kenntlich machen, den er nicht weniger im Auge behält als die Philosophen, die ihm in diesem Kampf vorangegangen waren: «La Religion est utile et même nécessaire aux Peuples. Cela n'est-il pas dit, soutenu, prouvé dans ce même Ecrit? Loin d'attaquer les vrais principes de la Religion, l'Auteur les pose, les affermit de tout son pouvoir; ce qu'il attaque, ce qu'il combat, ce qu'il doit combattre, c'est le fanatisme aveugle, la superstition cruelle, le stupide préjugé. Mais il faut, disent-ils, respecter tout cela. Mais pourquoi? Parce que c'est ainsi qu'on mene les Peuples. Oui, c'est ainsi qu'on les mene à leur perte. *La superstition est le plus terrible fléau du genre humain*; elle abbrutit les simples, *elle persécute les sages*, elle enchaîne les Nations, elle fait par tout cent maux effroyables: quel bien fait-elle? Aucun; si elle en fait, c'est aux Tyrans; elle est leur arme la plus terrible, et cela même est le plus grand mal qu'elle ait jamais fait.» «… il importe que l'Etat ne soit pas sans Religion, et cela importe par des raisons graves, sur lesquelles j'ai par tout fortement insisté: *mais il vaudroit mieux encore n'en point avoir, que d'en avoir une barbare et*

Rousseau beschränkt die Kritik des «Despotismus», der «Knechtschaft», der «Tyrannei» in seiner Verhandlung des Christentums nicht auf die *religion du Prêtre*. Er bleibt nicht bei der Kritik eines politischen Mißbrauchs oder einer historischen Abirrung vom Christentum stehen, sondern bezieht, radikal ansetzend, «die reine und einfache Religion des Evangeliums» mit ein, die er dem «wahren Theismus» oder der *Religion de l'homme*, im Unterschied zur *Religion du Citoyen*, assimiliert. Auch dieses Christentum, von dem er sagt, daß es sich nicht um das Christentum von heute, sondern um das des Evangeliums handele, das vom heutigen «völlig verschieden» sei, auch das Christentum, dessen Darstellung bis in Einzelheiten der Formulierung an die *Religion naturelle* des Vikars erinnert, die im *Contrat social* keine Erwähnung findet, auch das Christentum also, das als das bestmögliche erscheint, unterliegt einer scharfen Kritik, weil es die Tyrannei allzusehr begünstige: «Le Christianisme ne prêche que servitude et dépendance. Son esprit est trop favorable à la tirannie pour qu'elle n'en profite pas toujours. Les vrais Chrétiens sont faits pour être esclaves; ils le savent et ne s'en émeuvent gueres; cette courte vie a trop peu de prix à leurs yeux.»[228] Diesem Angriff auf den Geist des Christentums, der, historisch betrachtet, auf Machiavelli zurück- und auf Nietzsche vorausweist, tritt ein Angriff zur Seite, der in Rücksicht auf Rousseaus Konzeption des wohlgeordneten Gemeinwesens entscheidend ist und in dem seine politische Kritik zum Abschluß kommt: Das Christentum unterstützt die Identifikation des Bürgers mit dem *moi commun* des *corps politique* in keiner Weise. Da es, auf das Jenseits gespannt, «einzig mit den Dingen des Himmels beschäftigt» ist – «das Vaterland des Christen ist nicht von dieser Welt» – und da es eine kosmopolitische Orientierung hat, fördert es die politische Tu-

---

persécutante qui, tyrannisant les Loix mêmes, contrarieroit les devoirs du Citoyen.» *Lettres écrites de la montagne* I, 30, 68, p. 695, 705 (meine Hervorhebung). In I, 58, p. 702 charakterisiert Rousseau Paulus als «naturellement persécuteur». Beachte II, 53 note, p. 726; III, 50 note, 89, 95, p. 742, 752, 754 und cf. *Lettre à Christophe de Beaumont*, p. 975–976.
228 *Du contrat social* IV, 8, 15, 20, 28, p. 464, 465, 467. Cf. Machiavelli: *Discorsi sopra la prima deca di Tito Livio* I, Proemio; I, 26; II, 2; III, 1, Ed. Francesco Bausi (*Opere di Niccolò Machiavelli*. Rom 2001, I/2–3), p. 6, 138–139, 317–319, 532–533, und Bacon: *The Essayes or Counsels, Civill and Morall* XIII, Of Goodnesse And Goodnesse of Nature, Ed. Michael Kiernan, p. 39.

gend par excellence nicht, sondern wirkt ihr entgegen.[229] Die christliche Religion gibt dem Gläubigen eine «tiefe Gleichgültigkeit» gegenüber dem diesseitigen Erfolg seines Handelns ein und schwächt seine Vaterlandsliebe. Da sie in keiner besonderen Beziehung zum «politischen Körper» steht, der notwendig ein besonderer ist, «läßt sie den Gesetzen bloß die Kraft, die sie aus sich selbst beziehen», d. h., sie läßt ihnen die Kraft, die dem äußeren Zwang eignet, ohne die Gesetze im Herzen der Bürger zu verankern.[230] «Mehr noch: weit davon entfernt, die Herzen der Bürger mit dem Staat zu verbinden, entbindet sie sie von ihm wie von allen Erdendingen.» Emphatisch setzt Rousseau in der ersten Person Singular hinzu: «Ich kenne nichts, das dem gesellschaftlichen Geist widriger wäre.» Eine «Christliche Republik», Republik verstanden als das legitime Gemeinwesen, das im *Contrat social* grundgelegt wird, ist für Rousseau eine Contradictio in adjecto.[231] Aber der Weg zurück zur *Religion du Citoyen*, zur Ineinssetzung von Theologie und Politik, zum Glauben an Götter, die über das Wohl der partikularen Gemeinwesen wachen, für sie streiten und dafür von ihnen verehrt werden, ist verlegt: «l'esprit du christianisme a tout gagné.» Die Götter der Polis vermochten in ihrer Partikularität und ihrer diesseitigen Verankerung weder dem jenseitigen Gott des Christentums standzuhalten, noch konnten sie vor seinem universalen Wahrheitsanspruch bestehen. Sie wurden besiegt und überholt. Sie sind gestorben, weil sie nicht länger glaubhaft waren. Die «Religion des Bürgers» ist mit ihnen untergegangen. Sie war auf eine Lüge gegründet, die, als Lüge erkannt, ihre Kraft verlor. Außerdem beruhte sie auf einem Irrtum. Eben ihrer Partikularität wegen machte sie, da sie «exklusiv und tyrannisch» wurde, das Volk «blutdürstig und intolerant» und hielt es in einem «natürlichen Kriegszustand» mit den anderen Völkern, der für seine eigene Sicherheit «sehr schäd-

---

229 Cf. *Lettres écrites de la montagne* I, 65, 67, 71 und 71 note 2, p. 704–706.
230 Beachte *Considérations sur le gouvernement de Pologne* I, 5–7, p. 955; III, 4, p. 961; XII, 12, p. 1019.
231 *Du contrat social* IV, 8, 12 note, 21–28, p. 463, 465–467. – Rousseau beginnt zwei der fünfunddreißig Absätze mit *Je*: Absatz 14, der Teil I abschließt, und Absatz 23, der im Doppelzentrum von Teil II steht. In Absatz 14 äußert er sich zu der Frage, ob das Christentum dem Gemeinwesen nützlich oder schädlich sei. In Absatz 23 nimmt er Stellung zu der Behauptung, «daß ein Volk wahrer Christen die vollkommenste Gesellschaft hervorbrächte, die man sich vorstellen kann».

lich» war.²³² Alle Versuche, die politische Einheit post Christum natum durch eine politische Positivierung des Christentums wiederherzustellen oder die zwei Köpfe des Adlers dadurch zusammenzuzwingen, daß der Fürst sich zum Oberhaupt einer Nationalkirche machte, sind gescheitert. Auch ihr Scheitern bezeugt, daß der Geist des Christentums alles ergriffen, alles gewonnen, alles angesteckt hat.²³³ Die lakonisch präsentierte *Religion civile* bringt die Aporie der nachchristlichen Politik sinnfällig zum Ausdruck.²³⁴ Sie steht in Rousseaus Typologie in klarer Frontstellung gegen die *religion du Prêtre*, doch sie entspricht weder der *Religion de l'homme* noch der *Religion du Citoyen*. Ob die Sakralisierung des politisch Besonderen, die sie im allgemeinen statuiert, die Identifizierung des Bürgers mit dem «gemeinsamen Ich» des «politischen Körpers» befördert, ist zweifelhaft, daß sie, für sich genommen, seine Vaterlandsliebe beflügelt, wenig wahrscheinlich. Der *grand Législateur* mag in einigen Jahrhunderten Mittel und Wege finden, der *Religion civile* eine besondere Gestalt und ein wirksames Gepräge zu geben. Rousseau selbst übt größte Zurückhaltung.²³⁵ Er erhellt das Problem. Er weist darauf hin, daß es in Europa beinahe kein Volk gibt, das

232 *Du contrat social* IV, 8, 4–7, 11, 18–19, p. 460–462, 464–465.
233 *Du contrat social* IV, 8, 11–13, p. 462–463. Von besonderem Interesse ist Rousseaus Würdigung des Versuchs von Thomas Hobbes, den er im Hinblick auf dessen politischen Gebrauch der Bekenntnisformel «that Jesus is the Christ» nicht ohne Ironie unter die «christlichen Autoren» einordnet: «De tous les Auteurs Chrétiens le philosophe Hobbes est le seul qui ait bien vû le mal et le remede, qui ait osé proposer de réunir les deux têtes de l'aigle, et de tout ramener à l'unité politique, sans laquelle jamais Etat ni Gouvernement ne sera bien constitué. Mais il a dû voir que l'esprit dominateur du Christianisme étoit incompatible avec son sistème, et que l'intérêt du Prêtre seroit toujours plus fort que celui de l'Etat. Ce n'est pas tant ce qu'il y a d'horrible et de faux dans sa politique que ce qu'il y a de juste et de vrai qui l'a rendue odieuse.» IV, 8, 13, p. 463.
234 Rousseau verwendet den Begriff *Religion civile* außer in der Überschrift des Kapitels nur ein einziges Mal in Absatz 33, p. 468.
235 Rousseau streicht in der endgültigen Fassung des Kapitels jeden Hinweis auf eine mögliche *religion nationale* oder auf einen öffentlich zu gestaltenden besonderen Kult. Im Genfer Manuskript hatte er zunächst geschrieben: «Cette profession de foi une fois établie, qu'elle se renouvelle tous les ans avec solennité et que cette solennité soit accompagnée d'un culte auguste et simple dont les magistrats soient seuls les ministres et qui réchauffe dans les cœurs l'amour de la patrie. Voilà tout ce qu'il est permis au souverain de prescrire quant à la religion.» Absatz 24, p. 342; cf. Absatz 8, p. 338. Cf. *Lettre à Christophe de Beaumont*, p. 973.

in überschaubarer Zeit für eine *législation* im anspruchsvollen Sinn geeignet wäre. Und er hält dafür, daß die beiden Wörter *Vaterland* und *Bürger* aus den modernen Sprachen gestrichen werden müssen.[236]

Émile hat weder ein Vaterland, noch wird er zu einem Bürger erzogen. Er wird den Gesetzen des Staates, in dem er sich aufhält, gehorsam sein. Aber er wird sich mit keinem Gemeinwesen identifizieren. Er weiß nichts von der «Heiligkeit» des *Contrat social*. Sein Wahlspruch lautet: *Ubi bene, ibi patria*.[237] Die Erziehung, die er genießt, und die Unterweisung, die er erfährt, erreichen ihr Ziel, wenn sie ihn in den Stand setzten, sein Glück in der Übereinstimmung mit sich und in der Selbstachtung zu finden, die das moralische Leben ihm gestattet. Die *Profession de foi* zeigt die Glaubensgrundlage, die er dafür nötig hat. Die *Profession de foi* unterstützt, wie Rousseau später geltend macht, auch «alle grundlegenden Punkte» der *Religion civile*.[238] Mit Ausnahme des Artikels, der die *Religion civile* von der *Religion de l'homme* unterscheidet und sie am Glück des politischen Lebens ausrichtet. Der Savoyische Vikar weiß sowenig von der «Heiligkeit» des *Contrat social*, wie Émile davon zu wissen braucht. Der Bürger im eminenten Verstande hat im Glaubensbekenntnis des Vikars keinen Ort.[239] Wenn der Priester dem Proselyten rät, in sein Vaterland zurückzukehren, legt er ihm nahe, im Gesichtskreis des Vertrauten zu wohnen, seiner Herkunft treu zu bleiben, die Fremde und die Einsamkeit zu meiden. Er stellt ihm nicht die Existenz eines Citoyen vor Augen. Die *Religion naturelle*, die der Vikar vorträgt, ist für den nachchristlichen Menschen bestimmt.[240] Sie trägt

---

236 Siehe *Du contrat social* II, 10, 6, p. 391. *Émile* I, p. 250: «Ces deux mots, patrie et citoyen, doivent être effacés des langues modernes. J'en sais bien la raison, mais je ne veux pas la dire; elle ne fait rien à mon sujet.»
237 Siehe *Émile* IV, p. 681 und beachte *Considérations sur le gouvernement de Pologne* II, 8, p. 963.
238 *Lettres écrites de la montagne* I, 29, p. 695.
239 *Citoyen* kommt in der *Profession de foi* im Singular nie, im Plural ein einziges Mal vor, wenn der Vikar betont, daß die Bürger nicht zum Ungehorsam gegen die bestehenden Gesetze veranlaßt werden sollen: 175 (629). Der Vikar trägt sein Glaubensbekenntnis auf einer Anhöhe außerhalb der Stadt vor, in freier Natur: XIX (565).
240 Der Vikar verwendet den Begriff *Religion naturelle*, den der Schüler eingeführt hat und den Rousseau unmittelbar nach dem Ende der *Profession de foi* im eigenen Namen gebrauchte, viermal. (Schüler: 107 (606); Vikar: 109 (607), 113 (609), 124 (613), 125 (614); Rousseau: *Émile* IV, p. 636.) Cf. *Lettre à Christophe de Beau-*

dem Geist des Christentums Rechnung, so wie sie dem Einspruch der Philosophie gegen den Offenbarungsglauben Rechnung trägt. Nichts wäre freilich falscher, als in ihr eine Synthese oder ein höheres Drittes zu vermuten. Die Natürliche Religion des Vikars unterscheidet sich so grundlegend von der Natürlichen Theologie Rousseaus, wie sich das Leben Émiles unterscheidet vom Leben des Promeneur Solitaire.

mont, p. 996. – Die Natürliche Religion, die der Vikar vorträgt, war das Äußerste, was Rousseau den Genfer Bürgern zumuten konnte, die ihn politisch unterstützten. Einer der angesehensten Führer der *Citoyens* und *Bourgeois* Genfs, Jacques-François Deluc, mit dem Rousseau im Herbst 1754 die Dédicace des *Discours sur l'inégalité* vor der Veröffentlichung besprochen hatte (siehe Dédicace, p. 40 *ad locum*), ließ im selben Jahr, in dem Rousseau den *Émile* vorlegte, eine umfangreiche Schrift erscheinen, die die Grenzen aufzeigt, welche der Heterodoxie politisch gesetzt waren: *Observations sur les savans incredules, et sur quelques-uns de leurs écrits*. Genf, Avec permission, 1762. Deluc beruft sich auf die *Lettre à d'Alembert* des «vrai Chrétien Philosophe Mr. Rousseau» (p. 275), aber er hat kein Verständnis dafür, daß Rousseau in der *Nouvelle Héloïse* ein positives Bild des Atheisten Wolmar zeichnete: «C'est donc en vain qu'on chercheroit à nous persuader qu'un homme vertueux à tous ègards, peut mèconnoître l'Auteur de son existence et de ses vertus: Aussi vois-je avec peine mon Concitoyen Mr. Rousseau, nous dèpeindre comme tel ce *Volmar*, qui n'eut jamais d'original dans la Nature» (p. 407). In der *Nouvelle Héloïse* hatte Julie über Wolmar geschrieben: «Connoissez-vous quelqu'un plus plein de sens et de raison que M. de Wolmar? quelcun plus sincere, plus droit, plus juste, plus vrai, moins livré à ses passions, qui ait plus à gagner à la justice divine et à l'immortalité de l'ame?» VI, 8, *OCP* II, p. 700.

NAMENVERZEICHNIS

Abraham 93
Adam 116, 149
Aiguillon, Emmanuel-Armand de Richelieu Duc d' 234
Alembert, Jean Le Rond d' 39, 40–43, 59, 64, 123–125, 127, 224
Amyot, Jacques 20, 26
Archimedes 41
Aristides 400
Aristoteles 122, 123, 197, 221, 262
Augustinus, Aurelius 36, 95, 96
Augustus 419

Bacon, Francis 21, 122, 124–126, 331, 364, 419, 434
Barth, Karl 430
Baruch 148, 149
Bauhin, Jean 123
Bayle, Pierre 331, 419, 421, 431, 432
Beaulavon, Georges 298, 365
Beaumont, Christophe de 83, 297, 328, 369, 377, 398
Benardete, Seth 117, 333
Bensaude-Vincent, Bernadette 114
Bernardi, Bruno 114, 298, 365
Bernays, Jacob 124
Binis, Abbé de 200
Bossuet, Jacques Bénigne 386
Burgelin, Pierre 302
Buttafoco, Matthieu 178, 229–232

Caesar 402
Calvin, Jean 42, 210, 335, 344, 407
Casaubonus, Isaac 202
Castex, Marie-Madeleine 29

Cato 401, 402
Chardin, Jean 423–425
Charron, Pierre 374, 375
Choiseul, Étienne-François Duc de 234
Chopin, Frédéric 157
Cicero, Marcus Tullius 330, 353
Circe 117
Claparede, David 380
Clarke, Samuel 318, 319
Crispus, Q. Vibius 202
Crogiez, Michèle 30

Deleyre, Alexandre 364, 419
Deluc, Jacques-François 438
Derrida, Jacques 23
Descartes, René 21, 28, 78, 124, 129, 262, 315, 316
Diagoras 34
Diderot, Denis 40, 57, 58, 64, 123–126, 129, 172–174, 244, 247, 316, 326, 331
Diogenes Laertius 122
Diogenes von Sinope 162, 278
Domitian 202
Du Peyrou, Pierre-Alexandre 29, 234, 273, 367
Dupin, Claude 78
Dupin, Louise-Marie-Madeleine 78

Eigeldinger, Frédéric-S. 11, 29, 30, 110
Eigeldinger, Marc 11, 29, 30
Eisen 365
Euripides 299

Faust 167
Fénelon, François de Salignac de La Mothe 75, 86
Fleury, Claude 415
Fontenelle, Bernard Le Bouvier de 202
Formey, Jean-Henri-Samuel 268
Francueil, Claude-Louis Dupin de 78

Gagnebin, Bernard 29
Girardin, René-Louis Marquis de 200
Glaukon 399
Goethe, Johann Wolfgang von 167, 370
Gourevitch, Victor 326
Gyges 99, 227, 399

Habakuk 148, 149
Havens, George R. 401
Helvétius, Claude-Adrien 123, 128, 202, 332, 415
Herakles 226
Heraklit 161
Hermes 117
Herostratos 53
Hippokrates 125
Hobbes, Thomas 34, 123, 319, 436
Holbach, Paul Thiry d' 124, 126
Homer 117, 148, 326
Horaz 290, 301
Houdetot, Élisabeth-Sophie-Françoise Comtesse d' 247
Hume, David 380

Isaak 93
Ismael 211

Jakob 93
Jallabert, Jean 18
Jansen, Albert 109
Jason 151, 226

Jesus Christus 63, 380, 389–391, 398–402, 409, 430, 432, 433, 436
Jones, James F. 36
Jupiter 299
Jurieu, Pierre 419
Juvenal 202

Keith, George 178
Kleinias 296, 333
Kohler, Pierre 139
Kolumbus, Christoph 110

La Fontaine, Jean de 59, 148
Launay, Michel 29
La Vrillière Duc de 234
Leborque, Érik 29
Leigh, Ralph A. 18, 78
Leonidas 400
Leukippos 34
Le Vasseur, Marie-Thérèse 143, 145, 149–151, 225, 247
Linné, Carl von 107, 111, 147
Locke, John 123, 380
Lukrez 161
Luther, Martin 149
Lykurg 210, 211, 224

Mably, Gabriel Bonnot de 234
Machiavelli, Niccolò 123, 210, 211, 256, 434
Malesherbes, Chrétien-Guillaume de Lamoignon de 78, 249
Maria 399
Marion 215, 216
Masson, Pierre-Maurice 298, 302, 332, 364, 365, 399, 430
Megillos 296
Mellarède, Pierre Comte de 404
Minos 211
Möser, Justus 426, 428
Mohammed 211, 299, 388, 390
Molière 41

Montaigne, Michel de 28, 35, 217, 270, 316, 335, 352
Montesquieu, Charles de Secondat 212, 214
Montmollin, Frédéric-Guillaume de 110
Morellet, André 395
Moses 116, 149, 211, 377, 378, 390
Moultou, Guillaume 146
Moultou, Paul 29, 114, 146, 367, 369
Murray, Johann Andreas 111

Néaulme, Jean 268
Nero 269
Newton, Isaac 21, 124
Nietzsche, Friedrich 7, 10, 162, 255, 256, 261, 316, 430, 434
Numa 211

Orpheus 292, 364, 365, 432
Osmont, Robert 157
Ovid 66

Palais, Jean-Antoine 200
Paoli, Pasquale 229, 230
Pascal, Blaise 28
Paulus 96, 342, 344, 398, 434
Phainarete 399
Pilatus, Pontius 143
Platon 22, 23, 48, 52, 65, 88, 116, 122, 129, 148, 171, 208, 262, 296, 333, 334, 339, 341, 343, 369, 384, 399
Plinius 123
Plutarch 20, 25, 26, 90, 91, 140, 200, 224, 331, 385
Pollio, Gaius Asinius 301
Pompeius 402
Pontedera, Giulio 123
Prometheus 19–22, 26, 206, 251, 425
Pythagoras 129

Racine, Jean 41, 148
Racine, Louis 148

Raymond, Marcel 11, 12, 29, 169
Regulus, Atilius 353
Rey, Marc-Michel 268, 297
Robinson 143
Roddier, Henri 11, 12, 29, 169
Rousseau, Isaac 228
Rozier, François 199–201

Sabundus, Raimundus 335
Sacy, S. de 29
Schopenhauer, Arthur 255, 256
Servet, Michel 407
Shaftesbury, Anthony Earl of 331
Silhouette, Étienne de 431, 432
Similis 249
Sokrates 22, 23, 88, 161, 353, 384, 398–402
Solon 90, 220
Sophronia 218
Sophroniskos 399
Souchay, Jean-Baptiste 364
Spink, John Stephenson 11, 29, 30, 249, 272
Spinoza, Benedictus de 34, 123, 319, 380, 381
Starobinski, Jean 219
Strauss, Leo 171, 221, 316, 329
Streckeisen-Moultou, Guillaume 146

Tacitus 42, 43
Tasso, Torquato 218
Thales 129
Theophrast 116, 122–124, 128, 149
Theuth 19, 22, 23
Thomas von Aquin 335, 395
Toland, John 125–126
Tournefort, Joseph Pitton de 123
Trajan 249
Tronchin, Jean-Robert 297

Vercellis, Thérèse Comtesse de 215
Vespasian 242, 248, 249
Viridet, Marc 297

Voltaire, François Marie Arouet 41, 42, 127, 319, 326, 401

Wagner, Sigmund von 138, 139
Warburton, William 431, 432
Warens, Françoise-Louise-Eléonore de 240–249
Warens, Sébastien-Isaac de Loys de 240
Wielhorski, Michel 34, 234
Wirz, Charles 302

Xenokrates 116
Xenophon 76

Bücher des Autors

Jean-Jacques Rousseau: *Discours sur l'inégalité / Diskurs über die Ungleichheit.* Kritische Edition des integralen Textes mit deutscher Übersetzung, einem Essay über die Rhetorik und die Intention des Werkes sowie einem ausführlichen Kommentar. Paderborn 1984. Sechste Auflage 2008. 638 Seiten.

Carl Schmitt, Leo Strauss und «Der Begriff des Politischen». Zu einem Dialog unter Abwesenden. Stuttgart 1988. 141 Seiten. Erweiterte Neuausgabe. Stuttgart–Weimar 1998. 192 Seiten. (Französisch 1990, japanisch 1993, amerikanisch 1995, chinesisch 2002, spanisch 2008, italienisch 2011.)

Die Lehre Carl Schmitts. Vier Kapitel zur Unterscheidung Politischer Theologie und Politischer Philosophie. Stuttgart–Weimar 1994, 267 Seiten, 1 Abb. Zweite Auflage. Mit einem Nachwort. 2004, 272 Seiten, 1 Abb. Dritte Auflage. Mit einem Rückblick: «Der Streit um die Politische Theologie». 2009, 304 Seiten, 1 Abb. (Amerikanisch 1998, erweiterte Paperback Edition 2011; chinesisch 2004, italienisch 2012.)

Die Denkbewegung von Leo Strauss. Die Geschichte der Philosophie und die Intention des Philosophen. Stuttgart–Weimar 1996. 66 Seiten. (Chinesisch 2002, amerikanisch 2006, französisch 2006, spanisch 2006, japanisch 2010.)

Warum Politische Philosophie? Stuttgart–Weimar 2000. Zweite Auflage 2001. 40 Seiten. (Chinesisch 2001, amerikanisch 2002, französisch 2006, spanisch 2006, japanisch 2008.)

Das theologisch-politische Problem. Zum Thema von Leo Strauss. Stuttgart–Weimar 2003. 86 Seiten. (Chinesisch 2004, französisch 2006, spanisch 2006, japanisch 2010.)

«Les rêveries du Promeneur Solitaire». Rousseau über das philosophische Leben. München 2005. 68 Seiten. Zweite Auflage 2010. 70 Seiten. (Chinesisch 2006, japanisch 2008, amerikanisch 2010, französisch 2010.)

Leo Strauss and the Theologico-Political Problem. Cambridge 2006. Siebte Auflage 2008. 204 Seiten.

Als Herausgeber

Leo Strauss: *Gesammelte Schriften* in sechs Bänden

Band 1: *Die Religionskritik Spinozas und zugehörige Schriften*. Stuttgart–Weimar 1996. 448 Seiten. Zweite, durchgesehene und erweiterte Auflage 2001. 480 Seiten. Dritte, erneut durchgesehene und erweiterte Auflage 2008. 504 Seiten.

Band 2: *Philosophie und Gesetz – Frühe Schriften*. Stuttgart–Weimar 1997. 669 Seiten. Erster, durchgesehener Nachdruck 1998. Zweiter Nachdruck 2004.

Band 3: *Hobbes' politische Wissenschaft und zugehörige Schriften – Briefe* (zusammen mit Wiebke Meier). Stuttgart–Weimar 2001. 837 Seiten. Erster, durchgesehener Nachdruck 2003. Zweite, durchgesehene Auflage 2008. 839 Seiten.

Die Herausforderung der Evolutionsbiologie. München 1988, 294 Seiten. Zweite Auflage 1989. Dritte Auflage 1992.

Zur Diagnose der Moderne. München 1990, 251 Seiten.

Vom Urknall zum komplexen Universum. Die Kosmologie der Gegenwart (zusammen mit Gerhard Börner und Jürgen Ehlers). München 1993, 222 Seiten.

Der Mensch und sein Gehirn. Die Folgen der Evolution (zusammen mit Detlev Ploog). München 1997, 259 Seiten. Zweite Auflage 1998.

Über die Liebe. Ein Symposion (zusammen mit Gerhard Neumann). München 2000, 352 Seiten. Zweite Auflage 2001. Dritte Auflage 2008. Vierte Auflage 2010.

Der Tod im Leben. Ein Symposion (zusammen mit Friedrich Wilhelm Graf). München 2004, 352 Seiten. Zweite Auflage 2008. Dritte Auflage 2009.

Über das Glück. Ein Symposion. München 2008, 295 Seiten. Zweite Auflage 2010.